XIN BIAN HAN YING XUCI CIDIAN

新编汉英虚词词典

A New Chinese-English Dictionary
of Function Words

王 还　主编

D1742441

华语教学出版社

北 京

SINOLINGUA

BEIJING

First Edition   1999
Second Printing   2003

ISBN 7 - 80052 - 504 - X
Copyright 1999 by Sinolingua
Published by Sinolingua
24 Baiwanzhuang Road, Beijing 100037, China
Tel: (86) 10-68995871 / 68326333
Fax: (86) 10-68326333
E-mail: hyjx @263.net
Printed by Beijing Foreign Languages Printing House
Distributed by China International
Book Trading Corporation
35 Chegongzhuang Xilu, P.O. Box 399
Beijing 100044, China

Printed in the People's Republic of China

主编　　王还

编委　　（按姓氏音序排列）

赖汉纲

田万湘

许德楠

张　维

目 录

Contents

说　明

本词典是一本简明实用的现代汉语虚词词典,注释采用汉英双解。供学习汉语的外国人使用,对学习英语的中国读者也有参考价值。

本词典收录的词条,尽量包罗了现代汉语的虚词及虚词词组,共收词条947条,包括:副词565条、介词59条、连词139条、助词44条、叹词38条、组合36条、格式66条。

"组合"是指如"无须乎"、"大不了"等虚词性的惯用语。"格式"是指如"既……又……"、"连……都……"等虚词结构。

本书所有词条均按顺序排成一个"音序检字表",而不像编写者们在1992年出版的一本《汉英虚词词典》那样,除总的音序表,再按词类分别列出音序表了。

每个词条下都给了恰当而浅显的例句。所有例句均为编写者自编。这与《汉英虚词词典》又不同。那本词典中,90%以上的例句采自作家的作品。

为了方便外国读者,例句用汉语拼音方案注音。

1999 年 8 月

Introduction

This is a concise and practical dictionary of the function words of the modern Chinese language, designed primarily for learners of Chinese as a second language. But as the definitions and usages are given both in Chinese and in English, Chinese students, teachers and linguists may also find it useful.

The entries of this dictionary include all the function words and function phrases of modern Chinese. There are altogether 947 entries including: 565 adverbs, 59 prepositions, 139 conjunctions, 44 particles, 38 interjections, 36 compounds, 66 structures.

By "compounds" we mean the idiomatic phrases such as "无须乎", "大不了", and by structures we mean the functional structures such as "既…又…", "连…都…".

This new dictionary has several improvements upon its previous version: All the entries are sequenced alphabetically instead of by parts of speech; and the examples are all taken from everyday life rather than works of literature.

Under each entry, some explicit but simple examples are given. For the convenience of foreign users, the Chinese phonetic alphabet (*pinyin*) has been adopted to represent the pronunciation of words.

There is a phonetic alphabetical index in front of the contents for user's convenience.

August, 1999

音序检字表

Index of Words in Alphabetical Order

8

啊　ā　（叹词）

表示恳切的请求或叮嘱：

Indicates an earnest request or exhortation：

1. 这封信你一定要交给姐姐，啊！别忘了。

   Zhè fēng xìn nǐ yídìng yào jiāo gěi jiějie, Ā! bié wàng le.

2. 这事得你决定，啊！要快一点呀！

   Zhè shì děi nǐ juédìng, Ā! yào kuài yìdiǎnr ya!

3. 晚上早点儿回来！啊！

   Wǎnshang zǎo diǎnr huílai! Ā!

啊　á　（叹词）

表示追问；用在疑问句后：

Indicates inquiry; used after a question：

1. 刚才老师讲的，你听懂了吗？啊？

   Gāngcái lǎoshī jiǎng de, nǐ tīngdǒng le ma? Á?

2. 你这么早去有什么事吗？啊？

   Nǐ zhème zǎo qù yǒu shénme shì ma? Á?

3. 朋友有了困难，咱们是不是应该帮助？啊？

   Péngyǒu yǒule kùnnan, zánmen shì bu shì yīnggāi bāngzhù? Á?

啊　ǎ　（叹词）

表示惊疑：

Indicates surprise：

1. 啊？一个月不见，你怎么这么瘦了？

   Ǎ? yí gè yuè bú jiàn, nǐ zěnme zhème shòu le?

2. 啊？发生了什么事？

   Ǎ? Fāshēngle shénme shì?

3. 啊？你为什么这么着急？

   Ǎ? Nǐ wèi shénme zhème zháojí?

4. 啊？这儿的变化这么大呀！

   Ǎ? zhèr de biànhuà zhème dà ya!

啊　à　（叹词）

A. 表示醒悟、明白（音较长较重）：

Indicates realization（with a prolonged and heavy tone）：

1. 啊！她原来是你妹妹！

   À! Tā yuánlái shì nǐ mèimei!

2. 啊！你这么一说，我就懂了。

   À! Nǐ zhème yì shuō, wǒ jiù dǒng le.

3. 啊!我明白了,她不来是嫌路太远。

   À! Wǒ míngbai le, tā bù lái shì xián lù tài yuǎn.

4. 啊,他要的是这本书呀!

   À, tā yào de shì zhè běn shū ya!

B. 表示同意(音较轻短):

Indicates agreement (short and light):

1. 啊!就这么办吧!

   À! Jiù zhème bàn ba!

2. 啊,行,我没意见。

   À, xíng, wǒ méi yìjiàn.

3. 啊,好吧!

   À, hǎo ba!

C. 表示惊异或赞叹(音较长):

Indicates surprise or admiration (fairly long):

1. 啊!多清的湖水呀!

   À! Duō qīng de húshuǐ ya!

2. 啊,命运对她来说太残酷了。

   À, mìngyùn duì tā láishuō tài cánkù le.

3. 啊,取得这么大的成绩,多不容易呀!

   À, qǔdé zhème dà de chéngjì duō bù róngyì ya!

4. 啊!祖国的河山是多么壮丽呀!

   À! Zǔguó de héshān shì duōme zhuànglì ya!

啊   a   (语气助词)

　起舒缓语气的作用,不影响句子感情色彩的程度;如不用"啊",句子意思不变:

Gives relax to the tone, the meaning of the sentence is not affected if "啊" is dropped:

A. 用在表示赞叹、惋惜、轻蔑、憎恨、厌恶、焦虑等感叹句尾:

Used at the end of an interjection of admiration, regret, contempt, hatred, disgust, anxiety etc.:

1. 这花开得真好啊!

   Zhè huā kāi de zhēn hǎo a!

2. 刚买的衣服就弄破了,真可惜啊!

   Gāng mǎi de yīfu jiù nòngpò le, zhēn kěxī a!

3. 你可真笨啊!给你讲了这么多遍,还不明白。

   Nǐ kě zhēn bèn a! Gěi nǐ jiǎngle zhème duō biàn, hái bù míngbai.

4. 这可怎么办啊!你快拿主意。

　　Zhè kě zěnme bàn a! Nǐ kuài ná zhǔyi.

5. 针灸很灵啊,我的牙一下子就不疼了。

　　Zhēnjiǔ hěn líng a, wǒ de yá yíxiàzi jiù bù téng le.

B. 用在表示同意、肯定、提醒、嘱咐等句的句尾:

Used at the end of a sentence showing agreement, affirmation, reminding, enjoining etc.:

1. 对啊,你说的完全正确。

　　Duì a, nǐ shuō de wánquán zhèngquè.

2. 是啊,这样做是不妥当。

　　Shì a , zhèyàng zuò shì bù tuǒdang.

3. 你总不复习,学过的词汇当然要忘啊。

　　Nǐ zǒng bù fùxí, xuéguo de cíhuì dāngrán yào wàng a!

4. 早点儿回来啊!

　　Zǎo diǎnr huílai a!

5. 出去旅行,别忘了带地图啊!

　　Chūqù lǚxíng, bié wàngle dài dìtú a!

C. 用在疑问句句尾:

Used to end up a question:

1. 他这几年生活怎么样啊?

　　Tā zhè jǐ nián shēnghuó zěnmeyàng a?

2. 这机器出了什么毛病啊?

　　Zhè jīqì chūle shénme máobìng a?

3. 这么早你去哪儿啊?

　　Zhème zǎo, nǐ qù nǎr a?

D. 用在句中停顿处:

Used to make a pause:

1. 我觉得你啊,学数学比较合适。

　　Wǒ juéde nǐ a, xué shùxué bǐjiào héshì.

2. 他进屋一看啊,一个人也没有。

　　Tā jìn wū yí kàn a, yí ge rén yě méi yǒu.

3. 我看今年的收成啊,比去年还要好。

　　Wǒ kàn jīnnián de shōuchéng a, bǐ qùnián hái yào hǎo.

E. 用在列举的每一成分之后:

Used after each item of an enumeration:

1. 这个小饭馆很干净,而且都是家常饭,包子啊、饺子啊、烙饼啊,很受欢迎。

Zhège xiǎo fànguǎn hěn gānjìng, érqiě dōu shì jiāchángfàn, bāozi a, jiǎozi a, làobǐng a, hěn shòu huānyíng.

2. 桌子上乱七八糟,什么书啊,本子啊,报纸啊,真不知怎么收拾才好。

Zhuōzi shang luànqībāzāo, shénme shū a, běnzi a, bàozhǐ a, zhēn bù zhī zěnme shōushi cái hǎo.

3. 春天,院子里的花都开了,红色啊、黄色啊、紫色啊、蓝色啊,真是五彩缤纷。

Chūntiān, yuànzi li de huā dōu kāi le, hóngsè a, huángsè a, zǐsè a, lánsè a, zhēnshi wǔcǎi-bīnfēn.

F. 用于招呼、称呼之后:

Used after a form of address:

1. 小王啊,你得动身了。

Xiǎo Wáng a, nǐ děi dòng shēn le.

2. 同学们啊,大家别忘了明天提前半个小时来学校。

Tóngxuémen a, dàjiā bié wàngle míngtiān tíqián bàn xiǎoshí lái xuéxiào.

3. 妹妹啊,你怎么不听我的劝告呢?

Mèimei a, nǐ zěnme bù tīng wǒ de quàngào ne?

哎　āi　(叹词)

A. 表示引起注意或打招呼:

Used to arouse attention or to greet:

1. 哎,大姐,注意别摔着。

Āi, dàjiě, zhùyì bié shuāizhao.

2. 哎,王老师,您好!

Āi, Wáng lǎoshī, nín hǎo!

3. 哎,他们都在这儿哪!

Āi, tāmen dōu zài zhèr na!

B. 表示惊讶或不满:

Used to show surprise or dissatisfaction:

1. 哎,没想到他这么快就回来了。

Āi, méi xiǎngdào tā zhème kuài jiù huílai le.

2. 哎,你怎么发这么大的火呀!

Āi, nǐ zěnme fā zhème dà de huǒ ya!

3. 哎,我可从来没见过这么厚的雪!

Āi, wǒ kě cónglái méi jiànguo zhème hòu de xuě!

哎呀　āiyā　（叹词）

A. 表示惊讶：

Indicates surprise:

1. 哎呀, 这南瓜长得真大!

   Āiyā, zhè nánguā zhǎng de zhēn dà!

2. 哎呀, 真没想到在这里碰见你。

   Āiyā, zhēn méi xiǎngdào zài zhèlǐ pèngjiàn nǐ.

3. 哎呀, 屋里可真黑呀!

   Āiyā, wū li kě zhēn hēi ya!

4. 哎呀, 都半夜十二点了, 他怎么还不回来?

   Āiyā, dōu bànyè shí'èr diǎn le, tā zěnme hái bù huílai?

B. 表示厌烦、痛苦、不快等：

Indicates disgust, pain, annoyance etc.:

1. 哎呀, 这里吵得厉害, 我受不了。

   Āiyā, zhèlǐ chǎo de lìhài, wǒ shòu bu liǎo.

2. 哎呀, 我的胃又疼了。

   Āiyā, wǒ de wèi yòu téng le.

3. 哎呀, 这活儿可真累人呀!

   Āiyā, zhè huór kě zhēn lèi rén ya!

4. 哎呀, 你怎么总在这儿啰嗦, 烦死人了。

   Āiyā, nǐ zěnme zǒng zài zhèr luōsuo, fánsǐ rén le.

5. 哎呀, 为他的事儿, 我们可花了不少时间。

   Āiyā, wèi tā de shìr, wǒmen kě huāle bù shǎo shíjiān.

哎哟　āiyō　（叹词）

表示惊讶、痛苦等：

Indicates surprise, pain etc.:

1. 哎哟, 几年不见, 这孩子长这么高了。

   Āiyō, jǐ nián bú jiàn, zhè háizi zhǎng zhème gāo le.

2. 哎哟, 你怎么把这么大的事给忘了。

   Āiyō, nǐ zěnme bǎ zhème dà de shì gěi wàng le.

3. 哎哟, 疼死了。

   Āiyō, téngsǐ le.

4. 哎哟, 你能不能轻点儿?

   Āiyō, nǐ néng bù néng qīng diǎnr?

嗳　ǎi　（叹词）

表示不以为然, 或不耐烦：

Indicates disapproval or impatience:

1. 嗳,你怎么能打孩子呢?

Ǎi, nǐ zěnme néng dǎ háizi ne?

2. 嗳,我们要等到什么时候呀!

Ǎi, wǒmen yào děngdào shéme shíhou ya!

3. 嗳,你根本没听懂我的意见。

Ǎi, nǐ gēnběn méi tīngdǒng wǒ de yìjiàn.

4. 嗳,你怎么总给人家添麻烦哪!

Ǎi, nǐ zěnme zǒng gěi rénjia tiān máfan na!

爱……不……   ài···bù···   (格式)

A. 常嵌入"理"字,成为描写性短语,表示一种傲然的态度;多作状语或谓语:

"理" is inserted both after "爱" and "不" to form a descriptive phrase of arrogance which is mostly used as an adverbial adjunct or predicate:

1. 你看他那爱理不理的样子,根本不愿意管咱们的事。

Nǐ kàn tā nà ài lǐ bù lǐ de yàngzi, gēnběn bú yuànyi guǎn zǎnmen de shì.

2. 来了客人,你要热情点儿,别总是爱理不理的。

Láile kèrén, nǐ yào rèqíng diǎnr, bié zǒngshì ài lǐ bù lǐ de.

3. 她爱理不理地坐在那里,使我很尴尬。

Tā ài lǐ bù lǐ de zuò zài nàlǐ, shǐ wǒ hěn gāngà.

B. 嵌入某些动词或形容词作谓语,有"听其便"的意思:

Some other verbs or adjectives may be inserted to mean "please oneself":

1. 我说的都是实话,你爱信不信。

Wǒ shuō de dōu shì shíhuà, nǐ ài xìn bú xìn.

2. 反正我已经请过他了,他爱来不来。

Fǎnzhèng wǒ yǐjīng qǐngguo tā le, tā ài lái bù lái.

3. 他们俩的关系,爱好不好,我管不着。

Tāmen liǎ de guānxì, ài hǎo bù hǎo, wǒ guǎn bu zháo.

唉   ài   (叹词)

表示感伤、叹息、为难等(发音较重较长):

Indicates sentimentalism; being in a dillema etc. (with prolonged heavy tone):

1. 唉,干出点儿成绩来,真难呀!

Ài, gàn chū diǎnr chéngjì lái, zhēn nán ya!

2. 唉,我怎么这么倒霉呀!

Ài, wǒ zěnme zhème dǎoméi ya!

3. 我去也不好,不去也不好,唉!

　　　　Wǒ qù yě bù hǎo,bú qù yě bù hǎo,ài!

　　4.唉!我真的一点儿主意也没有了。

　　　　Ài!Wǒ zhēn de yìdiǎnr zhǔyi yě méi yǒu le.

　　5.唉,树叶都落了。

　　　　Ài,shùyè dōu luò le.

嗳　ài　(叹词)

表示遗憾、不满意或提示等(发音较短较轻):

Indicates regret, dissatisfaction or prompting (in a light and short tone):

　　1.嗳!你别说了,越说越让人胡涂。

　　　　Ài! Nǐ bié shuō le,yuè shuō yuè ràng rén hútu.

　　2.嗳!你也太不懂事了。

　　　　Ài!Nǐ yě tài bù dǒng shì le.

　　3.嗳!你可别忘了把这件事告诉她。

　　　　Ài!Nǐ kě bié wàngle bǎ zhè jiàn shì gàosù tā.

　　4.嗳!那么好的一枝笔,让我给弄坏了。

　　　　Ài! Nàme hǎo de yì zhī bǐ,ràng wǒ gěi nònghuài le.

按　àn　(介词)

A. 提出行为、动作所遵循的准则或依据:

Indicates the standard or regulation which one's action or behaviour must follow:

　　1.按学校要求,学生们都要穿校服。

　　　　Àn xuéxiào yāoqiú,xuéshengmen dōu yào chuān xiàofú.

　　2.我们上半年按计划完成了任务。

　　　　Wǒmen shàng bàn nián àn jìhuà wánchéngle rènwù.

　　3.按规定,实验室如有实验,是不能随便进去的。

　　　　Àn guīdìng,shíyànshì rú yǒu shíyàn,shì bù néng suíbiàn jìnqù de.

　　4.按目前的情况,我们的工作很难开展。

　　　　Àn mùqián de qíngkuàng,wǒmen de gōngzuò hěn nán kāizhǎn.

有时"按"可带"着",宾语部分必须是多音节的:

Sometimes "按"can take "着"and the object must be polysyllabic:

　　5.按着她告诉我们的路走,的确节省了不少时间。

　　　　Ànzhe tā gàosù wǒmen de lù zǒu,díquè jiéshěngle bù shǎo shíjiān.

B. 指出行为、动作所依照的条件,往往带有一组或几组意义相对的形容词,有时也可省略:

Indicates the condition of an action or behaviour which consists of a pair of adjectives of opposite meanings, but these adjectives may be omitted:

　　1.小学生按个子高矮排队。

Xiǎoxuéshēng àn gèzi gāo'ǎi pái duì.

2. 学生要按水平高低、学习时间长短分班。

　　Xuésheng yào àn shuǐpíng gāodī、xuéxí shíjiān chángduǎn fēn bān.

3. 这些布按质量好坏和颜色深浅分类。

　　Zhèxiē bù àn zhìliàng hǎohuài hé yánsè shēnqiǎn fēnlèi.

以上三个句子中,1 中的"高矮",2 中的"高低""长短",3 中的"好坏""深浅"
均可省略:

In the three sentences above,"高矮"in 1,"高低"and"长短"in 2 and,"好坏"
and"深浅"in 3, can all be omitted.

C. 表示行为、动作以某单位为标准:

Indicates the unit of an action or behaviour:

1. 他们工厂是按时间计算工作量。

　　Tāmen gōngchǎng shì àn shíjiān jìsuàn gōngzuòliàng.

2. 退休后,他儿子按月替他领取退休金。

　　Tuìxiū hòu,tā érzi àn yuè tì tā lǐngqǔ tuìxiūjīn.

3. 买粮食按公斤计算。

　　Mǎi liángshi àn gōngjīn jìsuàn.

D. "按……"跟"说"、"来说"、"来讲"等搭配,指出根据这个作出论断:

"按…"used in conjunction with "说","来说","来讲"etc. indicates the basis
of judgment:

1. 按理说,他第一次来北京,我应该陪他玩儿玩儿。

　　Àn lǐ shuō,tā dìyī cì lái Běijīng,wǒ yīnggāi péi tā wánrwanr.

2. 按他的汉语水平来讲,听懂这个报告是不成问题的。

　　Àn tā de Hànyǔ shuǐpíng lái jiǎng, tīngdǒng zhège bàogào shì bù
　　chéng wèntí de.

3. 按一般的道理讲,儿女照顾父母是应尽的义务。

　　Àn yìbān de dàolǐ jiǎng,érnǚ zhàogù fùmǔ shì yīng jìn de yìwù.

4. 按他的习惯来说,早上一起床就要喝茶。

　　Àn tā de xíguàn lái shuō,zǎoshàng yì qǐchuáng jiù yào hē chá.

"说""讲""来讲""来说"一般可省略。如以上四句均可省略。

"说","讲","来讲","来说"usually can be deleted and those in the above 4 ex-
amples can be dropped.

"按"+ 人称代词 +说(讲,想),有根据某人的意见的意思。

"按"+ personal pronoun + 说(讲,想)means according to sb'.s opinion:

1. 按我想,这事这么办不大合适。

　　Àn wǒ xiǎng,zhè shì zhème bàn bú dà héshì.

2. 要按他说,今天咱们就不应该出去。

Yào àn tā shuō, jīntiān zánmen jiù bù yīnggāi chūqu.

参看"照"。

Compare "照"zhào.

按期　ànqī　(副词)

表示依照规定的期限,用于正式事务,多修饰多音节词语:

"On schedule"; "on time"; applies to official dealings and modifies polysyllabic words or phrases:

1. 借图书馆的书要按期归还。

Jiè Túshūguǎn de shū yào ànqī guīhuán.

2. 学校定购的这批录音机将于年底按期提货。

Xuéxiào dìnggòu de zhè pī lùyīnjī jiāng yú niándǐ ànqī tí huò.

3. 这个工程为什么没有按期完工?

Zhège gōngchéng wèi shénme méiyǒu ànqī wángōng?

按时　ànshí　(副词)

按限定或预定的时间,既可用于正式场合也可用于个人事务:

"On time"; "on schedule", can apply to both official dealings and private affairs:

1. 作业应该按时完成。

Zuòyè yīnggāi ànshí wánchéng.

2. 第二天中午,陈先生按时赶到了车站。

Dì'èr tiān zhōngwǔ, Chén xiānshēng ànshí gǎndàole chēzhàn.

3. 货物必须按时送到。

Huòwù bìxū ànshí sòngdào.

4. 他老人家生活很有规律,按时起床,按时吃饭,按时休息。

Tā lǎorénjia shēnghuó hěn yǒu guīlù, ànshí qǐ chuáng, ànshí chī fàn, ànshí xiūxi.

按说　ànshuō　(连词)

按照一般的情理或事实来说(应如何),多用于句首,后面可有停顿;后边常有"但是""不过""可是"等词与之呼应,表示情况并非如此:

"Normally"; "ordinarily"; usually used at the head of the sentence, followed by a pause, and there is usually "不但""不过""可是"etc. to go with it to indicate that the fact is not so:

1. 按说我的个子不算低了,可是跟他一比,他却比我高一头。

Ànshuō wǒ de gèzi bú suàn dī le, kěshì gēn tā yì bǐ, tā què bǐ wǒ gāo yì tóu.

2. 你们按说都是北京人哪,但是有几个人走遍了北京的大街小巷?

Nǐmen ànshuō dōu shì Běijīng rén na, dànshì yǒu jǐ ge rén zǒubiànle

Běijīng de dàjiē xiǎoxiàng?

3. 按说呢，这事儿我不该说，不过作为老朋友，我又觉得应该对你说一说。

Ànshuō ne, zhè shìr wǒ bù gāi shuō, búguò zuòwéi lǎo péngyǒu, wǒ yòu juéde yīnggāi duì nǐ shuō yì shuō.

按照 ànzhào （介词）

同"按"A、B、D，但宾语必须是双音节或多音节词语，不能加"着"：

Same as "按" A, B, D, but the object must be disyllabic or polysyllabic and "着" cannot be added:

1. 按照施工方案施工，不会有问题的。

Ànzhào shī gōng fāng'àn shī gōng, bú huì yǒu wèntí de.

2. 我们是完全按照上级提出的要求去做的。

Wǒmen shì wánquán ànzhào shàngjí tíchū de yāoqiú qù zuò de.

3. 按照任务的轻重缓急制定计划。

Ànzhào rènwù de qīngzhòng huǎnjí zhìdìng jìhuà.

4. 我得按照房间的大小来购买家具。

Wǒ děi ànzhào fángjiān de dàxiǎo lái gòumǎi jiājù.

5. 按照常理（讲），朋友生病，是应该去看望的。

Ànzhào chánglǐ (jiǎng), péngyou shēng bìng, shì yīnggāi qù kànwàng de.

6. 按照当地的风俗习惯（来说），春节时都要举办灯会的。

Ànzhào dāngdì de fēngsú xíguàn (láishuō), Chūnjié shí dōu yào jǔbàn dēnghuì de.

暗自 ànzì （副词）

表示不公开表露的内心活动，有时还加上"心中"等：

"Secretly"; "to oneself", "心中" can be added before "暗自":

1. 听说我大考的分数不错，我暗自高兴。

Tīngshuō wǒ dàkǎo de fēnshù búcuò, wǒ ànzì gāoxìng.

2. 他心中暗自盘算，这件事该怎么办呢？

Tā xīnzhōng ànzì pánsuàn, zhè jiàn shì gāi zěnme bàn ne?

3. 他表面不露声色，心里暗自担忧。

Tā biǎomiàn bú lù shēngsè, xīnli ànzì dānyōu.

把[1] bǎ （介词）

"把"字句主要表示对于人或事物的处置或影响。"把"后边的宾语是被处置或影响的对象；"把……"放在述语前，要注意下列几点：

"把" sentence indicates how sb. or sth. is disposed of or influenced. The object of "把"

is the object disposed of or influenced ．"把…"must precede the predicate, and the following points must be borne in mind:

A．述语一般是及物的,"把"的宾语在意念上是述语的受事:

The verb is usually transitive and the object of "把" is in fact the object of the verb:

1．她早上起来就把院子打扫干净了。

　　Tā zǎoshang qǐlái jiù bǎ yuànzi dǎsǎo gānjìng le.

2．太阳把孩子们的脸晒红了。

　　Tàiyáng bǎ háizimen de liǎn shàihóng le.

3．走到房门口,她把箱子放下了。

　　Zǒu dào fáng ménkǒu, tā bǎ xiāngzi fàngxia le.

有些表示状态、心理活动、趋向的动词,如"有"、"在"、"看见"、"知道"、"赞成"、"同意"、"进"、"出"等,虽然是及物的,但不表示处置,不能用在"把"字句中。

Those verbs which indicate a state, a psychological activity or direction, such as "有","在","看见","知道","赞成","同意""进","出" etc. cannot be used in a "把" sentence though they are transitive.

B."把"的宾语多是专指的,即指确定的人或事物:

The object of "把"must be specific:

1．请把这封信交给老李。

　　Qǐng bǎ zhè fēng xìn jiāo gěi Lǎo Lǐ.

2．老师把他找去给他辅导数学。

　　Lǎoshī bǎ tā zhǎo qù, gěi tā fǔdǎo shùxué.

3．我上星期把那本小说看完了。

　　Wǒ shàng xīngqī bǎ nà běn xiǎoshuō kànwán le.

有时,特别是说理时,"把"的宾语可以是总指的:

Sometimes when theorising, the object of "把"can be generic:

4．我们要把发明创造变为生产力。

　　Wǒmen yào bǎ fāmíng chuàngzào biànwéi shēngchǎnlì.

5．这种小刀一下子就可以把绳子割断。

　　Zhè zhǒng xiǎodāo yíxiàzi jiù kěyǐ bǎ shéngzi gēduàn.

C."把"字句的主要动词不能独立存在,它或是自身重叠或者带后附成分:

The main verb of a "把"sentence cannot be used alone, it is either reduplicated or takes some supplement:

1．你得把这几个错字改一改。

　　Nǐ děi bǎ zhè jǐ ge cuòzì gǎi yì gǎi.

2. 他把饭、菜全吃光了。

Tā bǎ fàn, cài quán chīguāng le.

3. 我又把话重复了一遍。

Wǒ yòu bǎ huà chóngfùle yí biàn.

4. 我们把书架上的书摆得整整齐齐。

Wǒmen bǎ shūjià shàng de shū bǎi de zhěngzhěngqíqí.

D. 如果有助动词或否定词,要放在"把"前:

If there is an auxiliary verb or a negative word it must precede "把":

1. 你能把这本书交给老师吗?

Nǐ néng bǎ zhè běn shū jiǎo gěi lǎoshī ma?

2. 我还没把话说完呢。

Wǒ hái méi bǎ huà shuōwán ne.

参看"将"。

Compare "将" jiāng.

E. 述语前有"一"作状语,后面没有后附成分,表示动作短促,没有处置意义,"把……一(动词)"一般不能独立成句,后边还要有其它分句。如:

With "一" in front of the verb and with no supplement to follow, the verb indicates a swift action, "把…一(动词)" cannot make an independent sentence and there is an independent clause to follow :

1. 他把手掌一张说:"你看,我手里什么也没有。"

Tā bǎ shǒuzhǎng yì zhāng shuō: "Nǐ kàn, wǒ shǒu li shénme yě méi yǒu."

2. 他把头一扬,腰一挺,生气地走了。

Tā bǎ tóu yì yáng, yāo yì tǐng, shēngqì de zǒu le.

3. 我把手一伸,不小心碰倒了桌上的花瓶。

Wǒ bǎ shǒu yì shēn, bù xiǎoxīn pèngdǎole zhuō shang de huāpíng.

F. "把……"后,述语前,有时可以加助词"给",不影响意思:

Particle "给" can be added after "把…" and before the main verb without affecting the meaning:

1. 我不小心把铅笔给弄断了。

Wǒ bù xiǎoxīn bǎ qiānbǐ gěi nòngduàn le.

2. 我把明天的作业也给作了。

Wǒ bǎ míngtiān de zuòyè yě gěi zuò le.

3. 小王把我的脏衣服给洗了。

Xiǎo Wáng bǎ wǒ de zāng yīfu gěi xǐ le.

参看"将"。

Compare "将" jiāng.

G. 有时"致使"的意义强，"把"字句的动词可以是不及物的，甚至"把"的宾语可以是动词的施事而不是受事：

If the causative meaning is very obvious, the verb of a "把" sentence can even be intransitive and the object of "把" can be the agent of the action：

1. 她把眼都哭肿了。

   Tā bǎ yǎn dōu kūzhǒng le.

2. 一杯酒就把他喝醉了。

   Yì bēi jiǔ jiù bǎ tā hēzuì le.

3. 刚才那场面真把人吓死了。

   Gāngcái nà chǎngmiàn zhēn bǎ rén xiàsǐ le.

把 ^{2}　bǎ　（助词）

主要用于量词"个"后，"个把"是一两个，也偶尔用于其它量词后，表示一至二之间：

Mainly used after the measure word "个"and "个把"means one or two. Occasionally"把"may be used after some other measure words，also indicating one or two：

1. 我们的饭做得比较多，临时来个把人，足够吃的。

   Wǒmen de fàn zuò de bǐjiào duō, línshí lái gè bǎ rén, zúgòu chī de.

2. 别看得病的鸡只是个把只，很快就会传染上别的。

   Biékàn dé bìng de jī zhǐshì gè bǎ zhī, hěn kuài jiù huì chuánrǎn shang biéde.

3. 这一树枣没有人来偷摘，只是有时有个把孩子到树下来拣掉下来的枣。

   Zhè yí shù zǎo méi yǒu rén lái tōu zhāi, zhǐshì yǒushí yǒu gè bǎ háizi dào shù xià lái jiǎn diào xialai de zǎo.

4. 两家房子离得极近，只有丈把远吧！

   Liǎng jiā fángzi lí de jí jìn, zhǐ yǒu zhàng bǎ yuǎn ba!

"把"在"百""千""万"数词后，表示略多于"一百""一千""一万"：

"把"used after "百"，"千"，"万"means slightly more than "一百""一千""一万"：

5. 这礼堂坐千把人没问题。

   Zhè lǐtáng zuò qiān bǎ rén méi wèntí.

6. 这个单位不大，也就百把人吧！

   Zhège dānwèi bú dà, yě jiù bǎi bǎ rén ba!

后面有了"把"，量词及"百""千""万"之前不能再加数词。

No numeral can be used before"百"，"千"，"万"when they take "把"after them.

罢了　bàle　（助词）

用在陈述句的末尾，有"而已"的意思，常有"不过""只是""无非"等与它呼应，用来加强往小处说的语气，是可以省略的：

Used at the end of a declarative sentence to mean "that's all" and usually in conjunction with "不过", "只是", "无非"etc., "罢了"can be omitted:

1. 他对这样处理问题很不满意,只是没有说出来罢了。

   Tā duì zhèyàng chǔlǐ wèntí hěn bù mǎnyì, zhìshì méiyǒu shuō chūlai bàle.

2. 其实,这两种红色并不一样,只不过在灯光下不容易分辨罢了。

   Qíshí, zhè liǎng zhǒng hóngsè bìng bù yíyàng, zhǐ búguò zài dēngguāng xià bù róngyì fēnbiàn bàle.

3. 我倒不是非去广州不可,没去成,无非是有些遗憾罢了。

   Wǒ dào búshi fēi qù Guǎngzhōu bùkě, méi qùchéng, wúfēi shì yǒuxiē yíhàn bàle.

辨认:

Note:

"罢了"(bàliǎo)是动词,表示可以容忍:

Compare"罢了"(bàliǎo)which is a verb meaning to be tolerable:

1. 他一个人住在我家也罢了,还带来两个朋友,我实在招待不过来。

   Tā yí ge rén zhù zài wǒ jiā yě bàliǎo, hái dàilái liǎng ge péngyǒu, wǒ shízài zhāodài bú guòlái.

2. 我过生日,一家人在一起庆祝一下倒也罢了,没必要请很多人来。

   Wǒ guò shēngrì, yì jiā rén zài yìqǐ qìngzhù yíxià dào yě bàliǎo, méi bìyào qǐng hěn duō rén lái.

吧   ba   (语气助词)

A. 用在祈使句句尾,表示商量的语气:

Used at the end of an imperative sentence to give a consulting tone:

1. 你说说你的意见吧。

   Nǐ shuōshuo nǐ de yìjiàn ba.

2. 今天咱们晚点儿吃晚饭吧。

   Jīntiān zánmen wǎn diǎnr chī wǎnfàn ba.

3. 快振作起来吧!

   Kuài zhènzuò qǐlai ba!

4. 陪我去趟百货商场吧。

   Péi wǒ qù tàng bǎihuò shāngchǎng ba.

B. "好吧",表示同意或认可:

"好吧"means "all right":

1. 好吧,咱们就这么办。

   Hǎo ba, zánmen jiù zhème bàn.

2. 好吧,我答应帮你的忙。

　　Hǎo ba, wǒ dāyìng bāng nǐ de máng.

3. 他考虑了一下说:"好吧,下午两点你来找我。"

　　Tā kǎolǜ le yíxià shuō:"Hǎo ba, xiàwǔ liǎng diǎn nǐ lái zhǎo wǒ."

C. 把陈述句变为疑问句,表示对自己所想的不十分肯定:

Turns a declarative sentence into an interrogative one to show one's doubt:

1. 最近工作顺利吧?

　　Zuìjì gōngzuò shùnlì ba?

2. 这次考试通过了吧?

　　Zhè cì kǎoshì tōngguò le ba?

3. 还没到下班时间吧?你要去哪儿?

　　Hái méi dào xià bān shíjiān ba? Nǐ yào qù nǎr?

4. 今天他们该回来了吧?

　　Jīntiān tāmen gāi huílai le ba?

D. 表示停顿,带有假设的语气,有时对举,有两难的意味:

Shows a pause with a hypothetical tone. When applied to both a positive and a negative expression it shows a dilemma:

1. 就算你有道理吧,也不能根本不听别人的意见呀!

　　Jiù suàn nǐ yǒu dàolǐ ba, yě bù néng gēnběn bù tīng biérén de yìjiàn ya!

2. 这件深绿的衣服,你穿吧,太老气了,还是买那件浅绿的好!

　　Zhè jiàn shēnlǜ de yīfu, nǐ chuān ba, tài lǎoqì le, háishì mǎi nà jiàn qiǎnlǜ de hǎo!

3. 大家托我办这事,答应吧,没把握办好,不答应吧,又怕大家不高兴。

　　Dàjiā tuō wǒ bàn zhè shì, dāyìng ba, méi bǎwò bànbǎo, bù dāyìng ba, yòu pà dàjiā bù gāoxìng.

E. 用于举例:

Used to cite an example:

1. 比如小王吧,他的英语就比我好。

　　Bǐrú Xiǎo Wáng ba, tā de Yīngyǔ jiù bǐ wǒ hǎo.

2. 就拿写字来说吧,他的字是全班最好的。

　　Jiù ná xiě zì lái shuō ba, tā de zì shì quán bān zuì hǎo de.

白　bái　(副词)

A. 表示(行为)没有取得应得的效益:

"In vain", "to no avail":

1. 要是他不肯帮忙,你就是再求他也是白费。

　　Yàoshì tā bù kěn bāngmáng, nǐ jiùshì zài qiú tā yě shì bái fèi.

2. 他觉得这次假期到江南旅游,没有白去,看到了绮丽风光。

Tā juéde zhè cì jiàqī dào Jiāngnán lǚyóu, méiyǒu bái qù, kàndàole qǐlì fēngguāng.

3. 这些药白吃了,一点效果也没有。

Zhèxiē yào bái chī le, yìdiǎn xiàoguǒ yě méi you.

4. 到了年终,他想:今年几乎是白过了,什么知识也没有学到手;明年一定要好好学习。

Dàole niánzhōng, tā xiǎng: Jīnnián jīhū shì bái guò le, shénme zhīshi yě méiyǒu xué dào shǒu; míngnián yídìng yào hǎohāo xuéxí.

B. 表示不付代价(而得到好处):

"Free of charge"; "for nothing":

1. 妈妈常对孩子说:不能白要人家的东西。

Māma cháng duì háizi shuō: bù néng bái yào rénjia de dōngxi.

2. 作公务员的不能白拿国家的薪饷,不干实事。

Zuò gōngwùyuán de bù néng bái ná guójiā de xīnxiǎng, bú gàn shíshì.

3. 我老白吃你的东西,怎么好意思呢?

Wǒ lǎo bái chī nǐ de dōngxi, zěnme hǎo yìsi ne?

C. 表示(做坏事或有损公德的事)不受惩罚或不赔偿:

(Do sth. bad) without being punished:

1. 虽然是不小心,也不能白打了学校的玻璃,一定要陪偿。

Suīrán shì bù xiǎoxīn, yě bù néng bái dǎle xuéxiào de bōli, yídìng yào péicháng.

2. 他们在咖啡店闹事,可不能白闹,要负法律责任。

Tāmen zài kāfēidiàn nào shì, kě bù néng bái nào, yào fù fǎlǜ zérèn.

3. 打了人骂了人都不能白打白骂。

Dǎle rén màle rén dōu bù néng bái dǎ bái mà.

白白   *báibái*   (副词)

A. 同"白"A,表示(行为)没取得应得的效益;但后面可加"地":

Same as "白"A, "in vain"; "to no avail"; but can take "地" after it:

1. 你白白地耽误了好几年时间,一事无成!

Nǐ báibái de dānwùle hǎo jǐ nián shíjiān, yí shì wú chéng!

2. 这个公司虽然经营不善,还有转机,可不能白白地放弃!

Zhège gōngsī suīrán jīngyíng bú shàn, hái yǒu zhuǎnjī, kě bù néng báibái de fàngqì!

3. 他白白给老板干了半辈子,最后却被解雇了。

Tā báibái gěi lǎobǎn gànle bàn bèizi, zuìhòu què bèi jiěgù le.

B. 同"白"C, 表示（做坏事或有损公益的事）不受惩罚或不赔偿。后边可加
"地":

Same as "白"C, "without being punished", can take "地" after it:

1. 对坏人一定要绳之以法, 不能让他们白白贪污公家的资财。

Duì huàirén yídìng yào shéng zhī yǐ fǎ, bù néng ràng tāmen báibái tānwū gōngjiā de zīcái.

2. 难道我们能让小偷白白溜掉吗?

Nándào wǒmen néng ràng xiǎotōu báibái liūdiào ma?

3. 肇事的汽车司机要跑。不行! 警察追了过去, 一定不让这辆车白白轧
死这只狗。

Zhàoshì de qìchē sījī yào pǎo. Bù xíng! Jǐngchá zhuī le guòqù, yídìng búràng zhè liàng chē báibái yàsǐ zhè zhī gǒu.

百般　bǎibān　（副词）〈书〉

采用多种方法或手段, 常修饰双音词:

"In a hundred and one ways"; "using every means"; usually modifies disyllabic words:

1. 小李执意要干这不可能的事, 所以朋友们对他百般劝阻。

Xiǎo Lǐ zhíyì yào gàn zhè bù kěnéng de shì, suǒyǐ péngyǒumen duì tā bǎibān quànzǔ.

2. 她非常喜欢自己的小狗, 所以百般爱护。

Tā fēicháng xǐhuan zìjǐ de xiǎo gǒu, suǒyǐ bǎibān àihù.

3. 他这篇文章虽被编辑百般挑剔, 最后还是被采用了。

Tā zhè piān wénzhāng suī bèi biānji bǎibān tiāotī, zuìhòu háishì bèi cǎiyòng le.

咿　bai　（语气助词）

同"呗":

Same as "呗":

1. 母亲批评你, 是为你好咿!

Mǔqīn pīpíng nǐ, shì wèi nǐ hǎo bai!

2. 既然你喜欢听音乐, 那就听咿!

Jìrán nǐ xǐhuan tīng yīnyuè, nà jiù tīng bai!

3. 你愿意去就去咿!

Nǐ yuànyì qù jiù qù bai!

半……半……　bàn…bàn…　（格式）

分别用在意义相对的两个词或短语之前, 表示相对的两种性质或状态同时
存在, 常作定语、状语、述语等:

Used before two words or phrases of contrary meanings to indicate that both qualities or states exist. It is often used as an attributive, adverbial adjunct or predicate etc.:

1. 她半真半假的话,你不能全信。

   Tā bàn zhēn bàn jiǎ de buà,nǐ bù néng quán xìn.

2. 他房间的布置半中半西,我不喜欢。

   Tā fángjiān de bùzhì bàn zhōng bàn xī,wǒ bù xǐhuan.

3. 我跟他解释了半天,他还是半信半疑。

   Wǒ gēn tā jiěshìle bàntiān,tā háishì bàn xìn bàn yí.

4. 她半开玩笑半认真地批评了他几句。

   Tā bàn kāi wánxiào bàn rènzhēn de pīpíngle tā jǐ jù.

半……不…… bàn…bù… (格式)

分别嵌入性质相对的形容词,有"既不……""也不……"的意思,表示一种中间状态,有时含厌恶意,多作定语、述语等:

Two adjectives indicating opposite qualities are inserted to indicate "neither…nor …" and show a medium state, sometimes it may imply disgust. The phrase often functions as an attributive, predicate, etc.:

1. 红叶半红不黄的,还没到红透的时候呢。

   Hóng yè bàn hóng bù huáng de,hái méi dào hóngtòu de shíhou ne.

2. 他穿了件半新不旧的蓝上衣。

   Tā chuānle jiàn bàn xīn bú jiù de lán shàngyī.

3. 肉煮得半生不熟的,不能吃。

   Ròu zhǔ de bàn shēng bù shú de,bù néng chī.

被 bèi (介词)

引进被动句的施事者,多是体词;主语是述语意念上的受事,"被"字句多数是叙述已实现的事实:

Introduces the agent of the action in a passive sentence and is usually a substantive. The subject of a passive sentence is the sufferer of the action , a "被" sentence is usually used to relate a realized fact:

A. 述语多是及物的,一般带有后附成分,说明述语对主语的影响:

The main verb is transitive mostly followed by a supplement to tell how the action affects the subject:

1. 他被汽车撞伤了。

   Tā bèi qìchē zhuàngshāng le.

2. 那些资料一直被我保存着。

   Nàxiē zīliào yìzhí bèi wǒ bǎocún zhe.

3. 收音机被他修好了。

Shōuyīnjī bèi tā xiūhǎo le.

4. 文件被小李送到有关部门了。

　Wénjiàn bèi Xiǎo Lǐ sòng dào yǒuguān bùmén le.

在不必或不能指出施事者时，"被"直接放在述语前表示被动性：

When it is not necessary or impossible to point out the agent, "被" is placed right before the verb to show passivity :

5. 她被派到国外工作。

　Tā bèi pài dào guówài gōngzuò.

6. 大家被累得躺下就睡着了。

　Dàjiā bèi lèi de tǎngxia jiù shuìzháo le.

B. 某些双音节动词，可不带后附成分：

Some disyllabic verbs can do without any supplement :

1. 他父亲在抗日战争时期被敌人杀害。

　Tā fùqin zài Kàng Rì Zhànzhēng shíqī bèi dírén shāhài。

2. 我发现我的文章有多处被删改。

　Wǒ fāxiàn wǒ de wénzhāng yǒu duōchù bèi shāngǎi.

3. 三年前定的计划早已被修订。

　Sān nián qián dìng de jìhuà zǎoyǐ bèi xiūdìng.

C. 述语一般无宾语，但下列两种情况可有宾语：

The verb usually has no object with the following 2 exceptional cases :

1) 宾语是主语的一部分或属于主语的事物：

The object is a part of the subject or something belonging to the subject :

1. 树上的花被人折去了一半。

　Shù shang de huā bèi rén zhéqùle yíbàn.

2. 杂志被他们借走了五本。

　Zázhì bèi tāmen jièzǒule wǔ běn.

3. 他被机器轧伤了手指。

　Tā bèi jīqì yàshāngle shǒuzhǐ.

2) 宾语是主语受动词影响、支配的结果：

The object indicates what the verb has brought about to the subject :

1. 一张张红纸被剪成了各种各样的动物。

　Yì zhāngzhāng hóngzhǐ bèi jiǎnchéngle gè zhǒng gè yàng de dòngwù.

2. 那一片地被栽上了果树。

　Nà yí piàn dì bèi zāishàngle guǒshù.

3. 塔顶被阳光染上了一层金黄色。

　Tǎ dǐng bèi yángguāng rǎnshangle yì céng jīnhuángsè.

D. 助动词及否定词一定放在"被"前:

The auxiliary verb or negative word must precede "被":

1. 他们并没有被困难吓倒。

   Tāmen bìng méiyou bèi kùnnan xiàdǎo.

2. 你这身奇怪的打扮怎能不被人注意?

   Nǐ zhè shēn qíguài de dǎbàn zěn néng bú bèi rén zhùyì?

其它副词也多放在"被"前:

Most other adverbs also precede "被":

3. 他的注意力早被前面的景色吸引住了。

   Tā de zhùyìlì zǎo bèi qiánmiàn de jǐngsè xīyǐnzhù le.

4. 山上那条小路已被洪水冲没了。

   Shān shàng nà tiáo xiǎo lù yǐ bèi hóngshuǐ chōngmò le.

描写性状语多在述语前:

Descriptive adverbial adjuncts usually precede the verb:

5. 往事已被他深深地埋在记忆里。

   Wǎngshì yǐ bèi tā shēnshēn de mái zài jìyì li.

6. 修公路的任务被二队愉快地接受了。

   Xiū gōnglù de rènwù bèi èr duì yúkuài de jiēshòu le.

参看"叫"。

Compare "叫"jiào.

E. "被" + 动词可作定语:

"被" + verb can be used as an attributive:

1. 那段被侮辱被迫害的日子已经过去了。

   Nà duàn bèi wǔrǔ bèi pòhài de rìzi yǐjing guòqu le.

2. 在这个盗窃案中,被怀疑的对象有两个。

   Zài zhège dàoqiè'àn zhōng, bèi huáiyí de duìxiàng yǒu liǎng ge.

F. 有些表示不愉快情况的单音节动词常与"被"连用,作谓语、定语、状语等:

Some monosyllabic verbs of an unpleasant nature are often used together with "被"as the predicate, attributive or adverbial adjunct:

1. 她被迫离开了家。

   Tā bèi pò líkāile jiā.

2. 会上,人们争吵起来,小王被打了。

   Huìshang, rénmen zhēngchǎo qǐlai, Xiǎo Wáng bèi dǎ le.

3. 被俘的敌军中,有两个高级军官。

   Bèi fú de díjūn zhōng, yǒu liǎng ge gāojí jūnguān.

G. "被"字句原多用于人,表示对于当事者来说是不如意或不希望出现的

事。但如今,在科技、文学语言中,"被"用法已突破了这个限制。而英语中叙述日常生活事物的被动句,在汉语中大部分仍用没有"被"的被动句:

"被" sentences originally were applied to human beings to indicate unpleasant things. But now in scientific, technical and literary language "被" has exceeded this limit. However those passive sentences in English about everyday life are still translated into Chinese passive sentences without "被":

1. 这件衣服总算做完了。

　Zhè jiàn yīfu zǒngsuàn zuòwán le.

2. 书都包好,可以寄走了。

　Shū dōu bāohǎo, kěyǐ jìzǒu le.

另一类用"是⋯⋯的"

Some passive sentences take the pattern "是⋯的" in Chinese:

3. 这本书是他父亲写的。

　Zhè běn shū shì tā fùqīn xiě de.

4. 这条高速公路是去年修建的

　Zhè tiáo gāosù gōnglù shì qùnián xiūjiàn de.

倍加　bèijiā　(副词)

指程度高,多修饰双音词:

"Extra", "more than usual", mostly modifies disyllabic words:

1. 自从儿子病了一场,母亲对他倍加关怀。

　Zìcóng érzi bìngle yì cháng, mǔqīn duì tā bèijiā guānhuái.

2. 这几天下了大雨,守护河堤的民工倍加戒备。

　Zhè jǐ tiān xiàle dà yǔ, shǒuhù hédī de míngōng bèijiā jièbèi.

3. 小王高中一年级成绩不好,二年级倍加努力,进步很快。

　Xiǎo Wáng gāozhōng yì niánjí chéngjì bùhǎo, èr niánjí bèijiā nǔlì, jìnbù hěn kuài.

呗　bei　(语气助词)

A. 表示事实或道理明显,不必多说;或问题简单,不难解决:

Indicates that something is too obvious to be mentioned:

1. 你不懂,就问老师呗!

　Nǐ bù dǒng, jiù wèn lǎoshī bei!

2. 蝴蝶花,就是那种样子像蝴蝶的花呗!你没见过?

　Húdiéhuā, jiù shì nà zhǒng yàngzi xiàng húdié de huā bei! Nǐ méi jiànguo?

3. 她脸色那么苍白,生病了呗!

　Tā liǎnsè nàme cāngbái, shēng bìngle bei!

B. 表示勉强同意或勉强让步的语气:

Indicates reluctance:

1. 你决定干就干呗!

   Nǐ juédìng gàn jiù gàn bei!

2. 去就去呗!我反正无所谓。

   Qù jiù qù bei!Wǒ fǎnzhèng wúsuǒwèi.

本　běn　（副词）

A. 同形容词"本来",作状语,表示原先、以前,常含有后来已有变化的意思:

Same as the adjective "本来", used as an adverbial, meaning "originally", implying that the situation has changed since:

1. 鲁迅说过:其实地上本没有路,走的人多了,也便成了路。

   Lǔxùn shuōguo: qíshí dìshang běn méiyou lù, zǒu de rén duō le, yě biàn chéngle lù.

2. 我本想去参加那个会,一犹豫,又没有去。

   Wǒ běn xiǎng qù cānjiā nàge huì,yì yóuyù,yòu méiyou qù.

3. 他本不懂京剧,后来看了几出,逐渐有了兴趣。

   Tā běn bù dǒng jīngjù,hòulái kànle jǐ chū,zhújiàn yǒule xìngqù.

B. 同副词"本来",表示按道理应该如何(含有事实或人的认识并非如此的意思):

Same as the adverb "本来" (normally), implying that the fact or someone's understanding of it is not so:

1. 教育孩子本是家长和学校共同的责任,不能只推给一方。

   Jiàoyù háizi běn shì jiāzhǎng hé xuéxiào gòngtóng de zérèn, bù néng zhǐ tuī gěi yìfāng.

2. 我本不该管你们的事,只是作为朋友不愿袖手旁观。

   Wǒ běn bù gāi guǎn nǐmen de shì,zhǐ shì zuòwéi péngyou bú yuàn xiùshǒu-pángguān.

3. 她本该去年毕业,因为有病休学一年,今年才毕业。

   Tā běn gāi qùnián bìyè, yīnwei yǒu bìng xiūxué yì nián, jīnnián cái bìyè.

本来　běnlái　（副词）

按道理讲应该如何(含有事实或人的认识并非如此的意思):

"Normally"; "one would expect that", implying that the fact or someone's understanding of it is not so:

1. 玉本来是石头的一种,但它质地更纯洁。

   Yù běnlái shì shítou de yì zhǒng,dàn tā zhìdì gèng chúnjié.

2. 小孩子过生日本来是喜庆的事,但不必大事铺张。

　　　　Xiǎo háizi guò shēngrì běnlái shì xǐqìng de shì, dàn búbì dà shì

　　　　pūzhāng.

参看"本"B。

Compare"本"běn B.

有时"本来"后加"就",表示早应知道是如此:

Sometimes "就"is added after "本来"to indicate that one should have known…:

　　3．你本来就没必要去问他,他不会不同意。

　　　　Nǐ běnlái jiù méi bìyào qù wèn tā, tā bú huì bù tóngyì.

　　4．这种沙地本来就该种花生,以前种粮食是不对的。

　　　　Zhèzhǒng shādì běnlái jiù gāi zhòng huāshēng, yǐqián zhòng liángshi

　　　　shì bú duì de.

"本来嘛(么、吗)"常作插入语,表示某种看法、作法显然是正确的:

"本来嘛(么、吗)"is often used as a parenthesis to indicate that a certain view or

action is obviously correct:

　　5．本来嘛,当学生的就要念好书。

　　　　Běnlái ma, dāng xuésheng de jiù yào niànhǎo shū.

　　6．你说我好奇,本来么,人是有好奇心的,只要不过份。

　　　　Nǐ shuō wǒ hàoqí, běnláime, rénshì yǒu hàoqíxīnde, zhǐyào bú guòfèn.

本着　běnzhe　(介词)

指出动作所遵循的准则,或施事的态度,宾语一般限于"原则、精神、态度、方针"等少数抽象名词:

Indicates the regulation to be followed or the manner of the doer and the object is

limited to an abstract noun such as "原则", "精神", "态度", "方针"etc.:

　　1．我们要本着公平、合理的原则去解决他们之间的矛盾。

　　　　Wǒmen yào běnzhe gōngpíng、hélǐ de yuánzé qù jiějué tāmen zhī jiān

　　　　de máodùn.

　　2．他们俩本着勤俭节约的精神办了婚事。

　　　　Tāmen liǎ běnzhe qínjiǎn jiéyuē de jīngshen bànle hūnshì.

　　3．我要本着谦虚谨慎的态度向大家学习。

　　　　Wǒ yào běnzhe qiānxū jǐnshèn de tàidù xiàng dàjiā xuéxí.

在书面语中用"本着"的地方,有时用"本":

In written language, "本着"is sometimes replaced by"本":

　　语言课一定要突出实践性,教师一定要本此原则进行教学。

　　　　Yǔyán kè yídìng yào tūchū shíjiànxìng, jiàoshī yídìng yào běn cǐ yuánzé

　　　　jìnxíng jiàoxué.

比　bǐ　(介词)

主语和"比"的宾语是互相比较的两方,主语是二者程度较强的一方。主语和宾语可以是体词、动词、动宾结构、主谓结构等,谓语多为形容词,也可以是动词,有时带有后附成分。"比"可受否定词修饰:

Indicates a comparison. The subject and the object of "比" are the two parties, of which the subject is in a higher degree. The subject and object can be substantive verbs, V－O structures, S－P structures etc. The predicate is usually an adjective or a verb, often with a supplement. "比" can be modified by a negative word:

1. 我比他高不了多少。

   Wǒ bǐ tā gāo bu liǎo duōshǎo.

2. 小王比我晚上了一年学。

   Xiǎo Wáng bǐ wǒ wǎn shàngle yìnián xué.

3. 他身体比他哥哥好多了。

   Tā shēntǐ bǐ tā gēge hǎoduō le.

4. 这个计划不比那个计划详细。

   Zhège jìhuà bù bǐ nàge jìhuà xiángxì.

有时主语和"比"的宾语不一致,是因为有所省略:

Sometimes the subject may not accord with the object of "比" owing to deletion:

5. 这种布比那种(布)质量差。

   Zhè zhǒng bù bǐ nà zhǒng (bù) zhìliàng chà.

6. 这场雨比上次的(雨)小。

   Zhè cháng yǔ bǐ shàng cì de (yǔ) xiǎo.

7. 这个单位对业务的要求比那个单位(对业务的要求)高。

   Zhège dānwèi duì yèwù de yāoqiú bǐ nàge dānwèi (duì yèwù de yāoqiú) gāo.

比较动作在某方面的程度时,要用带"得"的补语:

When the grade of some action is to be compared, the complement with "得" must be used:

8. 我今天比昨天起得早。(或:我今天起得比昨天早)。

   Wǒ jīntiān bǐ zuótiān qǐ de zǎo. (或:wǒ jīntiān qǐ de bǐ zuótiān zǎo.)

9. 他唱得比我们好。(或,他比我们唱得好)。

   Tā chàng de bǐ wǒmen hǎo. (或:Tā bǐ wǒmen chàng de hǎo.)

10. 他说汉语说得比我流利。(或:他说汉语比我说得流利)。

    Tā shuō Hànyǔ shuō de bǐ wǒ liúlì. (或:Tā shuō Hànyǔ bǐ wǒ shuō de liúlì.)

有时"比"后可加"起"或"起来",意思不变:

"比" can take "起" or "起来" without affecting the meaning:

11. 比起我来，你的工作条件强多了。

Bǐ qǐ wǒ lái, nǐ de gōngzuò tiáojiàn qiángduō le.

12. 我们的生活水平比起过去，真不知提高了多少。

Wǒmen de shēnghuó shuǐpíng bǐqǐ guòqù, zhēn bù zhī tígāole duōshao.

以数词"一"加量词（或量词及名词）或不用量词的名词，在"比"前后重复构成状语，表示程度累进：

"一" plus a measure word (or a measure word + noun) or a noun which can do without a measure word, is reduplicated to form an adverbial adjunct before "比" and it indicates a progressive state:

13. 雨一阵比一阵大了，我们快走吧！

Yǔ yí zhèn bǐ yí zhèn dà le, wǒmen kuài zǒu ba!

14. 老人身体一年比一年差了。

Lǎorén shēntǐ yì nián bǐ yì nián chà le.

15. 这个杂志不错，一期比一期吸引人。

Zhège zázhì búcuò, yì qī bǐ yì qī xīyǐn rén.

比方　bǐfang　（连词）

"Such as "; "for instance"

有时可以说成"比方说"：

Can sometimes be said as "比方说":

A. 同"比如"A，引出具体例子来说明某一问题或道理：

Same as "比如"A, introduces a concrete example for illustration:

1. 以后谁要有事，比方送个病人、请个医生什么的，可以坐我的车。

Yǐhòu shuí yào yǒu shì, bǐfang sòng ge bìngrén, qǐng ge yīshēng shénmede, kěyǐ zuò wǒ de chē.

2. 快到播种时间了，比方说肥料啊、种子啊、农具啊，都要准备好。

Kuài dào bōzhǒng shíjiān le, bǐfang shuō féiliào a, zhǒngzǐ a, nóngjù a, dōu yào zhǔnbèi hǎo.

B. 同"比如"B，引出比喻：

Same as "比如"B, introducing a simile:

1. 孩子多在户外活动，身体才好，比方养花，不见阳光，花就会枯萎。

Háizi duō zài hùwài huódòng, shēntǐ cái hǎo, bǐfang yǎnghuā, bújiàn yángguāng, huā jiù huì kūwěi.

2. 青年人应该接受多方面的锻炼，比方说，一棵小树不经风雨，就成长不起来。

Qīngnián rén yīnggāi jiēshòu duō fāngmiàn de duànliàn, bǐfang shuō, yì kē xiǎo shù bù jīng fēngyǔ, jiù chéngzhǎng bù qǐlái.

C. "假如"的意思，同"比如"C：

Means "if ", "in case", same as "比如"C:

1. 对这种机器要精心操作,比方你胡乱使用它,它马上就会损坏。

　　Duì zhè zhǒng jīqì yào jīngxīn cāozuò, bǐfang nǐ húluàn shǐyòng tā, tā mǎshàng jiù huì sǔnhuài.

2. 对朋友要诚恳,比方你对别人不好,别人也不会善待你。

　　Duì péngyou yào chéngkěn, bǐfang nǐ duì biérén bù hǎo, biérén yě bú huì shàndài nǐ.

比较　bǐjiào　(副词)

表示不很高的程度(如"比较好"的程度不如"好")

Comparatively; relatively ("比较好"is not as good as "好"):

1. 一进她的家,靠右边是一个比较大的房间。

　　Yí jìn tā de jiā, kào yòubian shì yí ge bǐjiào dà de fángjiān.

2. 她的家境比较拮据。

　　Tā de jiājìng bǐjiào jiéjū.

3. 小李考虑问题一向比较实际。

　　Xiǎo Lǐ kǎolǜ wèntí yíxiàng bǐjiào shíjì.

参看"较"、"较为"。

Compare"较"jiào, "较为"jiàowéi.

比如　bǐrú　(连词)

"For instance"

A. 引出具体例子来说明某一问题或道理,"比如"后可有停顿;有时可说成"比如说":

Introduces a concrete example for illustration, and there can be a pause after "比如";can be said as "比如说":

1. 她很少出门, 只有在不得不出门的时候——比如说买食品——才出去。

　　Tā hěnshǎo chū mén, zhǐyǒu zài bùdébù chū mén de shíhou——bǐrú shuō mǎi shípǐn——cái chūqu.

2. 得了这种病,有许多症状,比如嗜睡、乏力。

　　Déle zhè zhǒng bìng, yǒu xǔduō zhèngzhuàng, bǐrú shìshuì, fá lì.

B. 引出比喻:

Introduces a simile:

1. 学习总得循序渐进,比如吃饭,总不能一口吃个胖子。

　　Xuéxí zǒng děi xúnxù-jiànjìn, bǐrú chī fàn, zǒng bù néng yì kǒu chī ge pàngzi.

2. 作事情常要付出代价,比如学游泳有时难免喝两口水。

Zuò shìqing cháng yào fùchū dàijià, bǐrú xué yóuyǒng yǒushí nánmiǎn hē liǎng kǒu shuǐ.

C. 假如的意思:

Same as "if":

1. 比如说他明天不来,能有人替他吗?

Bǐrú shuō tā míngtiān bù lái, néng yǒu rén tì tā ma?

2. 我这感冒,比如说不吃药也能好吧!

Wǒ zhè gǎnmào, bǐrú shuō bù chī yào yě néng hǎo ba!

必　bì　（副词）

A. 同"必定"A,表示极有把握的估计:

Same as "必定" A, indicates a very sure inference:

1. 老人断定这个小青年日后必能大有作为。

Lǎorén duàndìng zhège xiǎo qīngnián rì hòu bì néng dàyǒuzuòwéi.

2. 重赏之下,必有勇夫。

Zhòng shǎng zhī xià, bì yǒu yǒngfū.

3. 你和他下棋,必能胜他。

Nǐ hé tā xià qí, bì néng shèng tā.

B. 同"必定"B,表示必然:

Same as "必定" B, indicating necessity

1. 我去学校路上必过那家书店。

Wǒ qù xuéxiào lùshang bì guò nà jiā shūdiàn.

2. 这位老先生每天中午必要打一个盹儿。

Zhè wèi lǎo xiānshēng měi tiān bì yào dǎ yí ge dǔnr.

否定形式是"未必"或"不一定",而不是"不必"。

The negative form is "未必" or "不一定", not "不必".

必定　bìdìng　（副词）

多用于书面语。

Mostly used in written language.

A. 同"一定"A,表示极有把握的估计:

Same as "一定" A, indicating a very sure conjecture:

1. 第一个送你生日礼物的人必定是他!

Dìyī ge sòng nǐ shēngrì lǐwù de rén bìdìng shì tā!

2. 大家都认为,这次比赛,红队必定会胜利的。

Dàjiā dōu rènwéi, zhè cì bǐsài, hóngduì bìdìng huì shènglì de.

3. 天气不好,有雾,他开车又这么快,必定要出事!

Tiānqì bù hǎo, yǒu wù, tā kāi chē yòu zhème kuài, bìdìng yào chū shì!

B. 同"一定"C,表示必然:

Same as "一定" C, indicating necessity:

1. 我父亲饭后必定喝一杯茶。

   Wǒ fùqin fàn hòu bìdìng hē yì bēi chá.

2. 他每次进城,必定来访问我。

   Tā měi cì jìn chéng, bìdìng lái fǎngwèn wǒ.

3. 小李很幽默,话一出口,必定引起一片笑声。

   Xiǎo Lǐ hěn yōumò, huà yì chū kǒu, bìdìng yǐnqǐ yípiàn xiàoshēng.

"必定"的否定形式是"未必"或"不一定"。

The negative form of "必定" is "未必" or "不一定".

毕竟 bìjìng （副词）

A. 指出最关键之点:

"After all"; "in the final analysis":

1. 他想来想去,毕竟自己实力不够,不敢去应考。

   Tā xiǎng lái xiǎng qù, bìjìng zìjǐ shílì bú gòu, bù gǎn qù yìngkǎo.

2. 考题很难,但他毕竟有所准备,还是拿了个八十多分。

   Kǎotí hěn nán, dàn tā bìjìng yǒu suǒ zhǔnbèi, háishì nále ge bāshi duō fēn.

3. 女人毕竟是女人,家务事总比男人多一些。

   Nǚrén bìjìng shì nǚrén, jiāwù shì zǒng bǐ nánrén duō yìxiē.

B. 终于,最后,多用于书面语:

"At long last", mostly used in written language:

1. 连着阴雨一周之后,天毕竟是晴了,人们的心情也痛快多了。

   Liánzhe yīnyǔ yìzhōu zhīhòu, tiān bìjìng shì qíng le, rénmen de xīnqíng yě tòngkuài duō le.

2. 三年不见,老张毕竟怎么样了,大家都很关心。

   Sān nián bú jiàn, Lǎo Zhāng bìjìng zěnmeyàng le, dàjiā dōu hěn guānxīn.

3. 燉了一小时,这锅肉毕竟燉好了。

   Dùnle yì xiǎoshí, zhè guō ròu bìjìng dùnhǎo le.

边······边······ biān···biān··· （格式）

嵌入两个动词、动词短语或结构,表示两个动作同时进行,多用于同一主语:

Two verbs, verb phrases or structures are inserted to show two simultaneous actions, done by the same agent:

1. 我对这门业务也不太熟,边干边学。

Wǒ duì zhè mén yèwù yě bú tài shú, biān gàn biān xué.

2. 你们边吃边谈,不然,菜都凉了。

Nǐmen biān chī biān tán, bùrán, cài dōu liáng le.

3. 她总喜欢边看电视边织毛衣。

Tā zǒng xǐhuan biān kàn diànshì biān zhī máoyī.

有时"边……"可叠用两次以上:

"边…"can be repeated more than twice:

4. 他边看书,边记笔记,边用红笔把重点画出来。

Tā biān kàn shū, biān jì bǐjì, biān yòng hóngbǐ bǎ zhòngdiǎn huà chūlai.

便 biàn （副词）〈书〉

意思用法与"就"的一部分相同;用"便"的地方都可换成"就":

Equivalent to some usages of "就"and all "便"can be replaced by "就":

A. 同"就"A,用于表示时间的词语之后,表示说话人认为该时间早或短:

Same as "就" A, occurs after a word or phrase of time to indicate that the speaker thinks the time is early or short:

1. 他病刚好,便已上班。

Tā bìng gāng hǎo, biàn yǐ shàng bān.

2. 她十年前便离开广州了。

Tā shí nián qián biàn líkāi Guǎngzhōu le.

3. 小明刚到大门口,母亲便迎出来了。

Xiǎomíng gāng dào dà ménkǒu, mǔqin biàn yíng chūlai le.

4. 今天我的第一件事便是给朋友写信。

Jīntiān wǒ de dìyī jiàn shì biàn shì gěi péngyou xiě xìn.

B. 同"就"F,用在表示因果、条件等关系的复句的后一分句里:

Same as "就"F, used in the second clause to indicate that the first clause is the cause or condition:

1. 因为屋子里太嘈杂,我便到凉台上去了。

Yīnwei wūzi li tài cáozá, wǒ biàn dào liángtái shang qù le.

2. 肯刻苦学习,便会成功。

Kěn kèkǔ xuéxí, biàn huì chénggōng.

别 bié （副词）〈口〉

A. 用于祈使句,表示劝阻或禁止:

Occurs in an imperative sentence to indicate prohibition or dissuasion:

1. 别喝了,再喝你就醉了!

Bié hē le, zài hē nǐ jiù zuì le!

2. 对待孩子别和对待成人一样,一定要给充足的时间玩儿!

Duìdài háizi bié hé duìdài chéngrén yíyàng, yídìng yào gěi chōngzú de shíjiān wánr!

B. "别想"或"别打算"是一种强调说法,表示没有可能:

"别想"or"别打算"is an emphatic expression indicating impossibility:

1. 学习是老老实实的事,你别打算侥幸。

   Xuéxí shì lǎolaoshíshī de shì, nǐ bié dǎsuàn jiǎoxìng.

2. 学这种技术要循序渐进,别想一步登天。

   Xué zhè zhǒng jìshù yào xúnxù-jiànjìn, bié xiǎng yíbù-dēngtiān.

C. "别提"用于感叹句中,强调程度高:

"别提"used in an exclamatory sentence to emphasize high degree:

1. 大家听了这个好消息,别提多高兴了。

   Dàjiā tīngle zhège hǎo xiāoxi, bié tí duō gāoxìng le.

2. 他昨天来得别提多晚了!大部分人都走了。

   Tā zuótiān lái de bié tí duō wǎn le! Dàbùfen rén dōu zǒu le.

D. 表示揣测,常与"是"合用。句尾多有"吧",所揣测的事往往是自己所不愿意的:

"别是"indicates a conjecture, usually of an undesirable nature and "吧" often occurs at the end of the sentence:

1. 有人按门铃,别是房东太太来收房租吧?

   Yǒu rén àn ménlíng, bié shì fángdōng tàitai lái shōu fángzū ba?

2. 他几天没回家,别是出什么事了吧!

   Tā jǐ tiān méi huí jiā, bié shì chū shénme shì le ba!

E. 在许多熟语或成语中表示"另""另外"的意思:

In some set phrases or idioms, "别"means"另"or"另外"(other; another):

1. 我已经这个年纪,除了培养好孩子,别无所求。

   Wǒ yǐjīng zhège niánjì, chúle péiyǎng hǎo háizi, bié wú suǒ qiú.

2. 我只会开汽车,别无所长。

   Wǒ zhǐ huì kāi qìchē, bié wú suǒ cháng.

3. 他那么热心来帮忙,其实是别有用心。

   Tā nàme rèxīn lái bāngmáng, qíshí shì biéyǒuyòngxīn.

别管 biéguǎn (连词)

同"不管",表示在任何条件下(结果都不变);后边常有表示任指的疑问代词"谁""什么""哪""怎么""多"等:

Same as "不管", indicates that the result remains the same whatever the condition may be; there is usually an interrogative pronoun "谁", "什么", "哪", "怎么", "多"etc. used in the indefinite sense:

1. 别管他愿意听不愿意听，有意见你尽管提。
   Biéguǎn tā yuànyi tīng bú yuànyi tīng, yǒu yìjian nǐ jǐnguǎn tí.
2. 别管是谁，都得穿衣吃饭。
   Biéguǎn shì shuí, dōu děi chuān yī chī fàn.
3. 别管他说什么，我们按计划去办就是了！
   Biéguǎn tā shuō shénme, wǒmen àn jìhuà qù bàn jiùshì le!

辨认：

Note:

1. 你的病还没好，别管你怎么说，医生也不会同意你出院。
   Nǐ de bìng hái méi hǎo, biéguǎn nǐ zěnme shuō, yīshēng yě bú huì tóngyì nǐ chūyuàn.
2. "你别管我，你别管我！"她对妈妈撒娇。
   "Nǐ bié guǎn wǒ, nǐ bié guǎn wǒ!" Tā duì māma sājiāo.

例1中的"别管"是连词；例2中的"别管"是短语，是副词"别"加动词"管"。

"别管"in the first example is a conjunction, and "别管"in the second example is a phrase made up with the adverb "别"and verb"管".

别看　biékàn（连词）

用于复句的第一分句前，指出某种表面现象，重点在第二分句说明实质问题：

Used in the first clause of a complex sentence to indicate a phenomenon, while the emphasis is on the reality shown in the second clause:

1. 别看这个老先生年纪大，干劲儿可真不小。
   Biékàn zhège lǎo xiānsheng niánjì dà, gànjìnr kě zhēn bù xiǎo.
2. 别看小时候他们俩兴趣爱好一样，长大了早就成了两个完全不一的人了。
   Biékàn xiǎo shíhou tāmen liǎ xìngqù àihào yíyàng, zhǎngdà le zǎo jiù chéng le liǎng ge wánquán bù yíyàng de rén le。
3. 别看熊猫样子笨拙，倒真招人喜欢。
   Biékàn xióngmāo yàngzi bènzhuō, dào zhēn zhāo rén xǐhuan。

别说　biéshuō　（连词）

意思是因情况不言自明，就不必说了，常和"就是""连"呼应；有时，"别说"可以后出现：

"Needless to say"; is often used in conjunction with "就是"，"连"etc. Sometimes "别说…"can appear in the second clause:

1. 别说是这条街，整个城市也找不到这种便宜货。

Biéshuō shì zhè tiáo jiē, zhěnggè chéngshì yě zhǎo bu dào zhè zhǒng piányi huò。

2. 别说别墅,就是自己的住房我也没有。

Biéshuō biéshù, jiùshì zìjǐ de zhùfáng wǒ yě méi yǒu.

3. 他连大学的数学都学过了,别说中学的了。

Tā lián dàxué de shùxué dōu xuéguò le, biéshuō zhōngxué de le。

参看"慢说"。

Compare"慢说"mànshuō.

并¹ bìng （副词）

A. 用在否定形式前,强调事实不是人们可能想象的那样:

Occurs before a negative form to indicate that the fact is not as one may imagine or expect:

1. 一件文艺作品的价值,并不决定于字数的多少。

Yí jiàn wényì zuòpǐn de jiàzhí, bìng bù juédìng yú zìshù de duōshǎo。

2. 这种花的名字并不响亮,开起花来却十分艳丽。

Zhè zhǒng huā de míngzi bìng bù xiǎngliàng, kāi qǐ huā lái què shífēn yànlì。

3. 坎坷的生活并没改变他活泼的性格。

Kǎnkě de shēnghuó bìng méi gǎibiàn tā huópo de xìnggé。

B. 用在"并论"、"并重"、"并进"等少数搭配中,表示同样看待、同时动作等,多用于书面:

"并论","并重","并进"etc. indicate that different persons or things are treated in the same way or they act simultaneously; mostly used in written language:

1. 这件事不能和那件事相提并论。

Zhè jiàn shì bù néng hé nà jiàn shì xiāng tí bìng lùn。

2. 学好一门科学,最好是理论与实践并重。

Xuéhǎo yì mén kēxué, zuìhǎo shì lǐlùn yǔ shíjiàn bìng zhòng。

3. 登山队分两路并进。

Dēngshānduì fēn liǎng lù bìng jìn。

并² bìng （连词）〈书〉

A. 表示更进一层,连接并列的双音节动词属同一主语:

"And"; the parallel disyllabic verbs it connects must come under the same subject:

1. 他觉得这本书丰富并提高了自己。

Tā juéde zhè běn shū fēngfù bìng tígāo le zìjǐ。

2. 老王起身告辞并补充说:"请大家到我那儿去玩。"

Lǎo Wáng qǐshēn gàocí bìng bǔchōng shuō:"Qǐng dàjiā dào wǒ nàr qu wánr."

B."和"的意思,连接的多为名词:

Same as "和" and mostly connects nouns:

1. 我把不用的家具并一些旧书都处理掉了。

Wǒ bǎ bú yòng de jiājù bìng yìxiē jiù shū dōu chǔlǐdiào le.

2. 老画家一生画了不少山水画并一些人物画。

Lǎo huàjiā yìshēng huàle bù shǎo shānshuǐ huà bìng yìxiē rénwù huà.

并且 bìngqiě (连词)

表示更进一层;连接并列的词语(但不能连接体词),也可连接分句;后边有时有"还""也":

"And"; connects parallel words or phrases (not substantives) and clauses, sometimes there is "还" or "也" to go with it:

1. 人人都要懂得并且遵守交通规则。

Rénrén dōu yào dǒngde bìngqiě zūnshǒu jiāotōng guīzé.

2. 由于一起旅游,我和这家人结识并且成了朋友。

Yóuyú yìqǐ lǚyóu, wǒ hé zhè jiā rén jiéshí bìngqiě chéngle péngyou.

"并且"前面有时有"不但"或"不仅"等,则表示进一层的意思更明显:

Sometimes "不但" or "不仅" can be used in the first clause to put more emphasis into it:

3. 他不但是我的良师,并且是我的益友。

Tā búdàn shì wǒ de liángshī, bìngqiě shì wǒ de yìyǒu.

不 bù (副词)

A. 表示否定,修饰形容词或描写性短语,"不……"常作谓语、补语,也可作定语、状语:

Indicates negation and modifies adjectives or descriptive phrases. "不…" functions mostly as the predicate, but can also function as the complement, attributive or adverbial:

1. 这样作不合适。(谓语)

Zhèyàng zuò bù héshì.

2. 你说得不完全符合事实。(补语)

Nǐ shuō de bù wánquán fúhé shìshí.

3. 他又喝了不少的酒。(定语)

Tā yòu hēle bù shǎo de jiǔ.

4. 他很不高兴地把脸转了过去。（状语）

   Tā hěn bù gāoxìng de bǎ liǎn zhuǎnle guòqu.

B. 修饰动词，常表示主观意志，"不……"一般做谓语：

Modifies a verb to indicate subjective will, "不…" usually functions as the predicate：

1. 有很多中国人不看京剧。

   Yǒu hěn duō Zhōngguó rén bú kàn jīngjù.

   （没有时间性的一般动作）

   （a tenseless regular practice）

2. 他在大学学习的时候，暑假总不回家。

   Tā zài dàxué xuéxí de shíhou, shǔjià zǒng bù huí jiā.

   （过去的经常性动作）

   （a past regular practice）

3. 当时，看到小张的脸色，他就不开口了。

   Dāngshí, kàndào Xiǎo Zhāng de liǎnsè, tā jiù bù kāikǒu le.

   （已完成的动作）

   （an accomplished action）

4. 我今天不去学校。

   Wǒ jīntiān bú qù xuéxiào.

   （未完成的动作）

   （an unaccomplished action）

5. 不学习汉语，怎么研究中国文学呢？

   Bù xuéxí Hànyǔ, zěnme yánjiū Zhōngguó wénxué ne?

   （假设的动作）

   （a hypothetical action）

否定某些只能用"不"否定的动词：

Modifies certain verbs which can only be negated by "不"：

6. 他不喜欢说话，整天不声不响。

   Tā bù xǐhuan shuōhuà, zhěngtiān bùshēngbùxiǎng.

7. 我想这件事你不是不知道。

   Wǒ xiǎng zhè jiàn shì nǐ bú shì bù zhīdào.

8. 这条街上的茶馆真不算少。

   Zhè tiáo jiē shang de cháguǎn zhēn bú suàn shǎo.

C. 修饰助动词，"不+助动词+动词"以作谓语为主，也可作定语、补语等：

Modifies an auxiliary verb, "不 + auxiliary verb + verb" mainly functions as the predicate, but can also function as the attributive or complement：

1. 你不该得罪他。(谓语)

   Nǐ bù gāi dézuì tā.

2. 这是他绝不肯做的事。(定语)

   Zhè shì tā jué bù kěn zuò de shì.

3. 你把他吓得不敢哭了。(补语)

   Nǐ bǎ tā xià de bù gǎn kū le.

D. 用在动词和补语之间:

Used between the verb and its complement:

1. 孩子忍不住,放声大哭起来。

   Háizi rěn bu zhù, fàngshēng dà kū qǐlai.

2. 你万一赶不回来,可以在那里过夜。

   Nǐ wànyī gǎn bu huílái, kěyǐ zài nàli guòyè.

E. "A 不 A"(A 代表动词、形容词或助动词)是正反疑问句:

"A 不 A"("A" represents a verb, adjective or auxiliary verb) is a very common affirmative – negative question:

1. 你是不是工程师?

   Nǐ shì bu shì gōngchéngshī?

2. 托你办点事,不知你方便不方便?

   Tuō nǐ bàn diǎn shì, bu zhī nǐ fāngbiàn bu fāngbiàn?

3. 你可以不可以想个办法?

   Nǐ kěyǐ bu kěyǐ xiǎng ge bànfǎ?

如"A 不 A"后无其他成份,可以省略"不"后的 A:

If "A 不 A" is not followed by any other element, the "A" after "不" can be deleted:

4. 他明天回国,你知道不?

   Tā míngtiān huí guó, nǐ zhīdào bu?

5. 我们都去看电影,你去不?

   Wǒmen dōu qù kàn diànyǐng, nǐ qù bu?

F. 用在表示短时间的"几天"或"一会儿"之前,不表示否定,而强调时间短:

"不" used before "几天" or "一会儿" does not indicate negation but emphasizes the shortness of time:

1. 不几天,这位木匠就做好了家具。

   Bù jǐ tiān, zhè wèi mùjiàng jiù zuòhǎole jiāju.

2. 聊了不一会儿,大家就散了。

   Liáole bù yíhuìr, dàjiā jiù sàn le.

G. 单用,回答问题,表示认为对方的话不符合事实。有时用于自问自答:

Used independently in a conversation to indicate disagreement with the other party and can sometimes be used in a monologue:

1.——你是学数学的吗?

——Nǐ shì xué shùxué de ma?

——不,我是学化学的。

——Bù, wǒ shì xué huàxué de.

2. 我交不交申请呢……?不,还是慎重一点好!

Wǒ jiāo bu jiāo shēnqǐng ne…?Bù, háishi shènzhòng yìdiǎn hǎo!

要注意的是,如果问题是以否定形式提出的,在回答问题时,是否用"不",情况正好和英语相反:

What must be borne in mind is that if a question is in the negative, whether one should answer with "不" is just the reverse of the case in English:

3.——你和我们一起去吗?

——Nǐ hé wǒmen yìqǐ qù ma?

——对了,我去。

——Duì le, wǒ qù.

——不,我不去。

——Bù, wǒ bú qù.

4.——你不和我们一起去吗?

——Nǐ bù hé wǒmen yìqǐ qù ma?

——不,我去。

——Bù, wǒ qù.

——对了,我不去。

——Duì le, wǒ bú qù.

H. 用"不"否定助动词后再加"不"构成双重否定,表示有力的肯定:

When an auxiliary verb is negated by "不" and is followed by another "不", a double negative is formed which is an emphatic affirmation:

1. 这学期他不得不一边读书一边打工。

Zhè xuéqī tā bù dé bù yìbiān dúshū yìbiān dǎgōng.

2. 关于拨款的事,你不可不多讲几句。

Guānyú bōkuǎn de shì, nǐ bù kě bù duō jiǎng jǐ jù.

3. 这样做是很危险的,我不能不警告你。

Zhèyàng zuò shì hěn wēixiǎn de, wǒ bù néng bù jǐnggào nǐ.

I. 在"A 不 A"中,A 代表名词、动词或形容词,和"什么""不管"等连用,表示 A 是无关紧要的:

"A 不 A" in which "A" can be a noun, verb, or an adjective, is used with "什么" or "不管" to indicate that "A" is of no consequence at all:

1. 什么谢不谢的,这是我应该作的!

Shénme xiè bu xiè de, zhè shì wǒ yīnggāi zuò de!

2. 什么星期日不星期日的,大家都要来加班。

Shénme xīngqīrì bù xīngqīrì de, dàjiā dōu yào lái jiābān.

3. 工作不管称心不称心,也要安心在这儿干哪!

Gōngzuò bùguǎn chènxīn bú chènxīn, yě yào ānxīn zài zhèr gàn na!

J. 构成反问,常用"不是…吗""还不是…(吗)"等:

"不是…吗" or "还不是…吗" is a very common emphatic rhetorical question:

1. 这不是闯了大祸了吗?

Zhè bú shì chuǎngle dà huò le ma!

2. 他骂他的,你还不是听听就算了!

Tā mà tā de, nǐ hái bú shì tīngting jiù suàn le!

3. 几十年的朋友,难道谁还不了解谁吗?

Jǐshí nián de péngyou, nándào shuí hái bù liǎojiě shuí ma?

不必 bùbì (副词)

表示事理上或情理上不需要。

"Need not," "not have to":

1. 老板终于对他说:"明天你不必上班了。"

Lǎobǎn zhōngyú duì tā shuō: "Míngtiān nǐ búbì shàngbān le."

2. 这件事不必着急,我们要从长计议。

Zhè jiàn shì búbì zháojí, wǒmen yào cóngcháng jìyì.

3. 你到上海,不必打扰朋友,自己去住旅馆吧。

Nǐ dào Shànghǎi, búbì dǎrǎo péngyou, zìjǐ qù zhù lǚguǎn ba.

"不必"后面的动词可承前省略:

When the context permits, the verb after "不必" can be omitted:

4. ——要我陪你去吗?

——Yào wǒ péi nǐ qù ma?

——不必,我一个人可以。

——Búbì, wǒ yí ge rén kěyǐ.

5. 遇事就惊慌失措是大可不必的。

Yù shì jiù jīnghuāng shīcuò shì dà kě búbì de.

6. 写文章,先写提纲,有时候需要,有时候就不必。

Xiě wénzhāng, xiān xiě tígāng, yǒu shíhou xūyào, yǒu shíhou jiù búbì.

不……不…… bù…bù… (格式)

多作定语、谓语、状语:

Usually used as an attributive, adverbial adjunct or a predicate:

A. 嵌入意思相同或相近的词或语素,表示稍有强调:

Two words or morphemes with the same or similar meanings are inserted to give a slight stress.

1. 看他那不慌不忙的样子,我真着急。

Kàn tā nà bù huāng bù máng de yàngzi, wǒ zhēn zháojí.

2. 对与自己无关的事,他从来不理不睬。

Duì yǔ zìjǐ wúguān de shì, tā cónglái bù lǐ bù cǎi.

3. 他整天不声不响地埋头工作。

Tā zhěng tiān bù shēng bù xiǎng de máitóu gōngzuò.

4. 老人不吃不喝已经好几天了。

Lǎorén bù chī bù hē yǐjīng hǎo jǐ tiān le.

B. 嵌入意思相对的形容词、方位词等,表示适中:

Two adjectives or localizers with opposite meanings are inserted to indicate moderation:

1. 他的技术不好不坏,还可以。

Tā de jìshù bù hǎo bú huài, hái kěyǐ.

2. 那里不冷不热,四季如春,对他的身体很适合。

Nàli bù lěng bú rè, sìjì rúchūn, duì tā de shēntǐ hěn shìhé.

3. 我不多不少给了他 20 元。

Wǒ bù duō bù shǎo gěile tā èrshí yuán.

4. 我的位子不前不后,看演出很合适。

Wǒ de wèizi bù qián bú hòu, kàn yǎnchū hěn héshì.

C. 嵌入意思相对的动词、形容词、名词、方位词等,表示既不像这又不像那,而是一种中间状态,带有不满意的意思:

Two verbs, adjectives, nouns, localizers etc., of opposite meanings are inserted to indicate a state which is neither this nor that, rather dissatisfactory:

1. 这块布不白不黄的,是什么颜色呀!

Zhè kuài bù bù bái bù huáng de, shì shénme yánsè ya!

2. 这棵玫瑰买来半个月了,不死不活的样子,我真不知怎么才能养好它。

Zhè kē méigui mǎilái bàn ge yuè le, bù sǐ bù huó de yàngzi, wǒ zhēn bù zhī zěnme cái néng yǎnghǎo tā.

3. 这个房间的陈设不中不西,很不协调。

Zhège fángjiān de chénshè bù Zhōng bù Xī, hěn bù xiétiáo.

4. 这个学期,他的成绩总是不上不下,处于中间状态。

Zhège xuéqī, tā de chéngjì zǒngshì bú shàng bú xià, chǔyú zhōngjiān zhuàngtài .

D. 嵌入意思相对的动词,意思是"如果不⋯⋯就不⋯⋯":

Two verbs are inserted to mean"if not⋯will not⋯":

1. 咱们明天上午九点在中山公园门口见,不见不散。

Zánmen míngtiān shàngwǔ jiǔ diǎn zài Zhōngshān Gōngyuán ménkǒu jiàn, bú jiàn bú sàn.

2. 不破不立,要不断破除旧的,建立新的,社会才能前进。

Bú pò bú lì, yào búduàn pòchú jiù de, jiànlì xīn de, shèhuì cái néng qiánjìn.

不曾　bùcéng　（副词）〈书〉

"曾经"的否定形式,相当于副词"没有"B,表示过去经验的否定:

The negative form of "曾经", same as the adverb "没有"B, used to negate a past experience:

1. 这件事两人还不曾商定。

Zhè jiàn shì liǎng rén hái bùcéng shāngdìng.

2. 我是一个大老粗,不曾上过大学。

Wǒ shì yí ge dàlǎocū, bùcéng shàngguo dàxué.

3. 毕业以后,已有好几看年不曾拜望我的老师了。

Bìyè yǐhòu, yǐ yǒu hǎo jǐ nián bùcéng bàiwàng wǒ de lǎoshī le.

不成　bùchéng　（助词）

用于句尾,不改变句子意思,只加强反问语气,前面常有"难道"等词与它呼应,"不成"可省略:

Used at the end of a sentence only to enhance a rhetorical question, usually used in conjunction with "难道" etc ., "不成" can be omitted:

1. 难道你反悔了不成?

Nándào nǐ fǎnhuǐle bùchéng?

2. 这事难道是我编造的不成?

Zhè shì nándào shì wǒ biānzào de bùchéng?

3. 莫非他不来,我们就得停工不成?

Mòfēi tā bù lái, wǒmen jiù děi tíng gōng bùchéng?

4. 难道因为下大雨,咱们就不上班了不成?

Nándào yīnwéi xià dàyǔ, zánmen jiù bú shàng bān le bùchéng?

辨认:

Note:

下面的"不成"都不是助词:

The "不成" in the following sentences are not particles:

1. 借图书馆的书已经到期了，不还可不成。

   Jiè túshūguǎn de shū yǐjīng dào qī le, bù huán kě bù chéng.

2. 你开车开这么快不成，要罚款的。

   Nǐ kāi chē kāi zhème kuài bù chéng, yào fá kuǎn de.

以上两句中"不成"是"成"的否定，有"不行"的意思。

"不成" in the above 2 examples is the negative of "成" and means "be not allowed".

3. 电影票没买着，今天的电影是看不成了。

   Diànyǐngpiào méi mǎizháo, jīntiān de diànyǐng shì kàn bù chéng le.

4. 天太晚了，我看咱们去不成他家了。

   Tiān tài wǎn le, wǒ kàn zánmen qù bù chéng tā jiā le.

以上两句中"不成"是"不成功"的意思，是"看""去"的补语；肯定形式是"看得成""去得成"。

"不成" in the two examples above means not able to and is the complement of "看" and "去". The positive form is "看得成""去得成".

5. 这几天把她累得不成。

   Zhè jǐ tiān bǎ tā lèi de bùchéng.

6. 他急得不成。

   Tā jí de bùchéng.

以上两句"不成"做带"得"的补语，表示极高程度。

"不成" in the above two examples is the complement of "得" indicating a very high degree.

不大 bùdà （副词）

"不很、不怎么"的意思，表示程度不深：

Same as "不很"，"不怎么"；"not very"，"not quite"：

1. 他是个不大爱动脑子的人。

   Tā shì ge búdà ài dòng nǎozi de rén.

2. 这种电脑很复杂，我不大会用。

   Zhèng zhǒng diànnǎo hěn fùzá, wǒ búdà huì yòng.

3. 我比较粗心，父亲对我一个人在外面总是不大放心。

   Wǒ bǐjiào cūxīn, fùqin duì wǒ yí ge rén zài wàimian zǒngshì búdà fàngxīn.

不单 bùdān （连词）

同"不但"，用在复句的第一分句里，第二分句有"而且""并且""也""还"等与之呼应，表示后一分句的意思比前边更进一层：

Same as "不但"，used in the first clause of a compound sentence, the second clause uses "而且""并且""也"or"还"to go with it, indicating "furthermore":

1. 这次落选，他不单不灰心，而且由于总结了教训，更加有信心了。

Zhè cì luòxuǎn, tā bùdān bù huīxīn, érqiě yóuyú zǒngjiéle jiàoxùn, gèngjiā yǒu xìnxīn le.

2. 这间屋子不单向阳，光线好，并且宽敞。

Zhè jiān wūzi bùdān xiàngyáng, guāngxiàn hǎo, bìngqiě kuānchǎng.

3. 这种草不单南方有，北方也有。

Zhè zhǒng cǎo bùdān nánfāng yǒu, běifāng yě yǒu.

不但　bùdàn　（连词）

用在复句的第一分句里，第二分句有"而且""并且""也""还"等与之呼应，表示后一分句比前一句更进一层：

"Not only …(but also)"; used in the first clause and in the second clause there is "而且"，"并且""也""还"etc. to go with it, indicating "furthermore":

1. 我和他不但认识，而且是好朋友。

Wǒ hé tā búdàn rènshi, érqiě shì hǎo péngyou.

2. 他不但有中国书，还有不少外国书。

Tā búdàn yǒu Zhōngguó shū, hái yǒu bù shǎo wàiguó shū.

后一分句有时用"连……也""就是（即使）……也"表示一种极端的程度：

Sometimes "连…也…"or"就是（即使）…也…"is used in the second clause to indicate extremity:

3. 船出了海，不但看不见陆地，连飞鸟也难得看见了。

Chuán chūle hǎi, búdàn kàn bu jiàn lùdì, lián fēiniǎo yě nándé kànjiàn le.

"不但＋不（没有）……＋反而（反倒）……"常用来说明某种情况没有引起应有的反应，而引起相反的反应：

"不但＋不（没有）…反而（反倒）…" is often used to indicate that(a certain state) did not arouse the reaction it ought to, but on the contrary, aroused an opposite reaction:

4. 小刘叫他一声"老头子"，他不但不生气，反倒笑了。

Xiǎo Liú jiào tā yì shēng"Lǎo tóuzi", tā búdàn bù shēngqì, fǎndào xiào le.

5. 荣誉不但没使他晕头转向，反而使他更加清醒。

Róngyù búdàn méi shǐ tā yūn tóu zhuàn xiàng, fǎn'ér shǐ tā gèngjiā qīngxǐng.

不得不　bùdébù　（组合）

表示不得已，无可奈何；作状语：

"Have no choice but to"; used as an adverbial adjunct:

1. 雾太大，能见度极低，飞机不得不停飞。

 Wù tài dà, néngjiàndù jí dī, fēijī bùdébù tíng fēi.

2. 马路要拓宽，两边的商店不得不迁移。

 Mǎlù yào tuòkuān, liǎng biān de shāngdiàn bùdébù qiānyí.

3. 我明知道他会嫌麻烦，但是这件事还不得不求他帮忙。

 Wǒ míng zhīdào tā huì xián máfan, dànshì zhè jiàn shì hái bùdébù qiú tā bāngmáng.

不定 bùdìng (副词)〈口〉

A. 表示不肯定，多与正反疑问式配合：

Indicates uncertainty, and is used in conjunction with an affirmative + negative interrogative form:

1. 他今天不定来不来。

 Tā jīntiān búdìng lái bu lái.

2. 这本书卖得快极了，下午去买就不定有没有了。

 Zhè běn shū mài de kuài jíle, xiàwǔ qù mǎi jiù búdìng yǒu méiyǒu le.

3. 明天不定下不下雨呢。

 Míngtiān búdìng xià bu xià yǔ ne.

B. 表示猜测，多与代表人或事物的疑问代词配合：

Indicates a conjecture and is used in conjunction with interrogative pronouns:

1. 他出去散步，不定遇到了谁，谈上了，所以现在还没回来。

 Tā chūqù sànbù, búdìng yùdàole shuí, tánshàng le, suǒyǐ xiànzài hái méi huílai.

2. 又吵上了，他家不定又出了什么事！

 Yòu chǎoshàng le, tā jiā búdìng yòu chūle shénme shì!

3. 事情还不定怎么样呢！不可乐观！

 Shìqing hái búdìng zěnmeyàng ne! Bù kě lèguān!

C. 表示很高的程度，多与表示数量或程度的疑问代词配合：

Indicates a high degree, and is used in conjunction with interrogative pronouns of quantity or degree:

1. 她要是知道这个消息，不定哭得怎么样呢！

 Tā yào shì zhīdào zhège xiāoxi, búdìng kū de zěnmeyàng ne!

2. 他很关心这件事，最近问了我不定多少次了。

 Tā hěn guānxīn zhè jiàn shì, zuìjìn wènle wǒ búdìng duōshao cì le.

3. 这辆破车，一天不定抛几次锚！

 Zhè liàng pò chē, yì tiān búdìng pāo jǐ cì máo!

不断　bùduàn　（副词）

连续不间断：

"Unceasingly"；"continuously"：

1. 晚上不断有电话来询问他的病情。

Wǎnshang búduàn yǒu diànhuà lái xúnwèn tā de bìngqíng.

2. 这位相声演员不断使观众发出笑声。

Zhè wèi xiàngshēng yǎnyuán búduàn shǐ guānzhòng fāchū xiàoshēng.

3. 人的一生，要不断地丰富自己，提高自己。

Rén de yìshēng, yào búduàn de fēngfù zìjǐ, tígāo zìjǐ.

"不断"原是动词短语，现在还可以说"歌声不断""人流不断"等。

"不断"is originally a verbal phrase and we can still say"歌声不断""人流不断".

不……而……　bù…ér…　（格式）

表示虽然不具有某种条件或原因，但却产生了某种结果，一般构成成语；多作谓语、状语、定语等：

Indicates that a certain result is produced without the necessary condition, and this structure is usually an idiomatic expression; mostly functions as predicate, adverbial adjunct, attributive.：

1. 我的词典明明放在书架上，怎么不翼而飞了？

Wǒ de cídiǎn míngmíng fàng zài shūjià shang, zěnme búyì'érfēi le?

2. 大家不约而同地说：去颐和园。

Dàjiā bùyuē'értóng de shuō: Qù Yíhéyuán.

3. 应该让孩子从小就懂得，做个不劳而获的人是十分可耻的。

Yīnggāi ràng háizi cóng xiǎo jiù dǒngde, zuò ge bùláo'érhuò de rén shì shífēn kěchǐ de.

不妨　bùfáng　（副词）

表示可以这样做，没什么妨碍：

"Might as well"; indicating that there is no harm doing so：

1. 如果你的理由充足，不妨讲给我听听！

Rúguǒ nǐ de lǐyóu chōngzú, bùfáng jiǎng gěi wǒ tīngting!

2. 写好了一篇文章，不妨多改一改。

Xiěhǎole yì piān wénzhāng, bùfáng duō gǎi yì gǎi.

3. 总吃中餐，今天不妨吃吃西餐，换换口味。

Zǒng chī zhōngcān, jīntiān bùfáng chīchi xīcān, huànhuan kǒuwèi.

不管　bùguǎn　（连词）

表示在任何情况下（结果都不变），"不管"后边有表示任指的疑问代词"谁""什么""哪""怎么""多"等，常有副词"都""也""总"等呼应：

Indicates that under any circumstances（the result remains the same）；after"不管"
there is an interrogative pronoun "谁","什么","哪","怎么","多"to mean"no
matter…"and is in conjunction with an adverb "都","也","总"etc.：

　　1．不管你学什么专业，家里都支持。

　　　　Bùguǎn nǐ xué shénme zhuānyè,jiāli dōu zhīchí.

　　2．不管风多么大，值勤的民警都坚持巡逻。

　　　　Bùguǎn fēng duōme dà,zhíqín de mínjǐng dōu jiānchí xúnluó.

"不管"后边并列表示选择的词语，中间常有"和""或者""还是"等：

A conjunction "和","或者","还是"is usually used amidst the words or phrases
after"不管"：

　　3．不管有钱还是没钱，都得吃饭哪！

　　　　Bùguǎn yǒu qián háishì méi qián,dōu děi chī fàn na!

"不管……"可以连用：

"不管…"can be used in succession：

　　4．人在冲动时，最容易表露真情——不管他是善良的，凶恶的，也不管
　　　他是真诚的，还是虚伪的。

　　　　Rén zài chōngdòng shí, zuì róngyì biǎolù zhēnqíng——bùguǎn tā shì
　　　　shànliáng de, xiōng'è de, yě bùguǎn tā shì zhēnchéng de, háishi
　　　　xūwěi de.

参看"不论""无论"。

Compare"不论"bùlùn"无论"wúlùn.

不光　bùguāng　（连词）〈口〉

同"不但"，用在复句的第一分句里，表示后一分句的意思比前边更进一层：

Same as "不但",used in the first clause of a compound sentence：

　　1．她不光喜欢唱歌，还唱得满好呢！

　　　　Tā bùguāng xǐhuan chàng gēr,hái chàng de mǎn hǎo ne!

　　2．这种植物不光可供观赏，果实还可以入药。

　　　　Zhè zhǒng zhíwù bùguāng kě gōng guānshǎng, guǒshí hái kěyǐ
　　　　rùyào.

　　3．这篇文章不光道理说得透彻，文词也很漂亮。

　　　　Zhè piān wénzhāng bùguāng dàolǐ shuō de tòuchè, wéncí yě hěn
　　　　piàoliàng.

不过[1]　bùguò　（副词）

表示往小处说，有"只是"的意思：

"Only"；"merely"：

　　1．他说："我不过随便说说，请不要介意。"

Tā shuō:" Wǒ búguò suíbiàn shuōshuo,qǐng búyào jièyì."

2. 老张不过是个副科长。

Lǎo Zhāng búguò shì ge fù kēzhǎng.

3. 我们分别不过半年。

Wǒmen fēnbié búguò bàn nián.

"不过"修饰的动词如果不是"是",还可以加"是",意思不变:

If the verb modified by "不过" is not "是","是"can be added to "不过" without affecting the meaning:

4. 这件东西我不过是买着玩儿玩儿。

Zhè jiàn dōngxi wǒ búguò shì mǎi zhe wánrwanr.

例 1 也可以加"是"。

"是"can be added to "不过" in 1.

"不过"前边可以加"只",上面例句都可加"只"。

"只"can precede "不过"and "只"can be added in the above sentences .

"不过""不过是"后边如有"罢了""而已""就是了"等与之呼应,可以加重往小处说的语气:

At the end of a sentence,"罢了","而已" or "就是了"etc. may be used in conjunction with "不过"or "不过是" for emphasis:

5. 不过开个玩笑罢了,何必当真?

Búguò kāi ge wánxiào bàle,hébì dàngzhēn?

6. 他不过是发发牢骚而已。

Tā búguò shì fāfa láosāo éryǐ.

7. 那件事他是知道的,只不过不想说就是了。

Nà jiàn shì tā shì zhīdào de,zhǐ búguò bù xiǎng shuō jiùshì le.

辨认:

Note:

1. 我不过做了我应该做的。

Wǒ búguò zuòle wǒ yīnggāi zuò de.

2. 我做了,不过没做好。

Wǒ zuò le,búguò méi zuòhǎo.

例 1 中的"不过"是副词;例 2 中的"不过"是连词,连接分句,表示转折。

"不过"in 1 is an adverb,but is a conjunction in 2,indicating transition .

不过[2] bùguò　(连词)

连接分句,表示转折;大致同"但是";后一分句如有主语,"不过"可在主语前也可以在谓语前

Connects clauses to mean"but", it is about the same as "但是".If there is a subject in the second clause, "不过"can precede the subject or the predicate.

A. 用于后一分句,对前面所说的事情加以补充或修正:

Used in the second clause to introduce a revision or supplement to the first clause:

1. 天好像还没有放晴的意思,不过没有下雨。

   Tiān hǎoxiàng hái méiyǒu fàngqíng de yìsi, búguò méiyǒu xià yǔ.

2. 她一直学习钢琴和作曲,不过最擅长的还是弹钢琴。

   Tā yìzhí xuéxí gāngqín hé zuòqǔ, búguò zuì shàncháng de hái shì tán gāngqín.

3. 反对他的人不少,不过他不知道罢了。

   Fǎnduì tā de rén bù shǎo, búguò tā bù zhīdào bàle.

B. 用于后一分句,引出与上文相对立的意思:

Used in the second clause to introduce something opposite to what goes before:

1. 他不善于言词,不过他聪明过人,在学术上很有造诣。

   Tā bú shànyú yáncí, búguò tā cōngmíng guòrén, zài xuéshù shang hěn yǒu zàoyì.

2. 多谢你们,你们的建议虽好,不过对我却没有用。

   Duō xiè nǐmen, nǐmen de jiànyì suī hǎo, búguò duì wǒ què méiyǒu yòng.

不禁   bùjīn   （副词）〈书〉

不由自主,情不自禁:

"Can't help(doing sth.)", "can't refrain from":

1. 我一听这消息,心不禁怦怦跳起来。

   Wǒ yì tīng zhè xiāoxi, xīn bùjīn pēngpēng tiào qǐlai.

2. 这静夜,这雨声,不禁使我想起了许多往事。

   Zhè jìng yè, zhè yǔshēng, bùjīn shǐ wǒ xiǎng qǐle xǔduō wǎngshì.

3. 在一起旅游,我不禁对两个旅伴产生了好感。

   Zài yìqǐ lǚyóu, wǒ bùjīn duì liǎng ge lǚbàn chǎnshēngle hǎogǎn.

不仅   bùjǐn   （连词）

同"不但",多用于书面语:

Same as "不但", but usually used in written language:

1. 今年这里不仅热,而且热得出奇。

   Jīnnián zhèlǐ bùjǐn rè, érqiě rè de chūqí.

2. 绍兴酒不仅是当地名产,在国际上也很有名。

   Shàoxīng jiǔ bùjǐn shì dāngdì míngchǎn, zài guójì shang yě hěn yǒumíng.

"不仅仅"和"不仅"一样，有时含有强调的意味：

"不仅仅"is the same as "不仅", but with a slight stress：

　　3. 你这次考试作弊，不仅仅是个分数不真实的问题，而且是个道德品质问题。

　　　Nǐ zhè cì kǎoshì zuòbì, bùjǐnjǐn shì ge fēnshù bù zhēnshí de wèntí, érqiě shì ge dàodé pǐnzhì wèntí.

不料　bùliào　（副词）

出乎意料，可以处于第二分句的句首；后面多是不如意的事：

"Unexpectedly", "to one's surprise"；may be placed at the head of the second clause；usually followed by something of an undesirable nature.

　　1. 我去拜访她，不料吃了个闭门羹。

　　　Wǒ qù bàifǎng tā, búliào chīle gè bìméngēng.

　　2. 这台电脑不料售价这么高。

　　　Zhè tái diànnǎo búliào shòujià zhème gāo.

　　3. 刚播了种，不料天气突然变冷。

　　　Gāng bōle zhǒng, búliào tiānqì tūrán biàn lěng.

不论　bùlùn　（连词）

同"不管"，表示在任何情况下（结果都不变）：

Same as "不管", indicates that under any circumstances （the result remains the same）.

　　1. 不论在任何时候，对待任何事情，都要多用心。

　　　Búlùn zài rènhé shíhòu, duìdài rènhé shìqing, dōu yào duō yòngxīn.

　　2. 我觉得，不论从哪方面来说，弟弟都比我更胜任这份工作。

　　　Wǒ juéde, búlùn cóng nǎ fāngmiàn lái shuō, dìdi dōu bǐ wǒ gèng shèngrèn zhè fèn gōngzuò.

　　3. 不论是击剑、赛车，他都很喜欢。

　　　Búlùn shì jījiàn, sàichē, tā dōu hěn xǐhuan.

不免　bùmiǎn　（副词）

不可避免地：

"Inevitably"：

　　1. 半年没接到儿子的信，她不免有点耽心。

　　　Bàn nián méi jiēdào érzi de xìn, tā bùmiǎn yǒudiǎnr dānxīn.

　　2. 考题这么难，我不免发起怵来。

　　　Kǎotí zhème nán, wǒ bùmiǎn fā qi chù lái.

　　3. 这孩子虽然不小了，有时候还不免在父母面前撒娇。

　　　Zhè háizi suīrán bù xiǎo le, yǒu shíhòu hái bùmiǎn zài fùmǔ miànqián sāsa jiāo.

不然   bùrán   （连词）

A. 同"否则"，是"如果不这样"的意思，后面可有停顿；前面加"要"或后面加"的话"时，假设的语气更重些：

Same as "否则", meaning "otherwise", there is a pause after it, can also be said as "不然的话" or "要不然"：

1. 你快点儿出发吧，不然会迟到的。

   Nǐ kuài diǎnr chūfā ba, bùrán huì chídào de.

2. 多亏这孩子打了预防针，不然的话一定会传染上那种病。

   Duōkuī zhè háizi dǎle yùfáng zhēn, bùrán de huà yídìng huì chuánrǎn shang nà zhǒng bìng.

3. 这盆花应该喷点药，要不然可能长虫。

   Zhè pén huā yīnggāi pēn diǎnr yào, yào bùrán kěnéng zhǎng chóng.

B. 表示选择，如果不是这样就是那样，后面常有"就……"：

Indicates choice, "alternatively"; "就…" often follows "不然"：

1. 他们俩常常开着窗，一边望月，一边闲谈，不然就学作诗。

   Tāmen liǎ chángcháng kāizhe chuāng, yìbiān wàng yuè, yìbiān xiántán, bùrán jiù xué zuò shī.

2. 星期天我们去北海公园吧，不然就去颐和园，好吗？

   Xīngqītiān wǒmen qù Běihǎi Gōngyuán ba, bùrán jiù qù Yíhéyuán, hǎo ma?

不如   bùrú   （连词）

在两项事物中加以比较选择，用"不如"引出比较好的方面；有时和"与其"连用；前面是舍弃的一面，后面是选取的一面：

After a comparison, "不如" is used to introduce the preferred choice. Sometimes "不如" is used in conjunction with "与其". What follows "与其" is that which is abandoned and what follows "不如" is the choice：

1. 谈这些闲话有什么用，不如谈点正事。

   Tán zhèxiē xiánhuà yǒu shénme yòng, bùrú tán diǎnr zhèngshì.

2. 我们与其坐等时机，不如到外面去闯！

   Wǒmen yǔqí zuò děng shíjī, bùrú dào wàimìan qù chuǎng!

有时没有明显的比较，"不如"表示较好的作法：

Sometimes there is no obvious comparison and "不如" just indicates a rather good way out：

3. 我们不如就在半山腰休息一会儿吧！

   Wǒmen bùrú jiù zài bàn shānyāo xiūxi yíhuìr ba!

不时   bùshí   （副词）

时时，有间断（而连续）地；多用于书面语：

"Frequently"；"time and again"，usually occurs in written language：

1. 他不时利用闲暇到博物馆去看看。

　　Tā bùshí lìyòng xiánxiá dào bówùguǎn qu kànkan.

2. 老李又热又累，不时掏出手帕擦汗。

　　Lǎo Lǐ yòu rè yòu lèi，bùshí tāochū shǒupà cā hàn.

3. 她在大学学习期间，不时为筹措学费而奔走。

　　Tā zài dàxué xuéxí qījiān，bùshí wèi chóucuò xuéfèi ér bēnzǒu.

不是……便是……　bùshì…biànshì…　（格式）

同"不是……就是……"，有书面语意味：

Same as "不是…就是…"，with a literary flavour：

1. 这几天他不是开会，便是写文章，非常忙。

　　Zhè jǐ tiān tā búshì kāi huì，biànshì xiě wénzhāng，fēicháng máng.

2. 他的故乡不是广州便是汕头，我也记不清了。

　　Tā de gùxiāng búshì Guǎngzhōu biànshì Shàntóu，wǒ yě jì bu qīng le.

3. 这个学生非常粗心，每次作练习不是丢掉几个字，便是看错题。

　　Zhège xuésheng fēicháng cūxīn，měi cì zuò liànxí búshì diūdiào jǐ ge zì，biànshì kàncuò tí.

不是……而是……　bùshì…érshì…　（格式）

嵌入词语或分句，表示不是这个是那个，含有对比的意味；"不是"前可有"并""再"等：

Inserted with two words，phrases or clauses，means "not…but…"，implying a contrast；"并" or "再" often occurs before "不是"：

1. 我不是不愿意帮助你，而是没有能力。

　　Wǒ búshì bú yuànyì bāngzhù nǐ，érshì méiyǒu nénglì.

2. 他们种的不是桃树，而是杏树。

　　Tāmen zhòng de búshì táoshù érshì xìngshù.

3. 你对孩子无原则地迁就，这并不是爱他，而是害他。

　　Nǐ duì háizi wú yuánzé de qiānjiù，zhè bìng búshì ài tā，érshì hài tā.

4. 小明再不是当年那个顽皮的男孩，而是个大学生了。

　　Xiǎo Míng zài búshì dāngnián nàge wánpí de nánháir，érshì ge dàxuéshēng le.

不是……就是……　bùshì…jiùshì…　（格式）

嵌入名词、动词、短语或分句；表示二者必居其一：

Two nouns，verbs，phrases or clauses are inserted to mean "either…or…"：

1. 山上不是青松就是翠柏。

　　Shān shàng búshì qīng sōng jiùshì cuì bǎi.

2. 那些衣服不是颜色不合适，就是式样不好，我一件也没买。

Nàxiē yīfu búshì yánsè bù héshì, jiùshì shìyàng bù hǎo, wǒ yí jiàn yě méi mǎi.

3. 他星期日不是打网球就是游泳，反正总要去运动。

Tā xīngqīrì búshì dǎ wǎngqiú jiùshì yóuyǒng, fǎnzhèng zǒng yào qù yùndòng.

4. 她神经有点儿不正常，见了人不是哭就是笑，什么话也不说。

Tā shénjīng yǒudiǎnr bú zhèngcháng, jiànle rén búshì kū jiùshì xiào, shénme huà yě bù shuō.

参看"不是……便是……""非……即……"。

Compare "不是…便是…" búshì…biànshì… and "非…即…" fēi…jí…

……不算，还……　　…bùsuàn, hái…　（格式）

表示除了一般的，当然的之外，还有更进一步的，侧重点在后面：

Means "besides…" and what is stressed comes after "还":

1. 他在上大学，每年学费、饭费不算，还需要不少买书和零用钱。

Tā zài shàng dàxué, měi nián xuéfèi, fànfèi búsuàn, hái xūyào bù shǎo mǎi shū hé língyòng qián.

2. 李光学习成绩优异不算，还是校足球队的主力队员。

Lǐ Guāng xuéxí chéngjì yōuyì búsuàn, hái shì xiào zúqiúduì de zhǔlìduìyuán.

3. 听他演讲的人真多，主办单位的不算，还来了许多外单位的。

Tīng tā yǎnjiǎng de rén zhēn duō, zhǔbàn dānwèi de búsuàn, hái láile xǔduō wài dānwèi de.

4. 他自己来了不算，还带来了他的夫人。

Tā zìjǐ lái le búsuàn, hái dàiláile tā de fūren.

不要　bùyào　（副词）

A. 用于祈使句，同"别"，没有肯定形式：

Used in an imperative sentence and means "别". It has no affirmative form:

1. 孩子，不要哭，不要闹，一会儿妈妈就回来。

Háizi, búyào kū, búyào nào, yíhuìr māma jiù huílai.

2. 乘客们不要着急，车马上就修理好。

Chéngkèmen búyào zháojí, chē mǎshàng jiù xiūlǐ hǎo.

B. "不要想"同"别想"：

"不要想" is the same as "别想":

1. 这件事十分棘手，你不要想很快就解决。

Zhè jiàn shì shífēn jíshǒu, nǐ búyào xiǎng hěn kuài jiù jiějué.

2. 最近银根很紧,不要想银行会借给我们钱。

　　Zuìjìn yíngēn hěn jǐn, búyào xiǎng yínháng huì jiè gěi wǒmen qián.

C."不要说"同"别说","不要看"同"别看",常用在复句的第一分句中:

　　"不要说"is the same as "别说"and "不要看"is the same as "别看",both are usually used in the first clause of a complex sentence:

1. 不要说你这个孩子,就是我也不敢轻易接手这个工作。

　　Búyào shuō nǐ zhège háizi, jiùshì wǒ yě bù gǎn qīngyì jiēshǒu zhège gōngzuò.

2. 不要看这车不大,能坐下 20 人呢!

　　Bùyào kàn zhè chē bú dà, néng zuòxià èrshí rén ne!

辨认:

Note:

"要"有时是"必须"的意思,是助动词,其否定形式是"不要",不是副词,如:

"要"sometimes means "must"and is an auxiliary verb.Its negative form is "不要":

1. 我想买件大衣,要厚一点儿的,不要(买)太贵的。

　　Wǒ xiǎng mǎi jiàn dàyī, yào hòu yìdiǎnr de, búyào (mǎi) tài guì de.

2. 这个公园可以随便进去,不要买票。

　　Zhège gōngyuán kěyǐ suíbiàn jìnqu, búyào mǎi piào.

不用　bùyòng(副词)

A. 不需要:

　　"Need not":

1. 你不用客气,请随便用点茶点。

　　Nǐ búyòng kèqi, qǐng suíbiàn yòng diǎn chádiǎn.

2. 不用担心,我们会准备好房间的。

　　Búyòng dānxīn, wǒmen huì zhǔnbèi hǎo fángjiān de.

3. 如果你去,我就不用去了。

　　Rúguǒ nǐ qù, wǒ jiù búyòng qù le.

"都"在"不用"前后,意思不同:

There is a difference in meaning when"都"is used before or after"不用":

4. 你和他都不用去。

　　Nǐ hé tā dōu búyòng qù.

　　(两个人都可以不去。)

　　(Neither has to go.)

5. 你和他不用都去。

　　Nǐ hé tā búyòng dōu qù.

　　(去一个人就行了。)

(It is not necessary that both go, one is enough.)

有些介宾结构必在"不用"之后：

Some P – O phrase must occur after "不用"：

6. 你不用替他操心。

　　Nǐ búyòng tì tā cāoxīn.

7. 你不用把他请过来谈，打个电话就行了。

　　Nǐ búyòng bǎ tā qǐng guòlai tán, dǎ ge diànhuà jiù xíng le.

有些介宾结构多在"不用"之后，但也可在前：

Some other P – O phrases usually occur after "不用", and can also precede it without affecting the meaning：

8. 我看不用跟他提这些事。

　　Wǒ kàn búyòng gēn tā tí zhèxiē shì.

9. 我看跟他不用提这些事。

　　Wǒ kàn gēn tā búyòng tí zhèxiē shì.

10. 咱们不用在这些事情上费时间。

　　Zánmen búyòng zài zhèxiē shìqing shàng fèi shíjiān.

11. 咱们在这些事情上不用费时间。

　　Zánmen zài zhèxiē shìqing shàng búyòng fèi shíjiān.

"不用"也可以单用：

"不用" can be used independently：

12. ——明天一早我们到车站去送你。

　　——Míngtiān yìzǎo wǒmen dào chēzhàn qù sòng nǐ.

　　——不用了，不用了。

　　——Búyòng le, búyòng le.

B. "不用想"或"不用打算"意思是没有可能：

"不用想"or"不用打算"means "impossible"：

1. 这里僧多粥少，你不用想在这里立足！

　　Zhèlǐ sēng duō zhōu shǎo, nǐ búyòng xiǎng zài zhèlǐ lìzú.

2. 他很顽固，谁也不用打算说服他。

　　Tā hěn wángù, shuí yě búyòng dǎsuàn shuōfú tā.

辨认：

Note：

动词"用"有时用于兼语式，多是否定或反问，意思和副词"不用"差不多：

The verb "用" can sometimes be used in a pivotal sentence, mostly negative or in a rhetorical question, and means "不用"：

1. 这件事不用咱们操心。

Zhè jiàn shì búyòng zánmen cāoxīn.

　2. 大家对北京这么熟悉，还用他陪着去玩儿吗？

　　Dàjiā duì Běijīng zhème shúxī, hái yòng tā péizhe qù wánr ma?

不用说　bùyòngshuō　（组合）

表示不必说就可以明白，常作插入语，可放在句首，也可以独立作述语：

"Need not to say", usually used as a parenthesis, but can also be placed at the head of a sentence or used as a predicate：

　1. 这次去南方旅行，不用说，李立一定参加，因为他盼望很久了。

　　Zhè cì qù nánfāng lǚxíng, búyòngshuō, Lǐ Lì yídìng cānjiā, yīnwèi tā pànwàng hěnjiǔ le.

　2. 不用说这么一只小箱子，再重的东西我也提得动。

　　Búyòngshuō zhème yì zhī xiǎo xiāngzi, zài zhòng de dōngxi wǒ yě tí de dòng。

　3. 他这么大声一喊，不用说，大家都会被他吵醒。

　　Tā zhème dàshēng yìhǎn, búyòngshuō, dàjiā dōu huì bèi tā chǎoxǐng.

　4. 电视机他都能修，小收音机就不用说了。

　　Diànshìjī tā dōu néng xiū, xiǎo shōuyīnjī jiù búyòngshuō le.

不由得　bùyóude　（组合）

表示不禁、自然而然地，常作状语；有时可作"不由"：

"Cannot help", usually used as an adverbial adjunct and sometimes can be said as "不由"：

　1. 泉水那么清，人们走过，不由得都要喝上几口。

　　Quánshuǐ nàme qīng, rénmen zǒuguò, bùyóude dōu yào hēshang jǐ kǒu.

　2. 我听他讲述自己的坎坷遭遇，不由得一阵阵心酸。

　　Wǒ tīng tā jiǎngshù zìjǐ de kǎnkě zāoyù, bùyóude yí zhènzhèn xīnsuān.

　3. 看见他那滑稽的样子，人们不由得笑了起来。

　　Kànjian tā nà huájī de yàngzi, rénmen bùyóude xiàole qǐlái.

　4. 那孩子太不听话了，不由得人发火。

　　Nà háizi tài bù tīnghuà le, bùyóude rén fāhuǒ.

不只　bùzhǐ　（连词）

有"不但"的意思：

Same as "不但"：

　1. 他现在不只学有所成，而且在学术界有一定的地位。

　　Tā xiànzài bùzhǐ xué yǒu suǒ chéng, érqiě zài xuéshùjiè yǒu yídìng de dìwèi.

2. 看样子他困难得很,不只积蓄已化光,一时还找不到工作。

Kàn yàngzi tā kùnnan de hěn, búzhǐ jīxù yǐ huāguāng, yìshí hái zhǎo búdào gōngzuò.

3. 他不只是我的上司,而且是我的引路人。

Tā búzhǐ shì wǒ de shàngsi, érqiě shì wǒ de yǐnlù rén.

不至于　　bùzhìyú　（组合）

表示不会达到（某种不利的、不希望的情况）,常作状语:

"Not to such an extent as to (undesirable state)···";is often used as an adverbial adjunct:

1. 按他平时的学习成绩,不至于考不上大学。

Àn tā píngshí de xuéxí chéngjì, búzhìyú kǎo bu shàng dàxué.

2. 他家就在市中心,不至于那么难找。

Tā jiā jiù zài shì zhōngxīn, búzhìyú nàme nán zhǎo.

3. 他是因为感冒才发烧的,不至于住院。

Tā shì yīnwèi gǎnmào cái fāshāo de, búzhìyú zhùyuàn.

有时不利的结果可以在上文提到,而"不至于"可以独立成句:

Sometimes the extent is mentioned before and "不至于" can be used independently:

4. 我昨天再三叮嘱他要准时到,他怎么会忘呢?不至于。

Wǒ zuótiān zàisān dīngzhǔ tā yào zhǔnshí dào, tā zěnme huì wàng ne? Búzhìyú.

不致　　bùzhì　（副词）

表示不会引起某种不良后果,可以修饰否定形式:

"Cannot go so far", "unlikely to（give rise to a certain bad result)", can modify a negative structure:

1. 他的考试成绩不太好,但还不致不及格。

Tā de kǎoshì chéngjì bú tài hǎo, dàn hái búzhì bù jígé.

2. 小张的参赛作品虽然不够出色,绝对不致落选。

Xiǎo Zhāng de cānsài zuòpǐn suīrán bú gòu chūsè, juéduì búzhì luòxuǎn.

3. 红队在拼命踢出好成绩,以使自己的名次不致排在后边。

Hóngduì zài pīnmìng tīchū hǎo chéngjì, yǐ shǐ zìjǐ de míngcì búzhì pái zai hòubian.

才　　cái　（副词）

A. 强调时间:

1)用在表示时间的词语之后,表示时间晚或时间长,"才"轻读:

Used after a word or phrase of time to indicate that the time is late or long; "才" must be pronounced in the neutral tone:

1. 雨到夜里才停。

   Yǔ dào yèli cái tíng.

2. 我们学校今年七月末才放暑假。

   Wǒmen xuéxiào jīnnián qīyuè mò cái fàng shǔjià.

有时含有绝不在某时间以前发生的意思:

Sometimes it implies that sth. won't occur before a certain time, "not…until":

3. 小王要到下星期一才能离开北京。

   Xiǎo Wáng yào dào xià xīngqīyī cái néng líkāi Běijīng.

以上用法与"就"A 的用法相同,但意思相反,参看"就"和"方才"。

The usage above is the same as that of "就 A", but with the opposite meaning, compare "就 jiù" and "方才 fāngcái".

2) **用在表示时间的词语之前,表示时间早或短,"才"轻读;只用于已发生的事:**

Used before a word or phrase of time to indicate that the time is short or early, "才" is pronounced in the neutral tone, can only refer to a fulfilled event:

4. 两人虽然分别才二十四小时,就像二十多年没见似的。

   Liǎng rén suīrán fēnbié cái èrshísì xiǎoshí, jiùxiàng èrshi duō nián méi jiàn shìde.

5. 雨才下了几分钟就停了。

   Yǔ cái xiàle jǐ fēnzhōng jiù tíng le.

6. 今天才六号,离月底还早着呢!

   Jīntiān cái liù hào, lí yuèdǐ hái zǎozhe ne!

B. 强调数量:

Refers to quantity:

1) **用在数量短语之后, 表示数量大, 因而也可表示结果是来之不易的, "才"轻读:**

Used after a numeral-measure phrase to indicate that the quantity is large and so implies that the result is hard-earned; "才" is pronounced in the neutral tone:

1. 出了上关,再上去十五里,才是八达岭。

   Chūle Shàngguān, zài shàngqu shíwǔ lǐ, cái shì Bādálǐng.

2. 得几百块钱才能买这么一套词典。

   Děi jǐ bǎi kuài qián cái néng mǎi zhème yí tào cídiǎn.

上述用法 1)与"就"**B** 相同,但意思相反,参看"就"。

参看"方才"。

The above usage 1 is the same as that of "就 B", but with the contrary meaning; compare"就"jiù.

Compare"方才"fāngcái.

2)用在数量短语之前,表示数量小,"才"轻读:

> Used before a numeral-measure phrase to indicate a small quantity,"才"is pronounced in the neutral tone:

3. 他沿着长堤才走了十分钟,已经觉得有点累了。

> Tā yánzhe cháng dī cái zǒule shí fēnzhōng,yǐjīng juéde yǒudiǎn lèi le.

4. 哼,他出去半年,才挣这么点儿钱!

> Hng,tā chūqu bàn nián,cái zhèng zhème diǎnr qián!

以上用法 2)和"就"**B**2 相同,但"才"只用于已发生的事。参看"就"。

The above usage 2 is the same as"就"B2, but "才" can only refer to fulfied events.Compare"就"jiù.

C.表示在极短时间之前完成的,同"刚"A、B:

> "Just"; same as"刚"A,B:

1. 我问妈妈:"您买菜才回来呀?买了什么好吃的?"

> Wǒ wèn māma:"Nín mǎi cài cái huílai ya?Mǎile shénme hǎochī de?"

2. 他才大学毕业,还没有找到工作。

> Tā cái dàxué bìyè,hái méiyou zhǎodào gōngzuò.

可用在复句第一分句中,表示某动作一完成即有另一动作发生:

Used in the first clause of a complex sentence to show that no sooner had the first action taken place,than the second one happened:

3. 小李才想插嘴就被哥哥止住了,心里老大不高兴。

> Xiǎo Lǐ cái xiǎng chā zuǐ jiù bèi gēge zhǐzhù le,xīnli lǎodà bùgāoxìng.

D.用于复句的第二分句:

> Used in the second clause of a complex sentence:

1)表示第一分句的内容是必要条件,否则就不会有后边的结果;第一分句中有"必须""只有""非"等,更强调是唯一的或要求很高的条件:

> To indicate that the first clause relates the necessary condition without which the proposition in the second clause would be impossible.
> Sometimes"必须","只有","非"etc,is used in the first clause for emphasis:

1. 湖面宽了,游人划船才觉得舒畅。

> Húmiàn kuānle,yóurén huáchuán cái juéde shūchàng.

2. 具备哪几个条件才能当一个电影演员?

> Jùbèi nǎ jǐ ge tiáojiàn cái néng dāng yí ge diànyǐng yǎnyuán?

3．文学批评必须实事求是，才于作者有益。

Wénxué pīpíng bìxū shíshìqiúshì, cái yú zuòzhě yǒuyì.

4．你非亲自去检查一遍才能保证质量。

Nǐ fēi qīnzì qù jiǎnchá yí biàn cái néng bǎozhèng zhìliàng.

有时前面的条件只用一个名词或名词性短语，全句是单句不是复句；"只有"有时可省略：

Sometimes the condition is represented only by a noun or a noun phrase and the sentence is a simple one，"只有"can be omitted：

5．(只有)科学才能帮助我们！

(Zhǐyǒu) kēxué cái néng bāngzhu wǒmen!

6．(只有)头脑简单的人才会作这种傻事！

(Zhǐyǒu) tóunǎo jiǎndān de rén cái huì zuò zhè zhǒng shǎ shì!

2)表示第一分句是原因，如没有这原因决不会有后边的结果：

Indicates that the first clause is the cause without which the following result would not occur：

7．敬爱的校长：我是在生活上遇到疑问，才向您写信求教的。

Jìng'ài de xiàozhǎng: Wǒ shì zài shēnghuó shang yùdào yíwèn, cái xiàng nín xiě xìn qiújiào de.

参看"方"。

Compare"方"fāng.

3)表示第一分句是目的，如没有这目的是决不会有后边的行动的：

Indicates that the first clause tells the purpose or aim without which the following action would not have taken place：

8．她是要成为一个有用的人才刻苦学习的。

Tā shì yào chéngwéi yí ge yǒuyòng de rén cái kèkǔ xuéxí de.

9．我是为了朋友才这么作的。

Wǒ shì wèile péngyou cái zhème zuò de.

E. 用于感叹句，句尾多有"呢"：

Occurs in an exclamatory sentence and there is usually a "呢"at the end：

1)定动词或少数表示否定意义的动词(如"懒得"，"难得")以表示强烈的否定：

Precedes a negative verb or verbs which have a negative meaning such as "懒得"，"难得"etc.to indicate an emphatic negation：

1．我才不信你的谎话呢！

Wǒ cái bú xìn nǐ de huǎnghuà ne!

2．他才懒得管这些事呢！

Tā cái lǎnde guǎn zhèxiē shì ne!

2) 用于形容词或描写性词语前,表示极高的程度;有时用"才叫"是非常口语化的说法:

Used before an adjective or descriptive phrase to indicate a very high degree; sometimes "才叫" is used instead, which is very colloquial:

3. 昨天他喝醉了,发了酒疯,那才丢人呢!

Zuótiān tā hēzuì le, fāle jiǔfēng, nà cái diūrén ne!

4. 你看了那出戏吗,那才叫没意思呢!

Nǐ kànle nà chū xì ma, nà cái jiào méi yìsi ne!

3) "才怪(呢)"用于句尾,表示绝对不会是前面叙述的情况:

"才怪(呢)" at the end of a sentence indicates that what precedes it is absolutely impossible:

5. 哼,要是让祖父知道了,他老人家不打你耳光才怪!(一定会打耳光)

Hng, yàoshì ràng zǔfù zhīdào le, tā lǎorénjia bù dǎ nǐ ěrguāng cái guài!

6. 他这一溜走,能回来才怪呢!(一定不会回来)

Tā zhè yì liūzǒu, néng huílai cái guài ne!

草草　cǎocǎo　(副词)

表示行为、动作的草率或匆忙,可以带"地",一般没有否定形式:

"Rashly", can take "地" and it has no negative form:

1. 他草草地一看,就在上面签了字。

Tā cǎocǎo de yí kàn, jiù zài shàngmian qiānle zì.

2. 她草草洗了脸,就出去办事了。

Tā cǎocǎo xǐle liǎn, jiù chūqu bàn shì le.

3. 小李草草地写了个信稿,打算等抄写时再仔细推敲。

Xiǎo Lǐ cǎocǎo de xiěle ge xìngǎo, dǎsuan děng chāoxiě shí zài zǐxì tuīqiāo.

曾　céng　(副词)

同"曾经",表示从前有过某种行为或情况;否定形式是"不曾":

Same as "曾经", indicates a past experience and the negative form is "不曾":

1. 早年她曾在香港居住。

Zǎonián tā céng zài Xiānggǎng jūzhù.

2. 去年他曾发表过两篇高水平的学术论文。

Qùnián tā céng fābiǎoguo liǎng piān gāo shuǐpíng de xuéshù lùnwén.

3. 我们不曾来往,但彼此神交已久。

Wǒmen bùcéng láiwǎng, dàn bǐcǐ shénjiāo yǐ jiǔ.

曾经　céngjīng　（副词）

表示从前有过某种行为或情况；否定形式是"不曾"：

Indicates a past experience or state of affairs；the negative form is "不曾"：

1. 这里的政府曾经在去年发布过有关政令。

   Zhèlǐ de zhèngfǔ céngjīng zài qùnián fābùguo yǒuguān zhènglìng.

2. 写小说，我曾经试过，但没有成功。

   Xiě xiǎoshuō，wǒ céngjīng shìguo，dàn méiyou chénggōng.

3. 你曾经登过泰山吗？

   Nǐ céngjīng dēngguo Tài Shān ma?

差不多　chàbuduō　（副词）

表示接近某种程度、状态、数量等：

"Almost"；"nearly"；indicates nearness in degree，quantity or state：

1. 这两个运动员差不多一般高。

   Zhè liǎng ge yùndòngyuán chàbuduō yìbān gāo.

2. 那位老人的左眼差不多失明了。

   Nà wèi lǎorén de zuǒyǎn chàbuduō shīmíng le.

3. 这堆书差不多有两千本。

   Zhè duī shū chàbuduō yǒu liǎngqiān běn.

谓语中若有数量词，"差不多"可放在动词前或后，都修饰数量词：

If there is a numeral – measure phrase in the predicate，"差不多" can either precede the verb or follow it to mean the same thing：

4. 这种商品的产量差不多提高了百分之二十。

   Zhè zhǒng shāngpǐn de chǎnliàng chàbuduō tígāole bǎi fēn zhī èrshí.

5. 这种商品的产量提高了差不多百分之二十。

   Zhè zhǒng shāngpǐn de chǎnliàng tígāo le chàbuduō bǎi fēn zhī èrshí.

辨认：

Note：

在下列例句中"差不多"是形容词，意思是近似或一般的：

In the following sentences，"差不多"is an adjective meaning similar or ordinary：

1. 这几种虫子的样子差不多。

   Zhè jǐ zhǒng chóngzi de yàngzi chàbuduō.

2. 那个小镇差不多的人家都有小花园。

   Nàge xiǎozhèn chàbuduō de rénjiā dōu yǒu xiǎo huāyuán.

3. 这两间房子的面积差不多。

   Zhè liǎng jiān fángzi de miànjī chàbuduō.

差一点儿　chà yīdiǎnr　（副词）

"差一点儿"表示某情况接近于实现,并未实现,或似乎不会实现,却终于实现了。用于事过之后对该情况的论述。"差一点儿"带有感情色彩,或庆幸,或惋惜。最常见的是修饰不如意的状况或行动,表示接近于实现而并未实现,因而感到庆幸:

"差一点儿" means "nearly" or "almost" indicating that a state seemed to come true but actually did not, or vice versa. The expression is used in commenting made after the event. "差一点儿" has an emotional colouring either rejoicing or regret:

1. 他差一点儿跌倒。

   Tā chàyìdiǎnr diēdǎo.

2. 箱子差一点儿掉到河里去。

   Xiāngzi chàyìdiǎnr diào dào héliqu.

3. 我差一点儿把钱包丢了。

   Wǒ chàyìdiǎnr bǎ qiánbāo diū le.

4. 杯子差一点儿打破了。

   Bēizi chàyìdiǎnr dǎpò le.

这种"差一点儿"用法上有个特点,所修饰的动词结构前可以加"没",变为否定的,而意思不变。上面四句都可以加"没"而不影响意思。

The adverb "差一点儿" has a peculiarity in that the verb or verb phrase it modifies can take "没" to become negative without affecting the meaning of the sentence. The 4 examples above can all have "没" added after "差一点儿".

辨认:

Note:

短语"差一点儿"

Phrase "差一点儿"

A. "差"是形容词,是"好"的反义词,"差一点儿"和"大一点儿""小一点儿""长一点儿""短一点儿"等等一样,用于比较,表示差别不大:

"差" is an adjective, the antonym of "好". "差一点儿" is the same in structure as "大一点儿", "小一点儿", "长一点儿", "短一点儿" and is used in comparison to indicate that the difference is little:

1. 这两本词典比起来,那本好一点儿,这本差一点儿,那本的词义比较全面。

   Zhè liǎng běn cídiǎn bǐ qǐlai, nà běn hǎo yìdiǎnr, zhè běn chà yìdiǎnr, nà běn de cíyì bǐjiào quánmiàn.

2. 今天天气比昨天差一点儿,风太大。

   Jīntiān tiānqì bǐ zuótiān chà yìdiǎnr, fēng tài dà.

B. "差"是动词,表示欠缺:

"差"is a verb meaning"lack":

3. 练习题大部分都做了,只差一点儿了,今天下午一定做完。

Liànxí tí dà bùfen dōu zuòle, zhǐ chà yìdiǎnr le, jīntiān xiàwǔ yídìng zuòwán.

4. 替你织的毛衣,就差领子边上一点儿了,再等几分钟就能穿上。

Tì nǐ zhī de máoyī jiù chà lǐngzi biānshang yìdiǎnr le, zài děng jǐ fēnzhōng jiù néng chuānshang.

常 cháng （副词）

表示动作、行为重复发生,间隔短,否定形式是"不常":

"Often"; "constantly"; the negative form is"不常":

1. 表妹常到我家来玩儿。

Biǎomèi cháng dào wǒ jiā lái wánr.

2. 老李常对人们说:人在社会,要讲公德。

Lǎo Lǐ cháng duì rénmen shuō:Rén zài shèhuì,yào jiǎng gōngdé.

3. 冬天他不常出门。出门又常不穿大衣。

Dōngtiān tā bù cháng chūmén.Chūmén yòu cháng bù chuān dàyī.

常常 chángcháng （副词）

同"常":

Same as "常":

1. 王老师的话常常引起我的沉思。

Wáng lǎoshī de huà chángcháng yǐnqǐ wǒ de chénsī.

2. 他身体不好,常常不上班。

Tā shēntǐ bù hǎo,chángcháng bú shàng bān.

3. 那家咖啡店是我们常常聚会的地方。

Nà jiā kāfēi diàn shì wǒmen chángcháng jùhuì de dìfang.

朝 cháo （介词）

A. 指出动作的方向,宾语是表示方位、处所的词语:

Indicates the direction of an action and its object is a word or phrase of direction or place:

1. 从这里朝西走,就到图书馆了。

Cóng zhèlǐ cháo xī zǒu,jiù dào túshūguǎn le.

2. 我们朝有灯光的地方走去,果然,那里有一户人家。

Wǒmen cháo yǒu dēngguāng de dìfang zǒu qù,guǒrán,nàlǐ yǒu yí hù rénjiā.

3. 您知道那辆汽车朝什么方向开的吗?

Nín zhīdao nà liàng qìchē cháo shénme fāngxiàng kāi de ma?

参看"向"。

Compare"向"xiàng.

B. 指出动作的对象,宾语多是体词:

Indicates the object of an action and its object is usually a substantive:

1. 在那边,他跟大家说着什么,手朝我指着,不知要干什么。

   Zài nà bian, tā gēn dàjiā shuōzhe shénme, shǒu cháo wǒ zhǐzhe, bù zhī yào gàn shénme.

2. 他朝来人看了看,觉得似乎在哪儿见过。

   Tā cháo láirén kàn le kàn, juéde sìhū zài nǎr jiànguo.

"朝"有时可带"着",宾语不能是单音节的:

"朝"sometimes can take"着", but the object cannot be a monosyllabic word:

3. 大家正朝着理想的目标前进。

   Dàjiā zhèng cháozhe lǐxiǎng de mùbiāo qiánjìn.

4. 队伍正朝着目的地进发。

   Duìwǔ zhèng cháozhe mùdìdì jìnfā.

参看"冲"。

Compare"冲"chòng.

趁   chèn   〔介词〕

介绍所利用的条件或机会,宾语除名词外,还可以是形容词、主谓结构、动词短语等:

Introduces the condition or opportunity made use of and the object can be a noun, an adjective, S – P structure, verb phrase etc:

1. 咖啡凉了不好喝,快趁热喝了吧!

   Kāfēi liángle bù hǎo hē, kuài chèn rè hē le ba!

2. 你不能趁机打击别人,抬高自己。

   Nǐ bù néng chèn jī dǎjī biérén, táigāo zìjǐ.

3. 咱们趁晴天,赶快把衣服晒一晒。

   Zánmen chèn qíngtiān, gǎnkuài bǎ yīfu shài yi shài.

4. 我们趁老师有空,问了几个问题。

   Wǒmen chèn lǎoshī yǒu kòng, wènle jǐ ge wèntí.

"趁"的宾语比较长时,后面可有停顿,或把"趁……"提到句首:

When the object is rather long, there may be a pause to follow, or place"趁…" at the head of the sentence:

5. 我想趁去南方旅行的机会,作些社会调查。

   Wǒ xiǎng chèn qù nánfāng lǚxíng de jīhuì, zuò xiē shèhuì diàochá.

6. 趁大家都在这儿,我要宣布一件事。

Chèn dàjiā dōu zài zhèr, wǒ yào xuānbù yí jiàn shì.

宾语如有两个或两个以上音节,"趁"可带"着":

If the object is disyllabic or has more than 2 syllables, "趁" can take "着":

　　7. 趁着客人还没到,快把桌椅摆好。

　　　Chènzhe kèrén hái méi dào, kuài bǎ zhuō yǐ bǎihǎo.

　　8. 趁着年轻,多做些工作。

　　　Chènzhe niánqīng, duō zuò xiē gōngzuò.

成倍　chéngbèi　（副词）

"Double and redouble":

　　1. 这个城市的住宅楼两年来成倍增加。

　　　Zhège chéngshì de zhùzhái lóu liǎng nián lái chéngbèi zēngjiā.

　　2. 这个工厂的产品产量去年成倍增长。

　　　Zhège gōngchǎng de chǎnpǐn chǎnliàng qùnián chéngbèi zēngzhǎng.

　　3. 这种建筑材料供不应求,价格成倍上涨。

　　　Zhè zhǒng jiànzhù cáiliào gōngbúyìngqiú, jiàgé chéngbèi shàngzhǎng.

成年　chéngnián　（副词）〈口〉

整年,一年到头;没有否定形式:

"All year round", there is no negative form:

　　1. 父亲成年在外工作,挣钱养家。

　　　Fùqin chéngnián zài wài gōngzuò, zhèng qián yǎng jiā.

　　2. 这个剧团成年活跃在各地舞台上,颇受欢迎。

　　　Zhège jùtuán chéngnián huóyuè zài gè dì wǔtái shàng, pō shòu huānyíng.

　　3. 成年成月地辛劳工作,农民们真辛苦!

　　　Chéngnián chéng yuè de xīnláo gōngzuò, nóngmínmen zhēn xīnkǔ!

成天　chéngtiān　（副词）

整天,一天到晚:

"All day long":

　　1. 韩先生成天忙,也不知忙些什么!

　　　Hán xiānsheng chéngtiān máng, yě bù zhī máng xiē shénme!

　　2. 成天喊累怎么行呢,打起精神来干吧!

　　　Chéngtiān hǎn lèi zěnme xíng ne, dǎ qǐ jīngshen lái gàn ba!

　　3. 寺院的大门成天开着,香客游人不断。

　　　Sìyuàn de dàmén chéngtiān kāizhe, xiāngkè yóurén bú duàn.

诚然　chéngrán　（副词）〈书〉

确认事实或强调真实性;有时可用在句首,后有停顿:

"Be sure"; "be true"; "indeed"; can be used at the head of a sentence, and is followed by a pause:

1. 他诚然是个节俭的人,几年都没到饭馆吃过一顿饭。

　　Tā chéngrán shì ge jiéjiǎn de rén, jǐ nián dōu méi dào fànguǎn chīguo yí dùn fàn.

2. 诚然,莎士比亚所描绘的时代已经一去不复返了。

　　Chéngrán, Shāshìbǐyà suǒ miáohuì de shídài yǐjīng yí qù bú fù fǎn le.

"诚然"还常跟"然而"、"但是"等一些连词呼应,有"固然"的意思,承认某事实:

"诚然" is often used in conjunction with "然而", or "但是" and means "固然", admitting a truth:

3. 这种商品诚然是贵一些,但是质量极好。

　　Zhè zhǒng shāngpǐn chéngrán shì guì yìxiē, dànshì zhìliàng jí hǎo.

4. 他的话诚然可笑,然而很有道理。

　　Tā de huà chéngrán kěxiào, rán'ér hěn yǒu dàolǐ.

迟早　chízǎo　（副词）

或早或晚(但总有一天一定发生),没有否定形式:

"Sooner or later"; there is no negative form:

1. 你的终身大事,迟早总得解决的啊!

　　Nǐ de zhōngshēn dà shì, chízǎo zǒng děi jiějué de a!

2. 这笔债迟早要还,还不如早点儿还上为好!

　　Zhè bǐ zhài chízǎo yào huán, hái bùrú zǎo diǎnr huánshang wéihǎo!

3. 迟早我们学校的球队会战胜对方,只要好好训练。

　　Chízǎo wǒmen xuéxiào de qiúduì huì zhànshèng duìfāng, zhǐyào wǒmen hǎohǎo xùnliàn.

4. 面临挑战,迟早要作出抉择。

　　Miànlín tiǎozhàn, chízǎo yào zuòchū juézé.

重　chóng　（副词）

表示同一动作再来一遍,多修饰单音节动词;"重"前可以加"再"或"又":

"Again"; mostly modifies monosyllabic verbs, "再" or "又" can precede "重":

1. 小明又重温了一遍前两天学的功课。

　　Xiǎomíng yòu chóngwēnle yíbiàn qián liǎng tiān xué de gōngkè.

2. 由于稿子比较乱,他重抄了一下。

　　Yóuyú gǎozi bǐjiào luàn, tā chóng chāole yíxià.

3. 这张相片不好,要重洗一张。

　　Zhè zhāng xiàngpiān bù hǎo, yào chóng xǐ yì zhāng.

介宾结构等状语多放在"重"前：

An adverbial made up by a preposition-object phrase usually occurs before "重"：

4. 请把课文再重念一遍！

　　Qǐng bǎ kèwén zài chóng niàn yí biàn!

5. 我用彩笔重描了一下草图。

　　Wǒ yòng cǎibǐ chóng miáole yíxià cǎotú.

有时"重"并不表示简单的重复，而是比第一次作得更好，如例 2、5。

Sometimes "重" does not indicate sheer repetition but implies a better effort as in 2 and 5.

重新　chóngxīn　（副词）

同"重"，多修饰非单音词语：

Same as "重", mostly modifies polysyllabic words or phrases：

1. 他重新修改了一遍稿子。

　　Tā chóngxīn xiūgǎile yí biàn gǎozi.

2. 这个问题必须重新考虑。

　　Zhège wèntí bìxū chóngxīn kǎolǜ.

介宾结构等状语可以放在"重新"前或后：

Adverbials of preposition-object phrases can either precede or follow "重新"：

3. 请把这些数字重新核对一下。

　　Qǐng bǎ zhèxiē shùzì chóngxīn héduì yíxià.

4. 她重新把油灯点亮。

　　Tā chóngxīn bǎ yóudēng diǎnliàng.

5. 老王重新拿绳子捆好行李。

　　Lǎo Wáng chóngxīn ná shéngzi kǔnhǎo xíngli.

冲　chòng　（介词）〈口〉

A. 同"朝"B，指出动作的对象：

Same as "朝"B, indicates the object of an action：

1. 她冲我笑了笑，什么也没说。

　　Tā chòng wǒ xiào le xiào, shénme yě méi shuō.

2. 远处有人冲这边招手，好像是小王。

　　Yuǎnchù yǒu rén chòng zhèbiān zhāoshǒu, hǎoxiàng shì Xiǎo Wáng.

3. 来人冲张中点点头说："老张，你不认识我了吗？"

　　Láirén chòng Zhāng Zhōng diǎndiǎn tóu shuō: "Lǎo Zhāng, nǐ bú rènshi wǒ le ma?"

"冲"有时可带"着"，如上边三例都可带"着"，意思不变：

"冲"can take"着"sometimes, and"冲"in the 3 examples above can all do so without affecting the meaning :

　　4.那马冲着西边跑了。

　　　Nà mǎ chòngzhe xībiān pǎo le.

　　5.你别冲着我发火,你准知道是我的错吗?

　　　Nǐ bié chòngzhe wǒ fāhuǒ,nǐ zhǔn zhīdào shì wǒ de cuò ma?

4.5.两句的"着"可省略。

"着"in 4 and 5 can be omitted.

B.介绍动作行为的依据,"冲"后边也可带"着":

Introduces the basis of an action,and"冲"can take"着":

　　1.冲你们这么干,三天也干不完。

　　　Chòng nǐmen zhème gàn,sān tiān yě gàn bù wán.

　　2.姐姐冲着我的面子才答应帮你的忙。

　　　Jiějie chòngzhe wǒ de miànzi cái dāyìng bāng nǐ de máng.

　　3.冲着他的能力和品德,大家信得过他。

　　　Chòngzhe tā de nénglì hé pǐndé,dàjiā xìn de guò tā.

初　chū　(副词)〈书〉

"第一次"或"刚开始"的意思,多修饰单音词:

"First" or "just",modifies monosyllabic words:

　　1.我初来这个城市,还有点陌生。

　　　Wǒ chū lái zhège chéngshì,hái yǒudiǎnr mòshēng.

　　2.初升的太阳十分明亮而又给人以温馨的感觉。

　　　Chū shēng de tàiyáng shífēn míngliàng ér yòu gěi rén yǐ wēnxīn de gǎnjué.

　　3.晨雾初散,小河两岸炊烟飘浮。

　　　Chénwù chū sàn,xiǎo hé liǎng àn chuīyān piāofú.

除　chú　(介词)

同"除了"A,B,C,但后边多有"外""以外""之外""而外"等相呼应,多用于书面语。

Same as"除了"A,B,C,but there usually is"外","以外","之外"or"而外"to go with it, and is usually used in written language:

　　1.这几种水果,除苹果外,我都喜欢。

　　　Zhè jǐ zhǒng shuǐguǒ,chú píngguǒ wài,wǒ dōu xǐhuan.

　　2.书架上,除小说之外,还有不少杂志。

　　　Shūjià shang,chú xiǎoshuō zhī wài,hái yǒu bù shǎo zázhì.

　　3.冬天,这里除常青树以外,别的树叶都落了。

　　　Dōngtiān,zhèlǐ chú chángqīngshù yǐwài,biéde shùyè dōu luò le.

　　4.退休后,他每天除看书、写字而外,无事可做。

　　　Tuìxiū hòu, tā měi tiān chú kànshū, xiězì ér wài, wú shì kě zuò.

除非　　chúfēi　（连词）

指出唯一的先决条件,常跟"才""不"等呼应:

"Only if", "only when", indicates the only prerequisite and is used in conjunction with "才":

A."除非……才……"表示只有这样,才能产生某种结果:

　　"除非…才…"indicates the only way to produce a certain result:

　　1.除非有病,他才请假。

　　　Chúfēi yǒu bìng, tā cái qǐngjià.

　　2.你除非请这位律师,才能打赢这场官司。

　　　Nǐ chúfēi qǐng zhè wèi lǜshī, cái néng dǎyíng zhè cháng guānsi.

"除非……(才)……,否则(不然)……不(没有)……",表示只有这样才能有某种结果,再从反面重复说明:

"除非…(才)…,否则(不然)…不(没有)…"is more forceful by supplementing the result otherwise:

　　3.除非下雨,运动会才会顺延,否则不会改期。

　　　Chúfēi xià yǔ, yùndònghuì cái huì shùnyán, fǒuzé bú huì gǎiqī.

有时,只着重从反面说明,"才……"则被省略:

Sometimes only the prerequisite is pointed out, "才…"is omitted:

　　4.除非下雨,否则运动会是不会改期的。

　　　Chúfēi xià yǔ, fǒuzé yùndònghuì shì bú huì gǎiqī de.

B."除非……"有"除了……"的意思,表示这是唯一能改变下面所述的结果的条件:

"除非…" can mean "unless…" to indicate the only condition to bring about the result:

　　1.除非增加投资,企业是不会有起色的。

　　　Chúfēi zēngjiā tóuzī, qǐyè shì bú huì yǒu qǐsè de.

　　2.除非按时服药,病是不会好的。

　　　Chúfēi ànshí fú yào, bìng shì bú huì hǎo de.

有时这唯一的条件可以放在结果之后:

The only condition can be placed after the result:

　　3.我是不会放弃这事业的,除非你剥夺了我的权利。

　　　Wǒ shì bú huì fàngqì zhè shìyè de, chúfēi nǐ bōduóle wǒ de quánlì.

C."要……除非……"指出要想取得某种结果,只有用"除非"引出的唯一的条件:

"要⋯除非⋯"is used to indicate that in order to achieve a certain result, what follows "除非" is the only condition:

1. 若要人不知,除非己莫为。

   Ruò yào rén bù zhī, chúfēi jǐ mò wéi.

2. 您要一天就修好这辆车,除非多交修理费。

   Nín yào yì tiān jiù xiūhǎo zhè liàng chē, chúfēi duō jiāo xiūlǐfèi.

有时那条件是不可能实现的,就说明前面想做的是不可能的事:

Sometimes the condition is an impossibility to indicate that something is out of the question:

3. 要想我答应,除非太阳从西边出来。

   Yào xiǎng wǒ dāying, chúfēi tàiyáng cóng xībian chūlai.

除开   chúkāi   (介词)

同"除了"A、B、C,用得较少:

Same as "除了"A, B, C, and is not often used:

1. 除开星期日和假日,他都在办公室。

   Chúkāi xīngqīrì hé jiàrì, tā dōu zài bàngōngshì.

2. 院子里除开玫瑰花之外,还种了些牡丹。

   Yuànzi lǐ chúkāi méiguihuā zhī wài, hái zhòngle xiē mǔdān.

3. 他除开每天晚饭后散散步之外,有时下午还打打球。

   Tā chúkāi měi tiān wǎnfàn hòu sànsan bù ér wài, yǒushí xiàwǔ hái dǎda qiú.

除了   chúle   (介词)

常与"外""以外""之外""而外"等呼应:

Is often used in conjunction with "外""以外""之外"or"而外":

A. 除去个别的,强调其余的一致性;后边常有"全""都"等:

Points out the exception and emphasizes the unanimity of the rest, there is usually "全"or"都"to follow:

1. 除了英语,他各门功课都在 90 分以上。

   Chúle yīngyǔ, tā gè mén gōngkè dōu zài jiǔshí fēn yǐshàng.

2. 除了下雪天以外,他们每天早上都去爬山。

   Chúle xiàxuětiān yǐwài, tāmen měi tiān zǎoshang dōu qù pá shān.

3. 他除了工作之外,什么都不感兴趣。

   Tā chúle gōngzuò zhī wài, shénme dōu bù gǎn xìngqù.

4. 晚上 10 点以后,除了这几家商店而外,其它的全关门了。

   Wǎnshang shí diǎn yǐhòu, chúle zhè jǐ jiā shāngdiàn ér wài, qítā de quán guān mén le.

B. "除了……"后边用否定形式,强调前边是唯一例外:

A negative structure after "除了……" stresses what precedes is the only exception:

1. 除了这几件衣服,她没有什么值钱的东西了。

Chúle zhè jǐ jiàn yīfu, tā méiyǒu shénme zhíqián de dōngxi le.

2. 她除了医术比较高以外,也没什么比人强的地方了。

Tā chúle yīshù bǐjiào gāo yǐwài, yě méi shénme bǐ rén qiáng de dìfang le.

3. 开这种玩笑,除了小陈,不会有别人。

Kāi zhè zhǒng wánxiào, chúle Xiǎo Chén, bú huì yǒu biéren.

C. 表示在所说的之外,还有补充,后边常有"还""也""只"等:

Indicates some supplement, and there usually is "还" "也" "只" to follow:

1. 这种手表,除了式样美观,也很耐用。

Zhè zhǒng shǒubiǎo, chúle shìyàng měiguān, yě hěn nàiyòng.

2. 这个商店除了服装之外,还卖鞋帽等。

Zhège shāngdiàn chúle fúzhuāng zhī wài, hái mài xié mào děng.

3. 他很孤独,家里除了他以外,只有一只猫。

Tā hěn gūdú, jiā li chúle tā yǐwài, zhǐ yǒu yì zhī māo.

D. "除了……就是……""除了……便是……",表示"不是……就是……"
二者必居其一:

"除了…就是…" or "除了…便是…" means "either…or…":

1. 她遇到事情一点主意也没有,整天除了发愁就是哭泣。

Tā yùdào shìqing yìdiǎnr zhǔyi yě méiyǒu, zhěng tiān chúle fāchóu jiùshì kūqì.

2. 这个暑假他每天除了游泳就是在沙滩上晒太阳,过得很愉快。

Zhège shǔjià tā měi tiān chúle yóuyǒng jiùshì zài shātān shang shài tàiyáng, guò de hěn yúkuài.

3. 这里,除了一簇簇的鲜花,便是一片片绿地,美极了。

Zhèlǐ, chúle yícùcù de xiānhuā, biàn shì yípiànpiàn lǜdì, měijí le.

除去　chúqù　(介词)

同"除了"A,B,C,D:

Same as "除了" A, B, C, D:

1. 除去我弟弟,我们一家人都喜欢跳舞。

Chúqù wǒ dìdi, wǒmen yì jiā rén dōu xǐhuān tiàowǔ.

2. 除去星期二以外,我每天晚上都在家。

Chúqù xīngqī'èr yǐwài, wǒ měi tiān wǎnshang dōu zài jiā.

3. 除去这个儿子,她没有任何亲人了。

Chúqù zhège érzi, tā méiyǒu rènhé qīnrén le.

4. 他除去参加工作时间比较长之外, 没有什么可比得过你。

　　Tā chúqù cānjiā gōngzuò shíjiān bǐjiào cháng zhī wài, méiyǒu shénme kě bǐ de guò nǐ.

5. 除去毛衣之外, 她又买了件大衣。

　　Chúqù máoyī zhī wài, tā yòu mǎile jiàn dàyī.

6. 除去吃退烧药外, 你还得吃消炎药。

　　Chúqù chī tuìshāo yào wài, nǐ hái děi chī xiāoyán yào.

7. 你星期日得出去走走, 怎么能除去吃饭就是睡觉呢?

　　Nǐ xīngqīrì děi chūqu zǒuzou, zěnme néng chúqù chī fàn jiùshì shuìjiào ne?

8. 这里的书, 除去英文的便是法文的, 一本中文的也没有。

　　Zhèlǐ de shū, chúqù Yīngwén de biànshì Fǎwén de, yì běn Zhōngwén de yě méiyǒu.

处处　chùchù　（副词）

A. 同"到处"A, 表示各个地方(有相同的事物或情况)；没有否定形式：

Same as "到处" A. It has no negative form:

1. 狂欢过后, 处处是纸片、垃圾。

　　Kuánghuān guò hòu, chùchù shì zhǐpiàn, lājī.

2. 在外地你处处可以施展才华, 何必一定死守在本土呢!

　　Zài wàidì nǐ chùchù kěyǐ shīzhǎn cáihuá, hébì yídìng sǐ shǒu zài běntǔ ne!

B. 在各个方面：

"In all respects":

1. 他处处跟我作对, 真让人讨厌!

　　Tā chùchù gēn wǒ zuòduì, zhēn ràng rén tǎoyàn!

2. 这位母亲处处替孩子操心。

　　Zhè wèi mǔqin chùchù tì háizi cāoxīn.

此后　cǐhòu　（连词）

意思是从这个时候以后, 可以用于句首或分句之间：

"Hence"; can be used at the head of a sentence or between clauses:

1. 大风刮了两天, 此后又变得风和日丽了。

　　Dà fēng guāle liǎng tiān, cǐhòu yòu biàn de fēnghé-rìlì le.

2. 您这本书取得了成功, 此后您还打算写书吗?

　　Nín zhè běn shū qǔdéle chénggōng, cǐhòu nín hái dǎsuan xiě shū ma?

3. 此后, 他再也没来找过我。

Cǐhòu, tā zài yě méi lái zhǎoguo wǒ.

此外   cǐwài   （连词）

意思是除了上面所说的事物或情况以外，后面可有停顿：

"Besides", can be followed by a pause:

A."此外"后边是肯定形式，表示除了前边讲的还有别的，后边常带"再""还""也"等副词：

A positive form follows "此外" to indicate that there is something else and there is usually an adverb "再", "还" or "也" to follow:

1. 我们学校已建了教室楼，此外还要建图书馆。

Wǒmen xuéxiào yǐ jiànle jiàoshì lóu, cǐwài hái yào jiàn túshūguǎn.

2. 他这学期选修了经济学，此外还有高等数学等。

Tā zhè xuéqī xuǎnxiū le jīngjìxué, cǐwài hái yǒu gāoděng shùxué deng.

B."此外"后边是否定形式，表示除了上边所说的，没有别的：

If "此外" is followed by a negative form, it means that there is nothing else:

1. 这家小旅店只有三个房间，都住了客人，此外再也没有什么房间了。

Zhè jiā xiǎo lǚdiàn zhǐ yǒu sān ge fángjiān, dōu zhùle kèren, cǐwài zài yě méiyou shénme fángjiān le.

2. 她只说了几句应酬话，此外就没有别的话了。

Tā zhǐ shuōle jǐ jù yìngchou huà, cǐwài jiù méiyou biéde huà le.

从¹   cóng   （副词）

同"从来"，但只修饰否定形式：

Same as "从来", but only modifies negative forms:

1. 这位老人从没进过学校，靠自学识了字，并会算账。

Zhè wèi lǎorén cóng méi jìnguo xuéxiào, kào zìxué shíle zì, bìng huì suàn zhàng.

2. 本公司与其他企业的银钱往来，从不拖欠。

Běn gōngsī yǔ qítā qǐyè de yínqián wǎnglái, cóng bù tuōqiàn.

3. 我从未听说过这种稀奇的事！

Wǒ cóng wèi tīngshuōguo zhè zhǒng xīqí de shì!

参看介词"从"。

Compare the preposition "从" cóng.

从²   cóng   （介词）

A. 表示起点。

"From", indicating the starting point:

1）表示时间的起点：

Used to indicate the starting point of time:

1. 从什么时候开始改上课的时间,你知道吗?

   Cóng shénme shíhou kāishǐ gǎi shàngkè de shíjiān, nǐ zhīdao ma?

2. 我从童年时代就喜欢养花。

   Wǒ cóng tóngnián shídài jiù xǐhuan yǎng huā.

3. 从她来我家之后,我家变得有生气了。

   Cóng tā lái wǒ jiā zhī hòu, wǒ jiā biàn de yǒu shēngqì le.

"从······"后边可以加"起",意思不变,但后边常有停顿:

"从···" can take "起" after it without affecting the meaning, but there is usually a pause:

4. 从三月一日起,我们每天早上提前二十分钟到校。

   Cóng sān yuè yī rì qǐ, wǒmen měi tiān zǎoshang tíqián èrshí fēnzhōng dào xiào.

5. 从明天起,这路公共汽车要改道了,不经过这儿了。

   Cóng míngtiān qǐ, zhè lù gōnggòng qìchē yào gǎidào le, bù jīngguò zhèr le.

6. 从我来到边疆之日起,我就决心在这里呆一辈子。

   Cóng wǒ lái dào biānjiāng zhī rì qǐ, wǒ jiù juéxīn zài zhèlǐ dāi yí bèizi.

如有助动词,常放在"从"之前:

If there is an auxiliary verb, it usually comes before "从":

7. 他愿意从下星期起,每天早上跟我一起跑步。

   Tā yuànyì cóng xià xīngqī qǐ, měitiān zǎoshang gēn wǒ yìqǐ pǎobù.

8. 你能从现在开始就戒烟吗?

   Nǐ néng cóng xiànzài kāishǐ jiù jiè yān ma?

否定词用在"从"前或"从······"后,意思不一样:

A negative word before "从" or after "从···" causes a difference in meaning:

9. 我们从下星期起不上课。

   Wǒmen cóng xià xīngqī qǐ bú shàng kè.

10. 我们不从下星期起停课,从下下星期起。

    Wǒmen bù cóng xià xīngqī qǐ tíng kè, cóng xià xià xīngqī qǐ.

11. 我从他走后,就没跟他联系过。

    Wǒ cóng tā zǒu hòu, jiù méi gēn tā liánxìguo.

例 11 不能把否定词"没"放在"从"前边。

"没" in 11 cannot be placed in front of "从".

有时"起"放在述语后:

Sometimes "起" is placed after the verb:

12. 他们的矛盾,得从十年前说起。

Tāmen de máodùn, děi cóng shí nián qián shuōqǐ.

13. 这事是从哪儿谈起的?

　　Zhè shì shì cóng nǎr tánqǐ de?

14. 如果从他考入大学算起,他在北京已经住了 20 年了。

　　Rúguǒ cóng tā kǎorù dàxué suànqǐ, tā zài Běijīng yǐjing zhùle èrshí nián le.

"从……(起)"常与"到……"配合,指出一段时间:

"从…(起)"is often used together with"到…"to indicate a period of time:

15. 从我们出发到现在,在路上已经三天了。

　　Cóng wǒmen chūfā dào xiànzài, zài lùshang yǐjing sān tiān le.

16. 我从出生到六岁,一直住在乡下。

　　Wǒ cóng chūshēng dào liù suì, yìzhí zhù zài xiāngxia.

17. 这座大楼从确定图纸到建成,只用了一年。

　　Zhè zuò dàlóu cóng quèdìng túzhǐ dào jiànchéng, zhǐ yòngle yì nián.

"到"有时放在述语后:

"到"is sometimes placed after the main verb:

18. 他从早上八点干到晚上八点,才把实验作完。

　　Tā cóng zǎoshang bā diǎn gàndào wǎnshang bā diǎn, cái bǎ shíyàn zuòwán.

19. 我从上午一直等到晚上,他也没来。

　　Wǒ cóng shàngwǔ yìzhí děngdào wǎnshang, tā yě méi lái.

"从……"和"以后"配合,表示在过去的某一时间之后:

"从…"followed by"以后"indicates the time after a past starting point:

20. 从新中国成立以后,人民的生活习惯有了不少的改变。

　　Cóng xīn Zhōngguó chénglì yǐhòu, rénmín de shēnghuó xíguàn yǒule bù shǎo de gǎibiàn.

21. 从图书馆扩建以后,来看书、借书的人几乎增加了一倍。

　　Cóng túshūguǎn kuòjiàn yǐhòu, lái kàn shū、jiè shū de rén jīhū zēngjiāle yí bèi.

"从……"和"以来"配合,表示从过去某一时间直到说话的时候:

"从…" followed by"以来" indicates the period of time from a certain time in the past until now:

22. 从他们搬进新楼以来,爷爷每天都到楼下去打太极拳。

　　Cóng tāmen bānjìn xīnlóu yǐlái, yéye měi tiān dōu dào lóu xià qù dǎ tàijíquán.

23. 从担任这个工程的负责人以来,他常常忙得连家都回不了。

Cóng dānrèn zhège gōngchéng de fùzérén yǐlái, tā chángcháng máng de lián jiā dōu huí bu liǎo.

2) 表示空间的起点,宾语是表示处所的词语,常有"到"与它配合,"从"的宾语后可以加"起",意思不受影响:

"从" indicates the starting point of space and its object is a word or phrase denoting place, it is often followed by "到", and the object may take "起" without affecting the meaning:

1. 从我家到颐和园,只有五公里。

Cóng wǒ jiā dào Yíhéyuán, zhǐ yǒu wǔ gōnglǐ.

2. 从商场到邮局,路很近,用不着骑自行车。

Cóng shāngchǎng dào yóujú, lù hěn jìn, yòng bu zháo qí zìxíngchē.

3. 这条铁路从北京起到广州,全长有多少公里?

Zhè tiáo tiělù cóng Běijīng qǐ dào Guǎngzhōu, quáncháng yǒu duōshao gōnglǐ?

B. 表示出发的处所或事物的来源,宾语是处所词语或方位词:

Indicating the place whence to set out or the source of sth., the object is a word or phrase of place or a localizer:

1. 从香山观赏红叶回来的人,都带了些红叶做的纪念品。

Cóng Xiāng Shān guānshǎng hóngyè huílai de rén, dōu dàile xiē hóngyè zuò de jìniànpǐn.

2. 这些家具都是从城里运来的。

Zhèxiē jiājù dōu shì cóng chénglǐ yùnlai de.

3. 我从他那里听到了一些新消息。

Wǒ cóng tā nàlǐ tīngdàole yìxiē xīn xiāoxi.

4. 他是新闻记者,这些年,从南到北去过很多地方。

Tā shì xīnwén jìzhě, zhèxiē nián, cóng nán dào běi qùguo hěn duō dìfang.

助动词用在"从"前或"从……"后,有时表示不同的意思:

An auxiliary verb in front of "从" or after "从…" may indicate a difference in meaning:

5. 你从这儿只能坐船到对岸,不能坐汽车。

Nǐ cóng zhèr zhǐ néng zuò chuán dào duì'àn, bù néng zuò qìchē.

6. 你只能从这儿坐船,不能从那边坐。

Nǐ zhǐ néng cóng zhèr zuò chuán, bù néng cóng nàbiān zuò.

有时不影响意思:

And somtimes may not affect the meaning:

7. 你可以从市场上替我买点儿菜吗?

Nǐ kěyǐ cóng shìchǎng shang tì wǒ mǎi diǎnr cài ma?

8. 你从市场上可以替我买点儿菜吗?

Nǐ cóng shìchǎng shang kěyǐ tì wǒ mǎi diǎnr cài ma?

否定词用在"从"前或"从……"后,有时表示不同的意思:

A negative word in front of "从" or after "从…" may cause a difference in meaning:

9. 我不从北京去上海,从南京去。

Wǒ bù cóng Běijīng qù Shànghǎi, cóng Nánjīng qù.

10. 我从北京不去上海,去南京。

Wǒ cóng Běijīng bú qù Shànghǎi, qù Nánjīng.

有时不影响意思:

And sometimes may not affect the meaning:

11. 我不从家里直接去学校。

Wǒ bù cóng jiā li zhíjiē qù xuéxiào.

12. 我从家里不直接去学校。

Wǒ cóng jiā li bù zhíjiē qù xuéxiào.

C. 表示动作经过的处所或路线,宾语是表示处所的词语,述语后常有趋向补语:

Indicates the location or route of an action, the object is a word or phrase of location and there is usually a directional complement after the predicate:

1. 海鸥轻轻从水面掠过。

Hǎi'ōu qīngqīng cóng shuǐmiàn lüèguò.

2. 汽车从人们身旁奔驰而去。

Qìchē cóng rénmen shēnpáng bēnchí ér qù.

3. 小鸟从笼子里飞出去了。

Xiǎoniǎo cóng lóngzi lǐ fēi chūqu le.

4. 一只燕子从窗外飞了进来。

Yì zhī yànzi cóng chuāng wài fēile jìnlai.

参看"打"。

Compare "打" dǎ.

D. "从……"有时不用于具体处所而是指出事物来源、动作或变化的起点:

"从…" may not indicate an actual location, but indicate the source of sth. or the beginning of an action or change:

1. 从他的谈话中,我受到很大启示。

Cóng tā de tánhuà zhōng, wǒ shòudào hěn dà qǐshì.

2. 他从昏迷中清醒过来了。

　　Tā cóng hūnmí zhōng qīngxǐng guolai le.

3. 人们从兴奋的情绪中冷静下来。

　　Rénmen cóng xīngfèn de qíngxù zhōng lěngjìng xialai.

4. 从长期相处对他形成的看法，一下子是改不了的。

　　Cóng chángqī xiāngchǔ duì tā xíngchéng de kànfǎ, yíxiàzi shì gǎi bù liǎo de.

E."从……到"有时表示范围：

"从…到…"sometimes indicates scope or range:

1. 从领导到群众，都应按这个规定办。

　　Cóng lǐngdǎo dào qúnzhòng, dōu yīng àn zhège guīdìng bàn.

2. 从新中国成立到现在，这个厂扩建过三次了。

　　óng xīn Zhōngguó chénglì dào xiànzài, zhège chǎng kuòjiànguo sān cì le.

F."从……"指出动作的观点或出发点：

"从…"indicates one's point of view:

1. 从长远考虑，这样做比较妥当。

　　Cóng chángyuǎn kǎolǜ, zhèyàng zuò bǐjiào tuǒdàng.

2. 我们必须从思想上认清，这些书对青年有哪些毒害。

　　Wǒmen bìxū cóng sīxiǎng shang rènqīng, zhèxiē shū duì qīngnián yǒu nǎxiē dúhài.

G."从……说来（看来，等）"作插入语，指出论断的依据：

"从…说来（"看来"etc.）"used as a parenthesis indicates the basis of a judgment：

1. 从我个人的习惯说来，这里的生活我还能适应。

　　Cóng wǒ gèrén de xíguàn shuōlái, zhèlǐ de shēnghuó wǒ hái néng shìyìng.

2. 从口音听来，他像是浙江人。

　　Cóng kǒuyīn tīnglái, tā xiàng shì Zhèjiāng rén.

3. 从总的情况看来，工程的质量还是有保证的。

　　Cóng zǒng de qíngkuàng kànlái, gōngchéng de zhìliàng háishi yǒu bǎozhèng de.

从……出发　cóng…chūfā　（格式）

表示动作、行为的依据或出发点：

Indicates the starting point or basis of an action or behaviour:

1. 我们订工作计划，得从实际情况出发。

Wǒmen dìng gōngzuò jìhuà, děi cóng shíjì qíngkuàng chūfā.

2. 制定这个政策,是从人民的利益出发的。

Zhìdìng zhège zhèngcè, shì cóng rénmín de lìyì chūfā de.

3. 从个人利益出发来考虑问题,是不应该的。

Cóng gèrén lìyì chūfā lái kǎolǜ wèntí, shì bù yīnggāi de.

从此 cóngcǐ (连词)

意思是"从前面指出的时间起",有时也可说"从此以后":

"Henceforth"; can be said as "从此以后":

1. 十七岁她第一次登台表演,从此便崭露头角。

Shíqī suì tā dìyī cì dēng tái biǎoyǎn, cóngcǐ biàn zhǎn lù tóujiǎo.

2. 父亲临终嘱咐了他几句话,从此他更知道如何作人。

Fùqīn línzhōng zhǔfùle tā jǐ jù huà, cóngcǐ tā gèng zhīdào rúhé zuò rén.

3. 从此以后,他便担起养家的担子。

Cóngcǐ yǐhòu, tā biàn dānqǐle yǎng jiā de dànzi.

从而 cóng'ér (连词) 〈书〉

引出结果或进一步的行动;"从而"用在后一分句前,主语常承前省略:

"Thereby", used before the second clause which shares the subject of the first clause:

1. 我们必须先打好基础,从而获得钻研专题的能力。

Wǒmen bìxū xiān dǎhǎo jīchǔ, cóng'ér huòdé zuānyán zhuāntí de nénglì.

2. 这位市长政绩卓著,从而得到了市民的拥护。

Zhè wèi shìzhǎng zhèngjì zhuózhù, cóng'ér dédàole shìmín de yōnghù.

3. 相声必须引人发笑而不落俗套,从而作到雅俗共赏。

Xiàngsheng bìxū yǐn rén fāxiào ér bú luò sútào, cóng'ér zuòdào yǎsú-gòngshǎng.

从来 cónglái (副词)

表示从过去到现在一直如此;含有绝对肯定或绝对否定的语气,后面常有"都""总""就"等,只用于既成事实:

"Always", "all along", implying absolute affirmation or negation. It is often followed by "都", "总", "就" etc, and applies to fulfilled events only:

1. 他对哥哥从来都是言听计从的。

Tā duì gēge cónglái dōu shì yántīng-jìcóng de.

2. 张局长解决问题从来不拖泥带水,总是利利索索。

Zhāng júzhǎng jiějué wèntí cónglái bù tuōní-dàishuǐ, zǒngshì lìlisuōsuō.

3. 我从来不迟到早退。

Wǒ cónglái bù chídào zǎotuì.

"从来没有……过"表示到目前为止没有过现在这种情况：

"从来没有…过"means "have never…before":

1. 经历了这次考验，我心中倒觉得从来没有这么坦然过。

Jīnglìle zhè cì kǎoyàn, wǒ xīnzhōng dào juéde cónglái méiyǒu zhème tǎnránguo.

2. 妈妈今天一脸笑容，她最近从来没有如此高兴过。

Māma jīntiān yì liǎn xiàoróng, tā zuìjìn cónglái méiyǒu rúcǐ gāoxìngguo.

3. 这么大的雪，是本地十年来从来没有过的。

zhème dà de xuě, shì běndì shí nián lái cónglái méiyǒuguo de.

从头   cóngtóu   (副词)

从最初（开始做），后面常带补语"起"：

"From the very beginning"; is often followed by the complement "起":

1. 作业全做乱了，只好从头又做了一遍。

Zuòyè quán zuòluàn le, zhǐhǎo cóngtóu yòu zuòle yí biàn.

2. 过去的事情就让它过去吧，让我们从头做起，好吗？

Guòqu de shìqing jiù ràng tā guòqu ba, ràng wǒmen cóngtóu zuòqǐ, hǎo ma?

3. 请把昨天发生的案子从头说说！

Qǐng bǎ zuótiān fāshēng de ànzi cóngtóu shuōshuo!

从新   cóngxīn   (副词)

同"重新"：

Same as "重新":

1. 会计科的工作很乱，必须从新整顿一下。

Kuàijìkē de gōngzuò hěn luàn, bìxū cóngxīn zhěngdùn yíxià.

2. 这件衣服裁瘦了，只好从新做一件。

Zhè jiàn yīfu cáishòu le, zhǐhǎo cóngxīn zuò yí jiàn.

3. 你全抄错了，从新来吧！

Nǐ quán chāocuò le, cóngxīn lái ba!

从中   cóngzhōng   (副词)

从前面提到过的事物里：

"From among", "there from":

1. 做了几年的设计工作,她从中学到了不少知识。

　　Zuòle jǐ nián de shèjì gōngzuò, tā cóngzhōng xuédào le bù shǎo zhīshi.

2. 经过几次挫折,你从中难道不能得到一点教训!

　　Jīngguò jǐ cì cuòzhé, nǐ cóngzhōng nándào bù néng dédào yìdiǎn jiàoxùn!

3. 老王核对研究了有关帐目,从中找出了一个大漏洞。

　　Lǎo Wáng héduì yánjiūle yǒuguān zhàngmù, cóngzhōng zhǎochūle yí ge dà lòudòng.

打　dǎ　(介词)〈口〉

同"从"A、B、C:

Same as "从"A,B,C:

A. 介绍出作为起点的时间、处所或出发点、来源等:

Introduces the time or place as the starting point, or the place whence to set out, or the source:

1. 打他离开北京以后,只来过一封信。

　　Dǎ tā líkāi Běijīng yǐhòu, zhǐ láiguo yì fēng xìn.

2. 他打学校回来,就很不高兴。

　　Tā dǎ xuéxiào huílai, jiù hěn bù gāoxìng.

3. 你这消息是打哪儿来的?可靠吗?

　　Nǐ zhè xiāoxi shì dǎ nǎr lái de? Kěkào ma?

4. 他打书包里拿出一本字典给了我。

　　Tā dǎ shūbāo li náchū yìběn zìdiǎn gěile wǒ.

5. 汽车打天安门开到北海公园,又去了王府井大街。

　　Qìchē dǎ Tiān'ānmén kāi dào Běihǎi Gōngyuán, yòu qùle Wángfǔjǐng Dàjiē.

6. 打这条路修好以后,车辆增加了不少。

　　Dǎ zhè tiáo lù xiūhǎo yǐhòu, chēliàng zēngjiāle bù shǎo.

7. 这个商店打开业以来,生意一直不错。

　　Zhègè shāngdiàn dǎ kāiyè yǐlái, shēngyì yìzhí búcuò.

B. 介绍出经过的路线或处所:

Introduces the route or place passed through:

1. 这条铁路要打我们村前过。

　　Zhè tiáo tiělù yào dǎ wǒmen cūn qián guò.

2. 他打窗口探出头来张望着。

Tā dǎ chuāngkǒu tàn chū tóu lai zhāngwàng zhe.

"打"也可说成"打从":

May also be said as "打从":

1. 打从来到北京,我还没去过长城。

　　Dǎ cóng láidào Běijīng, Wǒ hái méi qùguò Chángchéng.

2. 我上班打从邮局门口经过,可以顺便寄信。

　　Wǒ shàng bān dǎ cóng yóujú ménkǒu jīngguò, kěyǐ shùnbiàn jìxìn.

3. 打从听说母亲要来的消息,她就兴奋得睡不着觉。

　　Dǎ cóng tīng shuō mǔqin yào lái de xiāoxi, tā jiù xīngfèn de shuì bu zháo jiào.

4. 打从进入大学,他的学习成绩一直都比较好。

　　Dǎ cóng jìnrù dàxué, tā de xuéxí chéngjì yìzhí dōu bǐjiào hǎo.

大　dà　(副词)

A. 表示不受约束和控制,或随心所欲,多修饰单音动词:

"Greatly", "fully", mostly modifies monosyllabic verbs:

1. 听完了这个笑话,几个人都大笑起来。

　　Tīngwánle zhège xiàohua, jǐ ge rén dōu dàxiào qǐlai.

2. 老朋友见面,大谈那些难忘的往事。

　　Lǎo péngyou jiànmiàn, dà tán nàxiē nánwàng de wǎngshì.

B. 完全、彻底,表示极高的程度:

"Completely"; "utterly":

1) 修饰形容词、动词,多是单音的:

Modifies adjectives and verbs, mostly monosyllabic:

1. 天已大亮了,全家都起床了。

　　Tiān yǐ dà liàng le, quán jiā dōu qǐchuáng le.

2. 昨天老李喝得大醉,回来便倒头大睡。

　　Zuótiān Lǎo Lǐ hē de dà zuì, huílái biàn dǎo tóu dà shuì.

这个意义的"大",有时可重叠;修饰非单音词:

Can be reduplicated and modifies polysyllabic words:

3. 几年不见,这个城镇的市容已经大大改观。

　　Jǐ nián bú jiàn, zhègè chéngzhèn de shìróng yǐjīng dàdà gǎiguān.

2) 修饰助动词"可""可以",限于少数搭配:

Modifies the auxiliary verb "可" or "可以", but only in a few set phrases:

4. 你大可不必担心,我们已经准备好了一切!

　　Nǐ dà kě búbì dānxīn, wǒmen yǐjīng zhǔnbèi hǎo le yíqiè!

5. 毕业了,我大可以松一口气了!

Bìyè le, wǒ dà kěyǐ sōng yì kǒu qì le!

3) 可以修饰少数否定形式：

Can modify a few negative forms:

6. 这两种方言大不相同。

Zhè liǎng zhǒng fāngyán dà bù xiāngtóng.

7. 我对哥哥的意见大不以为然。

Wǒ duì gēge de yìjiàn dà bù yǐwéi rán.

C. 有规模大的意思

"On a large scale":

1. 今天过年，我们全家大团圆。

Jīntiān guònián, wǒmen quán jiā dà tuányuán.

2. 舅舅从海外归来，亲朋们为他大摆宴席。

Jiùjiu cóng hǎiwài guīlái, qīnpéngmen wèi tā dà bǎi yànxí.

D. 表示很高的程度；修饰由"有"构成的短语：

Indicates a very high degree and modifies set phrases made up with "有":

1. 他们的事业大有希望。

Tāmen de shìyè dà yǒu xīwàng.

2. 你这个学机械的，到那个企业去工作，一定大有用武之地!

Nǐ zhège xué jīxiè de, dào nàge qǐyè qù gōngzuò, yídìng dà yǒu yòng wǔ zhī dì!

3. 科技兴农是大有作为的。

Kējì xīng nóng shì dà yǒu zuòwéi de.

大半 dàbàn （副词）

同"大概"，但一般不用于主语前：

Same as adverb "大概", but usually does not precede the subject:

1. 参加会议的人大半是各国语言学家。

Cānjiā huìyì de rén dàbàn shì gèguó yǔyán xuéjiā.

2. 大半还是靠了大李在前面带路，大家才顺利挤出了狂欢的人群。

Dàbàn háishi kàole Dà Lǐ zài qiánmian dài lù, dàjiā cái shùnlì jǐchūle kuánghuān de rénqún.

3. 一听就知道他大半是醉了。

Yì tīng jiù zhīdào tā dàbàn shì zuì le.

"大半是"的"是"有时没有实义，可以省掉，如例3。

"是"in"大半是"sometimes has no practical meaning and can be omitted, as in 3.

辨认：

Note:

"大半"有时是代词,是大部分的意思:

"大半"sometimes is a pronoun meaning the greater part of something:

1. 这本小说很吸引人,我一下子就看了大半。

Zhè běn xiǎoshuō hěn xīyǐn rén, wǒ yí xiàzi jiù kànle dàbàn.

2. 那个篮球队新手占大半,小半是老手。

Nàge lánqiúduì xīnshǒu zhàn dàbàn, xiǎobàn shì lǎoshǒu.

大不了   dàbuliǎo   (组合)

A. 有"非常严重""了不得"的意思;多用于否定句中。常以"有什么大不了的"或"没什么大不了的"这种形式作谓语或定语:

"Even if the worst comes to the worst", and is mostly used in a negative sentence. It is often found in such phrases as"有什么大不了的"or "没什么大不了的"which is used as the predicate or attributive:

1. 工作中难免有些失误,没什么大不了的,改了就好。

Gōngzuò zhōng nánmiǎn yǒu xiē shīwù, méi shénme dàbuliǎo de, gǎile jiù hǎo.

2. 我找你没什么大不了的事,想问你小王的电话号码。

Wǒ zhǎo nǐ méi shénme dàbuliǎo de shì, xiǎng wèn nǐ Xiǎo Wáng de diànhuà hàomǎ.

3. 什么大不了的问题,让你这么发愁?

Shénme dàbuliǎo de wèntí, ràng nǐ zhème fāchóu?

B. 有"至多"的意思,表示估计到最高程度。

Means "at most":

1. 别着急,打不通电话,大不了去他家找他一趟。

Bié zháojí, dǎ bu tōng diànhuà, dàbuliǎo qù tā jiā zhǎo tā yí tàng.

2. 大不了晚两天出发,咱们还是等她一起走吧!

Dàbuliǎo wǎn liǎng tiān chūfā, zánmen háishì děng tā yìqǐ zǒu ba!

3. 买不到电影票无所谓,大不了不看。

Mǎi bú dào diànyǐngpiào wúsuǒwèi, dàbuliǎo bú kàn.

大······大······   dà···dà···   (格式)

分别嵌入意义相关的两个单音节名词、动词、形容词或语素,表示程度深或规模大;使用范围有一定限度,不能随便嵌入任何单音节词,常作谓语、状语等:

Two monosyllabic nouns, verbs, adjectives or morphemes of interrelated meanings are inserted to indicate a big range or high degree. Only certain words can be inserted into this structure, not any word at random. This structure usually functions as the predicate or adverbial adjunct:

1. 人家都在学习,你们别在这儿大喊大叫。

   Rénjia dōu zài xuéxí, nǐmen bié zài zhèr dà hǎn dà jiào.

2. 在大风大浪中锻炼过的人,性格都比较坚强。

   Zài dà fēng dà làng zhōng duànliànguo de rén, xìnggé dōu bǐjiào jiānqiáng.

3. 他花钱总是大手大脚的,每到月底就没钱了。

   Tā huā qián zǒngshì dà shǒu dà jiǎo de, měi dào yuèdǐ jiù méi qián le.

4. 她总喜欢穿大红大绿的衣服。

   Tā zǒng xǐhuan chuān dà hóng dà lǜ de yīfu.

大抵　dàdǐ　（副词）〈书〉

意思是"大多数""一般",复指前面已提到的事物,说明那些事物中大多数是何情况:

"On the whole", "in the main":

1. 来信所表示的看法,我大抵是同意的。

   Lái xìn suǒ biǎoshì de kànfǎ, wǒ dàdǐ shì tóngyì de.

2. 这家餐馆的菜大抵是海鲜。

   Zhè jiā cānguǎn de cài dàdǐ shì hǎixiān.

有时"大抵"并不直接处于所修饰的动词之前,而是在前一分句之前:

Sometimes "大抵" does not precede immediately the verb it modifies but precedes the first clause:

3. 说也奇怪,大抵人在走运的时候,什么事都很顺利。

   Shuō yě qíguài, dàdǐ rén zài zǒuyùn de shíhou, shénme shì dōu hěn shùnlì.

4. 他大抵在教学上遇到了困难就来找我讨论。

   Tā dàdǐ zài jiàoxué shang yùdàole kùnnan jiù lái zhǎo wǒ tǎolùn.

大都　dàdōu　（副词）

大部分、大多数,所指的人或事物必在"大都"前面出现;可修饰否定形式:

"Mostly"; "for the most part".

What it refers to must precede "大都"; can modify negative forms:

1. 这里陈列的书画作品大都出自名家之手。

   Zhèlǐ chénliè de shūhuà zuòpǐn dàdōu chū zì míngjiā zhī shǒu.

2. 北方过春节大都吃饺子。

   Běifāng guò Chūnjié dàdōu chī jiǎozi.

3. 今天来的客人大都不是我个人的朋友。

Jīntiān lái de kèrén dàdōu bú shì wǒ gèrén de péngyou.

如所指的是受事,要提前作为主语:

If what it refers to is the object, it must be transformed into the subject::

　　4. 这些顾客,营业员大都比较熟悉。

　　Zhèxiē gùkè, yíngyèyuán dàdōu bǐjiào shúxi.

参看"大多"。

Compare "大多" dàduō.

大多　dàduō　(副词)

同"大都":

Same as "大都":

　　1. 这家小商场卖的大多是便宜货。

　　Zhè jiā xiǎo shāngchǎng mài de dàduō shì piányi huò.

　　2. 那些游客大多来自东南亚。

　　Nàxiē yóukè dàduō láizì Dōngnán Yà.

大凡　dàfán　(副词)　〈书〉

多用于句首,意思是大部分,接近全部;常跟"总""都"等呼应:

"Generally"; "in most cases"; usually occurs at the head of a sentence and is often used in conjunction with "总"or"都":

　　1. 大凡爱清静的人,都比较细心。

　　Dàfán ài qīngjìng de rén, dōu bǐjiào xìxīn.

　　2. 老张大凡遇到紧要关头,总要说:"你看看,你看看"。

　　Lǎo Zhāng dàfán yùdào jǐnyào guāntóu, zǒng yào shuō: "Nǐ kànkan, nǐ kànkan".

"大凡"修饰的可以是单数名词,指"每一"或较普遍的情况:

"大凡"can modify a noun in singular number to mean "every"or"ordinary":

　　3. 这里,大凡一个农家,总是要养猪的。

　　Zhèlǐ, dàfán yí ge nóngjiā, zǒngshì yào yǎng zhū de.

大概　dàgài　(副词)

表示有很大的可能性;可以用在主语的前面:

"Probably", "most likely", can precede the subject:

　　1. 那棵老槐树,大概经历了一百年的雨雪风霜。

　　Nà kē lǎo huáishù, dàgài jīnglìle yìbǎi nián de yǔ xuě fēngshuāng.

　　2. 时间这么晚,大概他有事不来了。

　　Shíjiān zhème wǎn, dàgài tā yǒu shì bù lái le.

　　3. 花瓶打碎了,大概是小猫干的!

　　Huāpíng dǎsuì le, dàgài shì xiǎo māo gàn de!

参看"大半""大约"B、"横是"。

Compare "大半 dàbàn","大约"dàyuē B,"横是"héngshì.

大力　dàlì　（副词）〈书〉

表示投入很多力量,一般用来修饰多音节词语:

"Energetically"; "vigorously"; usually modifies polysyllabic words or phrases:

1. 为了适应发展的需要,各校都在大力提高教学质量。

   Wèile shìyìng fāzhǎn de xūyào, gè xiào dōu zài dàlì tígāo jiàoxué zhìliàng.

2. 这里的农村正在大力抗旱,打井挖渠。

   Zhèlǐ de nóngcūn zhèngzài dàlì kànghàn, dǎ jǐng wā qú.

3. 这些农家由于大力发展养蚕业,收入都较高。

   Zhèxiē nóngjiā, yóuyú dàlì fāzhǎn yǎngcányè, shōurù dōu bǐjiào gāo.

大肆　dàsì　（副词）

毫无顾忌地(做坏事),修饰多音节词语:

"Without restraint", "wantonly"; modifies polysyllabic words or phrases:

1. 海盗大肆劫掠民船。

   Hǎidào dàsì jiélüè mínchuán.

2. 这部科幻小说描写的是外星人大肆向人类进攻的故事。

   Zhè bù kēhuàn xiǎoshuō miáoxiě de shì wàixīngrén dàsì xiàng rénlèi jìngōng de gùshi.

3. 有事尽可好好地谈,你何必大肆咆哮!

   Yǒu shì jìn kě hǎohāo de tán, nǐ hébì dàsì páoxiào!

4. 侵略者大肆鼓吹和平,实际上是逼我们投降。

   Qīnlüèzhě dàsì gǔchuī hépíng, shíjìshang shì bī wǒmen tóuxiáng.

大……特……　dà…tè…　（格式）

前后分别嵌入相同的单音节的动词(这种动词是有限的),表示规模大或程度深,带有夸张语气,有时"特"前可加"而";常作谓语:

Two same monosyllabic verbs (only a limited number of verbs) are inserted to indicate a big range or high degree with an exaggerated tone, and "而" can sometimes be inserted before "特". This structure usually functions as the predicate:

1. 对一些舍己救人的英雄事迹,应该大书特书。

   Duì yìxiē shějǐjiùrén de yīngxióng shìjì, yīnggāi dà shū tè shū.

2. 有的报刊对一些年轻演员大捧特捧,实在太过分了。

   Yǒude bàokān duì yìxiē niánqīng yǎnyuán dà pěng tè pěng, shízài tài guòfèn le.

3. 日以继夜地工作了一个星期,今天休息,可以大睡而特睡了。

Rìyǐjìyè de gōngzuòle yí ge xīngqī, jīntiān xiūxi, kěyǐ dà shuì ér tè shuì le.

大体 dàtǐ （副词）

就多数情形或主要方面说,后面常有"上",可修饰否定形式:

"On the whole"; "by and large"; is often followed by "上", can modify a negative form:

1. 校长的报告中,把全学期的工作计划大体上都谈了。

   Xiàozhǎng de bàogào zhōng, bǎ quán xuéqī de gōngzuò jìhuà dàtǐ shang dōu tán le.

2. 这篇文章大体上没什么毛病。

   Zhè piān wénzhāng dàtǐshang méi shénme máobìng.

3. 这座博物馆的建筑大体是中式的。

   Zhè zuò bówùguǎn de jiànzhù dàtǐ shì zhōngshì de.

大为 dàwéi （副词）

表示程度高,修饰双音节词语,必是由某事引起的反应。

"Greatly"; modifies disyllabic words or phrases denoting reactions:

1. 小张对我的迟到大为不满。

   Xiǎo Zhāng duì wǒ de chídào dàwéi bùmǎn.

2. 我对他的无知大为吃惊。

   Wǒ duì tā de wúzhī dàwéi chījīng.

3. 听说星期日要去看马戏,孩子们都大为高兴。

   Tīngshuō xīngqīrì yào qù kàn mǎxì, háizimen dōu dàwéi gāoxìng.

4. 同学们成绩欠佳,使刘老师大为恼火。

   Tóngxuémen chéngjì qiàn jiā, shǐ Liú lǎoshī dàwéi nǎohuǒ.

大约 dàyuē （副词）

A. 对数量、时间的大略估计

"Approximately"; "about":

1. 两个人谈了大约半点钟。

   Liǎng ge rén tánle dàyuē bàn diǎnzhōng.

2. 买这些家具,大约需要我半月的工资。

   Mǎi zhèxiē jiājù, dàyuē xūyào wǒ bàn yuè de gōngzī.

3. 参加大会的大约有三百人。

   Cānjiā dàhuì de dàyuē yǒu sānbǎi rén.

B. 同"大概"

Same as "大概", "probably":

1. 那家姓李的人家大约已经搬走了。

Nà jiā xìng Lǐ de rénjia dàyuē yǐjīng bānzǒu le.

2. 大约刚走上工作岗位的青年人，都有点激动或紧张。

Dàyuē gāng zǒushang gōngzuò gǎngwèi de qīngnián rén, dōu yǒudiǎn jīdòng huò jǐnzhāng.

大致　dàzhì　（副词）

同"大体"：

Same as "大体", "on the whole":

1. 这篇论文大致可以分为四个部分。

Zhè piān lùnwén dàzhì kěyǐ fēnwéi sì ge bùfen.

2. 布置新房子，忙了一个星期方才大致就绪。

Bùzhì xīn fángzi, mángle yí ge xīngqī fāngcái dàzhì jiùxù.

3. 老张是个言行一致的人；他说到的，大致上，他就会这么做。

Lǎo Zhāng shì ge yánxíng yízhì de rén; tā shuōdào de, dàzhìshang, tā jiù huì zhème zuò.

单　dān　（副词）

有"只"的意思，但不能限定数量，多修饰单音节词：

"Only"; cannot restrict quantity, usually modifies monosyllabic words:

1. 学书法，不能单练写字，还要多读书，提高修养。

Xué shūfǎ, bù néng dān liàn xiě zì, hái yào duō dú shū, tígāo xiūyǎng.

2. 如果单为糊口，总有事情可作，何必远走他乡？

Rúguǒ dān wèi húkǒu, zǒng yǒu shìqing kě zuò, hébì yuǎn zǒu tāxiāng?

"单"常与"就"相配合，表示不需要别的，就足以达到某目的：

"单" is often used in conjunction with "就" to indicate that nothing else is needed to fulfill a certain function:

3. 这个公园，单是这古柏古松，就有无限的清幽。

Zhège gōngyuán, dān shì zhè gǔ bǎi gǔ sōng, jiù yǒu wúxiàn de qīngyōu.

4. 单看这本书的序，就知道这本书的份量。

Dān kàn zhè běn shū de xù, jiù zhīdào zhèběn shū de fènliang.

单单　dāndān　（副词）

A. 同"单"，但所修饰的中心语不受音节限制：

Same as "单", but what it modifies has no syllabic restriction:

1. 这位演员表演名人，不单单是形似，而且做到了神似。

Zhè wèi yǎnyuán biǎoyǎn míngrén, bù dāndān shì xíngsì, érqiě zuòdàole shénsì.

2. 单单有热情是不够的,做事情还要脚踏实地,一步一个脚印儿!

　　Dāndān yǒu rèqíng shì bú gòu de, zuò shìqing hái yào jiǎo tà shídì, yí bù yí gè jiǎoyìn!

B. 同"独独":

Same as "独独":

1. 大家都能坚持,单单他坚持不了。

　　Dàjiā dōu néng jiānchí, dāndān tā jiānchí bu liǎo.

2. 你为什么单单选中了天文物理这个专业呢?你能读得下来吗?

　　Nǐ wèi shénme dāndān xuǎnzhòngle tiānwén wùlǐ zhège zhuānyè ne? nǐ néng dú de xiàlái ma?

单独　dāndú　（副词）

A. 同"独自":

Same as "独自"（alone, by oneself）:

1. 他单独一个人留在小屋里苦思冥想。

　　Tā dāndú yí ge rén liú zài xiǎo wū li kǔsī-míngxiǎng.

2. 小刘十八岁那年,就单独一个人出国读书。

　　Xiǎo Liú shíbā suì nà nián, jiù dāndú yí ge rén chū guó dú shū.

B. 表示动作、行为的对象是不包括其他人的:

Indicates that the object of an action does not include any other person:

1. 他想单独和父亲谈谈。

　　Tā xiǎng dāndú hé fùqin tántan.

2. 我和小芹单独在一起,这还是第一次呢。

　　Wǒ hé Xiǎo Qín dāndú zài yìqǐ, zhè hái shì dìyī cì ne.

C. 可用于事物,表示和别的事物分开:

Can apply to a thing, indicating segregation:

1. 每年过生日她送他的礼物,他都单独留起来。

　　Měi nián guò shēngrì tā sòng tā de lǐwù, tā dōu dāndú liú qǐlai.

2. 这篇长文的第二部分放在这里不大协调,可以抽出来单独写成一篇文章。

　　Zhè piān cháng wén de dì'èr bùfen fàng zài zhèlǐ bú dà xiétiáo, kěyǐ chōu chūlai dāndú xiěchéng yì piān wénzhāng.

但 1　dàn　（副词）〈书〉

有"只"的意思:

"Only":

1. 您有什么意见,但说无妨。

Nín yǒu shénme yìjiàn, dàn shuō wúfáng.

2. 到了海边,但见海天茫茫,一览无遗。

Dàole hǎibiān, dàn jiàn hǎi tiān mángmáng, yìlǎn-wúyí.

"但愿""但愿得"表示未必能实现,但很希望实现的愿望:

"If only"; "I wish":

3. ——你一定能考上北京大学!

——Nǐ yídìng néng kǎoshang Běijīng Dàxué!

——但愿如此。

——Dànyuàn rúcǐ.

4. 但愿得公司能采纳我的建言。

Dànyuàn de gōngsī néng cǎinà wǒ de jiànyán.

但² dàn （连词）

同"但是",多用于书面语:

Same as "但是", mostly used in written language:

1. 他虽年迈但头脑仍清醒。

Tā suī niánmài dàn tóunǎo réng qīngxǐng.

2. 他们两个人虽然没有吵起来,但彼此心里都不大痛快。

Tāmen liǎng ge rén suīrán méiyǒu chǎo qǐlai, dàn bǐcǐ xīnli dōu bú dà tòngkuai.

3. 这个球队战绩不佳,但作风顽强,屡败屡战。

Zhège qiúduì zhànjì bù jiā, dàn zuòfēng wánqiáng, lǚ bài lǚ zhàn.

但凡 dànfán （连词）〈书〉

A. 表示最低的条件,有"只要"的意思:

"If only", indicates the minimum condition:

1. 你表哥但凡有你一半的聪明,姑妈我也知足了。

Nǐ biǎogē dànfán yǒu nǐ yíbàn de cōngming, gūmā wǒ yě zhīzú le.

2. 当年他爷爷但凡有几亩土地,怎么会当佃户呢!

Dāngnián tā yéye dànfán yǒu jǐ mǔ tǔdì, zěnme huì dāng diànhù ne!

B. 有"凡"或"凡是"的意思,限定范围,后面常有"都""总"等呼应:

"All those (who, which)", usually used in conjunction with "都", "总" etc:

1. 古今中外,但凡能找到的书,他都要涉猎。

Gǔ jīn zhōng wài, dànfán néng zhǎodào de shū, tā dōu yào shèliè.

2. 但凡大有成就的人,总有点"怪"。

Dànfán dà yǒu chéngjiù de rén, zǒng yǒu diǎn "guài".

但是 dànshì （连词）

表示转折;"但是"后的分句或句子如另有主语,"但是"必须在主语前:

"But", if the clause or sentence after "但是" has its own subject, "但是" must precede it:

A. "但是……"对前面的句意加以补充:

"但是…"supplements what goes before:

1. 要多读书,但是还要善于读书。

   Yào duō dú shū, dànshì hái yào shànyú dú shū.

2. 他的脸比较瘦,但是一双眼睛十分明亮。

   Tā de liǎn bǐjiào shòu, dànshì yì shuāng yǎnjīng shífēn míngliàng.

B. "但是"前后两句的意思是相对的;前面常有"虽然""尽管",后面有时"却""仍然"等:

The clauses before and after "但是" have opposite meanings, and there is usually "虽然" or "尽管" in the first clause, and "却", "仍然" etc. in the second clause:

1. 他的个子虽然不高大,但是却十分强壮。

   Tā de gèzi suīrán bù gāodà, dànshì què hěn qiángzhuàng.

2. 尽管他很有钱,但是仍然很节俭。

   Jǐnguǎn tā hěn yǒu qián, dànshì réngrán hěn jiéjiǎn.

有时,"但是"可以提前置于"虽然""尽管"之前,这时"但是"后常有停顿:

Sometimes "但是" can precede "虽然" or "尽管", then there is a pause after "但是":

3. 你们的困难不少;但是,我虽然想帮助你们,却是力不从心。

   Nǐmen de kùnnan bù shǎo; dànshì, wǒ suīrán xiǎng bāngzhu nǐmen, què shì lìbùcóngxīn.

C. "但是"有时只连接两个意思相对的词或短语,"但是"后不能有停顿:

"但是" can connect two words or phrases of opposite meanings and there must not be a pause:

1. 这条胡同狭窄但是洁净,有半里多长。

   Zhè tiáo hútòng xiázhǎi dànshì jiéjìng, yǒu bàn lǐ duō cháng.

2. 数学考试通过了;在学习生活中,她迈出了微小的,但是重要的一步。

   Shùxué kǎoshì tōngguò le; zài xuéxí shēnghuó zhōng, tā màichūle wēixiǎo de, dànshì zhòngyào de yí bù.

参看"但"。

Compare "但" dàn.

当　dāng　（介词）

A. 有"在"的意思，后面可以带"着"；宾语多是带修饰语的"时"或"时候"；"当……"常居句首，是时间状语

Means "在", but can take "着" after it, the object is usually "时" or "时候" with an attributive. "当…" comes at the head of a sentence to be an adverbial adjunct:

1. 当我们吃饭的时候，忽然有客人来访。

   Dāng wǒmen chī fàn de shíhou, hūrán yǒu kèrén lái fǎng.

2. 当实验进行时，大家都屏心静气地观察着。

   Dāng shíyàn jìnxíng shí, dàjiā dōu bǐngxīn-jìngqì de guāncházhe.

宾语也可以是带修饰语的"时刻""时期""同时""年头""那年""那天"等：

The object can also be "时刻", "时期", "同时", "年头", "那年", "那天" etc. with an attributive:

3. 当我来到这个山区的那天，就找到一位老乡作向导。

   Dāng wǒ láidào zhège shānqū de nà tiān, jiù zhǎodào yí wèi lǎoxiāng zuò xiàngdǎo.

4. 当他因病住院的同时我也住进了同一间病房。

   Dāng tā yīn bìng zhù yuàn de tóngshí wǒ yě zhùjìnle tóng yì jiān bìngfáng.

在书面语中，"当……之际（之时）"，与"当……的时候"相同：

In written language, "当…之际（之时）" means the same thing as "当…的时候":

5. 当劳累之际，他便吟起唐诗。

   Dāng láolèi zhī jì, tā biàn yínqǐ Tángshī.

在"时"或"时候"的修饰语较长时，"时"或"时候"可以省略：

When "时" or "时候" has a rather long attributive, "时" or "时候" can be omitted:

6. 当我们正要做晚饭，一辆黑色汽车开进村里。

   Dāng wǒmen zhèng yào zuò wǎnfàn, yíliàng hēisè qìchē kāijìn cūnli.

"当"字前可以有副词"每""正"修饰。"每当……"是"每一次到那时候"；"正当……"是"正在那时候"

"每" or "正" can be used before "当", "每当" means "whenever"; "正当…" means "just when…":

7. 每当他感觉寂寞时，便踱到"老人之家"。

   Měi dāng tā gǎndào jìmò shí, biàn duódào "lǎorén zhī jiā".

8. 正当他和朋友下棋之际，老伴跑来叫他去买米。

Zhèng dāng tā hé péngyou xià qí zhī jì, lǎobàn pǎolai jiào tā qu mǎi mǐ.

"当……以前(之前)""当……以后(之后)"意思也就是"……以前""……以后"

"当…以前(之前)" and "当…以后(之后)" mean the same as "…以前" and "…以后":

9. 当他醒来之后,觉得右臂麻木。

　　Dāng tā xǐng lái zhī hòu, juéde yòu bì mámù.

B. "当着……的面"或"当着(指人的体词)"表示在某人或某些人面前;否定词、助动词在"当着……"前后均可:

"当着…的面" or "当着" (a substantive indicating a human being) means "in front of somebody"; the negative word or auxiliary verb can either precede "当着…" or follow it:

1. 当着张老师的面,他不敢说三道四。

　　Dāngzhe Zhāng lǎoshī de miàn, tā bù gǎn shuōsān-dàosì.

2. 别当着客人胡闹!

　　Bié dāngzhe kèren húnào!

当众　dāngzhòng　(副词)

表示当着大家,公开地;含有不避讳他人或故意使众人皆知的意味;后面常是非单音词语:

"In the presence of all", "in public", is followed by polysyllabic words or phrases:

1. 我愿意当众宣布,这件事我有过失。

　　Wǒ yuànyì dāngzhòng xuānbù, zhè jiàn shì wǒ yǒu guòshī.

2. 你当众羞辱他,是不应该的!

　　Nǐ dāngzhòng xiūrǔ tā, shì bù yīnggāi de!

3. 他学魔术已经有点成绩,可以在小范围内当众表演了。

　　Tā xué móshù yǐjīng yǒu diǎn chéngjì, kěyǐ zài xiǎo fànwéi nèi dāngzhòng biǎoyǎn le.

倒　dào　(副词)

A. 同"反而"表示某一情况产生的结果,与应产生的结果相反:

Same as "反而", indicating that a situation leads to a result opposite to the expected one:

1. 要是方向不对,倒越走越远了。

　　Yàoshì fāngxiàng bú duì, dào yuè zǒu yuè yuǎn le.

2. 春天了,天气倒冷起来了。

　　Chūntiān le, tiānqì dào lěng qǐlai le.

B. 表示有点出乎意料：

Indicates surprise：

1. 他看上去不像六十岁的人，倒像四十多岁。

   Tā kàn shàngqu bú xiàng liùshí suì de rén, dào xiàng sìshí duō suì.

2. 我们都以为他不来了，没想到他倒是第一个到的。

   Wǒmen dōu yǐwéi tā bù lái le, méi xiǎngdào tā dào shì dìyī ge dào de.

C. 表示比想象的要好：

Indicates the situation is better than what is expected：

1. 淋点雨，倒凉爽了。

   Lín diǎn yǔ, dào liángshuǎng le.

2. 虽是粗茶淡饭，吃起来倒很可口。

   Suī shì cū chá dàn fàn, chī qǐlai dào hěn kěkǒu.

D. 肯定积极的一面，重点在下面指出消极一面

Acknowledges the favorable aspect but stresses the following unfavorable aspect：

1. 老张倒是有能力，可惜年事已高。

   Lǎo Zhāng dào shì yǒu nénglì, kěxī niánshì yǐ gāo.

2. 他看的书倒不少，可是有点食古不化。

   Tā kàn de shū dào bù shǎo, kěshì yǒudiǎn shí gǔ bú huà.

E. 表示与对方所想的不一样：

Not as what the other party has expected：

1. 你说他能力差，学得慢，我看这倒不是问题，只要努力就成。

   Nǐ shuō tā nénglì chà, xué de màn, wǒ kàn zhè dào bú shì wèntí, zhǐyào nǔlì jiù chéng.

2. 你的办法有没有风险，倒在其次，主要是我没有能力继续投资。

   Nǐ de bànfǎ yǒu méiyǒu fēngxiǎn, dào zài qícì, zhǔyào shì wǒ méiyǒu nénglì jìxù tóuzī.

F. 表示不耐烦，用于催促：

Implies impatience in urging someone：

1. 你倒是快动手啊！

   Nǐ dào shì kuài dòngshǒu a!

2. 同意不同意，你倒说句话！

   Tóngyì bù tóngyì, nǐ dào shuō jù huà!

G. "你倒好"等表示对别人不满意，认为别人没做该做的事：

"你倒好" etc. indicates resent towards someone who has not done what he should have done：

1. 人家忙得要死，你倒好，这么早就睡下了。

Rénjia máng de yào sǐ, nǐ dào hǎo, zhème zǎo jiù shuìxia le.

2. 她倒好，一个人挣钱一个人花，从不给家里一分钱！

Tā dào hǎo, yí ge rén zhèng qián yí ge rén huā, cóng bù gěi jiāli yì fēn qián!

到处   dàochù   （副词）

意思是各个地方，各处：

Everywhere：

A. 各个地方有相同的事物或情况，可以修饰否定形式：

(The same thing is found) everywhere; can modify a negative form：

1. 这个城市到处是泉水，有百泉之城的美称。

Zhège chéngshì dàochù shì quánshuǐ, yǒu bǎi quán zhī chéng de měichēng.

2. 这个人言行不一，到处不受欢迎。

Zhège rén yánxíng-bùyī, dàochù bú shòu huānyíng.

"到处"常与"都"连用，意思不变；例1、2可以加"都"，下边的例3中的"都"也可省去：

"到处"is often used in conjunction with "都"，"都" can be added in 1 and 2, and "都" in 3 can be omitted：

3. 从明朝中叶以来，全国到处都有关帝庙。

Cóng Míng cháo zhōngyè yǐlái, quán guó dàochù dōu yǒu Guāndì miào.

如谓语动词是"是"或"有"时，宾语可变为主语：

If the verb in the predicate is "是" or "有"，the object can be turned into the subject：

4. 这一带河滩上到处都有好看的石子儿。

Zhè yídài hétān shang dàochù dōu yǒu hǎokàn de shízǐr.

这一句可变为：

This sentence can be turned into：

5. 这一带河滩上好看的石子儿到处都有。

Zhè yídài hétānshang hǎokàn de shízǐr dàochù dōu yǒu.

参看"随处"。

Compare 随处 suíchù.

B. 表示由施事者到各处去进行某种活动，谓语前一般不加"都"，很少修饰否定形式：

Indicates that someone does the same thing everywhere, no "都" occurs before the predicate and rarely modifies a negative form：

1. 他到处游说,终于得到了社会的支持。

Tā dàochù yóushuì, zhōngyú dédàole shèhuì de zhīchí.

2. 最近几年他们几个人到处跑,搜集了不少民间文学素材。

Zuìjìn jǐ nián tāmen jǐ ge rén dào chù pǎo, sōujíle bù shǎo mínjiān wénxué sùcái.

到底　dàodǐ　(副词)

A. 指出最后的情况如何:

"In the end":

1. 到底是女儿说服了娘,娘同意她参加时装模特儿表演了。

Dàodǐ shì nǚ'ér shuōfúle niáng, niáng tóngyì tā cānjiā shízhuāng mótèr biǎoyǎn le.

2. 严格的考试到底也没难倒他,他门门课都得了高分。

Yángé de kǎoshì dàodǐ yě méi nándǎo tā, tā ménmén kè dōu déle gāo fēn.

B. 表示即使不充分符合某条件某类型,还是可以认为具备这条件,属于这类型;可用于主语前:

Though not quite up to the standard, can still be qualified as such, can occur before the subject:

1. 老师这话到底有些厉害,孩子都同意了。

Lǎoshī zhè huà dàodǐ yǒu xiē lìhai, háizi dōu tóngyì le.

2. 到底这里离市中心不远,买东西比较方便。

Dàodǐ zhèlǐ lí shì zhōngxīn bù yuǎn, mǎi dōngxi bǐjiào fāngbiàn.

C. 用在疑问句式中,表示追究,要求确定答复;可用在主语前:

Occurs in an interrogative sentence to pursue an answer and can occur before the subject:

1. 到底你们去不去?

Dàodǐ nǐmen qù bu qù?

2. 他停住脚步,想认真考虑一下下一步到底怎么进行。

Tā tíngzhu jiǎobù, xiǎng rènzhēn kǎolǜ yíxià xiàyíbù dàodǐ zěnme jìnxíng.

到头来　dàotóulái　(组合)

表示最后、最终、结果如何,常引出不如意的结局;作状语:

"At long last"; usually introduces an unfavourable result and is used as an adverbial adjunct:

1. 大家争论了半天,到头来,谁也没说服谁。

Dàjiā zhēnglùnle bàntiān, dàotóulái, shuí yě méi shuōfú shuí.

2. 连着下了三盘棋，到头来，还是小王赢了。

Liánzhe xiàle sān pán qí, dàotóulái, háishì Xiǎo Wáng yíng le.

3. 这位癌症专家，没想到自己到头来也得了癌症。

Zhè wèi áizhèng zhuānjiā, méi xiǎng dào zìjǐ dàotóulái yě déle áizhèng.

到……（为）止 dào…(wéi)zhǐ （格式）

表示时间、进度从过去某一点起到另一点止，"为"有时可以省略，可作状语，也可作补语或谓语：

"Until"; "为" can be omitted. The structure can function as the adverbial adjunct, complement or predicate:

1. 从早上八点起，到晚上八点止，他们整整工作了十二个小时。

Cóng zǎoshang bā diǎn qǐ, dào wǎnshang bā diǎn zhǐ, tāmen zhěngzhěng gōngzuòle shí'èr ge xiǎoshí.

2. 这是个学术问题，到目前为止，还没有一个一致的看法。

Zhè shì ge xuéshù wèntí, dào mùqián wéizhǐ, hái méiyǒu yí ge yízhì de kànfǎ.

3. 咱们今天的会就开到此为止，没讨论完的问题，以后再说。

Zánmen jīntiān de huì jiù kāi dào cǐ wéizhǐ, méi tǎolùn wán de wèntí, yǐhòu zài shuō.

地 de （结构助词）

结构助词"地"，是用在状语后的书写标志：

The structural particle "地" is used after an adverbial adjunct:

A. 少数名词或名词性短语作状语一般带"地"：

Some nouns and noun phrases usually take "地" when used as adverbial adjuncts:

1. 我们应该历史地分析当时的情况。

Wǒmen yīnggāi lìshǐ de fēnxī dāngshí de qíngkuàng.

2. 对全市的交通应该整体地规划一下。

Duì quán shì de jiāotōng yīnggāi zhěngtǐ de guīhuà yíxià.

3. 你怎么能够形式主义地看问题呢？

Nǐ zěnme nénggòu xíngshì zhǔyì de kàn wèntí ne?

方位词语，时间词语，如"屋里"、"外边"、"明天"、"一年前"等作状语不能带"地"。

Localizers and time words or phrases such as "屋里", "外边", "明天", "一年前"

etc. do not take "地" when used as adverbial adjuncts.

B. 形容词作状语：

Adjectives as adverbial adjuncts:

1) 单音节形容词作状语一般不带"地"，如"快走"、"远看"，能带"地"的很少。

Monosyllabic adjectives as adverbial adjuncts do not take "地" as a rule, such as "快走"，"远看"，and there are only a few that can take "地":

1. 我真地认不出他是谁了。

Wǒ zhēn de rèn bu chū tā shì shuí le.

2. 他猛地一抬头，正好看见他走进来。

Tā měng de yì tái tóu, zhènghǎo kànjiàn tā zǒu jìnlái.

2) 双音节或多音节形容词或形容词短语作状语，一般带"地"，有些常用的四字组合除外，如"艰苦奋斗"、"热烈欢迎"：

Disyllabic or polysyllabic adjectives or adjectival phrases take "地" as a rule when used as adverbial adjuncts, with the exceptions of some four – character structures such as "艰苦奋斗""热烈欢迎":

3. 对这种违法行为要严肃地处理。

Duì zhè zhǒng wéifǎ xíngwéi yào yánsù de chǔlǐ.

4. 听了这个消息，他兴奋地说："太好了，太好了"。

Tīngle zhège xiāoxi, tā xīngfèn de shuō: "Tài hǎo le, tài hǎo le."

5. 她非常勤奋地学习，取得了优异的成绩。

Tā fēicháng qínfèn de xuéxí, qǔdéle yōuyì de chéngjì.

6. 我昨天舒舒服服地睡了一夜。

Wǒ zuótiān shūshufūfū de shuìle yíyè.

C. 副词作状语，单音节的一般不能带"地"，如"就去"、"才来"；带"地"的极少：

Adverbs as adverbial adjuncts, the monosyllabic ones cannot take "地", such as "就去"，"才来", with very few exceptions:

1. 他忽地站起身，向门外跑去。

Tā hū de zhànqǐ shēn, xiàng mén wài pǎo qù.

双音节副词一般可带"地"，也可不带，下列例中的"地"都可省略：

Disyllabic adverbs usually can take "地", but can do without. "地" in the following examples can be omitted:

2. 他的背影渐渐（地）消失在黑暗中。

Tā de bèiyǐng jiànjiàn（de）xiāoshī zài hēi'àn zhōng.

3. 听说老王的母亲去世了，我非常（地）难过。

Tīng shuō Lǎo Wáng de mǔqin qùshì le, wǒ fēicháng（de）nánguò.

4. 海边的夜晚格外(地)寂静。

Hǎi biān de yèwǎn géwài(de) jìjìng.

5. 他故意(地)气你，你可别当真。

Tā gùyì（de）qì nǐ, nǐ kě bié dàngzhēn.

D. 短语或结构作状语多带"地"，介宾结构除外，如："在图书馆看书"：

Phrases or structures used as adverbial adjuncts usually take "地", with the exceptions of preposition – object constructions, such as "在图书馆看书"：

1. 他一步一步地走向岸边。

Tā yí bù yí bù de zǒu xiàng àn biān.

2. 她十分调皮地向我眨了眨眼睛。

Tā shífēn tiáopí de xiàng wǒ zhǎle zhǎ yǎnjing.

3. 他心灰意懒地整天呆在家里。

Tā xīnhuī-yìlǎn de zhěng tiān dāi zài jiā li.

4. 他洋洋得意地看着大家。

Tā yángyáng-déyì de kànzhe dàjiā.

E. 象声词作状语，"地"一般可有可无，下面例句中的"地"可省略：

Onomatopoeia as adverbial adjunct may take "地" or do without. "地" in the following examples can all be omitted：

1. 泉水突突地往外冒。

Quánshuǐ tūtū de wǎng wài mào.

2. 北风呼呼地吹着。

Běifēng hūhū de chuī zhe.

3. 电话丁零丁零地响起来。

Diànhuà dīnglíng dīnglíng de xiǎng qǐlai.

的 [1] de   （结构助词）

结构助词"的"，用在定语和中心语之间：

The structural particle "的" is used between the modifier and the word it modifies：

A. 代词＋"的"，表示领属关系：

Pronoun ＋"的" indicates possession：

1. 他的衣服穿得太多了。

Tā de yīfu chuān de tài duō le.

2. 这都是大家的功劳。

Zhè dōu shì dàjiā de gōngláo.

3. 我的文章不长。

Wǒ de wénzhāng bù cháng.

人称代词和亲属称谓之间,以及双音节人称代词和一般称呼之间的"的"一般省略:

"的" between a personal pronoun and an address of relative or between a disyllabic personal pronoun and an ordinary address is usually omitted:

4. 我跟我父亲一起去上海。

　　Wǒ gēn wǒ fùqin yìqǐ qù Shànghǎi.

5. 他们厂长姓王。

　　Tāmen chǎngzhǎng xìng Wáng.

B. 名词 + "的":

Noun + "的":

1) 表示领属关系,一般都带"的":

When indicating possession, "的" is usually used:

1. 母亲的眼睛这两年越来越不好了。

　　Mǔqin de yǎnjing zhè liǎngnián yuèláiyuè bù hǎo le.

2. 昨天晚上,我们都去了小李的新房子。

　　Zuótiān wǎnshang, wǒmen dōu qùle Xiǎo Lǐ de xīn fángzi.

3. 那个布娃娃的头掉了。

　　Nàge bùwáwa de tóu diào le.

2) 表示修饰关系的,"的"一般省略

When indicating modification, "的" is omitted:

4. 他会讲日本话。

　　Tā huì jiǎng Rìběn huà.

5. 这些中文画报都是新出版的。

　　Zhèxiē Zhōngwén huàbào dōu shì xīn chūbǎn de.

6. 那根木头棍断了。

　　Nà gēn mùtou gùn duàn le.

C. 动词 + "的" 表示修饰关系:

Verb + "的" indicating modification:

1) 中心语实际是动词的受事,"的"不能省略:

The modified word is actually the object of the verb, "的" cannot be omitted:

1. 刚洗的衣服又弄脏了。

　　Gāng xǐ de yīfu yòu nòngzāng le.

2. 新买的笔记本都送人了。

　　Xīn mǎi de bǐjìběn dōu sòng rén le.

2) 一般修饰关系一般有"的":

An ordinary modification usually takes "的":

3. 她以钦佩的目光望着他。

   Tā yǐ qīnpèi de mùguāng wàngzhe tā.

4. 哭喊的声音很大。

   Kū hǎn de shēngyīn hěn dà.

5. 参观的人多极了。

   Cānguān de rén duōjí le.

有很多常用熟语,"的"被省略:如"学习计划""生产指标"。

"的" is often omitted in many commonly used phrases such as "学习计划""生产指标".

D. 形容词 + "的"表示修饰关系:

Adjective + "的" indicates modification:

1. 多么美好的日子啊!

   Duōme měihǎo de rìzi a!

2. 岸上有一层雪白的沙子。

   Àn shang yǒu yì céng xuěbái de shāzi.

3. 强烈的阳光晒在人的头顶上。

   Qiángliè de yángguāng shài zài rén de tóudǐng shang.

有许多经常结合或结合较紧密的短语,尤其是单音节形容词短语,"的"总省略,如"重要问题""干净衣服""红花""大树"等。

In many common phrases especially those made up of two monosyllabic words, "的" is omitted, such as "重要问题""干净衣服""红花""大树" etc.

E. 数量短语 + "的":

Numeral – measure word phrase + "的":

1)序数及量词修饰名词不要"的":

An ordinal number and a measure word before a noun do not take "的":

1. 这是二号楼。

   Zhè shì èr hào lóu.

2. 他住在五层楼。

   Tā zhù zài wǔ céng lóu.

3. 我在六号房间开会。

   Wǒ zài liù hào fángjiān kāi huì.

2)序数及量词代表集体或名词表示领属关系的,要"的":

An ordinal number and a measure word indicating a collective or a noun need "的" to show possession:

4. 三班的学生比较多。

Sān bān de xuésheng bǐjiào duō.

5. 五号（房间）的客人走了。

Wǔ hào（fángjiān）de kèrén zǒu le.

3）基数及量词在名词前表示数量，不能用"的"，如"几间屋子""十本书"。

A cardinal number and a measure word before a noun to indicate quantity, must not take "的", such as "几间屋子"，"十本书".

4）基数及量词修饰名词，必须有"的"：

A cardinal number and a measure word must take "的" to modify a noun:

1. 我买了一只三公斤的鸡。

Wǒ mǎile yì zhī sān gōngjīn de jī.

2. 地里长了一个十公斤的西瓜。

Dì li zhǎngle yí ge shí gōngjīn de xīguā.

F. 时间词、处所词作定语：

Time words and localizers as attributives:

1）时间词作修饰语，"的"可有可无：

A time word as a modifier, "的" is optional:

1. 我们放一个半月（的）暑假。

Wǒmen fàng yí ge bàn yuè（de）shǔjià.

2. 他坐明天上午十点钟（的）车走。

Tā zuò míngtiān shàngwǔ shí diǎnzhōng（de）chē zǒu.

2）处所词作定语，"的"可有可无"：

A localizer as an attributive, "的" is optional:

3. 外边（的）树都绿了。

Wàibian（de）shù dōu lǜ le.

4. 前边（的）那片草地是去年才有的。

Qiánbian（de）nà piàn cǎodì shì qùnián cái yǒu de.

5. 他们家（的）房子很大。

Tāmen jiā（de）fángzi hěn dà.

G. 动宾结构、介宾结构、主谓结构作定语，必须用"的"：

V – O construction, P – O construction and S – P construction must take "的" as attributives:

1. 这些掉了书皮的书，都是谁的？

Zhèxiē diàole shūpír de shū, dōu shì shuí de?

2. 根据我的意见办，没错。

Gēnjù wǒ de yìjiàn bàn, méi cuò.

3. 我对他的帮助不多。

　　Wǒ duì tā de bāngzhù bù duō.

4. 两个脾气不好的人在一起，常常会吵架。

　　Liǎng ge píqì bù hǎo de rén zài yìqǐ, chángcháng huì chǎojià.

H. 象声词作定语，要有"的"：

An onomatopoeia as an attributive must take "的"：

1. "咚"的一声，一个什么东西倒了。

　　"Dōng"de yì shēng, yí ge shénme dōngxi dǎo le.

2. 只听"哧"的一声，衣服撕破了。

　　Zhǐ tīng "chī" de yì shēng, yīfu sīpò lè.

I. 以"的"字构成的定语，常常可以取代其所修饰的中心语。

The attributive with "的" can often replace the word it modifies：

1. 她有两个孩子，大的是女孩，小的是男孩。

　　Tā yǒu liǎng ge háizi, dà de shì nǚhái, xiǎo de shì nánhái.

2. 他的脸色多好，你的不如他的。

　　Tā de liǎnsè duō hǎo, nǐ de bùrú tā de.

3. 院子里玫瑰花不少，我喜欢红的。

　　Yuànzi lǐ de méiguihuā bùshǎo, wǒ xǐhuan hóng de.

4. 市场上卖鱼的、卖虾的很多，买鱼、虾很方便。

　　Shìchǎngshang mài yú de, mài xiā de hěn duō, mǎi yú, xiā hěn fāngbiàn.

5. 我这里纸很多，用不了的都给你们留下。

　　Wǒ zhèlǐ zhǐ hěn duō, yòng bu liǎo de dōu gěi nǐmen liúxia.

J. 某些以定语形式出现，但并非定语的"的"字结构。

Some "的" constructions look like attributives but are not：

1）叙述某人某种活动的现况，这种状况是以动宾结构加补语来说明的，如：

A statement is made about sb.'s action, and this statement is composed of a V－O construction and a complement：

1. 他睡觉睡得很安稳。

　　Tā shuìjiào shuì de hěn ānwěn.

2. 小李当护士，当了两年。

　　Xiǎo Lǐ dāng hùshì, dāngle liǎng nián.

3. 下雨了，他们游长城游不成了。

　　Xià yǔ le, tāmen yóu Chángchéng yóu bu chéng le.

这类句子都可以转变成以指人的名词或代词加"的"作定语的形式。

These sentences can all be turned into sentences with noun or pronoun plus "的" as an attributive:

4. 他的觉睡得很安稳。

   Tā de jiào shuì de hěn ānwěn.

5. 小李的护士,当了两年。

   Xiǎo Lǐ de hùshi,dāngle liǎng nián.

6. 下 雨 了,他们的长城游不成了。

   Xià yǔ le, tāmen de Chángchéng yóu bu chéng le.

2)说明某一角色由谁扮演,或某一职务由谁承担,如:

Tells who plays a certain role or who undertakes a certain job:

1. 在这个剧里,由王丽扮演女主角。

   Zài zhège jù lǐ, yóu Wáng Lì bànyǎn nǚ zhǔjué。

2. 这个厂现在由张辉任厂长。

   Zhège chǎng xiànzài yóu Zhāng Huī rèn chǎngzhǎng。

这种句式可以变为:

These sentences can be turned into:

3. 在这个剧里(是)王丽的女主角。

   Zài zhège jùlǐ(shì) wáng Lì de nǚ zhǔjué。

4. 这个厂现在是张辉的厂长。

   Zhège chǎng xiànzài shì Zhāng Huī de chǎngzhǎng。

3)某些动宾结构,当其需要意念上的受事时,因为结构上不能再带有宾语,就把这受事变为宾语的定语:

Some V－O constructions when used as the predicate, may need an object, but as there is already an object, this second object is turned into the attributive of the first object:

5. 既然他肯帮你的忙,我就放心了。

   Jìrán tā kěn bāng nǐ de máng,wǒ jiù fàng xīn le.

6. 我可不是故意找你的麻烦,你做得实在不对。

   Wǒ kě bú shì gùyì zhǎo nǐ de máfan,nǐ zuò de shízài bú duì.

7. 他是个老实人,你们可别老开他的玩笑。

   Tā shì ge lǎoshi rén,nǐmen kě bié lǎo kāi tā de wánxiào.

的 ² de （语气助词）

的(modal particle)

A. 用在句尾,表示肯定、确认的语气:

Used at the end of a sentence to indicate affirmation:

1. 他的发言是带有权威性的。

Tā de fāyán shì dài yǒu quánwēixìng de。

2. 时间是早就确定了的。

Shíjiān shì zǎo jiù quèdìngle de.

3. 这件事他是早就听说了的。

Zhè jiàn shì tā shì zǎo jiù tīng shuō le de。

B. 用在并列成分之后,表示停顿和列举未尽:

Used after parallel elements to show pause:

1. 什么长的、短的,只要是能用的铅笔就行。

Shénme cháng de, duǎn de, zhǐyào shì néng yòng de qiānbǐ jiù xíng.

2. 又哭又闹的,你这是干什么?

Yòu kū Yòu nào de, nǐ zhè shì gàn shénme?

3. 单衣、棉衣的,装满一箱子。

Dānyī, miányī de, zhuāngmǎn yì xiāngzi.

C. 语气助词“的”常与前面的“是”呼应,成为“是……的”句:

Modal particle “的” is often used in conjunction with “是” to make a “是…的” sentence:

1)用“是……的”强调说明动作发生的时间、地点、原因、方式、目的,以及动作的施事者等,一般是已然的,“是”往往可以省略(否定式“不是”不能省略):

“是…的” is used to stress the time, place, cause, way, aim or the agent of an action which has already taken place .“是” can be omitted, but if it is in the negative ,“不是” can't be omitted:

1. 他是昨天来的。

Tā shì zuótiān lái de.

2. 这条高速公路是三年前修建的。

Zhè tiáo gāosù gōnglù shì sān nián qián xiūjiàn de.

3. 这些奖杯都是他参加马拉松赛得来的。

Zhèxiē jiǎngbēi dōu shì tā cānjiā mǎlāsōng sài délái de.

4. 我因为头痛才来看病的。

Wǒ yīnwéi tóutòng cái lái kàn bìng de.

5. 这瓶酒不是给他准备的。

Zhè píng jiǔ bú shì gěi tā zhǔnbèi de.

2)用“是……的”强调事实确实如此,否定式以述语的否定形式来表示的:

“是…的” is used to stress that the fact is so and the negative is shown by a negative predicate:

6. 这些书是不外借的。

Zhèxiē shū shì bú wàijiè de.

7. 没有答完考卷,是不许离开考场的。

Méiyǒu dáwán kǎojuàn, shì bùxǔ líkāi kǎochǎng de.

8. 他是很聪明的,不会吃亏。

Tā shì hěn cōngmíng de, bú huì chī kuī.

9. 她是很能体谅人的。

Tā shì hěn néng tǐliàng rén de.

3) 动词带有助动词或可能补语,用"是……的"强调意愿,可能性,必然性等,"是"可省略;否定形式是以否定助词或否定可能补语来表示的:

If the verb takes an auxiliary verb or a potential complement and "是…的" is used to stress will, possibility, inevitability etc, "是" can be omitted; and the negative form is made up by a negative auxiliary verb or a negative potential complement:

10. 别悲观,你的病是可以治好的。

Bié bēiguān, nǐ de bìng shì kěyǐ zhìhǎo de.

11. 放心,这项工程他们会按期完成的。

Fàngxīn, zhè xiàng gōngchéng tāmen huì ànqī wánchéng de.

12. 按说,上次的照片不应该照坏的。

Ànshuō, shàng cì de zhàopiàn bù yīnggāi zhàohuài de.

13. 这么多文章我一个晚上是看不完的。

Zhème duō wénzhāng wǒ yí ge wǎnshang shì kàn bu wán de.

······的话   ···dehuà(助词)   particle

放在表示假设的短语或从句之后,与前面的"要(是)"等呼应,加强假设语气,一般可以省略:

Used after a hypothetical phrase or subordinate clause, in conjunction with "要(是)" etc. to stress the hypothetical tone and can usually be omitted:

1. 要是你现在不用自行车的话,借我用两天可以吗?

Yàoshì nǐ xiànzài bú yòng zìxíngchē dehuà, jiè wǒ yòng liǎng tiān kěyǐ ma?

2. 要是来得及的话,我今天晚上就把书给你送去。

Yàoshì lái de jí dehuà, wǒ jīntiān wǎnshang jiù bǎ shū gěi nǐ sòng qu.

有时可以没有"要是"等词,只用"······的话",表示假设:

"要是" can be omitted:

3. 你看看报纸来了的话,顺便给我带来。

Nǐ kànkan bàozhǐ láile dehuà, shùnbiàn gěi wǒ dàilai.

4. 下雪的话，咱们可以去照雪景。

　　Xià xuě de huà, zánmen kěyǐ qù zhào xuějǐng.

得 de （结构助词·） structural particle

A. **用在动词或形容词与表示达到的程度或结果的补语之间，否定式是"……得不……"：**

Used between the verb or adjective and its complement of degree or complement of result; the negative form is "…得不…":

1. 风刮过之后，天空变得更晴朗了。

　　Fēng guāguò zhī hòu, tiānkōng biàn de gèng qínglǎng le.

2. 野营回来，孩子们的脸红得发亮。

　　Yěyíng huílai, háizimen de liǎn hóng de fā liàng.

3. 山洞里黑得怕人。

　　Shāndòng li hēi de pàrén.

4. 这几个字写得不好，歪了。

　　Zhè jǐ ge zì xiě de bù hǎo, wāi le.

5. 他气得脸都白了。

　　Tā qì de liǎn dōu bái le.

6. 这些书摆得不整齐，再摆摆吧。

　　Zhèxiē shū bǎi de bù zhěngqí, zài bǎi bǎi ba.

一般的动宾结构中的动词，如要加带"得"的补语，要重复动词：

If a complement with "得" needs to be used after the verb of a V – O structure , the verb must be repeated:

7. 今天他说话说得太多了。

　　Jīntiān tā shuōhuà shuō de tài duō le.

8. 她唱歌唱得非常好。

　　Tā chàng gē chàng de fēicháng hǎo.

B. **在动词后，表示可能、可以：**

Used after a verb to indicate possibility:

1) 用在单音节动词之后，后面不再带补语。否定式是"不得"：

Used after a monosyllabic verb without any complement and the negative form is "不得":

1. 这办法不妥，用不得。

　　Zhè bànfǎ bù tuǒ, yòng bude.

2. 苹果都洗干净了，都吃得。

　　Píngguǒ dōu xǐ gānjìng le, dōu chī de.

3. 这事可疏忽不得。

Zhè shì kě shūhu bude.

4. 这布晒得吗?

Zhè bù shài de ma?

——晒不得,一晒就退色。

——Shài bude, yí shài jiù tuìshǎi.

有时,动词和"得"或"不得"之后有宾语:

Sometimes a verb with "得" or "不得" can take an object:

5. 他的工作太繁杂,有时顾得这个,就顾不得那个。

Tā de gōngzuò tài fánzá, yǒu shí gù de zhège, jiù gù bude nàge.

6. 这种花见不得阳光。

Zhè zhǒng huā jiàn bude yángguāng.

7. 他打不得这种消炎针。

Tā dǎ bude zhè zhǒng xiāoyánzhēn.

8. 平时有意识地锻炼自己,将来在艰苦的环境中才能吃得大苦。

Píngshí yǒu yìshí de duànliàn zìjǐ, jiānglái zài jiānkǔ de huánjìng zhōng cái néng chī de dà kǔ.

有的只有否定形式,没有肯定形式

Some verbs can only take "不得" but not "得":

9. 这种个人主义思想,可是要不得的。

Zhè zhǒng gèrén zhǔyì sīxiǎng, kěshì yào bude de.

10. 这孩子太顽皮,用什么办法教育都对他奈何不得。

Zhè háizi tài wánpí, yòng shénme bànfǎ jiàoyù dōu duì tā nàihé bude.

2) 用在动词之后,后面还有结果或趋向补语,否定式是"不 + 补语":

Used after a verb and takes a complement of result or directional complement; the negative form is "不" + complement:

11. 这些数字,我一天统计得出来。

Zhèxiē shùzì, wǒ yìtiān tǒngjì de chūlái.

12. 他们借的书,月底还得回来吗?

Tāmen jiè de shū, yuèdǐ huán de huílái ma?

13. 我的自行车丢了一年了,找不回来了。

Wǒ de zìxíngchē diūle yì nián le, zhǎo bu huílái le.

14. 我实在想不出什么好办法来了。

Wǒ shízài xiǎng bu chū shénme hǎo bànfǎ lái le.

等 *děng* (助词) particle

表示列举不尽,后边有时有总括性词语,或表示列举已完,作个结尾:

Means "etc.", sometimes is followed by a summing up term:

1. 学校为学生们组织了一些课外活动,如大合唱、跳集体舞等。

Xuéxiào wèi xué shengmen zǔzhīle yìxiē kèwài huódòng, rú dàhéchàng, tiào jítǐwǔ děng.

2. 雨衣、雨鞋、雨伞等,这个商店里都有。

Yǔyī, yǔxié, yǔsǎn děng, zhègè shāngdiàn li dōu yǒu.

3. 这次出差要去上海、南京、长沙等地。

Zhè cì chū chāi yào qù Shànghǎi, Nánjīng, Chángshā děng dì.

4. 像《汉英词典》等工具书,要放在手边。

Xiàng 《Hàn Yīng Cídiǎn》děng gōngjùshū, yào fàng zài shǒu biān.

等到 děngdào （连词）

引出事情发生的时间或条件,后边多为短语或句子,也可加"……的时候" "以后"等;可省略为"等":

Introduces the time or condition of the occurrence of something, and is followed by a sentence or phrase, which may end in "…的时候" "以后" etc.; "等到" can be replaced by "等":

1. 我向他们告了别。等到我再回头的时候,他们全家仍在门外。

Wǒ xiàng tāmen gàole bié. Děngdào wǒ zài huí tóu de shíhou, tāmen quán jiā réng zài ménwài.

2. 等到你长大了,你就可以像爸爸这样拿着皮包上班了。

Děngdào nǐ zhǎngdà le, nǐ jiù kěyǐ xiàng bàba zhèyàng názhe píbāo shàng bān le.

3. 等人来齐了以后,我们再开会。

Děng rén láiqíle yǐhòu, wǒmen zài kāihuì.

等等 děngděng （助词）

同"等",但更具独立运用能力:

Same as "等", but can be used even more independently:

1. 他家里的书真不少,文学、历史、数学、物理等等,各方面的书都有。

Tā jiā li de shū zhēn bù shǎo, wénxué, lìshǐ, shùxué, wùlǐ děngděng, gè fāngmiàn de shū dōu yǒu.

2. 这个商店里货物品种很多,有布匹、日用百货、手表等等。

Zhège shāngdiàn li huòwù pǐnzhǒng hěn duō, yǒu bùpǐ, rìyòng bǎihuò, shǒubiǎo děngděng.

3. 黄山、泰山、峨嵋山等等名山,我都去游览过了。

Huáng Shān、Tài Shān、Éméi Shān děngděng míng shān, wǒ dōu qù yóulǎnguò le.

4. 市场上的水果多种多样,有橘子、香蕉、梨等等、等等。

Shìchǎng shang de shuǐguǒ duō zhǒng duō yàng, yǒu júzi, xiāngjiāo, lí děngděng, děngděng.

的确　díquè　（副词）

表示确实如此,"的确"往往可以说成"的确是","是"无意义:

"Really"; can also be said as "的确是":

1. 售货员的工作的确不简单!

Shòuhuòyuán de gōngzuò díquè bù jiǎndān!

2. 端午节这个节日的确是富有诗意!

Duānwǔ jié zhège jiérì díquè shì fùyǒu shīyì!

有时"的确"可以用于句首,后面一般有停顿,修饰全句,语势更强:

When "的确" occurs at the head of a sentence there is a pause after it and the sentence sounds more emphatic:

3. 的确,老王对人十分热情。

Díquè, Lǎo Wáng duì rén shífēn rèqíng.

顶　dǐng　（副词）

"顶"表示极高程度;可以修饰表示不愉快性质的否定形式:

"Most"; "utmost". It may modify a negative structure of an unpleasant nature:

1. 十七八岁的男孩子正是顶能吃的时候。

Shíqī-bā suì de nán háizi zhèng shì dǐng néng chī de shíhòu.

2. 那种行为顶不得人心了!

Nà zhǒng xíngwéi dǐng bù dé rénxīn le!

3. 我这个人哪,遇事顶没主意了!

Wǒ zhège rén na, yù shì dǐng méi zhǔyi le!

"顶"有时与"数"(shǔ)连用,有"以……为……最"意思:

"顶" is sometimes used in conjunction with "数"(shǔ) to mean "…is considered as the most …":

4. 这班学生,顶数小李的物理成绩好。

Zhè bān xuésheng, dǐng shǔ Xiǎo Lǐ de wùlǐ chéngjì hǎo.

"顶好"有时意思同"最好",表示一种比较好的做法,但不如"最好"常用:

"顶好"sometimes means "最好"(had better) but is not as frequently used as "最好":

5. 这两间屋子,你顶好住那间,那间向阳。

Zhè liǎng jiān wūzi, nǐ dǐnghǎo zhù nà jiān, nà jiān xiàngyáng.

顶多　dǐngduō　（副词）

表示最极限;常和"也""也只有""也不过"呼应,表示数量少,程度低:

"At most "; is often used in conjunction with "也"or "也只有"or "也不过":

1. 看样子,这孩子顶多十岁。

Kàn yàngzi, zhè háizi dǐngduō shí suì.

2. 展览的作品不多,顶多也只有二十件。

Zhǎnlǎn de zuòpǐn bù duō, dǐngduō yě zhǐ yǒu èrshí jiàn.

3. 他顶多也不过是个助手!

Tā dǐngduō yě búguo shì ge zhùshǒu!

定 dìng (副词)〈书〉

多和单音节动词或助动词等连用,有时表示"必须":

Mostly used with a monosyllabic verb or auxiliary verb to mean "must" or "have to":

1. 新局长到任,定有一番作为。

Xīn júzhǎng dào rèn, dìng yǒu yìfān zuòwéi.

2. 总部规定:明天傍晚定要赶到目的地。

Zǒngbù guīdìng: míngtiān bàngwǎn dìng yào gǎndào mùdìdì.

3. 明天是表妹生日,他想,定要送份像样的生日礼物。

Míngtiān shì biǎomèi shēngrì, tā xiǎng, dìng yào sòng fèn xiàngyàng de shēngrì lǐwù.

有时表示必然:

Sometimes it indicates necessity:

3. 你去做公司经理,定将大展宏图。

Nǐ qù zuò gōngsī jīnglǐ, dìng jiāng dà zhǎn hóngtú.

有时表示坚定的主观愿望:

Sometimes it indicates a subjective determination:

4. 下次去北京,定要到八达岭去登万里长城。

Xiàcì qù Běijīng, dìng yào dào Bādálǐng qù dēng wànlǐ Chángchéng.

东······西······ dōng···xī··· (格式)

A. 嵌入某些两个意义相近的动词,形成固定短语,表示杂乱无章的状态或无规律的重复动作:

Two verbs of similar meanings are inserted to form an idiomatic expression indicating a disorderly state or irregular repeated actions:

1. 这几个月,他为了筹办这个工厂,东奔西跑的,非常辛苦。

Zhè jǐ ge yuè, tā wèile chóubàn zhège gōngchǎng, dōngbēn-xīpǎo de, fēicháng xīnkǔ.

2. 他站在路口东张西望,不知在看什么。

Tā zhàn zài lùkǒu dōngzhāng-xīwàng, bù zhī zài kàn shénme.

3. 这房子年代太久了,已经东倒西歪了。

Zhè fángzi niándài tài jiǔ le yǐjīng dōngdǎo-xīwāi le.

B."东""西"之后是数量短语,表示"这里……那里……",数词一般是"一":

A numeral – measure word phrase after "东" and "西" indicates "there… and there …"and the numeral is usually"一":

1. 老王谈话没什么中心,只是东一句西一句地随便说说。

Lǎo Wáng tánhuà méi shénme zhōngxīn, zhǐshì dōng yí jù xī yí jù de suíbiàn shuōshuo.

2. 屋子里东一件衣服,西一条裤子,乱七八糟。

Wūzi li dōng yí jiàn yīfu, xī yì tiáo kùzi,luànqībāzāo.

3. 东一簇月季西一簇菊花,把初秋的庭院点缀得十分美丽。

Dōng yí cù yuèjì xī yí cù júhuā, bǎ chūqiū de tíngyuàn diǎnzhuì de shífēn měilì.

动不动　　dòngbudòng　（组合）

表示理由或原因并不充足而很容易（有所行动或表现），它修饰的成分多属于不愉快的行为,或是说话人所不希望的、厌烦的,后面多带"就";可以修饰否定形式:

"Be apt to ", "be liable to"and is usually followed by "就" and a verb or an adjective phrase which denotes an unpleasant action or state and can modify a negative form:

1. 你好好解释解释,别动不动就发火。

Nǐ hǎohāo jiěshì jiěshì,bié dòngbudòng jiù fāhuǒ.

2. 这小姑娘太娇气了,动不动就哭。

Zhè xiǎo gūniang tài jiāoqì le,dòngbudòng jiù kū.

3. 她动不动就不来上课。

Tā dòngbudòng jiù bù lái shàng kè.

4. 他动不动就不高兴,也不说话。

Tā dòngbudòng jiù bù gāoxìng,yě bù shuōhuà.

都　　dōu　（副词）

All; both

A."都"表示两个以上的人、物中的每一个;所指的人、物必在"都"前;"都"不轻读,也可重读;可修饰否定形式,也受否定词修饰:

"都"refers to each of the plural persons or things which must precede "都", "都" must not be pronounced in the neutral tone or can even be stressed; can modify a negative form and can be modified by a negative word:

1)反指复数的主语,可以是施事也可以是受事:

Refers to the subject which is in plural number , and the subject may either be the agents or the objects:

1. 年轻人都喜欢户外活动。

Niánqīng rén dōu xǐhuan hùwài huódòng.

2. 几本杂志都看完了，报纸我没都看。

Jǐ běn zázhì dōu kànwán le, bàozhǐ wǒ méi dōu kàn.

2)反指定语、状语或介词的宾语：

Can refer to the attributive, adverbial adjunct or the object of the preposition:

3. 这里红的、白的、黑的涂料都有。

Zhèlǐ hóng de, bái de, hēi de túliào dōu yǒu.

4. 她把孩子们都送到姥姥家去了。

Tā bǎ háizimen dōu sòng dào lǎolao jiā qu le.

5. 他们今天、昨天都没来。

Tāmen jīntiān, zuótiān dōu méi lái.

参看"统统"。

Compare "统统" tǒngtǒng.

3)反指前边的周遍性词语(可以用疑问代词表示)：

Refers to the preceding inclusive word or phrase (sometimes represented by an interrogative pronoun):

6. 阅览室里陈列的每一本新杂志，他都要翻翻。

Yuèlǎnshì li chénliè de měi yì běn xīn zázhì, tā dōu yào fānfan.

7. 她爸爸做了一辈子小职员，谁都不敢得罪，又是谁都看不上眼。

Tā bàba zuòle yíbèizi xiǎo zhíyuán, shuí dōu bù gǎn dézuì, yòu shì shuí dōu kàn bu shàng yǎn.

"都"常与"全"连用，意思不变，"全"在"都"前。"全"也可单用。"全"，"都"，"全都"三个词可以通用：

"都" is often used in conjunction with "全" to mean the same thing and "全" precedes "都". "全", "都" and "全都" all the three words mean the same thing and can be used indiscriminately:

8. 这里的葡萄全都熟了。

Zhèlǐ de pútao quán dōu shú le.

9. 今天晚上我们全去看京剧。

Jīntiān wǎnshang wǒmen quán qù kàn Jīngjù.

"到处都是""满处……都是"等表示一定范围内多处无不如此：

"到处都是…""满处…都是" indicate that the same thing is found everywhere within a certain scope:

10. 盆里的水溅得满处都是。

Pén li de shuǐ jiàn de mǎnchù dōu shì.

11. 城内绿树鲜花的小公园，到处都是。

Chéngnèi lǜ shù xiānhuā de xiǎo gōngyuán, dàochù dōu shì.

B. 用在疑问代词构成的疑问句中,表示所问人、事、物是复数。疑问词如是主语、定语、状语,"都"在疑问词前,如是宾语,"都"在动词或介词前:

Used in the interrogative sentence with an interrogative pronoun to indicate that the persons or things of interrogation are in plural number. If the interrogative pronoun is the subject, attributive, or adverbial adjunct, "都" precedes it, if it is the object, "都" precedes the verb or preposition:

1. 都谁选这门课?

　　Dōu shuí xuǎn zhè mén kè?

2. 都什么样的衣服最容易卖?

　　Dōu shénmeyàng de yīfu zuì róngyì mài?

3. 你都哪几个晚上去剧场演出?

　　Nǐ dōu nǎ jǐgè wǎnshang qù jùchǎng yǎnchū?

4. 书都被什么人借走了?

　　Shū dōu bèi shénme rén jièzǒu le?

C. "甚至"的意思,有时与"连"呼应;轻读:

"Even"; sometimes is used in conjunction with "连", "都" is pronounced in the neutral tone:

1. 哈!这么大的事儿你都不知道?

　　Hā! zhème dà de shìr nǐ dōu bù zhīdào?

2. 她为这事气得连脸都白了。

　　Tā wèi zhè shì qì de lián liǎn dōu bái le.

D. "已经"的意思,表示说话人认为时间晚、时间长或数量多;可以与"已经"连用;轻读:

"Already"; implying that the speaker thinks it is late, long or a large quantity, can be used in conjunction with "已经" and is pronounced in the neutral tone:

1. 她的二儿子都七岁了。

　　Tā de èr érzi dou qī suì le.

2. 都已经春天了,还这么冷。

　　Dōu yǐjīng chūntiān le, hái zhème lěng.

3. 他都问了五六个人了,都不知道这件事。

　　Tā dou wènle wǔ-liù ge rén le, dōu bù zhīdào zhè jiàn shì.

辨认:

Note:

仅仅说明事实的"已经"是不能用"都"代替的,如:

"已经" with no implication cannot be replaced by "都":

1. 他告诉我，电报已经发出了。

   Tā gàosù wǒ, diànbào yǐjīng fāchū le.

2. 凡是已经退休的人可以不参加这个会。

   Fánshì yǐjīng tuìxiū de rén kěyǐ bù cānjiā zhège huì.

独　dú　（副词）

多用在单音节动词前，有书面语意味：

Mostly precedes a monosyllabic verb and has a literary flavour:

A. 有"单""只"的意思：

"Only":

1. 过了大半生，独有童年时期的一段往事，时时挂在心头。

   Guòle dàbànshēng, dú yǒu tóngnián shíqī de yí duàn wǎngshì, shíshí guà zài xīntóu.

2. 三个条件——资金、人员、地点——的两个条件都有了，独缺其一：人手还不够。

   Sān ge tiáojiàn——zījīn, rényuán, dìdiǎn——de liǎng ge tiáojiàn dōu yǒu le, dú quē qí yī: rénshǒu hái bú gòu.

B. 有"独自"的意思：

"By oneself":

1. 这位客人来了将近半小时，独占一席，却没吃多少东西。

   Zhè wèi kèrén láile jiāngjìn bàn xiǎoshí, dú zhàn yì xí, què méi chī duōshao dōngxi.

2. 我爱热闹，也爱清静，我爱群居，也爱独处。

   Wǒ ài rènao, yě ài qīngjìng, wǒ ài qúnjū, yě ài dú chǔ.

独独　dúdú　（副词）

在一般人、物中指出个别的，并说明其与众不同之处：

Indicates and explains how one particular person or thing is different from the general class:

1. 这里所有店铺都是上午八点半开门，独独这家书店九点才营业。

   Zhèlǐ suǒyǒu de diànpù dōu shì shàngwǔ bā diǎn bàn kāi mén, dúdú zhè jiā shūdiàn jiǔ diǎn cái yíngyè.

2. 他生活上各方面都很简朴，独独对茶具非常讲究。

   Tā shēnghuó shang gè fāngmiàn dōu hěn jiǎnpǔ, dúdú duì chájù fēicháng jiǎngjiu.

3. 阅览室里报纸很多，独独找不到《大众日报》。

   Yuèlǎnshì li bàozhǐ hěnduō, dúdú zhǎo bu dào《Dàzhòng Rìbào》.

独自　dúzì　（副词）

表示只一个人：

"Alone"；"by oneself"：

1. 炒茶房里有一个女工独自操作炒茶机。

  Chǎochángfáng li yǒu yí ge nǚgōng dúzì cāozuò chǎochájī.

2. 她想着昨天的遭遇，不由得独自笑了起来。

  Tā xiǎngzhe zuótiān de zāoyù, bùyóude dúzì xiàole qǐlái.

有时，在"独自"后再加"一人"或"一个人"稍加强调；"独自"也可用在"一个人"后面（如例 1"一个女工"）：

Somtimes "一人" or "一个人" can be added to "独自" for emphasis. "独自" can also occur after "一个人" as in:

3. 他独自一人喝闷酒。

  Tā dúzì yì rén hē mènjiǔ.

4. 老王独自一个人在办公室加班赶写一份文件。

  Lǎo Wáng dúzì yí ge rén zài bàngōngshì jiā bān gǎnxiě yí fèn wénjiàn.

参看"单独"A。

Compare "单独" dāndú A.

断　duàn　（副词）〈书〉

表示绝对、必然；常见搭配有"断无""断不能""断难"等：

"Absolutely"；"decidedly"；"断无"，"断不能"，"断难" are some set phrases：

1. 你们要我违心地做事，断无此理！

  Nǐmen yào wǒ wéixīn de zuò shì, duàn wú cǐ lǐ!

2. 那是一个骗局，你断不能在上面签字！

  Nà shì yí ge piànjú, nǐ duàn bù néng zài shàngmiàn qiān zì!

3. 此事我断难同意，请你另请高明吧！

  Cǐ shì wǒ duàn nán tóngyì, qǐng nǐ lìng qǐng gāomíng ba!

参看"断乎"。

Compare "断乎" duànhū.

断断　duànduàn　（副词）〈书〉

同"断"，语气更强，运用更自由：

Same as "断" but sounds more emphatic and can be used more freely：

1. 贵方的做法是强加于人的，我方断断不能同意！

  Guìfāng de zuòfǎ shì qiángjiā yú rén de, wǒfāng duànduàn bù néng tóngyì!

2. 成绩如此低的学生，我们学校断断难以接受！

  Chéngjì rúcǐ dī de xuésheng, wǒmen xuéxiào duànduàn nányǐ jiēshòu!

3. 这么复杂的课题，断断不是我们这个小试验室所能胜任的！

Zhème fùzá de kètí, duànduàn bú shì wǒmen zhège xiǎo shìyànshì
suǒ néng shèngrèn de!

对　duì　（介词）

宾语是体词或动宾结构、主谓结构：

The object is a substantive or V – O structure or S – P structure：

A.“对……”作状语：

"对…"used as the adverbial adjunct：

1）有“向”或“面对”的意思；指出动作行为的目标；“对……”必须在主语后，助动词或否定副词可在“对……”前，也可在“对……”后：

"对"means "向"or "面对", indicating the aim of an action ."对…" must come after the subject . The auxiliary verb or negative word can either precede "对…"or come after it：

1. 你为什么敢对他这么无理？

　Nǐ wèi shénme gǎn duì tā zhème wúlǐ?

2. 你们对任何人都不要讲这件事。

　Nǐmen duì rènhé rén dōu búyào jiǎng zhè jiàn shì.

3. 她从来没对我这么好过。

　Tā cónglái méi duì wǒ zhème hǎoguo.

2）有“对待”的意思；“对……”多修饰说明态度的描写性词语，指出这种态度的对象；“对……”必须在主语后；所修饰的描写性词语可以是肯定的也可以是否定的：

Means "对待"；"对…"mostly modifies a descriptive word or phrase which tells the manner and points out the object of this manner ."对…"must come after the subject；the descriptive word or phrase can either be positive or negative：

4. 李老师对孩子们十分耐心周到。

　Lǐ lǎoshī duì háizimen shífēn nàixīn zhōudao.

5. 她对我不怎么热情。

　Tā duì wǒ bù zěnme rèqíng.

3）为了突出受事或因句子结构上的需要，用“对”把动词的宾语提前；“对”的宾语是后边动词支配的对象；“对……”有时在主语前，有时在主语后；动词可以是肯定的，也可以是否定的：

In order to stress the object or because of the structure of the sentence, "对" is used to transfer the object to the front；the object of "对" is the object of the verb ."对"sometimes precedes the subject and sometimes follows it . The verb can either be positive or negative：

(1)"对……"修饰及物动词,"对"的宾语,在意念上就是述语的受事:

"对…"modifies a transitive verb and the object of "对"is in fact the object of the verb:

6. 他对举行典礼很赞成。

　　Tā duì jǔxíng diǎnlǐ hěn zànchéng.

7. 对学习困难的学生要多帮助。

　　Duì xuéxí kùnnan de xuésheng yào duō bāngzhu.

(2)"对……"修饰动宾结构,动词多是"进行""作""加以""实行""给予""展开"等,宾语多是双音词,"对"的宾语在意念上是这动词的受事:

"对…"modifies a V – O structure; the verb is usually "进行","作","加以","实行","给予","展开", etc. The object is a disyllabic verb. The object of "对" is in fact the object of the disyllabic verb:

8. 学校可以对学生就业进行指导。

　　Xuéxiào kěyǐ duì xuésheng jiùyè jìnxíng zhǐdǎo.

9. 他对明天的会议作了准备。

　　Tā duì míngtiān de huìyì zuòle zhǔnbèi.

(3)"对……"修饰动补结构,"对"的宾语,在意念上是这个动补结构的受事:

"对…"modifies a V – C structure; the object of "对"is in fact the object of this V – C structure:

10. 居委会对我们家照顾得很好。

　　Jūwěihuì duì wǒmen jiā zhàogu de hěn hǎo.

11. 他对这件工作的难度估计不足。

　　Tā duì zhè jiàn gōngzuò de nándù gūjì bù zú.

4)"对……"引进与动作、行为有关联的对象。"对……"多出现于主语后,所修饰的词语可以是肯定的,也可以是否定的:

"对…"introduces the object related to an action or behaviour. "对…"comes after the subject, and the word or phrase it modifies can either be positive or negative:

(1)"对……"修饰动宾结构,指出这个动作或行为所关联的人或事物:

"对…" modifies a V – O structure and points out the object related to this action:

12. 学校对所有的学生负责。

　　Xuéxiào duì suǒyǒu de xuésheng fùzé.

13. 这项政策对经济起了刺激作用。

Zhè xiàng zhèngcè duì jīngjì qǐle cìjī zuòyòng.

(2)"对……"修饰描写性词语,指出与这种性质或状态有关联的人或事物:

"对…"modifies a descriptive word or phrase and points out the person or thing related to this quality or state:

14. 这个办法对你不合适。

　　Zhège bànfǎ duì nǐ bù héshì.

15. 你发火对解决问题毫无用处!

　　Nǐ fāhuǒ duì jiějué wèntí háo wú yòngchu!

5)"对……来说"("对……来讲""对……说来")表示某种判断是针对某人某事物作出的:

"对…来说"("对…来讲","对…说来")points out that a certain judgment is made on a certain person or thing:

16. 对这门课程来说,重点在基础知识。

　　Duì zhè mén kèchéng lái shuō,zhòngdiǎn zài jīchǔ zhīshi.

B."对……"作定语:

"对…"used as an attributive:

"对……"修饰作主、宾语的双音动词、名词、形容词:

"对…" modifies the disyllabic verb, noun or adjective used as the subject or object:

1)"对……"修饰作主语或宾语的双音动词,"对……"的宾语,在意念上受后面的双音动词的支配:

"对…" modifies a disyllabic verb used as subject or object, the object of "对" is in fact the object of the disyllabic verb:

1. 她对新电影的关心达到了热烈的程度。

　　Tā duì xīn diànyǐng de guānxīn dádàole rèliè de chéngdù.

2. 我们忘不了公司对这个家庭的帮助。

　　Wǒmen wàng buliǎo gōngsī duì zhège jiātíng de bāngzhù.

2)"对……"修饰作主语或宾语的双音形容词或名词:

"对…"modifies a disyllabic adjective or noun which is used as the subject or object:

3. 李白的诗中渗透着对世路不平的愤懑。

　　Lǐ Bái de shī zhōng shèntòuzhe duì shìlù bùpíng de fènmèn.

4. 沉重的工作对我的压力很大。

　　Chéngzhòng de gōngzuò duì wǒ de yālì hěn dà.

参看"对于"。

Compare "对于" duìyú.

对于　duìyú　（介词）

宾语是体词或动宾结构、主谓结构：

The object is a substantive or V – O structure or S – P structure：

A.“对于……”作状语同“对”A.3)、4)、5)：

“对于…”used as the adverbial adjunct is the same as “对”A.3).4).5)：

1)同“对”A.3)：

Same as “对”A.3)：

1. 对于经济建设中的许多问题，我们还很不熟悉。

　　Duìyú jīngjì jiànshè zhōng de xǔduō wèntí, wǒmen hái hěn bù shúxī.

 2. 对于这样一种行为，他很不赞成。

　　Duìyú zhèyàng yìzhǒng xíngwéi, tā hěn bú zànchéng.

2)同“对”A.4)：

Same as “对”A.4)：

3. 学好一门专业，对于你将来的就业是非常重要的。

　　Xuéhǎo yì mén zhuānyè, duìyú nǐ jiānglái de jiùyè shì fēicháng zhòngyào de.

4. 对于这个地方，她并不陌生。

　　Duìyú zhège dìfang, tā bìng bú mòshēng.

3)同“对”A.5)：

Same as “对”A.5)：

5. 对于一个普通妇女来说，丈夫死了，这意味着很多艰难。

　　Duìyú yí ge pǔtōng fùnǚ lái shuō, zhàngfu sǐ le, zhè yìwèizhe hěn duō jiānnán.

6. 对于企业的领导人来说，办好企业是多么不容易啊！

　　Duìyú qǐyè de lǐngdǎo rén lái shuō, bànhǎo qǐyè shì duōme bù róngyì a!

有时，“对于……来说(说来)”中的“来说”可省去，意思仍很清楚：

Sometimes “来说”in “对于…来说 (说来)”can be omitted without affecting the meaning：

7. 游戏，对于排遣人们的烦恼，是一种良方。

　　Yóuxì, duìyú páiqiǎn rénmen de fánnǎo, shì yì zhǒng liángfāng.

B.“对于……”作定语，同“对”B：

“对于…”used as the attributive is the same as “对”B：

1. 现在我谈一谈我对于这个问题的看法。

　　Xiànzài wǒ tán yì tán wǒ duìyú zhège wèntí de kànfǎ.

2. 这本相册保存着他对于那个女孩子的怀念。

Zhè běn xiàngcè bǎocúnzhe tā duìyú nàge nǚ háizi de huáiniàn.

顿时 dùnshí （副词） 〈书〉

同"立刻"，但只用于已完成的事：

Same as "立刻"(at once), but can only be applied to fulfilled events:

1. 一到上午十时，小镇的商业街顿时热闹起来。

   Yí dào shàngwǔ shí shí, xiǎozhèn de shāngyèjiē dùnshí rènao qǐlái.

2. 接到这个电话，小王的心情顿时来了一百八十度的转弯。

   Jiēdào zhège diànhuà, Xiǎo Wáng de xīnqíng dùnshí láile yìbǎi bāshí dù de zhuǎnwān.

3. 父亲一发脾气，他顿时不敢笑了。

   Fùqin yì fā píqì, tā dùnshí bù gǎn xiào le.

多 duō （副词）

A. 在感叹句中同"多么"，但不能加"地"：

In an exclamatory sentence, "多" means "多么", but cannot take "地":

1. 天空一片迷迷蒙蒙，啊，多讨厌的天气！

   Tiānkōng yípiàn mímíméngméng, a, duō tǎoyàn de tiānqì!

2. 这人多古怪，从来不和人来往。

   Zhè rén duō gǔguài, cónglái bù hé rén láiwǎng.

B. 在疑问句中问程度：

In an interrogative sentence "多" means "how":

1. 到抽水站还有多远？

   Dào chōushuǐzhàn hái yǒu duō yuǎn?

2. 他多大年纪了？

   Tā duō dà niánji le?

3. 您来本地多久了？

   Nín lái běndì duō jiǔ le?

辨认：

Note：

作为形容词的"多"，常用在动词前，仍保留形容词"多"的意思，是形容词作状语，不是副词"多"：

The adjective "多" is often used as an adverbial before a verb and it is not an adverb:

1. 我刚来，要多听听，多看看，熟悉一下情况。

   Wǒ gāng lái, yào duō tīngting, duō kànkan, shúxī yíxià qíngkuàng.

2. 这种树长得快，多种一些吧！

   Zhè zhǒng shù zhǎng de kuài, duō zhòng yìxiē ba!

多半 duōbàn （副词）

同"大概",但一般不用于主语前:

Same as "大概"(probably)but usually does not occur before the subject:

1. 听她的口气,多半是同意了。

   Tīng tā de kǒuqì, duōbàn shì tóngyì le.

2. 我们研究室每月多半是月底总结一下工作。

   Wǒmen yánjiūshì měi yuè duōbàn shì yuèdǐ zǒngjié yíxià gōngzuò.

3. 他每次到上海,多半住这个宾馆。

   Tā měi cì dào Shànghǎi, duōbàn zhù zhège bīnguǎn.

"多半"可说成"多半是"(如例2),"是"无意义。

"多半"can be replaced by "多半是"to mean the same thing:

辨认:

Note:

"多半"有时是代词,是大部分的意思:

"多半"sometimes is a pronoun, "the greater part":

1. 这个大果园,种的多半是桃树。

   Zhège dà guǒyuán, zhòng de duōbàn shì táoshù.

2. 提包里的东西多半是生活用品。

   Tíbāo li de dōngxi duōbàn shì shēnghuó yòngpǐn.

多方　duōfāng　(副词)〈书〉

表示多方面想办法的意思:

"In many ways"; "in every way":

1. 经过大夫多方努力抢救,她终于康复了。

   Jīngguò dàifū duōfāng nǔlì qiǎngjiù, tā zhōngyú kāngfù le.

2. 老王多方觅求,才找到了那个孤本。

   Lǎo Wáng duōfāng mìqiú, cái zhǎodàole nàge gūběn.

3. 后经法庭多方查证,案情已经一清二楚。

   Hòu jīng fǎtíng duōfāng cházhèng, ànqíng yǐjīng yìqīng-èrchǔ.

多亏　duōkuī　(副词)

**同"幸亏";表示幸而得到帮助或具备某种有利条件才避免了不利的后果;
"多亏"多用在第一分句中:**

Same as "幸亏"(fortunately) indicating that owing to some favorable condition, an undesirable situation is avoided, "多亏" usually occurs in the first clause:

1. 多亏母亲勤俭持家,才把我们兄弟拉扯成人。

   Duōkuī mǔqīn qínjiǎn chíjiā, cái bǎ wǒmen xiōngdì lāchě chéngrén.

2. 他多亏跑得快,才脱离了险境。

   Tā duōkuī pǎo de kuài, cái tuōlíle xiǎnjìng.

3. 多亏是你,要是我去事情绝对办不成。

　　Duōkuī shì nǐ, yàoshi wǒ qù shìqíng juéduì bàn bu chéng.

"多亏"原为动词,现在还可以说:"这事多亏了他,不然就糟了。"

"多亏"originally is a verb and one can still say "这事多亏了他,不然就糟了。"
(Zhè shì duōkuīle tā, bùrán jiù zāo le).

多么　duōme　（副词）

表示强烈的程度,用于感叹句;有时可带"地";可修饰否定形式:

"How", "what"; used in an exclamatory sentence, can take "地" sometimes ; and
can modifies a negative form:

1. 这是一匹多么膘壮的大青马啊!

　　Zhè shì yì pǐ duōme biāozhuàng de dà qīng mǎ a!

2. 第一天出海,就碰上了大风,这多么不走运!

　　Dìyī tiān chū hǎi, jiù pèngshàng le dà fēng, zhè duōme bù zǒuyùn!

3. 这海边是多么地宁静。

　　Zhè hǎibiān shì duōme de níngjìng.

参看"多"A。

Compare "多"duō A.

多少　duōshǎo　（副词）

"多少"表示多或少,偏重于表示少量;后面常有"有点""有些"等与之呼应:

"More or less"; is often used in conjunction with "有点"or"有些":

1. 这件事使他多少有些踌躇,不能立刻决定怎么处理。

　　Zhè jiàn shì shǐ tā duōshǎo yǒuxiē chóuchú, bù néng lìkè juédìng
zěnme chǔlǐ.

2. 老人孤身一人,一只猫、一条狗,也能多少给他一些安慰。

　　Lǎorén gūshēn yì rén, yì zhī māo, yì tiáo gǒu, yě néng duōshǎo gěi tā
yìxiē ānwèi.

3. 他讲的多少有点道理,不妨听听。

　　Tā jiǎng de duōshǎo yǒu diǎn dàolǐ, bùfáng tīngting.

而　ér　（连词）

A. 连接的成分词意相对或相反,表示转折:

"But"; the meanings of the elements connected by "而"are opposite or contrary:

1)连接两个语意相对的形容词、动词、以及各种结构、短语等:

Connects two adjectives, verbs, constructions or phrases of opposite meanings:

1. 她的脸是蛋形的,皮肤微黑而细润。

　　Tā de liǎn shì dànxíng de, pífū wēi hēi ér xìrùn.

2. 他长期生活在这个家庭里而对这个家庭没有感情。

Tā chángqī shēnghuó zài zhège jiātíng lǐ ér duì zhège jiātíng méi yǒu gǎnqíng.

2) 连接分句,表示两件事意思相对:

Connects two clauses, to indicate two opposite affairs:

3. 他已经四十岁了,而我还按老习惯叫他"小吴"。

Tā yǐjīng sìshí suì le, ér wǒ hái àn lǎo xíguàn jiào tā "Xiǎo Wú".

4. 吵了一上午,快十二点了,而主任还不宣布散会。

Chǎole yí shàngwu, kuài shí'èr diǎn le, ér zhǔrèn hái bù xuānbù sàn huì.

3) 连接两个成分,一个肯定,一个否定,对比说明一个道理:

Connects two elements, one positive and the other negative, to make an explanation through contrast:

5. 成就和成功从来和死读书而不用脑子的人无缘。

Chéngjiù hé chénggōng cónglái hé sǐ dúshū ér bú yòng nǎozi de rén wúyuán.

6. 天文学的真理,蕴藏在星空中,而不是在现成的典籍中。

Tiānwénxué de zhēnlǐ, yùncáng zài xīngkōng zhōng, ér bú shì zài xiànchéng de diǎnjí zhōng.

4) 连接形式上像主、谓的两部分,有"如果"或"但是"的意思,后面有结论式的句子:

Connects two parts which are like the subject and its predicate, "而" means "如果" or "但是" and is followed by a conclusive statement:

7. 服务人员而不为大家服务,那怎么成呢?

Fúwù rényuán ér bú wèi dàjiā fúwù, nà zěnme chéng ne?

8. 屋子里这么多人而没有一点声音,真真难得。

Wūzi lǐ zhème duō rén ér méi yǒu yìdiǎn shēngyīn, zhēnzhēn nándé.

B. 连接的成分语义互为补充,是顺接关系:

The meanings of the connected elements supplement each other:

1) 连接并列的形容词或描写性短语:

Connects two parallel adjectives or descriptive phrases:

1. 看守灯塔是一种有意义而又枯燥的生活。

Kānshǒu dēngtǎ shì yì zhǒng yǒu yìyì ér yòu kūzào de shēnghuó.

2. 她端正的脸,显得沉静而坚决。

Tā duānzhèng de liǎn, xiǎnde chénjìng ér jiānjué.

2) 连接动宾结构等成分句,前后有承接或顺接的关系:

Connects V – O structures or clauses to indicate coordination:

3. 十年后他已拥有一个大厂而成为当地首富。

Shí nián hòu tā yǐ yōngyǒu yí ge dà chǎng ér chéngwéi dāngdì shǒufù.

4. 天色逐渐加深，而月亮的光辉也逐渐加浓。

Tiānsè zhújiàn jiāshēn, ér yuèliang de guānghuī yě zhújiàn jiānóng.

C. 把表示目的、原因、方式、状态等词语连接到动词上去：

Connects the word or phrase indicating aim, reason, manner etc. to the verb:

1) 前面有"因（为）""为""随"等词：

There is "因（为）", "为", "随" etc. before it:

1. 张老师因激愤而涨红了脸。

Zhāng lǎoshī yīn jīfèn ér zhànghóngle liǎn.

2. 儿童的行为常随环境而改变。

Értóng de xíngwéi cháng suí huánjìng ér gǎibiàn.

2) 前面用某些词语或结构，表示方式、状态，常构成四字短语：

Connects a phrase or structure to the verb, often forming a four – character phrase to indicate the manner:

3. 他们俩慢步而行，边走边谈。

Tāmen liǎ mànbù ér xíng, biān zǒu biān tán.

4. 一阵敲门声后，有人破门而入。

Yí zhèn qiāo mén shēng hòu, yǒu rén pò mén ér rù.

其他如"疾步而上""莞尔而笑""盘旋而上""知难而退""蹒跚而来"等。

Others are "疾步而上", "莞尔而笑", "盘旋而上", "知难而退", "蹒跚而来", etc.

D. 前面有"由"表示状态从一个阶段过渡到另一个阶段：

With "由" to indicate turning from one state to another:

1. 她由气愤而转为愤怒。

Tā yóu qìfèn ér zhuǎnwéi fènnù.

2. 由远而近，传来了呼喊声。

Yóu yuǎn ér jìn, chuánláile hūhǎn shēng.

3. 他由悲哀而沉默了。

Tā yóu bēi'āi ér chénmò le.

E. 可用"一而再，再而三"表示重复：

"一而再，再而三" indicates repetition:

1. 他一而再、再而三地要母亲买新衣服。

Tā yī ér zài, zài ér sān de yào mǔqin mǎi xīn yīfu.

2. 我的入学考试一而再、再而三地失败。

Wǒ de rù xué kǎoshì yī ér zài, zài ér sān de shībài.

而后　érhòu　（副词）〈书〉

同"然后"；表示时间上在后面的：

Same as "然后（then, afterwards）"：

1. 我们必须确有把握，而后采取措施。

　　Wǒmen bìxū què yǒu bǎwò, érhòu cǎiqǔ cuòshī.

2. 他俩在走廊谈了一会儿，而后才走进屋子。

　　Tā liǎ zài zǒuláng tánle yíhuìr, érhòu cái zǒujìn wūzi.

3. 今天的晚会，先是文艺节目，而后是舞会。

　　Jīntiān de wǎnhuì, xiān shì wényì jiému, érhòu shì wǔhuì.

而且　érqiě　（连词）

表示更进一层；前面常有"不但""不仅""不只"等，后边常有"还""也""更"等。连接句子等，有时"而且"后边可停顿：

"Moreover"; "in addition". It is usually preceded by "不但", "不仅", "不只" etc. and followed by "还", "也", "更" etc. There may be a pause after "而且" when it connects two clauses:

1. 在半天的时间里，我们包装而且寄出了一百包书。

　　Zài bàntiān de shíjiān lǐ, wǒmen bāozhuāng érqiě jìchūle yì bǎi bāo shū.

2. 他父亲不但没给他留什么产业，而且还有些债务。

　　Tā fùqin búdàn méi gěi tā liú shénme chǎnyè, érqiě hái yǒu xiē zhàiwù.

而已　éryǐ　（助词）

罢了；前面常有"只""只有""只是""仅仅"等：

"That's all", there is usually "只", "只有", "只是", "仅仅" etc. before it:

1. 我的文化水平不高，只有初中程度而已。

　　Wǒ de wénhuà shuǐpíng bù gāo, zhǐ yǒu chūzhōng chéngdù éryǐ.

2. 这仅仅是初步设想而已，还要详细论证。

　　Zhè jǐnjǐn shì chūbù shèxiǎng éryǐ, hái yào xiángxì lùnzhèng.

凡　fán　（副词）

表示无例外，所有的；总括处于主语位置的名词或名词短语等，有书面语意味；后面常有"都""就"等语呼应：

"All" "without exception"; applies to nouns or nominal phrases which function as the subject, is often used in conjunction with "都" or "就" and has a literary flavour:

1. 凡鲁迅的小说，我都喜欢。

　　Fán Lǔ Xùn de xiǎoshuō, wǒ dōu xǐhuan.

2. 凡他能做的，他都做了。

Fán tā néng zuò de , tā dōu zuò le.

3. 叔叔是个爱开玩笑的人；凡他不开玩笑的时候，就是他有不顺心的事了。

Shūshu shì ge ài kāi wánxiào de rén; fán tā bù kāi wánxiào de shíhou, jiù shì tā yǒu bú shùnxīn de shì le.

有时先列举若干例子，再用"凡"总括一下：

Sometimes several examples are cited first, and then "凡"is used to sum them up:

4. 音乐、绘画、文学……，凡文艺诸事，小王都极有兴趣。

Yīnyuè, huìhuà, wénxué…, fán wényì zhū shì, Xiǎo Wáng dōu jí yǒu xìngqù.

凡是   fánshì   (副词)

同"凡"，但较"凡"口语化：

Same as "凡" but more colloquial:

1. 凡是动物，都有求生存的本能。

Fánshì dòngwù, dōu yǒu qiú shēngcún de běnnéng.

2. 全村的人，凡是走得动的，都出来看热闹。

Quán cūn de rén, fánshì zǒu de dòng de, dōu chūlai kàn rènao.

3. 山东菜、四川菜、广东菜……，凡是中国菜，陈师傅都会两手。

Shāndōng cài, Sìchuān cài, Guǎngdōng cài…, fánshì Zhōngguó cài, Chén shīfu dōu huì liǎng shǒu.

反   fǎn   (副词)

同"反而"：

Same as "反而"(on the contrary):

1. 昨天他还是富翁，今日已成了穷人，反亏空了一大笔钱。

Zuótiān tā hái shì fùwēng, jīnrì yǐ chéngle qióngrén, fǎn kuīkongle yí dà bǐ qián.

2. 对方过份的殷勤，反使她警觉起来。

Duìfāng guòfèn de yīnqín, fǎn shǐ tā jǐngjué qǐlai.

3. 我对他这么照顾，他反怨我，真是没道理！

Wǒ duì tā zhème zhàogù, tā fǎn yuàn wǒ, zhēn shì méi dàoli!

辨认：

Note:

形容词"反"有时作状语表示方向相背；动词"反"也可作状语表示回过来、转过来：

The adjective "反" sometimes functions as an adverbial and means "reverse". The verb "反"can also function as an adverbial to mean turning round:

1. 他在屋里踱步,两手反剪在背后。

   Tā zài wūli duóbù, liǎng shǒu fǎn jiǎn zài bèihòu.

2. 对方问他姓名,他不回答,却反过来问:"你姓什么?"

   Duìfāng wèn tā xìngmíng, tā bù huídá, què fǎn guòlai wèn: "Nǐ xìng shénme"?

反倒　fǎndào　(副词)

同"反而",比"反而"口语化:

Same as "反而", but more colloquial:

1. 今天事情没办成,反倒生了一肚子气。

   Jīntiān shìqing méi bànchéng, fǎndào shēngle yí dùzi qì.

2. 你是贵客,反倒让你破费,实在不好意思。

   Nǐ shì guìkè, fǎndào ràng nǐ pòfèi, shízài bù hǎo yìsi.

3. 到了初冬,天气反倒暖和起来。

   Dàole chūdōng, tiānqi fǎndào nuǎnhuo qǐlai.

反而　fǎn'ér　(副词)

表示某一情况导致相反的结果

Indicates that some situation leads to a result contrary to what one expects:

1. 小王哼着歌,不但没有耽误活儿,反而做得更快了。

   Xiǎo Wáng hēngzhe gēr, búdàn méiyou dānwu huór, fǎn'ér zuò de gèng kuài le.

2. 这一枪不但没打着熊,反而把熊惹火了。

   Zhè yìqiāng búdàn méi dǎzhe xióng, fǎn'ér bǎ xióng rěhuǒ le.

3. 幸而世上有各式各样的人,假如只有一种人,反而让人觉得单调。

   Xìng'ér shìshang yǒu gè shì gè yàng de rén, jiǎrú zhǐ yǒu yì zhǒng rén, fǎn'ér ràng rén juéde dāndiào.

有时,一般似应导致的结果在句中用"不但""没有"等引出,如例 1、2;有时这种结果不在句子叙述,如例 3。

Sometimes, the expected result is introduced into the sentence by "不但", "没有", as in 1. and 2.; sometimes it does not appear in the sentence as in 3.

有时则是在对比之下,原来不正常的情况竟成为可取的:

Sometimes in a contrast "反而" introduces a preference which otherwise might not be so desirable:

4. 穿得太多觉得闷热,反而是少穿些好。

   Chuān de tài duō juéde mēnrè, fǎn'ér shì shǎo chuān xiē hǎo.

反正　fǎnzhèng　(副词)

A. 表示在任何条件下,结论不变;有时和"无论""不管"等呼应:

"Anyway", "in any case", is often used in conjunction with "无论" or "不管":

1. 不管谁先讲,反正每个人都要讲一讲!

   Bùguǎn shuí xiān jiǎng, fǎnzhèng měi ge rén dōu yào jiǎng yì jiǎng!

2. 无论天气好坏,反正不能让施工受到影响。

   Wúlùn tiānqi hǎo huài, fǎnzhèng bù néng ràng shīgōng shòudao yǐngxiǎng.

B. 强调某一情况的确实性,或表示坚定决心:

Puts stress on the truthfulness of something or shows a strong determination:

1. 在这封信里,我不想多介绍此地的风景;反正你会有机会亲眼看的。

   Zài zhè fēng xìn li, wǒ bù xiǎng duō jièshào cǐ dì de fēngjǐng; fǎnzhèng nǐ huì yǒu jīhuì qīnyǎn kàn de.

2. 你尽管说得天花乱坠,反正我是不去的!

   Nǐ jǐnguǎn shuō de tiān huā luàn zhuì, fǎnzhèng wǒ shì bú qù de!

C. 引出很有把握的判断,然后加以阐述:

Introduces a very sure inference and then goes on to expound it:

1. 反正是他犯了大罪,不然为什么判了二十年!

   Fǎnzhèng shì tā fànle dà zuì, bùrán wèi shénme pànle èrshi nián!

2. 反正睡不着了,索性起来吧!

   Fǎnzhèng shuì bu zháo le, suǒxìng qǐlai ba!

反之 fǎnzhī (连词)

有书面语意味,后面可有停顿:

It has a literary flavour and can be followed by a pause:

A. 表示后面叙述的情况和前面相反:

"On the contrary"; "otherwise"

1. 他虽然著作等身,但从不自傲,反之,常觉得自己不足,不耻下问。

   Tā suīrán zhùzuò děngshēn, dàn cóng bú zì'ào, fǎnzhī, cháng juéde zìjǐ bùzú, bù chǐ xià wèn.

2. 人活着要对社会多做贡献;反之,庸庸碌碌活得再长,又有何用!

   Rén huózhe yào duì shèhuì duō zuò gòngxiàn; fǎnzhī, yōngyōnglùlù huó de zài cháng, yòu yǒu hé yòng!

B. 表示如果条件和前面的条件相反(则如何);有时用"反之也一样""反之亦然"从正反两方面说明一个道理:

Indicates that if the condition is otherwise; sometimes "反之也一样" or "反之亦然" is used to mean "vice versa":

1. 皮肤温度一般为三十四度到三十七度,水温高于此则感觉热,反之则感觉凉。

Pífū wēndù yìbān wéi sānshisì dù dào sānshiqī dù, shuǐwēn gāo yú cǐ zé gǎnjué rè, fǎnzhī zé gǎnjué liáng.

2. 学方言很快的人学外语也很快，反之亦然。

Xué fāngyán hěn kuài de rén xué wàiyǔ yě hěn kuài, fǎnzhī yì rán.

方 fāng （副词）〈书〉

A. 同"刚"A，表示不久前发生或达到：

Same as "刚" A（just）：

1. 他的次子年方十岁。

Tā de cìzǐ nián fāng shí suì.

2. 他一小时前方抵北京，还未来报到。

Tā yì xiǎoshí qián fāng dǐ Běijīng, hái wèi lái bàodào.

B. 用在复句的第二分句里，表示前一分句是必要的条件或原因：

Used in the second clause to indicate that the first clause is the necessary condition or cause：

1. 他的伤势相当严重，恐需一两个月方能治愈。

Tā de shāngshì xiāngdāng yánzhòng, kǒng xū yì liǎng ge yuè fāng néng zhìyù.

2. 他一斧砍去，却是一个草人，方知中计。

Tā yì fǔ kǎn qu, què shì yí ge cǎorén, fāng zhī zhòng jì.

方才 fāngcái （副词）

表示时间晚、数量大等：

"Not…until", indicating lateness in time, or large quantity：

1. 母亲一直等到半夜，他方才回到家中。

Mǔqin yìzhí děng dào bànyè, tā fāngcái huí dào jiā zhōng.

2. 我们查了三本大词典，方才找到那个词。

Wǒmen chále sān běn dà cídiǎn, fāngcái zhǎodào nàge cí.

3. 直到客人的车子走远了，他方才回屋。

Zhídào kèrén de chēzi zǒuyuǎn le, tā fāngcái huí wū.

辨认：

Note:

"方才"有时同"刚才"，是时间名词：

"方才" sometimes is the same as "刚才", a time noun：

1. 马局长把方才的事情告诉了大家。

Mǎ júzhǎng bǎ fāngcái de shìqíng gàosule dàjiā.

2. 我方才讲的话，仅供大家参考。

Wǒ fāngcái jiǎng de huà, jǐn gōng dàjiā cānkǎo.

仿佛   fǎngfú   （副词）

A. 同"**好像**"**A**，表示说话人或当事人不十分有把握的了解或感觉；有时后边有"似的"呼应：

Same as"好像"A(seem), indicating the speaker's feeling or understanding is not very sure of. Sometimes it is used in conjunction with"似的"：

1. 这两个孩子，我半年没见他们，仿佛又长了一大截似的。

Zhè liǎng ge háizi, wǒ bàn nián méi jiàn tāmen, fǎngfú yòu zhǎngle yí dà jié shìde.

2. 公司经营不善，现在仿佛濒临破产。

Gōngsī jīngyíng búshàn, xiànzài fǎngfú bīnlín pòchǎn.

B. 同"**好像**"**B**，表示有某种相似之处；后面常有"似的"或"一样"呼应；"仿佛"和它所修饰的动词如一起作状语，"似的"或"一样"必出现：

Same as"好像"B(seem), indicating similarity,"似的"or "一样" is often used in conjunction with it. If "仿佛" and the verb it modifies together function as the adverbial, "似的" or "一样" can't be dropped：

1. 床前的月光，仿佛铺满了一地白纱。

Chuáng qián de yuèguāng, fǎngfú pūmǎnle yí dì bái shā.

2. 朋友的逝世，使他仿佛失去亲兄弟似的痛哭起来。

Péngyou de shìshì, shǐ tā fǎngfú shīqù qīn xiōngdì shìde tòngkū qǐlai.

3. 他仿佛卸去一层重担似的嘘了一口气。

Tā fǎngfú xiè qu yì céng zhòngdàn shìde xūle yì kǒu qì.

辨认：

Note：

他们两个年岁相仿佛，都是二十岁左右。

Tāmen liǎng ge niánsuì xiāng fǎngfú, dōu shì èrshi suì zuǒyòu.

上面例句中的"仿佛"是动词。

"仿佛" in the above sentence is a verb which means "be alike".

放着……不……   fàngzhe…bù…   （格式）

用于复句中前一分句；全句表示好的、有利的不取，而取坏的、无利的，带有指责的口气：

The structure is used in the first clause of a compound sentence. The whole sentence sounds a reproach that one selects sth. bad while there is obviously sth. better：

1. 这老太太放着那么宽敞的房子不住，非要住到女儿家去。

Zhè lǎotàitai fàngzhe nàme kuānchǎng de fángzi bú zhù, fēi yào zhù dào nǚ'ér jiā qu.

2. 她放着那么多漂亮衣服不穿，总是穿那件灰色的。

Tā fàngzhe nàme duō piàoliang yīfu bùchuān，zǒngshi chuān nà jiàn huīsè de.

3. 放着好好的工作不肯干，他偏要自己经商。

Fàngzhe hǎohāo de gōngzuò bù kěn gàn，tā piān yào zìjǐ jīng shāng.

非　fēi　（副词）

A."非……"与"不"呼应，表示必须或必然；"非……不可"常作谓语，有时可作定语：

"非…" in conjunction with "不" indicates necessity or inevitability ；"非…不可"often functions as the predicate but can also be used as an attributive：

1. 要办好这件事，非他不可。

Yào bànhǎo zhè jiàn shì，fēi tā bù kě.

2. 买衣服也不是今天非办不可的事！

Mǎi yīfu yě bú shì jīntiān fēi bàn bù kě de shì!

"非……不行"和"非……不可"差不多

"非…不行"is similar to "非…不可"：

3. 读古书，现在是非有注解不行的了。

Dú gǔshū，xiànzài shì fēi yǒu zhùjiě bù xíng de le.

有时在极口语化的句子中，"不可""不行"等可省略：

"不可"or "不行"can be omitted in very colloquial speech：

4. 你穿着单衣就跑出去，非得感冒！

Nǐ chuānzhe dānyī jiù pǎo chūqu，fēi děi gǎnmào!

B."非……"表示条件：

"非…"indicates condition：

1)表示必要的条件，后面用"才"引出结果：

The necessary condition and "才"is used to introduce the result：

1. 你非亲自去请，他才会来。

Nǐ fēi qīnzì qù qǐng，tā cái huì lái.

2. 观众非要歌星再唱一支歌儿，才肯罢休。

Guānzhòng fēi yào gēxīng zài chàng yì zhī gēr，cái kěn bàxiū.

2)有"如果不……"或"如果没……"的意思，后面是否定性的结果或结论："

When preceding a result or condition of a negative nature "非…"means "如果不…"or "如果没…"：

3. 买鱼的时候，非最新鲜的不要。

Mǎi yú de shíhou，fēi zuì xīnxiān de bú yào.

4. 非有第一手资料，不能得出正确结论。

Fēi yǒu dìyīshǒu zīliào, bù néng déchū zhèngquè jiélùn.

非常　fēicháng　（副词）

表示非一般的、极端的程度；有时后面带"地"或"之"，并不影响意思：

"Unusually"; "extraordinarily"; can be followed by "地" or "之" without affecting the meaning：

1. 小屋的窗子很小，又不向阳，所以屋里非常暗。

Xiǎo wū de chuāngzi hěn xiǎo, yòu bú xiàngyáng, suǒyǐ wū li fēicháng àn.

2. 小伙子像机关枪一样，非常干脆响亮地讲完了。

Xiǎohuǒzi xiàng jīguānqiāng yíyàng, fēicháng gāncuì xiǎngliàng de jiǎngwán le.

3. 这位老先生衣冠整洁，非常之有风度。

Zhè wèi lǎo xiānsheng yīguān zhěngjié, fēicháng zhī yǒu fēngdù.

"非常"有时可重叠：

"非常"can be reduplicated：

4. 她实在非常非常累了，一步也走不动了。

Tā shízài fēicháng fēicháng lèi le, yí bù yě zǒu bu dòng le.

"非常"不能受否定词修饰，但可以修饰表示不愉快性质的否定形式：

"非常"cannot be modified by a negative word, but can modify negative forms of an unpleasant nature：

5. 她非常不愿意放弃她的工作。

Tā fēicháng bú yuànyi fàngqì tā de gōngzuò.

6. 这个地方的方言非常之不好懂。

Zhège dìfang de fāngyán fēicháng zhī bù hǎo dǒng.

7. 这个人非常没有礼貌。

Zhège rén fēicháng méiyou lǐmào.

8. 我非常不同意你的看法。

Wǒ fēicháng bù tóngyì nǐ de kànfǎ.

9. 他还是老样子，非常不爱说话。

Tā hái shì lǎo yàngzi, fēicháng bú ài shuōhuà.

10. 这个小孩儿非常不听话。

Zhège xiǎo háir fēicháng bù tīnghuà.

11. 那本书非常没意思。

Nà běn shū fēicháng méi yìsi.

非但　fēidàn　（连词）

同"不但"

Same as"不但"

1. 穷人治病，拿不起钱；这位老中医非但不收诊费，连药钱也分文不取。

Qióngrén zhì bìng, ná bu qǐ qián; zhè wèi lǎo zhōngyī fēidàn bù shōu zhěn fèi, lián yàoqián yě fēn wén bù qǔ.

2. 这些书非但不是什么黄色书，而且还是大有益于青少年的好书。

Zhèxiē shū fēidàn bú shì shénme huángsè shū, érqiě hái shì dà yǒu yì yú qīng – shào nián de hǎo shū.

3. 他买了一些非但无用而且很贵的东西。

Tā mǎile yìxiē fēidàn wúyòng érqiě hěn guì de dōngxi.

"非但＋否定词…＋反而（反倒）……"常用来说明某种情况没有引起预期的反应，而引起了相反的反应：

"非但＋negative word …＋反而（反倒）"is used to indicate that a certain state not only fails to arouse what is expected, but leads to sth. on the contrary：

4. 这篇作品受到一些批评，作者非但没有反感，反而很高兴听到不同的声音。

Zhè piān zuòpǐn shòudào yìxiē pīpíng, zuòzhě fēidàn méi yǒu fǎngǎn, fǎn'ér hěn gāoxìng tīngdào bùtóng de shēngyīn.

非……非……　　fēi…fēi…　（格式）

分别嵌入两个意义相关的单音节体词（这种单音节词是有限的），表示"既不是……又不是……"的意思，常作谓语：

Two monosyllabic substantives of interrelated meanings（such words are very limited）are inserted to indicate"neither …nor…". The structure often functions as the predicate：

1. 我跟他非亲非故，只是见过一面。

Wǒ gēn tā fēi qīn fēi gù, zhǐshì jiànguo yí miàn.

2. 你画的是什么呀！非驴非马。

Nǐ huà de shì shénme ya! Fēi lǘ fēi mǎ.

3. 他这身打扮非中非西，很特别。

Tā zhè shēn dǎban fēi zhōng fēi xī, hěn tèbié.

非……即……　　fēi…jí…　（格式）

同"不是……就是……"，有书面色彩，嵌入两个意义相关或相对的单音词：

Same as "不是…就是…", with a literary flavoar. It is inserted into two monosyllabic words of interrelated or opposite meanings：

1. 父亲一死，继母对她非打即骂。

Fùqin yì sǐ, jìmǔ duì tā fēi dǎ jí mà.

2. 这件事只有两种可能, 非此即彼。

Zhè jiàn shì zhǐ yǒu liǎng zhǒng kěnéng, fēi cǐ jí bǐ.

飞速 fēisù　（副词）

表示非常快：

"At full speed"; "fleeting":

1. 赛车飞速接近终点。

Sàichē fēisù jiējìn zhōngdiǎn.

2. 曳光弹飞速滑过夜空。

Yèguāngdàn fēisù huáguò yèkōng.

3. 他伏在案头, 手里的笔飞速地书写着。

Tā fú zài àntóu, shǒu li de bǐ fēisù de shūxiězhe.

分别 fēnbié　（副词）

A. 表示两个以上人、物彼此分开, 各自或先后作同一样事情：

"Seperately"; "respectively":

1. 联合国大会和安理会分别通过了有关决议。

Liánhéguó dàhuì hé Ānlǐhuì fēnbié tōngguòle yǒuguān juéyì.

2. 这个课题由两个研究所分别进行研究。

Zhège kètí yóu liǎng ge yánjiūsuǒ fēnbié jìnxíng yánjiū.

参看"分头"。

Compare "分头" fēntóu.

B. 表示用不同办法或态度：

"Differentially":

1. 这两个问题, 性质不同, 应该分别对待和处理。

Zhè liǎng ge wèntí, xìngzhì bù tóng, yīnggāi fēnbié duìdài hé chǔlǐ.

2. 对那三名犯人分别判处一年、二年、五年的徒刑。

Duì nà sān míng fànrén fēnbié pànchǔ yì nián, èr niàn, wǔ nián de túxíng.

分明 fēnmíng　（副词）

A. 同"明明"A, 在第一分句中强调事实的真实性, 而另一分句必指出似乎与事实相对立的情况：

Same as "明明" A (obviously), used in the first clause to stress the truthfulness of a fact and the second clause must point out the seemingly opposite situation:

1. 那本书分明就在书架上, 可他却视而不见。

Nà běn shū fēnmíng jiù zài shūjià shang, kě tā què shì ér bú jiàn.

2. 这件事分明是你惹出来的, 你怎么矢口否认呢!

Zhè jiàn shì fēnmíng shì nǐ rě chūlai de, nǐ zěnme shǐkǒu fǒurèn ne?

B. 表示特别清楚,明显:

"Distinctly":

1. 平常粗声粗气的老王,这次分明是温温和和地叫了一声:"大妹子!"

   Píngcháng cūshēngcūqì de Lǎo Wáng, zhè cì fēnmíng shì wēnwenhéhé de jiàole yì shēng:"Dà mèizi!"

2. 她在梦中分明见到了死去的母亲。

   Tā zài mèng zhōng fēnmíng jiàndàole sǐqu de mǔqin.

分头　fēntóu　(副词)

表示两个以上的人,各自或先后作同一事情:

"Separately":

1. 两位老师分头找学生谈话。

   Liǎng wèi lǎoshī fēntóu zhǎo xuésheng tánhuà.

2. 导演把角色派下去,让大家分头背台词。

   Dǎoyǎn bǎ juésè pài xiàqu, ràng dàjiā fēntóu bèi táicí.

3. 任务明确以后,由所长和副所长分头执行。

   Rènwù míngquè yǐhòu, yóu suǒzhǎng hé fù suǒzhǎng fēntóu zhíxíng.

分外　fènwài　(副词)

同" 格外",表示异乎寻常

Same as "格外" (exceptionally; unusually):

1. 这一年的冬季,分外地寒冷。

   Zhè yì nián de dōngjì, fènwài de hánlěng.

2. 他一个人在家,分外寂寞。

   Tā yí ge rén zài jiā, fènwài jìmò.

3. 大家来为老人祝寿,老人分外高兴。

   Dàjiā lái wèi lǎorén zhùshòu, lǎorén fènwài gāoxìng.

否则　fǒuzé　(连词)

"如果不是这样" 的意思, 用于后分句的开头, 表示对前一分句作出假设的否定,并指出可能产生的结果,或提供另一种选择;后面可有停顿:

"Otherwise"; used at the head of the second clause and may be followed by a pause:

1. 显然是迎面开来的汽车躲开了她,否则她一定会被撞伤。

   Xiǎnrán shì yíngmiàn kāilái de qìchē duǒkāile tā, fǒuzé tā yídìng huì bèi zhuàngshāng.

2. 他觉得一定要帮小李的忙,否则就对不起朋友了。

   Tā juéde yídìng yào bāng Xiǎo Lǐ de máng, fǒuzé jiù duì bu qǐ péngyou le.

3. 你必须按时交出东西,否则的话,后果由你负责!

　　Nǐ bìxū ànshí jiāochū dōngxi,fǒuzé de huà,hòuguǒ yóu nǐ fùzé!

参看"不然。"

Compare"不然"bùrán.

复　fù　（副词）〈书〉

A. 表示重复:"又"或"再"的意思;有时与"又"连用:

"Again";sometimes is used with "又":

1. 今年冬天,她的气喘病又复发了。

　　Jīnnián dōngtian,tā de qìchuǎn bìng yòu fùfā le.

2. 这封信要复印两份。

　　Zhè fēng xìn yào fùyìn liǎng fèn.

B. 表示恢复:

"Resume";"recover";"restore":

1. 那个杂志停止发行一年,上个月复刊了。

　　Nàge zázhì tíngzhǐ fāxíng yì nián,shàng ge yuè fùkān le.

2. 那对离婚的夫妇准备复婚。

　　Nà duì líhūn de fūfù zhǔnbèi fù hūn.

该　gāi　（副词）

A. 表示估计,猜测,多轻读;后面必有"了"("啦"等):

Indicates conjecture,is pronounced in the neutral tone,and there must be "了" at the end:

1. 快走吧,晚了爸爸该着急了!

　　Kuài zǒu ba,wǎn le bàba gāi zháojí le!

2. 下午五点了,这班飞机该到了。

　　Xiàwu wǔ diǎn le,zhè bān fēijī gāi dào le.

3. 你们赶了这么多路,该饿了吧?

　　Nǐmen gǎnle zhème duō lù,gāi è le ba?

可修饰否定形式:

Can modify a negative form:

4. 咦,该不是走错路了吧!

　　Yí,gāi bú shì zǒucuò lù le ba!

B. 表示设想,用于感叹句,常和"多""多么"搭配使用:

Used in an exclamatory sentence to indicate a conjecture:

1. 要能坐飞机去,该多快啊!

　　Yào néng zuò fēijī qù,gāi duō kuài a!

2. 他想,要在一个季度之内完成这个计划,该是多么吃力啊。

Tā xiǎng, yào zài yí ge jìdù zhī nèi wánchéng zhège jìhuà, gāi shì duōme chīlì a.

辨认:

Note:

副词"该"不受否定词修饰,助动词"该"则可受否定词修饰,下面例句中的"该"为助动词:

The adverb "该" cannot be modified by any negative word but the auxiliary verb "该", which is the same as "应该" can be so modified. "该" in the following sentences is auxiliary verb:

1. 这件事你不该瞒我!

   Zhè jiàn shì nǐ bù gāi mán wo!

2. 你说咱们该不该通知他?

   Nǐ shuō zánmen gāi bu gāi tōngzhī ta?

改天　gǎitiān　(副词)

有"以后较近的某一天"的意思,往往与"再"连用:

"Another day", "some other day"; is often used in conjunction with "再":

1. 咱们改天再畅谈,今天先谈到这里吧!

   Zánmen gǎitiān zài chàngtán, jīntiān xiān tán dào zhèlǐ ba!

2. 改天请您到舍下坐坐如何?

   Gǎitiān qǐng nín dào shèxià zuòzuo rúhé?

"改天"有时承接上文可以单用:

"改天" in certain context can be used independently:

3. ——咱们一同去看看老王怎么样?

   ——改天吧!

   ——Zánmen yìtóng qù kànkan Lǎo Wáng zěnmeyàng?

   ——Gǎitiān ba!

盖　gài　(副词) 〈书〉

用于解释和说明,有"也许"或"因为"的意思:

Used to explain or illustrate sth., meaning "也许" (probably) or "因为" (because):

1. 母亲还住在老家,盖年事已高,故土难离。

   Mǔqin hái zhù zai lǎojiā, gài niánshì yǐ gāo, gùtǔ nán lí.

2. 这次高考落榜,其原因盖在准备不足。

   Zhè cì gāokǎo luòbǎng, qí yuányīn gài zài zhǔnbèi bù zú.

概　gài　(副词) 〈书〉

A. 一律,一概:

"Without exception":

1. 钱物当面点清,出门之后,本店概不负责。

   Qián wù dāngmiàn diǎnqīng, chū mén zhī hòu, běn diàn gài bú fùzé.

2. 这所中学的财务概由吴主任主管。

   Zhè suǒ zhōngxué de cáiwù gài yóu Wú zhǔrèn zhǔguǎn.

B. 大概,大略:

"Generally":

1. 他向代表们概述了经济态势。

   Tā xiàng dàibiǎomen gàishùle jīngjì tàishì.

2. 那时的社会状况,从报章的报道中便可以概见一般。

   Nà shí de shèhuì zhuàngkuàng, cóng bàozhāng de bàodào zhōng biàn kěyǐ gàijiàn yìbān.

甘　gān　(副词)〈书〉

表示甘愿,只修饰单音节词:

"Willingly", modifies monosyllabic words only:

1. 这位老人奉献了一生,甘做培育新苗的泥土。

   Zhè wèi lǎorén fèngxiànle yìshēng, gān zuò péiyù xīn miáo de nítǔ.

2. 甘洒热血为科学。

   Gān sǎ rèxuè wèi kēxué.

"甘于""不甘""自甘"等则常修饰非单音节词语:

"甘于", "不甘", "自甘" can modify polysyllabic words or phrases:

3. 他不甘安居家中,准备到社会上做点事。

   Tā bù gān ānjū jiā zhōng, zhǔnbèi dào shèhuì shang zuò diǎn shì.

4. 吴老师自甘淡泊,不求名利。

   Wú lǎoshī zì gān dànbó, bù qiú mínglì.

5. 如果甘于落后,封闭保守,那么,一百年也不会有什么进步。

   Rúguǒ gānyú luòhòu, fēngbì bǎoshǒu, nàme, yì bǎi nián yě bú huì yǒu shénme jìnbù.

干脆　gāncuì　(副词)

表示作出决断,采取一种断然措施或极端的行为;可用在主语前:

Indicates a resolute or drastic manner and can occur before the subject:

1. 既然不能合作,干脆分开干!

   Jìrán bù néng hézuò, gāncuì fēnkāi gàn!

2. 他破罐破摔,干脆辞职不干了。

   Tā pò guàn pò shuāi, gāncuì cízhí bú gàn le.

3. 干脆,我们把这些股票全抛出去!

   Gāncuì, wǒmen bǎ zhèxiē gǔpiào quán pāo chūqu!

辨认:

Note:

形容词"干脆"表示直截了当,可作状语,可以重叠:

The adjective "干脆" means straightforward and point blank, can function as an adverbial and can be reduplicated:

1. 我干脆一句话问你:你答应不答应?

　　Wǒ gāncuì yí jù huà wèn nǐ:nǐ dāying bù dāying?

2. 他干干脆脆地拒绝了。

　　Tā gāngāncuìcuì de jùjué le.

赶紧　gǎnjǐn　（副词）

A. 同"赶快"B,说明施事者加速行动:

Same as "赶快"B, indicates that the agent tries to speed up his action:

1. 阿金赶紧迎上去,把客人接到船上。

　　Ājīn gǎnjǐn yíng shàngqu,bǎ kèrén jiēdào chuán shang.

2. 何大妈赶紧跑回家一看,原来是饭烧焦了。

　　Hé dàmā gǎnjǐn pǎohuí jiā yí kàn,yuánlái shì fàn shāojiāo le.

B. 同"赶快"A,用在祈使句中表示劝说或命令别人加速或及早行动:

Same as "赶快"A; used in an imperative sentence to indicate urging another party to hurry up:

1. 赶紧去上班,不然就迟到了!

　　Gǎnjǐn qù shàng bān,bùrán jiù chídào le!

2. 对不起,我有事,请你赶紧离开这里吧!

　　Duìbuqǐ,wǒ yǒu shì,qǐng nǐ gǎnjǐn líkāi zhèli ba!

赶快　gǎnkuài　（副词）

A. 用在祈使句中表示劝说或命令别人加速或及早行动:

Used in an imperative sentence to urge someone else to hurry up:

1. 老蔡派人送信来,叫老张赶快回区上去。

　　Lǎo Cài pài rén sòng xìn lai,jiào Lǎo Zhāng gǎnkuài huí qūshang qu.

2. 小王果断地说:"赶快退货!"

　　Xiǎo Wáng guǒduàn de shuō:"Gǎnkuài tuì huò!"

B. 用于客观叙述中,说明施事者加速行动:

Used in narration to indicate that the agent speeds up his action:

1. 他们几个人赶快转过身想溜,可是已经来不及了。

　　Tāmen jǐge rén gǎnkuài zhuǎnguo shēn xiǎng liū, kěshi yǐjīng lái bu jí le.

2. 我如果不赶快走,就赶不上火车了。

Wǒ rúguǒ bù gǎnkuài zǒu, jiù gǎn bu shàng huǒchē le.

3. 他们知道，只有赶快奔向大堤，才能躲过洪水。

Tāmen zhīdao, zhǐyǒu gǎnkuài bēn xiàng dà dī, cái néng duǒguo

hóngshuǐ.

参看"赶紧"、"赶忙"。

Compare"赶紧"gǎnjǐn,"赶忙"gǎnmáng.

赶忙　gǎnmáng　（副词）

说明施事者加速行动，只用于客观叙述，同"赶快"B,不用于未发生的事：

Indicates that the agent speeds up his action, is used in narration only, same as
"赶快" B and cannot refer to unfulfilled event:

1. 听见有人敲门，他赶忙起身。

Tīngjian yǒu rén qiāo mén, tā gǎnmáng qǐshēn.

2. 主人一个劲儿地向他敬酒，他赶忙说："实在不行了，再喝就要醉
了。"

Zhǔrén yígejìnr de xiàng tā jìng jiǔ, tā gǎnmáng shuō:"shízài bù xíng

le, zài hē jiù yào zuì le."

3. 老妈妈颤颤巍巍地给他端茶，他赶忙去接。

Lǎo māma chànchanwēiwēi de gěi tā duān chá, tā gǎnmáng qù jiē.

参看"急忙""连忙"。

Compare"急忙"jímáng,"连忙"liánmáng.

敢情　gǎnqing　（副词）〈口〉

A. 同"原来",表示发现原来不知道的事实：

Same as "原来", indicates the discovery of something unknown so far:

1. 我看看他是谁?——敢情是陈老师!

Wǒ kànkan tā shì shuí?——gǎnqing shì Chén lǎoshī!

2. 我以为钥匙丢了呢，敢情是你替我收起来了。

Wǒ yǐwéi yàoshi diū le ne, gǎnqing shì nǐ tì wǒ shōu qǐlai le.

B. 表示当然,自然：

"Of course"; "naturally":

1. 咱们家应该买辆汽车。

——那敢情好!

——Zánmen jiā yīnggāi mǎi liàng qìchē.

——Nà gǎnqing hǎo!

2. 搬到新房子去住敢情舒服，可需要好大一笔钱呢!

Bān dào xīn fángzi qù zhù gǎnqing shūfu, kě xūyào hǎo dà yì bǐ

qián ne!

刚　gāng　（副词）

A. 表示动作发生或情况出现在不久以前：

"Just"：

1. 我刚到上海的时候，这座浦东大桥还没有动工呢！

Wǒ gāng dào Shànghǎi de shíhou, zhè zuò Pǔdōng dàqiáo hái méiyou dònggōng ne!

2. 他刚来过电话。

Tā gāng láiguo diànhuà.

3. 孩子刚不哭了，大概要睡了。

Háizi gāng bù kū le, dàgài yào shuì le.

B. 用在复句的前一分句中，后一分句常有"就"等副词，表示另一动作紧跟着前一动作的完成：

Used in the first clause of a complex sentence and usually there is "就" in the second clause to indicate another state occurs immediately after the first action has taken place：

1. 他刚喝了一小杯酒，就有了醉意。

Tā gāng hēle yì xiǎo bēi jiǔ, jiù yǒule zuìyì.

2. 你怎么刚拿起书本就喊累？

Nǐ zěnme gāng náqi shū běnjiù hǎn lèi?

参看"才"C。

Compare "才" cái C.

C. 表示没有多余，勉强达到某种程度：

"Barely", "only"; "just"：

1. 这个人看上去二十岁刚出头。

Zhège rén kàn shàngqu èrshi gāng chūtóu.

2. ——她对你怎么样？

——Tā duì nǐ zěnmeyàng?

——刚有那么点意思。

——Gāng yǒu nàme diǎn yìsi.

参看"刚刚"。

Compare "刚刚" gānggāng.

刚刚　gānggāng　（副词）

A. 同"刚"A:

Same as "刚"A:

1. 爸爸寄来的钱，我刚刚收到。

Bàba jìlai de qián, wǒ gānggāng shōudào.

2. 他刚刚出院,还有点儿衰弱。

Tā gānggāng chū yuàn, hái yǒudiǎnr shuāiruò.

B. 同"刚"B:

Same as "刚" B:

1. 他刚刚睡着,就被一个轰隆隆的声音给吵醒了。

Tā gānggāng shuìzháo, jiù bèi yí ge hōnglónglóng de shēngyīn gěi chǎoxǐng le.

2. 我刚刚打过电话叫出租车,车子就到了。

Wǒ gānggāng dǎguo diànhuà jiào chūzūchē, chēzi jiù dào le.

C. 同"刚"C

Same as "刚" C:

1. 他的英文程度也就是刚刚能看懂报纸。

Tā de yīngwén chéngdù yě jiùshì gānggāng néng kàndǒng bàozhǐ.

2. 舅舅刚刚交四十岁,精力充沛。

Jiùjiu gānggāng jiāo sìshi suì, jīnglì chōngpèi.

刚好   gānghǎo   (副词)

表示恰巧或合适,同"正好"A、B:

Same as "正好" A, B:

1. 这件衣服刚好合适。

Zhè jiàn yīfu gānghǎo héshì.

2. 现在刚好九点,大家也都到齐了。

Xiànzài gānghǎo jiǔ diǎn, dàjiā yě dōu dàoqí le.

3. 我去车站接朋友,到了剪票口,刚好那个朋友出来了。

Wǒ qù chēzhàn jiē péngyou, dàole jiǎnpiàokǒu, gānghǎo nàge péngyou chūlai le.

格外   géwài   (副词)

表示异乎寻常,和"非常"相当,但更接近书面语;可修饰表示不愉快性质的否定形式:

"Exceptionally", similar to "非常" but more literary, can modify the negative form of an unpleasant nature:

1. 今夜的月光格外地皎洁。

Jīn yè de yuèguāng géwài de jiǎojié.

2. 他对去年发生的那件事印象格外深。

Tā duì qùnián fāshēng de nà jiàn shì yìnxiàng géwài shēn.

3. 不知为什么,她这几天格外不高兴。

Bù zhī wèi shénme, tā zhè jǐ tiān géwài bù gāoxìng.

各　gè　（副词）

表示一总体中每个个体作同样的事,或处于同样的状况中:

"Respectively":

1. 国家无论大小,各有长处。

   Guójiā wúlùn dà xiǎo, gè yǒu chángchù.

2. 这些儿童各有个性,都很活泼。

   Zhèxiē értóng gè yǒu gèxìng, dōu hěn huópo.

有时谓语中前后用两个"各",前者是副词,后者为代词,有"自己"的意思:

Sometimes two "各" occur in the predicate, the first is an adverb and the second is a pronoun meaning "oneself":

3. 他们早就各走各的路,分道扬镳了!

   Tāmen zǎo jiù gè zǒu gè de lù, fēn dào yáng biāo le!

给[1]　gěi　（介词）

以体词、动宾结构或主谓结构作宾语:

With a substantive, V – O structure or S – P structure as the object:

A."给……"作状语

"给…" is used as the adverbial adjunct:

1)引进服务的对象,有"为"或"替"的意思:

Introduces the object of service, and "给" means "为" or "替":

1. 这件事我给你问问去。

   Zhè jiàn shì wǒ gěi nǐ wènwen qu.

2. 大家安静一下,我给大家念一念。

   Dàjiā ānjìng yíxià, wǒ gěi dàjiā niàn yi niàn.

有时"给"的宾语很明显,可以省略:

Sometimes the object of "给" is very obvious and can be omitted:

3. 这点困难你不要着急,我一定给想办法。

   Zhè diǎn kùnnan nǐ búyào zháojí, wǒ yídìng gěi xiǎng bànfǎ.

在口语形式的命令句中,可用"给我"作状语,表示恐吓或不客气的口气,可以省去,句子意思不变:

In a colloquial imperative sentence "给我" can function as the adverbial adjunct to show a terrifying tone. It can be omitted without affecting the meaning:

4. 你给我说实话"!

   Nǐ gěi wǒ shuō shíhuà!

5. 你给我出去!

   Nǐ gěi wǒ chūqu!

2)引进事物的接受者:

Introduces the acceptor:

6. 我给您倒一杯茶吧！

Wǒ gěi nín dào yì bēi chá ba!

7. 你应该多给她写几封信。

Nǐ yīnggāi duō gěi tā xiě jǐ fēng xìn.

3)引进动作、行为的承受者，相当于"向"或"对"：

Introduces the person to whom an action is directed, "给" is the same as "向"or"对"：

8. 我简单地给你谈一谈。

Wǒ jiǎndān de gěi nǐ tán yi tán.

9. 我把上午发生的事给他说了一遍。

Wǒ bǎ shàngwu fāshēng de shì gěi tā shuō le yí biàn.

4)引进受动作损害的有关对象：

Introduces the person harmed by the action:

10. 这件事他给你耽误了。

Zhè jiàn shì tā gěi nǐ dānwù le.

11. 我给他们把饭做少了，没吃饱。

Wǒ gěi tāmen bǎ fàn zuò shǎo le, méi chībǎo.

5)"给"接近于兼语式的"让"或"叫"的意思：

"给"can take the place of "让"or "叫"in a pivotal sentence:

12. 你不是也有几件好首饰吗?拿出来给他们看看。

Nǐ bú shì yě yǒu jǐ jiàn hǎo shǒushi ma?Ná chūlai gěi tāmen kànkan.

6)"给"也可以代替"被"字，表示被动：

"给"can take the place of"被", to indicate the passive:

13. 老王给爆炸声吵醒了。

Lǎo Wáng gěi bàozhà shēng chǎoxǐng le.

14. 来要账的人给我打发回去了。

Lái yào zhàng de rén gěi wǒ dǎfa huíqu le.

"给"也可以不引进施事者，直接放在动词前

"给"can come directly before the verb without introducing the agent:

15. 流水太急，沙袋扔下去马上就给冲跑了。

Liúshuǐ tài jí, shādài rēng xiàqu mǎshàng jiù gěi chōngpǎo le.

在口语中，"给"相当于"把"字：

In colloquial speech "给" can mean "把":

16. 一出门他就给钥匙弄丢了。

Yì chū mén tā jiù gěi yàoshi nòngdiū le.

B. "给……"在动词后指出交付、传送的接受者

"给…"follows the verb to indicate to whom or what something is delivered：

1. 这笔钱我下月一定还给你。

　　Zhè bǐ qián wǒ xiàyuè yídìng huángěi nǐ.

2. 请你将文件按时交给学校。

　　Qǐng nǐ jiāng wénjiàn ànshí jiāogěi xuéxiào.

给² gěi　（助词）

用于述语前，有加强语气的作用：

Used before the predicate for stress：

A. 用于"把"字句，"被"字句的述语前；"被"常代以"让"或"叫"：

Used before the predicate of a "把"or "被"sentence and "被"is often replaced by"让"or "叫"：

1. 警察把那个家伙给抓住了。

　　Jǐngchá bǎ nàge jiāhuo gěi zhuāzhu le.

2. 他家让那场火灾给毁了。

　　Tā jiā ràng nà cháng huǒzāi gěi huǐ le.

3. 那个花瓶叫他的孩子给打破了。

　　Nàge huāpíng jiào tā de háizi gěi dǎpò le.

B. 用于致使某事物产生某种结果的（多为不如意的）动词前，受事者必须事先提到：

Used before the verb which brings an undesirable result and the object must be afore mentioned：

1. 他刚买了一个相机，第二天就给丢了。

　　Tā gāng mǎile yíge xiàngjī, dì'èr tiān jiù gěi diū le.

2. 老张，咱们走吧，房间我已经给退了。

　　Lǎo Zhāng, zánmen zǒu ba, fángjiān wǒ yǐjīng gěi tuì le.

3. 那些点心，孩子给吃了。

　　Nàxiē diǎnxin, háizi gěi chī le.

给……以…… gěi···yǐ···　（格式）

用于双宾语句；多用于书面语；"以"后面多是表示抽象事物的直接宾语：

Used in a sentence with double objects, in literary language; what follows "以"is the direct object which indicates an abstract matter：

1. 她很不幸，应该给她以宽慰。

　　Tā hěn búxìng, yīnggāi gěi tā yǐ kuānwèi.

2. 这部小说给人以希望和力量。

　　Zhè bù xiǎoshuō gěi rén yǐ xīwàng hé lìliang.

3. 感谢大家给我以支持和帮助！

　　Gǎnxiè dàjiā gěi wǒ yǐ zhīchí hé bāngzhù!

根本　gēnběn　（副词）

有"全然""彻底"的意思，常修饰否定形式，语气很强烈，"根本"后可以加"就"，不影响意思：

"At all", "absolutely", usually modifies negative forms and sounds very emphatic, "根本"can be followed by "就"without affecting the meaning:

1. 我根本就不认识这个姓白的，别让他来缠我！

　　Wǒ gēnběn jiù bú rènshi zhège xìng Bái de, bié ràng tā lái chán wǒ!

2. 他根本对任何球类运动都无兴趣！

　　Tā gēnběn duì rènhé qiúlèi yùndòng dōu wú xìngqù!

有时"根本"可以修饰表示排除、取消或贬义动词的肯定形式：

"根本"can modify the affirmative form of those verbs which have a sense of elimination, or termination or derogatory implication:

3. 我根本怀疑他的诚意！

　　Wǒ gēnběn huáiyí tā de chéngyì!

4. 他为人正直，根本反对耍手腕。

　　Tā wéi rén zhèngzhí, gēnběn fǎnduì shuǎ shǒuwàn.

5. 我们根本讨厌弄虚作假。

　　Wǒmen gēnběn tǎoyàn nòng xū zuò jiǎ.

跟[1]　gēn　（介词）〈口〉

宾语多为体词，偶尔是动宾结构、主谓结构；主语与"跟"的宾语并不是平等的关系，主语所代表的人、物是主要的：

The object mostly is a substantive, occasionally a V – O or S – P structure. The subject and the object of "跟"are not on equal footing, what the subject stands for is the main agent:

A. 指出与动作关联的另一方，动作由双方共同进行：

Indicates the other party related to the action which is done by both parties:

1. 你真要跟你哥哥回上海吗？

　　Nǐ zhēn yào gēn nǐ gēge huí Shànghǎi ma?

2. 她们队要跟我们队比赛。

　　Tāmen duì yào gēn wǒmen duì bǐsài.

助动词一般在"跟"前，有时在"跟"后：

The auxiliary verb usually precedes "跟"but can come after it sometimes:

3. 你以后能跟他一块儿上学了！

　　Nǐ yǐhòu néng gēn tā yíkuàir shàng xué le!

4. 我跟王先生可以联系一下,听听他的口气。

　　Wǒ gēn Wáng xiānsheng kěyi liánxi yíxià, tīngting tā de kǒuqi.

有时,否定副词在"跟"前表示主观愿望,在"跟"后表示事实:

Sometimes, the negative adverb precedes "跟" to indicate a subjective wish and comes after "跟" to indicate a fact :

5. 我们家不跟他们家来往。

　　Wǒmen jiā bù gēn tāmen jiā láiwǎng.

6. 我们家跟他们家不来往。

　　Wǒmen jiā gēn tāmen jiā bù láiwǎng.

B. "跟……"用于"说""谈""提"等动词或短语,或少数表态度的形容词或短语前,指出主语的动作或态度的对象:

"跟"…, used before"说","谈",提 etc. or some adjectives of attitude indicates the object or the subject's action or attitude :

1. 这件事光明正大,我可以跟任何人谈。

　　Zhè jiàn shì guāngmíng zhèngdà, wǒ kěyi gēn rènhé rén tán.

2. 小王跟谁最亲近?

　　Xiǎo Wáng gēn shuí zuì qīnjìn?

3. 这些人故意跟我过不去。

　　Zhèxiē rén gùyì gēn wǒ guò bu qù.

C. "跟……"表示向某方面有所取,有"向"的意思:

"跟"…can mean "向"to indicate asking somebody for something :

1. 我是外地人,这件事你最好跟本地人打听打听。

　　Wǒ shì wài dì rén, zhè jiàn shì nǐ zuìhǎo gēn běndì rén dǎtīng dǎtīng.

2. 有一个人要跟我借三千元钱。

　　Yǒu yí ge rén yào gēn wǒ jiè sān qiān yuán qián.

D. 引进与一方有某种关系的另一方:

Introduces the other party which is related to this one in a certain way :

1. 这个人跟我有点亲戚关系。

　　Zhège rén gēn wǒ yǒu diǎn qīnqì guānxi.

2. 这位作家的命运,是跟祖国人民紧密相连的。

　　Zhè wèi zuòjiā de mìngyùn, shì gēn zǔguó rénmín jǐnmì xiānglián de.

E. "跟……"表示异同的比较,后边必有"一样""相同""差不多""似的""相似""不同"等词语呼应:

"跟"…indicates a comparison and there must be "一样","相同","差不多","似的","相似","不同"etc. to go with it :

1. 两年没见你,你跟从前不一样了。

Liǎng nián méi jiàn nǐ, nǐ gēn cóngqián bù yíyàng le.

2. 他很悲伤，心里跟刀子扎了似的。

Tā hěn bēishāng, xīnli gēn dāozi zhā le shìde.

参看"和"。

Compare "和" hé.

辨认：

Note：

1. 我跟着将军经历了一场战斗。

Wǒ gēnzhe jiāngjūn jīnglìle yì cháng zhàndòu.

2. 我打算让女儿跟你去上海。

Wǒ dǎsuan ràng nǚ'ér gēn nǐ qù Shànghǎi.

3. 这趟旅游，你跟我都累了。

Zhètàng lǚyóu, nǐ gēn wǒ dōu lèi le.

1 中的"跟"为动词。2 中的"跟"为介词。3 中的"跟"为连词。

"跟" in 1 is a verb, in 2 is a preposition and a conjunction in 3.

跟² gēn （连词）〈口〉

表示联合关系；可连接句中并列的主语、宾语或定语，但不能连接状语、谓语、补语或分句：

Indicates coordination, can connect different subjects, objects or attributives of a sentence but not adverbial adjuncts, predicates, complements or clauses：

1. 要处理的文件跟要保留的文件应该分开。

Yào chǔlǐ de wénjiàn gēn yào bǎoliú de wénjiàn yīnggāi fēnkāi.

2. 他不同意这件事跟我反对这件事，理由并不一样。

Tā bù tóngyì zhè jiàn shì gēn wǒ fǎnduì zhè jiàn shì, lǐyóu bìng bù yíyàng.

3. 他跟小李和小王两个人都是朋友，当然，跟小李交情更深些。

Tā gēn Xiǎo Lǐ hé Xiǎo Wáng liǎng ge rén dōu shì péngyǒu, dāng rán, gēn Xiǎo Lǐ jiāoqíng gèng shēn xiē.

"跟"可表示同一层面的连接，如例 1、2，也可表示不同层面的连接，如例 3。

"跟" can indicate the connection of the same level as in 1. and 2. and can indicate that of different levels as in 3.

跟着 gēnzhe （连词）

表示前面的动作与后面的动作在时间上连接得很紧；一般连接两个分句或者句子；后面可有停顿：

Indicates that the second action follows the first one very closely; usually connects two clauses or sentences, a pause may follow "跟":

1. 那孩子哭了几声，跟着又笑了。

   Nà háizi kūle jǐ shēng, gēnzhe yòu xiào le.

2. 红方踢进了一个球，跟着，黑方也回敬了一个球。

   Hóngfāng tījìnle yí ge qiú, gēnzhe, hēifāng yě huíjìngle yí ge qiú.

3. 今年我身体不大好，春天患感冒，跟着又腰痛。

   Jīnnián wǒ shēntǐ bú dà hǎo, chūntiān huàn gǎnmào, gēnzhe yòu yāo tòng.

参看"接着"。

Compare "接着" jiēzhe.

更　gèng　（副词）

用于比较，表示程度又深一层，数量进一步增加或减少；可以修饰表示不愉快性质的否定形式：

"Even more", "more", can modify a negative form of an unpleasant nature:

1. 天快黑了，本来就很僻静的小路上行人更少了。

   Tiān kuài hēi le, běnlái jiù hěn pìjìng de xiǎolù shang xíngrén gèng shǎo le.

2. 他年纪大了，本来就不好的记性就更不好了。

   Tā niánjì dà le, běnlái jiù bù hǎo de jìxing jiù gèng bù hǎo le.

3. 你加了醋，这个菜更不好吃了。

   Nǐ jiāle cù, zhège cài gèng bù hǎo chī le.

有时"更"后面加"是"，随之以表示极高程度的成语或比喻：

Sometimes "更" takes "是" after it, and is follwed by a set phrase or analogy of a very emphatic nature:

4. 通往寺院的路上，游客更是络绎不绝。

   Tōngwǎng sìyuàn de lù shang, yóukè gèng shì luòyì bù jué.

5. 他本来就能走路，吃饱之后，走起路来更是两脚生风。

   Tā běnlái jiù néng zǒu lù, chībǎo zhīhòu, zǒu qi lù lai gèng shì liǎng jiǎo shēng fēng.

参看"更加"。

Compare "更加" gèngjiā.

更加　gèngjiā　（副词）

同"更"，但常修饰多音词语，不如"更"口语化：

Same as "更", usually modifies polysyllabic words or phrases, and is not as colloquial as "更":

1. 山楂树上结满了红玛瑙般的红果，葡萄呢，就更加绚丽多彩。

Shānzhā shù shang jiēmǎnle hóng mǎnǎo bān de hóngguǒ, pútao ne, jiù gèngjiā xuànlì duōcǎi.

2. 本来他就性格内向，最近更加不爱说话了。

Běnlái tā jiù xìnggé nèixiàng, zuìjìn gèngjiā bú ài shuō huà le.

有时"更加"虽处于谓语前，却是说明后面补语的程度的，所以也可放在补语前：

Sometimes, though occurring before the predicate, "更加"refers to the complement of the verb and so can be placed before the complement:

3. 船更加走得慢了。

Chuán gèngjiā zǒu de màn le.

4. 船走得更加慢了。

Chuán zǒu de gèngjiā màn le.

"更加"也可修饰单音节词，后面往往有"了"等附加成分：

"更加"can also modify monosyllabic words and is usually followed by "了"etc.:

5. 你一个人住在家里，不是更加闷了么？

Nǐ yí ge rén zhù zài jiā li, bú shì gèngjiā mèn le me?

参看"越发"。

Compare "越发"yuèfā.

更为　gèngwéi　（副词）

同"更加"：

Same as "更加":

1. 这家商店的橱窗最近装饰得更为漂亮了。

Zhè jiā shāngdiàn de chúchuāng zuìjìn zhuāngshi de gèngwéi piàoliang le.

2. 在奥林匹克运动中，参与意识比比赛成绩更为重要。

Zài Àolínpǐkè yùndòng zhōng, cānyù yìshi bǐ bǐsài chéngjì gèngwéi zhòngyào.

3. 见孩子不说话，妈妈拉着她的手更为和婉地说："这次没考好没关系，只要……。"

Jiàn háizi bù shuō huà, māma lāzhe tā de shǒu gèngwéi héwǎn de shuō:"Zhè cì méi kǎohǎo méi guānxi, zhǐyào……"

公然　gōngrán　（副词）

表示公开而无所顾忌地：

"Openly"; "brazenly":

1. 她公然对封建大家庭举起了叛逆的旗帜。

Tā gōngrán duì fēngjiàn dà jiātíng jǔqǐle pànnì de qízhì.

2. 他们公然聚赌,这是法律所不允许的!

Tāmen gōngrán jùdǔ, zhè shì fǎlǜ suǒ bù yǔnxǔ de!

3. 这个裁判公然偏袒乙队,观众大哗 。

Zhège cáipàn gōngrán piāntǎn yǐ duì, guānzhòng dà huá.

共　gòng　（副词）

表示总计,总和:

"In total"; "altogether":

1. 这次旅游,全家共花了五千元。

Zhè cì lǚyóu, quán jiā gòng huāle wǔqiān yuán.

2. 我们公司三年共投资五百万元。

Wǒmen gōngsī sān nián gòng tóuzī wǔbǎi wàn yuán.

3. 以上三项支出,共计一千一百元整。

Yǐshàng sān xiàng zhīchū, gòng jì yìqiān yībǎi yuán zhěng.

够　gòu　（副词）

A. 表示达到相当高的程度;不受否定词修饰,但可修饰表示不愉快性质的否定形式:

Indicates a considerable high standard, cannot be modified by a negative word, but can modify a negative form of an unpleasant nature:

1. 今年广州的花市真够盛大的。

Jīnnián Guǎngzhōu de huāshì zhēn gòu shèngdà de.

2. 这种考试作弊行为,够不光彩的了!

Zhè zhǒng kǎoshì zuòbì xíngwéi, gòu bù guāngcǎi de le!

B. 表示达到一定标准,不修饰否定形式,可受否定词修饰:

Indicates being up to a certain standard; cannot modify any negative form but can be modified by a negative word:

1. 光线从两面的窗户射进来,全室很够明亮了。

Guāngxiàn cóng liǎng miàn de chuānghu shè jìnlai, quán shì hěn gòu míngliàng le.

2. 这个数字不够准确。

Zhège shùzì bú gòu zhǔnquè.

3. 这个房间够大不够大?

Zhège fángjiān gòu dà bú gòu dà?

姑　gū　（副词）〈书〉

同"姑且",常用于固定词组:

Same as "姑且", often occurs in set phrases:

1. 我作为一名读者,我这是姑妄言之,谨供编辑部参考。

Wǒ zuòwéi yì míng dúzhě, wǒ zhè shì gū wàng yán zhī, jǐn gōng biānjìbù cānkǎo.

2. 法庭认为,他的罪名是成立的,姑念初犯,又未酿成恶果,所以从轻判处。

Fǎtíng rènwéi, tā de zuìmíng shì chénglì de, gū niàn chū fàn, yòu wèi niàngchéng èguǒ, suǒyǐ cóng qīng pànchǔ.

3. 你的动机姑置勿论,但你行动的效果却是有问题的!

Nǐ de dòngjī gū zhì wù lùn, dàn nǐ xíngdòng de xiàoguǒ què shì yǒu wèntí de!

姑且　　gūqiě　　（副词）

多用于书面语,有暂时地或只得如此的意思:

"For the time being"; "for the moment", mostly used in written language:

1. 主任对我笑了笑,似乎姑且同意了我的比较牵强的解释。

Zhǔrèn duì wǒ xiào le xiào, sìhū gūqiě tóngyìle wǒ de bǐjiào qiānqiáng de jiěshì.

2. 这篇文章投寄到报社能否被采纳没把握,姑且试一试吧!

Zhè piān wénzhāng tóujì dào bàoshè néng fǒu bèi cǎinà méi bǎwò, gūqiě shì yi shì ba!

3. 我这个手表不大好,你明天考试,姑且用用,好吗?

Wǒ zhège shǒubiǎo bú dà hǎo, nǐ míngtiān kǎoshì, gūqiě yòngyong, hǎo ma?

故　　gù　　（连词）〈书〉

意同"所以",用在因果关系的复句中,一般在后一分句的句首,表示结果或推断。"故"不能像"所以"那样,把结果放在第一分句里:

Means "所以", used in a complex sentence of cause and effect. "故" comes at the head of the second clause and can never be placed in the first clause:

1. 历史上中国注重农业,故以农立国。

Lìshǐ shang zhōngguó zhùzhòng nóngyè, gù yǐ nóng lì guó.

2. 这个泉水地处偏僻,故人迹罕至。

Zhège quánshuǐ dì chǔ piānpì, gù rénjì hǎn zhì.

3. 北京昌平的明陵有十三座帝后陵墓,故称十三陵。

Běijīng Chāngpíng de Mínglíng yǒu shísān zuò dì hòu língmù, gù chēng Shísānlíng.

辨认:

Note:

"故"还是名词,有缘故、原故的意思。"故"又是形容词,意为过去的原来的:

"故"is also a noun meaning "cause", "reason". "故"can also mean past or original when it is an adjective：

1. 因火车晚点之故,父亲夜半才抵家。 （名词）

Yīn huǒchē wǎndiǎn zhī gù,fùqin yèbàn cái dǐ jiā.

2. 那座房子是郭沫若先生的故宅。 （形容词）

Nà zuò fángzi shì Guō Mòruò xiānsheng de gù zhái.

固　gù　（连词）〈书〉

同"固然"：

Same as "固然"：

1. 艺术固不能脱离生活,也不能机械地描摹生活。

Yìshù gù bù néng tuōlí shēnghuó, yě bù néng jīxiè de miáomó shēnghuó.

2. 这件事让王兄知道固好,暂时不告诉他也无妨。

Zhè jiàn shì ràng Wáng xiōng zhīdao gù hǎo, zànshí bú gàosu tā yě wúfáng.

固然　gùrán　（连词）

表示先承认一定事实,下面接着用"但是""可是""然而""却"等,转入叙述本义,或引出另一侧面：

"It is true…"；"admittedly", must be followed by "但是"…"可是…""然而" "却"etc.

1. 兄嫂待她固然没有什么不好,但她还是处处小心。

Xiōng sǎo dài tā gùrán méi yǒu shénme bù hǎo,dàn tā háishi chùchù xiǎoxīn.

2. 商品包装固然要好看,然而商品质量还是第一的。

Shāngpǐn bāozhuāng gùrán yào hǎokàn, rán'ér shāngpǐn zhìliàng hái shì dìyī de.

3. 孩子,玩儿固然是应当的,可你应该先做完作业。

Háizi,wánr gùrán shì yīngdāng de,kě nǐ yīnggāi xiān zuòwán zuòyè.

怪　guài　（副词）

有"挺""很"的意思,带有较强的感情色彩,不受否定词修饰,可以修饰表示愉快性质的否定形式：

"Quite", "rather", implying emotional coloring, cannot be modified by negative words but can modify the negative form of an unpleasant nature：

1. 怪值钱的东西,别乱丢!

Guài zhí qián de dōngxi,bié luàn diū!

2. 他当着大家奚落我,使我觉得怪不自在。

Tā dāngzhe dàjiā xīluo wǒ, shǐ wǒ juéde guài bú zìzai.

怪不得　guàibude　（组合）

表示由于说话人了解到原因,对后边的情况就不觉得奇怪。表示原因的分句可以在前,也可以在后,多修饰主谓结构,动宾短语等:

"No wonder…"; the clause which explains the reason can precede or follow it. It modifies a S – P structure , V – O structure etc. :

1. 怪不得她不愿离开,这里山青水秀,环境太好了。

　　Guàibude tā bú yuàn líkāi, zhèlǐ shān qīng shuǐ xiù, huánjìng tài hǎo le.

2. 怪不得他这几天走路很慢,原来他的腿跌伤了。

　　Guàibude tā zhè jǐ tiān zǒu lù hěn màn, yuánlái tā de tuǐ diēshāng le.

3. 原来他昨天没复习,怪不得今天不会回答问题呢!

　　Yuánlái tā zuótiān méi fùxí, guàibude jīntiān bú huì huídá wèntí ne!

4. 她订婚啦?怪不得这几天喜气洋洋的。

　　Tā dìng hūn la? Guàibude zhè jǐ tiān xǐqì yángyáng de.

参看"怨不得"。

Compare "怨不得" yuànbude .

关于　guānyú　（介词）

引进所关涉的人或事物,宾语多为体词,也有动宾结构、主谓结构等:

Introduces the related person or thing and the object is usually a substantive , a V – O structure or S – P structure :

A. "关于……"作定语,与中心语之间要用"的"字:

When "关于" is used as an attributive , "的" must occur between "关于" and its headword :

1. 请你谈一谈关于"中秋节"的掌故。

　　Qǐng nǐ tán yi tán guānyú "zhōngqiūjié" de zhǎnggù.

2. 我写了一篇关于妇女参加社会活动的文章。

　　Wǒ xiěle yì piān guānyú fùnǚ cānjiā shèhuì huódòng de wénzhāng.

3. 关于修建礼堂的建议,不断有人提出。

　　Guānyú xiūjiàn lǐtáng de jiànyì, búduàn yǒu rén tíchū.

"关于……"或"关于……"及其中心语,常作题目或标题:

"关于…" or "关于…" and its headword often functions as a title or heading :

4.《关于修改宪法的报告》

　　《Guānyú xiūgǎi xiànfǎ de bàogào》

5.《关于史学工作的几个问题》

　　《Guānyú shǐxué gōngzuò de jǐ ge wèntí》

6.《关于鲁迅》

《Guānyú Lǔxùn》

B．"关于……"作状语，表示动作关涉的人、事物或范围，多放在句首，后面的语音停顿：

"关于…" used as an adverbial adjunct indicates the person, thing or scope concerned, usually comes at the head of the sentence, and there is a pause to follow:

1. 关于我，你没有听见什么？

　　Guānyú wǒ, nǐ méiyǒu tīngjian shénme?

2. 关于登台讲课，她心里有点紧张。

　　Guānyú dēng tái jiǎng kè, tā xīnlǐ yǒudiǎn jǐnzhāng.

3. 关于这个问题，会议还要进行专门讨论。

　　Guānyú zhège wèntí, huìyì hái yào jìnxíng zhuānmén tǎolùn.

管……叫…… guǎn···jiào··· （格式）〈口〉

有"把……叫做……"的意思：

Same as "把…叫做…":

1. 您比我爸爸大，我应该管您叫伯伯。

　　Nín bǐ wǒ bàba dà, wǒ yīnggāi guǎn nín jiào bóbo.

2. 这位县长很接近群众，农民管他叫老张。

　　Zhè wèi xiànzhǎng hěn jiējìn qúnzhòng, nóngmín guǎn tā jiào Lǎo Zhāng.

光 guāng （副词）

有"只"的意思，只能限制范围，不能限制数量：

"Only", cannot restrict quantity:

1. 那位老人瘦得可怜，光剩下一副骨头架子了。

　　Nà wèi lǎorén shòu de kělián, guāng shèngxià yí fù gǔtou jiàzi le.

2. 光看外表，这是一个热热闹闹的大家庭。

　　Guāng kàn wàibiǎo, zhè shì yí ge rèrènàonào de dà jiātíng.

有时加"是"，不影响意思：

Sometimes it takes "是" after it without affecting the meaning:

3. 小姑娘光是笑，什么也不说。

　　Xiǎo gūniang guāng shì xiào, shénme yě bù shuō.

"光"即使在数量短语前也不是限制数量；而是表示除此以外没有别的：

Even when "光" occurs before a numeral measure phrase, it does not restrict the quantity, but implies exception:

4. 光去年一年，他就跑了五个城市。

　　Guāng qùnián yì nián, tā jiù pǎole wǔ ge chéngshì.

归 guī （介词）

引出施事者,表示职责的归属,相当于"由",宾语多为指人或组织机构的体词;句子的主语是述语的受事:

Introduces the agent to indicate who is responsible. "归" means "由"; the object is usually a substantive representing a person or organization; the subject of the sentence is in fact the object of the predicate:

1. 一切花费归我负责。

　　Yíqiè huāfèi guī wǒ fùzé.

2. 街道的卫生归居民委员会管。

　　Jiēdào de wèishēng guī jūmín wěiyuánhuì guǎn.

3. 公司的大事归理事会统一处理。

　　Gōngsī de dà shì guī lǐshìhuì tǒngyī chǔlǐ.

果　guǒ　（副词）

同"果然",不能用于主语前,常修饰单音词:

Same as "果然", but cannot occur before the subject, mostly modifies monosyllabic words:

1. 我和他谈了谈,他果有后悔之意。

　　Wǒ hé tā tán le tán, tā guǒ yǒu hòuhuǐ zhī yì.

2. 果不出我所料,他说生病不过是个借口罢了。

　　Guǒ bù chū wǒ suǒ liào, tā shuō shēng bìng búguò shì ge jièkǒu bàle.

3. 司马懿来到城下,果见城门大开。

　　Sīmǎ Yì láidào chéngxià, guǒ jiàn chéngmén dà kāi.

果然　guǒrán　（副词）

表示与原来所想或所说相符,可用于主语前,可修饰否定形式:

"As expected", can occur before the subject and can modify a negative form:

1. 远远地看见街那边好像是小张在等车,走近一看,果然是他。

　　Yuǎnyuǎn de kànjian jiē nàbiān hǎoxiàng shì Xiǎo Zhāng zài děng chē, zǒujìn yí kàn, guǒrán shì tā.

2. 他拿出名片,头衔果然有效,对方马上和气起来。

　　Tā náchū míngpiàn, tóuxián guǒrán yǒuxiào, duìfāng mǎshàng héqi qǐlai.

3. 果然不出所料,他的作品得奖了。

　　Guǒrán bù chū suǒ liào, tā de zuòpǐn déjiǎng le.

4. 我早就知道他不会灰心,果然,他丝毫不丧气,很快恢复了事业。

　　Wǒ zǎo jiù zhīdao tā bú huì huīxīn, guǒrán, tā sīháo bú sàngqì, hěn kuài huīfùle shìyè.

辨认:

Note:

用于条件句中，"果然""有""如果真……"的意思，是连词：

"果然"in a conditional clause means "in case it is true that…", and is a conjunction:

　　学习写作必须经常动笔，果然能这样，就会有所进步。

　　Xuéxí xiězuò bìxū jīngcháng dòngbǐ, guǒrán néng zhèyàng, jiù huì yǒu suǒ jìnbù.

果真　guǒzhēn　（副词）

同"果然"

Same as "果然"：

　　1. 循着虫声去找，果真找到了蛐蛐。

　　Xúnzhe chóngshēng qù zhǎo, guǒzhēn zhǎodàole qūqu.

　　2. 风是雨的头；果真，不久就下起了瓢泼大雨。

　　Fēng shì yǔ de tóu; guǒzhēn, bùjiǔ jiù xiàqile piáo pō dà yǔ.

辨认

Note：

用于条件句中，"果真"也同"果然"，是连词：

In a conditional clause "果真", just like "果然", is a conjunction:

　　我将来不会走爸爸的老路。果真让我那样，我也会重新选一条路。

　　Wǒ jiānglái bú huì zǒu bàba de lǎo lù. Guǒzhēn ràng wǒ nàyàng, wǒ yě huì chóngxīn xuǎn yì tiáo lù.

过　guò　（副词）

表示过分，只修饰单音形容词：

"Too", "over", "undue", modifies monosyllabic adjectives only：

　　1. 校长听了我的发言，并没有给予过多的注意。

　　Xiàozhǎng tīngle wǒ de fāyán, bìng méiyou jǐyǔ guò duō de zhùyì.

　　2. 我冲刺时，冲得过猛，差点儿摔倒。

　　Wǒ chōngcì shí, chōng de guò měng, chàdiǎnr shuāidǎo.

　　3. 伙计，别高兴得过早了，下边的任务还很困难呢！

　　Huǒji, bié gāoxìng de guò zǎo le, xiàbiān de rènwu hái hěn kùnnan ne!

过于　guòyú　（副词）

表示程度过分，有"太"的意思，但接近书面语；多修饰非单音词：

"Too", "undue", has a literary flavour and mostly modifies polysyllabic words：

　　1. 这个人过于老实。

　　Zhège rén guòyú lǎoshi.

　　2. 这件事来得过于突然，使他一时不知所措。

　　Zhè jiàn shì lái de guòyú tūrán, shǐ tā yìshí bù zhī suǒ cuò.

　　3. 她身体过于衰弱，不宜远行。

　　　　Tā shēntǐ guòyú shuāiruò,bùyí yuǎnxíng.

过　guo（时态助词）

A. **用在谓词后表示过去的经验,前面可有"曾""曾经":**

Used after the predicate to indicate a past experience and"曾"or"曾经"can go with it:

　1. 这些年,你想起过我吗?

　　　Zhèxiē nián,nǐ xiǎngqiguo wǒ ma?

　2. 当年她曾经在舞台上红过一阵。

　　　Dāngnián tā céngjīng zài wǔtái shang hóngguo yízhèn.

在否定句中"过"仍保留:

"过"must be kept in a negative sentence:

　3. 这件事我没有告诉过什么人。

　　　Zhè jiàn shì wǒ méiyou gàosuguo shénme rén.

"过"可以表示未来的"过去经验":

"过"can indicate an experience in the future:

　4.(等)将来你和他打过交道,就会了解他了。

　　　(Děng)Jiānglái nǐ hé tā dǎguo jiāodào,jiù huì liǎojiě tā le.

B. **用在动词后表示完成,和"了"相当,可以和表示完成的"了"同时并存:**

Used after a verb to show the perfect tense, same as "了", and can be used together with"了"which also indicates the perfect tense:

　1. 这本小说我已经看过了。

　　　Zhè běn xiǎoshuō wǒ yǐjīng kànguo le.

　2. 她吃过了牛肉面,说"这面味道不错"。

　　　Tā chīguole niúròu miàn,shuō"zhè miàn wèidào búcuò".

哈　hā　（叹词）

表示得意、满意、不在乎等,常叠用:

Indicates pride, satisfaction, not caring about, usually is duplicated:

　1. 哈,我算什么诗人!

　　　Hā,wǒ suàn shénme shīrén!

　2. 哈哈,你看咱们谈得多投机。

　　　Hā hā,nǐ kàn zánmen tán de duō tóujī.

　3. 他?哈哈?他管得了我?

　　　Tā?Hāhā,tā guǎn de liǎo wǒ?

咳　hāi　（叹词）

A. **表示不客气的非正式的招呼:**

A casual greeting:

1. 咳,这位先生,您有何见教?

　　Hāi,zhè wèi xiānsheng,nín yǒu hé jiàn jiào?

2. 你到底走不走?咳。

　　Nǐ dàodǐ zǒu buzou?Hāi.

B. 表示惊喜,赞美:

Indicates surprise, praise:

1. 咳,这个年青人真了不起!

　　Hāi,zhège niánqīng rén zhēn liǎobuqǐ!

2. 咳,那地方山青水秀,真是仙境。

　　Hāi,nà dìfang shān qīng shuǐ xiù,zhēn shì xiānjìng.

C. 表示伤感,惋惜,无可奈何等感情(可读 hài):

Indicates regret or being at a loss:

1. 咳,没爹娘的孩子多可怜哪!

　　Hāi,méi diē niáng de háizi duō kělián na!

2. 咳,谁知道那次考试决定了我半生的命运!

　　Hāi,shuí zhīdao nà cì kǎoshì juédìngle wǒ bànshēng de mìngyùn!

嗨哟　hāiyō　(叹词)

集体重体力劳动时发出的呼喊声:

Call made by labourers:

1. 工地上嗨哟嘿哟的号子声终日不绝。

　　Gōngdì shang hāiyō hēiyō de hàozi shēng zhōngrì bù jué.

2. 加油干呐,嗨哟!流大汗呐,嗨哟!

　　Jiā yóu gàn na,hāiyō!Liú dà hàn na,hāiyō!

还　hái　(副词)

一般轻读(重读较少,下文将予指出):

Usually pronounced in the neutral tone:

A. 表示动作或状态保持不变:

"Still", "as before":

1. 这个人现在还活着。

　　Zhège rén xiànzài hái huózhe.

2. 那本字典还没出版呢。

　　Nà běn zìdiǎn hái méi chūbǎn ne.

参看"还是"A。

Compare "还是"háishì A.

有时"还"用在复句的后一分句中,表示不受影响,仍然如何,前一分句中常有"虽然""尽管"等呼应:

Sometimes "还" occurs in the second clause of a complex sentence to show that some situation remains unaffected and there is usually "虽然"or "尽管"in the first clause:

　　3. 尽管她年纪大了,精神还那么好。

　　　　Jǐnguǎn tā niánjì dà le,jīngshen hái nàme hǎo.

有时"还"用在前一分句中,表示某一动作处于未结束状态或还未开始(后一动作已经开始):

Sometimes "还" in the first clause indicates that an action is not yet begun or finished when a second action has started:

　　4. 他的话还没说完,她已发起脾气来。

　　　　Tāde huà hái méi shuōwán,tā yǐ fāqi píqi lái.

　　5. 我还没听清楚他说什么,电话已经挂断了。

　　　　Wǒ hái méi tīng qīngchu tā shuō shénme,diànhuà yǐjīng guàduàn le.

"还"如重读,则表示本已不应如此,而仍然如此:

When "还"is stressed, it implies that the situation continues though it ought not to:

　　6. 你还睡呢,快出去看看吧!

　　　　Nǐ hái shuì ne,kuài chūqu kànkan ba!

　　7. 他怎么还坐着不动,别人都走了。

　　　　Tā zěnme hái zuòzhe bú dòng,biérén dōu zǒu le.

B. 表示有所补充,有时跟"除了……(以外)""不但"不仅"等呼应":

"As well", "in addition", and is often used in conjunction with "除了…(以外)","不但…""不仅"etc.:

　　1. 今天的来宾有双方的亲友,还有双方的同学们。

　　　　Jīntiān de láibīn yǒu shuāngfāng de qīnyǒu, hái yǒu shuāngfāng de tóngxuémen.

　　2. 学一门外语,除了多看,还要多说、多写。

　　　　Xué yì mén wàiyǔ,chúle duō kàn,hái yào duō shuō,duō xiě.

C. 用在表示时点的词语之前,表示说话人认为时间已过去很久,常说"还""还是":

Occurs before a word or phrase indicating a point of time to show that the speaker considers that it is long ago, and is often used in conjunction with"在"or "是":

　　1. 小刘还在上小学的时候,就迷上了篮球。

　　　　Xiǎo Liú hái zài shàng xiǎoxué de shíhou,jiù míshangle lánqiú.

　　2. 他还是早上八点吃了一点东西,忙到下半天也没顾上吃饭。

　　　　Tā háishi zǎoshang bā diǎn chīle yìdiǎn dōngxi,mángdào xiàbàntiān yě méi gùshang chī fàn.

D. 用于比较句,表示更甚;用"比"时,"还"用于形容词前,用"没有"或"不

如"时,"还"用在它们前面:

"Even"; "even more"; in a comparison. When"比"is used, "还"occurs before the adjective, and when"没有"or"不如"is used, "还"occurs before"没有"or "不如":

1. 她比她丈夫还高一点儿。

　　Tā bǐ tā zhàngfu hái gāo yìdiǎnr.

2. 那间屋子还没有这间暖和呢!

　　Nà jiān wūzi hái méi yǒu zhè jiān nuǎnhuo ne!

3. 我看你学习化学还不如学物理更合适。

　　Wǒ kàn nǐ xuéxí huàxué hái bùrú xué wùlǐ gèng héshì.

E. 修饰形容词多为褒义,包括否定形式的,表示程度较高或差强人意:

When modifying an adjective with a laudatory nature(including negative forms)it implies that the speaker finds something comparatively satisfactory:

1. 这种酒味道还好。

　　Zhè zhǒng jiǔ wèidao hái hǎo.

2. 这个歌儿还不难听。

　　Zhège gēr hái bù nántīng.

3. 那种商品的质量还凑和。

　　Nà zhǒng shāngpǐn de zhìliàng hái còuhe.

F. 举出一个突出例子,用"还"表示即使这样仍不能达到某标准,其它更不必说了。

An extreme case is cited and "还"is used to indicate that even such a case cannot meet the need, let alone anything else:

1. 你还看不懂这种外文说明,我更不行了。

　　Nǐ hái kàn bu dǒng zhè zhǒng wàiwén shuōmíng,wǒ gèng bù xíng le.

2. 短篇小说她还嫌长,中篇的长篇的更不爱看了。

　　Duǎnpiān xiǎoshuō tā hái xián cháng, zhōngpiān de chángpiān de gèng bú ài kàn le.

G. 用在反问里,加强反问语气:

Used in a rhetorical question to make it more emphatic:

1. 我的胡子都白了,头发还能是黑的?

　　Wǒ de húzi dōu bái le,tóufa hái néng shì hēi de?

2. 你要能发明出什么东西,还不得等个十年八年!

　　Nǐ yào néng fāmíng chū shénme dōngxi, hái bù děi děng ge shí nián bā nián!

H. 有时表示轻微惊讶或用于讽刺:

Sometimes it implies a slight surprise or sarcasm:

1. 别看他是个瘦老头，力气还挺大。

　　Bié kàn tā shì ge shòu lǎotóu, lìqi hái tǐng dà.

2. 你还算大学生呢，这点常识都没有！

　　Nǐ hái suàn dàxuéshēng ne, zhè diǎn chángshí dōu méi yǒu!

还是 [1]　háishi　（副词）

A. 表示动作或状态保持不变，在复句中常与"虽然""尽管"呼应：

"Still", is often used in conjunction with "虽然" or "尽管" in a complex sentence:

1. 这位八十岁老人谈起话还是滔滔不绝。

　　Zhè wèi bāshí suì lǎorén tánqi huà háishi tāotāo bù jué.

2. 他还是那样爱喝酒。

　　Tā háishi nàyàng ài hē jiǔ.

3. 虽然她长大了，父母还是把她当作孩子。

　　Suīrán tā zhǎngdà le, fùmǔ háishi bǎ tā dāng zuò háizi.

B. 经过比较衡量，选择出比较满意的作法：

After comparison, "还是" indicates the more satisfactory solution:

1. 你很忙，离不开，我看还是我去吧！

　　Nǐ hěn máng, lí bu kāi, wǒ kàn háishi wǒ qù ba!

2. 还是买这件吧，这件颜色合适。

　　Háishi mǎi zhè jiàn ba, zhè jiàn yánsè héshì.

C. 表示差强人意：

Indicates that something is barely satisfactory:

1. 这本书虽然不太理想，还是可以一读的。

　　Zhè běn shū suīrán bú tài lǐxiǎng, háishi kěyǐ yì dú de.

2. 这个地方当然不是旅游胜地，但还是值得玩儿玩儿的。

　　Zhège dìfang dāngrán bú shì lǚyóu shèngdì, dàn háishi zhíde wánrwanr de.

辨认：

Note:

有时"还是"是副词"还"加上动词"是"：

Sometimes "还是" is a phrase, made up with the adverb "还" and the verb "是":

1. 今年我们的数学老师还是李老师。

　　Jīnnián wǒmen de shùxué lǎoshī hái shì Lǐ lǎoshī.

2. 我现在用的还是你送我的那本词典。

　　Wǒ xiànzài yòng de hái shì nǐ sòng wǒ de nà běn cídiǎn.

参看"还"A、C。

Compare"还"(hái)A, C.

还是² háishi （连词）

A. 句中连用两个或更多"还是"构成选择疑问句,"还是"要放在选择项目前面,如所选择的是宾语,要放在动词前,句中第一个"还是"常省略为"是",有时完全省略:

Two or more"还是"are used to make an alternative question."还是"comes before the alternatives. If they happen to be the objects, "还是" comes before the verb. The first"还是"can be said as"是"or be omitted:

1. 这笔钱你是现在还?还是将来还?还是不打算还?

   Zhè bǐ qián nǐ shì xiànzài huán? Háishi jiānglái huán? Háishi bù dǎsuan huán?

2. 你是看电影,还是看京戏?

   Nǐ shì kàn diànyǐng, háishi kàn jīngxì?

3. 她走还是不走?

   Tā zǒu háishi bù zǒu?

B. 1)"还是"和其他表示疑问的词语一样,有时不表示疑问,而与"无论""不论""不管"呼应,表示结果不受前面所说条件或情况的影响:

"还是", just like other interrogative words, sometimes does not indicate query, but is used in conjunction with"无论","不论","不管"to mean "no matter":

1. 他无论是穿中装还是西服,都是那么风度翩翩。

   Tā wúlùn shì chuān zhōngzhuāng háishi xīfú, dōu shì nàme fēngdù piānpiān.

2. 不管搞文学还是科学,必须注重基本功。

   Bùguǎn gǎo wénxué háishi kēxué, bìxū zhùzhòng jīběngōng.

2)用"还是"构成的疑问句可以成为另一句的一部分,整个句子并非疑问句:

The question made up with "还是"can be a part of a sentence which is not a question as a whole:

3. 我很难决定去还是不去。

   Wǒ hěn nán juédìng qù háishi bú qù.

4. 黑暗中,她分辨不清来的人是青年还是中年人。

   Hēi'àn zhōng, tā fēnbiàn bu qīng lái de rén shì qīngnián háishì zhōngnián rén.

还是……好 háishì…hǎo （格式）

在比较几种情况、作法之后,认为某一种比较好:

Indicates the choice made after comparison:

1．这件事还是让大家讨论讨论好。

　　Zhè jiàn shì háishi ràng dàjiā tǎolun tǎolun hǎo.

2．我看还是到昆明度假好，那里四季如春。

　　Wǒ kàn háishi dào Kūnmíng dùjià hǎo, nàlǐ sì jì rú chūn.

嗐　hài　（叹词）

表示惋惜、伤感或叹息：

Indicates regret, sadness etc. :

1．嗐，新衣服怎么撕坏了？

　　Hài, xīn yīfu zěnme sīhuài le?

2．嗐，女人在外面工作不容易啊！

　　Hài, nǚrén zài wàimian gōngzuò bù róngyi a!

悍然　hànrán　（副词）

蛮横地，不顾一切地：

"Outrageously", "recklessly" :

1．强盗悍然对房主下了毒手。

　　Qiángdào hànrán duì fángzhǔ xiàle dúshǒu.

2．侵略者悍然出了兵。

　　Qīnlüèzhě hànrán chūle bīng.

毫　háo　（副词）

表示极少量，跟"不""无"连用，表示强烈否定：

"In the least"; "at all", is used with "不" or "无" to indicate an emphatic negation:

1．他毫不费力地当场进行速算表演。

　　Tā háo bú fèi lì de dāngchǎng jìnxíng sùsuàn biǎoyǎn.

2．做了这种缺德事，你怎么毫不感到羞耻？

　　Zuòle zhè zhǒng quēdé shì, nǐ zěnme háo bù gǎndào xiūchǐ?

3．对这件事，我毫无把握。

　　Duì zhè jiàn shì, wǒ háo wú bǎwò.

4．考试之前他毫无准备，全凭平日的实力取胜。

　　Kǎoshì zhīqián tā háo wú zhǔnbèi, quán píng píngrì de shílì qǔshèng.

好　hǎo　（副词）

A. 表示感叹；修饰形容词及某些动词、短语等，以表示不愉快性质的为多；表程度深：

Is used in an exclamatory sentence to modify adjectives and certain verbs and phrases, mostly of an unpleasant nature. It indicates a very high degree:

1．你好胡涂，竟答应了他的无理请求。

　　Nǐ hǎo hútu, jìng dāying le tā de wúlǐ qǐngqiú.

2. 这天夜里,我躺在床上,为那笔贷款的事好发愁啊。

　　Zhè tiān yèli, wǒ tǎng zài chuáng shang, wèi nà bǐ dàikuǎn de shì hǎo fāchóu a.

3. 她居然做出了这种事,好不知羞耻!

　　Tā jūrán zuòchūle zhè zhǒng shì, hǎo bù zhī xiūchǐ!

参看"好生"A。

Compare"好生"hǎoshēng.

"好容易"同"好不容易",见"好不"。

"好容易"is the same as"好不容易", see"好不"hǎobù.

B. 修饰少数行动性动词:

Modifies a few verbs of action:

1)表示用极大力量或很长时间(做某些不愉快的事),多为感叹句:

Usually is an exclamation, and means with great effort(do something unpleasant):

1. 你原来在这儿,叫我好找!

　　Nǐ yuánlái zài zhèr, jiào wǒ hǎo zhǎo!

2. 他被按倒在地,一阵好揍!

　　Tā bèi àndǎo zài dì, yízhèn hǎo zòu!

2)表目的,有"便于""可以"的意思:

"With the purpose(that)""so(that)":

3. 他借你钱,你写个借据,以后好还他,我作中人。

　　Tā jiè nǐ qián, nǐ xiě ge jièjù, yǐhòu hǎo huán tā, wǒ zuò zhōngrén.

4. 这里很冷,要多准备些燃料好过冬。

　　Zhèlǐ hěn lěng, yào duō zhǔnbèi xiē ránliào hǎo guò dōng.

C. 用在某些不定量的数词或时间词前,表示数量大或时间长:

Used before certain numerals or time words of an indefinite nature to indicate a large quantity or long time:

1. 他叫了我好几声,我才听见。

　　Tā jiàole wǒ hǎo jǐ shēng, wǒ cái tīngjian.

2. 签字仪式拖了好一会儿,才算完事。

　　Qiānzì yíshì tuōle hǎo yíhuìr, cái suàn wán shì.

辨认:

Note:

A. 有些动词前的"好"并非副词,而是形容词:

"好"which occurs before certain verbs is not an adverb, but an adjective:

1)有时是容易的意思,跟"难"相对:

Sometimes it means easy, as opposite to "难":

1. 你们彼此作一点让步,问题就好解决了。

　Nǐmen bǐcǐ zuò yìdiǎn ràngbù,wèntí jiù hǎo jiějué le.

2. 这山比较陡,不大好爬。

　Zhè shān bǐjiào dǒu,bú dà hǎo pá.

2) **表示使人满意**:

Sometimes it means good:

3. 丁香花开了,真好闻哪!

　Dīngxiāng huā kāi le,zhēn hǎo wén na!

4. 这种茶很好喝,你来一杯吧。

　Zhè zhǒng chá hěn hǎo hē,nǐ lái yì bēi ba.

B. "好"有时读 hào,是动词,意思是喜欢或倾向于:

"好" sometimes is pronounced "hào" instead of "hǎo", which is a verb and means be fond of or incline to:

1. 小孩子都好玩儿。

　Xiǎoháizi dōu hào wánr.

2. 他最好买书。

　Tā zuì hào mǎi shū.

3. 她这个人好激动。

　Tā zhège rén hào jīdòng.

好不　　hǎobù　　(副词)

修饰双音节形容词及某些动词、短语等,表程度深,带感叹语气。多见于书面语:

Modifies disyllabic adjectives, certain verbs and phrases indicating a high degree with an expression of strong feeling, mostly occurs in written language:

1. 今天是星期日,市场上好不热闹。

　Jīntiān shì xīngqīrì,shìchǎng shang hǎobù rènao.

2. 奶奶看见心爱的小孙子来了,心里好不喜欢。

　Nǎinai kànjiàn xīn'ài de xiǎo sūnzi lái le,xīnli hǎobù xǐhuan.

3. 一连下了三天雨,好不叫人烦躁。

　Yìlián xiàle sān tiān yǔ,hǎobù jiào rén fánzào.

"好不容易"和"好容易"一样,都表示很不容易,只作状语,常与"才"连用,用于已发生的事:

"好不容易" is the same as "好容易" meaning with great difficulty, only used as an adverbial and is often in conjunction with "才". It only refers to an accomplished event:

1. 找了半天,好不容易才找到了他。

Zhǎole bàntiān, hǎobù róngyì cái zhǎodàole tā.

2. 跑了三个图书馆,好不容易才把资料找齐。

Pǎole sān ge túshūguǎn, hǎobù róngyì cái bǎ zīliào zhǎoqí.

3. 这篇文章用了半年时间,好不容易才写完。

Zhè piān wénzhāng yòngle bàn nián shíjiān, hǎobù róngyì cái xiěwán.

以上三个例句中的"好不容易"都可以换成"好容易":

"好不容易"in the three sentences above can all be replaced by"好容易".

好歹　　hǎodǎi　（副词）

A. 马马虎虎;凑凑合合的意思:

"Make do with":

1. 他急急忙忙回到家里,好歹吃点儿东西就走了。

Tā jíjímángmáng huídào jiāli, hǎodǎi chī diǎnr dōngxi jiù zǒu le.

2. 我的嗓子不好,可是大家一定要我唱,我就好歹唱一支吧。

Wǒ de sǎngzi bù hǎo, kěshì dàjiā yídìng yào wǒ chàng, wǒ jiù hǎodǎi chàng yì zhī ba.

3. 他也不是外人,好歹做几个菜吃吃就行了。

Tā yě bú shì wàiren, hǎodǎi zuò jǐ ge cài chīchi jiù xíng le.

B. 不管怎样;无论如何,可以重叠:

"Anyhow";"no matter how";can be reduplicated:

1. 小王要是在家,好歹能帮你把这辆车修好。

Xiǎo Wáng yàoshi zài jiā, hǎodǎi néng bāng nǐ bǎ zhè liàng chē xiūhǎo.

2. 他好歹是个中学生,连这封信也看不懂吗?

Tā hǎodǎi shì ge zhōngxuéshēng, lián zhè fēng xìn yě kàn bu dǒng ma?

3. 相处一年多了,好歹也看得出来,他是个好人。

Xiāngchǔ yì nián duō le, hǎodǎi yě kàn de chūlái, tā shì ge hǎorén.

4. 他不满一岁就没了父母,我好好歹歹总算把他拉扯大了。

Tā bù mǎn yí suì jiù méile fùmǔ, wǒ hǎohaodǎidǎi zǒngsuàn bǎ tā lāchě dà le.

辨认:

Note:

名词"好歹"

"好歹"as a noun

A. 好坏:

What's good and what's bad:

1. 那时候他只有十二岁,就已经懂得好歹了。

   Nà shíhou tā zhǐ yǒu shí'èr suì, jiù yǐjīng dǒngdé hǎodǎi le.

2. 这个人真不知好歹,怎么劝他都不听。

   Zhè ge rén zhēn bù zhī hǎodǎi, zěnme quàn tā dōu bù tīng.

B. 危险,尤其是生命危险:

Danger, especially danger of one's life:

1. 他的伤势很重,万一有个好歹,这可怎么办?

   Tā de shāngshì hěn zhòng, wànyī yǒu ge hǎodǎi, zhè kě zěnme bàn?

2. 即使他真有个好歹,你也要坚强地活下去。

   Jíshǐ tā zhēn yǒu ge hǎodǎi, nǐ yě yào jiānqiáng de huó xiàqu.

好好儿   hǎohāor   (副词)

尽力地;尽情地;认真地:

Do one's utmost; well; all out:

1. 等他冷静下来以后,你好好儿跟他谈谈。

   Děng tā lěngjìng xiàlai yǐhòu, nǐ hǎohāor gēn tā tántan.

2. 这个问题你得好好儿考虑考虑。

   Zhè ge wèntí nǐ děi hǎohāor kǎolü kǎolü.

3. 快要考试了,你还不好好儿复习一下功课。

   Kuài yào kǎoshì le, nǐ hái bu hǎohāor fùxí yíxià gōngkè.

"好好儿"后也可以带"地":

"好好儿"can take"地"after it:

4. 让我好好儿地想一想。

   Ràng wǒ hǎohāor de xiǎng yi xiǎng.

5. 他应该坐下来好好儿地学习学习。

   Tā yīnggāi zuò xiàlai hǎohāor de xuéxí xuéxí.

辨认:

Note:

形容词"好好(儿)"表示情况正常,在句子里作谓语、定语或补语:

The adjective"好好儿" indicates a normal state and is used as the predicate, attributive or complement:

1. 他好好儿的,你很忙,就不必去看他了。

   Tā hǎohāor de, nǐ hěn máng, jiù búbì qù kàn tā le.

2. 好好儿的一个盘子给打碎了,真可惜!

   Hǎohāor de yí ge pánzi gěi dǎsuì le, zhēn kěxī!

3. 那棵儿百年的柏树,至今仍长得好好儿的。

Nà kē jǐ bǎi nián de bǎishù, zhìjīn réng zhǎng de hǎohāor de.

好容易　hǎoróngyì　（组合）

有很不容易的意思，只用于叙述已经实现了的事情；可以修饰否定形式；后边常带"才"：

"With great difficulty"; only refers to a realized fact. It can modify a negative form; "才"often follows it:

1. 我好容易才找到她要买的那种手表。

Wǒ hǎoróngyì cái zhǎodào tā yào mǎi de nà zhǒng shǒubiǎo.

2. 连下了一个星期的雨，今天好容易晴天了。

Lián xiàle yí ge xīngqī de yǔ, jīntiān hǎoróngyì qíng tiān le.

"好容易"可用在主语前：

"好容易"can precede the subject of the sentence:

3. 好容易实验作完了，他感到轻松了许多。

Hǎoróngyì shíyàn zuò wán le, tā gǎndào qīngsōng le xǔduō.

4. 好容易她把箱子搬到地上，把衣服找了出来。

Hǎoróngyì tā bǎ xiāngzi bāndào dì shang, bǎ yīfu zhǎole chūlai.

"好容易"也可说成"好不容易"，意思不变：

"好容易"can also be said as"好不容易"without affecting the meaning:

5. 妈妈好不容易才把孩子哄着了。

Māma hǎobùróngyì cái bǎ háizi hǒngzháo le.

6. 水深，浪又大，好不容易我们才游到对岸。

Shuǐ shēn, làng yòu dà, hǎo bùróngyì wǒmen cái yóu dào duìàn.

7. 好不容易找到的参考资料，你可别弄丢了。

Hǎobùróngyì zhǎodào de cānkǎo zīliào, nǐ kě bié nòngdiū le.

好生　hǎoshēng　（副词）

A. 修饰双音节形容词及某些动词、短语等，表示程度深。多见于早期白话：

Modifies disyllabic adjectives and certain verbs and phrases to indicate a high degree; occurs mostly in the early vernacular:

1. 这个人好生面熟，好像在哪儿见过。

Zhè ge rén hǎoshēng miànshú, hǎoxiàng zài nǎr jiànguo.

2. 我仔细一看，好生奇怪，我的那匹马怎么也跑到这里来了！

Wǒ zǐxì yí kàn, hǎoshēng qíguài, wǒ de nà pǐ mǎ zěnme yě pǎodào zhèli lai le!

B. 有"好好儿地"的意思：

Means the same as"好好儿地":

1. 我陪着你，你好生睡吧。

Wǒ péizhe nǐ, nǐ hǎoshēng shuì ba.

2. 他经常教育孩子要好生学习。

Tā jīngcháng jiàoyù háizi yào hǎoshēng xuéxí.

好似　hǎosì　（副词）

同"好像"，但没有"好像"常用：

Same as "好像" but not as frequently used:

A. 表示说话人或当事人不十分有把握的了解或感觉：

"Seem":

1. 从眼神里好似他发现了什么秘密。

Cóng yǎnshén li hǎosì tā fāxiànle shénme mìmì.

2. 听声音好似是老王。

Tīng shēngyīn hǎosì shì Lǎo Wáng.

B. 表示有某种相似之处：

"Be like":

1. 这里山青水秀，好似江南景色。

Zhèli shān qīng shuǐ xiù, hǎosì Jiāngnán jǐngsè.

2. 要在这些书里找到那句话的出处，真好似大海捞针。

Yào zài zhèxiē shū li zhǎodào nà jù huà de chūchù, zhēn hǎosì dàhǎi lāo zhēn.

好像　hǎoxiàng（副词）

A. 表示说话人或当事人不十分有把握的了解或感觉：

"Seem":

1. 天阴沉沉的，好像要下雪。

Tiān yīnchénchén de, hǎoxiàng yào xià xuě.

2. 明天开会的事，我好像跟你说过。

Míngtiān kāi huì de shì, wǒ hǎoxiàng gēn nǐ shuōguo.

3. 记不太清楚了，好像是我比他小两岁。

Jì bu tài qīngchu le, hǎoxiàng shì wǒ bǐ tā xiǎo liǎng suì.

B. 表示有某些相似的地方：

"Be like":

1. 她脸色苍白，身体虚弱，好像是生过一场病的人。

Tā liǎnsè cāngbái, shēntǐ xūruò, hǎoxiàng shi shēngguo yì chǎng bìng de rén.

2. 这些纸花儿做得真好，好像真花儿。

Zhèxiē zhǐhuār zuò de zhēn hǎo, hǎoxiàng zhēn huār.

以上两例句中"好像……"后可以加"似的"或"一样"。以下各例句中"似的"

或"一样"也可省略：

"好像……" in the two examples above can take"似的"or"一样"after it."似的"or "一样"in the following sentences can also be omitted：

3. 到了这里就好像到了自己的家似的。

Dàole zhèli jiù hǎoxiàng dàole zìjǐ de jiā shìde.

4. 小时候的事情,回想起来就好像发生在昨天一样。

Xiǎo shíhou de shìqing, huíxiǎng qilai jiù hǎoxiàng fāshēng zài zuótiān yíyàng.

这样说明一事物和另一事物相似,常常形成修辞学中的明喻：

Such a comparison of one thing to another often forms a simile：

5. 他的心好像是一块纯洁的玉。

Tā de xīn hǎoxiàng shi yí kuài chúnjié de yù.

6. 躺在眼前的伤员,就好像是自己的亲骨肉一样。

Tǎng zài yǎnqián de shāngyuán, jiù hǎoxiàng shì zìjǐ de qīn gǔròu yíyàng.

"好像……似的"或"好像……一样"作状语时,"似的"或"一样"不能省略。 如：

When"好像…似的"or"好像…一样"is used as an adverbial,"似的"or"一样" cannot be omitted：

7. 听到这个消息后,他好像受到沉重打击一样地倒在床上。

Tīngdào zhège xiāoxi hòu,tā hǎoxiàng shòudào chénzhòng dǎjī yíyàng de dǎo zài chuáng shang.

参看"仿佛"、"好似"。

Compare"仿佛" fǎngfú and" 好似" hǎosì.

好在　hǎozài　（副词）

有"幸亏"的意思,指出在困难或不利的情况下存在着有利条件,但并没有避免什么不幸后果,说话人也并不一定感到侥幸；可以用在句子开头。

Similar to"幸亏", indicates the advantageous condition in a disadvantageous situation, but with no avoidance of any unfortunate result. The speaker does not feel lucky necessarily. It can occur at the head of a sentence：

1. 好在他的行李很简单,一套铺盖,几件衣服,不到二十分钟就收拾好了。

Hǎozài tā de xíngli hěn jiǎndān, yí tào pūgài, jǐ jiàn yīfu, bú dào èrshí fēnzhōng jiù shōushi hǎo le.

2. 这件衣服太瘦了,再买一件吧,好在也不太贵。

Zhè jiàn yīfu tài shòu le,zài mǎi yí jiàn ba,hǎozài yě bú tài guì.

3. 游览长城那天,人多极了,好在天气不错。

Yóulǎn Chángchéng nà tiān, rén duō jí le, hǎozài tiānqì búcuò.

参看"幸亏"。

Compare "幸亏" xìngkuī.

呵 hē （叹词）

同"嗬"A、B、C:

Same as "嗬" A, B, C:

1. 几年不见,呵,小伙子长得真英俊!

Jǐ nián bú jiàn, hē, xiǎohuǒzi zhǎng de zhēn yīngjùn!

2. 呵,不认识老朋友了?

Hē, bú rènshi lǎo péngyou le?

3. 呵,多漂亮的衣服呵!

Hē, duō piàoliang de yīfu a!

喝 hē （叹词）

同"嗬"A、B、C:

Same as "嗬" A, B, C:

1. 喝,没想到奖金这么多!

Hē, méi xiǎngdào jiǎngjīn zhème duō!

2. 喝,发迹了!不爱理人了!

Hē, fājì le! Bú ài lǐ rén le!

3. 喝喝,好阔气的宅院!

Hēhē, hǎo kuòqi de zháiyuàn!

嗬 hē （叹词）

A. 表示惊喜:

Indicates surprise:

1. 嗬,小山村也有电灯啦!

Hē, xiǎo shāncūn yě yǒu diàndēng la!

2. 嗬,这孩子跑得真快。

Hē, zhè háizi pǎo de zhēn kuài.

B. 带玩笑、讥讽口气:

Be sarcastic:

1. 嗬,您成了大作家了?

Hē, nín chéngle dà zuòjiā le?

2. 嗬,真没想到她出息了!嫁了个好丈夫!

Hē, zhēn méi xiǎngdào tā chūxi le! Jiàle ge hǎo zhàngfu!

C. 表示夸奖:

Indicates admiration:

1. 嗬,他记性真好!
   Hē,tā jìxing zhēn hǎo!

2. 这机器真棒!嗬!
   Zhè jīqi zhēn bàng!Hē!

和¹ hé (连词)

A. 表示联合关系:

1) **连接并列的主语、宾语、定语、状语**:

Indicates coordination and connects parallel subjects, objects, attributives or adverbial adjuncts:

1. 人的经验和能力是靠锻炼得来的。
   Rén de jīngyàn hé nénglì shì kào duànliàn délái de.

2. 比赛中,大家要发挥干劲和拼劲!
   Bǐsài zhōng,dàjiā yào fāhuī gànjìn hé pīnjìn!

3. 今天上下午都是复习和准备时间。
   Jīntiān shàngxiàwǔ dōu shi fùxí hé zhǔnbèi shíjiān.

4. 这问题对你和我都很重要。
   Zhè wèntí duì nǐ hé wǒ dōu hěn zhòngyào.

2) **不能连接分句;前面有共同的状语或助动词,或后面有共同的宾语或补语时,可连接谓语中并列的动词或形容词**:

Cannot connect clauses, can connect the verbs or adjectives in the predicate if there is a common adverbial adjunct or auxiliary verb in front or is followed by a common object or complement:

5. 他能够认识和改正自己工作中的缺点。
   Tā nénggòu rènshi hé gǎizhèng zìjǐ gōngzuò zhōng de quēdiǎn.

6. 室内的家具等安排和布置得十分合理。
   Shì nèi de jiājù děng ānpai hé bùzhi de shífēn hélǐ.

7. 今天老李十分不安和焦燥。
   Jīntiān Lǎo Lǐ shífēn bù'ān hé jiāozào.

连接三个或三个以上成分时,"和"多放在最后两项之间:

When "和" connects three or more elements, it usually comes between the last two:

8. 海滩上,人们尽情地沐浴着海水、阳光和清新的空气。
   Hǎitān shang,rénmen jìnqíng de mùyùzhe hǎishuǐ,yángguāng hé qīngxīn de kōngqì.

B. "和"与前面的"不论""无论"等一起,表示包括所有的:

"和"together with "不论","无论"indicates the whole lot:

1. 无论爸爸和妈妈,都不同意女儿这样做。

　　Wúlùn bàba hé māma,dōu bù tóngyì nǚ'er zhèyàng zuò.

2. 这次辩论会,不管胜利和失败,都会使我们增加才干。

　　Zhè cì biànlùn huì, bùguǎn shènglì hé shībài, dōu huì shǐ wǒmen zēngjiā cáigàn.

"和"与"跟"都分属介词和连词,二者意思也相同,只是"和"比"跟"更接近书面语,目前的趋势是作为连词"和"用得多于"跟",作为介词"跟"用得多于"和":

"和" and "跟" both come under preposition and conjunction and they also have the same meaning, "和" is more literary than "跟". Now, "和" is more used as a conjunction, while "跟" is more used as a preposition.

和² hé （介词）

同介词"跟":

Same as preposition "跟":

A. 同"跟"A:

Same as "跟"A:

1. 我刚和一位同学打了一会儿网球。

　　Wǒ gāng hé yí wèi tóngxué dǎle yíhuìr wǎngqiú.

2. 她有三天没和他见面了。

　　Tā yǒu sān tiān méi hé tā jiàn miàn le.

B. 同"跟"B:

Same as "跟"B:

1. 我有事要和你谈。

　　Wǒ yǒu shì yào hé nǐ tán.

2. 只要他们肯和我合作,我就不计较了。

　　Zhǐyào tāmen kěn hé wǒ hézuò,wǒ jiù bú jìjiào le.

3. 同学几年,小王一直和我不对付。

　　Tóngxué jǐ nián,Xiǎo Wáng yìzhí hé wǒ bú duìfu.

C. 同"跟"E:

Same as "跟"E:

1. 他虽然只有十三岁,个子已经长得和妈妈一样高了。

　　Tā suīrán zhǐ yǒu shísān suì, gèzi yǐjīng zhǎng de hé māma yíyàng gāo le.

2. 接待我们的是一个岁数和我差不多的小伙子。

　　Jiēdài wǒmen de shì yí ge suìshu hé wǒ chàbuduō de xiǎohuǒzi.

D. 同"跟"D:

Same as "跟"D:

1. 他和老李既是师生关系又是朋友关系。

　　Tā hé Lǎo Lǐ jì shì shī shēng guānxi yòu shi péngyou guānxi.

2. 这位老师和学生感情特别深厚。

　　Zhè wèi lǎoshī hé xuésheng gǎnqíng tèbié shēnhòu.

参看"跟"。

Compare "跟" gēn.

辨认:

Note:

1. 主人和我走到门口,互相告别。

　　Zhǔrén hé wǒ zǒu dào ménkǒu, hùxiāng gàobié.

2. 主人和我客气,让我先走。

　　Zhǔrén hé wǒ kèqi, ràng wǒ xiān zǒu.

第一句"和"为连词,第二句"和"为介词:

"和" in 1. is a conjunction and a preposition in 2.

何必　hébì　（副词）

用反问语气表示不必要,句尾常有"呢"与它呼应:

Indicates "no need" by rhetorical interrogation, and "呢" usually occurs at the end of the sentence:

1. 这个问题我们自己能解决,何必去麻烦别人?

　　Zhège wèntí wǒmen zìjǐ néng jiějué, hébì qù máfan biéren?

2. 我又不是外人,何必这样客气呢!

　　Wǒ yòu bú shì wàiren, hébì zhèyàng kèqi ne!

3. 这是我的想法,你不同意就算了,何必说气话呢。

　　Zhè shì wǒ de xiǎngfǎ, nǐ bù tóngyì jiù suàn le, hébì shuō qì huà ne.

有时"何必"加"呢"可单独成句,所说明的部分要到上文去找:

"何必" plus "呢" can be used independently, and what it refers to must be found above:

4. 天真热,我去买几瓶啤酒吧。

　　——何必呢?喝点儿冰水就行了。

　　Tiān zhēn rè, wǒ qù mǎi jǐ píng píjiǔ ba.

　　——Hébì ne? Hē diǎnr bīngshuǐ jiù xíng le.

何尝　hécháng　（副词）〈书〉

用反问的语气表示否定,可修饰否定形式,成为双重否定:

Indicates negation by rhetorical interrogation and can modify a negative structure to make a double negation:

1. 我何尝说过这样的话呢,你记错了吧。

　　Wǒ héchóng shuōguo zhèyàng de huà ne,nǐ jìcuò le ba.

2. 我又不是三岁孩子,这个道理何尝不懂?

　　Wǒ yòu bú shì sān suì háizi,zhège dàolǐ héchóng bù dǒng?

3. 我何尝不想多看点儿书,只是工作太忙,没有时间。

　　Wǒ héchóng bù xiǎng duō kàn diǎnr shū, zhǐshì gōngzuò tài máng,méi yǒu shíjiān.

何等 hédĕng 　（副词）〈书〉

用赞叹的语气表示程度很高。多修饰双音节和多音节词语,相当于"多么",可以带"地":

Uses an exclamatory tone to show a high degree, usually modifies disyllabic or polysyllabic words or phrases; is about the same as"多么"and can take"地":

1. 这篇文章写得何等巧妙啊!

　　Zhè piān wénzhāng xiě de hédĕng qiǎomiào a!

2. 他的用心何等阴险狠毒!

　　Tā de yòngxīn hédĕng yīnxiǎn hěndú!

3. 对科学作出重大贡献的科学家何等地伟大!

　　Duì kēxué zuòchū zhòng dà gòngxiàn de kēxuéjiā hédĕng de wěidà!

何妨 héfáng 　（副词）

意思是"不妨",带反问语气:

Uses a rhetorical interrogative tone to indicate"不妨":

1. 您的高见何妨对大家说说呢?

　　Nín de gāojiàn héfáng duì dàjiā shuōshuo ne?

2. 如果你不大相信,何妨试试。

　　Rúguǒ nǐ bú dà xiāngxìn,héfáng shìshi.

何苦 hékŭ 　（副词）

用反问的语气表示不必（做有害于自己或费力不讨好的事）:

Uses a rhetorical interrogative tone to indicate"不必"(do something harmful to oneself):

1. 这本书叫人给我带来就行了,何苦亲自跑一趟!

　　Zhè běn shū jiào rén gěi wǒ dàilai jiù xíng le,hékŭ qīnzì pǎo yí tàng!

2. 何苦为这点小事生那么大气呢?

Hékǔ wèi zhè diǎn xiǎo shì shēng nàme dà qì ne?

有时"何苦"加"呢"可以独立成句或作谓语,所说明的部分要到上下文去找。

"何苦"plus"呢"can be used independently or as a predicate, and what it refers to must be found in the context:

3. 你这是何苦呢?为这点事儿冒这么大的雪进城。

Nǐ zhè shi hékǔ ne?Wèi zhè diǎn shìr mào zhème dà de xuě jìn chéng.

何况　hékuàng　(连词)

A. 用于第二分句前,表示不言而喻,所引进的也可以是短语或体词:

Used at the head of the second clause to mean "let alone" and can also introduce a substantive or phrase:

1. 她年纪大了,本来就不大出门,何况她今天不大舒服。

Tā niánjì dà le,běnlái jiù bú dà chū mén,hékuàng tā jīntiān bú dà shūfu.

2. 他这种教学方法,连高材生都觉得吃力,何况基础差的同学呢!

Tā zhè zhǒng jiàoxué fāngfǎ, lián gāocáishēng dōu juéde chīlì, hékuàng jīchǔ chà de tóngxué ne!

B. 用于第二分句前,表示追加理由,常与"又""也""还"等配合:

Used at the head of the second clause to supplement with a reason and often in conjunction with"又""也""还"etc.

1. 你今年没考上大学,明年再考嘛!何况你还可以先就业。

Nǐ jīnnián méi kǎoshang dàxué, míngnián zài kǎo ma! Hékuàng nǐ hái kěyi xiān jiùyè.

2. 她想早点儿结婚,可是自己不大好开口,何况也不知道对方到底同意与否。

Tā xiǎng zǎo diǎnr jiéhūn,kěshi zìjǐ bú dà hǎo kāikǒu,hékuàng yě bù zhīdào duìfāng dàodǐ tóngyì yǔ fǒu.

吓　hè　(叹词)

表示不满:

Indicates disapproval:

1. 吓,什么高等学府,造就出这种蠢材!

Hè,shénme gāoděng xuéfǔ,zàojiù chū zhè zhǒng chǔncái!

2. 吓,你这个人怎么这么任性!

Hè,nǐ zhège rén zěnme zhème rènxìng!

嗨　hēi　(叹词)

同"嘿"A、B、C、D:

Same as "嘿" A, B, C, D:

1. 嗨,最近忙吗?怎么老没见哪?

　　Hēi, zuìjìn máng ma? Zěnme lǎo méi jiàn na?

2. 嗨,天都大亮了!该起床了!

　　Hēi, tiān dōu dà liàng le! Gāi qǐ chuáng le!

3. 嗨,好美的菊花!

　　Hēi, hǎo měi de júhuā!

4. 一天就起了一层楼,嗨,真是高速度!

　　Yì tiān jiù qǐle yì céng lóu, hēi, zhēn shì gāo sùdù!

嘿　hēi　(叹词)

A. 表示不很客气的招呼:

A very casual greeting:

1. 嘿,老伙计,上哪儿呵?

　　Hēi, lǎohuǒjì, shàng nǎr a?

2. 嘿,什么时候当上油漆匠了?

　　Hēi, shénme shíhou dāngshang yóuqījiàng le?

B. 表示引起注意:

Arouses attention:

1. 嘿,注意,有大鱼!

　　Hēi, zhùyì, yǒu dà yú!

2. 嘿,明天是个好天气!

　　Hēi, míngtiān shì ge hǎo tiānqi!

C. 表示赞叹或得意:

Indicates admiration or pride:

1. 等这水库修好了,嘿,咱们村就大变样了!

　　Děng zhè shuǐkù xiū hǎo le, hēi, zánmen cūn jiù dà biànyàng le!

2. 说起这新媳妇,嘿,样样儿都好呵!

　　Shuō qi zhè xīn xífu, hēi, yàngyàng dōu hǎo a!

D. 表示惊喜:

Indicates surprise:

　　嘿,今年的麦子长得别提多好喽!

　　Hēi, jīnnián de màizi zhǎng de bié tí duō hǎo lou!

很　hěn　(副词)

最常用的程度副词之一,表示较高的程度:

One of the most frequently used adverbs of degree, indicating a considerable degree:

A. 某些时候,"很"是必要的,轻读,表示程度高的作用不明显:

Sometimes"很"is indispensable, pronounced in the neutral tone, and the function of showing high degree is rather slight.

1)**"多""少"作定语时,前面如无其它副词,必加"很",后面可以不要"的":**

"多"and"少"when used as attributive must take"很"if there is no other adverb of degree."的"is optional:

1. 很多人喜欢游泳。

　　Hěn duō rén xǐhuān yóu yǒng.

2. 夜深了,街上只有很少几个人在行走。

　　Yè shēn le,jiēshang zhǐ yǒu hěn shǎo jǐ ge rén zài xíngzǒu.

2)**形容词,尤其是单音节形容词作谓语或补语时,前面如无其他副词,要带"很":**

An adjective, especially a monosyllabic one, must take"很", if there is no other adverb, when it functions as the predicate or complement:

3. 他们已经离车站很远了。

　　Tāmen yǐjīng lí chēzhàn hěn yuǎn le.

4. 这本书内容很丰富。

　　Zhè běn shū nèiróng hěn fēngfù.

如果形容词前没有"很"或其他修饰语,往往有对比意味:

When an adjective, used as the predicate, does not take"很" or any other adverbial, it usually means comparison:

5. 这个句子长。(那个句子短。)

　　Zhège jùzi cháng.(Nàge jùzi duǎn.)

B. 表示程度高。"很"可轻读,也可读原声。

Indicating a high degree, "很" can be pronounced in the neutral tone or its original tone.

1)**修饰作定语、状语等的形容词、某些动词、助动词、短语时,通常要带"的"或"地":**

When modifying the adjectives, certain verbs, auxiliary verbs or phrases which function as the attributive or adverbial etc.,"的"or"地"is necessary:

1. 她穿着一件很旧的花布衣服。

　　Tā chuānzhe yí jiàn hěn jiù de huābù yīfu.

2. 妹妹很费力地移动窗前的花盆。

　　Mèimei hěn fèi lì de yídòng chuāng qián de huāpén.

3. 母亲生日,送点儿礼物,还不是很应该的吗?

　　Mǔqin shēngri,sòng diǎnr lǐwù,hái bu shi hěn yīnggāi de ma?

2)**修饰作谓语或补语的多音节形容词、某些动词、助动词及短语:**

Modifying the polysyllabic adjectives, certain verbs, auxiliary verbs and phrases which function as the predicates or complements:

4. 她举动活泼,说话很大方、爽快,却很有分寸。

　　Tā jǔdòng huóbo, shuō huà hěn dàfang, shuǎngkuai, què hěn yǒu fēncùn.

5. 他一切都想得很周到,准备得很齐全。

　　Tā yíqiè dōu xiǎng de hěn zhōudào,zhǔnbèi de hěn qíquán.

6. 还有闰土,他每到我家来时,总是问起你,很想见你一回面。

　　Hái yǒu Rùntǔ,tā měi dào wǒ jiā lái shí,zǒngshi wènqǐ nǐ,hěn xiǎng jiàn nǐ yì huí miàn.

C. 表示相当高的程度,"很"读原声,甚至重读。

Indicates a high degree, and is pronounced in the original tone, or even with stress.

1)**修饰动词带表示少量的概数的数量短语及宾语,实际上表示相当大的量:**

Modifies a verb with a numeral-measure phrase made of a small approximate number and an object, which in fact means a considerable large number:

1. 听说他当过一阵经理,口袋里很有几个钱。

　　Tīng shuō tā dāngguo yízhèn jīnglǐ, kǒudai li hěn yǒu jǐ ge qián.

2. 这个女孩子,平时不爱多说话,心里却很有点儿主见。

　　Zhège nǚ háizi,píngshí bú ài duō shuō huà, xīnli què hěn yǒu diǎnr zhǔjiàn.

2)**"很是"修饰多音节形容词、动词等,比"很"程度高;有书面语意味:**

"很是" modifies polysyllabic adjectives, verbs, etc.and indicates a degree higher than "很" with a literary flavour:

3. 最近的天气变化很是反常,忽冷忽热。

　　Zuìjìn de tiānqì biànhuà hěn shi fǎncháng,hū lěng hū rè.

3)**"很"可以修饰用"可以"构成的短语:**

"很" can modify a phrase made up with "可以":

4. 他的最后一句话很可以玩味。

　　Tā de zuìhòu yí jù huà hěn kěyi wánwèi.

5. 我看很可以不必送礼。

Wǒ kàn hěn kěyi búbì sòng lǐ.

D. "很"既受否定副词"不"修饰,也可以修饰否定形式:

"很"can be modified by"不", and can also modify a negative structure:

1)"不很"表示程度不高,"不"减弱"很"的作用:

"不很"indicates a low degree, with"不"diminishing the function of "很":

1. 他的英语不很好。

　　Tā de Yīngyǔ bù hěn hǎo.

2. 屋子里人不很多,却很热闹。

　　Wūzi li rén bù hěn duō, què hěn rènao.

2)"很"能修饰的否定形式有两种,都表示程度高。

"很" can modify two types of negative structures, and both of them indicate very high degree:

a. 表示不愉快性质的否定形式:

The negative structure of an unpleasant nature:

3. 你这样操作很不安全。

　　Nǐ zhèyàng cāozuò hěn bù ānquán.

4. 他听了以后很不高兴。

　　Tā tīng le yǐhòu hěn bù gāoxìng.

5. 如果你觉得很没有把握,最好先别干。

　　Rúguǒ nǐ juéde hěn méi yǒu bǎwò, zuìhǎo xiān bié gàn.

b. 表示肯定意义的否定形式:

The negative structure which has a positive meaning:

6. 她爱跟别人聊天儿,知道的事也很不少。

　　Tā ài gēn biéren liáo tiānr, zhīdao de shì yě hěn bù shǎo.

　　(不少 = 多　　不多 ≠ 少　　×很不多)

7. 这个问题很不容易解决。

　　Zhège wèntí hěn bù róngyì jiějué.

　　(不容易 = 难　　不难 ≠ 容易　　×很不难)

E. 放在形容词或某些动词后作补语,"很"前有"得",表示相当高的程度:

Used as a complement after adjectives or certain verbs together with "得", indicating a very high degree:

1. 小王做事粗心得很。

　　Xiǎo Wáng zuò shì cūxīn de hěn.

2. 这种绸子领带受欢迎得很。

　　Zhè zhǒng chóuzi lǐngdài shòu huānyíng de hěn.

很少 hěnshǎo　(副词)

表示频率很低:

"Seldom"; "rarely":

1. 老李是个仔细人,办事很少出错儿。

　　Lǎo Lǐ shì ge zǐxì rén, bàn shì hěnshǎo chū cuòr.

2. 这个地方冬天虽然冷,却很少下雪。

　　Zhège dìfang dōngtiān suīrán lěng, què hěnshǎo xià xuě.

恨不得　hènbude　(组合)

表示一种迫切的心情,但事实上是不大可能实现的:

"Wish one could", (do sth. impossible):

1. 她恨不得把这些英语单词一下子都记住。

　　Tā hènbude bǎ zhèxiē Yīngyǔ dāncí yíxiàzi dōu jìzhù.

2. 小张恨不得马上和在广州的哥哥见面。

　　Xiǎo Zhāng hènbude mǎshàng hé zài Guǎngzhōu de gēge jiàn miàn.

有时并不表示真实愿望,只是用一种夸张说法,表示急切的心情:

Sometimes it is not a real desire, just an exaggeration:

3. 时间过得太快,他恨不得让钟表走得慢一些。

　　Shíjiān guò de tài kuài, tā hènbude ràng zhōngbiǎo zǒu de màn yìxiē.

有时"恨不得"同时表示仇恨的心情:

"恨不得"may also indicate hatred:

4. 我恨不得他跌个大交!

　　Wǒ hènbude tā diē ge dà jiāo!

恨不能　hènbunéng　(组合)

同"恨不得",用得较少:

Same as"恨不得", but not as frequently used:

1. 我恨不能插上翅膀,飞到她的身边。

　　Wǒ hènbunéng chāshang chìbǎng, fēidào tā de shēnbiān.

2. 他恨不能把这些书都烧掉!

　　Tā hènbunéng bǎ zhèxiē shū dōu shāodiào!

横　héng　(副词)

A. 表示肯定,有"不管怎么样""无论如何"的意思:

Indicates affirmation; "at any rate""anyhow":

1. 你横不能不让人家吃饭吧。

　　Nǐ héng bù néng bú ràng rénjia chī fàn ba.

2. 没关系,再等一趟;再等车来了,横我得先上吧?

Méi guānxi, zài děng yí tàng; zài děng chē lái le, héng wǒ děi xiān shàng ba?

B. 表示猜测，相当于"大概"：

Indicates a conjecture;"probably"：

1. 现在都快十点了，他横不来了。

　　Xiànzài dōu kuài shí diǎn le, tā héng bù lái le.

2. 他头发全白了，横有七十了吧。

　　Tā tóufa quán bái le, héng yǒu qīshí le ba.

辨认：

Note：

1. 那棵被风刮倒的大树正横在马路上。

　　Nà kē bèi fēng guādǎo de dà shù zhèng héng zài mǎlù shang.

2. 一张精致的茶几儿横放在沙发前面。

　　Yì zhāng jīngzhì de chájīr héng fàng zài shāfā qiánmiàn.

例 1 中的"横"是动词；例 2 中的"横"是形容词作状语。

横 in 1 is a verb and in 2 is an adjective functioning as an adverbial.

参看"横是"。

Compare"横是"héngshì.

横是 héngshi　（副词）〈口〉

A. 表示肯定，有"不管怎样""无论如何"的意思：

Indicates affirmation;"at any rate", "anyhow"：

1. 他干不干，我管不着，我横是不能替他干吧！

　　Tā gàn bu gàn, wǒ guǎn bu zháo, wǒ héngshi bù néng tì tā gàn ba!

2. 我到那儿就回来，横是不能说我没去！

　　Wǒ dào nàr jiù huílai, héngshi bù néng shuō wǒ méi qù!

B. 表示猜测，相当于"大概"：

Indicates conjecture, probably：

1. 好吧，不许我说话，那我出去逛逛横是可以吧！

　　Hǎo ba, bùxǔ wǒ shuō huà, nà wǒ chūqu guàngguang héngshi kěyǐ ba!

2. 这老师三天两头儿找我。

　　——那横是她班上您那小孩儿不好。

　　Zhè lǎoshī sān tiān liǎng tóur zhǎo wǒ.

　　——Nà héngshi tā bānshang nín nà xiǎoháir bù hǎo.

横竖　héngshù　（副词）

同"反正"，表示（无论在任何情况下）结果不变。不如"反正"常用：

Same as "反正", meaning "at any rate", but not as frequently used:

1. 我横竖睡不着，干脆开了灯看书。

   Wǒ héngshù shuì bu zháo, gāncuì kāile dēng kàn shū.

2. 人到老年，对于生、老、病、死这个自然规律，看得平静多了，横竖是早晚的事。

   Rén dào lǎonián, duìyú shēng、lǎo、bìng、sǐ zhège zìrán guīlǜ, kàn de píngjìng duō le, héngshù shì zǎowǎn de shì.

3. 横竖我不去，看他能把我怎么着。

   Héngshù wǒ bú qù, kàn tā néng bǎ wǒ zěnmezhe.

哼　hng　（叹词）

A. 表示不满或气愤：

Indicates dissatisfaction or indignation:

1. 哼，我才不和这种人交朋友呢！

   Hng, wǒ cái bù hé zhè zhǒng rén jiāo péngyou ne!

2. 他居然被捧成专家？哼！

   Tā jūrán bèi pěngchéng zhuānjiā? Hng!

B. 表示怀疑或不相信：

Indicates suspicion or disbelief:

1. 哼！哪有那么美的差事！

   Hng! Nǎ yǒu nàme měi de chāishi!

2. 哼，我就不信他们能干成！

   Hng, wǒ jiù bú xìn tāmen néng gànchéng!

忽　hū　（副词）

A. 同"忽然"，有书面语意味：

Same as "忽然", with a literary flavour:

1. 在晨雾弥蒙的海上，忽见一艘轮船驶来。

   Zài chén wù míméng de hǎi shang, hū jiàn yì sōu lúnchuán shǐ lái.

2. 半路上，我们在一棵树下休息，忽听一阵狗叫声。

   Bànlùshang, wǒmen zài yì kē shù xià xiūxi, hū tīng yí zhèn gǒu jiào shēng.

B. "忽"可以放在两个意义相反的动词或形容词前，表示两种动作或性状交替出现：

"忽" can be placed before two antonymous verbs or adjectives indicating two actions or qualities appear alternatively:

1. 油灯被风吹得忽明忽暗。

   Yóudēng bèi fēng chuī de hū míng hū àn.

2. 这条山间小路,顺着山势,忽高忽低,时隐时现,好像没个尽头。

   Zhè tiáo shānjiān xiǎo lù, shùnzhe shānshì, hū gāo hū dī, shí yǐn shí xiàn, hǎoxiàng méi ge jìntóu.

3. 成群的鸟雀忽上忽下地飞舞。

   Chéng qún de niǎoquè hū shàng hū xià de fēiwǔ.

忽地　hūdì　（副词）

同"忽然",多用于书面语:

Same as "忽然", mostly occurs in written language:

1. 看着这封信,她的眼里忽地流下了泪水。

   Kànzhe zhè fēng xìn, tā de yǎnli hūdì liúxiàle lèishuǐ.

2. 他忽地站起身,拔腿往前跑。

   Tā hūdì zhàn qǐ shēn, bá tuǐ wǎng qián pǎo.

忽而　hū'ér　（副词）

A. 同"忽然",不如"忽然"常用:

Same as "忽然", but not as commonly used:

1. 我正要出门,忽而下起了大雨。

   Wǒ zhèng yào chū mén, hū'ér xiàqǐle dà yǔ.

2. 刚近 S 门,忽而车把上带着一个人,慢慢地倒了。

   Gāng jìn S mén, hū'ér chēbǎ shang dàizhe yí ge rén, mànmàn de dǎo le.

B. "而"可以放在两个意义相反的动词或形容词前,表示两种动作或性状交替出现:

"忽而" can be repeated before two antonymous verbs or adjectives to indicate the alternation of two actions or states:

1. 高原上天气变化无常,忽而冷,忽而热。

   Gāoyuán shang tiānqì biànhuà wúcháng, hū'ér lěng, hū'ér rè.

2. 在这山村里,他开着车,忽而向左,忽而向右,很快就不见了。

   Zài zhè shāncūn li, tā kāizhe chē, hū'ér xiàng zuǒ, hū'ér xiàng yòu, hěn kuài jiù bújiàn le.

忽而……忽而……　hū'ér…hū'ér…　（格式）

"Now…now…"

表示动作、状态变化不定:

Indicates ever changing:

1. 她没准主意,忽而这样忽而那样,使人无所适从。

　　Tā méi zhǔn zhǔyi, hū'ér zhèyàng hū'ér nàyàng, shǐ rén wú suǒ shìcóng.

2. 这孩子忽而看看这个忽而摸摸那里,很好奇。

　　Zhè háizi hū'ér kànkan zhège hū'ér mōmo nàlǐ, hěn hàoqí.

有时可有三个或更多"忽而":

There may be three or even more"忽而":

3. 他这大半辈子,忽而搞文学,忽而玩股票,忽而学京戏。

　　Tā zhè dàbàn bèizi, hū'ér gǎo wénxué, hū'ér wán gǔpiào, hū'ér xué jīngxì.

忽然　hūrán　（副词）

表示发生得快而且出乎意料:

"Suddenly":

1. 车开到半路上忽然停了下来,不知发生了什么事。

　　Chē kāidào bànlùshang hūrán tíngle xialai, bù zhī fāshēngle shénme shì.

2. 走到商店门口,忽然想起没有带钱包,她只好往回走。

　　Zǒudào shāngdiàn ménkǒu, hūrán xiǎngqǐ méiyǒu dài qiánbāo, tā zhǐhǎo wǎng huí zǒu.

有时可以放在句首:

Can occur at the head of a sentence:

3. 忽然一个浪头把小船打翻了。

　　Hūrán yí ge làngtou bǎ xiǎo chuán dǎfān le.

4. 忽然他觉得眼前一黑,就晕倒在地上。

　　Hūrán tā juéde yǎnqián yì hēi, jiù yūndǎo zài dì shang.

有时也说成"忽然间"、"忽然之间",常放在句子开头,后面往往有停顿:

Can be said as"忽然间"or"忽然之间"which often occurs at the head of a sentence followed by a pause:

5. 他说着说着,忽然间想起了什么就跑出去了。

　　Tā shuōzhe shuōzhe, hūránjiān xiǎngqǐle shénme jiù pǎo chuqu le.

6. 忽然之间,狂风大作,雷电交加。

　　Hūrán zhī jiān, kuángfēng dàzuò, léi diàn jiāojiā.

胡　hú　（副词）〈口〉

表示不按应有的规律、办法、真实情况等(办事),有随意、乱来之意:

"At random";"at will":

1. 根本就没有那么一个民间故事，是他胡编的。

Gēnběn jiù méi yǒu nàme yí ge mínjiān gùshi, shì tā hú biān de.

2. 孩子在墙上胡画是个坏习惯。

Háizi zài qiáng shang hú huà shì ge huài xíguàn.

"胡"还常跟"乱"搭配使用，意思和"胡"差不多：

"胡"can be used in conjunction with"乱"without affecting the meaning：

3. 那几匹马被鞭炮声吓得胡跳乱蹦。

Nà jǐ pǐ mǎ bèi biānpào shēng xià de hú tiào　luàn bèng.

4. 一群孩子胡喊乱叫，吵闹得很。

Yì qún háizi hú hǎn luàn jiào, chǎonào de hěn.

互　hù　(副词)

同"互相"，多修饰单音节动词或构成四字短语：

Same as"互相", mostly modifies monosyllabic verbs or makes up a four-character phrase：

1. 比赛后，双方队员互换球衣作为纪念。

Bǐsài hòu, shuāngfāng duìyuán hù huàn qiúyī zuòwéi jìniàn.

2. 基本建设工程多起来了，各工地的建筑材料都不宽裕，这就特别需要互通有无，调剂使用。

Jīběn jiànshè gōngchéng duō qilai le, gè gōngdì de jiànzhù cáiliào dōu bù kuānyù, zhè jiù tèbié xūyào hùtōng yǒuwú, tiáojì shǐyòng.

"互"可修饰否定形式，构成四字短语：

"互"can modify a negative structure, making up a four-character phrase：

3. 他干他的，我干我的，互不干涉。

Tā gàn tā de, wǒ gàn　wǒ de, hù bù gānshè.

4. 他们虽然都住在同一座楼里，但是互不往来。

Tāmen suīrán dōu zhù zài tóng yí zuò lóu li, dànshì hù bù wǎnglái.

互相　hùxiāng　(副词)

表示彼此以同样态度对待；多修饰多音节词或短语：

"Mutually"; "each other"; modifies polysyllabic words or phrases：

1. 在南洋，乡情是深厚的，乡亲邻里都互相照顾，这是一个朴素的传统。

Zài Nányáng, xiāngqíng shì shēnhòu de, xiāngqin línlǐ dōu hùxiāng zhàogu, zhè shì yí ge pǔsù de chuántǒng.

2. 在工作中,他们互相学习,取长补短。

　　Zài gōngzuò zhōng,tāmen hùxiāng xuéxí,qǔ cháng bǔ duǎn.

"互相"可以修饰某些否定形式,如"互相不信任"。

"互相"can modify some negative structures such as "互相不信任".

回头　huítóu　(副词)〈口〉

A. 表示在短时间以后,可用在句子开头:

"In a moment"; "very soon"; can occur at the head of a sentence:

1. 请你等一等,我回头就来。

　　Qǐng nǐ děng yi děng,wǒ huítóu jiù lái.

2. 回头我们再商量这件事。

　　Huítóu wǒmen zài shāngliang zhè jiàn shì.

B. 与"先"呼应(有时省略),表示在另一行动之后,常与"再"连用:

Can be used in conjunction with "先" (which is omitted sometimes) to indicate after another action; "再" is usually added:

3.(先)把这个问题解决了,回头再解决下一个问题。

　　(xiān) Bǎ zhège wèntí jiějué le, huítóu zài jiějué xià yí ge wèntí.

4. 先送孩子回家,回头再买菜。

　　Xiān sòng háizi huí jiā,huítóu zài mǎi cài.

嚄　huō　(叹词)

表示惊讶,也读 huò:

Indicates surprise, and can also be pronounced as "huò":

1. 嚄,好大的佛像,跟小山一样!

　　Huō,hǎo dà de fóxiàng,gēn xiǎo shān yíyàng!

2. 嚄,这风真厉害,把树都刮倒了!

　　Huò,zhè fēng zhēn lìhai,bǎ shù dōu guādǎo le!

活　huó　(副词)

有"简直""真正"的意思,多用于口语:

"Simply"; "really"; (very colloquial)

1. 他大腿骨折,整天躺着,活受罪。

　　Tā dàtuǐ gǔzhé,zhěng tiān tǎngzhe,huó shòuzuì.

2. 你看他游泳游得多好,活像一条鱼。

　　Nǐ kàn tā yóuyǒng yóu de duō hǎo,huó xiàng yì tiáo yú.

火速　huǒsù　(副词)

意思同"赶紧""赶快""快速",多用于书面语,修饰双音节动词或动词短语。

"At top speed"; "posthaste"; mostly occurs in literary language; modifying disyllabic verbs or verb phrases:

1. 各路人马火速准备,马上出发。

Gè lù rénmǎ huǒsù zhǔnbèi, mǎshàng chūfā.

2. 变电站出了故障,请火速派人抢修。

Biàndiànzhàn chūle gùzhàng, qǐng huǒsù pài rén qiǎngxiū.

或[1] huò (副词)〈书〉

表示不十分肯定,有"也许""或许"的意思:

"Perhaps"; "may":

1. 代表团已经出发,今明两天或可到达。

Dàibiǎotuán yǐjīng chūfā, jīn míng liǎng tiān huò kě dàodá.

2. 买书的钱已寄去了,即日或能收到。

Mǎi shū de qián yǐ jìqu le, jírì huò néng shōudào.

参看连词"或"。

Compare conjunction "或" huò.

或[2] huò (连词)〈书〉

"or":

同"或者"A、B、C、D;有时后边带"是","是"没有具体的意思:

Same as "或者" A, B, C, D, sometimes takes "是" after it without affecting the meaning:

1. 我想买一个黄色或咖啡色的灯罩。

Wǒ xiǎng mǎi yí ge huángsè huò kāfēisè de dēngzhào.

2. 他想毕业后当记者或是编辑。

Tā xiǎng bìyè hòu dāng jìzhě huòshi biānjí.

3. 给我印象最深的是他的忠厚,或说是质朴实在。

Gěi wǒ yìnxiàng zuì shēn de shì tā de zhōnghòu, huò shuō shì zhìpǔ shízài.

4. 无论是姐姐或妹妹,都说服不了她。

Wúlùn shì jiějie huò mèimei, dōu shuōfú bu liǎo tā.

或许 huòxǔ (副词)

表示猜测、估计,带有不肯定的语气,可放在主语前:

"Perhaps"; "may"; can occur before the subject:

1. 坐公共汽车是赶不上了,叫出租汽车或许还来得及。

Zuò gōnggòng qìchē shì gǎn bu shàng le, jiào chūzū qìchē huòxǔ hái lái de jí.

2. 要不是刮风下雨,或许中午就能到达。

Yào bu shi guā fēng xià yǔ, huòxǔ zhōngwǔ jiù néng dàodá.

3. 或许他有专长，容易找到工作。

Huòxǔ tā yǒu zhuāncháng, róngyì zhǎodào gōngzuò.

或则 huòzé （连词）

同"或者"A、B, 多用于书面语:

Same as "或者"A, B and is mostly used in written language:

1. 你需要这笔钱，可以去贷款，或则变卖产业。

Nǐ xūyào zhè bǐ qián, kěyǐ qù dài kuǎn, huòzé biànmài chǎnyè.

2. 下学期的第二外语课，同学们可选修日语，或则法语。

Xià xuéqī de dì' èr wàiyǔ kè, tóngxuémen kěyǐ xuǎnxiū Rìyǔ, huòzé Fǎyǔ.

或者[1] huòzhě （副词）

表示猜测、估计, 带有不肯定语气, 可放在主语前:

"Perhaps", "may"; can occur before the subject:

1. 这个建议对改进我们的工作或者有用处。

Zhège jiànyì duì gǎijìn wǒmen de gōngzuò huòzhě yǒu yòngchu.

2. 或者你会觉得，我把问题想得太复杂了。

Huòzhě nǐ huì juéde, wǒ bǎ wèntí xiǎng de tài fùzá le.

3. 或者他认为没有必要费那么大精力去搞。

Huòzhě tā rènwéi méi yǒu bìyào fèi nàme dà jīnglì qu gǎo.

参看连词"或者"。

Compare conjunction "或者"huòzhě.

或者[2] huòzhě （连词）

"or"

可连接任何并列的句子成分; 一般用于四种情况:

Can connect any parallel elements in a sentence, and is used in four different states:

A. 表示在两个或更多的事物状况中选取其一:

Indicates the choice among two or more items:

1. 他们约定明年或者后年会面。

Tāmen yuēdìng míngnián huòzhě hòunián huìmiàn.

2. 她很怕丈夫这次又咒骂或者生起气来。

Tā hěn pà zhàngfu zhè cì yòu zhòumà huòzhě shēng qi qì lai.

B. 表示有时是一种情况, 有时是另一种情况:

Indicates an alternation:

1. 他们家晚饭后常坐在一起谈天或者谈论文艺作品。

Tāmen jiā wǎnfàn hòu cháng zuò zài yìqǐ tántiān huòzhě tánlùn wényì zuòpǐn.

　2. 每年春天,妈妈常带孩子去圆明园或者香山公园踏青。

　　Měi nián chūntiān, māma cháng dài háizi qù Yuánmíngyuán huòzhě Xiāngshān Gōngyuán tàqīng.

C. 表示等同(所述事物的另一种表述法)

　　"That is"(used when giving a second name for something):

　1. 毛竹,或者南竹,是一种优良的建筑材料。

　　Máozhú, huòzhě nánzhú, shì yì zhǒng yōuliáng de jiànzhù cáiliào.

　2. 我,作为你的爸爸,或者说是一个朋友,对你有一句忠告。

　　Wǒ, zuòwéi nǐ de bàba, huòzhě shuō shì yí ge péngyou, duì nǐ yǒu yí jù zhōnggào.

D. "或者"如用在"不管""无论""不论"后边,则表示包括两种情况:

　　"或者" used after "不管""无论"or"不论"indicates the inclusion of both cases:

　1. 不管是木工活或者一般电工活,都难不住他。

　　Bùguǎn shì mùgōng huó huòzhě yìbān diàngōng huó, dōu nán bu zhù tā.

　2. 对于本书的错误,无论是内容或者排版方面的, 都请你不客气地指出。

　　Duìyú běn shū de cuòwu, wúlùn shì nèiróng huòzhě páibǎn fāngmiàn de, dōu qǐng nǐ bú kèqì de zhǐchū.

参看"或"。

Compare "或"huò.

辨认:

Note:

　1. 我想我或者已经感冒了,因为头痛得厉害。

　　Wǒ xiǎng wǒ huòzhě yǐjīng gǎnmào le, yīnwei tóu tòng de lìhai.

　2. 我或者我的爱人都不认识那个人。

　　Wǒ huòzhě wǒ de àiren dōu bú rènshi nàge rén.

例 1 中"或者"是副词,例 2 是连词。

"或者"in 1 is an adverb, but is a conjunction in 2.

霍地　huòdì　(副词)〈书〉

表示动作发生得快而且出乎意料:

"Suddenly":

　1. 他霍地站起来,向门外跑去。

　　Tā huòdì zhàn qilai, xiàng mén wài pǎo qù.

　　2.他霍地转过身来,朝她脸上打了一巴掌。

　　　　Tā huòdì zhuǎn guo shēn lai,cháo tā liǎnshang dǎle yì bāzhang.

霍然　huòrán　(副词)

突然地(用得较少):

"Suddenly";(not commonly used):

　　1.手电筒霍然一亮,把他吓了一跳。

　　　　Shǒudiàntǒng huòrán yí liàng,bǎ tā xiàle yí tiào.

　　2.走出深沟峡谷,眼前霍然开阔起来。

　　　　Zǒuchū shēn gōu xiágǔ,yǎnqián huòrán kāikuò qilai.

豁然　huòrán　(副词)

有"忽然"(开阔通达)**的意思**:

"All of a sudden"(realize):

　　1.经过劝说,小李心里豁然开朗了。

　　　　Jīngguò quànshuō,Xiǎo Lǐ xīnli huòrán kāilǎng le.

　　2.看到这种情景,他的脑子豁然清醒过来。

　　　　Kàndào zhè zhǒng qíngjǐng,tā de nǎozi huòrán qīngxǐng guolai.

　　3.刮了一阵风,阴沉的天空豁然亮起来。

　　　　Guāle yí zhèn fēng,yīnchén de tiānkōng huòrán liàng qǐlai.

几　jī　(副词)〈书〉

"几乎"的意思:

"Almost";"nearly":

　　1.他用力过猛,几将对方肋骨击断。

　　　　Tā yòng lì guòměng,jī jiāng duìfāng lèigǔ jīduàn.

　　2.战乱之后,这个小城几成废墟。

　　　　Zhànluàn zhīhòu,zhège xiǎo chéng jī chéng fèixū.

　　3.洪水过后,全县几二百人罹难。

　　　　Hóngshuǐ guò hòu,quán xiàn jī èrbǎi rén línàn.

几乎　jīhū　(副词)

A.**非常接近某一程度;差不多。没有感情色彩,不及"差不多"口语化**:

"Almost";"nearly";without any emotional colour,not as colloquial as "差不多":

　　1.这个复制品几乎和真品一模一样。

　　　　Zhège fùzhìpǐn jīhū hé zhēnpǐn yì mú yí yàng.

　　2.这一带方圆几十里,几乎每个村子都有他的朋友。

　　　　Zhè yídài fāngyuán jǐ shí lǐ,jīhū měi ge cūnzi dōu yǒu tā de péngyou.

3. 没想到这本书这么贵,我带的钱几乎不够。

　　Méi xiǎngdào zhè běn shū zhème guì,wǒ dài de qián jīhū búgòu.

B. 表示某情况接近于实现而实际上并未实现，或似乎不能实现却终于实现了。

(Be) "nearly" (realized but actually not); " nearly impossible" (but actually realized).

1)不希望实现的,接近于实现而未实现,带有庆幸的感情色彩:

(Something undesirable) nearly realized but actually not, with a grateful feeling:

1. 他脚下一滑,几乎摔倒。

　　Tā jiǎoxià yì huá,jīhū shuāidǎo.

2. 他们越吵越厉害,几乎打起来。

　　Tāmen yuè chǎo yuè lìhai,jīhū dǎ qilai.

3. 我酒后开车,几乎撞了人。

　　Wǒ jiǔ hòu kāichē,jīhū zhuàngle rén.

4. 冬天她得了一场大病,几乎死掉。

　　Dōngtiān tā déle yì cháng dà bìng,jīhū sǐ diào.

以上四句也可用否定式"没摔倒"、"没打起来"、"没撞了人"、"没死掉"。

The negative forms of "摔倒","撞了人,死掉"and "打起来"can be used without affecting the meaning.

有时这种形式并非用来表示对幸免于难的庆幸,而是表示某种情况达到极高的程度:

Sometimes such expressions are employed to indicate very high degree instead:

5. 她笑得前仰后合,几乎流出眼泪。

　　Tā xiào de qián yǎng hòu hé,jīhū liúchū yǎnlèi.

6. 听说获得这项大奖,他兴奋得几乎跳起来。

　　Tīngshuō huòdé zhè xiàng dà jiǎng,tā xīngfèn de jīhū tiào qǐlai.

2)很希望能实现的,似乎不能实现,却终于实现了,含有庆幸的感情。常用否定形式:

(Something desirable) seems impossible but is actually realized, with a grateful feeling; often in the negative form:

7. 我几乎没赶上这趟车,刚上车,车就开了。

　　Wǒ jīhū méi gǎnshang zhè tàngchē,gāngshàngchē,chē jiù kāi le.

8. 这本书我几乎没有买上,这是最后一本。

　　Zhè běn shū wǒ jīhū méiyǒu mǎishàng,zhè shì zuìhòu yì běn.

9. 要不是哥哥、姐姐的资助,他几乎不能上大学。

Yàobúshì gēge, jiějie de zīzhù, tā jīhū bùnéng shàng dàxué.

3) **很希望能实现的，似乎要实现，但终于未实现，含有惋惜的感情，常用肯定形式：**

(Something desirable) seems to be realized but actually not, with a regretful feeling, usually in the positive form:

10. 那场比赛我们几乎拿了冠军，最后几个球没打好，输了。

Nà chǎng bǐsài wǒmen jīhū nále guànjūn, zuìhòu jǐ ge qiú méi dǎhǎo, shū le.

参看"差一点儿"。

Compare "差一点儿" chà yì diǎnr.

基本　jīběn　（副词）

大体上；大致上。可修饰否定形式：

"Basically"; "mainly"; can modify a negative structure:

1. 这项工作已经基本上完成。

Zhè xiàng gōngzuò yǐjīng jīběn shang wánchéng.

2. 这两句话的意思基本没有什么不同。

Zhè liǎng jù huà de yìsi jīběn méi yǒu shénme bùtóng.

3. 他所说的情况基本属实。

Tā suǒ shuō de qíngkuàng jīběn shǔshí.

副词"基本"都可以说成"基本上"，意思不变：

Adverb "基本" can all be said as "基本上", without affecting the meaning.

辨认：

Note:

"基本"修饰名词时，有"主要"的意思，是形容词：

When modifying a noun "基本" means "main" or "fundamental" and is an adjective:

1. 我们这里的基本情况，他都很了解。

Wǒmen zhèli de jīběn qíngkuàng, tā dōu hěn liǎojiě.

及　jí　（连词）〈书〉

表示联合，大多连接并列的主语、宾语、定语，但不能连接谓语的两部分或分句：

Connects coordinate subjects, objects or attributes but not the two parts of a predicate or two clauses:

1. 她及她的家人都很好客。

Tā jí tā de jiārén dōu hěn hàokè.

2. 我永远不会忘记那里的山、水及热情的人民。

Wǒ yǒngyuǎn bú huì wàngjì nàlǐ de shān、shuǐ jí rèqíng de rénmín.

3. 这故事是作者在童年及青年时代生活的真实写照。

Zhè gùshi shì zuòzhě zài tóngnián jí qīngnián shídài shēnghuó de zhēnshí xiězhào.

如果有多项并列,"及"常与"和""以及"等同时在句子中出现:

If there are more than two levels of coordination, "和" and "以及" are used simultaneously with "及":

4. 我读过鲁迅的杂文和茅盾的小说及其他名作家的一些作品。

Wǒ dúguo Lǔ Xùn de záwén hé Máo Dùn de xiǎoshuō jí qítā míng zuòjiā de yìxiē zuòpǐn.

5. 他在报告中谈了这项研究工作的意义和作用以及已有的成果及存在的问题。

Tā zài bàogào zhōng tánle zhè xiàng yánjiū gōngzuò de yìyì hé zuòyòng yǐjí yǐ yǒu de chéngguǒ jí cúnzài de wèntí.

"及其"的意思是"和他(他们)的":

"及其" means "and its(his; her)":

6. 老师讲了这个词的意义及其用法。

Lǎoshī jiǎngle zhège cí de yìyì jí qí yòngfǎ.

7. 我给他寄去了衣服、鞋及其所需的词典。

Wǒ gěi tā jìqule yīfu、xié jí qí suǒ xū de cídiǎn.

及早　jízǎo　(副词):

表示趁时间还早,修饰多音节词语

"As soon as possible"; "before it is too late"; modifies polysyllabic words and phrases:

1. 有病要及早医治,不要耽误。

Yǒu bìng yào jízǎo yīzhì, búyào dānwu.

2. 问题要及早解决,不能拖延。

Wèntí yào jízǎo jiějué, bù néng tuōyán.

3. 车快到站了,下车的旅客及早做好准备。

Chē kuài dào zhàn le, xià chē de lǚkè jízǎo zuòhǎo zhǔnbèi.

极　jí　(副词)

A. 表示达到最高程度,有书面语意味,修饰形容词、某些动词、助动词及短语:

"Extremely"; with a literary flavour, modifies adjectives, certain verbs, auxiliary verbs and phrases:

1. 小张是个极普通的人。

Xiǎo Zhāng shì ge jí pǔtōng de rén.

2. 李师傅极喜欢喝酒。

Lǐ shīfu jí xǐhuan hē jiǔ.

"极"可修饰否定形式,以三音节的为多:

"极" can modify a negative structure , mostly trisyllabic:

3. 他考虑问题极不仔细。

Tā kǎolǜ wèntí jí bù zǐxì.

4. 我们的这个计划还极不成熟。

Wǒmen de zhège jìhuà hái jí bù chéngshú.

B. "极"可用在形容词、某些动词及短语后,表示极高程度,较作状语的"极"口语化,后面多有"了":

"极" can occur after adjectives, certain verbs and phrases, indicating a very high degree. It is more colloquial than "极" as an adverbial. There is usually a "了" to follow:

1. 他给我讲的那个小故事有意思极了。

Tā gěi wǒ jiǎng de nàge xiǎo gùshi yǒu yìsi jí le.

2. 农民卖的蔬菜新鲜极了。

Nóngmín mài de shūcài xīnxian jí le.

C. "好极""妙极"等则是较文的说法;如果"极"用于双音节形容词后,则在"极"前加"已"

"好极" and "妙极" has a literary flavour. If "极" follows a disyllabic word, it is said as "已极":

1. 此话妙极!

Cǐ huà miào jí!

2. 这篇文章的论点荒谬已极。

Zhè piān wénzhāng de lùndiǎn huāngmiù yǐ jí.

辨认:

Note:

"极"也是动词,"尽"的意思,是古汉语遗留下来的:

"极" is also a verb meaning "尽" in classical Chinese, and "极目" means to look as far as the eye can see:

登上全市的最高点,极目远望,整个市容尽收眼底。

Dēngshang quán shì de zuì gāo diǎn, jí mù yuǎn wàng, zhěngge shìróng jìn shōu yǎndǐ.

极度 jídù (副词)

表示达到顶点,有书面语意味:

"Extremely"; with a literary flavour:

1. 作了心脏手术之后，他的身体极度虚弱。

   Zuòle xīnzàng shǒushù zhīhòu, tā de shēntǐ jídù xūruò.

2. 听到母亲逝世的消息，他心里极度悲伤。

   Tīngdào mǔqin shìshì de xiāoxi, tā xīnli jídù bēishāng.

极力 jílì （副词）

想尽一切办法，用尽一切力量；修饰动词或助动词：

"Do one's utmost", "spare no effort"; modifies verbs and auxiliary verbs:

1. 大家都极力支持班长的工作。

   Dàjiā dōu jílì zhīchí bānzhǎng de gōngzuò.

2. 大夫极力主张把瘤子切除。

   Dàifu jílì zhǔzhāng bǎ liúzi qiēchú.

3. 许多国家的代表极力反对这项决议。

   Xǔduō guójiā de dàibiǎo jílì fǎnduì zhè xiàng juéyì.

极其 jíqí （副词）

表示达到最高程度，修饰多音节词语：

"Extremely"; modifies polysyllabic words and phrases:

1. 最近几年乡镇企业发展极其迅速。

   Zuìjìn jǐ nián xiāngzhèn qǐyè fāzhǎn jíqí xùnsù.

2. 这种仪器极其灵敏。

   Zhè zhǒng yíqì jíqí língmǐn.

3. 他对遵守公德极其不自觉。

   Tā duì zūnshǒu gōngdé jíqí bú zìjué.

极为 jíwéi （副词）

表示达到极高程度，有书面语意味，多修饰双音节词语：

"Extremely"; with a literary flavour; mostly modifies disyllabic words:

1. 这篇文章的意义极为深远。

   Zhè piān wénzhāng de yìyì jíwéi shēnyuǎn.

2. 厂长对这次事故极为恼火。

   Chǎngzhǎng duì zhè cì shìgu jíwéi nǎohuǒ.

3. 他的态度极为和蔼。

   Tā de tàidu jíwéi hé'ǎi.

即¹ jí （副词） 〈书〉

A. "马上""立即"的意思：

"At once", "instantly":

1. 我急需用那本书，请即给我寄来。

Wǒ jíxū yòng nà běn shū, qǐng jí gěi wǒ jì lai.

2．你即率一个排, 于凌晨1点到达2号高地。

Nǐ jí shuài yí ge pái, yú línchén yì diǎn dàodá èr hào gāodì.

B. 有"就"的意思：

Same as "就"：

1）**表示某一行为紧接前一行为发生, 常用"一……即……"：**

Indicates one action closely after another; often in the pattern "一…即…"：

1．一接到通知, 我即去取货。

Yì jiēdào tōngzhī, wǒ jí qù qǔ huò.

2．车一出校门即向东驶去。

Chē yì chū xiàomén jí xiàng dōng shǐ qu.

2）**表示事情发生得早：**

Indicates that the speaker thinks that something happens early：

3．早在两年前他即提出改革方案。

Zǎo zài liǎng nián qián tā jí tíchū gǎigé fāng'àn.

3）**表示在某种条件下就会有某种结果：**

Indicates that a certain condition will lead to a certain result：

4．稍一疏忽即会出现问题。

Shāo yi shūhū jí huì chūxiàn wèntí.

5．稍一活动, 她就气喘心慌。

Shāo yi huódòng, tā jiù qì chuǎn xīn huāng.

4）**表示眼前就是; 加强肯定：**

Indicates that something is right here; with an emphatic tone：

6．问题的关键即在于此。

Wèntí de guānjiàn jí zài yú cǐ.

辨认：

Note：

"即"作为动词有两个意思：

"即" is also a verb with two meanings：

1）**"到"的意思：**

"Assume"：

第二年他废除旧制即位称帝。

Dì'èr nián tā fèichú jiùzhì jí wèi chēng dì.

2）**"就是"的意思：**

"Be"：

土豆即马铃薯。

Tǔdòu jí mǎlíngshǔ.

即² jí　（连词）〈书〉

同"即使"，用得很少。表示假设或让步：

Same as "即使", but is seldom used; indicates concession:

1. 现在你即赶到会场,恐怕也快散会了。

　　Xiànzài nǐ jí gǎn dào huìchǎng, kǒngpà yě kuài sàn huì le.

2. 你即不同意这样做,也应告诉大家,不能一声不响地走了。

　　Nǐ jí bù tóngyì zhèyàng zuò, yě yīng gàosu dàjiā, bù néng yì shēng bù xiǎng de zǒu le.

3. 不知他在什么地方,即能找到他,他也不会跟你一起来的。

　　Bù zhī tā zài shénme dìfang, jí néng zhǎodào tā, tā yě bú huì gēn nǐ yìqǐ lái de.

即便 jíbiàn　（连词）

同"即使"，用于书面语，表示假设或让步，常与"也""还"呼应，可用于主语后：

Same as "即使", is used in literary language, indicating hypothesis or concession, and often used in conjunction with "也" or "还", can be used after the subject:

A. 先引出假设的情况,后面再表示结果不受前面情况的影响：

Introduces a hypothesis and is followed by the statement that the result wouldn't be affected:

1. 你即便不说,我也会知道。

　　Nǐ jíbiàn bù shuō, wǒ yě huì zhīdao.

2. 即便再增加五个人,人手还是不够。

　　Jíbiàn zài zēngjiā wǔge rén, rénshǒu háishi bú gòu.

3. 即便坐船便宜得多,我也要坐飞机或火车,因为我晕船。

　　Jíbiàn zuò chuán piányi de duō, wǒ yě yào zuò fēijī huò huǒchē, yīnwèi wǒ yùn chuán.

B. "即便"先引出退一步的说法,后面再表示对这退一步有所保留：

"即便" introduces a concession and is followed by some reservation:

1. 山里空气好,即便不爬到山顶,在半山腰坐坐也好。

　　Shān lǐ kōngqì hǎo, jíbiàn bù pá dào shāndǐng, zài bànshānyāo zuòzuo yě hǎo.

2. 你即便不去参加婚礼,打个电话表示祝贺也是应该的。

　　Nǐ jíbiàn bú qù cānjiā hūnlǐ, dǎ ge diànhuà biǎoshì zhùhè yě shì yīnggāi de.

即或 jíhuò　（连词）

同"即使",用得较少,表示假设或让步:

Same as "即使"indicating hypothesis or concession and is not often used:

1. 他非常固执,即或老师来,恐怕也说不服他。

   Tā fēicháng gùzhi, jíhuò lǎoshī lái, kǒngpà yě shuō bu fú tā.

2. 即或你的能力再强,一个人也完成不了这个任务。

   Jíhuò nǐ de nénglì zài qiáng, yí ge rén yě wánchéng bu liǎo zhè ge rènwù.

3. 即或再便宜的东西,要是不需要,我也不会买。

   Jíhuò zài piányi de dōngxi, yàoshi bù xūyào, wǒ yě bú huì mǎi.

即将 jíjiāng(副词)

表示最近的将来,修饰双音节动词或动词短语:

"Be going to";modifies disyllabic verbs or verb phrases:

1. 暴风雨即将来临。

   Bàofēngyǔ jíjiāng láilín.

2. 运动会即将结束。

   Yùndònghuì jíjiāng jiéshù.

3. 他的试验即将大功告成。

   Tā de shìyàn jíjiāng dàgōng gàochéng.

即令 jílìng （连词）〈书〉

同"即使",用得很少。表示假设或让步:

Same as "即使"indicating hypothesis or concession and is seldom used:

1. 即令他身体好,也是七十岁的人了,跟十年前不同了。

   Jílìng tā shēn tǐ hǎo, yě shì qīshí suì de rén le, gēn shí nián qián bù tóng le.

2. 个人不努力,即令学习条件再好,也不能取得好成绩。

   Gèrén bù nǔlì, jílìng xuéxí tiáojiàn zài hǎo, yě bù néng qǔdé hǎo chéngjì.

3. 即令我知道他的地址,也不会给他写信的。

   Jílìng wǒ zhīdào tā de dìzhǐ, yě bú huì gěi tā xiě xìn de.

即刻 jíkè （副词）〈书〉

马上;立刻:

"At once":

1. 接到通知,即刻传达。

   Jiēdào tōngzhī, jíkè chuándá.

2. 买到了票即刻给你送去。

   Mǎidàole piào jíkè gěi nǐ sòng qu.

3. 他们一见面即刻吵了起来。

　　Tāmen yí jiàn miàn jíkè chǎole qilai.

即使　jíshǐ　（连词）

表示假设或让步;常与"也""还"呼应;可用于主语前:

Indicates hypothesis or concession and is often used in conjunction with "也" or "还", can appear in front of the subject:

A."即使"先引出假设的情况,后面再表示结果不受前面这种情况的影响:

"即使"introduces the hypothesis which is followed by the unaffected result:

1. 这次考试,即使你考不好,也不能灰心。

　　Zhè cì kǎoshì, jíshǐ nǐ kǎo bu hǎo, yě bù néng huīxīn.

2. 这棵花冬天冻坏了,即使浇水、施肥,恐怕也养不好了。

　　Zhè kē huā dōngtiān dònghuài le, jíshǐ jiāo shuǐ, shī féi, kǒngpà yě yǎng bu hǎo le.

3. 你即使不批评我,我也会自责的。

　　Nǐ jíshǐ bù pīpíng wǒ, wǒ yě huì zìzé de.

B."即使"先引出退一步的说法,后面再表示对这退一步有所保留:

"即使"introduces the concession which is followed by the reservation:

1. 他汉语说得即使不流利,也总比我们一点不会强。

　　Tā Hànyǔ shuō de jíshǐ bù liúlì, yě zǒng bǐ wǒmen yìdiǎn bú huì qiáng.

2. 你即使没什么东西可买,出去走走也好。

　　Nǐ jíshǐ méi shénme dōngxi kě mǎi, chūqù zǒuzou yě hǎo.

3. 他很少参加集体活动,即使偶尔参加,也是一言不发。

　　Tā hěnshǎo cānjiā jítǐ huódòng, jíshǐ ǒu'ěr cānjiā, yě shì yì yán bù fā.

参看"即"、"即便"、"即或"、"即令"、"就是"A。

Compare"即"jí,"即便"jíbiàn,"即或"jíhuò,"即令"jílìng,"就是"A jiùshì A.

亟　jí　（副词）〈书〉

急迫的意思,常跟"待""需"等连用:

"Urgently";"earnestly"; often used in conjunction with "待"or "需"etc.:

1. 这个问题亟待解决。

　　Zhège wèntí jí dài jiějué.

2. 财务部门亟需加强领导。

　　Cáiwù bùmén jí xū jiāqiáng lǐngdǎo.

急忙　jímáng　（副词）

表示加快行动,不能用于命令句,可以重叠:

"In haste"; "hurriedly"; cannot be used in an imperative sentence; can be reduplicated:

1. 他晕倒在工地上,大家急忙把他送进医院。

　Tā yūndǎo zài gōngdì shang, dàjiā jímáng bǎ tā sòngjìn yīyuàn.

2. 看见老师向他走来,小明急忙把小人儿书藏在课本下面。

　Kànjiàn lǎoshī xiàng tā zǒu lái, Xiǎo Míng jímáng bǎ xiǎorénrshū cáng zài kèběn xiàmian.

3. 他一看时间快到了,急急忙忙向学校跑去。

　Tā yí kàn shíjiān kuài dào le, jíjímángmáng xiàng xuéxiào pǎo qu.

既　jì　(连词)

A. 同"既然",用于复句中的前一分句,表示承认某一事实,后一分句根据此事实作出推断或结论;但不能用在主语前:

Same as "既然", is used in the first clause of a complex sentence to accept a fact and the second clause is the conclusion. It cannot appear in front of the subject:

1. 前边的门既不能走,我们就走后门吧!

　Qiánbiān de mén jì bù néng zǒu, wǒmen jiù zǒu hòumén ba!

2. 我既答应了你们,就不会不来。

　Wǒ jì dāyìngle nǐmen, jiù bú huì bù lái.

3. 他既有很好的文学基础,当然应该报考文学专业。

　Tā jì yǒu hěn hǎo de wénxué jīchǔ, dāngrán yīnggāi bàokǎo wénxué zhuānyè.

B. 跟"也""又"等搭配,表示并列关系:

Used in conjunction with "也" or "又" to indicate coordination:

1) "既……也……"连接两个分句,表示同时存在两种情况:

"既…也…" connects two clauses to indicate the simultaneous existence of two situations:

1. 看一个人要全面,既要看到他的优点,也要看到他的缺点。

　Kàn yí ge rén yào quánmiàn, jì yào kàndào tā de yōudiǎn, yě yào dàndào tā de quēdiǎn.

2. 在这个城市,他既无亲人也没有朋友,一切都是陌生的。

　Zài zhège chéngshì, tā jì wú qīnrén yě méi yǒu péngyou, yíqiè dōu shì mòshēng de.

3. 她的性格既不像她妈妈,也不像她爸爸。

　Tā de xìnggé jì bú xiàng tā māma, yě bú xiàng tā bàba.

2) "既……又……"多连接两个形容词或描写性短语:

"既…又…" usually connects two adjectives or descriptive phrases:

4. 他做事既大胆又细心。

Tā zuò shì jì dàdǎn yòu xìxīn.

5. 这个孩子既聪明好学又喜欢踢足球。

Zhège háizi jì cōngmíng hàoxué yòu xǐhuan tī zúqiú.

6. 河水既清又深。

Hé shuǐ jì qīng yòu shēn.

既然　jìrán　（连词）

用在复句中的前一分句，表示承认某一事实；后一分句根据此事实作出推断或结论；可用于主语前，常有"就""总""那么""则"等词与之呼应：

Used in the first clause of a complex sentence to accept a fact and the second clause indicates the inference or conclusion; can appear in front of the subject and is often used in conjunction with "就"，"总"，"那么"，"则"etc.：

1. 既然你们都不同意我的意见，那么，我也就不坚持了。

Jìrán nǐmen dōu bù tóngyì wǒ de yìjiàn,nàme,wǒ yě jiù bù jiānchí le.

2. 你既然知道自已错了，就应该承认。

Nǐ jìrán zhīdào zìjǐ cuò le,jiù yīnggāi chéngrèn.

3. 这个难题既然解决了，其它则不成问题了。

Zhège nántí jìrán jiějué le,qítā zé bù chéng wèntí le.

4. 既然让大家发表意见，总难免有不同的看法。

Jìrán ràng dàjiā fābiǎo yìjiàn,zǒng nánmiǎn yǒu bù tóng de kànfǎ.

有时后一分句的推断或结论用问句或反问句形式表达：

Sometimes the inference or conclusion is expressed by a question or rhetorical question：

5. 既然有病，你为什么不休息？

Jìrán yǒu bìng,nǐ wèishénme bù xiūxi?

6. 既然你很忙，何必非要亲自来一趟呢？

Jìrán nǐ hěn máng,hébì fēi yào qīnzì lái yí tàng ne?

参看"既"jì A。

Compare："既" jì A.

继……之后　jì…zhīhòu　（格式）

意思是在时间上或次序上"在……后面"：

"After"：

1. 继小李获得乒乓球冠军之后，小张也获得了名次。

Jì Xiǎo Lǐ huòdé pīngpāng qiú guànjūn zhīhòu,Xiǎo Zhāng yě huòdéle míngcì.

2. 这次大会是继第一次会员大会之后，如期召开的。

Zhè cì dàhuì shì jì dìyī cì huìyuán dàhuì zhīhòu,rú qī zhàokāi de.

加以　jiāyǐ　（连词）

引出补充的原因：

Introduces a supplementary cause：

1. 她身体本来就比较弱，加以近年来家庭、工作负担太重，终于病倒了。

   Tā shēntǐ běnlái jiù bǐjiào ruò, jiāyǐ jìnnián lái jiātíng, gōngzuò fùdān tài zhòng, zhōngyú bìngdǎo le.

2. 这里木材资源丰富，加以懂技术的工人较多，办一个木器加工厂，没问题。

   Zhèlǐ mùcái zīyuán fēngfù, jiāyǐ dǒng jìshù de gōngrén jiào duō, bàn yí ge mùqì jiāgōng chǎng, méi wèntí.

3. 这个村水利建设搞得好，加以重视科学种田，水稻产量大幅度增加。

   Zhège cūn shuǐlì jiànshè gǎo de hǎo, jiāyǐ zhòngshì kēxué zhòng tián, shuǐdào chǎnliàng dà fúdù zēngjiā.

辨认：

Note：

1. 对青少年的教育必须加以重视。

   Duì qīng–shàonián de jiàoyù bìxū jiāyǐ zhòngshì.

2. 对他的缺点当然应该指出，但对他的优点应该加以肯定。

   Duì tā de quēdiǎn dāngrán yīnggāi zhǐchū, dàn duì tā de yōudiǎn yīnggāi jiāyǐ kěndìng.

例 1、2 中的"加以"是动词，它的宾语是双音节动词。

"加以" in the above 2 examples is a verb and each has a disyllabic verb as its object.

假如　jiǎrú　（连词）

同"如果"，有书面语意味，表示条件、假设、类比和退一步说；多用于表示假设：

Same as "如果"，with a literary flavour, indicating condition, hypothesis, analogy or concession：

1. 假如事情办得顺利，我一天就可以回来。

   Jiǎrú shìqíng bàn de shùnlì, wǒ yì tiān jiù kěyǐ huílai.

2. 晚上假如你有空，请来我家玩儿吧。

   Wǎnshang jiǎrú nǐ yǒu kòng, qǐng lái wǒjiā wánr ba.

3. 你假如不提醒我，我可能就会忘了借书的事了。

   Nǐ jiǎrú bù tíxǐng wǒ, wǒ kěnéng jiù huì wàngle jiè shū de shì le.

参看"假若""假使"。

Compare"假若"jiǎruò,"假使"jiǎshǐ.

假若　jiǎruò　（连词）

同"假如",表示条件、假设、类比、和退一步说;多用于表示假设:

Same as "假如", indicating condition , hypothesis, analogy or concession, and is mostly used in a hypothesis:

1. 假若我有钱,我一定要买一辆汽车。

   Jiǎruò wǒ yǒu qián, wǒ yídìng yào mǎi yí liàng qìchē.

2. 明天假若不下雨,我们就去颐和园划船。

   Míngtiān jiǎruò bú xià yǔ, wǒmen jiù qù Yíhéyuán huá chuán.

3. 假若你吃西药效果不大,可以吃点儿中药。

   Jiǎruò nǐ chī xīyào xiàoguǒ bú dà, kěyǐ chī diǎnr zhōngyào.

假使　jiǎshǐ　（连词）

同"假如",表示条件、假设、类比和退一步说;多用于表示假设:

Same as "假如", indicating condition, hypothesis, analogy and concession and is mostly used as a hypothesis:

1. 你们这里假使人手不够,我们可以来帮忙。

   Nǐmen zhèlǐ jiǎshǐ rénshǒu bú gòu, wǒmen kěyǐ lái bāngmáng.

2. 假使你早来两天,就可以见到马老师了。

   Jiǎshǐ nǐ zǎo lái liǎng tiān, jiù kěyǐ jiàndào Mǎ lǎoshī le.

3. 大家假使没有意见,我们就按这个计划施工。

   Dàjiā jiǎshǐ méi yǒu yìjiàn, wǒmen jiù àn zhège jìhuà shī gōng.

架不住　jiàbuzhù　（组合）〈口〉

表示所说的情况能消除前面或后面提到的不利之点:

"As a last resource":

1. 老板虽然厉害,架不住我们不让他抓住差错。

   Lǎobǎn suīrán lìhai, jiàbuzhù wǒmen búràng tā zhuāzhu chācuò.

2. 架不住平时节衣缩食,日子多了也积攒了一笔钱。

   Jiàbuzhù píngshí jié yī suō shí, rìzi duō le yě jīzǎnle yì bǐ qián.

简直　jiǎnzhí　（副词）

强调完全如此或差不多如此,带夸张语气,表程度高:

"Simply"; indicates a high degree with exaggeration:

1. 他的汉语说得真好,简直和中国人一样。

   Tā de Hànyǔ shuō de zhēn hǎo, jiǎnzhí hé Zhōngguó rén yíyàng.

2. 她刚来不久,对村里情况的熟悉程度,简直难以令人相信。

   Tā gāng lái bùjiǔ, duì cūn li qíngkuàng de shúxī chéngdù, jiǎnzhí nányǐ lìng rén xiāngxìn.

可以说成"简直是"意思不变：

Can be said as "简直是"without affecting the meaning:

　　3.一有时间就看电视,简直是看得入了迷。

　　　　Yī yǒu shíjiān jiù kàn diànshì,jiǎnzhí shì kàn de rùle mí.

　　4.他每天工作十二小时以上,简直是在玩儿命。

　　　　Tā měi tiān gōngzuò shí'èr xiǎoshí yǐshàng,jiǎnzhí shì zài wánrmìng.

口语中"简直是"有时可以单用,所表示的意思依语言环境而定(多为不如意的事)：

In colloquial language "简直是"can be used independently and its meaning is decided by the context (usually something undesirable)：

　　5.他的屋子里乱七八糟,床上、桌上、地上都是东西!简直是……

　　　　Tā de wūzi li luànqībāzāo,chuáng shang,zhuō shang,dì shang dōu shi dōngxi! Jiǎnzhí shi…

见　　jiàn　（助词）〈书〉

用在少数单音节动词前,表示"我"承受对方所发出的动作：

Used before a few monosyllabic verbs to indicate that "我"is the object of the other party's action：

　　1.苍天见怜,我们母子得救了。

　　　　Cāngtiān jiàn lián,wǒmen mǔzǐ déjiù le.

　　2.这个消息承先生见告,十分感谢。

　　　　Zhège xiāoxi chéng xiānsheng jiàn gào,shífēn gǎnxiè.

　　3.开会的日期及地点能否见示？

　　　　Kāi huì de rìqī jí dìdiǎn néng fǒu jiàn shì?

见不得　　jiànbudé　（组合）

表示一遇见或接触就有问题：

"Cannot withstand"：

　　1.他是个刚强的人,最见不得眼泪。

　　　　Tā shì ge gāngqiáng de rén,zuì jiànbudé yǎnlèi.

　　2.这种不正之风见不得阳光。

　　　　Zhè zhǒng bú zhèng zhī fēng jiànbudé yángguāng.

有时是不能容忍的意思：

"Cannot tolerate"：

　　3.他简直见不得这种拖拉的作法。

　　　　Tā jiǎnzhí jiànbudé zhè zhǒng tuōlā de zuòfǎ.

"见不得人"表示卑劣、丑恶：

"见不得人"means scandalous：

4. 那家伙干尽了见不得人的勾当。

Nà jiāhuo gànjìnle jiànbudé rén de gòudàng.

间或　jiànhuò　（副词）

表示有较长的无规律间隔,多用于书面语:

"Intermittently"; usually used in written language:

1. 会场很安静,间或有一两声咳嗽声。

Huìchǎng hěn ānjìng, jiànhuò yǒu yì liǎng shēng késou shēng.

2. 暑假他没回家,在宿舍里看书,间或去饭馆打打工。

Shǔjià tā méi huí jiā, zài sùshè li kàn shū, jiànhuò qù fànguǎn dǎda gōng.

健步　jiànbù　（副词）

脚步轻快有力,多指走路姿态:

"With vigorous steps":

1. 在一片掌声中,白发苍苍的老教授健步走上讲台。

Zài yípiàn zhǎngshēng zhōng, bái fà cāngcāng de lǎo jiàoshòu jiànbù zǒushang jiǎngtái.

2. 下了飞机,他健步向我们走来。

Xiàle fēijī, tā jiànbù xiàng wǒmen zǒu lai.

"健步"有时是名词短语:

"健步"sometimes is a noun phrase:

他七十多岁了,精神饱满,走起路来健步如飞。

Tā qīshí duō suì le, jīngshén bǎomǎn, zǒu qǐ lù lai jiànbù rú fēi.

渐　jiàn　（副词）

表示变化过程连续而缓慢,只修饰单音节词:

"Gradually"; only modifies monosyllabic words:

1. 走了半天,渐近铁路时,他忽然又往回走去。

Zǒule bàntiān, jiàn jìn tiělù shí, tā hūrán yòu wǎng huí zǒu qù.

2. 到了深夜,雷声渐息,雨也渐止,大地一片寂静。

Dàole shēnyè, léishēng jiàn xī, yǔ yě jiàn zhǐ, dàdì yípiàn jìjìng.

渐次　jiàncì　（副词）〈书〉

表示变化过程连续而缓慢,修饰多音节词语:

"Gradually"; modifies polysyllabic words and phrases:

1. 本世纪初,研究汉语语法的人渐次多了起来。

Běn shìjì chū, yánjiū Hànyǔ yǔfǎ de rén jiàncì duōle qǐlai.

2. 住院治疗一段时间之后,他的病渐次好转。

Zhù yuàn zhìliáo yí duàn shíjiān zhīhòu, tā de bìng jiàncì hǎozhuǎn.

渐渐　jiànjiàn　（副词）

表示变化过程连续而缓慢,可带"地":

"Gradually";can take "地":

1. 几天之后,他对这里的工作环境就渐渐习惯了。

    Jǐ tiān zhīhòu,tā duì zhèlǐ de gōngzuò huánjìng jiù jiànjiàn xíguàn le.

2. 经过大家的劝阻,这场风波渐渐地平息了。

    Jīngguò dàjiā de quànzǔ,zhè chǎng fēngbō jiànjiàn de píngxī le.

"渐渐地"可用于句子开头:

"渐渐地" can occur at the head of a sentence:

3. 渐渐地,人们从四面八方来到了农贸市场。

    Jiànjiàn de,rénmen cóng sì miàn bā fāng láidàole nóngmào shìchǎng.

4. 渐渐地看热闹的人都散了。

    Jiànjiàn de kàn rènao de rén dōu sàn le.

鉴于　jiànyú　（介词）〈书〉

有"由于""觉察到""考虑到"等含义,宾语多为体词或主谓结构等:

Means "owing to"; "being aware of"; "considering" etc. The object is usually a substantive or S – P structure:

1. 鉴于贪污的祸害,政府大力反腐倡廉。

    Jiànyú tānwū de huòhài,zhèngfǔ dàlì fǎn fǔ chàng lián.

2. 鉴于各项工作准备就绪,登山队决定立即出发。

    Jiànyú gè xiàng gōngzuò zhǔnbèi jiùxù,dēngshānduì juédìng lìjí chūfā.

3. 公司鉴于职工时有旷工情形,作出了加强考勤的决定。

    Gōngsī jiànyú zhígōng shí yǒu kuànggōng qíngxing, zuòchūle jiāqiáng kǎoqín de juédìng.

有时,把主谓结构等宾语用"事实"、"缘故"等总括一下,有加重语气的意味:

Sometimes, "事实", "缘故" etc.is used to sum up the S – P structure to give an emphatic tone:

4. 鉴于北京春天多风这个事实,京郊正在大搞绿化。

    Jiànyú Běijīng chūntiān duō fēng zhège shìshí,jīngjiāo zhèngzai dà gǎo lǜhuà.

5. 鉴于患者拒绝合作的缘故,大夫不得不采取特殊措施。

    Jiànyú huànzhě jùjué hézuò de yuángù, dàifu bùdébù cǎiqǔ tèshū cuòshī.

将¹　jiāng　（副词）

表示行为或某情况不久就要发生:

"Be going to":

1. 这次学术研讨会将在这里举行。

　　Zhè cì xuéshù yántǎohuì jiāng zài zhèlǐ jǔxíng.

2. 年轻教师将分批派去进修。

　　Niánqīng jiàoshī jiāng fēn pī pài qu jìnxiū.

3. 比赛将分四组进行。

　　Bǐsài jiāng fēn sì zǔ jìnxíng.

常与助动词"要""会"等连用：

Often used in conjunction with the auxiliary verbs "要"，"会"etc.

4. 飞机将要起飞了，请大家系好安全带。

　　Fēijī jiāng yào qǐfēi le, qǐng dàjiā jìhǎo ānquándài.

5. 这个班的学生将要去工厂实习。

　　Zhège bān de xuéshēng jiāng yào qù gōngchǎng shíxí.

6. 经过改革，学校将会发生很大的变化。

　　Jīngguò gǎigé, xuéxiào jiāng huì fāshēng hěn dà de biànhuà.

将² 　jiāng　（介词）

同"把"，多见于书面语：

Same as "把", but is used in literary language:

A. "将……"后面的述语一般是及物的。"将"的宾语在意念上是这动词的受事；宾语多是专指的：

　　The verb after "将…"is usually transitive and the object of "将"is in fact the object of this verb; the object is mostly specific:

1. 他将寒假的见闻都写了下来。

　　Tā jiāng hánjià de jiànwén dōu xiěle xiàlai.

2. 她将那杯绿茶一饮而尽。

　　Tā jiāng nà bēi lǜchá yì yǐn ér jìn.

"将"后面的述语不能独立存在，常有附加成分，如上例1，另如：

The verb after "将…"cannot stand by itself and must take some additional element as shown in 1 and in the following example:

3. 他将摔倒的孩子扶起来。

　　Tā jiāng shuāidǎo de háizi fú qǐlai.

B. 如果有否定副词或助动词，一般要放在"将"前：

　　If there is a negative adverb or an auxiliary verb, it usually precedes "将":

1. 我们不可不将住所的卫生搞好。

　　Wǒmen bù kě bù jiāng zhùsuǒ de wèishēng gǎohǎo.

2. 她没将基础打好，所以学习有困难。

Tā méi jiāng jīchǔ dǎhǎo, suǒyǐ xuéxí yǒu kùnnan.

3. 他很愿意将这份人情送给她。

Tā hěn yuànyì jiāng zhè fèn rénqíng sònggěi tā.

叫   jiào   (介词)

同"被",比"被"口语化;宾语常为体词;述语后常带附加成分;"叫"过去有时写作"教":

Same as "被", but is more colloquial; the object is usually a substantive, the verb often takes an additional element. "叫" once was often written as "教":

1. 这件事叫人知道可了不得。

Zhè jiàn shì jiào rén zhīdao kě liǎobudé.

2. 哎呀,他叫狗咬了一口。

Āiyā, tā jiào gǒu yǎole yì kǒu.

由于主语在意念上是动词的受事,动词一般无宾语;如有,宾语是主语的一部分或属于主语:

Since the subject is in fact the object of the verb and so the verb has no object or if it has one, the object represents something belonging to the subject:

3. 他叫狗咬了胳膊。

Tā jiào gǒu yǎole gēbo.

4. 她叫这个人缠了半辈子。

Tā jiào zhège rén chánle bàn bèizi.

"叫"的宾语如极为明显,可以省略。这是一种极为口语化的说法:

If the object of "叫" is very obvious, it can be omitted, and this is very colloquial:

5. 那家伙叫抓到公安局去了。

Nà jiāhuo jiào zhuā dào gōng'ānjú qu le.

6. 房子叫烧了个光。

Fángzi jiào shāole ge guāng.

7. 两只羊跑到田里,小苗叫吃了个干净。

Liǎng zhī yáng pǎo dào tián li, xiǎo miáo jiào chīle ge gānjìng.

上例5"叫"的宾语是后出现的"公安局",例6宾语是"烧光"所暗示的"火",例7宾语是"吃干净"所暗示的"羊"。

In 5, the object of "叫" is "公安局"; in 6, it is "火", as hinted by "烧光"; and in 7, it is "羊".

较[1]   jiào   (副词)

表示有一定程度,多修饰单音节形容词,一般用于书面语:

"Fairly"; "comparatively"; mostly modifies monosyllabic adjectives and occurs in written language:

1. 报考经济管理专业的人较多,较难考取。

Bàokǎo jīngjì guǎnlǐ zhuānyè de rén jiào duō,jiào nán kǎoqǔ.

2. 这里冬天较冷,热带植物不容易过冬。

Zhèli dōngtiān jiào lěng,rèdài zhíwù bù róngyi guò dōng.

有时则含有与其他事物比较显出程度上的差别:

Sometimes it implies actual comparison:

3. 这些文章中,这篇寓意较深。

Zhèxiē wénzhāng zhōng,zhè piān yùyì jiào shēn.

较 ² jiào　（介词）〈书〉

"较"有"比"的意思,但不受否定词修饰:

"较" means "比",but cannot be modified by any negative word:

1. 这个村子的八十岁以上老人,比例较全省高。

Zhège cūnzi de bāshí suì yǐshàng lǎorén,bǐlì jiào quán shěng gāo.

2. 本县今年的降雨量,较前三年减少了十五毫米。

Běn xiàn jīnnián de jiàngyǔliàng, jiào qián sān nián jiǎnshǎole shíwǔ háomǐ.

3. 该嫌疑犯的肤色较一般人为黑。

Gāi xiányífàn de fūsè jiào yìbān rén wéi hēi.

较为 jiàowéi　（副词）〈书〉

表示有一定的程度,多修饰双音节形容词:

Same as "较";mostly modifies disyllabic adjectives:

1. 图书馆较为安静,我常去那里自习。

Túshūguǎn jiàowéi ānjìng,wǒ cháng qù nàli zìxí.

2. 毕业后我想到条件较为优越的研究所去工作。

Bìyè hòu wǒ xiǎng dào tiáojiàn jiàowéi yōuyuè de yánjiūsuǒ qu gōngzuò.

3. 这是熟练工种,人员较为固定。

Zhè shì shúliàn gōngzhǒng,rényuán jiàowéi gùdìng.

皆 jiē　（副词）〈书〉

"都"的意思,多修饰单音节动词或形容词:

"All";"both";mostly modifies monosyllabic verbs or adjectives:

1. 缺点人人皆有,不能求全责备。

Quēdiǎn rénrén jiē yǒu,bù néng qiú quán zé bèi.

2. 这样的事例比比皆是。

Zhèyàng de shìlì bǐbǐ jiē shì.

3. 须知盘中餐,粒粒皆辛苦。

Xū zhī pán zhōng cān, lìlì jiē xīnkǔ.

接连 jiēlián （副词）

一个接着一个,后面常有数量短语:

"Consecutively"; "one after another", usually followed by a numeral – measure phrase:

1. 在比赛中他接连失误,输掉了一场。

　　Zài bǐsài zhōng tā jiēlián shīwù, shūdiàole yì chǎng.

2. 这里人多街窄,接连发生交通事故。

　　Zhèlǐ rén duō jiē zhǎi, jiēlián fāshēng jiāotōng shìgu.

3. 新年前接连收到十几个贺年卡。

　　Xīnnián qián jiēlián shōudào shí jǐ ge hèniánkǎ.

接着 jiēzhe （连词）

同"跟着"(连词),表示前面的动作与后面的动作在时间上连接得很紧;后面可有停顿:

Same as "跟着" (连词), indicating that the first action is closely followed by the second action, "接着" may be followed by a pause:

1. 窗外有人影晃动,接着,有人敲门。

　　Chuāng wài yǒu rényǐngr huàngdòng, jiēzhe, yǒu rén qiāo mén.

2. 杏花刚刚开过,接着,满园的桃花都开了。

　　Xìnghuā gānggāng kāiguò, jiēzhe, mǎn yuán de táohuā dōu kāi le.

3. 他刚听了一个学术报告,接着又去参加一个演讲比赛会。

　　Tā gāng tīngle yí ge xuéshù bàogào, jiēzhe yòu qù cānjiā yí ge yǎnjiǎng bǐsài huì.

结果 jiéguǒ （连词）

表示事物发展到最后的状态:

"As a result":

1. 我忙了一个星期,结果什么事也没办成。

　　Wǒ mángle yí ge xīngqī, jiéguǒ shénme shì yě méi bànchéng.

2. 争论了一个上午,结果是我们的主张被否定了。

　　Zhēnglùnle yí ge shàngwǔ, jiéguǒ shì wǒmen de zhǔzhāng bèi fǒudìng le.

3. 他东奔西跑,费了不少力,结果总算把公司办起来了。

　　Tā dōng bēn xī pǎo, fèile bù shǎo lì, jiéguǒ zǒngsuàn bǎ gōngsī bàn qǐlai le.

竭力 jiélì （副词）〈书〉

表示主观上尽一切力量的意思,可带"地"

"Do one's utmost";"spare no effort";can take "地"after it:

1. 遇到困难时，朋友们都竭力相助。

　　Yùdào kùnnan shí,péngyoumen dōu jiélì xiāng zhù.

2. 她含着泪，竭力地控制自己的感情。

　　Tā hánzhe lèi,jiélì de kòngzhì zìjǐ de gǎnqíng.

3. 他竭力思索解决这个难题的办法。

　　Tā jiélì sīsuǒ jiějué zhège nántí de bànfǎ.

截然　jiérán　（副词）

表示界线分明，像割断一样。常跟"不同""分开""相反"等连用：

"Sharply";"completely";is usually used in conjunction with"不同","分开","相反"etc.:

1. 他们俩的志趣截然不同，不能相提并论。

　　Tāmen liǎ de zhìqù jiérán bùtóng,bù néng xiāng tí bìng lùn.

2. 对这部电视剧的看法，我和他截然相反。

　　Duì zhè bù diànshìjù de kànfǎ,wǒ hé tā jiérán xiāngfǎn.

3. 基础知识和专业知识不能截然分开。

　　Jīchǔ zhīshi hé zhuānyè zhīshi bù néng jiérán fēnkāi.

借故　jiègù　（副词）

以某种原因为借口，后面为多音节词语，可修饰否定式。

"Under the pretext"; is followed by a polysyllabic word or phrase; can modify a negative structure:

1. 今天他借故不来上班。

　　Jīntiān tā jiègù bù lái shàng bān.

2. 他借故出差，到名山大川游览一番。

　　Tā jiègù chūchāi,dào míngshān dàchuān yóulǎn yìfān.

"借"原是动词，现在有时仍可说"借生病之故"等，所以"借故"也可算作动宾结构：

"借"is a verb,and we can say "借生病之故"etc,and so "借故" is also a verb - object structure.

届时　jièshí　（副词）〈书〉

到那时的意思，只用于未发生之事：

"When the time comes";is only used in a future occasion:

1. 足球甲级联赛下个月开始，届时必有许多精彩场面。

　　Zúqiú jiǎ jí liánsài xià ge yuè kāishǐ, jièshí bì yǒu xǔduō jīngcǎi chǎngmiàn.

2. 兹定于本月五日上午八点半在会议室召开教学研讨会，届时务请出席。

Zī dìng yú běn yuè wǔ rì shàngwǔ bā diǎn bàn zài huìyìshì zhàokāi jiàoxué yántǎohuì, jièshí wù qǐng chūxí.

禁不住 jīnbuzhù (组合)

不由得;抑制不住:

"Cannot help":

1. 秋天到了,一片苍芒,我的心情禁不住悲凉起来。

Qiūtiān dào le, yípiàn cāngmáng, wǒ de xīnqíng jīnbuzhù bēiliáng qǐlai.

2. 看到父亲的遗像,女儿禁不住哭了起来。

Kàndào fùqin de yíxiàng, nǚ'ér jīnbuzhù kūle qǐlai.

3. 听了他一番演说,大家禁不住拍手叫好。

Tīngle tā yìfān yǎnshuō, dàjiā jīnbuzhù pāi shǒu jiào hǎo.

辨认:

Note:

"禁不住"有时是动词短语,意思是承受不住,但有相对应的肯定形式,不是虚词。如:

"禁不住"sometimes is a verb phrase meaning "cannot bear", and "禁得住"is the positive form:

1. 他禁得住禁不住这种打击?

Tā jīn de zhù jīn bu zhù zhè zhǒng dǎjī?

2. 怎么结实的衣服,也禁不住你这样穿哪!

Zěnme jiēshi de yīfu, yě jīn bu zhù nǐ zhèyàng chuān na!

仅 jǐn (副词)

"只""只有"的意思,限制范围或数量。

"Only"; can restrict range or quantity.

1. 我仅见过他一面,对他不很了解。

Wǒ jǐn jiànguo tā yí miàn, duì tā bù hěn liǎojiě.

2. 我们班仅他一个人没去过长城。

Wǒmen bān jǐn tā yí ge rén méi qùguo Chángchéng.

3. 他给我来过几封信,因为忙,仅回过他一封。

Tā gěi wǒ láiguò jǐ fēng xìn, yīnwèi máng, jǐn huíguo tā yì fēng.

参看"仅仅"。

Compare "仅仅"jǐnjǐn.

仅仅 jǐnjǐn (副词)

"只""只有"的意思,口气比"仅"更重:

"Only"; more emphatic than "仅":

1. 仅仅两年，这个城市就起了那么大变化。

　Jǐnjǐn liǎng nián, zhège chéngshì jiù qǐle nàme dà biànhuà.

2. 知道这件事的不仅仅我一个，很多人都知道了。

　Zhīdào zhè jiàn shì de bù jǐnjǐn wǒ yí ge, hěn duō rén dōu zhīdao le.

3. 这座二十多层的楼仅仅一年就建成了。

　Zhè zuò èrshí duō céng de lóu jǐnjǐn yì nián jiù jiànchéng le.

尽管[1]　jǐnguǎn　（副词）

A. 表示不必顾虑别的条件或限制，放心去做：

Not hesitate to：

1. 有什么事要我帮忙，你尽管说。

　Yǒu shénme shì yào wǒ bāng máng, nǐ jǐnguǎn shuō.

2. 你尽管放心走吧，我会替你照顾好老人和孩子。

　Nǐ jǐnguǎn fàngxīn zǒu ba, wǒ huì tì nǐ zhàogùhǎo lǎorén hé háizi.

B. 有"老是""总是"的意思，用得较少：

"Keep on"；"always"；not often used：

1. 一天到晚尽管坐在房间看小说，也不出去散散步。

　Yì tiān dào wǎn jǐnguǎn zuò zài fángjiān kàn xiǎoshuō, yě bù chūqu sànsan bù.

2. 她尽管说过去的那些事儿，也不管有没有人听。

　Tā jǐnguǎn shuō guòqù de nàxiē shì, yě bù guǎn yǒu méi yǒu rén tīng.

参看连词"尽管"。

Compare conjunction "尽管" jǐnguǎn.

尽管[2]　jǐnguǎn　（连词）

同"虽然"，表示让步，姑且承认某种事实；常有"可是"、"但是"、"却"、"然而"等与之呼应：

Same as "虽然", indicating concession and acknowledging a fact. It is often used in conjunction with "可是", "但是", "却" or "然而" etc.：

1. 他们俩尽管常常争论，但关系一直很好。

　Tāmen liǎ jǐnguǎn chángcháng zhēnglùn, dàn guānxi yìzhí hěn hǎo.

2. 尽管天寒路远，她还是跟大家一起走了。

　Jǐnguǎn tiān hán lù yuǎn, tā háishì gēn dàjiā yìqǐ zǒu le.

3. 尽管人们对她的做法议论纷纷，她却像没听见一样，坚持干下去。

　Jǐnguǎn rénmen duì tā de zuòfǎ yìlùn fēnfēn, tā què xiàng méi tīngjiàn yíyàng, jiānchí gàn xiàqù.

4. 尽管那里天气炎热，然而室内有空调，工作不受影响。

　Jǐnguǎn nàlǐ tiānqì yánrè, rán'ér shì nèi yǒu kōngtiáo, gōngzuò bú shòu yǐngxiǎng.

尽快　jǐnkuài　（副词）

表示尽量加快,后面可带"地"

"As quickly as possible"; can take "地" after it:

1. 希望尽快解决他们的住宿问题。

　　Xīwàng jǐnkuài jiějué tāmen de zhùsù wèntí.

2. 信中让我办完事尽快回去。

　　Xìn zhōng ràng wǒ bànwán shì jǐnkuài huíqu.

3. 回国探亲的申请批准了,叫他尽快地做好准备。

　　Huí guó tàn qīn de shēnqǐng pīzhǔn le, jiào tā jǐnkuài de zuòhǎo zhǔnbèi.

尽量　jǐnliàng　（副词）

表示力求在一定范围内达到最大限度;可修饰否定式,也可带"地":

"To the best of one's ability"; can modify a negative structure and can take "地" after it:

1. 要尽量节约用水、用电。

　　Yào jǐnliàng jiéyuē yòng shuǐ,yòng diàn.

2. 这事还要请你保密,事成之前尽量不让别人知道。

　　Zhè shì hái yào qǐng nǐ bǎomì,shì chéng zhīqián jǐnliàng bú ràng biéren zhīdào.

3. 尽量地满足他的要求。

　　Jǐnliàng de mǎnzú tā de yāoqiú.

尽先　jǐnxiān　（副词）

力求在时间上比别的早:

"Give priority to":

1. 只要有可能,我尽先给你办。

　　Zhǐyào yǒu kěnéng,wǒ jǐnxiān gěi nǐ bàn.

2. 写完这篇稿子之后,尽先拿来给我看看。

　　Xiěwán zhè piān gǎozi zhīhòu,jǐnxiān ná lai gěi wǒ kànkan.

尽早　jǐnzǎo　（副词）

在可能范围内最早:

"As early as possible":

1. 春耕季节即将到来,请尽早作好各种准备。

　　Chūngēng jìjié jíjiāng dào lái,qǐng jǐnzǎo zuòhǎo gè zhǒng zhǔnbèi.

2. 果树上已发现虫害,应该尽早防治,不能让它发展成灾。

Guǒshù shang yǐ fāxiàn chónghài, yīnggāi jǐnzǎo fángzhì, bù néng ràng tā fāzhǎn chéng zāi.

　3. 我要争取早日学成，尽早回去报效祖国。

　　Wǒ yào zhēngqǔ zǎorì xuéchéng, jǐnzǎo huíqu bàoxiào zǔguó.

尽　jìn　(副词)

A. 与"是"连用，主语是复数的，表示主语所指全部人、物都属一类：

Used in conjunction with "是"; the subject is in plural number indicating what it refers to are of one kind:

　1. 屋子里坐着的尽是些不认识的人。

　　Wūzi li zuòzhe de jìn shì xiē bú rènshi de rén.

　2. 市场上人来人往，他们不尽是来买东西的，有的只是来逛逛。

　　Shìchǎng shang rén lái rén wǎng, tāmen bú jìn shì lái mǎi dōngxi de, yǒude zhǐ shì lái guàngguang.

有时表示夸张：

Sometimes it indicates exaggeration:

　3. 为了多卖钱，他那菜里尽是水。

　　Wèile duō mài qián, tā nà cài lǐ jìn shì shuǐ.

B. 用在动词前表示只做某一活动，其实是一种夸张说法，表示这种活动很频繁：

Used before a verb to show high frequency by exaggeration:

　1. 我看他神经有点儿不正常，尽说胡话。

　　Wǒ kàn tā shénjīng yǒudiǎnr bú zhèngcháng, jìn shuō hú huà.

　2. 这孩子变坏了，嘴上尽带脏字。

　　Zhè háizi biànhuài le, zuǐshang jìn dài zāng zì.

C. 用于动词前，表示宾语的人、物全都只属某一类：

Used before a verb to show what referred to by the object are of one kind only:

　1. 买苹果他尽拣红的，不论大小。

　　Mǎi píngguǒ tā jìn jiǎn hóng de, bú lùn dàxiǎo.

　2. 他尽问一些稀奇古怪的问题。

　　Tā jìn wèn yìxiē xīqí gǔguài de wèntí.

尽情　jìnqíng　(副词)

不受任何拘束，尽量满足自己感情的要求；可以带"地"：

"To one's heart's content"; can take "地" after it:

　1. 工作之余，青年人可以去歌舞厅尽情欢乐。

　　Gōngzuò zhī yú, qīngnián rén kěyǐ qù gēwǔtīng jìnqíng huānlè.

2. 每到节日,全家欢聚在一起,尽情享受美味佳肴。

Měi dào jiérì, quán jiā huānjù zài yìqǐ, jìnqíng xiǎngshòu měiwèi jiāyáo.

3. 篝火晚会上,学生们尽情地唱呀跳呀,好像永不疲倦似的。

Gōuhuǒ wǎnhuì shang, xuéshēngmen jìnqíng de chàng ya tiào ya, hǎoxiàng yǒng bù píjuàn shìde.

进而　jìn'ér　（连词）

连接同一主语的两个分句，后面是动词或动词性词组，表示在前面指出的情况或行动的基础上更进一步；不能用在主语前：

Connects two clauses sharing one subject, with the second clause containing a verbal structure exposing a further statement, can't occur before the subject :

1. 他在弄清了这些词的意义之后，进而对它们在用法上的特点作了研究。

Tā zài nòngqīngle zhèxiē cí de yìyì zhī hòu, jìn'ér duì tāmen zài yòngfǎ shàng de tèdiǎn zuòle yánjiū.

2. 要说服大家,改变对问题的看法,进而形成统一的意见。

Yào shuōfú dàjiā, gǎibiàn duì wèntí de kànfǎ, jìn'ér xíngchéng tǒngyī de yìjiàn.

3. 由于大家统一了认识,进而加快了工作的速度。

Yóuyú dàjiā tǒngyīle rènshì, jìn'ér jiākuàile gōngzuò de sùdù.

经　jīng　（介词）

"经"常以表示人的行为的主谓结构为宾语，后面是这种行动导致的结果；主谓结构中的动词前有时带"一"：

"经" often takes a S－P structure representing some human behaviour as its object and then there follows the result it leads to. The verb in the S－P structure is often preceded by "一" :

1. 经他介绍,我认识了小王。

Jīng tā jièshào, wǒ rènshile Xiǎo Wáng.

2. 经她一喊,人们都来帮助卸货。

Jīng tā yì hǎn, rénmen dōu lái bāngzhu xiè huò.

有时"经"的宾语是双音节动词,或由这类动词构成的短语：

Sometimes, the object of "经" is a disyllabic verb or a phrase made up by such a verb :

3. 经核对,来人所说的数目是准确的。

Jīng héduì, láirén suǒ shuō de shùmù shì zhǔnquè de.

4. 经大量实验,终于找到了新的催化剂。

Jīng dàliàng shíyàn, zhōngyú zhǎodàole xīn de cuīhuàjì.

5. 经当面认证,情况属实。

　Jīng dāngmiàn rènzhèng, qíngkuàng shǔshí.

辨认:

Note:

下面例句中的"经"是动词:

"经" in the following examples is a verb:

1. 藏稿经年,才得印出。

　Cáng gǎo jīng nián, cái dé yìnchū.

2. 老王全家这次经上海抵京,旅途顺利。

　Lǎo Wáng quán jiā zhè cì jīng Shànghǎi dǐ Jīng, lǚtú shùnlì.

径　jìng　（副词）〈书〉

直接向某处进发,不绕道,不停顿;多修饰单音节动词,动词后有附加成分:

"Directly"; "straightaway"; usually modifies monosyllabic verbs which take some additional elements:

1. 下了火车,我们径到南方大厦,找到了经理。

　Xiàle huǒchē, wǒmen jìng dào Nánfāng dàshà, zhǎodàole jīnglǐ.

2. 他们俩叫了一辆出租车,径向医院急诊室驶去。

　Tāmen liǎ jiàole yí liàng chūzū chē, jìng xiàng yīyuàn jízhěnshì shǐ qu.

3. 在上海办完事后径回北京,不许中途游山玩水。

　Zài Shànghǎi bànwán shì hòu jìng huí Běijīng, bùxǔ zhōngtú yóu shān wán shuǐ.

径直　jìngzhí　（副词）〈书〉

A. 直接向某处前进,不绕道,不停顿;动词前常有表方向的词语:

"Directly to"; "straight"; there is usually a word or phrase indicating direction before the verb:

1. 几个领头的工人推开厂长办公室的门,径直往里走去。

　Jǐ ge lǐngtóu de gōngrén tuīkāi chǎngzhǎng bàngōngshì de mén, jìngzhí wǎng lǐ zǒu qu.

2. 那小家伙看了看四周无人,径直向西瓜地跑去。

　Nà xiǎojiāhuo kàn le kàn sìzhōu wú rén, jìngzhí xiàng xīguā dì pǎo qu.

B. 直接进行某件事或将某事一直进行下去不中断:

"Go ahead"; "carry on":

1. 你径直说下去,有遗漏的我们再补充。

　Nǐ jìngzhí shuō xiaqu, yǒu yílòu de wǒmen zài bǔchōng.

2. 中午进了家门,屋子里热得像个蒸笼,他径直打开空调器,然后才脱去外衣。

Zhōngwǔ jìnle jiāmén, wūzi li rè de xiàng ge zhēnglóng, tā jìngzhí dǎkāi kōngtiáoqì, ránhòu cái tuōqu wàiyī.

"径直"后可带"地":

"径直"can take"地"after it:

退潮之后，人们径直地向海滩走去，希望找到几个漂亮的贝壳。

Tuì cháo zhīhòu, rénmen jìngzhí de xiàng hǎitān zǒu qu, xīwàng zhǎodào jǐ ge piàoliang de bèiké.

径自　jìngzì　（副词）〈书〉

自作主张地单独行动，可带"地"：

"Do sth. without consulting anyone "; can take"地"：

1. 最近几天，他感到烦闷，径自到酒楼去喝酒。

   Zuìjìn jǐ tiān, tā gǎndào fánmèn, jìngzì dào jiǔlóu qu hē jiǔ.

2. 他没跟我说一声，径自地把我刚买的那本书拿走了。

   Tā méi gēn wǒ shuō yì shēng, jìngzì de bǎ wǒ gāng mǎi de nà běn shū názǒu le.

3. 不知道哪句话不合她的意，一转身她径自回家去了。

   Bù zhīdào nǎ jù huà bù hé tā de yì, yì zhuǎn shēn tā jìngzì huí jiā qu le.

净　jìng　（副词）〈口〉

A. 与"是"连用，主语是复数的，表示主语所指人、物都属一类：

"净" is often followed by"是"，"净是" is a very colloquial expression to mean "all are"(of one kind)：

1. 车上背着铺盖卷儿的，净是到城市打工的乡下人。

   Chē shang bēizhe pūgàijuǎnr de, jìng shì dào chéngshì dǎgōng de xiāngxià rén.

2. 他们都是老实人，说的净是心里话。

   Tāmen dōu shì lǎoshi rén, shuō de jìng shì xīnli huà.

有时是夸张的说法，实际上只表示很多：

Sometimes it is just an exaggerated way of showing large quantities：

3. 赵先生是研究古代汉语的，书房里净是古书。

   Zhào xiānsheng shì yánjiū gǔdài Hànyǔ de, shūfáng li jìng shì gǔshū.

B. 用在动词前，表示只从事某一活动，这是一种夸张的说法，表示活动很频繁：

Used before a verb to show high frequency in an exaggerated way：

1. 这老头子下班回家净逗孩子玩儿。

   Zhè lǎotóuzi xià bān huí jiā jìng dòu háizi wánr.

2. 一到秋天,我就愿意去海边的舅舅家,那里净吃螃蟹。

　　Yí dào qiūtiān, wǒ jiù yuànyì qù hǎibiān de jiùjiu jiā, nàli jìng chī pángxie.

C. 用于动词前,表示宾语的人、物都属某一类:

Used before a verb to indicate that its object refers to one kind of things or persons:

1. 净吃鱼、肉对身体不好,应该多吃蔬菜。

　　Jìng chī yú, ròu duì shēntǐ bù hǎo, yīnggāi duō chī shūcài.

2. 为了不让人采,他的院子里净种些带刺儿的花儿。

　　Wèile bú ràng rén cǎi, tā de yuànzi li jìng zhòng xiē dài cìr de huār.

竟　jìng　(副词)〈书〉

A. 表示出乎意料之外,修饰词组,可修饰否定式:

"Beyond one's expectations"; modifies phrase, including negative structures:

1. 没想到,五岁的孩子竟能画出那么逼真的画儿。

　　Méi xiǎngdào, wǔ suì de háizi jìng néng huàchū nàme bīzhēn de huàr.

2. 史先生的速算法竟比电脑还快。

　　Shǐ xiānsheng de sùsuànfǎ jìng bǐ diànnǎo hái kuài.

3. 那么大声说话他竟听不见。

　　Nàme dà shēng shuō huà tā jìng tīng bu jiàn.

参看"竟然""竟自"。

Compare "竟然" jìngrán and "竟自" jìngzì.

B. 有"终于""以至于"的意思,表示程度加深,更进一步。

"In the end"; "even":

1. 有些山区农村生活还是比较穷苦,有的孩子竟连小学也上不起。

　　Yǒuxiē shānqū nóngcūn shēnghuó háishi bǐjiào qióngkǔ, yǒude háizi jìng lián xiǎoxué yě shàng bu qǐ.

2. 独生女儿车祸死了,她悲恸之极,竟疯了。

　　Dúshēng nǚ'ér chēhuò sǐ le, tā bēitòng zhī jí, jìng fēng le.

助动词、副词或介词结构等要放在"竟"后面:

Auxiliary verbs, adverbs or prepositional structures must occur after "竟":

1. 一个小学生竟能写出那么好的作文,真没想到。

　　Yí ge xiǎoxuéshēng jìng néng xiěchū nàme hǎo de zuòwén, zhēn méi xiǎngdào.

2. 费尽毕生心血写的书稿竟全都成了一堆废纸。

　　Fèijìn bìshēng xīnxuè xiě de shūgǎo jìng quán dōu chéngle yì duī fèizhǐ.

3. 多年不见竟把他的名字忘了。

Duō nián bu jiàn jìng bǎ tā de míngzi wàng le.

竟然　jìngrán　（副词）

出乎意料之外，修饰词组，也可修饰否定式：

"Beyond expectation"; modifies phrases including negative structures:

1. 这么一个能容纳万人的大会堂竟然没有一根柱子。

Zhème yí ge néng róngnà wàn rén de dàhuìtáng jìngrán méi yǒu yì gēn zhùzi.

2. 那么宽的海峡，那么大的风浪，她竟然游过去了。

Nàme kuān de hǎixiá, nàme dà de fēnglàng, tā jìngrán yóu guoqu le.

助动词、副词、介词结构等，多用在"竟然"之后：

Auxiliary verbs, adverbs, prepositional structures usually occur after "竟然":

1. 电话机竟然会带那么多病菌，以前根本没想过。

Diànhuàjī jìngrán huì dài nàme duō bìngjūn, yǐqián gēnběn méi xiǎng guo.

2. 万万没想到，这个新方案竟然被否决了。

Wànwàn méi xiǎngdào, zhège xīn fāng'àn jìngrán bèi fǒujué le.

竟自　jìngzì　（副词）

没想到的意思，修饰词组，只能用于人：

Same as "竟然", but must refer to human beings only; modifies phrases:

1. 他看这里人多，没跟我说什么竟自走了。

Tā kàn zhèli rén duō, méi gēn wǒ shuō shénme jìngzì zǒu le.

2. 昨天小明发烧，没有吃药竟自退烧了。

Zuótiān Xiǎo Míng fā shāo, méiyǒu chī yào jìngzì tuì shāo le.

迥然　jiǒngrán　（副词）〈书〉

"根本""完全"的意思，多与"不同"连用：

"Completely"; "entirely"; is usually followed by "不同" etc.:

1. 他们兄弟俩，一个急脾气，一个慢性子，性情迥然各异。

Tāmen xiōngdì liǎ, yí ge jí píqi, yí ge màn xìngzi, xìngqíng jiǒngrán gè yì.

2. 南方人喜吃甜的，北方人喜吃咸的，生活习惯迥然不同。

Nánfāng rén xǐ chī tián de, běifāng rén xǐ chī xián de, shēnghuó xíguàn jiǒngrán bù tóng.

究　jiū　（副词）〈书〉

A. 同"究竟"，表示进一步追究，后面多带疑问代词，有加强语气的作用：

"After all", same as "究竟", is usually followed by an interrogative pronoun, and is an emphatic expression:

1. 成功究有多大可能,尚难预料。

　　Chénggōng jiū yǒu duō dà kěnéng, shàng nán yùliào.

2. 出国前各种手续究将如何办理,望告。

　　Chū guó qián gè zhǒng shǒuxù jiū jiāng rúhé bànlǐ, wàng gào.

B. 用于陈述句,指出事情终究这样:

Used in a declarative sentence to mean "in spite of everything":

1. 这种事情的发生究为偶然。

　　Zhè zhǒng shìqing de fāshēng jiū wéi ǒurán.

究竟　jiūjìng　(副词)

A. 用于疑问句中,表示进一步追究,有加强语气的作用:

"After all"; used in an interrogative sentence:

1. 老李得的究竟是什么病?

　　Lǎo Lǐ dé de jiūjìng shì shénme bìng?

2. 请明确地说,你究竟同意谁的观点?

　　Qǐng míngquè de shuō, nǐ jiūjìng tóngyì shuí de guāndiǎn?

B. 用于陈述句中,指出事物最本质的一点:

Used in a declarative sentence to point out the crucial point:

1. 人究竟不是机器,要吃饭,要休息,不能整天连续干。

　　Rén jiūjìng bú shì jīqì, yào chī fàn, yào xiūxi, bù néng zhěngtiān liánxù gàn.

2. 他究竟是学电子的,电器出了毛病一修就好了。

　　Tā jiūjìng shì xué diànzǐ de, diànqì chūle máobìng yì xiū jiù hǎole.

就¹　jiù　(副词)

A. 用在表示时间的词语之后,表示该时间早、快或短;"就"轻读,时间词语重读:

Used after a word or phrase indicating time to show that the speaker thinks the time is early or short, "就" is pronounced in the neutral tone and the word or phrase of time is stressed:

1. 一清早他就出去散步了。

　　Yì qīngzǎo tā jiù chūqu sàn bù le.

2. 我去买点儿冷饮,一会儿就回来,你稍等一下儿。

　　Wǒ qù mǎi diǎnr lěngyǐn, yíhuìr jiù huílai, nǐ shāo děng yíxiàr.

3. 她从小就听话,学习也很用功。

　　Tā cóng xiǎo jiù tīng huà, xuéxí yě hěn yònggōng.

4. 别催我了,这就走。

Bié cuī wǒ le,zhè jiù zǒu.

有时表示在短时间内两个动作紧紧相连：

Sometimes it indicates one action immediatly after another：

5．父亲刚回到家就又走了。

　　Fùqin gāng huídào jiā jiù yòu zǒu le.

6．吃完饭就看书有损健康。

　　Chīwán fàn jiù kàn shū yǒu sǔn jiànkāng.

有时两个动作实际上是一个，是一种强调动作快的说法：

Sometimes two actions are in fact just one and it is a way to show speed：

7．他脾气很坏，稍不顺心，张口就骂。

　　Tā píqì hěn huài,shāo bú shùnxīn,zhāng kǒu jiù mà.

8．只要是抢救病人，王大夫骑车就走。

　　Zhǐyào shì qiǎngjiù bìngrén,Wáng dàifu qí chē jiù zǒu.

B．强调数量：

Used to stress quantity：

1)用在数量短语之后，表示数量小；"就"轻读，数词重读：

Used after a numeral-measure phrase to indicate a small number，"就"is pronounced in the neutral tone and the phrase is stressed：

1．过去有些孩子五岁就上学。

　　Guòqù yǒuxiē háizi wǔ suì jiù shàng xué.

2．那点活儿去三个人就够。

　　Nà diǎn huór qù sān ge rén jiù gòu.

有时"就"后面也有数量短语，因前面的数量小，对比之下，含有后面数量大的意思；前后的数词都要重读：

If there is another numeral-measure phrase after"就"，by contrast with the first phrase，the second numeral is intended to indicate a large number.Both mumerals must be stressed：

3．一个人就理了一个多小时，他上午能理几个头！

　　Yí ge rén jiù lǐle yí ge duō xiǎoshí,tā shàngwǔ néng lǐ jǐ ge tóu!

4．他一家就五辆自行车，门口都放满了。

　　Tā yì jiā jiù wǔ liàng zìxíngchē,ménkǒu dōu fàngmǎn le.

有时"就"前没有数词，主语则必须重读：

If there is no numeral before"就"，the subject must be stressed：

5．一千多人的大厂，每月工资就四五十万。

　　Yì qiān duō rén de dà chǎng,měi yuè gōngzī jiù sìwǔshí wàn.

2)用在数量短语之前，表示该数量小，"就"是"只"的意思：

"就"或后面的数词重读：

Used before a numeral-measure phrase to indicate a small mumber，"就"means"only"．"就"or the numeral is stressed：

6. 过去这个村就他一个人识字，写信什么的都找他。

Guòqù zhège cūn jiù tā yí ge rén shí zì，xiě xìn shénme de dōu zhǎo tā．

7. 卧铺票很难买，每个人就限一张。

Wò pù piào hěn nán mǎi，měi ge rén jiù xiàn yì zhāng．

由于 B 1) 的用法有时可表示后面的数量大，因此与 B 2) 是矛盾的，所以有些句子有歧义，既可以认为多，也可以认为少，要由上下文来定：

B 1) and 2) sometimes are in contradiction with each other and so some sentences may be ambiguous．Only the context can decide the meaning：

8. 我们班就有十二个人参加长跑运动，(比别的班少。)

Wǒmen bān jiù yǒu shí'èr ge rén cānjiā chángpǎo yùndòng，(bǐ bié de bān shǎo．)

我们班就有十二个人参加长跑运动，(加上别的班的就更多了。)

Wǒmen bān jiù yǒu shí'èr ge rén cānjiā chángpǎo yùndòng，(jiāshang bié de bān jiù gèng duō le．)

3) 动词前加"一"，"就"后有数量短语，表示数量大；"就"轻读：

When"一"occurs before the verb and a numeral measure phrase occurs after"就"，it indicates a large quantity；"就"is pronounced in the neutral tone：

9. 他觉得这荔枝新鲜，一买就五六斤。

Tā juéde zhè lìzhī xīnxian，yì mǎi jiù wǔliù jīn．

10. 他们俩无话不谈，一聊就好几个钟头。

Tāmen liǎ wú huà bu tán，yì liáo jiù hǎo jǐ ge zhōngtóu．

C. 限定范围：

Restricts the range：

1) 用在动词或动词结构前，限定动作或表示动作只适用于宾语所指的人、物；重读"就"或宾语：

Used before a verb or verb structure to restrict the action of the object of the verb；"就"or the object is stressed：

1. 等我赶到医院看他时，他就睁睁眼，连话也不能说了。

Děng wǒ gǎndào yīyuàn kàn tā shí，tā jiù zhēngzheng yǎn，lián huà yě bù néng shuō le．

2. 父亲生前常用的东西，就保留了这个烟袋。

Fùqin shēngqián cháng yòng de dōngxi，jiù bǎoliúle zhège yāndài．

2) 用在主语前,表示排除主语所指以外的事物,重读主语或数词:

Used before the subject to restrict it. The subject or the numeral-measure phrase is stressed:

3. 就他喜欢闲聊,海阔天空,没完没了。

Jiù tā xǐhuan xiánliáo, hǎi kuò tiān kōng, méi wán méi liǎo.

4. 就小孙一个人参加了暑假旅游,别人都没去。

Jiù Xiǎo Sūn yí ge rén cānjiāle shǔjià lǚyóu, biéren dōu méi qù.

3) 用在介词结构前,表示这个条件就够了,不需要别的,或表示动作只限于宾语所指人、物;宾语重读:

Used before a prepositional structure to indicate that the condition suffices, or the action refers to the object only. The object is stressed:

5. 就凭你这博士文凭,也能找到理想的工作。

Jiù píng nǐ zhè bóshì wénpíng, yě néng zhǎodào lǐxiǎng de gōngzuò.

6. 这件事就跟你说,你可别告诉别人。

Zhè jiàn shì jiù gēn nǐ shuō, nǐ kě bié gàosu biéren.

4) 用在主语后,动词前,表示主语所指人、物足以达到动词所表示的目的,不需要其他;"就"轻读:

Used after the subject and before the verb to indicate what the subject refers to suffices to achieve the aim of the verb . "就"is pronounced in the neutral tone:

7. 每天出去散散步就对身体很有好处。

Měi tiān chūqu sànsan bù jiù duì shēntǐ hěn yǒu hǎochù.

8. 一瓶啤酒就能把他喝醉。

Yì píng píjiǔ jiù néng bǎ tā hē zuì.

5) "就这样""就那样"总括前面叙述的情况,排除其它:

"就这样"or"就那样"is used to sum up what goes before:

9. 晚饭后看看报,听听音乐,就这样度过。

Wǎnfàn hòu kànkan bào, tīngting yīnyuè, jiù zhèyàng dùguò.

10. 今天你挖一块砖,明天他挖一锹土,就这样老城墙终于坍塌了。

Jīntiān nǐ wā yí kuài zhuān, míngtiān tā wā yì qiāo tǔ, jiù zhèyàng lǎo chéngqiáng zhōngyú tāntā le .

D. 表示不在远处,眼前就是:

Indicates that something is right here:

1. 银行就在邮局旁边儿。

Yínháng jiù zài yóujú pángbiānr.

2. 就在上星期我在街上遇见了他。

Jiù zài shàng xīngqī wǒ zài jiēshang yùjiànle tā.

E. 加重语气,表示态度坚决、感情强烈;"就"必需重读:

When"就"is stressed,it is an emphatic espression:

1. 我就说,我谁也不怕。

　　Wǒ jiù shuō,wǒ shuí yě bú pà.

2. 我就不信这种病治不好!

　　Wǒ jiù bú xìn zhè zhǒng bìng zhì bu hǎo!

F. 用在复句的第二分句中,承接上文;表示前一分句是假设、条件、原因、目的等,可用连词"如果""只要""既然""因为""为了"等与"就"相呼应,也可不用任何连词;"就"总是表示顺接的关系:

Used in the second clause of a complex sentence to indicate that the first clause is a supposition,condition,cause,aim etc..It can be used in conjunction with "如果","只要","既然""因为","为了"etc.:

1)**表示前一分句是假设条件:**

The first clause is a conditon:

1. 他不反对,就等于赞成。

　　Tā bù fǎnduì,jiù děngyú zànchéng.

2. 你愿意这么办,就这么办吧。

　　Nǐ yuànyì zhème bàn,jiù zhème bàn ba.

"就"有时特别表示条件的要求不高:

"就"sometimes indicates that the condition does not demand very much:

3. 就喝口水吧,不用沏茶了。

　　Jiù hē kǒu shuǐ ba,bú yòng qī chá le.

4. 有许多青年人不打算举行婚礼,两个人出去旅游一趟就行了。

　　Yǒu xǔduō qīngnián rén bù dǎsuàn jǔxíng hūnlǐ,　liǎng ge rén chūqu lǚyóu yí tàng jiù xíng le.

有时表示前面的条件本不是导致后面的结果,因此对这结果的产生带有不满的意思:

Sometimes"就"indicates that the condition shouldn't suffice to produce the following result and so implies complaint:

5. 两口子拌了几句嘴,她就跑回娘家去了。

　　Liǎngkǒuzi bànle jǐ jù zuǐ,tā jiù pǎo huí niángjia qu le.

6. 破了点儿皮,出了点儿血,就害怕得不得了。

　　Pòle diǎnr pí,chūle diǎnr xiě,jiù hàipà de bù déliǎo.

2)**表示前一分句是原因:**

Indicates that the first clause is the cause:

7. 你身体不好,今天就别去了。

Nǐ shēntǐ bu hǎo,jīntiān jiù bié qù le.

8. 他个子小,体重不够,就没让他参军。

Tā gèzi xiǎo,tǐzhòng bú gòu,jiù méi ràng tā cān jūn.

3)表示前一分句是目的:

Indicates that the first clause is the aim:

9. 为了了解农村的情况,他就利用寒暑假到农村去体验生活。

Wèile liǎojiě nóngcūn de qíngkuàng, tā jiù lìyòng hánshǔjià dào nóngcūn qu tǐyàn shēnghuó.

10. 要想获得成功,就得努力去做。

Yào xiǎng huòdé chénggōng,jiù děi nǔlì qù zuò.

就²　jiù　(连词)

A. 同"即使"A,先引出假设的情况,后面表示结果不受前面情况的影响:

Same as"即使"A, introducing a hypothesis and the second clause tells the unaffected result:

1. 放心吧!他就今天不回来也不会出什么事的。

Fàngxīn ba!Tā jiù jīntān bù huílai yě bú huì chū shénme shì de.

2. 就你们都不同意,我也要干的。

Jiù nǐmen dōu bù tóngyì,wǒ yě yào gàn de.

3. 你就再等几天,他还是不会见你的。

Nǐ jiù zài děng jǐ tiān,tā háishi bú huì jiàn nǐ de.

B. 同"即使"B 引出退一步的说法,没有假设的意思:

Same as"即使"B , introducing a concession:

1. 他对别人的意见总是想法反驳,就不反驳,心里也不服气。

Tā duì biérén de yìjiàn zǒngshì xiǎng fǎ fǎnbó,jiù bù fǎnbó,xīnli yě bù fúqì.

2. 既然你答应了要去,就得去;就不去,也得事先通知人家。

Jìrán nǐ dāyingle yào qù, jiù děi qù; jiù bú qù, yě děi shìxiān tōngzhī rénjia.

3. 我们从来没有来往,就在路上遇见,也从不打招呼。

Wǒmen cónglái méi yǒu láiwǎng,jiù zài lùshang yùjian,yě cóng bù dǎ zhāohu.

C. 同 "只是",多用于第二分句前,表示轻微的转折,对前一分句加以补充或修正:

Same as"只是", mostly used in the second clause which is a supplement or amendment to the first clause:

1. 他的确很能干,就有些自以为是。

Tā díquè hěn nénggàn, jiù yǒuxiē zì yǐ wéi shì.

2. 这姑娘很聪明，就不太爱读书。

Zhè gūniang hěn cōngming, jiù bú tài ài dú shū.

3. 这里气候温和，就比较潮湿。

Zhèlǐ qìhòu wēnhé, jiù bǐjiào cháoshī.

参看"就是"。

Compare "就是" jiùshì.

就³　jiù　（介词）

A. "就"引出分析、研究、讨论、处理的对象或范围：

"就" introduces the object or range of analysis, study, discussion, disposal etc:

1. 我现在就大家提的问题谈几点意见。

Wǒ xiànzài jiù dàjiā tí de wèntí tán jǐ diǎn yìjian.

2. 双方已就此条款圆满达成协议。

Shuāngfāng yǐ jiù cǐ tiáokuǎn yuánmǎn dáchéng xiéyì.

B. "就"还可表示挨近、靠近、趁着，有时带"着"：

"就" can also mean "to get near to" or "to take advantage of", and sometimes take "着" after it:

1. 他正就着灯看书。

Tā zhèng jiùzhe dēng kàn shū.

2. 就着这场雨，赶快下种吧！

Jiùzhe zhè cháng yǔ, gǎnkuài xià zhǒng ba!

C. "就……而论"、"就……而言"常作插入语，表示在某一局限范围内：

"就…而论"，"就…而言" often functions as a parenthesis indicating the range:

1. 就规模而论，这个旅馆可算中等的。

Jiù guīmó ér lùn, zhège lǚguǎn kě suàn zhōngděng de.

2. 就我自己而言，不懂的事情太多了。

Jiù wǒ zìjǐ ér yán, bù dǒng de shìqing tài duō le.

D. "就……来说"（说来，看）"同 C：

"就…来说（说来，看）" is the same as C:

1. 就本公司的力量来说，目前不宜再扩大摊子。

Jiù běn gōngsī de lìliang lái shuō, mùqián bùyí zài kuòdà tānzi.

2. 这场棋赛，就中局看，甲方略占上风。

Zhè chǎng qísài, jiù zhōngjú kàn, jiǎfāng lüè zhàn shàngfēng.

就便　jiùbiàn　（副词）

表示完成一件事的同时，趁方便完成或进行另一件事。用得较少：

"At somebody's convenience"; seldom used:

1. 你寄包裹的时候，就便给我买几张邮票回来。

　　Nǐ jì bāoguǒ de shíhou, jiùbiàn gěi wǒ mǎi jǐ zhāng yóupiào huilai.

2. 去年出差到上海，就便拜访了一位多年不见的老同学。

　　Qùnián chū chāi dào Shànghǎi, jiùbiàn bàifǎngle yí wèi duō nián bú

　　jiàn de lǎo tóngxué.

"就便"原是动词和宾词的关系。现在偶尔还可以说"就个便吧"：

"就便"is originally a verb-object structure and one can still say"就个便吧".

就此　jiùcǐ　（副词）

在某过程中的某一阶段；表示就在这时候或就在这里：

"Here and now":

1. 要告诉你的事都写了，时间也不早了，就此停笔。

　　Yào gàosu nǐ de shì dōu xiě le, shíjiān yě bù zǎo le, jiùcǐ tíng bǐ.

2. 今天的讨论就此结束。

　　Jīntiān de tǎolùn jiùcǐ jiéshù.

3. 大家都走累了，我们就此休息。

　　Dàjiā dōu zǒu lèi le, wǒmen jiùcǐ xiūxi.

就地　jiùdì　（副词）

就在原处，就在这地方：

"On the spot"; "right here":

1. 中午太阳很毒，在一片树林子里，连长命令就地休息。

　　Zōngwǔ tàiyang hěn dú, zài yí piàn shùlínzi li, liánzhǎng mìngling jiùdì

　　xiūxi.

2. 为了弄明情况，我们就地进行调查。

　　Wèile nòngmíng qíngkuàng, wǒmen jiùdì jìnxíng diàochá.

3. 发现问题就地解决。

　　Fāxiàn wèntí jiùdì jiějué.

就近　jiùjìn　（副词）

利用附近的方便条件：

Nearby:

1. 为了交通安全，小学生应该就近上学。

　　Wèile jiāotóng ānquán, xiǎoxuéshēng yīnggāi jiùjìn shàng xué.

2. 到那么远的地方去买洗衣机，为什么不就近买呢？

　　Dào nàme yuǎn de dìfang qù mǎi xǐyījī, wèi shénme bú jiùjìn mǎi ne?

就势　jiùshì　（副词）

A. 顺着动作上便利的形势（做另一个动作）：

Making use of momentum(do another action):

1. 坐在地上时间长了,腿有点儿麻,站不起来,小东伸手一拉,我就势站了起来。

Zuò zài dì sang shíjiān cháng le, tuǐ yǒudiǎnr má, zhàn bu qǐlái, Xiǎo Dōng shēn shǒu yì lā, wǒ jiùshì zhànle qilai.

2. 小黄追上去抓住他就势一推,把他推倒在地上。

Xiǎo Huáng zhuī shàngqu zhuāzhu tā jiùshì yì tuī, bǎ tā tuīdǎo zài dì shang.

B. 顺着前一件事情的有利形势(做另一件事):

Making use of the advantageous situation (do something else):

1. 班长动员大家整理自己的东西, 小胡就势说:"咱们打扫打扫卫生吧。"

Bānzhǎng dòngyuán dàjiā zhěnglǐ zìjǐ de dōngxi, Xiǎo Hú jiùshì shuō: "Zánmen dǎsao dǎsao wèishēng ba."

2. 他开洗衣机洗床单,我就势洗了几件衣服。

Tā kāi xǐyījī xǐ chuángdān, wǒ jiùshì xǐle jǐ jiàn yīfu.

就是 [1]　jiùshì　(副词)

A. "只是"的意思,只限于某行动或某种情况,不能限制数量:

"Only"; can only restrict an action or state, but not any quantity:

1. 他汉语说得挺流利,就是不会写汉字。

Tā Hànyǔ shuō de tǐng liúlì, jiùshì bú huì xiě Hànzì.

2. 这件衣服我很喜欢,就是短了一点儿。

Zhè jiàn yīfu wǒ hěn xǐhuan, jiùshì duǎnle yìdiǎnr.

3. 前一段时间就是因为工作太紧张,休息不好,他才病的。

Qián yí duàn shíjiān jiùshì yīnwèi gōngzuò tài jǐnzhāng, xiūxi bù hǎo, tā cái bìng de.

B. 表示强调和肯定,加强语气;"就是"重读:

Indicates emphasis; "就是" must be stessed:

1. 不去就是不去,你再劝说也没用。

Bú qù jiùshì bú qù, nǐ zài quànshuō yě méi yòng.

2. 他的话虽然不多,说得就是有道理。

Tā de huà suīrán bù duō, shuō de jiùshì yǒu dàolǐ.

3. 这种办法就是好。

Zhè zhǒng bànfǎ jiùshì hǎo.

C. 与"一+动词"呼应,带数量短语,表示数量大,"就是"轻读:

Used in conjunction with "一 + verb", followed by a numural-measure phrase to indicate a large quantity. "就是" is pronounced in the neutral tone:

1. 他真能说，一说就是两三个钟头。

Tā zhēn néng shuō, yì shuō jiùshì liǎng-sān ge zhōngtóu.

2. 我喜欢吃葡萄，一买就是好几斤。

Wǒ xǐhuān chī pútao, yì mǎi jiùshì hǎo jǐ jīn.

3. 他在朋友家一住就是十多天。

Tā zài péngyou jiā yí zhù jiùshì shí duō tiān.

D. 用于"数词 + 动量词"之前，表示动作迅速果断，"就是"轻读：

Used before a "numeral + verb measure word" to indicate a speedy and resolute action, "就是" is pronounced in the neutral tone：

1. 5 号队员转身就是一脚，把球踢进球门。

Wǔ hào duìyuán zhuǎn shēn jiùshì yì jiǎo, bǎ qiú tījìn qiúmén.

2. 对他的无理，她气愤极了，伸手就是两个耳光。

Duì tā de wúlǐ, tā qìfèn jí le, shēn shǒu jiùshì liǎng ge ěrguāng.

E. 表示同意对方的意见，可单独成句：

Can be used independently to show agreement：

1. 他连连点头说："就是，就是，你说得对。"

Tā liánlián diǎn tóu shuō: "Jiùshì, jiùshì, nǐ shuō de duì."

2. 小林仔细听着朋友的意见，连声说："就是！就是！"

Xiǎo Lín zǐxì tīngzhe péngyou de yìjiàn, lián shēng shuō: "Jiùshì! Jiùshì!"

辨认：

Note：

"就是"有时是副词"就" + "是"：

"就是" sometimes is a phrase made up by adverb "就" and verb "是"：

1. 我刚才说的就是他。

Wǒ gāngcái shuō de jiù shì tā.

2. 前面往右一拐就是历史博物馆。

Qiánmiàn wǎng yòu yì guǎi jiù shì lìshǐ bówùguǎn.

"就是(了)"在句尾时是助词：

"就是(了)" at the end of a sentence is a particle：

3. 她心里明白，嘴上不说就是了。

Tā xīnli míngbai, zuǐshang bù shuō jiùshì le.

4. 你放心，这个任务包给我就是了。

Nǐ fàngxīn, zhège rènwu bāo gěi wǒ jiùshì le.

参看连词"就是"。

Compare conjunction "就是" jiùshì.

就是² jiùshì (连词)

A. 同"即使"A,先引出假设的情况,后面表示结果不受前面情况的影响:

Same as "即使" A, introducing a hypothesis and the following clause tells the unaffected result:

1. 这项试验一定要坚持下去,就是失败了,也不能灰心。

Zhè xiàng shìyàn yídìng yào jiānchí xiaqu, jiùshì shībài le, yě bù néng huīxīn.

2. 我的主意已定,就是谁来劝我也没用。

Wǒ de zhǔyì yǐ dìng, jiùshì shuí lái quàn wǒ yě méi yòng.

3. 就是剩下我一个人,我也要把任务完成。

Jiùshì shèngxià wǒ yí ge rén, wǒ yě yào bǎ rènwù wánchéng.

B. 同"即使"B,引出退一步说法,没有假设的意思:

Same as "即使" B, introducing a concession:

4. 十多年没动这种机器了,就是简单的操作也没把握了。

Shí duō nián méi dòng zhè zhǒng jīqìle, jiùshì jiǎndān de cāozuò yě méi bǎwòle.

5. 他每星期六晚上都去看电影,就是买到最次的票也要去看。

Tā měi Xīngqīliù wǎnshang dōu qù kàn diànyǐng, jiùshì mǎi dào zuì cì de piào yě yào qù kàn.

6. 这么简单的句子,就是小学生也能看懂。

Zhème jiǎndān de jùzi, jiùshì xiǎoxuéshēng yě néng kàndǒng.

C. 同"只是",多用于第二分句,表示轻微的转折,对前一分句加以修正或补充:

Same as "只是", usually used in the second clause to indicate a supplement or amendment:

7. 这窗帘花色很好,就是薄了点儿。

Zhè chuānglián huāsè hěn hǎo, jiùshì báole diǎnr.

8. 家具差不多都买了,就是还缺个桌子。

Jiājù chàbuduō dōu mǎi le, jiùshì hái quē ge zhuōzi.

9. 肉煮好了,就是还没放盐。

Ròu zhǔhǎo le, jiùshì hái méi fàng yán.

参看"就"。

Compare "就"jiù.

就是了 jiùshìle (组合)

用在陈述句末尾,肯定前面所说的;有时也可说"就是":

"That's all"; used at the end of a declarative sentence to show affirmation, and can be said as "就是":

A. 表示勉强同意按照前面所说的去作：

Indicates a reluctant agreement：

1. 他终于表示同意了："我照办就是了！"

　　Tā zhōngyú biǎoshì tóngyì le:"Wǒ zhàobàn jiùshìle!"

2. "从今以后，我不去找他就是了。"女儿勉强同意。

　　"Cóng jīn yǐhòu, wǒ bú qù zhǎo tā jiùshìle." Nǚ'ér miǎnqiǎng tóngyì.

B. 表示不必犹豫、怀疑：

Indicates that no hesitation is necessary：

1. 母亲的钱，你拿来用就是了！

　　Mǔqin de qián, nǐ nálai yòng jiùshìle!

2. 他有什么意见，让他找我来就是了！

　　Tā yǒu shénme yìjian, ràng tā zhǎo wǒ lái jiùshìle!

C. 表示如此而已，有"罢了"的意思：

"That's all", same as"罢了"：

1. 他漂亮什么?年青就是了。

　　Tā piàoliang shénme? Niánqīng jiùshìle.

2. 他什么都明白，只是不说出来就是了。

　　Tā shénme dōu míngbai, zhǐshi bù shuō chūlai jiùshìle.

D. 表示要求不高，这样便足以解决问题：

Indicates that it is not asking very much：

1. 房子还好好的呢，粉刷一下就是了。

　　Fángzi hái hǎohāo de ne, fěnshuā yíxià jiùshìle.

2. 有毛病改了就是了。

　　Yǒu máobìng gǎi le jiùshìle.

就是说　jiùshìshuō　(组合)

A. 用来连接前后两部分，后一部分解释或补充说明前一部分：

Connects the two clauses of a sentence, with the second clause as a supplement to the first：

1. 我想升学，也就是说，要继续深造。

　　Wǒ xiǎng shēngxué, yě jiùshìshuō, yào jìxù shēnzào.

2. 他们俩都姓张，就是说，他们是本家。

　　Tāmen liǎ dōu xìng zhāng, jiùshìshuō, tāmen shì běnjiā.

B. 表示前面那部分的情况必然促成后面的情况：

Indicates that the content of the first clause will end in what is told in the second：

1. 他们要派一个最强的球队来，那就是说，必有一场恶战。

   Tāmen yào pài yí ge zuì qiáng de qiúduì lái, nà jiùshìshuō, bì yǒu yì cháng èzhàn.

2. 他们准备去印度旅游，就是说，要演《西游记》了。

   Tāmen zhǔnbèi qù Yìndù lǚyóu, jiùshìshuō, yào yǎn 《Xīyóujì》 le.

就手儿　jiùshǒur　（副词）〈口〉

表示完成一件事的同时顺便做另一件事，也说"捎带手"。

"While you are at it"; can also be said as "捎带手":

1. 出去的时候就手儿把门关上。

   Chūqu de shíhou jiùshǒur bǎ mén guānshang.

2. 你去邮局寄信的时候，就手儿给我买五张五毛的邮票回来。

   Nǐ qù yóujú jì xìn de shíhou, jiùshǒur gěi wǒ mǎi wǔ zhāng wǔ máo de yóupiào huílai.

3. 去医院看小陈，就手儿把这几个苹果捎去。

   Qù yīyuàn kàn Xiǎo Chén, jiùshǒur bǎ zhè jǐ ge píngguǒ shāo qu.

居然　jūrán　（副词）

表示超出估计，修饰短语、结构及否定形式：

"Unexpectedly"; "to one's surprise"; modifies phrases and structures, including negative ones:

1. 真没想到，短短的几个月，她居然掌握了一门外语。

   Zhēn méi xiǎngdào, duǎnduǎn de jǐ ge yuè, tā jūrán zhǎngwòle yì mén wàiyǔ.

2. 那么多困难，他居然都克服了。

   Nàme duō kùnnan, tā jūrán dōu kèfú le.

3. 我敲了三次门，他居然没听见。

   Wǒ qiāole sān cì mén, tā jūrán méi tīngjiàn.

助动词多放在"居然"之后：

Auxiliary verbs usually occur after "居然":

4. 没想到，这种草居然能吃。

   Méi xiǎngdào, zhè zhǒng cǎo jūrán néng chī.

5. 她没上过学，居然会作诗。

   Tā méi shàngguo xué, jūrán huì zuò shī.

"居然"不一定直接放在所修饰的短语之前：

"居然" may not occur right before what it modifies:

6. 昨天夜里刮风、下雨、打雷，居然他们几个人都不知道。

   Zuótiān yèli guā fēng, xià yǔ, dǎ léi, jūrán tāmen jǐ ge rén dōu bù zhīdào.

("居然"所修饰的是"都不知道",也可以说"他们几个人居然都不知道。")

"居然"modifies"都不知道"and so can also occur after"他们几个人".

参看"竟"。

Compare"竟"jìng.

俱 jù　（副词）〈书〉

多用在四字短语中,有"全""都"的意思:

Usually occurs in four – character phrases meaning"all"or"both":

1. 他的总结报告不长,却又面面俱到。

　　Tā de zǒngjié bàogào bù cháng, què yòu miànmiàn jù dào.

2. 听到母亲逝世的消息,他声泪俱下,悲痛不已。

　　Tīngdào mǔqin shìshì de xiāoxi, tā shēng lèi jù xià, bēitòng bùyǐ.

3. 人证物证俱在,他只好低头认罪。

　　Rénzhèng wùzhèng jù zài, tā zhǐhǎo dī tóu rèn zuì.

据 jù　（介词）

A. 说明动作方式或依据,宾语多为体词、双音节动词或主谓结构等:

Indicates the basis or manner of an action, and the object is usually a substantive, disyllabic verb, or S – P structure:

1. 这个电影是据同名小说改编的。

　　Zhège diànyǐng shì jù tóngmíng xiǎoshuō gǎibiān de.

2. 据分析,利率可能提高。

　　Jù fēnxī, lìlǜ kěnéng tígāo.

3. 据家长反映,李老师的课上得很好。

　　Jù jiāzhǎng fǎnyìng, Lǐ lǎoshī de kè shàng de hěn hǎo.

B. "据……看来"常用来指出观点或论据:

"据…看来"is used to point out the view point or grounds of argument:

1. 据我看来,这篇文章的数据还需要核实。

　　Jù wǒ kànlái, zhè piān wénzhāng de shùjù hái xūyào héshí.

2. 据市场情况看来,投资前景看好。

　　Jù shìchǎng qíngkuàng kànlái, tóuzī qiánjǐng kànhǎo.

据说 jùshuō　（副词）

根据别人说,表示下面所说之事是传闻,可作插入语,也可放在句首:

"It's said";can occur at the head of a sentence or as a parenthesis:

1. 这种新的脚气药,据说效果不错。

　　Zhè zhǒng xīn de jiǎoqì yào, jùshuō xiàoguǒ búcuò.

2. 这位刚上任的厂长,据说很有魄力。

Zhè wèi gāng shàng rèn de chǎngzhǎng, jùshuō hěn yǒu pòlì.

3. 据说这种邮票只出售过十几张,非常珍贵。

　　Jùshuō zhè zhǒng yóupiào zhǐ chūshòuguo shí jǐ zhāng, fēicháng zhēnguì.

4. 据说,最近又发现了一个特大油田。

　　Jùshuō, zuìjìn yòu fāxiànle yí ge tè dà yóutián.

"据说"有时也可以说"据……说"。如"据医生说"。

One can also say "据…说", e.g. "据医生说".

距　jù　(介词)

A. 表示空间的间隔;宾语多是表示处所的词语,也可以是一般体词:

Indicates a gap in space, the object is usually a word or phrase of place or an ordinary noun or pronoun:

1. 距我家不远,有个农贸市场。

　　Jù wǒ jiā bù yuǎn, yǒu ge nóngmào shìchǎng.

2. 天津距北京只有一百二十公里。

　　Tiānjīn jù Běijīng zhǐ yǒu yìbǎi èrshí gōnglǐ.

3. 看电视最好距电视机三米。

　　Kàn diànshì zuìhǎo jù diànshìjī sān mǐ.

B. 用于时间的间隔:

Indicates a breach in time:

1. 汉字的发明距今已有三千多年的历史了。

　　Hànzì de fāmíng jù jīn yǐ yǒu sānqiān duō nián de lìshǐ le.

2. 这些恐龙蛋化石距今有好几十万年了。

　　Zhèxiē kǒnglóngdàn huàshí jù jīn yǒu hǎo jǐ shí wàn nián le.

3. 现在距暑假还有一个来月。

　　Xiànzài jù shǔjià hái yǒu yí ge lái yuè.

C. 表示抽象意义的差距:

Indicates some abstract gaps:

1. 现实距理想相当遥远。

　　Xiànshí jù lǐxiǎng xiāngdāng yáoyuǎn.

2. 边远地区的人民生活距小康还不近呢!

　　Biānyuǎn dìqū de rénmín shēnghuó jù xiǎokāng hái bú jìn ne!

参看介词"距离"和"离"。

Compare prepositions "距离"jùlí and "离"lí.

距离　jùlí　(介词)

同"距",较"距"口语化:

Same as "距", but more colloquial.：

A. 表示空间的间隔；宾语多为住所词语：

Indicates a gap in space；the object is usually a word or phrase of place：

1. 飞机场距离火车站大约二十五公里。

Fēijīchǎng jùlí huǒchēzhàn dàyuē èrshíwǔ gōnglǐ.

2. 炮弹落在距离他只有三四米的地方。

Pàodàn luò zài jùlí tā zhǐ yǒu sān sì mǐ de dìfang.

3. 这里距离海滩还有一段路程。

Zhèli jùlí hǎitān hái yǒu yí duàn lùchéng.

B. 表示时间的间隔：

Indicates a gap in time：

1. 距离开车时间还有一个小时，我们到附近商店转一转。

Jùlí kāi chē shíjiān hái yǒu yí ge xiǎoshí, wǒmen dào fùjìn shāngdiàn zhuàn yi zhuàn.

2. 我们在咖啡店里聊了很久，出来的时候，距离关门时间只有两分钟了。

Wǒmen zài kāfēi diàn li liáole hěn jiǔ, chūlai de shíhou, jùlí guān mén shíjiān zhǐ yǒu liǎng fēn zhōng le.

3. 中国废除奴隶制度距离现在已经两千多年了。

Zhōngguó fèichú núlì zhìdù jùlí xiànzài yǐjīng liǎngqiān duō nián le.

C. 表示抽象意义的差距：

Indicates some abstract gaps：

1. 现在青少年的思想距离中老年人的想法越来越远了。

Xiànzài qīngshàonián de sīxiǎng jùlí zhōnglǎonián rén de xiǎngfǎ yuèláiyuè yuǎn le.

2. 距离我们要实现的目标还早着呢。

Jùlí wǒmen yào shíxiàn de mùbiāo hái zǎo zhene.

决　jué　(副词)

有"一定""绝对"的意思，只修饰否定形式：

"Definitely"；"absolutely"；only modifies negative structures：

1. 这是个原则问题，我决不退让。

Zhè shì ge yuánzé wèntí, wǒ jué bú tuìràng.

2. 他为人正直，决无私心。

Tā wéirén zhèngzhí, jué wú sīxīn.

3. 这个问题非常复杂，决非一日所能解决的。

Zhège wèntí fēicháng fùzá, jué fēi yí rì suǒ néng jiějué de.

4. 这是你个人的事,我只是随便说说,决没干涉的意思。

Zhè shì nǐ gèrén de shì, wǒ zhǐ shì suíbiàn shuōshuo, jué méi gānshè de yìsi.

参看"绝"B。

Compare "绝" jué B.

决然　juérán　（副词）

A. 表示态度坚决,不犹豫,后面多带"地(的)"：

"Resolutely"; usually takes "地(的)"：

1. 大学毕业以后,她决然回乡当小学教师。

Dàxué bìyè yǐhòu, tā juérán huíxiāng dāng xiǎoxué jiàoshī.

2. 这位年轻人毅然决然地承担这项科研任务。

Zhè wèi niánqīng rén yìrán juérán de chéngdān zhè xiàng kēyán rènwu.

B. "必然"的意思：

"Necessarily"; "inevitably"：

1. 搞研究不结合实际,是决然要失败的。

Gǎo yánjiū bù jiéhé shíjì, shì juérán yào shībài de.

2. 农作物不改良品种,决然会退化。

Nóngzuòwù bù gǎiliáng pǐnzhǒng, juérán huì tuìhuà.

决心　juéxīn　（副词）

表示意志坚定,可修饰否定形式：

"Resolutely"; can modify a negative structure：

1. 他决心学好这门外语。

Tā juéxīn xuéhǎo zhè mén wàiyǔ.

2. 没有决心克服自己的缺点,就不能进步。

Méi yǒu juéxīn kèfú zìjǐ de quēdiǎn, jiù bù néng jìnbù.

3. 她决心不参加任何党派。

Tā juéxīn bù cānjiā rènhé dǎngpài.

绝　jué　（副词）

A. 表示程度极高;能受它修饰的词语不多：

Indicates the superlative degree; can only modify a limited number of words and phrases：

1. 他家的藏书,绝大部分是文学作品。

Tā jiā de cángshū, jué dàbùfen shì wénxué zuòpǐn.

2. 绝大多数人同意这个方案。

Jué dàduōshù rén tóngyì zhège fāng'àn.

3. 他举的是个绝好的例子。

　Tā jǔ de shì ge juéhǎo de lìzi.

B."绝对"的意思,用在否定形式前,有时和"决"通用:

"Absolutely"; occurs before a negative structure; sometimes is interchangeable with "决":

1. 不合实际的计划,我绝(决)不赞成。

　Bù hé shíjì de jìhuà, wǒ jué bù zànchéng.

2. 举这个例子只是为了说明问题,绝(决)无他意。

　Jǔ zhège lìzi zhǐ shì wèile shuōmíng wèntí, jué wú tā yì.

3. 要改变这种陋习,绝非一朝一夕所能办到的。

　Yào gǎibiàn zhè zhǒng lòuxí, jué fēi yì zhāo yì xī suǒ néng bàndào de.

4. 绝没想到他是个骗子。

　Jué méi xiǎngdào tā shì ge piànzi.

均　jūn　(副词)〈书〉

"都"的意思,多修饰单音节动词,可修饰否定式:

"Both"; "all"; usually modifies monosyllabic verbs; can modify negative structures:

1. 所有展销产品均为优质产品。

　Suǒyǒu zhǎnxiāo chǎnpǐn jūn wéi yōuzhì chǎnpǐn.

2. 每个公民均有纳税义务。

　Měi ge gōngmín jūn yǒu nà shuì yìwu.

3. 他的病到处求医,均无疗效。

　Tā de bìng dàochù qiúyī, jūn wú liáoxiào.

4. 今年的毕业生均未分配工作。

　Jīnnián de bìyèshēng jūn wèi fēnpèi gōngzuò.

"均"修饰多音节词语的现象较少见:

It is not very common for "均" to modify polysyllabic phrases:

5. 我们全班同学均参加大合唱。

　Wǒmen quán bān tóngxué jūn cānjiā dàhéchàng.

看来　kànlái　(副词)

A. 根据外表样子判断,可修饰否定式:

"It looks"; can modify negative structures:

1. 她打针很利索,看来是个护士。

　Tā dǎ zhēn hěn lìsuo, kànlái shì ge hùshi.

2. 他能从马的毛色、体态判断马的优劣,看来不是个外行。

　Tā néng cóng mǎ de máosè, tǐtài pànduàn mǎ de yōu liè, kànlái bú shì ge wàiháng.

B. 表示说话人的估计,可用于句子开头,可修饰否定形式:

"It seems"; indicating the speaker's conjecture; can occur at the head of a sentence and can modify a negative structure:

1. 夜里风停了,看来今天是个好天气。

　Yèli fēng tíng le, kànlái jīntiān shì ge hǎo tiānqi.

2. 大家都很忙,看来这事非我去办不可了。

　Dàjiā dōu hěn máng, kànlái zhè shì fēi wǒ qù bàn bùkě le.

"看来"有时用于短语"在某人看来",表示依某人的看法:

"在…看来"means according to sb's opinion:

3. 在他看来,这是个有没有决心的问题,不是能力问题。

　Zài tā kànlái, zhè shì ge yǒu méi yǒu juéxīn de wèntí, bú shì nénglì wèntí.

看起来　　kànqǐlái　（组合）

根据情况,对事物进行推测;作插入语:

"It looks as if"; used as a parenthesis:

1. 看起来他很聪明。

　Kànqǐlái tā hěn cōngming.

2. 这个女大学生看起来还像一个小姑娘。

　Zhège nǚ dàxuéshēng kànqǐlái hái xiàng yí ge xiǎo gūniang.

3. 看起来天要下雨。

　Kànqǐlái tiān yào xià yǔ.

辨认:

Note:

如:

"看起来"有时是动词短语,表示表面上观察起来(事实上却未必)。

"看起来"can be a verb phrase "it looks…but may not be so in fact":

　这件事看起来容易,做起来难。

　Zhè jiàn shì kàn qǐlai róngyi, zuò qǐlai nán.

看样子　　kànyàngzi　（组合）

同"看起来":

Same as "看起来":

1. 看样子他今天不会来了。

　Kànyàngzi tā jīntiān bú huì lái le.

2. 大家都往外跑,看样子出了什么事。

　Dàjiā dōu wǎng wài pǎo, kànyàngzi chūle shénme shì.

3. 他看样子摔得不轻。

Tā kànyàngzi shuāi de bù qīng.

可 [1] kě （副词）〈口〉

A. 表示强调。"可"要重读，后边常带语气词"了""啦"等，有感叹语气：

Indicates emphasis；"可"must be stressed and is followed by "了"，"啦"etc.. It has an exclamatory tone：

1）**表程度高：**

Indicates a high degree：

1. 这孩子说话可机灵了。

Zhè háizi shuōhuà kě jīling le.

2. 这笔生意，他可赚老喽。

Zhè bǐ shēngyi, tā kě zhuàn lǎo lou.

也可以修饰贬义的否定式：

Can modify a negative structure with a derogatory sense：

3. 说这么一句话，可没水平了。

Shuō zhème yí jù huà, kě méi shuǐpíng le.

2）**表示所盼望的事好不容易实现了，有"总算""终于"的意思：**

"At long last"：

4. 可爬到山顶了，真把我累坏了。

Kě pádào shāndǐng le, zhēn bǎ wǒ lèihuài le.

5. 可找到你了，我已经跑了好几趟了。

Kě zhǎodào nǐ le, wǒ yǐjīng pǎole hǎo jǐ tàng le.

B. 在祈使、命令句中，有"一定"、"无论如何""千万"的意思。"可"可以不重读：

Used in an imperative sentence to show emphasis；"可" is not necessarily stressed：

1. 那是冒险，你可别去。

Nà shì mào xiǎn, nǐ kě bié qù.

2. 这是一个好机会，你可不能错过。

Zhè shì yí ge hǎo jīhuì, nǐ kě bù néng cuòguò.

C. 在陈述句中，有"确实""真的"的意思，轻读：

In a declarative sentence "可" means"really" and is pronounced in the neutral tone：

1. 这件事我可没听他说过。

Zhè jiàn shì wǒ ke méi tīng tā shuōguo.

2. 你再不去，可就来不及了。

Nǐ zài bú qù, ke jiù lái bu jí le.

"可"与"真"紧连使用,仍是"确实""真的"的意思,常表示赞叹、感叹或嫌弃:

"可"can be immediately followed by"真"without affecting the meaning of "真"and indicates a strong feeling of admiration or detestation:

   3. 这消息传得可真快呀!

     Zhè xiāoxi chuán de ke zhēn kuài ya!

   4. 你不答应,他就软磨硬泡,这种人可真少见。

     Nǐ bu dāyìng, tā jiù ruǎn mó yìng pào, zhè zhǒng rén ke zhēn shǎo jiàn.

"可"加"怎么",加强反问句的否定语气:

"可怎么…"occurs in a rhetorical question to emphasize negation:

   5. 这事儿办不成,我回去可怎么交待啊!

     Zhè shìr bàn bu chéng,wǒ huíqu ke zěnme jiāodài a!

   6. 你得快点儿,不然,误了火车可怎么办呢!

     Nǐ děi kuài diǎnr,bùrán,wùle huǒchē ke zěnme bàn ne!

D. 表示疑问:

Indicates interrogation:

   1. 你可听过这个趣闻?

     Nǐ kě tīngguo zhè ge qùwén?

   2. 他干的事可有一件使人满意的?

     Tā gàn de shì kě yǒu yí jiàn shǐ rén mǎnyì de?

参看连词"可"。

Compare conjunction"可"kě.

可²   kě   (连词)

同"可是",但后面不能有停顿。先提出一个事实,用"可"引出的语句与前面的事实意思相对,或表示限制、补充:

Same as "可是"(but),but cannot have a pause after it:

   1. 这是个又省时又省力的办法,可他不肯采纳。

     Zhè shì ge yòu shěng shí yòu shěng lì de bànfǎ,kě tā bù kěn cǎinà.

   2. 过去她性格不开朗,整天不言不语,可现在好像变了个人。

     Guòqù tā xìnggé bù kāilǎng, zhěng tiān bù yán bù yǔ, kě xiànzài hǎoxiàng biànle ge rén.

   3. 这种药是好,可要吃两天后才能见效。

     Zhè zhǒng yào shì hǎo,kě yào chī liǎng tiān hòu cái néng jiàn xiào.

   4. 你的意见有道理,可也得大家同意了才能去做呀?

     Nǐ de yìjiàn yǒu dàolǐ,kě yě děi dàjiā tóngyìle cái néng qù zuò ya?

参看副词"可"。

Campare adverb "可"kě.

可[3] kě (介词)〈口语〉

有"尽(jǐn)""尽量"的意思,表示在某范围内的全部;常作"可着":

Means "to the full""exhausting", often said as "可着":

1. 进了苹果园,你就可(着)肚子吃,但不许往外拿。

   Jìnle píngguǒyuán, nǐ jiù kě(zhe) dùzi chī, dàn bùxǔ wǎng wài ná.

2. 那年我秋天回家,可院子都晒着稻谷,连下脚的地方也没有。

   Nà nián wǒ qiūtiān huí jiā, kě yuànzi dōu shàizhe dàogǔ, lián xià jiǎo de dìfang yě méi yǒu.

3. 你把这点儿钱都带去,愿意买什么就买什么,可着这些钱买。

   Nǐ bǎ zhè diǎnr qián dōu dài qu, yuànyì mǎi shénme jiù mǎi shénme, kězhe zhèxiē qián mǎi.

可见 kějiàn (连词)

连接分句、句子或段落,表示后面是根据前面所说的事实得出的判断或结论:

Connects clauses, sentences or paragraphs to indicate what follows is the inference or conclusion:

1. 我骑自行车,骑了一个半小时才到,可见路是多么远了。

   Wǒ qí zìxíngchē, qíle yí ge bàn xiǎoshí cái dào, kějiàn lù shì duōme yuǎn le.

2. 窗户上结了厚厚的一层冰,可见今天天气很冷。

   Chuānghu shang jiéle hòuhòu de yì céng bīng, kějiàn jīntiān tiānqì hěn lěng.

3. 这部小说出版不到一个月就卖光了,可见它是非常受读者欢迎的。

   Zhè bù xiǎoshuō chūbǎn bú dào yí ge yuè jiù màiguāng le, kějiàn tā shì fēicháng shòu dúzhě huānyíng de.

"可见"后可有停顿。

"可见"may be followed by a pause.

可巧 kěqiǎo (副词)

表示事情发生得正是所要的或所不要的,常放在句首:

"Coincidentally"; often occurs at the head of a sentence:

1. 我正要去找他,可巧他来了。

   Wǒ zhèng yào qù zhǎo tā, kěqiǎo tā lái le.

2. 麦粒反潮需要晒一晒,可巧今天是个好天气。

   Màilì fǎn cháo xūyào shài yi shài, kěqiǎo jīntiān shì ge hǎo tiānqì.

"可巧"不一定直接处于所修饰的词语前：

"可巧"may not occur right before what it modifies：

 3. 可巧,在百货商店我又遇到了他。

  Kěqiǎo,zài bǎihuò shāngdiàn wǒ yòu yùdaole tā.

可是　kěshì　（连词）

同"但是",在口语中更常用。先提出一个肯定的事实,用"可是"引出的语句与前面的事实意思相对,或表示限制、补充。"可是"可以用在主语前,也可用在主语后,如在主语前,"可是"后面可有停顿：

Same as"但是"（but）,can appear in front of the subject or after the subject.If in front of the subject,it may have a pause after it：

 1. 我很想去找他,可是还没打听到他的住址。

  Wǒ hěn xiǎng qù zhǎo tā,kěshì hái méi dǎtīngdào tā de zhùzhǐ.

 2. 他总想好好儿玩儿一天,可是工作太多,总没时间。

  Tā zǒng xiǎng hǎohāor wánr yì tiān,kěshì gōngzuò tài duō,zǒng méi shíjiān.

 3. 这个会你不参加可以,我可是一定要参加。

  Zhège huì nǐ bù cānjiā kěyǐ,wǒ kěshì yídìng yào cānjiā.

 4. 你明天可以请假,可是你得把工作先安排好了才行。

  Nǐ míngtiān kěyǐ qǐngjià,kěshì nǐ děi bǎ gōngzuò xiān ānpái hǎo le cái xíng.

参看"可"。

Compare"可"kě.

空　kōng　（副词）

表示动作行为没有结果或不能付诸实践：

"To no avail";"in vain"：

 1. 事先没联系好,让小李空跑了一趟。

  Shìxiān méi liánxì hǎo,ràng Xiǎo Lǐ kōng pǎole yí tàng.

 2. 听说那家商店购物八折优惠,结果没那么回事儿,空喜欢一场。

  Tīng shuō nà jiā shāngdiàn gòu wù bā zhé yōuhuì, jiéguǒ méi nàme huí shìr,kōng xǐhuān yì cháng.

 3. 他到工厂去搜集材料,空忙了一阵,什么也没得到。

  Tā dào gōngchǎng qu sōují cáiliào, kōng mángle yízhèn, shénme yě méi dédào.

恐怕　kǒngpà　（副词）

A. 表示估计,带不肯定语气,可修饰否定形式：

Indicates conjecture;"probaby";can modify a negative structure：

1. 现在已经十点了，恐怕他不来了。

Xiànzài yǐjīng shí diǎn le, kǒngpà tā bù lái le.

2. 她是有名的眼科大夫，你们恐怕听说过吧。

Tā shì yǒumíng de yǎnkē dàifu, nǐmen kǒngpà tīngsuōguo ba.

B. 表示估计，带有担心成分，可修饰否定形式：

Indicates conjecture with worry; can modify a negative structure:

1. 恐怕今天有雨，你出去要带伞。

Kǒngpà jīntiān yǒu yǔ, nǐ chūqu yào dài sǎn.

2. 他老人家的身体太虚弱了，恐怕活不了多久了。

Tā lǎorénjia de shēntǐ tài xūruò le, kǒngpà huó bu liǎo duōjiǔ le.

苦 kǔ （副词）

艰苦地或有耐心地；多修饰单音节动词：

"Painstakingly"; "earnestly"; mostly modifies monosyllabic verbs:

1. 他在山区农村苦熬了十多年。

Tā zài shānqū nóngcūn kǔ áole shí duō nián.

2. 刚进戏剧班的那年，她苦练基本功。

Gāng jìn xìjù bān de nà nián, tā kǔ liàn jīběn gōng.

3. 只要在他手下工作，他就苦使唤你，你就认倒霉吧。

Zhǐyào zài tā shǒuxia gōngzuò, tā jiù kǔ shǐhuan nǐ, nǐ jiù rèn dǎoméi ba.

快 kuài （副词）〈口〉

A. 表示在很短的时间内将出现某动作或现象，可修饰否定式；后面多有语气助词"了"：

"Soon"; can modify a negative structure and is mostly followed by particle "了":

1. 新机场快建成了。

Xīn jīchǎng kuài jiànchéng le.

2. 葡萄快熟了，过几天来吃葡萄吧。

Pútao kuài shú le, guò jǐ tiān lái chī pútao ba.

3. 暑假就要到了，学生快不上课了。

Shǔjià jiù yào dào le, xuéshēng kuài bú shàng kè le.

"快"与其他副词一起使用时，"快"用在后面：

When used with other adverbs, "快" follows the other adverb:

4. 咱们家的米也快吃完了吧？

Zánmen jiā de mǐ yě kuài chīwán le ba?

5. 给我拿点吃的，我都快饿晕了。

Gěi wǒ ná diǎnr chī de, wǒ dōu kuài èyūn le.

6. 已经五点了,天就快亮了。

　　Yǐjīng wǔ diǎn le, tiān jiù kuài liàng le.

"快"用在数量短语前,表示数量接近:

"快"occurs before a numeral-measure phrase to mean"close to"or"near":

6. 我母亲还健在,快八十了。

　　Wǒ mǔqin hái jiànzài, kuài bāshí le.

7. 他出国快两年了。

　　Tā chū guó kuài liǎng nián le.

参看"快要"。

Compare"快要"kuàiyào.

B. 用在祈使句中,表示催促:

Used in an imperative sentence to indicate urging:

1. 时间快到了,快走吧!

　　Shíjiān kuài dào le, kuài zǒu ba!

2. 别看电视了,快做作业吧!

　　Bié kàn diànshì le, kuài zuò zuòyè ba!

3. 都十二点了,快睡!

　　Dōu shí'èr diǎn le, kuài shuì!

辨认:

Note:

"快"有时是形容词,表示速度高、敏捷、赶紧等,作定语、谓语、补语和状语:

"快" is sometimes an adjective to indicate high speed and can function as the attributive, predicate, complement or adverbial:

1. 这趟是快车,中途不停。

　　Zhè tàng shì kuài chē, zhōngtú bù tíng.

2. 她的脑子好,反应快。

　　Tā de nǎozi hǎo, fǎnyìng kuài.

3. 你快来帮帮忙。

　　Nǐ kuài lái bāngbang máng.

4. 老师说得太快了,我没记下来。

　　Lǎoshī shuō de tài kuài le, wǒ méi jì xialai.

快要 kuàiyào （副词）

表示很快就要出现某动作或某现象;后面多有语气助词"了":

"Soon"; is mostly followed by"了":

1. 快要黄昏的时候,我们到达了目的地。

　　Kuàiyào huánghūn de shíhou, wǒmen dàodále mùdì dì.

2. 快要放寒假了,他们都在紧张地准备考试。

Kuàiyào fàng hánjià le, tāmen dōu zài jǐnzhāng de zhǔnbèi kǎoshì.

3. 天阴沉沉的,快要下雨了。

Tiān yīnchénchén de, kuàiyào xià yǔ le.

4. 再等一会儿,火车快要到站了。

Zài děng yíhuìr, huǒchē kuàiyào dào zhàn le.

"快要"与其他副词一起使用时,"快要"在后边:

When used with another adverb, "快要" occurs after it:

5. 这套《百科全书》终于快要出版了。

Zhè tào 《Bǎikē Quánshū》 zhōngyú kuàiyào chūbǎn le.

6. 人民代表大会果真快要开了。

Rénmín dàibiǎo dàhuì guǒzhēn kuàiyào kāi le.

7. 塑料袋有个洞,这点儿绿豆简直快要撒完了。

Sùliàodài yǒu ge dòng, zhè diǎnr lǜdòu jiǎnzhí kuàiyào sǎwán le.

况且　kuàngqiě　(连词)

同"何况";表示进一步说明理由,或补充追加新的理由:

Same as "何况", indicating a further reason or a supplementary reason:

1. 他汉语基础本来就不好,况且又请了两个星期病假,学习起来当然感到吃力。

Tā Hànyǔ jīchǔ běnlái jiù bù hǎo, kuàngqiě yòu qǐngle liǎng ge xīngqī bìngjià, xuéxí qǐlai dāngrán gǎndào chīlì.

2. 你刚学会开汽车,况且那里又都是山路,还是不要去吧!

Nǐ gāng xuéhuì kāi qìchē, kuàngqiě nàlǐ yòu dōu shì shānlù, háishi búyào qù ba!

3. 这种植物常年不落叶子,况且又不需要什么肥料,很好养。

Zhè zhǒng zhíwù cháng nián bú luò yèzi, kuàngqiě yòu bù xūyào shénme féiliào, hěn hǎo yǎng.

岿然　kuīrán　(副词)〈书〉

高大而独立的样子:

"Towering"; "lofty":

1. 在这一望无际的大平原上,这座山虽不算高,却岿然独立。

Zài zhè yí wàng wú jì de dà píngyuán shang, zhè zuò shān suī bú suàn gāo, què kuīrán dú lì.

2. 在敌人的重重包围中,我军视死如归,岿然不动。

Zài dírén de chóngchóng bāowéi zhōng, wǒ jūn shìsǐrúguī, kuīrán bú dòng.

阔步 kuòbù （副词）

迈着大步，后面可带"地"：

"In big stride"; can take "地":

1. 随着雄壮的乐曲，运动员们挺胸阔步走进运动场。

   Suízhe xióngzhuàng de yuèqǔ, yùndòngyuánmen tǐng xiōng kuòbù zǒujìn yùndòngchǎng.

2. 上课铃一响，王教授便阔步走上讲台。

   Shàng kè líng yì xiǎng, Wáng jiàoshòu biàn kuòbù zǒushàng jiǎngtái.

"阔步"原是名词性短语，现在还可说"昂首阔步"：

"阔步" is originally a noun phrase and we still have the phrase "昂首阔步".

啦 la （时态助词、语气助词）

是时态助词"了"或语气助词"了"和"啊"的合音，一般用在句尾，至少后面必有停顿，不能用在宾语前，所有的"啦"都可以代以"了"：

"啦" is the combination of "了" and "啊", usually comes at the end of a sentence and a pause must follow it. It must not come before the object. All "啦" can be replaced by "了":

A. 作时态助词，表示完成：

As an aspectual particle, it indicates the perfect tense:

1. 到啦，那就是我们学校。

   Dào la, nà jiù shì wǒmen xuéxiào.

2. 明年的工作计划已经搞好啦！

   Míngnián de gōngzuò jìhuà yǐjīng gǎohǎo la!

B. 作语气助词：

Used as a modal particle:

1）表示变化：

Indicates a change:

1. 哟，挺好的天气怎么下雨啦？

   Yō, tǐng hǎo de tiānqi zěnme xià yǔ la?

2. 几年不见，她长得这么高啦！

   Jǐ nián bújiàn, tā zhǎng de zhème gāo la!

2）表示过分：

Indicates excess:

3. 这双鞋买小啦。

   Zhè shuāng xié mǎixiǎo la.

4. 现在出发已经晚啦！

   Xiànzài chūfā yǐjīng wǎn la!

3) 表示说话人觉得时间长或数量大:

Indicates a long time or a large quantity:

5. 客人已经坐了好一会儿啦。

Kèren yǐjing zuòle hǎo yíhuìr la.

6. 他已经花了不少钱啦。

Tā yǐjing huāle bù shǎo qián la.

4) 表示已经发生的某一件事:

Indicates a past event:

7. 她出去买东西啦。

Tā chūqu mǎi dōngxi la.

8. 那本书已经还啦!怎么还跟我要?

Nà běn shū yǐjing huán la!zěnme hái gēn wǒ yào?

5) 用于否定的祈使句尾,表示要求中止行动,"别"等重读:

Used at the end of a negative imperative sentence to demand discontinuity, the negative word "别" etc. must be stressed:

9. 你别哄我老太太啦!

Nǐ bié hǒng wǒ lǎotàitai la!

10. 不要再计较这些事情啦。

Búyào zài jìjiào zhèxiē shìqing la.

6) 与"要、快"等呼应,表示将有变化:

Used in conjunction with "要", "快" etc. to indicate a change:

11. 这姑娘快结婚啦。

Zhè gūniang kuài jiéhūn la.

12. 这老汽车,要报废啦!

Zhè lǎo qìchē,yào bàofèi la!

7) 表示即将发生:

Indicates an immediate occurrence:

13. 开饭啦!

Kāi fàn la!

14. 上车啦!

Shàng chē la!

15. 一会儿就下课啦!

Yíhuìr jiù xià kè la!

8) 表示肯定:

Indicates affirmation:

16. 你错啦!

Nǐ cuò la!

17. 你忘了你自己是怎样一个人啦!

Nǐ wàngle nǐ zìjǐ shì zěnme yí ge rén la!

9)以"了"结尾的特殊简短用语可以代之以"啦":

Some set phrases ended with "了"can have"了"replaced by"啦":

18. 得啦,你少说一句吧!

Dé la,nǐ shǎo shuō yí jù ba!

19. 算啦,算啦,不要为这点儿小事计较了!

Suàn la,suàn la,búyào wèi zhè diǎnr xiǎo shì jìjiào le!

来　　lái　　(助词)

用在整数后表概数,一般指略少于前面的整数:

Used after a whole number to indicate an approximate number ,　smaller than the whole one:

A. 在"十"、"百"、"千"等后,"来"要在量词前:

Used after"十","百","千"etc.,"来"must precede the measure word:

1. 他到上海已经十来年了。

　　Tā dào Shànghǎi yǐjīng shí lái nián le.

2. 我看这袋米大概有一百来斤吧。

Wǒ kàn zhè dài mǐ dàgài yǒu yìbǎi lái jīn ba.

3. 汉字虽然很多,常用的只有三千来个。

Hànzì suírán hěn duō,cháng yòng de zhǐ yǒu sāngqiān lái ge.

B. 在个位数后,"来"放在量词后(一般为度量衡量词及"年"等):

After a unit,"来"comes after the measure word:

1. 他家只种了三亩来地。

Tā jiā zhǐ zhòngle sān mǔ lái dì.

2. 两年来,我读了不少书。

Liǎng nián lái,wǒ dúle bù shǎo shū.

3. 这块肉有五斤来重。

Zhè kuài ròu yǒu wǔ jīn lái zhòng.

来回　　láihuí　　(副词)

往返多次或重复多次,可带"地",可重叠 为"来来回回":

"Back and forth","over and over again";can be reduplicated into "来来回回"

1. 他在思考问题时,习惯地在房间里来回踱步。

Tā zài sīkǎo wèntí shí,xíguàn de zài fángjiān li láihuí duó bù.

2. 我祖父写信的时候总是来回地小声念。

Wǒ zǔfù xiě xìn de shíhou zǒngshì láihuí de xiǎo shēng niàn.

3. 老太太心里有点儿事来来回回地念叨,真让人烦。

　　Lǎotàitai xīnli yǒu diǎnr shì láiláihuíhuí de niàndao, zhēn ràng rén fán.

······来······去 ···lái···qù （格式）

A. 分别嵌入表示具体行动的同一个动词,表示来回行动或到处活动,或表示在同一地点前后左右反复移动:

Inserted with the same verb to indicate an action hither and thither:

1. 他那个书包,总是带来带去的。

　　Tā nàge shūbāo, zǒngshi dài lái dài qù de.

2. 父亲因为工作关系,经常在世界各地飞来飞去。

　　Fùqin yīnwei gōngzuò guānxi, jīngcháng zài shìjiè gè dì fēi lái fēi qù.

B. 分别嵌入非具体行动的同一个动词,表示多次重复:

Inserted with the same non-action verb to indicate repetition:

1. 他皱着眉想来想去。

　　Tā zhòuzhe méi xiǎng lái xiǎng qù.

2. 你也快四十的人了,忙来忙去的,也该有个着落。

　　Nǐ yě kuài sìshí de rén le, máng lái máng qù de, yě gāi yǒu ge zháoluò.

还有许多用"···来···去"构成的固定短语,如"翻来覆去","一来二去","风里来雨里去"等。

There are many set phrases in the pattern "···来···去", such as "翻来覆去", "一来二去", "风里来雨里去"etc.:

来着 láizhe （时态助词）〈口〉

用在陈述句或疑问句(疑问代词)后,表示不久前曾发生:

Used after a declarative sentence or an interrogative sentence made of an interrogative pronoun to indicate the immediate past tense:

1. 昨晚他在小酒馆喝酒来着。

　　Zuó wǎn tā zài xiǎo jiǔguǎn hē jiǔ láizhe.

2. 你刚才说什么来着?你说谁可恶?

　　Nǐ gāngcái shuō shénme láizhe? nǐ shuō shuí kěwù?

有时用"来着"询问表示不久前提到的某项信息,说话人一时想不起来,要求对方提醒或重复:

"来着"can be used when the speaker needs to be reminded of a certain information mentioned recently:

3. 写那本书的作家叫什么来着?

　　Xiě nà běn shū de zuòjiā jiào shénme láizhe?

4. 你昨天说哪本词典好来着?

　　Nǐ zuótiān shuō něi běn cídiǎn hǎo láizhe?

有时用"来着"询问,是引起对方的回忆:

Sometimes "来着" is used in a question to remind one of something:

　　5. 去年春节谁上咱们家来着?

　　　　Qùnián Chūn Jié shuí shàng zánmen jiā láizhe?

老　lǎo　(副词)

A. 表示一再重复某动作或一直保持某状态,可修饰否定式:

"Always"; "all along"; "repeatedly"; can modify a negative structure:

　　1. 我老来麻烦您,实在过意不去。

　　　　Wǒ lǎo lái máfan nín, shízài guò yì bú qù.

　　2. 这屋子老不开窗户,空气不新鲜。

　　　　Zhè wūzi lǎo bu kāi chuānghu, kōngqì bù xīnxian.

　　3. 他整天老玩儿游戏机,不好好学习。

　　　　Tā zhěngtiān lǎo wánr yóuxìjī, bù hǎohāo xuéxí.

助动词中只有"想"常与"老"合用。"老"既可用于"想"前,也可用于"想"后,
所表示的意思不同:

Of the auxiliary verbs, only "想" is often used in conjunction with "老", "老" can
either precede "想" or follow it with different meanings:

　　4. 我老想看《红楼梦》,可是借不到这部书。

　　　　Wǒ lǎo xiǎng kàn 《Hónglóumèng》, kěshì jiè bú dào zhè bù shū.

　　5. 我想老看《红楼梦》,又怕耽误了功课。

　　　　Wǒ xiǎng lǎo kàn 《Hónglóumèng》, yòu pà dānwùle gōngkè.

参看"老是"。

Compare "老是" lǎoshì.

B. "很"的意思,修饰少数几个单音节形容词,多是积极意义的:

"Very"; modifies only a limited number of monosyllabic adjectives of a positive meaning:

　　1. 他的胳膊老粗,真有劲儿。(×老细)

　　　　Tā de gēbo lǎo cū, zhēn yǒu jìnr.

　　2. 有些男青年头发留得老长老长。(×老短)

　　　　Yǒuxiē nán qīngnián tóufa liú de lǎo cháng lǎo cháng.

老实说　lǎoshìshuō　(组合)

表示个人的真实看法、意见或态度;常放在句首,也可在句中作插入语:

"To be frank", usually used at the head of a sentence or as a parenthesis:

　　1. 老实说,我当时就觉得这种做法不妥当。

　　　　Lǎoshìshuō, wǒ dāngshí jiù juéde zhè zhǒng zuòfǎ bù tuǒdang.

2. 老实说,我早就觉察到他的消费大大超过收入。

Lǎoshishuō,wǒ zǎo jiù juéchá dào tā de xiāofèi dàdà chāoguò shōurù.

3. 让我去当推销员,老实说,我干不了。

Ràng wǒ qù dāng tuīxiāoyuán,lǎoshishuō,wǒ gàn bu liǎo.

有时也说"老实讲",意思一样:

Can also be said as "老实讲":

4. 老实讲,做什么事情都不可能一帆风顺。

Lǎoshijiǎng,zuò shénme shìqing dōu bù kěnéng yì fān fēng shùn.

老是　lǎoshì　（副词）

表示一再重复某动作或一直保持某状态,可修饰否定式:

"Always"; "repeatedly"; can modify a negative structure:

1. 他上课时老是打瞌睡。

Tā shàng kè shí lǎoshi dǎ kēshuì.

2. 我说了他好几次,他老是不听。

Wǒ shuōle tā hǎo jǐ cì,tā lǎoshi bù tīng.

"老是"有时是副词"老"修饰动词"是":

"老是" sometimes is a phrase with adverb "老" modifying verb "是":

1. 上课迟到的老是他们俩。

Shàng kè chídào de lǎoshi tāmen liǎ.

2. 她身上穿的老是这件红衣服。

Tā shēnshang chuān de lǎoshi zhè jiàn hóng yīfu.

了　le　（时态助词、语气助词）

A. 时态助词:

Aspectual particle:

表示完成

Indicates the perfect tense:

1)到说话时为止已完成:

Present perfect and past perfect:

1. 昨天谁来了?

Zuótiān shuí lái le?

2. 王家已经盖起了小楼。

Wáng jiā yǐjing gàiqǐle xiǎo lóu.

2)将来的完成:

Future perfect:

3. 妈来了,你告诉我一声。

Mā lái le,nǐ gàosu wǒ yì shēng.

4. 他毕业了就得工作。

Tā bìyèle jiù děi gōngzuò.

3)假设的完成和条件句中的完成:

Hypothetical perfect and conditional perfect:

5. 摔坏了腰可不好治!走路小心点儿!

Shuāihuàile yāo kě bù hǎo zhì! Zǒu lù xiǎoxīn diǎnr!

6. 如果写错了,可以改嘛。

Rúguǒ xiěcuò le, kěyi gǎi ma.

4)否定形式是"没有",后面的"了"取消:

The negative form is "没有" and "了" is deleted:

7. 我没有写完这篇文章。

Wǒ méiyou xiěwán zhè piān wénzhāng.

但在祈使句中,否定形式是"别"或"不要","了"则保留:

In the imperative sentence, negation is shown by "别" or "不要" and "了" must be kept:

8. 别买了冒牌货!

Béi mǎile màopáihuò!

9. 不要打破了玻璃杯!

Búyào dǎpòle bōlibēi!

B. 语气助词,用于句尾:

Modal particle; used at the end of a sentence:

1)表示变化:

Indicates a change:

1. 妈,我已经不是孩子了。

Mā, wǒ yǐjing bú shì háizi le.

2. 花儿全开了。

Huār quán kāi le.

2)表示过分,有"太"的意思,多在形容词后:

Indicates excess, usually after the adjective:

3. 这件衣服,你穿,长了;他穿合适。

Zhè jiàn yīfu, nǐ chuān, cháng le; tā chuān héshì.

4. 今天在这儿玩儿晚了。

Jīntiān zài zhèr wánr wǎn le.

3)表示说话人觉得时间长或数量大:

Indicates a long time or large quantity:

5. 俩多月了,他没来过一封信。

Liǎ duō yuè le , tā méi láiguo yì fēng xìn.

6. 这次火灾,已经死伤三十多人了。

Zhè cì huǒzāi, yǐjing sǐ shāng sānshi duō rén le.

4)表示过去发生的某一件事:

Indicates a past event:

7. 他给祖父作寿去了。

Tā gěi zǔfù zuòshòu qù le.

8. 他到我家还书来了。

Tā dào wǒ jiā huán shū lái le.

5)用于否定祈使句尾,表示要求中止行动,"别"等重读:

Used at the end of a negative imperative sentence to indicate discontinuation. The negative word "别" etc. must be stressed:

9. 你别客气了!先吃吧!不用等别人了!

Nǐ bié kèqi le! Xiān chī ba! Búyòng děng biérén le!

10. 你别着急了。

Nǐ bié zháo jí le.

6)表示将要有变化,前面常有"要、该、快、可以"等呼应:

Indicates an immediate change and there is "要", "该", "快", "可以" etc. to go before it:

11. 天气要冷了。

Tiānqi yào lěng le.

12. 水快开了!

Shuǐ kuài kāi le!

7)表示即将发生:

Indicates an immediate occurrence:

13. 起床了!起床了!

Qǐ chuáng le! qǐ chuáng le!

14. 上课了!

Shàng kè le!

15. 那,我先走了!

Nà, wǒ xiān zǒu le!

8)表示肯定:

Indicates affirmation:

16. 这下子妈就放心了。

Zhèxiàzi mā jiù fàngxīn le.

17. 今天就看你的本事了!

Jīntiān jiù kàn nǐ de běnshi le!

18. 老韩,你说得太对了!

Lǎo Hán, nǐ shuō de tài duì le!

9)有些特殊简短用语是以"了"结尾的:

There are some special curt phrases ended in "了":

19. 得了,别听他吹牛!

Dé le, bié tīng tā chuī niú!

20. 算了,说也没用。

Shàn le, shuō yě méi yòng.

嘞　lei　(语气助词)

多用在比较随便的场合:

Mostly used at very casual occurrences:

A. 表示提醒注意:

Is used to draw attention:

1. 火着嘞,烤肉吧!

Huǒ zháo lei, kǎo ròu ba!

2. 别吵嘞,好好儿听!

Bié chǎo lei, hǎohāor tīng!

B. 用在少数简短熟语中表示同意,语气轻快:

Used in some very curt phrases to indicate agreement, with a light tone:

1. "掌柜的,来碗面!"

"好嘞,这就好!"

"Zhǎngguì de, lái wǎn miàn!"

"Hǎo lei, zhè jiù hǎo!"

2. 行嘞,您放心吧,我一定办好这件事。

Xíng lei, nín fàngxīn ba, wǒ yídìng bànhǎo zhè jiàn shì.

冷不防　lěngbufáng　(组合)

表示动作突然,出人意外;可用在主语前:

Indicates a sudden unexpected action and can precede the subject:

1. 冷不防闯进一个人来,把我吓一跳。

Lěngbufáng chuǎng jìn yí ge rén lai, bǎ wǒ xià yí tiào.

2. 他悄悄地走到我身后,冷不防大声叫我的名字。

Tā qiāoqiāo de zǒudào wǒ shēn hòu, lěngbufáng dà shēng jiào wǒ de míngzi.

3. 汽车冷不防从我身边擦过去。

Qìchē lěngbufáng cóng wǒ shēnbiān cā guoqu.

离 lí （介词）

同"距"但很口语化：

Same as "距" but very colloquial:

A. 表示时间的差距：

Indicates a gap in time:

1. 这项工程离完工时间只有半年了，要加紧干。

    Zhè xiàng gōngchéng lí wángōng shíjiān zhǐ yǒu bàn nián le, yào jiājǐn gàn.

2. 离植树节还有三天，应该做好各种准备。

    Lí Zhíshù Jié hái yǒu sān tiān, yīnggāi zuòhǎo gè zhǒng zhǔnbèi.

B. 表示空间的差距：

Indicates a gap in space:

1. 这里离边境线只有七八公里，是不是去看看。

    Zhèlǐ lí biānjìngxiàn zhǐ yǒu qī bā gōnglǐ, shì bu shì qù kànkan.

2. 离油田越来越近了，有时甚至可以闻到石油的气味儿了。

    Lí yóutián yuèláiyuè jìn le, yǒushí shènzhì kěyǐ wéndào shíyóu de qìwèir le.

C. 表示抽象意义的差距：

Indicates some abstract gaps:

1. 我们试验的结果离要达到的目标已经不远了。

    Wǒmen shìyàn de jiéguǒ lí yào dádào de mùbiāo yǐjing bù yuǎn le.

2. 这种产品的质量，离所宣传的相差太远。

    Zhè zhǒng chǎnpǐn de zhìliàng, lí suǒ xuānchuán de xiāngchà tài yuǎn.

立即 lìjí （副词）

就在说话的当时，或紧跟另一动做，强调没有时间间隔；可修饰否定式，多用于书面语：

"At once"; "immediately"; can modify a negative structure, mostly occurs in written language:

1. 人到齐了，我们立即出发。

    Rén dàoqí le, wǒmen lìjí chūfā.

2. 听完动员报告，他们立即行动起来了。

    Tīngwán dòngyuán bàogào, tāmen lìjí xíngdòng qilai le.

3. 他眼睛一瞪，大家立即不说话了。

    Tā yǎnjing yí dèng, dàjiā lìjí bù shuō huà le.

立刻 likè （副词）

在说话的当时,或紧接着另一动作,强调时间短,可修饰否定形式:

"At once"; "immediatly"; can modify a negative structure:

1. 他受伤了,立刻被送到医院。

Tā shòu shāng le, lìkè bèi sòngdào yīyuàn.

2. 我一看,立刻认出是老刘的笔迹。

Wǒ yí kàn, lìkè rènchū shì Lǎo Liú de bǐjì.

3. 看见来了人,她立刻不哭了。

Kànjiàn láile rén, tā lìkè bù kū le.

立时　　lìshí　（副词）

同"立刻",用得较少:

Same as "立刻", but not as frequently used:

1. 他这么一说,我立时想起了当时的情景。

Tā zhème yì shuō, wǒ lìshí xiǎngqǐle dāngshí de qíngjǐng.

2. 我一招手,出租车立时停了下来。

wǒ yi zhāo shǒu, chūzū chē lìshí tíngle xialai.

3. 老师一进教室,同学们立时不说话了。

lǎoshī yí jìn jiàoshì, tóngxuémen lìshí bù shuō huà le.

例如　　lìrú　（连词）

引出所举的例子,后面可有停顿:

Introducing an example, can be followed by a pause:

1. 要想发音正确,就要多听、多念,例如,每天听录音、朗读课文,都是很好的练习方法。

Yào xiǎng fāyīn zhèngquè, jiù yào duō tīng, duō niàn, lìrú, měi tiān tīng lùyīn, lǎngdú kèwén, dōu shì hěn hǎo de liànxí fāngfǎ.

2. 他上中学时,读过很多文学名著,例如,《红楼梦》《西游记》等。

Tā shàng zhōngxué shí, dúguo hěn duō wénxué míngzhù, lìrú, 《Hónglóumèng》,《Xīyóujì》děng.

3. 有些小病不及时治疗,会引起大病,例如感冒,拖得时间长了,会引起肺炎等。

Yǒu xiē xiǎo bìng bù jíshí zhìliáo, huì yǐnqǐ dà bìng, lìrú gǎnmào, tuō de shíjiān cháng le, huì yǐnqǐ fèiyán děng.

哩　　li　（语气助词）

A. 同"呢"B,用于反问句:

Same as "呢"B, used in a rhetorical question:

1. 谁知道这是祸是福哩?

Shuí zhīdao zhè shì huò shì fú li?

2. 那有什么话可说哩!

　　Nà yǒu shénme huà kě shuō li!

B. 同"呢"D,表示赞叹、夸耀各种语气感情色彩:

Same as "呢"D, indicates admiration, bragging etc.:

1. 自从当了科长,她工作可积极哩!

　　Zìcóng dāngle kēzhǎng, tā gōngzuò kě jījí li!

2. 我还想周游世界哩!

　　Wǒ hái xiǎng zhōuyóu shìjiè li!

C. 同"呢"E,用于叙述句尾,表示动作和状态的持续:

Same as "呢"E, used at the end of a declarative sentence to indicate a continuous action:

1. 一只老牛,正低着头吃草哩。

　　Yì zhī lǎo niú, zhèng dīzhe tóu chī cǎo li.

2. 他在家,忙着干家务哩。

　　Tā zài jiā, mángzhe gàn jiāwù li.

D. 同"呢"F,用在句中表示停顿:

Same as "呢"F, indicating a pause within a sentence:

1. 伤是好了,身子哩,还要养一阵子。

　　Shāng shì hǎo le, shēnzi li, hái yào yǎng yízhènzi.

2. 这间屋子已经收拾完了,那间哩,下午再说吧。

　　Zhè jiān wūzi yǐjing shōushi wán le, nà jiān li, xiàwu zài shuō ba.

连¹ lián　(副词)

表示连续重复某动作或连续出现某情况,修饰单音节动词,后面常有数量短语:

"Continuously"; "successively"; modifies monosyllabic verbs and is usually followed by a numeral-measure phrase:

1. 他带球连过三个防守队员,将球踢入球门。

　　Tā dài qiú lián guò sān ge fángshǒu duìyuán, jiāng qiú tīrù qiúmén.

2. 老陈已经连任了五年教务长。

　　Lǎo Chén yǐjing lián rènle wǔ nián jiàowùzhǎng.

3. 他连喝了三杯白酒,觉得心扑通扑通地跳。

　　Tā lián hēle sān bēi báijiǔ, jiéde xīn pūtōng pūtōng de tiào.

有时也可以不带数量短语:

Sometimes there may not be any numeral-measure phrase:

4. 他剽窃别人的成果,连吃官司。

Tā piáoqiè biérén de chéngguǒ, lián chī guānsi.

连² 　lián 　（介词）

"包括"、"连同"的意思；宾语是名词、代词等；否定词或助动词要放在"连"前：

"Include", the object is a noun, pronoun etc., the negative word or auxiliary verb must precede"连":

A. 说明动作的方式，宾语是前面所提事物的关联部分：

Indicates the manner of an action, the object is a part of the thing referred to:

1. 这棵花儿已经死了，连根儿拔掉。

　Zhè kē huār yǐjing sǐ le, lián gēnr bádiào.

2. 把这些书连那些杂志统统搬走。

　Bǎ zhèxiē shū lián nàxiē zázhì tǒngtǒng bānzǒu.

3. 买啤酒不能连箱子拿走。

　Mǎi píjiǔ bù néng lián xiāngzi názǒu.

B. 用于计总数，宾语是前面所提事物的一部分；常有"一共"、"一起"、"算上"等与之呼应：

Used in calculation, and the object is a part of the thing referred to, often used in conjunction with "一共", "一起", "算上"etc.:

1. 这个月工资连奖金一共五百元。

　Zhège yuè gōngzī lián jiǎngjīn yígòng wǔbǎi yuán.

2. 我们这里连临时工算上有十多个人。

　Wǒmen zhèli lián línshígōng suànshang yǒu shí duō ge rén.

3. 这些橘子连纸箱一起八公斤。

　Zhè xiē júzi lián zhǐxiāng yìqǐ bā gōngjīn.

连……带……　lián…dài… 　（格式）

A. 嵌入两个体词、体词性短语或形容词，表示前后两项都包括在内：

Inserted with two substantives, substantive phrases or adjectives to indicate inclusion:

1. 他要搬家了，这些旧东西，连衣服带器具，全部处理了。

　Tā yào bān jiā le, zhèxiē jiù dōngxi, lián yīfu dài qìjù, quánbù chǔlǐ le.

2. 这五斤苹果，连大带小，一共十五个。

　Zhè wǔ jīn píngguǒ, lián dà dài xiǎo, yígòng shíwǔ ge.

B. 嵌入两个动词或动词短语，表示两种动作同时发生：

Inserted with two verbs or verb phrases to indicate two simultaneous actions:

1. 晚上他们俩连吃带喝，美美享受了一顿。

　Wǎnshang tāmen liǎ lián chī dài hē, měiměi xiǎngshòule yí dùn.

2. 连外出打零工带在家种地,他一年挣了不少钱。

　　Lián wàichū dǎ línggōng dài zài jiā zhòng dì,tā yì nián zhèngle bù shǎo

　　qián.

连……都(也)……　lián…dōu(yě)…　（格式）

"even……"

引出一个最不应如此的事例,而竟然如此,用以表示强调:

Introduces something which is more than what might be expected:

A. 引出施事者:

Introduces the agent:

1. 连三岁的孩子都懂得这个道理。

　　Lián sān suì de háizi dōu dǒngde zhège dàolǐ.

2. 他在想什么呢?连他自己也说不上来。

　　Tā zài xiǎng shénme ne?lián tā zìjǐ yě shuō bu shànglái.

B. 引出受事者:

Introduces the object:

1. 你竟连我都不相信吗?

　　Nǐ jìng lián wǒ dōu bù xiāngxìn ma?

2. 我叫了他一声,他却连头也没抬。

　　Wǒ jiàole tā yì shēng,tā què lián tóu yě méi tái.

C. "连"后有一个动词,"都"或"也"后是这个动词的否定形式,表示这动作是最低限度可以作的,而竟不作:

If there is a verb after "连" and the negative form of that verb comes after "都" or "也", it indicates that the action is the least one can do, yet does not do it:

1. 这么大的事,你怎么连问都不问?

　　Zhème dà de shì,nǐ zěnme lián wèn dōu bú wèn?

2. 朋友给她的信,她连看也没看。

　　Péngyou gěi tā de xìn,tā lián kàn yě méi kàn.

连连　liánlián　（副词）

连续重复某动作,后面不能带数量短语:

Successively;cannot be followed by any numeral－measure phrase:

1. 他听了以后连连点头称是。

　　Tā tīngle yǐhòu liánlián diǎn tóu chēng shì.

2. 这盘棋下得很顺利,小谢连连发动进攻,很快就取得了胜利。

　　Zhè pán qí xià de hěn shùnlì,Xiǎo Xiè liánlián fādòng jìngōng,hěn kuài

　　jiù qǔdéle shènglì.

后面也可以带"地"

It can take"地":

　3. 他翘起大拇指连连地说:"好主意!好主意!"

　　　Tā qiào qǐ dàmǔzhǐ liánlián de shuō:"Hǎo zhǔyi!Hǎo zhǔyi!"

连忙　liánmáng　（副词）

表示加快行动,不能用于祈使句和还未成为事实的句子:

"Promptly"; cannot be used in an imperative sentence; nor can it refer to anything not yet realized:

　1. 老人上了车,车里的人连忙给他让座。

　　　Lǎorén shàngle chē, chē li de rén liánmáng gěi tā ràng zuò.

　2. 下班以后,我连忙去洗了个澡。

　　　Xià bān yǐhòu, wǒ liánmáng qù xǐle ge zǎo.

　3. 睡觉的时候他在说梦话,我连忙把他叫醒。

　　　Shuì jiào de shíhou tā zài shuō mènghuà, wǒ liánmáng bǎ tā jiàoxǐng.

后面也可以带"地"

Can take"地":

　4. 上课铃一响,学生们连忙地走进教室。

　　　Shàng kè líng yì xiǎng, xuéshēngmen liánmáng zǒujìn jiàoshì.

连年　liánnián　（副词）

连续几年,修饰多音节词语,可用于否定式:

"In successive years"; "for years on end"; modifies polysyllabic words and phrases and can modify a negative structure:

　1. 这地区河道失修,连年发生水灾。

　　　Zhè dìqū hédào shī xiū, liánnián fāshēng shuǐzāi.

　2. 成立试验小组以后,这里的粮食连年增产。

　　　Chénglì shìyàn xiǎozǔ yǐhòu, zhèli de liángshi liánnián zēngchǎn.

　3. 那个工厂领导腐败,工人怠工,连年达不到生产指标。

　　　Nàge gōngchǎng lǐngdǎo fǔbài, gōngrén dàigōng, liánnián dá bu dào shēngchǎn zhǐbiāo.

连日　liánrì　（副词）

连续几天,修饰多音节词语,可修饰否定式:

"On successive days"; "day after day"; modifies polysyllabic words and phrases; can modify a negative structure:

　1. 入夏以来,连日阴雨,衣服都晾不干。

　　　Rù xià yǐlái, liánrì yīn yǔ, yīfu dōu liàng bu gān.

　2. 部队连日行军,战士们都很疲劳。

　　　Bùduì liánrì xíngjūn, zhànshimen dōu hěn píláo.

3. 孩子连日高烧不退,父母非常着急。

Háizi liánrì gāo shāo bú tuì, fùmǔ fēicháng zháo jí.

连声　liánshēng　(副词)

一声接一声地:

Continuously(say):

1. 小刘送她一束生日鲜花,她连声道谢。

Xiǎo Liú sòng tā yí shù shēngri xiānhuā, tā liánshēng dàoxiè.

2. 看完中国杂技团的表演,这位外国朋友连声赞誉。

Kànwán Zhōngguó zájìtuán de biǎoyǎn, zhè wèi wàiguó péngyou liánshēng zànyù.

后面可带"地":

Can take "地":

3. 他骑车碰了我一下,连声地说:"对不起"。

Tā qí chē pèngle wǒ yíxià, liánshēng de shuō: "Duì bu qǐ".

连同　liántóng　(连词)〈书〉

有"和……一起"的意思,多连接"把"的并列宾语:

Means "和……一起", mostly connects the coordinate objects of "把":

1. 老师把今天的课文连同明天的生词都讲完了。

Lǎoshī bǎ jīntiān de kèwén liántóng míngtiān de shēngcí dōu jiǎngwán le.

2. 房子主人把房子连同家具都租给了我。

Fángzi zhǔrén bǎ fángzi liántóng jiājù dōu zū gěile wǒ.

3. 我把鲁迅的《阿Q正传》连同英文译本一起从图书馆借来了。

wǒ bǎ Lǔ Xùn de《Ā Q zhèngzhuàn》liántóng Yīngwén yìběn yìqǐ cóng túshūguǎn jièlái le.

连续　liánxù　(副词)

接连不断地;后面多有数量短语,可修饰否定式:

"Continuously", mostly followed by a numeral – measure phrase and can modify a negative structure:

1. 这句话,他连续说了三遍。

Zhè jù huà, tā liánxù shuōle sān biàn.

2. 为了完成这项紧急任务,他已经连续三天三夜没有休息了。

Wèile wánchéng zhè xiàng jǐnjí rènwu, tā yǐjing liánxù sān tiān sān yè méiyǒu xiūxi le.

后面可带"地(的)"

Can take "地"(的):

3. 这位京剧演员已经五十多岁了，但还能在舞台上连续地翻十几个跟头。

Zhè wèi jīngjù yǎnyuán yǐjing wǔshí duō suì le, dàn hái néng zài wǔtái shang liánxù de fān shí jǐ ge gēntou.

连夜　liányè　（副词）

当天夜里，表示非常紧迫：

"That very night":

1. 连长接到电报以后，连夜赶回部队。

Liánzhǎng jiēdào diànbào yǐhòu, liányè gǎnhuí bùduì.

2. 连夜召集干部开紧急会议。

Liányè zhàojí gànbu kāi yǐnjí huìyì.

3. 医生连夜给危重病人做手术。

Yīshēng liányè gěi wēi zhòng bìngrén zuò shǒushù.

连着　liánzhe　（副词）

A. 接连不断地；可直接放在数量短语前，可修饰否定式：

"Continuously"; can be followed by a numeral-measure phrase and can modify a negative structure:

1. 连着下了几场雪，交通事故不断发生。

Liánzhe xiàle jǐ cháng xuě, jiāotōng shìgu búduàn fāshēng.

2. 他已经连着三天没吃药了。

Tā yǐjing liánzhe sān tiān méi chī yào le.

B. 在复数主语后，表示一个接一个地：

Used after a plural subject to mean one ofter another:

1. 运动员们连着向终点冲去。

Yùndòngyuánmen liánzhe xiàng zhōngdiǎn chōng qu.

2. 同学们连着举手回答问题。

Tóngxuémen liánzhe jǔ shǒu huídá wèntí.

另　lìng　（副词）

A. 表示前面说的不行，要换别的；修饰单音节动词，否定词要放在"另"前：

"Another"; modifies monosyllabic verbs, any word of negation must precede it:

1. 今天太晚了，咱们另找时间谈吧。

Jīntiān tài wǎn le, zánmen lìng zhǎo shíjiān tán ba.

2. 你还接着干吧，这个组今年不另选组长了。

Nǐ hái jiēzhe gàn ba, zhège zǔ jīnnián bú lìng xuǎn zǔzhǎng le.

B. 除了前面所说的之外，还有别的，修饰单音节动词：

"Another in addition"; modifies monosyllabic verbs:

1. 他同意大家的意见，但还另有看法。

　Tā tóngyì dàjiā de yìjiàn, dàn hái lìng yǒu kànfǎ.

2. 给每个班订了两份报纸，还另订了一本杂志。

　Gěi měi ge bān dìngle liǎng fèn bàozhǐ, hái lìng dìngle yì běn zázhì.

C. "单独"的意思，修饰单音节动词，否定词放在"另"前：

"Separately"; modifies monosyllabic verbs; and any negative word must precede it:

1. 这稿子算集体的，我自己另写一篇。

　Zhè gǎozi suàn jítǐ de, wǒ zìjǐ lìng xiě yì piān.

2. 你就看我的晚报吧，不用另买了。

　Nǐ jiù kàn wǒ de wǎnbào ba, búyòng lìng mǎi le.

另外[1]　lìngwài　(副词)

A. 表示除了前面所说的之外；后面或前面常有副词"又"、"还"、"再"等；能修饰否定式：

"Another" (in addition); often with "又", "还", "再" etc. before or after it; can modify a negative structure:

1. 他一个人忙不过来，你得另外再派一个人去。

　Tā yí ge rén máng bu guòlái, nǐ děi lìngwài zài pài yí ge rén qù.

2. 我给她买了几斤水果，另外还买了一束鲜花。

　Wǒ gěi tā mǎile jǐ jīn shuǐguǒ, lìnwài hái mǎile yí shù xiānhuā.

3. 晚上，我只吃了一个面包，另外没吃别的。

　Wǎnshang, wǒ zhǐ chīle yí ge miànbāo, lìngwài méi chī biéde.

B. 表示前面说的不行，要换别的；否定词要放在"另外"之前：

(Be replaced by) "another"; the negative word should precede it:

1. 你这种方法不行，必须另外想出新方法来。

　Nǐ zhè zhǒng fāngfǎ bùxíng, bìxū lìngwài xiǎngchū xīn fāngfǎ lái.

2. 他走出这步棋是出于无奈，不一定另外有打算。

　Tā zǒuchū zhè bù qí shì chūyú wúnài, bù yídìng lìngwài yǒu dǎsuàn.

C. 有时有"单独"的意思，否定词必须在"另外"前：

"Separately"; any negative word must precede "另外":

1. 我在信中给你带几句话，你就不必另外写了。

　Wǒ zài xìn zhōng gěi nǐ dài jǐ jù huà, nǐjiù búbì lìngwài xiě le.

2. 爷爷老了，牙不好，不和我们一起吃饭。他自己另外吃。

　Yéye lǎo le, yá bù hǎo, bù hé wǒmen yìqǐ chī fàn. Tā zìjǐ lìngwài chī.

辨认：

Note:

"另外"有时是指示代词，用于名词或数量词前，表示所指范围之外的：

"另外" sometimes is a demonstrative pronoun, used before a noun or numeral-measure word to indicate those other than what is mentioned in front:

1. 这个组的同学去工厂劳动，另外三个组同学去军训。

Zhège zǔ de tóngxué qù gōngchǎng láodòng, lìngwài sān ge zǔ tóngxué qù jūnxùn.

2. 我说的不是这本书，是另外一本。

Wǒ shuō de bú shì zhè běn shū, shì lìngwài yì běn.

另外[2]　lìngwài　（连词）

有"除此之外"的意思，表示后面对前面说的加以补充，可连接句子、分句；"另外"后常有停顿：

Means "除此之外", what follows is a supplement to what goes before; connects sentences or clauses, there usually is a pause after "另外":

1. 她每天要去上班，下班后要学习，另外，还要照顾父母。

Tā měi tiān yào qù shàng bān, xià bān hòu yào xuéxí, lìngwài, hái yào zhàogù fù mǔ.

2. 刚参加工作，要很好地熟习业务，另外，对新的环境你也要尽快适应。

Gāng cānjiā gōngzuò, yào hěn hǎo de shúxí yèwù, lìngwài, duì xīn de huánjìng nǐ yě yào jǐnkuài shìyìng.

3. 对青少年的成长来说，家庭、学校的教育十分重要，另外，社会的影响也不可忽视。

Duì qīng－shàonián de chéngzhǎng lái shuō, jiātíng, xuéxiào de jiàoyù shífēn zhòngyào, lìngwài, shèhuì de yǐngxiǎng yě bù kě hūshì.

咯　lo　（语气助词）

A. 表示已经出现或将要出现某种情况或变化：

Indicates that a certain action or change has taken place or is going to take place:

1. 下大雨咯！

Xià dà yǔ lo!

2. 你毕业以后可以当老师咯！

Nǐ bìyè yǐhòu kěyǐ dāng lǎoshī lo!

B. 在感叹句中增强赞叹、不满等语气：

Used in an exclamatory sentence to stress admiration, disapproval, etc:

1. 你要能来可就太好咯！

Nǐ yào néng lái kě jiù tài hǎo lo!

2. 这间屋子乱得太不像话咯！

Zhè jiān wūzi luàn de tài bú xiànghuà lo!

喽　lou　（语气助词、时态助词）

A. 语气助词，表示变化等（带有提醒注意的意味）：

Modal particle, indicating change (with warning tone)：

1. 就住两天，不能多喽！

　Jiù zhù liǎng tiān, bù néng duō lou!

2. 我累得腰都直不起来喽！

　Wǒ lèi de yāo dōu zhí bù qǐlái lou!

B. 时态助词，表示完成：

Aspectual particle indicating perfect tense：

1. 你别弄错喽！

　Nǐ bié nòngcuò lou!

2. 请把烟掐喽！

　Qǐng bǎ yān qiā lou!

3. 我回来喽，妈！

　Wǒ huílai lou, mā!

陆陆续续　lùlùxùxù　（副词）

表示有先有后，时断时续；后面可带"地"：

"One after another"; "in succession"; can take "地"：

主语是复数的：

The subject is plural：

1. 代表们陆陆续续走进会场。

　Dàibiǎomen lùlùxùxù zǒujìn huìchǎng.

2. 一群鸽子陆陆续续地落在我的房顶上。

　Yì qún gēzi lùlùxùxù de luò zài wǒ de fángdǐng shang.

宾语是复数的：

The object is plural：

3. 这所学校陆陆续续新盖了几栋宿舍。

　Zhè suǒ xuéxiào lùlùxùxù xīn gàile jǐ dòng sùshè.

4. 今年我陆陆续续地买了一些书。

　Jīnnián wǒ lùlùxùxù de mǎile yìxiē shū.

陆续　lùxù　（副词）

动作、行为接连不断；"陆续"所涉及的必须是复数；后面可带"地"：

"One after another"; "in succession"; what it refers to must be in plural number; can take "地"：

主语是复数的：

The subject is plural:

　　1. 这些新分配来的毕业生陆续派去轮训。

　　　　Zhèxiē xīn fēnpèi lái de bìyèshēng lùxù pài qù lúnxùn.

　　2. 在会上代表们陆续地提出新建议。

　　　　Zài huì shang dàibiǎomen lùxù de tíchū xīn jiànyì.

宾语是复数的:

The object is plural:

　　3. 这个饭馆陆续招了几个外地人。

　　　　Zhège fànguǎn lùxù zhāole jǐ ge wàidì rén.

　　4. 电子公司陆续推出好几种新产品。

　　　　Diànzǐ gōngsī lùxù tuīchū hǎo jǐ zhǒng xīn chǎnpǐn.

屡　lǚ　(副词)

一次又一次地,修饰单音节动词;用于已发生的事:

Repeatedly; modifies monosyllabic verbs, and can refer to realized facts only:

　　1. 随地吐痰的坏习惯屡禁不止。

　　　　Suídì tǔ tán de huài xíguàn lǚ jìn bù zhǐ.

　　2. 鞭炮伤人的事屡有发生。

　　　　Biānpào shāng rén de shì lǚ yǒu fāshēng.

　　3. 这个司机酒后开车,屡教不改。

　　　　Zhège sījī jiǔ hòu kāi chē, lǚ jiào bù gǎi.

屡次　lǚcì　(副词)

一次又一次地,强调次数多;用于已经发生的事:

"Repeatedly", refers to realized facts:

　　1. 我国女游泳运动员屡次打破世界记录。

　　　　Wǒ guó nǚ yóuyǒng yùndòngyuán lǚcì dǎpò shìjiè jìlù.

　　2. 我屡次遇见她,她都装着不认识我。

　　　　Wǒ lǚcì yùjiàn tā, tā dōu zhuāngzhe bú rènshi wǒ.

　　3. 我屡次想向他请教,但终于没有开口。

　　　　Wǒ lǚcì xiǎng xiàng tā qǐngjiào, dàn zhōngyú méiyǒu kāi kǒu.

屡屡　lǚlǚ　(副词)

强调次数多;有书面意味; 修饰多音节动词词语:

"Repeatedly"; modifies polysyllabic verbs and verb phrases, and has a literary flavour:

　　1. 这个学生屡屡违反校规,受到警告处分。

　　　　Zhège xuéshēng lǚlǚ wéifǎn xiàoguī, shòudào jǐnggào chǔfèn.

　　2. 小马是个新手,比赛时太紧张,屡屡发球失误。

Xiǎo Mǎ shì ge xīnshǒu, bǐsài shí tài jǐnzhāng, lǚlǚ fā qiú shīwù.

3. 我父亲屡屡提到您送给我们的这张画儿。

Wǒ fùqin lǚlǚ tídào nín sòng gěi wǒmen de zhè zhāng huàr.

略   lüè   (副词)

A. 表示程度不深或时间短暂；所修饰的动词、形容词等后面常带"一点"、"一些"等，组成四字短语：

Indicates a slight degree or a short time; the verb or adjective it modifies often takes "一点", "一些" etc. and form a four-character phrase all together:

1. 你把头略抬高一点儿。

Nǐ bǎ tóu lüè táigāo yìdiǎnr.

2. 请大家略停一停，主任有几句话要说。

Qǐng dàjiā lüè tíng yi tíng, zhǔrèn yǒu jǐ jù huà yào shuō.

3. 关于这件事，我略有所闻。

Guānyú zhè jiàn shì, wǒ lüè yǒu shǒ wén.

B. 简略地：

"Briefly":

1. 厂长略讲了一下厂里的情况。

Chǎngzhǎng lüè jiǎngle yíxià chǎng li de qíngkuàng.

2. 我想略谈一谈个人的想法。

Wǒ xiǎng lüè tán yi tán gèrén de xiǎngfǎ.

略略   lüèlüè   (副词)

A. 表示程度轻微或时间短暂，所修饰的动词、形容词等后面常有"一点"、"一些"等，运用比较自由：

Same as "略", but can be used more freely:

1. 今天感到不舒服，略略有点儿头疼。

Jīntiān gǎndào bù shūfu, lüèlüè yǒudiǎnr tóuténg.

2. 这道题并不很难，略略动动脑筋就可以解答出来。

Zhe dào tí bìng bù hěn nán, lüèlüè dòngdòng nǎojīn jiù kěyǐ jiědá chulai.

B. 简略地：

"Briefly":

1. 你把事情的经过略略写一下。

Nǐ bǎ shìqing de jīngguò lüèlüè xiě yíxià.

2. 事先我略略问了问那里的风俗习惯。

Shìxiān wǒ lüèlüè wènle wèn nàli de fēngsú xíguàn.

参看"略微"。

Compare "略微" lüèwēi.

略微　lüèwēi　（副词）

    A. 表示程度轻微；时间短暂:

    Indicates a slight degree or a short time:

    1. 蛋糕里略微加点儿蜂蜜味道更好。

       Dàngāo li lüèwēi jiā diǎnr fēngmì wèidào gèng hǎo.

    2. 那个沙发略微挪一挪，前面就可放个茶几儿了。

       Nàge shāfā lüèwēi nuó yi nuó, qiánmiàn jiù kě fàng ge chájīr le.

    3. 请你略微等一下，经理正在接电话。

       Qǐng nǐ lüèwēi děng yíxià, jīnglǐ zhèngzài jiē diànhuà.

    B. 简略地:

    "Briefly":

    1. 让我略微解释一下为什么要改变原来的计划。

       Ràng wǒ lüèwēi jiěshi yíxià wèi shénme yào gǎibiàn yuánlái de jìhuà.

    2. 这栋楼房的设计，略微参照了一些古建筑的样式。

       Zhè dòng lóufáng de shèjì, lüèwēi cānzhàole yìxiē gǔ jiànzhù de yàngshì.

"略微"也可说成"略为":

"略微"can also be said as "略为":

    1. 他的个子比我略为高一点儿。

       Tā de gèzi bǐ wǒ lüèwéi gāo yìdiǎnr.

    2. 妈妈身体还挺好，只是耳朵略为有点儿聋。

       Māma shēntǐ hái tǐng hǎo, zhǐ shì ěrduo lüèwéi yǒudiǎnr lóng.

嗯　ḿ　（叹词）

    表示疑问:

Indicates suspicion:

    1. 嗯，什么烧煳了？有一股煳味儿。

       Ḿ, shénme shāohú le? Yǒu yì gǔ hú wèir.

    2. 嗯，你说什么呀？没听清楚。

       Ḿ, nǐ shuō shénme ya? Méi tīng qīngchu.

    3. 嗯，他是什么时候出去的？

       Ḿ, tā shì shénme shíhou chūqu de?

嗯　m̀　（叹词）

    表示应诺或同意:

Indicates acknowledgement or agreement:

    1. 嗯，我知道了。

Ǹ,wǒ zhīdao le.

2. 嗯,这菜味道真不错。

Ǹ,zhè cài wèidao zhēn búcuò.

3. 嗯,你说得对。

Ǹ,nǐ shuō de duì.

马上　mǎshàng　（副词）

同"立刻";表示时间短:

Same as "立刻":

1. 信写完之后马上寄出去。

Xìn xiěwán zhīhòu mǎshàng jì chuqu.

2. 请你等一下儿,我马上就回来。

Qǐng nǐ děng yíxiàr,wǒ mǎshàng jiù huílai.

3. 快上车吧,马上要开车了。

Kuài shàng chē ba,mǎshàng yào kāi chē le.

有时并不一定在极短时间内,只是说话人要表示事情很快将发生:

Sometimes it may not really mean "at once", but just shows the speaker's feeling of the imminence of something:

4. 女儿马上要出国留学了。

Nǚ'ér mǎshàng yào chū guó liúxué le.

5. 过了十月底,天马上就要冷了。

Guòle shíyuè dǐ,tiān mǎshàng jiù yào lěng le.

么　ma　（语气助词）

A. 同"吗",把陈述句变为是非疑问句:

Same as "吗", makes a declarative sentence into an affirmative – negative question:

1. 这就是你们的经理么?

Zhè jiù shì nǐmen de jīnglǐ ma?

2. 请问,这附近有书店么?

Qǐng wèn,zhè fùjìn yǒu shūdiàn ma?

3. 我说的你都听懂了么?

Wǒ shuō de nǐ dōu tīngdǒng le ma?

B. 同"吗",用于反问句,强调肯定或否定,常与"难道"、"不是"、"还"等呼应:

Same as "吗", used in a rhetorical question to stress affirmation or negation and is often in conjunction with "难道"," 不是","还"etc., uses the negative form to stress affirmation:

　　　1. 这道理难道还不明白么?

　　　　 Zhè dàolǐ nándào hái bù míngbai ma?

　　　2. 你这不是在欺骗我么?

　　　　 Nǐ zhè bú shì zài qīpiàn wǒ ma?

用肯定的形式强调否定:

　Uses the positive form to stress negation:

　　　3. 你这样做,对得起父母么?

　　　　 Nǐ zhèyàng zuò, duì de qǐ fùmǔ ma?

　　　4. 身上那么脏还像个人样么?

　　　　 Shēnshang nàme zāng hái xiàng ge rényàng ma?

C. 同“嘛”,用于句中,表示停顿,提起对方注意:

　Same as “嘛”, indicates a pause within a sentence to draw attention:

　　　1. 这个问题么,让我再考虑考虑。

　　　　 Zhège wèntí ma, ràng wǒ zài kǎolü kǎolü.

　　　2. 军人么,就得服从命令。

　　　　 Jūnrén ma, jiù děi fúcóng mìnglìng.

D. 同“嘛”,表示希望、劝阻、催促等语气:

　Same as “嘛”, indicates dissuasion, persuasion, urging etc.:

　　　1. 大家都谈谈自己的看法么!

　　　　 Dàjiā dōu tántan zìjǐ de kànfǎ ma!

　　　2. 有话好好说,别争吵么!

　　　　 Yǒu huà hǎohāo shuō, bié zhēngchǎo ma!

　　　3. 快走么,时间不早了。

　　　　 kuài zǒu ma, shíjiān bù zǎo le.

吗　ma　（语气助词）

A. 把陈述句改变成是非疑问句:

　Turns a declarative sentence into an affirmative-negative question:

　　　1. 你没参加过技术培训吗?

　　　　 Nǐ méi cānjiāguo jìshù péixùn ma?

　　　2. 这么晚来找我,有急事儿吗?

　　　　 Zhème wǎn lái zhǎo wǒ, yǒu jíshìr ma?

B. 用于反问句,强调肯定或否定,常与“难道”、“不是”、“还”等词语呼应:

　Used in a rhetorical question to stress affirmation or negation, often in conjunction with “难道”, “不是”, “还” etc.:

用否定形式强调肯定:

　The negative form is used to stress affirmation:

1．我这样说难道不对吗？

　　Wǒ zhèyàng shuō nándào bú duì ma?

2．他用那个方法演算不是也可以吗？

　　Tā yòng nàge fāngfǎ yǎnsuàn bú shì yě kěyǐ ma?

用肯定的形式强调否定：

The positive form is used to stress negation：

3．难道你要稀里糊涂地过一辈子吗？

　　Nándào nǐ yào xīlihútú de guò yíbèizi ma?

4．他所说的话、所做的事都是对的吗？

　　Tā suǒ shuō de huà, suǒ zuò de shì dōu shì duì de ma?

C．同"嘛"，用于句中，表示停顿，提起对方注意：

Same as "嘛"，indicating pause within a sentence to draw attention：

1．至于人选吗，随便你挑。

　　Zhìyú rénxuǎn ma, suíbiàn nǐ tiāo.

2．期限吗，暂时不作规定。

　　Qīxiàn ma, zànshí bú zuò guīdìng.

参看"么"。

Compare "么" me.

嘛　ma　（语气助词）

A．用于陈述句末尾，加强肯定的语气，表示道理或理由非常明显：

Used at the end of a declarative sentence to give an affirmative tone：

1．不必客气，有什么意见就大胆提嘛。

　　Búbì kèqi, yǒu shénme yìjiàn jiù dàdǎn tí ma.

2．老年人上业余学校有什么奇怪的，学无止境嘛。

　　Lǎo nián rén shàng yèyú xuéxiào yǒu shénme qíguài de, xué wú zhǐ jìng ma.

3．你千万要注意身体，留得青山在，不怕没柴烧嘛。

　　Nǐ qiānwàn yào zhùyì shēntǐ, liú de qīngshān zài, bú pà méi chái shāo ma.

B．表示请求、劝阻、催促等语气：

Indicates a modal tone of request, dissuasion, urging etc.：

1．你等我一下嘛，我有话跟你说。

　　Nǐ děng wǒ yíxià ma, wǒ yǒu huà gēn nǐ shuō.

2．骑慢一点儿嘛，车辆那么多，挺危险的。

　　Qí màn yìdiǎnr ma, chēliàng nàme duō, tǐng wēixiǎn de.

3．快点儿嘛，都要迟到了。

　　　　Kuài diǎnr ma, dōu yào chídào le.

参看"么"。

Compare "么" me.

C. 用于否定的反问句,加强肯定语气:

Used in a negative rhetorical question to show affirmation:

　　1. 他有心脏病,不能喝酒,我不是跟你说过了嘛!

　　　　Tā yǒu xīnzàng bìng, bù néng hē jiǔ, wǒ bú shi gēn nǐ shuōguo le ma!

　　2. 你担心什么,他们不是好好的嘛!

　　　　Nǐ dānxīn shénme, tāmen bú shi hǎohāo de ma!

D. 用于句中,表示停顿,并要引起对方注意:

Indicates a pause within a sentence to draw attention:

　　1. 我嘛,中学学过英语,不过早忘了。

　　　　Wǒ ma, zhōngxué xuéguo Yīngyǔ, búguò zǎo wàng le.

　　2. 小李嘛,是个转业军人,一向严格要求自己。

　　　　Xiǎo Lǐ ma, shì ge zhuǎnyè jūnren, yíxiàng yángé yāoqiú zìjǐ.

满　mǎn　（副词）〈口〉

有"很"的意思,常修饰褒义词语:

Indicates high degree, same as "很"; modifies laudatory words or phrases:

　　1. 她的毛笔字写得满好。

　　　　Tā de máobǐ zì xiě de mǎn hǎo.

　　2. 这个小故事满有意思。

　　　　Zhège xiǎo gùshi mǎn yǒu yìsi.

　　3. 他个儿高,动作灵活,满可以当篮球运动员。

　　　　Tā gèr gāo, dòngzuò línghuó, mǎn kěyǐ dāng lánqiú yùndòngyuán.

　　4. 这件毛衣织得满不错。（"不错" = "好" ≠ "不" + "错"）

　　　　Zhè jiàn máoyī zhī de mǎn búcuò.

用于否定形式前,有"完全"的意思,程度更高:

Used before a negative structure, it means "completely" and indicates an even higher degree:

　　5. 他说的和做的满不是一回事儿。

　　　　Tā shuō de hé zuò de mǎn bú shì yì huí shìr.

　　6. 青年人花儿百块钱买件衣服,满不在乎。

　　　　Qīngnián rén huā jǐ bǎi kuài qián mǎi jiàn yīfu, mǎn bu zàihu.

满处　mǎnchù　（副词）

同"到处",意思是各个地方:

"Everywhere":

1. 孩子们怎么玩儿的?屋子里怎么满处是土?

   Háizimen zěnme wánr de?Wūzi li zěnme mǎnchù shì tǔ?

2. 这房子年久失修,满处漏雨。

   Zhè fángzi nián jiǔ shī xiū,mǎnchù lòu yǔ.

3. 米撒得满处都是,太浪费了。

   Mǐ sǎde mǎnchù dōu shì,tài làngfèi le.

慢说 mànshuō （连词）

同"别说",但用得较少。意思是情况不言自明,就不用说了,常与"就是"、"连"等呼应:

Same as "别说",but not often used ,means "needless to say ",and is often used in conjunction with "就是","连"etc. :

1. 像你这种阅读速度,慢说三天,就是一个星期也看不完这本书。

   Xiàng nǐ zhè zhǒng yuèdú sùdù, mànshuō sān tiān, jiùshì yí ge xīngqī yě kàn bu wán zhè běn shū.

2. 慢说我不清楚他的底细,就是清楚也不能随便告诉你。

   Mànshuō wǒ bù qīngchu tā de dǐxì, jiùshì qīngchu yě bù néng suíbiàn gàosu nǐ.

3. 为了买参考书,连200元他都肯花,慢说是100元了。

   Wèile mǎi cānkǎo shū, lián èrbǎi yuán tā dōu kěn huā, mànshuō shì yìbǎi yuán le.

4. 这块手表修起来很容易,慢说是3个小时,我看连1小时也用不了。

   Zhè kuài shǒubiǎo xiū qilai hěn róngyì, mànshuō shì sān ge xiǎoshí, wǒ kàn lián yí xiǎoshí yě yòng bu liǎo.

贸然 màorán （副词）

表示轻率,不加考虑地:

"Rashly":

1. 情况还没搞清楚,你就贸然作出了决定。这样不大好吧。

   Qíngkuàng hái méi gǎo qīngchu, nǐ jiù màorán zuòchūle juédìng.Zhèyàng bú dà hǎo ba.

2. 你来信急需这本词典,我手头有本旧的,就贸然给你寄去了,见谅。

   Nǐ lái xìn jí xū zhè běn cídiǎn, wǒ shǒutóu yǒu běn jiù de, jiù màorán gěi nǐ jìqu le, jiàn liàng.

有时可以说成"贸贸然":

Sometimes one can say "贸贸然":

3. 在许多专家、学者面前,他贸贸然提出许多不同意见。

   Zài xǔduō zhuānjiā, xuézhě miànqián, tā màomàorán tíchū xǔduō bù tóng yìjian.

没　méi　(副词)

否定动作或状态的既成事实；不能单独回答问题，不能放在句尾：

Used to negate a realized fact; cannot answer a question by itself and cannot occur at the end of a sentence:

1. 关于这个问题，我从来没考虑过。

   Guānyú zhège wèntí, wǒ cónglái méi kǎolùguo.

2. 我完全没估计到她有这么大的能耐，能修理电视机。

   Wǒ wánquán méi gūjìdào tā yǒu zhème dà de néngnài, néng xiūlǐ diànshìjī.

3. 怎么，天还没黑就点上灯了。

   Zěnme, tiān hái méi hēi jiù diǎnshang dēng le.

助动词一般用"不"否定，但"敢、肯、能"等少数几个助动词也可用"没"（不能用"没有"）否定，重点是强调事情不曾发生，而不在否定助动词：

Auxiliary verbs are usually negated by "不", but "敢", "肯", "能" can also be negated by "没"(not"没有")which stresses the non-existence of the whole fact:

4. 在许多生人面前，她没敢说话。

   Zài xǔduō shēngrén miànqián, tā méi gǎn shuō huà.

5. 讨论会时间太短，大家没能充分发表意见。

   Tǎolùnhuì shíjiān tài duǎn, dàjiā méi néng chōngfèn fābiǎo yìjian.

辨认：

Note:

"没"有时是动词，是"有"的否定：

"没"sometimes is a verb, the negative of "有"：

1. 我没意见。

   Wǒ méi yìjian.

2. 屋子里没人。

   Wūzi li méi rén.

3. 糟糕，我的钱包没了！

   Zāogāo, wǒ de qiánbāo méi le!

没······没······　méi···méi···　(格式)

A. 分别嵌入两个意义相关的单音名词，表示两个都没有：

Inserted with two monosyllabic nouns of interrelated meanings to indicate the absence of both:

1. 这孩子没爹没娘的，真可怜。

   Zhè háizi méi diē méi niáng de, zhēn kělián.

2. 我没儿没女,想收她为干女儿。

　Wǒ méi ér méi nǚ, xiǎng shōu tā wéi gān nǚér.

B. 分别嵌入单音名词、动词等,形成固定词组。嵌入的名词或动词可构成双音节词:

Inserted with monosyllabic nouns, verbs etc. to make up set phrases . The nouns or verbs inserted can make up disyllabic words:

1. 他没头没脑地问我:"你快活吗?"

　Tā méi tóu méi nǎo de wèn wǒ: "Nǐ kuàihuo ma?"

2. 妈妈没完没了地讲她童年的故事。

　Māmā méi wán méi liǎo de jiǎng tā tóngnián de gùshi.

3. 他说话没遮没拦的。

　Tā shuō huà méi zhē méi lán de.

C. 嵌入"轻、重","老、少","大、小"等形容词,表示应该区别而未区别:

Inserted with adjectives "轻、重", "老、少", "大、小" etc. to mean that one does not make any difference when one ought to:

1. 他开玩笑没轻没重的,常常过份。

　Tā kāi wánxiào méi qīng méi zhòng de, chángcháng guòfèn.

2. 别这么没大没小地叫他"老张",应该叫"张大哥"。

　Bié zhème méi dà méi xiǎo de jiào tā "Lǎo Zhāng", yīnggāi jiào "Zhāng dàgē".

没有　méiyǒu　(副词)

A. 表示否定既成事实;对应的肯定式是在动词后加"了"。用"没有"则不用"了":

Indicates the negation of a fact, and the corresponding affirmation is the verb plus "了". When "没有" is used , there must not be a "了":

1. 接到母亲去世的电报,他愣了,没有马上掉眼泪。

　Jiēdào mǔqin qùshì de diànbào, tā lèng le, méiyǒu mǎshàng diào yǎnlèi.

2. 他的脑子还没有清醒过来。

　Tā de nǎozi hái méiyǒu qīngxǐng guolai.

B. 表示对过去经验的否定;肯定形式是在动词后加"过",用"没有"否定时,动词后仍要有"过":

Indicates the negation of a past experienec and the corresponding affirmation is the verb plus "过". Must also take 过:

1. 我小时候没有穿过一件新衣服。

　Wǒ xiǎo shíhou méiyǒu chuānguo yí jiàn xīn yīfu.

2. 至于将来会怎么样，我从来就没有想过。

　　Zhìyú jiānglái huì zěngmeyàng, wǒ cónglái jiù méiyǒu xiǎngguo.

正反疑问句中，"没有"后的动词一般都省略：

In an affirmative + negative question, the verb after "没有"is usually deleted：

1. 经济效益问题，你仔细考虑过没有？

　　Jīngjì xiàoyì wèntí, nǐ zǐxì kǎolùguo méiyǒu?

2. 昨天涂的油漆干了没有？

　　Zuótiān tú de yóuqī gānle méiyǒu?

C. 表示对正在进行的动作的否定；肯定形式是句末加"呢"或动词前加"正"、"在"等，否定式则不能加：

Indicates the negation of an action in progress and the affirmation is indicated by "呢"at the end of the sentence or "正"or "在"before the verb：

1. 你在写论文吗？——没有写论文。找点儿资料。

　　Nǐ zài xiě lùnwén ma?——Méiyou xiě lùnwén. Zhǎo diǎnr zīliào.

2. 我去他家的时候，他没有看电视，正温习功课呢。

　　Wǒ qù tā jiā de shíhou, tā méiyǒu kàn diànshì, zhèng wēnxí gōngkè ne.

"没有"可以单独回答问题：

"没有"can answer a question independently：

1. 春节去串亲戚了吗？——没有。

　　Chūn Jié qù chuàn qīnqi le ma?——Méiyou.

2. 主意拿定了没有？——没有呢。

　　Zhǔyi nádìngle méiyou?——Méiyou ne.

"没有"也可修饰某些形容词(表示变化)：

"没有"can also modify an adjective to indicate a change：

1. 刚刚回暖，草还没有绿呢。

　　Gānggāng huí nuǎn, cǎo hái méiyǒu lù ne.

2. 下那么点儿小雨，地皮都没有湿。

　　Xià nàme diǎnr xiǎo yǔ, dìpí dōu méiyǒu shī.

辨认：

Note：

"没有"有时是副词"没"加动词"有"，是"有"的否定形式：

"没有" sometimes is a phrase with adverb 没 modifying verb 有，and it is the negation of "有"：

1. 资料室没有那本书。

　　Zīliàoshì méi yǒu nà běn shū.

2. 把钱放在家里没有什么好处。

　　Bǎ qián fàng zài jiāli méi yǒu shénme hǎochù.

3. 你说是他干的，可是没有任何证据。

　　Nǐ shuō shì tā gàn de, kěshì méi yǒu rènhé zhèngjù.

每 měi （副词）

任何（一次）的意思，与动词或动词短语结合后作状语，后面常有"就"、"都"、"总"等与之呼应：

"Every time"; together with a verb or verb phrase functions as an adverbial and is followed by "就", "都", or "总":

1. 每到一个新地方，我就睡不好觉。

　　Měi dào yí ge xīn dìfang, wǒ jiù shuì bu hǎo jiào.

2. 每搬一次家都要更换一些家具。

　　Měi bān yí cì jiā dōu yào gēnghuàn yìxiē jiājù.

3. 每回一趟老家，他总要去看看小时候的同学。

　　Měi huí yí tàng lǎojiā, tā zǒng yào qù kànkan xiǎo shíhou de tóngxué.

辨认：

Note：

"每"有时是代词，指全体中的任何一个，常与数词、量词或数量词结合：

"每" sometimes is a pronoun meaning "every", and is usually followed by a numeral, a measure word or a numeral – measure phrase:

1. 每个句子都经过仔细推敲。

　　Měi ge jùzi dōu jīngguò zǐxì tuīqiāo.

2. 每一个人都有自己的优点。

　　Měi yí ge rén dōu yǒu zìjǐ de yōudiǎn.

3. 他每两年回一次家乡。

　　Tā měi liǎng nián huí yí cì jiāxiāng.

每每 měiměi （副词）

常常、往往的意思；表示大多数情况下都是如此：

"Often"; "on most occasions":

1. 农村的亲戚每每带些土特产给我们。

　　Nóngcūn de qīnqi měiměi dài xiē tǔtèchǎn gěi wǒmen.

2. 晚饭后我们俩每每出去散散步。

　　Wǎnfàn hòu wǒmen liǎ měiměi chūqu sànsan bù.

3. 我爱人很粗心，做菜时每每忘了放盐。

　　Wǒ àiren hěn cūxīn, zuò cài shí měiměi wàngle fàng yán.

猛 měng （副词）

动作突然,迅速;有时带"地":

"All of a sudden";sometimes takes"地":

1. 我猛一回头,差点儿扭了脖子。

   Wǒ měng yì huí tóu,chà diǎnr niǔle bózi.

2. 一见大海,他就朝海边猛跑。

   Yí jiàn dàhǎi,tā jiù cháo hǎibiān měng pǎo.

3. 听见呼救声,他猛地站起来冲了出去。

   Tīngjiàn hū jiù shēng,tā měngdì zhàn qǐlái chōngle chūqu.

"猛"有时与"一下"连用,表示突然:

"猛"can be used with "一下"to stress suddenness:

4. 他拨开草丛一看,猛一下跳了起来,大叫道:蛇!蛇!

   Tā bōkāi cǎocóng yí kàn,měng yíxià tiàole qilai,dà jiào dao:Shé!Shé!

辨认:

Note:

"猛"有时是形容词,猛烈的意思:

"猛"sometimes is an adjective meaning"fierce":

1. 敌人气势汹汹,火力很猛。

   Dírén qìshì xiōngxiōng,huǒlì hěn měng.

2. 雨越下越大,风越刮越猛。

   Yǔ yuè xià yuè dà,fēng yuè guā yuè měng.

猛然　měngrán　（副词）

表示动作、行为突然发生;可放在句首,有语音停顿:

"All of a sudden"; "suddenly"; can occur at the head of a sentence followed by a pause:

1. 下车以后,走了几步,他猛然想起照相机还在车上。

   Xià chē yǐhòu,zǒule jǐ bù,tā měngrán xiǎngqǐ zhàoxiàngjī hái zài chē shang.

2. 听到老头子遭到不幸,老大妈猛然晕了过去。

   Tīngdào lǎotóuzi zāodào búxìng,lǎodàmā měngrán yūnle guoqu.

3. 前面出了险情,汽车猛然停住。

   Qiánmiàn chūle xiǎnqíng,qìchē měngrán tíngzhu.

有时也说"猛然间":

One can also say "猛然间":

4. 猛然间窗户外边出现一只大狗熊,把我们吓坏了。

   Měngránjiān chuānghu wàibian chūxiàn yì zhī dà gǒuxióng,bǎ wǒmen xiàhuài le.

5. 她抬起头,猛然间看见一个人从楼上掉了下去。

Tā táiqǐ tóu, měngránjiān kànjiàn yí ge rén cóng lóu shang diàole xiaqu.

免得 miǎnde (连词)

表示前面说的行动的目的,是为了使后面的情况不至于发生,用在第二分句前:

Used at the beginning of the second clause to indicate that the action explained in the first clause is taken so that what follows may not happen:

1. 写完了文章,要多看两遍,免得有错。

Xiěwánle wénzhāng, yào duō kàn liǎng biàn, miǎnde yǒu cuò.

2. 出发前一定把要带的东西准备好,免得临时来不及。

Chūfā qián yídìng bǎ yào dài de dōngxi zhǔnbèihǎo, miǎnde línshí lái bu jí.

3. 你如果今晚回来得晚,一定要打电话通知家里,免得母亲担心。

Nǐ rúguǒ jīn wǎn huílai de wǎn, yídìng yào dǎ diànhuà tōngzhī jiāli, miǎnde mǔqin dānxīn.

参看"省得"。

Compare "省得" shěngde.

明 míng (副词)

显然的意思,多修饰"知"或"知道",后面总有评论或问句:

"Obviously", usually modifies "知" or "知道"; and is always followed by some comment or a question:

1. 你明知今天有雨,可是出门不带伞。

Nǐ míng zhī jīntiān yǒu yǔ, kěshì chūmén bú dài sǎn.

2. 她明知不是你的对手,偏要跟你比试。

Tā míng zhī bú shì nǐ de duìshǒu, piān yào gēn nǐ bǐshi.

3. 明知道她不认识字,你为什么还让她读报?

Míng zhīdào tā bú rènshi zì, nǐ wèi shénme hái ràng tā dú bào?

"明知故问"是个成语:

"明知故问" is a proverb, meaning "ask while knowing the answer":

4. 他明知故问:"你不高兴了?"

Tā míngzhī – gùwèn: "Nǐ bù gāoxìng le?"

辨认:

Note:

"明"有时是形容词或动词:

"明" sometimes is an adjective or a verb:

1. 这人很神秘,去向不明。

   Zhè rén hěn shénmì, qùxiàng bù míng.

2. 明枪易躲,暗箭难防。

   Míng qiāng yì duǒ, àn jiàn nán fáng.

3. 你这个人怎么不明事理呢!　(动词)

   Nǐ zhège rén zěnme bù míng shìlǐ ne!

明明　míngmíng　(副词)

A. 在一分句中用"明明",强调事实的真实性;而另一分句必指出似乎与真实性相对立的情况:

"明明"in the first clause emphasizes the truth and the second clause must relate some contradictory comment:

1. 这事明明你知道,现在却说不知道。

   Zhè shì míngmíng nǐ zhīdao, xiànzài què shuō bù zhīdao.

2. 刚才他明明在这里,怎么一转眼就不见了呢。

   Gāngcái tā míngmíng zài zhèli, zěnme yì zhuǎnyǎn jiù bú jiàn le ne.

B. 用在反问句中,加强确认的语气,隐含"虽然表面上不是如此"或"虽然有人怀疑真实性"之意:

Used in a rhetorical question to enhance affirmation:

1. 你的字典我昨天不是明明还给你了吗?

   Nǐ de zìdiǎn wǒ zuótiān bú shì míngmíng huán gěi nǐ le ma?

2. 我说不会唱,偏要我唱,这不明明要让我当众出丑吗!

   Wǒ shuō bú huì chàng, piān yào wǒ chàng, zhè bù míngmíng yào ràng wǒ dāngzhòng chūchǒu ma!

莫　mò　(副词)

用于祈使句,表示劝阻或禁止,相当于"不要",用得较少:

Used in an imperative sentence to mean "must not", is not frequently used:

1. 莫把我的话当作耳旁风。

   Mò bǎ wǒ de huà dàngzuò ěrpángfēng.

2. 他是个骗子,切莫上当。

   Tā shì ge piànzi, qiè mò shàngdàng.

3. 常将有日思无日,莫到无时盼有时。

   Cháng jiāng yǒu rì sī wú rì, mò dào wú shí pàn yǒu shí.

莫非　mòfēi　(副词)

用于疑问句或反问句;多用于句首:

Used in an interrogative sentence or a rhetorical question and usually occurs at the head of a sentence:

A. 用来构成疑问句,表示揣测,相当于"是不是":

Makes an interrogative sentence to show conjecture and is the same as "是不是":

1. 叫了两声,他没反应,莫非我认错人了?

　Jiàole liǎng shēng, tā méi fǎnyìng, mòfēi wǒ rèncuò rén le?

2. 这么晚了他还没回家,莫非出了什么事了?

　Zhème wǎnle tá hái méi huí jiā, mòfēi chūle shénme shìr le?

B. 表示反问,相当于"难道":

Makes a rhetorical question and means "难道":

1. 家里出了事,我心情不好,莫非你还不知道?

　Jiāli chūle shìr, wǒ xīnqíng bù hǎo, mòfēi nǐ hái bù zhīdào?

2. 莫非你忘了?小时候我们还同过班呢!

　Mòfēi nǐ wàng le? Xiǎo shíhou wǒmen hái tóngguo bān ne!

蓦地　mòdì　（副词）

表示动作、行为突然发生,有出乎意料的意思,书面语:

"All of a sudden and unexpectedly"; is a literary expression:

1. 听到赞扬她的话,她的脸蓦地红了起来。

　Tīngdào zànyáng tā de huà, tā de liǎn mòdì hóngle qilai.

2. 小猴子蓦地窜过来,抓走了小明手里的香蕉。

　Xiǎo hóuzi mòdì cuàn guolai, zhuāzǒule Xiǎo Míng shǒuli de xiāngjiāo.

3. 飞机蓦地下降,乘客们大吃一惊。

　Fēijī mòdì xiàjiàng, chéngkèmen dà chī yì jīng.

蓦然　mòrán　（副词）

表示动作、行为很突然;书面语:

"All of a sudden"; "suddenly"; is a literary expression:

1. 走着走着,他蓦然想起忘了通知小李下午开会。

　Zǒuzhe zǒuzhe, tā mòrán xiǎngqi wàngle tōngzhī Xiǎo Lǐ xiàwǔ kāihuì.

2. 他凝神思索了一会儿,蓦然站起来兴奋地说:"有办法了!"

　Tā níngshén sīsuǒle yíhuìr, mòrán zhàn qilai xīngfèn de shuō: "Yǒu bànfǎ le!"

拿　ná　（介词）

A. "用"的意思,引进工具、方法等:

Means "用", introducing a tool or method:

1. 拿改锥把这螺丝钉紧一紧。

　Ná gǎizhuī bǎ zhè luósīdīng jǐn yi yǐn.

2. 拿开水烫一下西红柿,就能把皮剥掉。

Ná kāishuǐ tàng yíxià xīhóngshì, jiù néng bǎ pí bāodiào.

3. 拿抹布把桌子擦干净。

Ná mābù bǎ zhuōzi cā gānjìng.

B."把"的意思,引进所处置的对象;动词常是"当""当作":

Same as "把", introducing the object of disposal and the verb is usually "当" or "当作":

1. 拿我这六十来岁的人当强劳力,那怎么行。

Ná wǒ zhè liùshí lái suì de rén dāng qiáng láolì, nà zhème xíng.

2. 拿雇员不当人看,实在过分。

Ná gùyuán bú dàng rén kàn, shízài guòfèn.

3. 拿我当作银行,要多少给多少。

Ná wǒ dàngzuò yínháng, yào duōshao gěi duōshao.

C. 引进某些动作的对象,如"开心""开玩笑""撒气""没办法"等:

Introduces the object of certain actions such as "开心", "开玩笑", "撒气""没办法"etc.:

1. 你别老拿我开心好不好。

Nǐ bié lǎo ná wǒ kāixīn hǎo bu hǎo.

2. 你自己不顺心就拿人家撒气,太不应该了。

Nǐ zìjǐ bú shùnxīn jiù ná rénjia sāqì, tài bu yīnggāi le.

3. 他善于软磨硬泡,真拿他没办法。

Tā shànyú ruǎn mó yìng pào, zhēn ná tā méi dànfǎ.

D. 跟"来说(来讲)"配合,用来举例;"拿"前常有"就","来说"后带有"吧";后面有对例子的说明:

Used in conjunction with "来说(来讲)" to cite an example, "就" can precede "拿", "吧" may round off "来说"; there is always an explanation to follow:

1. 拿我们村来说吧,青壮年都到城市打工、做生意去了,村里只剩老人和孩子。

Ná wǒmen cūn lái shuō ba, qīngzhuàngnián dōu dào chéngshì dǎ gōng, zuò shēngyi qu le, cūnli zhǐ shèng lǎorén he háizi.

2. 就拿产品质量来说,以次充好的现象相当普遍。

Jiù ná chǎnpǐn zhìliàng lái shuō, yǐ cì chōng hǎo de xiànxiàng xiāngdāng pǔbiàn.

那　nà　(连词)

同"那么",承接上文,表示承认前面说的情况或前提,引出应有的结果或判断,常和"如果"、"要是"、"既然"等呼应,后面常有停顿:

Same as "那么"(in that case), introducing the natural inference or conclusion. It is often used in conjunction with "如果","要是","既然"etc.,usually followed by a pause:

1. 如果这雨连着下几天,那,今年的麦收会有不少困难。

　　Rúguǒ zhè yǔ liánzhe xià jǐ tiān, nà, jīnnián de màishōu huì yǒu bù shǎo kùnnan.

2. 要是多数人都去过黄山,那,我们就去泰山,怎么样?

　　Yàoshì duōshù rén dōu qùguo Huáng Shān, nà, wǒmen jiù qù Tài Shān,zěnmeyàng?

3. 既然他不想参加今天的晚会,那也不必勉强。

　　Jìrán tā bù xiǎng cānjiā jīntiān de wǎnhuì,nà yě búbì miǎnqiǎng.

参看"那么"。

Compare"那么"nàme.

那么　nàme　(连词)

承接上文,表示承认前面说的情况或前提,引出应有的结果或判断,常和"如果""要是""既然"等呼应,后面常有停顿:

"In that case", introducing the natural inference or conclusion. It is often used in conjunction with "如果","要是""既然"etc. and is usually followed by a pause:

1. 如果你喜欢唱歌的话,那么,可以参加学校的合唱团。

　　Rúguǒ nǐ xǐhuan chàng gē dehuà, nàme, kěyǐ cānjiā xuéxiào de héchàngtuán.

2. 要是你不介意,那么,我就对这篇文章提点意见。

　　Yàoshì nǐ bú jièyì,nàme,wǒ jiù duì zhè piān wénzhāng tí diǎnr yìjiàn.

3. 既然电影票不多,那么,这次我就不去了。

　　Jìrán diànyǐng piào bù duō,nàme,zhè cì wǒ jiù bú qù le.

4. 他总说要努力学习,那么,实际情况怎样呢?

　　Tā zǒng shuō yào nǔlì xuéxí,nàme,shíjì qíngkuàng zěnyàng ne?

哪　na　(词气助词)

同"啊",用于感叹、疑问、祈使、肯定等语气,或用在句中,有停顿,表示呼唤或引起注意;当"啊"前一字尾音为"n"时,就读成"哪":

Same as "啊", when the character in front of "啊"ends in "n""啊"is pronounced "na":

1. 车开得这么快,多让人提心吊胆哪!

　　Chē kāi de zhème kuài,duō ràng rén tíxīn – diàodǎn na!

2. 什么时候有空给我们谈谈哪?

　　Shénme shíhòu yǒu kòngr gěi wǒmen tántan na?

3. 过马路可要当心哪!

　　Guò mǎlù kě yào dāngxīn na!

4. 小兰哪，别看电视了，该睡觉了。

Xiǎo Lán na, bié kàn diànshì le, gāi shuìjiào le.

5. 天哪，他怎么被火烧成这个样子了！

Tiān na, tā zěnme bèi huǒ shāochéng zhège yàngzi le!

乃　nǎi　（副）〈书〉

A. "才"的意思，表示有了某种条件、原因或目的，然后发生某事：

Same as "才", indicating that only with the necessary condition, cause or aim, is a certain proposition possible:

1. 教学方法改进了，学生的学习成绩乃进一步提高。

Jiàoxué fāngfǎ gǎijìn le, xuésheng de xuéxí chéngjì nǎi jìnyíbù tígāo.

2. 这里车辆经常堵塞，市政府乃决定建一座立交桥。

Zhèlǐ chēliàng jīngcháng dǔsè, shì zhèngfǔ nǎi juédìng jiàn yí zuò lìjiāoqiáo.

B. 相当"就"，表示前后事情紧接着，或事实正是如此，多修饰动词"是"：

Same as "就", indicating that the second event is a natural consequence of the first event or it is just a matter of fact, often followed by "是":

1. 他听到外面有人呼救，乃放下手中的工作，慌忙跑下楼去。

Tā tīngdào wàimian yǒu rén hūjiù, nǎi fàngxia shǒu zhōng de gōngzuò, huāngmáng pǎoxià lóu qù.

2. 颐和园乃是到北京的旅游者必去的地方。

Yíhéyuán nǎi shì dào Běijīng de lǚyóuzhě bì qù de dìfang.

乃至　nǎizhì　（连词）

表示事情所达到的最大限度，有"甚至"的意思，连接并列的各种句子或分句，放在被连接的最后一项之前：

Same as "甚至"(even), connecting coordinate sentences or clauses and is placed before the last item:

1. 我把柜子、抽屉乃至放杂物的盒子都翻遍了，也没找到那把钥匙。

Wǒ bǎ guìzi, chōutì nǎizhì fàng záwù de hézi dōu fānbiàn le, yě méi zhǎodào nà bǎ yàoshi.

2. 他善于养茉莉花，从栽种、施肥，水份的多少，乃至温度的高低等，有一整套经验。

Tā shànyú yǎng mòlìhuā, cóng zāizhòng, shī féi, shuǐfèn de duōshǎo, nǎizhì wēndù de gāodī děng, yǒu yì zhěng tào jīngyàn.

3. 这个人太自私了，做出来的一些事，大家都看不惯，有时让人气愤，乃至使人无法容忍。

Zhège rén tài zìsī le, zuò chulai de yìxiē shì, dàjiā dōu kàn bu guàn, yǒushí ràng rén qìfèn, nǎizhì shǐ rén wúfǎ róngrěn.

"乃至"有时也可说成"乃至于",意思不变:

"乃至"sometimes can be be said as "乃至于"without any change in meaning:

4. 学术讨论会的日程安排,讨论的重点,以及代表们的吃、住,乃至于会
议结束后为代表们购买火车票等事都有专人负责。

　　Xuéshù tǎolùn huì de rìchéng ānpái, tǎolùn de zhòngdiǎn, yǐjí
dàibiǎomen de chī、zhù, nǎizhìyú huìyì jiéshù hòu wèi dàibiǎomen
gòumǎi huǒchē piào děng shì dōu yǒu zhuānrén fùzé.

难道　nándào　　(副)

用在反问句中,加强反问语气:

Used in a rhetorical question, may occur at the head of the question:

1. 你难道没听懂我的话(吗)?

　　Nǐ nándào méi tīngdǒng wǒ de huà(ma)?

2. 这道题昨天老师刚讲过,难道你忘了(吗)?

　　Zhè dào tí zuótiān lǎoshī gāng jiǎngguò, nándào nǐ wàngle(ma)?

也可以说"难道说"多用在句首:

Can be replaced by "难道说"at the head of the sentence:

3. 难道说我们就不能提点不同的意见(吗)?

　　Nándào shuō wǒmen jiù bù néng tí diǎnr bù tóng de yìjiàn(ma)?

有时有助词"不成"放在句尾,意思不变:

The particle "不成" can be put at the end of the question without affecting the meaning:

4. 难道什么事都要母亲操心不成?

　　Nándào shénme shì dōu yào mǔqin cāoxīn bùchéng?

5. 你个人的事难道说还得别人安排不成?

　　Nǐ gèrén de shì nándào shuō hái děi biérén ānpái bùchéng?

难怪　nánguài　　(连词)

**表示由于说话人了解到原因, 而觉得事情的发生是合乎情理的; 说明原因
的分句或句子可以在前,也可以在后:**

"No wonder", introducing what one finally understands after he has learned the cause. The cause may appear in front or afterward:

1. 大家对他的话有些误解,难怪他那么激动。

　　Dàjiā duì tā de huà yǒuxiē wùjiě, nánguài tā nàme jīdòng.

2. 难怪他这几天精神不好,原来他母亲病了,每天晚上他得照顾。

　　Nánguài tā zhè jǐ tiān jīngshén bù hǎo, yuánlái tā mǔqin bìng le, měi
tiān wǎnshang tā děi zhàogù.

3. 这个人有时未免太吝啬了,难怪人家看不起他。

　　Zhège rén yǒushí wèimiǎn tài lìnsè le, nánguài rénjia kàn bu qǐta.

辨认:

Note:

下面句中"难怪"是动词,有"很难责怪"的意思:

"难怪"in the following examples means it's hard to blame:

1. 他不是北京人,不了解这里的风俗习惯也难怪。

　　Tā bú shì Běijīng rén, bùliǎojiě zhèlǐde fēngsú xíguàn yě nánguài.

2. 这事没办成难怪他,是我事先没跟他说清楚。

　　Zhè shì méi bànchéng nánguài tā, shì wǒ shìxiān méi gēn tā shuō qīngchu.

呢　ne　(语气助词)

用在句尾,表示各种语气:

Used at the end of a sentence to show various tones:

A. 用在本来就是疑问句的句尾,使语气缓和:

Used at the end of an interrogative sentence to soften the tone:

1)用疑问代词的疑问句:

Interrogative sentence made of an interrogtive pronoun:

1. 这是什么鱼呢?

　　Zhè shì shénme yú ne?

2. 跟他一起走的那个人是谁呢?

　　Gēn tā yìqǐ zǒu de nàge rén shì shuí ne?

3. 应该怎么办呢?

　　Yīnggāi zěnme bàn ne?

2)选择疑问句可用两个"呢"也可用一个:

In an alternative question two "呢" can be used, but one will also do:

4. 这机器究竟有毛病呢,还是没毛病呢?

　　Zhè jīqì jiūjìng yǒu máobing ne, háishì méi máobìng ne?

5. 你是同意呢,还是不同意(呢)?

　　Nǐ shì tóngyì ne, háishi bù tóngyì(ne)?

3)正反疑问句:

Affirmative – negative question:

6. 你是不是这里的工作人员呢?

　　Nǐ shì bu shì zhèlǐ de gōngzuò rényuán ne?

7. 今天他们来不来呢?

　　Jīntiān tāmen lái bu lái ne?

B. 用于反问句,使语气和缓:

Used in a rhetorical question to relax the tone:

1. 后悔有什么用,若知今日,何必当初呢?

Hòuhuǐ yǒu shénme yòng, ruò zhī jīnrì, hébì dāngchū ne?

2. 既然不愿意,你怎么不早说呢?

Jìrán bú yuànyì, nǐ zěnme bù zǎo shuō ne?

3. 事到如今,我还有什么可说的呢?

Shì dào rújīn, wǒ hái yǒu shénme kě shuō de ne?

C. 表示疑问,用于名词、代词等词语后:

Used after a noun, pronoun etc. to make a question:

1) 当发现人或物不在时,用以问在哪儿:

When a person or thing is not found at the place where he or it ought to be "呢" is used to ask where:

1. 人呢?都哪儿去了。

Rén ne? Dōu nǎr qù le.

2. 我的书包呢?谁拿错了。

Wǒ de shūbāo ne? Shuí nácuò le.

2) 意思是"怎么样",具体内容由上下文定:

Means "how about", and the content is decided by the context:

3. 我最近很忙,你呢?

Wǒ zuìjìn hěn máng, nǐ ne?

4. 你们俩都出差了,孩子呢?

Nǐmen liǎ dōu chūchāi le, háizi ne?

D. 用在叙述句末,加强赞叹、嫌恶、夸耀等语气;常有"可""还""才"等与之呼应:

Used at the end of a declarative sentence to stress admiration, disgust, bragging etc., usually in conjunction with "可", "还", "才" etc.:

1. 今天星期天,公园里可热闹呢!

Jīntiān xīngqītiān, gōngyuán li kě rènao ne!

2. 那个穷地方,我还不去呢。

Nàge qióng dìfang, wǒ hái bú qù ne.

3. 这种事我不干,我才不那么傻呢!

Zhè zhǒng shì wǒ bú gàn, wǒ cái bu nàme shǎ ne!

E. 用于叙述句末,表示动作正在进行,动词前的"正"或"正在"可有可无:

Used at the end of a declarative sentence to show an action in progress. "正" or "正在" in front of the verb is optional:

1. 我们再聊一会儿,外边(正)下着雪呢。

　　Wǒmen zài liáo yíhuìr, wàibian(zhèng)xiàzhe xuě ne.

2. 那不是小刘嘛,等着我们呢。

　　Nà bú shì Xiǎo Liú ma, děngzhe wǒmen ne.

3. 他刚回来,现在(正在)吃饭呢。

　　Tā gāng huílai, xiànzài(zhèngzài)chī fàn ne.

F. 用于否定句末,表示动作至今尚未实现,但含有将要实现的意思;前面可有"还":

Used at the end of a negative sentence to mean "not yet", usually in conjunction with "还":

1. 信还没写完呢,明天再寄。

　　Xìn hái méi xiěwán ne, míngtiān zài jì.

2. 香蕉没熟呢,还不能吃。

　　Xiāngjiāo méi shú ne, hái bù néng chī.

3. 他刚来不久,还不怎么会说普通话呢。

　　Tā gāng lái bùjiǔ, hái bù zěnme huì shuō pǔtōnghuà ne.

G. 用在句中表示停顿:

Used to show a pause within a sentence:

1)用在主语后,有"至于"或"要说"的意思,多用于对举或列举:

Used after the subject to mean "as to ", usually in listing:

1. 你走你的阳关道;我呢,走我的独木桥。

　　Nǐ zǒu nǐ de yángguāndào; wǒ ne, zǒu wǒ de dúmùqiáo.

2. 各地人有各地人的口味儿。广东人呢,喜欢甜的;四川人呢,喜欢辣的;山西人呢,喜欢酸的。

　　Gè dì rén yǒu gè dì rén de kǒuwèir. Guǎngdōng rén ne, xǐhuan tián de; Sìchuān rén ne, xǐhuan là de; Shānxī rén ne, xǐhuan suān de.

2)用在表示假设或条件的成分后:

Used after an element of hypothesis or condition:

3. 饿了呢,你就吃;困了呢,你就睡。别的事你都不用管。

　　È le ne, nǐ jiù chī; kùn le ne, nǐ jiù shuì. Bié de shìr nǐ dōu búyòng guǎn.

4. 我先到那里去试试。行呢,就干下去;不行呢,就马上回来。

　　Wǒ xiān dào nàlǐ qu shìshi. Xíng ne, jiù gàn xiaqu; bù xíng ne, jiù mǎshàng huílai.

嗯　ńg　(叹词)

表示追问,用在疑问句后:

Indicates inquiry, is used after a question:

　　1. 今天你能陪我去看病吗?嗯?

　　　　Jīntiān nǐ néng péi wǒ qù kànbìng ma?Ńg?

　　2. 明天天气怎么样?天气预报怎么说的,嗯?

　　　　Míngtiān tiānqì zěnmeyàng?Tiānqì yùbào zěnme shuō de,ńg?

　　3. 你是不是在骗我?嗯?

　　　　Nǐ shì bu shì zài piàn wǒ?Ńg?

嗯　ňg　(叹词)

　　表示出乎意外或不以为然:

　　Indicates surprise or disapproval:

　　1. 嗯?我的小孙子跑哪儿去了?

　　　　Ňg?wǒ de xiǎo sūnzi pǎo nǎr qù le?

　　2. 嗯,电冰箱又出毛病了,不制冷了。

　　　　Ňg,diànbīngxiāng yòu chū máobìng le,bú zhìlěng le.

　　3. 嗯,又月底了,这个月又快过去了。

　　　　Ňg,yòu yuèdǐ le,zhège yuè yòu kuài guòqu le.

嗯　ǹg　(叹词)

　　A. 表示同意对方的话:

　　Indicates agreement:

　　1. 嗯,你说的有道理。

　　　　Ǹg,nǐ shuō de yǒu dàolǐ.

　　2. 嗯,我也是这么想的。

　　　　Ǹg,wǒ yě shì zhème xiǎng de.

　　3. 嗯,我就是马经理。

　　　　Ǹg,wǒ jiù shì Mǎ jīnglǐ.

　　B. 表示赞许或肯定自己的想法:

　　Indicates praise or affirmation of one's own opinion:

　　1. 嗯,这个电视剧真不错!

　　　　Ǹg,zhège diànshìjù zhēn búcuò!

　　2. 嗯,她准是生气了,不理我。

　　　　Ǹg,tā zhǔn shì shēngqì le,bù lǐ wǒ.

唔　ǹg　(叹词)

　　同"嗯",表示同意对方的话:

　　Same as"嗯"and indicates agreement:

　　1. 唔,是好像有人敲门。

　　　　Ǹg,shì hǎoxiàng yǒu rén qiāo mén.

2. 你也是市六中毕业的?——唔。

　　Nǐ yě shì Shì Liù Zhōng bì yè de?——Ǹg.

3. 你是光明小学的李老师吧?——唔,我就是。

　　Nǐ shì Guāngmíng Xiǎoxué de Lǐ lǎoshī ba?——Ǹg, wǒ jiù shì.

宁　nìng　(连词)

同"宁可",表示比较两种情况后,勉强选择其中的一个;后一分句说明被舍弃的另一种选择:

Same as "宁可" (rather), introducing the reluctantly preferable after a comparison between two dissatisfactory items, the second clause tells the abandoned choice:

1. 我宁得罪他,也不能放弃原则。

　　Wǒ nìng dézuì tā, yě bù néng fàngqì yuánzé.

2. 宁让自己吃亏,也不能使别人的利益受到损失。

　　Nìng ràng zìjǐ chīkuī, yě bù néng shǐ biérén de lìyì shòudào sǔnshī.

3. 这墙的基础不牢固,宁推倒重垒。

　　Zhè qiáng de jīchǔ bù láogù, nìng tuīdǎo chóng lěi.

宁可　nìngkě　(连词)

表示比较两种情况后,勉强选择其中一个。后一分句说明被舍弃的另一种选择:

"Rather", introducing the reluctantly preferable one after a comparison between two dissatisfactory items; the second clause tells the abandoned choice:

1. 工作宁可做得少些,但不能马虎、应付。

　　Gōngzuò nìngkě zuò de shǎo xiē, dàn bù néng mǎhu, yìngfu.

2. 我们宁可连夜苦干,也不能让工期拖后。

　　Wǒmen nìngkě liányè kǔ gàn, yě bù néng ràng gōngqī tuōhòu.

3. 宁可冷一些,也比热舒服。

　　Nìngkě lěng yìxiē, yě bǐ rè shūfu.

有时被舍弃的选择可放在前面:

Sometimes the abandoned choice is mentioned first:

4. 如果找他来反而惹麻烦,那,我们宁可自己干。

　　Rúguǒ zhǎo tā lái fǎn'ér rě máfan, nà, wǒmen nìngkě zìjǐ gàn.

如上下文清楚,被舍弃的选择有时可不说:

In a very obvious context, the abandoned choice can be deleted:

5. 为了做好上工前的准备工作,他宁可每天提前半小时来到车间。

　　Wèile zuòhǎo shàng gōng qián de zhǔnbèi gōngzuò, tā nìngkě měi tiān tíqián bàn xiǎoshí lái dào chējiān.

参看"宁肯"。

Compare"宁肯"nìngkěn.

宁肯　nìngkěn　（连词）

同"宁可"，表意愿的意味更强。表示比较两种情况后，勉强选择其中一个，后一分句说明被舍弃的另一种选择：

Same as"宁可"(rather)and is more intensified:

1. 这个商店宁肯赔钱，也不把劣质商品卖给顾客。

   Zhège shāngdiàn nìngkěn péi qián, yě bù bǎ lièzhì shāngpǐn mài gěi gùkè.

2. 我宁肯多花些钱买质量好的商品，也不贪图便宜受骗、上当。

   Wǒ nìngkěn duō huā xiē qián mǎi zhìliàng hǎo de shāngpǐn, yě bù tāntú piányi shòupiàn, shàngdàng.

3. 今晚宁肯少休息一会儿，也不能把工作拖到明天。

   Jīn wǎn nìngkěn shǎo xiūxi yíhuìr, yě bù néng bǎ gōngzuò tuō dào míngtiān.

有时被舍弃的选择可放在前面：

Sometimes the abandoned choice is mentioned first:

4. 穿皮鞋走山路太吃力，我宁肯穿这双旧布鞋。

   Chuān píxié zǒu shānlù tài chīlì, wǒ nìngkěn chuān zhè shuāng jiù bùxié.

有时上下文意思清楚，舍弃的选择可以不说：

In a very obvious context, the abandoned choice can be deleted:

5. 为了提高工作能力和业务水平，我工作宁肯忙些、累些。

   Wèile tígāo gōngzuò nénglì hé yèwù shuǐpíng, wǒ gōngzuò nìngkěn máng xiē, lèi xiē.

参看"宁可"。

Compare"宁可"nìngkě.

宁愿　nìngyuàn　（连词）

同"宁肯"，表示比较两种情况后，勉强选择其中一个，后一分句说明被舍弃的另一种选择：

Same as "宁肯", introducing the reluctantly preferable choice after a comparison between two dissatisfactory items, the second clause tells the abandoned choice:

1. 我宁愿自己多受些累，也不愿请他帮忙。

   Wǒ nìngyuàn zìjǐ duō shòu xiē lèi, yě bú yuàn qǐng tā bāngmáng.

2. 他宁愿自己生活得清苦些，也不肯接受别人在经济上的援助。

   Tā nìngyuàn zìjǐ shēnghuó de qīngkǔ xiē, yě bù kěn jiēshòu biérén zài jīngjì shàng de yuánzhù.

3. 我宁愿重写一篇,也不改这么乱的稿子。

　　Wǒ nìngyuàn chóng xiě yì piān, yě bù gǎi zhème luàn de gǎozi.

有时被舍弃的选择可放在前面:

Sometimes the abandoned choice can be mentioned first:

4. 我不去跳舞,宁愿在家里看书。

　　Wǒ bú qù tiào wǔ, nìngyuàn zài jiāli kài shū.

如上下文清楚,有时被舍弃的选择可不说:

In an obvious context, the abandoned choice can be deleted:

5. 老王虽然住得比较远,但有事我宁愿去找他商量。

　　Lǎo Wáng suīrán zhù de bǐjiào yuǎn, dàn yǒu shì wǒ nìngyuàn qù zhǎo tā shāngliang.

嗒　nuò　(叹词)

表示这就是所说的人或事物:

Indicates that this is the person or thing required:

1. 嗒,她就是这项工程的总工程师。

　　Nuò, tā jiù shì zhè xiàng gōngchéng de zǒnggōngchéngshī.

2. 嗒,这张就是他小时候的照片。

　　Nuò, zhè zhāng jiù shì tā xiǎo shíhou de zhàopiānr.

3. 嗒,你叫我买的东西都买回来了。

　　Nuò, nǐ jiào wǒ mǎi de dōngxi dōu mǎi huílai le.

喔　ō　(叹词)

同"噢",表示了解、明白了,或恍然大悟:

Same as "噢", indicating comprehension or sudden realization:

1. 喔,原来是这样啊。

　　Ō, yuánlái shì zhèyàng a.

2. 喔,你就是来采访的记者。

　　Ō, nǐ jiù shì lái cǎifǎng de jìzhě.

3. 喔,你们是老同学,怪不得那么熟呢。

　　Ō, nǐmen shì lǎo tóngxué, guàibude nàme shú ne.

噢　ō　(叹词)

表示了解、明白了,或恍然大悟:

Indicates comprehension or sudden realization:

1. 噢,这张就是齐白石先生画的大白菜。

　　Ō, zhè zhāng jiù shì Qí Báishí xiānsheng huà de dàbáicài.

2. 噢,今天是奶奶的生日,差点儿忘了。

　　Ō, jīntiān shì nǎinai de shēngri, chà diǎnr wàng le.

3. 噢，是你呀，我说今天怎么这么热闹。

Ō, shì nǐ ya, wǒ shuō jīntiān zěnme zhème rènao.

哦　ó　（叹词）

表示半信半疑：

Indicates that one is not quite convinced:

1. 哦，芒果十块钱一斤，有那么便宜吗？

Ó, mángguǒ shí kuài qián yì jīn, yǒu nàme piányi ma?

2. "我国女篮在奥运会上得了亚军。""哦？真的！"

"Wǒ guó nǚ lán zài Àoyùnhuì shang déle yàjūn." "Ó? Zhēn de!"

3. "老教师轮流去青岛疗养。""哦，真有这回事？"

"Lǎo jiàoshī lúnliú qù Qīngdǎo liáoyǎng." "Ó, zhēn yǒu zhè huí shìr?"

哦　ò　（叹词）

表示醒悟或回忆起来了：

Indicates realization or recollection:

1. "便宜没好货，都是些伪劣商品。""哦，我明白了。"

"Piányi méi hǎo huò, dōu shì xiē wěiliè shāngpǐn." "Ò, wǒ míngbai le."

2. 哦，我想起来了。这消息是小陈告诉我的。

Ò, wǒ xiǎng qilai le. Zhè xiāoxi shì Xiǎo Chén gàosu wǒ de.

3. 哦，我的手套放在百货商店的柜台上，忘拿了。

Ò, wǒ de shǒutào fàng zài bǎihuò shāngdiàn de guìtái shang, wàng ná le.

偶　ǒu　（副）〈书〉

用于单音节动词或介词前：

Used before a monosyllabic verb or preposition:

A. 意思同"偶尔"，表示某个动作、行为很少发生，或某种情况、现象很少出现，有"有时候""间或"的意思：

Same as "偶尔", indicating that a certain action rarely takes place or a state or phenomenon seldom emerges, similar to "有时候" or "间或":

1. 夜深了，街上行人稀少，偶有一两个人走过，脚步声显得特别重。

Yè shēn le, jiēshang xíngrén xīshǎo, ǒu yǒu yì liǎng ge rén zǒuguò, jiǎobù shēng xiǎnde tèbié zhòng.

2. 我很少去他家，偶去一次，也是坐坐就走。

Wǒ hěn shǎo qù tā jiā, ǒu qù yí cì, yě shì zuòzuo jiù zǒu.

B. 相当于形容词"偶然"作状语，表示某种行为或情况从事理上讲不一定发生而发生了：

Same as the adjective "偶然"(by chance)used as an adverbial.

1．旅途中,偶遇一位朋友。

　Lǚtúzhōng,ǒu yù yí wèi péngyou.

2．昨日偶至书店,买到一本好书。

　Zuórì ǒu zhì shūdiàn,mǎidào yì běn hǎo shū.

偶尔　ǒu'ěr　（副）

表示某种动作、行为很少发生,或某种情况、现象很少出现,有"有时候""间或"的意思,后边的动词常带后附成分,或宾语带表示少量的定语:

"Once in a while", "occasionally"; the verb which follows usually takes some supplementary element or its object takes an attribute indicating small quantity:

1．我们学校经常组织排球比赛,偶尔组织一次足球赛。

　Wǒmen xuéxiào jīngcháng zǔzhī páiqiú bǐsài, ǒu'ěr zǔzhī yí cì zúqiú sài.

2．我不经常回家,偶尔回去看看,也住不了几天。

　Wǒ bù jīngcháng huí jiā,ǒu'ěr huíqu kànkan,yě zhù bu liǎo jǐ tiān.

3．这地方偶尔下一点儿雪,也是落地就融化了。

　Zhè dìfang ǒu'ěr xià yìdiǎnr xuě,yě shì luò dì jiù rónghuà le.

4．他偶尔给家里写一两封信,都是短短的几句话。

　Tā ǒu'ěr gěi jiā li xiě yì liǎng fēng xìn,dōu shì duǎn duǎn de jǐ jù huà.

参看"间或"、"偶"A。

Compare"间或"jiànhuò,"偶"ǒu A.

怕　pà　（副）

A. 同"恐怕"A,表示估计、揣测:

Same as "恐怕"A,means "perhaps"or "probably":

1．这只箱子怕是小王忘在这里的。

　Zhè zhī xiāngzi pà shì Xiǎo Wáng wàng zài zhèlǐ de.

2．他除了去上海以外,怕是还要去一趟杭州吧。

　Tā chúle qù Shànghǎi yǐwài,pà shi hái yào qù yí tàng Hángzhōu ba.

3．这样做既提高了产量,又增加了职工收入,怕不会有人反对。

　Zhèyàng zuò jì tígāole chǎnliàng, yòu zēngjiāle zhígōng shōurù, pà bú huì yǒu rén fǎnduì.

B. 同"恐怕"B,除表示估计、揣测外,还有"疑虑""担心"的意思:

Same as "恐怕"B,means "I'm afraid":

1．你这样说,人家听了怕不高兴吧。

　Nǐ zhèyàng shuō,rénjia tīngle pà bù gāoxìng ba.

2. 他请那么多天假,怕会影响工作吧。

　　Tā qǐng nàme duō tiān jià, pà huì yǐngxiǎng gōngzuò ba.

呸　pēi　(叹词)

表示唾弃或斥责:

Indicates disdain or reproach:

1. 呸!你还有脸说你那些见不得人的事?真不害臊!

　　Pēi! Nǐ hái yǒu liǎn shuō nǐ nàxiē jiàn bu dé rén de shì? Zhē bú hàisào!

2. 呸!呸!你再骂街我就把你踢出去!

　　Pēi! Pēi! Nǐ zài mà jiē wǒ jiù bǎ nǐ tī chuqu!

譬如　pìrú　(连词)

引出具体例子或比喻,说明某个问题或某种道理:

Introduces an example for illustration:

1. 目前,把茶叶加工成保健饮料,大量上市,譬如大宁神茶、高丽人参茶、鹰牌花旗参茶,等等,真是不一而足。

　　Mùqián, bǎ cháyè jiāgōng chéng bǎojiàn yǐnliào, dàliàng shàngshì, pìrú Dàníng Shénchá, Gāolì Rénshēnchá, Yīngpái Huāqíshēnchá, děngděng, zhēshi bù yī ér zú.

2. 要想掌握一种本领或技能,非在实践中学不可,譬如游泳,要是不跳到水里游一游,一辈子也学不会的。

　　Yào xiǎng zhǎngwò yì zhǒng běnlǐng huò jìnéng, fēi zài shíjiàn zhōng xué bùkě, pìrú yóuyǒng, yàoshì bú tiàodào shuǐ li yóu yi yóu, yíbèizi yě xué bu huì de.

"譬如"也可说成"譬如说",后面可有停顿,意思不变:

"譬如"can also be said as "譬如说"followd by a pause:

3. 那位老人今年已经九十高龄,他的长寿之道就是"活动",譬如说,每天什么时候散步,什么时候打太极拳,什么时候练气功,几乎是风雨无阻,雷打不动。

　　Nà wèi lǎorén jīnnián yǐjīng jiǔshí gāolíng, tā de chángshòu zhī dào jiù shì "huódòng", pìrú shuō, měi tiān shénme shíhou sànbù, shénme shíhou dǎ tàijíquán, shénme shíhou liàn qìgōng, jīhū shì fēngyǔ－wúzǔ, léidǎbúdòng.

偏　piān　(副)

A. 同"偏偏"A,表示客观情况与主观愿望相反:

Same as "偏偏" A , means that the situation turns out contrary to what one expects:

1. 大家兴致很高,都想去长城游览,可偏刮起大风,没去成。

Dàjiā xìngzhì hěn gāo, dōu xiǎng qù Chángchéng yóulǎn, kě piān guāqǐ dà fēng, méi qùchéng.

2. 工作正需要人的时候，偏病倒了两位。

　　Gōngzuò zhèng xūyào rén de shíhou, piān bìngdǎole liǎng wèi.

B. 同"偏偏"B，表示主观上故意违反某种规定或与某人作对：

Same as "偏偏" B, means a deliberate violation of regulations or a deliberate opposition to someone：

1. 雨下得很大，大家不让他走，他偏要走。

　　Yǔ xià de hěn dà, dàjiā bú ràng tā zǒu, tā piān yào zǒu.

2. 水库里禁止游泳，你怎么偏要下去？

　　Shuǐkù li jìnzhǐ yóuyǒng, nǐ zěnme piān yào xiàqu?

3. 姐姐最不喜欢紫色，你怎么偏送她一件紫毛衣？

　　Jiějie zuì bù xǐhuan zǐsè, nǐ zěnme piān sòng tā yí jiàn zǐ máoyī?

C. 同"独独"，指出某一人、物跟一般同类人、物不同，常含有不满的口气：

Same as "独独", indicates how one particular person or thing is different from the category in general, implying discontent：

1. 听了这个好消息，大家都非常高兴，偏他一个人脸上毫无表情。

　　Tīngle zhège hǎo xiāoxi, dàjiā dōu fēicháng gāoxìng, piān tā yí ge rén liǎn shang háowú biǎoqíng.

2. 你有那么多漂亮衣服不穿，为什么偏穿这件灰色的？

　　Nǐ yǒu nàme duō piàoliang yīfu bù chuān, wèi shénme piān chuān zhè jiàn huīsè de?

偏偏　piānpiān　（副）

多用在表示转折的分句中：

Mostly used in the second clause of a compound sentence：

A. 客观情况与主观愿望相反：

Indicates that the objective situation turns out contrary to what is expected：

1. 我们本来很早就动身了，偏偏路上汽车坏了，开会迟到了。

　　Wǒmen běnlái hěn zǎo jiù dòngshēn le, piānpiān lùshang qìchē huài le, kāi huì chídào le.

2. 好容易找到他家，可偏偏他不在。

　　Hǎoróngyi zhǎodào tā jiā, kě piānpiān tā bú zài.

B. 表示主观上故意违反某种规定或与某人作对：

Indicates a deliberate violation of regulations or opposition to someone：

1. 你们让我走，我偏偏要呆在这儿。

　　Nǐmen ràng wǒ zǒu, wǒ piānpiān yào dāi zài zhèr.

2. 按医院规定,星期二是不准探视病人的,你怎么偏偏要星期二来?

　　Àn yīyuàn guīdìng, xīngqī'èr shì bù zhǔn tànshì bìngrén de, nǐ zěnme piānpiān yào xīngqī'èr lái?

C. 同"独独",指出某一人、物跟一般同类人、物不同,常含有不满的口气:

Same as "独独", indicates how one particular person or thing is different from the category in general, implying discontent:

1. 大家对这个计划都很满意,偏偏小王有意见。

　　Dàjiā duì zhège jìhuà dōu hěn mǎnyì, piānpiān Xiǎo Wáng yǒu yìjiàn.

2. 书店里词典不少,怎么偏偏没有我想买的那本?

　　Shūdiàn li cídiǎn bù shǎo, zěnme piānpiān méiyǒu wǒ xiǎng mǎi de nà běn?

凭　píng　(连词)

跟"任""任凭"相同,它后边必有疑问代词"什么""怎么",或表示极端情况的词语,意思是在任何条件下结论都不变:

Same as "任" or "任凭", and there must be an interrogative pronoun "什么""怎么" etc. or a word or phrase indicating an extreme to go with it to show that the conclusion remains the same whatever the condition may be:

1. 这个小孩儿犯起脾气来,凭你说什么,他也不听。

　　Zhège xiǎoháir fàn qǐ píqi lai, píng nǐ shuō shénme, tā yě bù tīng.

2. 他这个人只要认准了就干,凭别人怎么议论,他都无所谓。

　　Tā zhège rén zhǐyào rènzhǔnle jiù gàn, píng biérén zěnme yìlùn, tā dōu wúsuǒwèi.

3. 凭你逃得再远,也逃不出人民的法网。

　　Píng nǐ táo de zài yuǎn, yě táo bu chū rénmín de fǎwǎng.

辨认:

Note:

以下句中的"凭"是动词:

"凭" in the following sentences is a verb:

1. 你说,提高产品质量,不凭技术,凭什么?

　　Nǐ shuō, tígāo chǎnpǐn zhìliàng, bù píng jìshù, píng shénme?

2. 这场球赛甲队能战胜乙队,全凭集体的配合。

　　Zhè chǎng qiúsài jiǎduì néng zhànshèng yǐduì, quán píng jítǐ de pèihé.

以下句中的"凭"是介词:

"凭" in the following sentences is a preposition:

1. 我们凭本事吃饭,天经地义。

　　Wǒmen píng běnshi chī fàn, tiānjīng – dìyì.

2. 你凭什么打人?你知道不知道打人犯法?

　　Nǐ píng shénme dǎ rén?Nǐ zhīdào bù zhīdào dǎ rén fànfǎ?

凭空　píngkōng　（副）

没有根据地:

"Out of the void", "without foundation", "groundlessly":

1. 这完全是他凭空想像出来的,根本没有这种事。

　　Zhè wánquán shì tā píngkōng xiǎngxiàng chūlai de, gēnběn méiyǒu zhè zhǒng shì.

2. 谣言都是某些人凭空捏造出来的。

　　Yáoyán dōu shì mǒu xiē rén píngkōng niēzào chūlai de.

3. 怎么能凭空说是李华打破的玻璃呢?

　　Zěnme néng píngkōng shuō shì Lǐ Huá dǎpò de bōli ne?

颇　pō　（副）〈书〉

"很"的意思,但不受"不"修饰,可修饰形容词、动词的否定形式:

Same as "很", but cannot be modified by "不", can modify negative adjectives or verbs:

1. 这本小说颇受青年人的欢迎。

　　Zhè běn xiǎoshuō pō shòu qīngnián rén de huānyíng.

2. 他对这种做法颇不赞成。

　　Tā duì zhè zhǒng zuòfǎ pō bú zànchéng.

3. 对这个问题的处理方法,大家的意见颇不一致。

　　Duì zhège wèntí de chǔlǐ fāngfǎ,dàjiā de yìjiàn pō bù yízhì.

4. 和他相处了一段日子,我对他的印象颇佳。

　　Hé tā xiāngchǔle yí duàn rìzi,wǒ duì tā de yìnxiàng pō jiā.

参看"颇为"。

Compare "颇为" pōwéi.

颇为　pōwéi　（副）〈书〉

同"颇","很"的意思,修饰双音节动词、形容词或四字短语:

Same as "颇", but modifies a disyllabic verb or adjective or a four-character phrase:

1. 老师对同学们期末考试的成绩颇为满意。

　　Lǎoshī duì tóngxuémen qīmò kǎoshì de chéngjì pōwéi mǎnyì.

2. 他对待朋友颇为诚恳。

　　Tā duìdài péngyou pōwéi chéngkěn.

3. 他工作起来颇为认真负责。

　　Tā gōngzuò qilai pōwéi rènzhēn fùzé.

4. 景德镇的瓷器颇为有名。

Jǐngdézhèn de cíqì pōwéi yǒu míng.

七⋯⋯八⋯⋯   qī⋯bā⋯   （格式）

表示多或者多而杂乱：

Indicates large quantity and disorder：

1. 大家七嘴八舌地献计献策。

Dàjiā qīzuǐ – bāshé de xiàn jì xiàn cè.

2. 玩儿累了，几个人七扭八歪地靠在树旁休息。

Wánrlèi le, jǐ ge rén qīniǔ – bāwāi de kào zài shù páng xiūxi.

这种搭配是很有限的，常见的有"七嘴八舌"，"七手八脚"，"七零八落"，"七扭八歪"，"七上八下"，等。

"七⋯八⋯"makes only a limited number of collocations such as"七嘴八舌"，"七手八脚"，"七零八落"，"七扭八歪"，"七上八下"etc..

其实   qíshí   （副）

表示所说的情况是真实的，用在动词或主语前：

"Actually"，"in fact"，occurs either before the verb or before the subject：

A. 表示前面所说的情况不是真实的，"其实"后面的才是真实情况：

Indicates that what is introduced in the preceding clause is not true，but what follows"其实"is true：

1. 别以为他傻，其实他心里什么都清楚。

Bié yǐwéi tā shǎ, qíshì tā xīnli shénme dōu qīngchu.

2. 看那些小树长得多茂盛，其实都是假的。

Kàn nàxie xiǎo shù zhǎng de duō màoshèng, qíshí dōu shì jiǎ de.

3. 看起来考试题很简单，其实要答得全面并不容易。

Kànqilai kǎoshì tí hěn jiǎndān，qíshì yào dá de quánmiàn bìng bù róngyì.

B. 对前边句子意思的修正或补充：

What follows"其实"only supplies some supplementary explanation：

1. 我要带的东西不多，其实只有一个小箱子。

Wǒ yào dài de dōngxi bù duō, qíshí zhǐ yǒu yí ge xiǎo xiāngzi.

2. 大家都知道他是个有名的作家，其实他还是个书法家。

Dàjiā dōu zhīdào tā shì ge yǒu míng de zuòjiā，qíshí tā hái shì ge shūfǎjiā.

"其实"也可用于句子最前面：

"其实"may occur at the head of the sentence：

3. 其实这个问题是可以解决的，只要大家多想想办法。

Qíshí zhège wèntí shì kěyǐ jiějué de，zhǐyào dàjiā duō xiǎngxiǎng bànfǎ.

岂　qǐ　(副)〈书〉

只用于反问句：

Only occurs in a rhetorical question:

A. 用在表示否定的反问句中，加强肯定语气，句尾可用"吗"也可以不用：

Occurs in a negative rhetorical question to emphasize affirmation, "吗" at the end is optional:

　1. 这样做岂不是太冒险了(吗)？

　　Zhèyàng zuò qǐ búshì tài màoxiǎn le(ma)?

　2. 明明是他干的坏事，你为什么承担责任，岂不太傻了(吗)？

　　Míngmíng shì tā gàn de huài shì, nǐ wèi shénme chéngdān zérèn, qǐ bú tài shǎ le(ma)?

　3. 目的还不明确就动手干，岂不白白浪费时间(吗)？

　　Mùdì hái bù míngquè jiù dòngshǒu gàn, qǐ bù báibái làngfèi shíjiān (ma)?

B. 用在肯定的反问句中，加强否定语气，常跟"有、是、能、敢、肯"等词连用，句尾不能带"吗"：

Occurs in an affirmative rhetorical question to emphasize negation, and is usually followed by "有", "是", "能", "敢", "肯" etc., no "吗" is used:

　1. 她正在发脾气，我岂敢去找她？

　　Tā zhèngzài fā píqi, wǒ qǐgǎn qù zhǎo tā?

　2. 今天的好日子岂是那么容易得来的？

　　Jīntiān de hǎo rìzi qǐshì nàme róngyì delai de?

　3. 试验已经进行了一半，岂能中断？

　　Shìyàn yǐjīng jìnxíngle yí bàn, qǐ néng zhōngduàn?

岂但　qǐdàn　(连词)〈书〉

基本与"不但"相同，用在复句的第一分句里，带有反问的语气，第二分句常有"还"、"也"、"而且"等与它呼应，表示意思更进一层：

Basically the same as "不但", used in the first clause of a complex sentence. It has the tone of a rhetorical question. There is usually "还", "也", "而且" etc. in the second clause:

　1. 过去，所谓"株连"，岂但一人有罪一人受罚，还要连累全家。

　　Guòqù, suǒwèi "zhūlián", qǐdàn yì rén yǒu zuì yì rén shòu fá, hái yào liánlèi quán jiā.

　2. 变相体罚现象，岂但小学普遍存在，中学也时有发生。

　　Biànxiàng tǐfá xiànxiàng, qǐdàn xiǎoxué pǔbiàn cúnzài, zhōngxué yě shí yǒu fāshēng.

恰　qià　（副词）〈书〉

修饰单音节词：

Modifies monosyllabic words:

A. 同"恰好"B，表示不多不少，正好，合适：

Same as "恰好" B "just right", "exactly", "precisely":

1. 一、二组的意见恰与第三组的意见相反。

　　Yī、èr zǔ de yìjiàn qià yǔ dìsān zǔ de yìjiàn xiāngfǎn.

2. 这次试验结果恰为上次的试验作了补充。

　　Zhè cì shìyàn jiéguǒ qià wèi shàng cì de shìyàn zuòle bǔchōng.

B. 同"恰好"A，表示时机、条件等的巧合，可能是所希望的，也可能正是所不希望的：

Same as "恰好" A , "as chance would have it":

1. 这次去云南，恰逢傣族的泼水节，我们都参加了活动。

　　Zhè cì qù Yúnnán, qià féng Dǎizú de pōshuǐjié, wǒmen dōu cānjiāle huódòng.

2. 恰在我们下班的时候，外边下起了大雨。

　　Qià zài wǒmen xià bān de shíhou, wàibiān xiàqǐle dà yǔ.

3. 车祸发生时，他恰在现场。

　　Chēhuò fāshēng shí, tā qià zài xiànchǎng.

恰好　qiàhǎo　（副词）

A. 表示时机、条件等的巧合，可能是所希望的，也可能是所不希望的：

"As luck would have it":

1. 我走进教室，恰好打上课铃。

　　Wǒ zǒujìn jiàoshì, qiàhǎo dǎ shàng kè líng.

2. 妹妹结婚那天，大哥恰好从美国回来。

　　Mèimei jié hūn nà tiān, dàgē qiàhǎo cóng Měiguó huílai.

3. 她向我借钢笔，恰好我也没带。

　　Tā xiàng wǒ jiè gāngbǐ, qiàhǎo wǒ yě méi dài.

B. 表示（时间、空间、数量等）不多不少，不早不晚，不前不后，正好合适：

"Just right"; "exactly"; "precisely":

1. 这块布恰好够做一件衬衣。

　　Zhè kuài bù qiàhǎo gòu zuò yí jiàn chènyī.

2. 今天我恰好没事，你来玩儿吧！

　　Jīntiān wǒ qiàhǎo méi shì, nǐ lái wánr ba!

3. 这地方恰好能放下一个书桌。

Zhè dìfang qiàhǎo néng fàngxia yí ge shūzhuō.

恰恰　qiàqià　（副词）

A. 表示时机、条件等十分凑巧，可能是所希望的，也可能是所不希望的，多用于书面语：

"As luck would have it":

1. 我最担心的事恰恰发生了。

　　Wǒ zuì dānxīn de shì qiàqià fāshēng le.

2. 这恰恰是我需要的那本词典。

　　Zhè qiàqià shì wǒ xūyào de nà běn cídiǎn.

B. 表示（时间、空间、数量等）不早不晚，不前不后，不多不少，正好；合适：

"Just right"; "exactly"; "precisely":

1. 这班学生不多不少，恰恰四十名。

　　Zhè bān xuésheng bù duō bù shǎo qiàqià sìshí míng.

2. 恰恰在他出差去上海的时候，女儿生病住院了。

　　Qiàqià zài tā chūchāi qù Shànghǎi de shíhou, nǚ'ér shēngbìng zhùyuàn le.

3. 我们批评他不是为了打击他，恰恰相反，是为了帮助他。

　　Wǒmen pīpíng tā bú shì wèile dǎjī tā, qiàqià xiāngfǎn, shì wèile bāngzhù tā.

恰巧　qiàqiǎo　（副词）

同"恰好"A，表示时机、条件等十分凑巧，可能是所希望的，也可能是所不希望的：

"As luck would have it", same as "恰好"A:

1. 在回家的路上，我恰巧遇见小王。

　　Zài huí jiā de lùshang, wǒ qiàqiǎo yùjian Xiǎo Wáng.

2. 今年我生日那天恰巧是星期日。

　　Jīnnián wǒ shēngrì nàtiān qiàqiǎo shì xīngqīrì.

3. 我打电话给他，恰巧他出去了，没找到。

　　Wǒ dǎ diànhuà gěi tā, qiàqiǎo tā chūqu le, méi zhǎodào.

千万　qiānwàn　（副词）

A. 意思是"务必"，用于祈使句，表示恳切地叮嘱，常和"要"、"不能"、"别"等词语连用：

"Must"; "be sure to"; occurs in an imperative sentence and is often used in conjunction with "要", "不能", "别"etc.:

1. 路不好走，你千万要小心！

　　Lù bù hǎo zǒu, nǐ qiānwàn yào xiǎoxīn!

2. 千万别迟到,火车九点钟开。

Qiānwàn bié chídào, huǒchē jiǔ diǎnzhōng kāi.

3. 这种病千万不能耽误,快把病人送医院去吧!

Zhè zhǒng bìng qiānwàn bù néng dānwu, kuài bǎ bìngrén sòng yīyuàn qu ba!

副词"可"用在"千万"前,表示加强恳切或否定的语气:

The adverb "可" is often used before "千万" to emphasize sincerity or negation:

4. 在她面前你可千万别提这件事。

Zài tā miànqián nǐ kě qiānwàn bié tí zhè jiàn shì.

5. 你可千万记住我的话呀!

Nǐ kě qiānwàn jìzhù wǒ de huà ya!

B. 有时"千万"表示说话人的主观热切希望:

Sometimes "千万" indicates the speaker's earnest desire:

1. 我得冷静啊!千万不能再惹她生气了。

Wǒ děi lěngjìng a! Qiānwàn bù néng zài rě tā shēngqì le.

2. 他今天可千万别出去,不然,我又得白跑一趟了。

Tā jīntiān kě qiānwàn bié chūqu, bùrán, wǒ yòu děi bái pǎo yí tàng le.

千⋯⋯万⋯⋯   qiān⋯wàn⋯   （格式）

这种搭配是有限的,如"千变万化"、"千言万语"、"千真万确"、"千难万险"等:

Such collocations are limited, such as "千变万化", "千言万语", "千真万确", "千难万险" etc. :

A. 表示很多:

Indicates a large number:

1. 亲人相见,好像有千言万语,但一时竟说不出什么。

Qīnrén xiāngjiàn, hǎoxiàng yǒu qiānyán – wànyǔ, dàn yìshí jìng shuō bu chū shénme.

2. 儿子出国学习,母亲千叮咛万嘱咐。

Érzi chū guó xuéxí, mǔqīn qiān dīngníng wàn zhǔfu.

B. 表示程度高:

Indicates a high degree:

1. 仔细一想,她的话确实千真万确。

Zǐxì yì xiǎng, tā de huà quèshí qiānzhēn – wànquè.

2. 千难万难,也难不住她!

Qiān nán wàn nán, yě nán bu zhù tā!

前后   qiánhòu   （助词）

用在表示时间的词语后，表示某时间稍早或稍晚的一段时间；可重叠为"前前后后"：

Used after a time word or phrase to mean around a certain time; can be reduplicated into "前前后后"：

1. 春节前后，探亲访友的人特别多。

   Chūnjié qiánhòu, tàn qīn fǎng yǒu de rén tèbié duō.

2. 十点钟前后，领导同志要和我们开个座谈会。

   Shí diǎn zhōng qiánhòu, lǐngdǎo tóngzhì yào hé wǒmen kāi ge zuòtánhuì.

3. 1985 年五一节前后，我去过一次上海。

   Yījiǔbāwǔ nián Wǔ – Yī Jié qiánhòu, wǒ qùguo yí cì Shànghǎi.

前······后······　qián…hòu…　（格式）

表示地点或时间的前后：

Indicates a range of space or time：

1. 这件事前街后巷很快就传开了。

   Zhè jiàn shì qián jiē hòu xiàng hěn kuài jiù chuánkāi le.

2. 历史上有多少志士仁人前仆后继，为真理而斗争。

   Lìshǐ shang yǒu duōshao zhìshì rénrén qiánpū – hòujì, wèi zhēnlǐ ér dòuzhēng.

有时表示身体向前向后的动作，如"前仰后合"：

Sometimes indicates the rocking of the body：

3. 一句话把大家笑得前仰后合。

   Yí jù huà bǎ dàjiā xiào de qiányǎng – hòuhé.

悄悄　qiāoqiāo　（副词）

声音很低或没有声音，"地"可有可无：

"Quietly"；" in a low voice "，"地"is optional：

A. 在"说"、"问"这类动词前，表示低声地：

"In a low voice"，used before "说"，"问"etc.：

1. 她悄悄地说："下课以后，等我一下。"

   Tā qiāoqiāo de shuō："Xià kè yǐhòu, děng wǒ yíxià."

2. 姐姐悄悄问我："妈妈今天怎么不高兴？"

   Jiějie qiāoqiāo wèn wǒ："Māma jīntiān zěnme bù gāoxìng？"

3. 他最近在悄悄打听小华的消息。

   Tā zuìjì zài qiāoqiāo dǎtīng Xiǎohuá de xiāoxi.

B. 在"站"、"坐"、"望"、"走"等类动词前，表示没有声音，不声不响地：

"Quietly；silently"；precedes verbs such as "站"，"坐"，"望"，"走"etc.：

1. 她走进来悄悄地坐在最后一排的座位上。

  Tā zǒu jìnlai qiāoqiāo de zuò zài zuìhòu yì pái de zuòwèi shang.

2. 他谁也没告诉,悄悄离开了北京。

  Tā shuí yě méi gàosu, qiāoqiāo líkāile Běijīng.

3. 人们悄悄地望着他,没一个人说话。

  Rénmen qiāoqiāo de wàngzhe tā, méi yí ge rén shuōhuà.

4. 他正悄悄地准备着,今年四月考硕士研究生。

  Tā zhèng qiāoqiāo de zhǔnbèizhe, jīnnián sìyuè kǎo shuòshì yánjiūshēng.

且¹ qiě (副词)

A. 表示在目前短时间里暂且先做某事,而不管别的,或暂且先不做某事而做别的:

"For the time being"; indicates that one does one particular thing for the time being and puts aside other things, or puts aside one particular thing and does sth. else:

1. 你且耐心地等他两天,如果还没消息,你再打电报去。

  Nǐ qiě nàixīn de děng tā liǎng tiān, rúguǒ hái méi xiāoxi, nǐ zài dǎ diànbào qu.

2. 现在且不说是谁的责任,先把问题解决了再说。

  Xiànzài qiě bù shuō shì shuí de zérèn, xiānbǎ wèntí jiějuéle zài shuō.

3. 暑假旅行的事且不谈吧,先应该把复习考试搞好。

  Shǔjià lǚxíng de shì qiě bù tán ba, xiān yīnggāi bǎ fùxí kǎoshì gǎohǎo.

B. 〈口〉表示要经历很长时间,后边常带"呢",不用于已完成的事:

"For a long time to come"; the verb usually takes "呢" after it. It never refers to fulfilled events:

1. 这花儿且开呢,两个星期也开不败。

  Zhè huār qiě kāi ne, liǎng ge xīngqī yě kāi bú bài.

2. 他去天津了,有好多事要办,且回不来呢。

  Tā qù Tiānjīn le, yǒu hǎo duō shì yào bàn, qiě huí bu lái ne.

3. 今天理发的人很多,且等呢,还是别去了。

  Jīntiān lǐfà de rén hěn duō, qiě děng ne, háishi bié qù le.

且² qiě (连词)〈书〉

连接两个形容词,表示并列关系与"又"相当;连接两个分句,表示递进关系,与"而且""并且"相当:

Connects two adjectives to show a parallel relation, same as "又"; connects two clauses to mean "furthermore", same as "而且"or "并且":

1. 这位歌星嗓音圆润且淳厚,颇受广大歌迷的青睐。

   Zhè wèi gēxīng sǎngyīn yuánrùn qiě chúnhòu, pō shòu guǎngdà gēmí de qīnglài.

2. 她家的不足百日的娃娃,皮肤既白且嫩,十分喜人。

   Tā jiā de bùzú bǎi rì de wáwa, pífū jì bái qiě nèn, shífēn xǐrén.

3. 他的文章结构严谨,文笔犀利,且语言幽默。

   Tā de wénzhāng jiégòu yánjǐn, wénbǐ xīlì, qiě yǔyán yōumò.

且……且……　qiě…qiě…　（格式）

有"边……边……"的意思,带有书面色彩:

"While"; "as"; with a literary flavour:

1. 官军且战且走。

   Guānjūn qiě zhàn qiě zǒu.

2. 那位画家且思索且作画,十分投入。

   Nà wèi huàjiā qiě sīsuǒ qiě zuòhuà, shífēn tóurù.

切　qiè　（副词）　〈书〉

有"千万"、"一定"的意思,"切"后边常跟"不可"、"莫"、"勿"等否定词语,用在表示命令、劝告、叮嘱、禁止等祈使句中:

"Be sure to"; "by all means"; modifies "不可", "莫", "勿" and occurs in imperative sentences denoting desire, command, dissuasion or exhortation etc.:

1. 回答问题时切不可粗心大意。

   Huídá wèntí shí qiè bù kě cūxīn dàyì.

2. 你切莫惹母亲生气,她心脏不好。

   Nǐ qiè mò rě mǔqin shēngqì, tā xīnzàng bù hǎo.

3. 不戴安全帽,切勿进入工地。

   Bú dài ānquánmào, qiè wù jìnrù gōngdì.

"切切"比"切"语气更强,只用来修饰多音节否定短语:

"切切" is even more emphatic than "切" and modifies only polysyllabic negative phrases:

4. 这是重要文件,切切不可丢失。

   Zhè shì zhòngyào wénjiàn, qièqiè bù kě diūshī.

5. 王大爷救了你的命,这份恩情,你切切不能忘记。

   Wáng dàye jiùle nǐ de mìng, zhè fèn ēnqíng, nǐ qièqiè bù néng wàngjì.

"切切"用在政府布告等的末尾,表示再三叮嘱,告诫:

"切切" is used at the end of a public notice issued by the government indicating a repeated exhortation:

6. 因修路,自三月十日起机动车禁止通行,……切切此布。

Yīn xiū lù，zì sānyuè shí rì qǐ jīdòngchē jìnzhǐ tōngxíng，……qièqiè cǐ bù.

亲 qīn （副词）〈书〉

由于重视，而由自己直接去做，同"亲自"，但只修饰单音节动词：

Same as "亲自" "personally"; "in person"; "oneself", but modifies monosyllabic words only:

1. 总工程师亲至工地指挥。

   Zǒnggōngchéngshī qīn zhì gōngdì zhǐhuī.

2. 只听人家介绍这种洗衣机好不行，他得亲试一下才放心。

   Zhǐ tīng rénjia jièshào zhè zhǒng xǐyījī hǎo bù xíng, tā děi qīn shì yíxià cái fàng xīn.

3. 要想知道梨子的滋味如何，非亲尝不可。

   Yào xiǎng zhīdào lízi de zīwèi rúhé, fēi qīn cháng bùkě.

辨认：

Note:

1. 她在孩子红红的小脸儿上亲了一下。

   Tā zài háizi hónghóng de xiǎo liǎnr shang qīnle yíxià.

2. 他不是我的亲弟弟，是我姑姑的儿子。

   Tā bú shì wǒ de qīn dìdi, shì wǒ gūgu de érzi.

例 1 中"亲"为动词，是"亲吻"的意思；例 2 中"亲"为形容词作定语，表示血统最接近的，"亲弟弟"是同一父母生的弟弟。

"亲" in 1. is a verb meaning "kiss"; "亲" in 2. is an adjective functioning as an attributive, meaning "next of kin". "亲弟弟" means younger brother.

亲笔 qīnbǐ （副词）

亲自动笔（写），只修饰"写""题"等几个动词：

"In one's own handwriting"; "write personally", modifies only a few verbs such as "写" or "题":

1. 这封信是母亲亲笔写给她的。

    Zhè fēng xìn shì mǔqin qīnbǐ xiě gěi tā de.

2. 领导亲笔为学校题了校名。

   Lǐngdǎo qīnbǐ wèi xuéxiào tíle xiàomíng.

3. 这个匾额是当年乾隆皇帝亲笔题写的。

   Zhège biǎn'é shì dāngnián Qiánlóng huángdì qīnbǐ tíxiě de.

"亲笔"有时可以作名词：

"亲笔" sometimes is a noun:

这封信是他的亲笔。

Zhè fēng xìn shì tā de qīnbǐ.

亲耳　qīn'ěr　（副词）

用自己的耳朵（听），只能修饰"听见"、"听到"、"听"、"聆听"等词：

"With one's ears"; modifies "听见", "听到", "听", "聆听" etc.:

1. 我亲耳听见他说不同意这种做法。

   Wǒ qīn'ěr tīngjian tā shuō bù tóngyì zhè zhǒng zuòfǎ.

2. 亲耳听到她优美的歌声，真是一种享受。

   Qīn'ěr tīngdào tā yōuměi de gēshēng, zhēn shì yì zhǒng xiǎngshòu.

3. 同学们亲耳聆听师长的教导，受到深刻的教育。

   Tóngxuémen qīn'ěr língtīng shīzhǎng de jiàodǎo, shòudào shēnkè de jiàoyù.

亲口　qīnkǒu　（副词）

动作，行为通过本人之口（嘴）发出，只修饰与"口（嘴）"有关的某些动词：

"Say or eat something personally", only modifies verbs that have sth. to do with the mouth:

1. 你亲口答应跟我们一起吃晚饭的，怎么又不算数了？

   Nǐ qīnkǒu dāyìng gēn wǒmen yìqǐ chī wǎnfàn de, zěnme yòu búsuàn shù le?

2. 这是他亲口说的，不会错的。

   Zhè shì tā qīnkǒu shuō de, bú huì cuò de, .

3. 都说北京烤鸭好吃，我要亲口尝一尝。

   Dōu shuō Běijīng kǎoyā hǎochī, wǒ yào qīnkǒu cháng yi cháng.

亲手　qīnshǒu　（副词）

自己动手（做），多修饰用手完成的动作：

(Do something) "with one's own hands", "personally"; usually modifies actions done with the hands:

1. 我把亲手绣的一对枕头送给她做结婚礼物。

   Wǒ bǎ qīnshǒu xiù de yí duì zhěntou sòng gěi tā zuò yié hūn lǐwù.

2. 门前的松树是祖父 20 年前亲手种的。

   Mén qián de sōngshù shì zǔfù èrshí nián qián qīnshǒu zhòng de.

3. 这件毛衣是妻子为他亲手织的。

   Zhè jiàn máoyī shì qīzi wèi tā qīnshǒu zhī de.

亲眼　qīnyǎn　（副词）

用自己的眼睛（看），只用在"看见"、"见"、"见到"等类动词之前：

"(See sth.) with one's own eyes"; "personally"; can only precede verbs such as "看", "见", "见到" etc.:

1. 我亲眼看见他把那本字典拿走了。

　　Wǒ qīnyǎn kànjian tā bǎ nà běn zìdiǎn názǒu le.

2. 他把旅途中亲眼见到的和亲耳听到的事情全记录下来了。

　　Tā bǎ lǚtú zhōng qīnyǎn jiàndào de hé qīn'ěr tīngdào de shìqing quán jìlù xialai le.

3. 我亲眼看着王医生给一个不能走路的病人针灸，一个小时以后，病人可以自己走出医院了。

　　Wǒ qīnyǎn kànzhè Wáng yīshēng gěi yí ge bù néng zǒu lù de bìngrén zhēnjiǔ, yí ge xiǎoshí yǐhòu, bìngrén kěyǐ zìjǐ zǒuchū yīyuàn le.

亲自　qīnzì　(副词)

(由于重视)不借助他人，而由自己直接去做：

Indicates that one (attaches importance to sth. and so) does it oneself or in person:

1. 老师把你的作业亲自送来了。

　　Lǎoshī bǎ nǐ de zuòyè qīnzì sònglai le.

2. 由于身体不好，他不能亲自参加会议，写了个书面发言稿。

　　Yóuyú shēntǐ bù hǎo, tā bù néng qīnzì cānjiā huìyì, xiěle ge shūmiàn fāyángǎo.

3. 老作家和蔼可亲，和学生们随便谈着，还亲自为大家倒茶。

　　Lǎo zuòjiā héǎi kěqīn, hé xuéshengmen suíbiàn tánzhe, hái qīnzì wèi dàjiā dào chá.

轻易　qīngyì　(副词)

随便地或没有经过慎重考虑地(说话或做事)，可带"地"：

"Carelessly"; "rashly", ("地" is optional):

1. 这么艰巨的工程，咱们可别轻易地承担下来。

　　Zhème jiānjù de gōngchéng, zánmen kě bié qīngyì de chéngdān xialai.

2. 多么好的学习机会呀，你怎么能轻易放过呢？

　　Duōme hǎo de xuéxí jīhuì ya, nǐ zěnme néng qīngyì fàngguò ne?

3. 这事我一个人做不了主，不敢轻易答应。

　　Zhè shì wǒ yí ge rén zuò bu liǎo zhǔ, bù gǎn qīngyì dāying.

否定词"不"或"不大"在"轻易"后，表示客观上某种情况很少：

"轻易" can precede "不", "不大" to indicate a rare occasion:

4. 你轻易不来，还不多坐一会儿？

　　Nǐ qīngyì bù lái, hái bù duōzuò yíhuìr?

5. 她轻易不大在生人面前讲话，

　　Tā qīngyì búdà zài shēngrén miànqián jiǎng huà.

辨认：

Note：

1. 她没想到那是一件非常轻易的工作。

   Tā méi xiǎngdào nà shì yí jiàn fēicháng qīngyì de gōngzuò.

2. 每一项科研成果都不是轻易取得的。

   Měi yí xiàng kēyán chéngguǒ dōu bú shì qīngyì qǔdé de.

3. 你怎么竟轻易地把工作辞了？

   Nǐ zěnme jìng qīngyì de bǎ gōngzuò cí le?

4. 老王轻易不来我家，要是来一定有事。

   Lǎo Wáng qīngyì bù lái wǒ jiā, yàoshì lái yídìng yǒu shì.

例1、2中"轻易"为形容词，例1"轻易"作定语，例2"轻易"作状语，有"容易"的意思，例3、4中"轻易"是副词。

"轻易"in 1. and 2. is an adjective, and functions as an attribute in 1. and as an adverbial in 2. "轻易"in 3 and 4 is an adverb.

穷 qióng　（副）〈口〉

表示对某种动作、行为或状况的轻视或嫌恶、反感，这种动作常常总是重复，或持续很长时间：

Indicates one's contempt or dislike of a repeated or lasting action or behaviour：

1. 他整天穷忙，也不知忙些什么。

   Tā zhěng tiān qióng máng, yě bù zhī máng xiē shénme.

2. 你别一天到晚地穷说，多做点儿实际的事好不好？

   Nǐ bié yì tiān dào wǎn de qióng shuō, duō zuò diǎnr shíjì de shì hǎo bu hǎo?

3. 你穷叨唠什么呀，真烦人。

   Nǐ qióng dāolao shénme ya, zhēn fán rén.

4. 她没什么钱，可在吃、穿上还穷讲究。

   Tā méi shénme qián, kě zài chī、chuān shang hái qióng jiǎngjiu.

有时"穷"有"尽情地""无拘无束地"的意思，强调某种较高的程度：

Sometimes "穷" merely emphasizes degree, meaning "freely", "to one's heart's content"：

5. 几个老同学聚在一起，穷聊了一个晚上。

   Jǐ ge lǎo tóngxué jù zài yìqǐ, qióng liáole yí ge wǎnshang.

6. 晚会结束后，我们几个人又穷唱了半天才散。

   Wǎnhuì jiéshù hòu, wǒmen jǐ ge rén yòu qióng chàngle bàntiān cái sàn.

权 quán　（副）〈书〉

"暂且""暂时地"，同"权且"，但只修饰单音节动词：

"For the time being"; "as a temporary measure"; modifies monosyllabic verbs only:

1. 你别生气,他说的那些难听的话,你权当没听见。

Nǐ bié shēngqì, tā shuō de nàxiē nántīng de huà, nǐ quán dàng méi tīngjiàn.

2. 在我离家期间,我的房子你权住着,还可以帮我管管院子里的花儿。

Zài wǒ lí jiā qījiān, wǒ de fángzi nǐ quán zhùzhe, hái kěyǐ bāng wǒ guǎnguan yuànzi li de huār.

3. 他伏在权作桌子的木箱上写起了文章。

Tā fú zài quán zuò zhuōzi de mù xiāng shang xiěqǐle wénzhāng.

权且 quánqiě （副词）〈书〉

意思是"暂且","暂时地":

"For the time being"; "as a temporary measure":

1. 这些书权且收到箱子里吧!以后再整理。

Zhèxiē shū quánqiě shōu dào xiāngzi li ba! Yǐhòu zài zhěnglǐ.

2. 权且定在下月 20 日开运动会,如有变动再通知大家。

Quánqiě dìng zài xià yuè èrshí rì kāi yùndònghuì, rú yǒu biàndòng zài tōngzhī dàjiā.

3. 这点儿钱你权且收下,可能对你有些用。

Zhè diǎnr qián nǐ quánqiě shōuxia, kěnéng duì nǐ yǒu xiē yòng.

全 quán （副词）

A. 同"都"A,表示两个以上人、物中的每一个。所指的人、物必须在"全"的前面:

Same as "都" A, indicates each one of the lot. What it refers to must precede it:

1. 房屋、树木全被黑夜笼罩。

Fángwū、shùmù quán bèi hēiyè lǒngzhào.

2. 这几种词典我们学校图书馆里全有。

Zhè jǐ zhǒng cídiǎn wǒmen xuéxiào túshūguǎn li quán yǒu.

3. 这个班的学生全参加了运动会。

Zhège bān de xuésheng quán cānjiāle yùndònghuì.

有时所指的对象可以用表示任指的疑问代词:

Sometimes what it refers to can be expressed by an interrogative pronoun:

4. 谁来全可以。

Shuí lái quán kěyǐ.

5. 你怎么写全行。

Nǐ zěnme xiě quán xíng.

6. 他什么水果全爱吃。

Tā shénme shuǐguǒ quán ài chī.

所指的对象前可以用连词"不论""无论""不管":

Conjunctions"不论","无论","不管"can be used before what it refers to :

7. 不论谁来全可以。

Búlùn shuí lái quán kěyǐ.

8. 你无论怎么写全行。

Nǐ wúlùn zěnme xiě quán xíng.

9. 他不管什么水果全爱吃。

Tā bùguǎn shénme shuǐguǒ quán ài chī.

如是问句,疑问代词用在"全"后:

If it is a question , the interrogative pronoun is placed after"全":

10. 他全告诉你什么了?怎么生这么大气?

Tā quán gàosu nǐ shénme le?Zěnme shēng zhème dà qì?

11. 明天的报告会,全谁参加?

Míngtiān de bàogào huì,quán shuí cānjiā?

有时"全"和"都"连用,说成"全都",有更强的总括全部的作用:

"全"sometimes can be replaced by"全都"which is more emphatic:

12. 他的老同学、老朋友全都来了。

Tāde lǎo tóngxué、lǎo péngyou quán dōu lái le.

13. 冰箱里的冰淇淋全都让我吃光了。

Bīngxiāng li de bīngqílín quán dōu ràng wǒ chīguāng le.

"不"用在"全"前或"全"后,意思不一样:

"不"can be used before or after"全"to convey different meanings:

"那些数学题我不全会做。"意思是那些数学题中我有的会做,有的不会做,"那些数学题我全不会做",意思是那些数学题中我没有一个会做的。

"那些数学题我不全会做" means that I can solve some of the mathematical problems but not the others ."那些数学题我全不会做" means that I can solve none of the mathematical problems .

B. 表示动作、状态达到很高程度,有"完全"的意思,可受否定词修饰:

Indicates that an action or state of affairs has reached a very high degree, meaning "entirely", "completely", and can be modified by a negative word:

1. 我不能全听他说,得实地看看才能相信。

Wǒ bù néng quán tīng tā shuō,děi shídì kànkan cái néng xiāngxìn.

2. 天还没全亮,我们就出发了。

Tiān hái méi quán liàng,wǒmen jiù chūfā le.

3. 他的记忆全恢复了,跟正常人一样。

Tā de jìyì quán huīfù le, gēn zhèngcháng rén yíyàng.

4. 他今天穿了一身全新的衣服。

Tā jīntiān chuānle yì shēn quán xīn de yīfu.

5. 你的看法不全对，但也有些道理。

Nǐ de kànfǎ bù quán duì, dàn yě yǒu xiē dàolǐ.

有时这种"全"还可修饰少数的否定形式：

Such "全" can modify only a few negative forms:

6. 那里的情况全不像你介绍的那么好。

Nàlǐ de qíngkuàng quán bú xiàng nǐ jièshào de nàme hǎo.

7. 你说的和他说的全不是一回事。

Nǐ shuō de hé tā shuō de quán bú shì yì huí shì.

参看"全然"。

Compare "全然" quánrán.

C. 同"都"C，有"甚至"的意思，轻读：

Same as "都"C meaning "even", and must be pronounced in the neutral tone:

8. 他的腿痛得厉害，全站不起来了。

Tā de tuǐ tòng de lìhai, quán zhàn bu qǐlái le.

9. 为了给你找工作，他全累病了。

Wèile gěi nǐ zhǎo gòngzuò, tā quán lèibìng le.

辨认：

Note:

1. 他为全班同学办了不少好事。

Tā wèi quán bān tóngxué bànle bù shǎo hǎoshì.

2. 饭菜都准备全了。

Fàn cài dōu zhǔnbèi quán le.

例 1. 2 中的"全"是形容词，例 1. 中的"全"是"整个"的意思，例 2. 中的"全"是"齐全"的意思。

"全" in 1. and 2. is an adjective and means "whole" in 1. and "complete" in 2.

全然 quánrán （副）〈书〉

同"全"B，表示动作、状态达到很高的程度，有"完全地"的意思，多修饰否定的多音节短语，不受否定词修饰：

Same as "全" B indicating a high degree (entirely; completely), modifies polysyllabic negative phrases and cannot be modified by any negative word:

1. 受伤以后，他的两条腿全然没有感觉。

Shòu shāng yǐhòu, tā de liǎng tiáo tuǐ quánrán méi yǒu gǎnjué.

2. 叫了他半天，他全然不动，毫无反应。

Jiàole tā bàntiān, tā quánrán bú dòng, háowú fǎnyìng.

3. 对最近发生的事,我全然不知。

Duì zuìjìn fāshēng de shì, wǒ quánrán bù zhī.

却　què　（副词）

表示各种转折,作用相当于连词"但是""可是",但不能用在句首:

Indicating contrast, like conjunctions "但是", "可是", but cannot occur at the head of a sentence:

1. 别看她人小,主意却不少。

Bié kàn tā rén xiǎo, zhǔyi què bù shǎo.

2. 几年没见,她却一点儿都不显老。

Jǐ nián méi jiàn, tā què yìdiǎnr dōu bù xiǎn lǎo.

3. 她是急脾气,她丈夫却跟她完全相反。

Tā shì jí píqi, tā zhàngfu què gēn tā wánquán xiāngfǎn.

"却"可以和"可是、但是、然而、不过"等表示转折的连词连用,加强转折的语气:

"却" can be used with conjunctions such as "可是", "但是", "然而" "不过" to intensify the contrast:

4. 雪下得很大,但是天气却不冷。

Xuě xià de hěn dà, dànshì tiānqi què bù lěng.

5. 我很想帮助她,可是却不知道怎么帮助。

Wǒ hěn xiǎng bāngzhù tā, kěshì què bù zhīdào zěnme bāngzhù.

6. 朋友们都为她结婚的事忙碌,然而她家里人却不怎么关心。

Péngyoumen dōu wèi tā jiéhūn de shì mánglù, rán'ér tā jiāli rén què bù zěnme guānxīn, .

7. 他这两天感冒发烧,不过吃饭却没受什么影响。

Tā zhè liǎng tiān gǎnmào fāshāo, búguò chī fàn què méi shòu shénme yǐngxiǎng.

"却"还常和"尽管""虽然"等表示让步的连词呼应:

"却" can also be used together with conjunctions of concession such as "尽管", "虽然" etc. :

8. 尽管这件大衣很旧了,我却很喜欢穿。

Jǐnguǎn zhè jiàn dàyī hěn jiù le, wǒ què hěn xǐhuan chuān.

9. 虽然我家经济并不富裕,但是却过得很和美。

Suīrán wǒ jiā jīngjì bìng bú fùyu, dànshì què guò de hěn héměi.

然　rán　（连词）〈书〉

与"然而"相同,但文言意味较重:

Same as "然而", with a literary flavour:

1. 中小学生吸烟者虽属个别,然此风不可长。

Zhōng – xiǎoxuéshēng xīyānzhě suī shǔ gèbié, rán cǐ fēng bù kě zhǎng.

2. 这种进口药物,我已服用多日,然收效甚微。

Zhè zhǒng jìn kǒu yàowù, wǒ yǐ fúyòng duō rì, rán shōuxiào shèn wēi.

然而　rán'ér　(连词)

与"但是"相当,多用在书面;连接分句或段落,作用是引出与上文相反的意思或补充上文的意思,"然而"后可以停顿:

Same as "但是", mostly used in written language, connects clauses or paragraphs to show a turn in meaning or a supplement to what goes before; there may be a pause after "然而":

1. 奶奶照顾孩子虽然无微不至,然而这种照顾往往在生活方面居多。

Nǎinai zhàogù háizi suīrán wúwēi – bùzhì, rán'ér zhè zhǒng zhàogù wǎngwǎng zài shēnghuó fāngmiàn jū duō.

2. 我们俩同事多年,接触也不少,然而我对他的内心深处并不了解。

Wǒmen liǎ tóng shì duō nián, jiēchù yě bù shǎo, rán'ér wǒ duì tā de nèixīn shēnchù bìng bù liǎojiě.

3. 该地区的"打假""打冒"活动固然已获初效,然而与根绝假冒的要求仍距甚远。

Gāi dìqū de "dǎ jiǎ" "dǎ mào" huódòng gùrán yǐ huò chū xiào, rán'ér yǔ gēnjué jiǎmào de yāoqiú réng jù shèn yuǎn.

然后　ránhòu　(连词)

表示时间上是在后面的:

"Then"; "afterwards"; "after that":

1. 他给花浇了水,然后又把院子扫干净了。

Tā gěi huā jiāole shuǐ, ránhòu yòu bǎ yuànzi sǎo gānjìng le.

2. 下午我把作业做完,然后去打排球。

Xiàwǔ, wǒ bǎ zuòyè zuòwán, ránhòu qù dǎ páiqiú.

3. 咱们去邮局寄信,然后,你能不能陪我去书店看看?

Zánmen qù yóujú jì xìn, ránhòu, nǐ néng bu néng péi wǒ qù shūdiàn kànkan?

有时为强调事情的先后次序,在叙述先发生的事时,常有"先""首先"与后面"再""才"等词相呼应:

To stress the order of occurrences, what happens first takes "先" or "首先", and what follows takes "再" or "才" beside "然后":

4. 你先了解一下他有没有可能把汽车借给你, 然后再决定是不是去借。

Nǐ xiān liǎojiě yíxià tā yǒu méiyǒu kěnéng bǎ qìchē jiè gěi nǐ, ránhòu zài juédìng shì bú shì qù jiè.

5. 我先打电话问他在不在家,然后才去找他的。

Wǒ xiān dǎ diànhuà wèn tā zài bú zài jiā, ránhòu cái qù zhǎo tā de.

"然后"可有停顿,尤其用在主语之前的,如例 3。

There may be a pause after "然后", especially when used before the subject, as in 3.

让　ràng　（介词）〈口〉

表示被动,有被的意思,但不能省略宾语,动词前可加助词"给",意思不变:

Indicates the passive voice, its object cannot be omitted, the particle "给" can precede the verb without affecting the meaning:

1. 手上让刺儿扎了一下,很疼。

Shǒushang ràng cìr zhāle yí xià, hěn téng.

2. 课桌让孩子们给画得乱七八糟。

Kèzhuō ràng háizimen gěi huà de luànqībāzāo.

3. 小张让他给气哭了。

Xiǎo Zhāng ràng tā gěi qìkū le.

任[1]　rèn　（副词）

"任意"的意思,没有限制或约束,只修饰"选、择、挑、作、取"等少数几个单音节动词:

"Just as one likes"; "at will"; can only modify a few monosyllabic verbs such as "选", "择", "挑", "做", "取":

1. 十几个菜放在那里,客人可以任取。

Shí jǐ ge cài fàng zài nàli, kèrén kěyǐ rèn qǔ.

2. 这五个问题你可以任答四个。

Zhè wǔ ge wèntí nǐ kěyǐ rèn dá sì ge.

3. 这两套房子,如果让你任选一套,你要哪套?

Zhè liǎng tào fángzi, rúguǒ ràng nǐ rèn xuǎn yí tào, nǐ yào nǎ tào?

任[2]　rèn　（连词）

与"任凭"相同:

Same as "任凭":

1. 小王要是想不通,任你怎么劝解,他都听不进去。

Xiǎo Wáng yàoshi xiǎng bu tōng, rèn nǐ zěnme quànjiě, tā dōu tīng bu jìnqù.

2. 那种绝症任什么灵丹妙药也无济于事。

Nà zhǒng juézhèng rèn shénme língdān miàoyào yě wújìyúshì.

3. "友情"是无价的,任你花多少钱也是买不到的。

"Yǒuqíng"shì wú jià de, rèn nǐ huā duōshao qián yě shì mǎi bu dào de.

辨认:

Note:

下面句中的"任"是介词:

"任"in the following sentences is a preposition:

1. 老李这种人只能使唤人,而决不可任人使唤。

Lǎo Lǐ zhè zhǒng rén zhǐ néng shǐhuan rén, ér jué bù kě rèn rén shǐhuan.

2. 路边小贩的西红柿任你自己挑选,个儿大个儿小一个价儿。

Lù biān xiǎofàn de xīhóngshì rèn nǐ zìjǐ tiāoxuǎn, gèr dà gèr xiǎo yí ge jiàr.

任凭 rènpíng (连词)

有"无论""不管"的意思;用在复句的前一分句,它后边有疑问代词"什么""怎么""谁"等,或表示极端情况的词语,后一分句常有"都""也""总""却"等副词呼应;表示在任何条件下结论都不变:

Same as "无论"or "不管";used in the first clause of a complex sentence, followed by an interrogative pronoun "什么", "怎么", "谁"etc. or a word or phrase indicating an extreme, the second clause usually has the adverb "都", "也", "总", "却"etc. to go with it to show that the conclusion remains unchanged whatever the condition may be:

1. 那位法官执法公正,铁面无私,任凭谁来求情也不改初衷。

Nà wèi fǎguān zhífǎ gōngzhèng, tiěmiàn – wúsī, rènpíng shuí lái qiú qíng yě bù gǎi chūzhōng.

2. 这个孩子一个人在家的时候,门总是关得死死的,任凭别人怎么敲,他都不会开的。

Zhège háizi yí ge rén zài jiā de shíhou, mén zǒngshi guān de sǐsǐ de, rènpíng biérén zěnme qiāo, tā dōu bú huì kāi de.

3. 任凭你说得多么好,我就是不信。

Rènpíng nǐ shuō de duōme hǎo, wǒ jiùshì bú xìn.

"任凭"后边有时并列两个表选择关系的词语,表示两者作用一样:

"任凭"sometimes is followed by an alternation to show that either makes no difference:

4. 一年到头,任凭风吹雨打,他却一次没病过。

Yì nián dào tóu, rènpíng fēng chuī yǔ dǎ, tā què yí cì méi bìngguo.

5. 儿子总归是儿子，任凭他孝顺还是不孝顺，都改变不了这个从属性质。

Érzi zǒngguī shì érzi, rènpíng tā xiàoshùn háishi bú xiàoshùn, dōu gǎibiàn bu liǎo zhège cóngshǔ xìngzhì.

辨认：

Note：

下面句中的"任凭"是动词：

"任凭"in the following sentence is a verb：

这个电报到底今天发还是明天发，任凭你自己。

Zhège diànbào dàodǐ jīntiān fā háishi míngtiān fā, rènpíng nǐ zìjǐ.

仍　réng　（副）〈书〉

A. 同"仍然"A，表示某种情况或状态持续不变：

Same as "仍然"A (still; yet)：

1. 他家仍是原来的样子。

Tā jiā réng shì yuánlái de yàngzi.

2. 我在山上玩儿了一天，黄昏时仍舍不得离开。

Wǒ zài shān shang wánrle yì tiān, huánghūn shí réng shě bu de líkāi.

3. 睡了一天一夜，我仍感到疲乏。

Shuìle yì tiān yí yè, wǒ réng gǎndào pífá.

B. 同"仍然"B，表示恢复原来的状况：

Same as "仍然"B (as before)：

1. 看完了杂志，请仍放回书架。

Kànwánle zázhì, qǐng réng fànghuí shūjià.

2. 我出国学习以后，仍回北京工作。

Wǒ chū guó xuéxí yǐhòu, réng huí Běijīng gōngzuò.

仍旧　réngjiù　（副词）

A. 同"仍然"A，表示某种情况或状态持续不变：

Same as "仍然 A"indicating that a situation or state remains unchanged：

1. 她仍旧是那样朴素大方。

Tā réngjiù shì nàyàng pǔsù dàfang.

2. 我仍旧住在那里，没有搬家。

Wǒ réngjiù zhù zài nàlǐ, méiyou bān jiā.

3. 他昨天没回家，今天仍旧不回家。

Tā zuótiān méi huí jiā, jīntiān réngjiù bù huí jiā.

B. 同"仍然"B，表示恢复原来的状况：

Same as "仍然"B (as before)：

1. 晚饭以后,我仍旧回图书馆看书。

Wǎnfàn yǐhòu, wǒ réngjiù huí túshūguǎn kàn shū.

2. 这些书不能送人,以后我仍旧要用的。

Zhèxiē shū bù néng sòng rén, yǐhòu wǒ réngjiù yào yòng de.

仍然 réngrán （副词）

A. 表示某种情况或状态持续不变:

"Still", indicates that a situation or state remains unchanged:

1. 在紧急情况下,她仍然非常冷静。

Zài jǐnjí qíngkuàng xià, tā réngrán fēicháng lěngjìng.

2. 我再三跟他解释,他仍然想不通。

Wǒ zàisān gēn tā jiěshì, tā réngrán xiǎng bu tōng.

3. 这条街仍然叫幸福街,不过马路比以前宽了一倍。

Zhè tiáo jiē réngrán jiào Xìngfú Jiē, búguò mǎlù bǐ yǐqián kuānle yí bèi.

B. 表示恢复原来状况:

"As before"; indicates that a situation resumes its original state:

1. 等写完了论文,他仍然要去教课。

Děng xiěwánle lùnwén, tā réngrán yào qù jiāo kè.

2. 咖啡喝完以后,他把杯子仍然放到桌上。

Kāfēi hēwán yǐhòu, tā bǎ bēizi réngrán fàng dào zhuō shang.

日益 rìyì （副词）

（程度）一天比一天（加深或提高）:

"Increasingly", "increase day by day":

1. 人民的生活水平日益提高。

Rénmín de shēnghuó shuǐpíng rìyì tígāo.

2. 电脑的应用日益普及。

Diànnǎo de yìngyòng rìyì pǔjí.

3. 市场要不断繁荣,才能满足群众日益增长的物质和文化生活的需要。

Shìchǎng yào búduàn fánróng, cái néng mǎnzú qúnzhòng rìyì zēngzhǎng de wùzhì hé wénhuà shēnghuó de xūyào.

如 rú （连词）〈书〉

与"如果"相同:

Same as "如果":

1. 关于出国外语考试一事,如有确切日期,望电告!

Guānyú chū guó wàiyǔ kǎoshì yí shì, rú yǒu quèqiè rìqī, wàng diàn gào!

2. 作为大夫,如不认真、负责、细致,就可能误诊。

　　　Zuòwéi dàifu, rú bú rènzhēn, fùzé, xìzhì, jiù kěnéng wùzhěn.

如果　rúguǒ　（连词）

A. 表示假设，用在主从复句的从句里，主句推出结论或作出评价，后边有"就、还、则、便"等与"如果"呼应：

"If", is used in the conditional clause of a complex sentence , and in the main clause there is usually "就"，"还"，"则"，"便"to go with it :

1. 如果不跳下水去学游泳，那就永远也学不会游泳。

　　Rúguǒ bú tiào xià shuǐ qu xué yóuyǒng, nà jiù yǒngyuǎn yě xué bu huì yóuyǒng.

2. 如果大家都按原则办事，还用得着走后门儿吗？

　　Rúguǒ dàjiā dōu àn yuánzé bànshì, hái yòng de zháo zǒu hòuménr ma?

3. 你如果相信我，我当然可以替你办。

　　Nǐ rúguǒ xiāngxìn wǒ, wǒ dāngrán kěyǐ tì nǐ bàn.

B. 表示类比，用在主从复句的从句里，假定某一判断成立，而主句导出类似的另一判断也成立：

Used in an analogy, in the subordinate clause of a complex sentence :

1. 如果"生命在于运动"是一条生存的规律，那么"劳动和体育锻炼"就是人类健康长寿的重要条件。

　　Rúguǒ "shēngmìng zàiyú yùndòng" shì yì tiáo shēngcún de guīlǜ, nàmè "láodòng hé tǐyù duànliàn" jiù shì rénlèi jiànkāng chángshòu de zhòngyào tiáojiàn.

2. 如果"民以食为天"是个真理，那我们非把农业抓好，多产粮食不可。

　　Rúguǒ "mín yǐ shí wéi tiān" shì ge zhēnlǐ, nà wǒmen fēi bǎ nóngyè zhuāhǎo, duō chǎn liángshi bùkě.

C. 表示让步，用在主从复句的从句里，假定有极小可能的某事是真实的，主句则对此加以限制性的叙述：

Indicates concession and is used in the subordinate clause of a complex sentence :

1. 如果我的报告对诸位还有些帮助，就是为大家提供点儿信息。

　　Rúguǒ wǒ de bàogào duì zhūwèi hái yǒu xiē bāngzhù, jiù shì wèi dàjiā tígōng diǎnr xìnxī.

2. 如果让老年人谈谈住高层建筑有什么缺点，那除了不方便就没别的了。

　　Rúguǒ ràng lǎonián rén tántan zhù gāocéng jiànzhù yǒu shénme quēdiǎn, nà chúle bù fāngbiàn jiù méi biéde le.

"如果······"后可带"······的话",不影响意思。在 A、B、C 三项的例句里,"如果······"后都可以带"······的话"。

"如果···"can take "···的话"after it without affecting the meaning. All the examples under A、B、C can take"···的话"after them.

若　ruò　（连词）〈书〉

与"如果"相同:

Same as"如果":

1. 若要人不知,除非己莫为。

   Ruò yào rén bù zhī, chúfēi jǐ mò wéi.

2. 大家对此议案若无异议,请通过。

   Dàjiā duì cǐ yì'àn ruò wú yìyì, qǐng tōngguò.

若非　ruòfēi　（连词）〈书〉

与"要不是"相同:

Same as"要不是":

1. 若非打入敌人内部,岂能里应外合?

   Ruòfēi dǎrù dírén nèibù, qǐ néng lǐyìng – wàihé?

2. 若非邻里相助,那场灾难在所难免!

   Ruòfēi línlǐ xiāngzhù, nà cháng zāinàn zàisuǒnánmiǎn!

若······若······　ruò···ruò···（格式）

有"又像······又像······"的意思。这种搭配是有限的,如"若明若暗"、"若隐若现"、"若即若离":

"Be both like ···and ···". This kind of collocations are limited, such as"若明若暗","若隐若现","若即若离":

1. 这个案件很复杂,情况若明若暗。

   Zhège ànjiàn hěn fùzá, qíngkuàng ruòmíng – ruò'àn.

2. 前门城楼在大雾中若隐若现。

   Qián Mén chénglóu zài dà wù zhōng ruòyǐn – ruòxiàn.

若是　ruòshì　（连词）

与"如果"相同,有书面语意味:

Same as"如果",with a literary flavour:

1. 若是因事不能上班工作,务必请假!

   Ruòshì yīn shì bù néng shàng bān gōngzuò, wùbì qǐng jià!

2. 有错就改,才能进步;若是姑息小错,就会酿成大错。

   Yǒu cuò jiù gǎi, cái néng jìnbù; ruòshì gūxī xiǎo cuò, jiù huì niàngchéng dà cuò.

······三······四　···sān···sì　（格式）

这种搭配是有限的。

This kind of collocations are limited.

A. 表示杂乱无序：

Indicates disorder:

1. 他喝了几杯酒，说话颠三倒四。

Tā hēle jǐ bēi jiǔ, shuō huà diānsān – dǎosì.

2. 这孩子总是丢三落四的，不是忘带了文具就是丢了书包。

Zhè háizi zǒngshi diūsān – làsì de, búshi wàng dàile wénjù jiùshì diūle shūbāo.

B. 表示反复：

Indicates repetition:

1. 科长再三再四地嘱咐大家把这件公事办好。

Kēzhǎng zài sān zài sì de zhǔfu dàjiā bǎ zhè jiàn gōngshì bànhǎo.

2. 请你不要推三挡四，快点儿给我解决赔偿问题。

Qǐng nǐ búyào tuī sān dǎng sì, kuài diǎnr gěi wǒ jiějué péicháng wèntí.

三……五…… sān…wǔ… （格式）

分别嵌入意思相近的单音节词，形成固定短语，表示次数多；多作状语：

Inserted with monosyllabic words of similar meanings to form a set phrase to stress frequency; usually used as an adverbial adjunct:

1. 他三番五次提出申请，都没批准。

Tā sānfān-wǔcì tíchū shēnqǐng, dōu méi pīzhǔn, .

2. 政府三令五申保护珍禽异兽。

Zhèngfǔ sānlìng – wǔshēn bǎohù zhēnqín yìshòu.

有时表示概数：

Sometimes it indicates an approximate number:

3. 他还年轻，想去闯个三年五载再回来。

Tā hái niánqīng, xiǎng qù chuǎng ge sān nián wǔ zǎi zài huílai.

傻 shǎ （副词）

表示无意义地或不知变通的意思：

"Meaninglessly"; "having a one – track mind":

1. 你快谈谈你的看法呀，怎么总是傻坐着。

Nǐ kuài tántan nǐde kànfǎ ya, zhěnme zǒngshi shǎ zuòzhe.

2. 你别傻等了，今天的会不开了。

Nǐ bié shǎ děng le, jīntiān de huì bù kāi le.

3. 光傻干不行，得提高工作效率。

Guāng shǎ gàn bùxíng, děi tígāo gōngzuò xiàolǜ.

辨认:

Note:

1. 这孩子一点儿也不傻,就是懂事比较晚。

　Zhè háizi yìdiǎnr yě bù shǎ, jiùshi dǒngshì bǐjiào wǎn.

2. 你怎么傻了,连句话也不会说。

　Nǐ zěnme shǎ le, lián jù huà yě búhuì shuō.

在例 1、2 中"傻"是形容词,头脑糊涂,不懂事。

"傻" in 1. 2. is an adjective meaning muddle – headed or stupid.

霎时间　shàshíjiān　（组合）

表示在极短的时间内;作状语,也作"刹"(chà)时间""刹那间":

"In a twinkling", used as an adverbial adjunct, can also be said as "刹时间" or "刹那间":

1. 霎时间狂风大作,乌云密布,暴风雨即将来临。

　Shàshíjiān kuángfēng dàzuò, wūyún mìbù, bàofēngyǔ jíjiāng láilín.

2. 一颗信号弹升到上空,刹那间照得山头通明。

　Yì kē xìnhàodàn shēngdào shàngkōng, chànàjiān zhào de shāntóu tōngmíng.

3. 电光一闪,刹时间雷声隆隆。

　Diànguāng yì shǎn, chàshíjiān léishēng lónglóng.

擅　shàn　（副）〈书〉

同"擅自",但只修饰单音节动词,表示对不在自己职权范围以内的事自作主张:

Same as "擅自", but only modifies monosyllabic verbs:

1. 你怎么能擅离工作岗位呢?

　Nǐ zěnme néng shàn lí gōngzuò gǎngwèi ne?

2. 这要征求大家的意见,你可不能擅作决定。

　Zhè yào zhēngqiú dàjiā de yìjiàn, nǐ kě bù néng shàn zuò juédìng.

擅自　shànzì　（副词）

表示对不在自己职权范围以内的事自作主张:

Indicates that one exceeds one's authority and acts on one's own:

1. 你是学生,怎么能擅自离开学校?

　Nǐ shì xuésheng, zěnme néng shànzì líkāi xuéxiào?

2. 医生开的药方,可不能擅自更改。

　Yīshēng kāi de yàofāng, kě bù néng shànzì gēnggǎi.

3. 这么大的事,我可不敢擅自做主,得问问父母。

　Zhème dà de shì, wǒ kě bù gǎn shànzì zuòzhǔ, děi wènwen fùmǔ.

参看"擅"。

Compare"擅"shàn.

上下　shàngxià　（助词）

用在数词或数量短语之后,表示概数;意思同"左右":

Used after a numeral or numeral plus a measure word to indicate an approximate number, same as "左右":

1. 他五十(岁)上下,头发有点儿白,脸色红润,精神很好。

   Tā wǔshí(suì) shàngxià, tóufa yǒudiǎnr bái, liǎnsè hóngrùn, jīngshén hěn hǎo.

2. 我的老家主要种植甘蔗,亩产一万斤上下。

   Wǒ de lǎojiā zhǔyào zhòngzhí gānzhe, mǔchǎn yíwàn jīn shàngxià.

3. 款式新颖的服装在一千元上下,比较贵。

   Kuǎnshì xīnyǐng de fúzhuāng zài yìqiān yuán shàngxià, bǐjiào guì.

在表示时间的词语后,一般不用"上下",而用"左右"或"前后"。

After a time word or phrase "左右" or "前后" is often used instead of "上下".

尚　shàng　（副词）〈书〉

相当于"还"(hái)。

Same as "还"(hái).

A. 表示某动作或现象继续保持不变,可以修饰否定形式:

Indicates that an action or phenomenon remains unchanged, can modify negative structures:

1. 时间尚早,汽车还未到。

   Shíjiān shàng zǎo, qìchē hái wèi dào.

2. 只要我尚有一口气,也要坚持干下去。

   Zhǐyào wǒ shàng yǒu yì kǒu qì, yě yào jiānchí gàn xiaqu.

3. 争论了半天,问题尚未解决。

   Zhēnglùnle bàntiān, wèntí shàng wèi jiějué.

B. 表示有所补充:

"In addition"; "as well":

1. 我们去游览了西湖、太湖,尚利用空闲时间参观了工厂。

   Wǒmen qù yóulǎnle Xī Hú、Tài Hú, shàng lìyòng kòngxián shíjiān cānguānle gōngchǎng.

2. 房间需要整理,尚有家具也要擦洗。

   Fángjiān xūyào zhěnglǐ, shàng yǒu jiājù yě yào cāxǐ.

C. 表示程度上勉强过得去,"尚"所修饰的词语一般是有积极意义的:

Barely passable; modifies words or phrases denoting a positive quality:

1. 这两位老人的健康情况尚好。

　　Zhè liǎng wèi lǎorén de jiànkāng qíngkuàng shàng hǎo.

2. 她能力虽然不强，但任务尚能按期完成。

　　Tā nénglì suīrán bù qiáng, dàn rènwù shàng néng ànqī wángchéng.

3. 这种毛线的质量尚佳。

　　Zhèzhǒng máoxiàn de zhìliàng shàng jiā.

尚且　shàngqiě　（副词）

用在前一分句中，先提出一个突出的事例，说明突出的事例是这样，一般的事例当然更是这样，甚至不用说就可明白。后一分句多是反问句：

Can only be used in the first clause to introduce a particular example to mean "even…(let alone)…", the second clause is usually a rhetorical question:

1. 他中文小说尚且能读懂，这么简单的小文章还看不懂吗？

　　Tā Zhōngwén xiǎoshuō shàngqiě néng dúdǒng, zhème jiǎndān de xiǎo wénzhāng hái kàn bù dǒng ma?

2. 小王对待一些小事尚且那么认真，对待大事还能马虎吗？

　　Xiǎo Wáng duìdài yìxiē xiǎo shì shàngqiě nàme rènzhēn, duìdài dà shì hái néng mǎhu ma?

3. 这两天吃着药他的高烧尚且不退，停了药就更不行了。

　　Zhè liǎng tiān chīzhe yào tā de gāoshāo shàngqiě bú tuì, tíngle yào jiù gèng bù xíng le.

稍　shāo　（副词）

表示程度不深、数量不多、时间短，多修饰单音节动词、形容词或方位词：

"A little"; "a bit"; "slightly"; modifies monosyllabic verbs, adjectives or localizers:

A. 修饰动词、方位词，动词或重叠，或在动词前加"一"，或在后面有"一点""一些""一下""一会儿""片刻"等：

Modifies a verb or localizer, the verb should be reduplicated or preceded by "一", or followed by "一点", "一些", "一下", "一会儿", "片刻" etc.:

1. 请稍等，手表马上就修好。

　　Qǐng shāo děng, shǒubiǎo mǎshàng jiù xiūhǎo.

2. 你这篇文章稍改改就行了。

　　Nǐ zhè piān wénzhāng shāo gǎigai jiù xíng le.

3. 汽车在这里要稍停一会儿，有人上车。

　　Qìchē zài zhèlǐ yào shāo tíng yíhuìr, yǒu rén shàng chē.

4. 要抓住时机，稍一犹豫就会错过。

　　Yào zhuāzhù shíjī, shāo yì yóuyù jiù huì cuòguò.

5. 那个饭店在颐和园稍南的一条马路上。

Nàge fàndàn zài Yíhéyuán shāo nán de yì tiáo mǎlù shang.

B. 修饰形容词,形容词后可有"一下"、"一点"、"一些"等;形容词前可加"有点儿"、"有些":

Modifies an adjective , which may be followed by "一下", "一点", "一些", or preceded by "有点儿", "有些":

1. 这种布颜色比那种好,只是质量稍差。

Zhè zhǒng bù yánsè bǐ nà zhǒng hǎo, zhǐ shì zhìliàng shāo chà.

2. 这个菜很好吃,只是稍咸了一点儿。

Zhège cài hěn hǎochī, zhǐ shì shāo xiánle yìdiǎnr.

3. 大会主席还有两件事要通知大家,请稍静一下。

Dàhuì zhǔxí hái yǒu liǎng jiàn shì yào tōngzhī dàjiā, qǐng shāo jìng yíxià.

4. 老人背稍有些弯,可身体还不错。

Lǎorén bèi shāo yǒuxiē wān, kě shēntǐ hái búcuò.

C. 修饰双音节形容词或双音节动词的否定式,一般都表示条件,不作句子的主要谓语:

Modifies the negative form of a disyllabic adjective or verb to form a phrase indicating a condition and is not used as the main predicate of the sentence:

1. 稍不注意就会出错。

Shāo bú zhùyì jiù huì chū cuò.

2. 他稍不满意就发脾气。

Tā shāo bù mǎnyì jiù fā píqi.

在"不"前可以加"一",意思不变:

"一" can precede "不" without affecting the meaning:

3. 山路太窄,开车稍一不小心就会出事。

Shānlù tài zhǎi, kāi chē shāo yí bù xiǎoxīn jiù huì chū shì.

参看"略"A."略略""略微""稍稍""稍微""稍许"。

Compare "略"lüèA"略略"lüèlüè"略微"lüèwēi"稍稍"shāoshāo"稍微"shāowēi"稍许"shāoxǔ.

稍稍　shāoshāo　(副词).

意思同"稍",表示程度不深、数量不多、时间短,被修饰语如果是单音节的,要带上其它成分,有时可带"地":

Same as 稍 ("a little", "a bit", "slightly"), what it modifies, if monosyllabic, must take some other element, sometimes takes "地":

A. 修饰动词,动词或重叠或在动词前加"一",后边常有"一点""一些""一下""一会儿""片刻"等:

Modifies a verb which is either reduplicated or preceded by "一" and is often followed by "一点","一些","一下","一会儿","片刻"etc.:

1. 画图时要非常专心,笔稍稍一偏就错了。

Huà tú shí yào fēicháng zhuānxīn, bǐ shāoshāo yì piān jiù cuò le.

2. 请稍稍等一下,我去叫他。

Qǐng shāoshāo děng yíxià, wǒ qù jiào tā.

3. 这肉是熟的,稍稍加加热就可以吃。

Zhè ròu shì shú de, shāoshāo jiājia rè jiù kěyǐ chī.

B. 修饰形容词,形容词后一般有"一下""一点""一些"等或在前面加"有些""有点儿":

Modifies an adjective which usually takes "一下","一点","一些"etc. after it or is preceded by "有些","有点儿":

1. 这双鞋我穿着稍稍大了一点儿。

Zhè shuāng xié wǒ chuānzhe shāoshāo dàle yìdiǎnr.

2. 这次的考题比上次稍稍难一些。

Zhè cì de kǎotí bǐ shàng cì shāoshāo nán yìxiē.

3. 让她心情稍稍平静一下,我们再跟她谈。

Ràng tā xīnqíng shāoshāo píngjìng yíxià, wǒmen zài gēn tā tán.

4. 她的头稍稍有点儿热,可能有些发烧。

Tā de tóu shāoshāo yǒudiǎnr rè, kěnéng yǒuxiē fāshāo.

C. 修饰双音节形容词或双音节动词的否定式,一般都表示条件,不作句子的主要谓语,后边不加"一下""一点""一些"等,前边可有"有点""有些":

Modifies the negative form of a disyllabic adjective or verb and the phrase functions as a condition and cannot function as the predicate of the sentence. No "一点","一些","一下"is used, but can be preceded by "有(一)点","有(一)些":

1. 照看婴儿要特别细心,往往稍稍不留心,孩子就会生病。

Zhàokàn yīng'ér yào tèbié xìxīn, wǎngwǎng shāoshāo bù liúxīn, háizi jiù huì shēngbìng.

2. 你负责帐目,要格外小心,稍稍有点儿不清楚都不行。

Nǐ fùzé zhàngmù, yào géwài xiǎoxīn, shāoshāo yǒudiǎnr bù qīngchu dōu bù xíng.

稍微 shāowēi (副词)

意思同"稍",在口语里更常用,表示程度不深、数量不多、时间短。被修饰语如是单音节的,要带上其它成分,有时可带"地":

Same as "稍"(a little, a bit, slightly) but more colloquial, what it modifies, if monosyllabic, must take some other element, and "地" is added sometimes:

A. 修饰动词,动词或重叠或在动词前加"一",后边常有"一点""一些""一下""一会儿""片刻"等:

Modifies a verb, which should be reduplicated or preceded by"一", or followed by "一点","一些","一下",or "一会儿","片刻"etc.:

1. 你把头稍微抬抬,他要给你照张像。

   Nǐ bǎ tóu shāowēi táitai,tā yào gěi nǐ zhào zhāng xiàng.

2. 他身子稍微一侧,球刚好从他身边擦过。

   Tā shēnzi shāowēi yí cè,qiú gānghǎo cóng tā shēnbiān cāguò.

3. 请大家稍微等一会儿,演出就要开始了。

   Qǐng dàjiā shāowēi děng yíhuìr,yǎnchū jiùyào kāishǐ le.

4. 牛奶里,糖不要太多,稍微放一些就可以了。

   Niúnǎi li,táng búyào tài duō,shāowēi fàng yìxiē jiù kěyǐ le.

B. 修饰形容词,形容词后有"一下""一点""一些"等,或在前加"有些""有点儿":

Modifies an adjective which either takes"一下","一点","一些" after it or is preceded by "有些"or "有点儿":

1. 这张画儿挂得稍微高了(一)点儿。

   Zhè zhāng huàr guà de shāowēi gāole(yì)diǎnr.

2. 这汤再稍微淡一些就更好了。

   Zhè tāng zài shāowēi dàn yìxiē jiù gèng hǎo le.

3. 今天咱们去公园走走,可以稍微地轻松一下。

   Jīntiān zánmen qù gōngyuán zǒuzou,kěyǐ shāowēi de qīngsōng yíxià.

4. 这条裤子,我穿起来稍微有些紧。

   Zhè tiáo kùzi,wǒ chuān qilai shāowēi yǒuxiē yǐn.

5. 刚三月,树稍微有点儿绿。

   Gāng sānyuè,shù shāowēi yǒudiǎnr lǜ.

C. 修饰动词或形容词的否定式时,多表示条件,不作句子主要谓语,后边不加"一下""一点""一些"等,前边可有"有点儿""有些":

When it modifies the negative form of a verb or adjective the phrase mostly functions as a condition and not as the predicate of an independent sentence, "有点""有些"often precedes the phrase:

1. 稍微有点儿不舒服,她就什么事也不干了。

   Shāowēi yǒudiǎnr bù shūfu,tā jiù shénme shì yě bú gàn le.

2. 这两个字只差一笔,稍微不注意就会写错。

   Zhè liǎng ge zì zhǐ chà yì bǐ,shāowēi bú zhùyì jiù huì xiěcuò.

"稍微"有时写作"稍为"。

"稍微"can be written as "稍为".

稍许 shāoxǔ （副词）

意思同"稍",用得较少。表示程度不深、数量不多、时间短暂：

Same as "稍"("slightly", "a little")but is not frequently used:

A. 修饰动词,动词或重叠或在动词前加"一",动词后可有"一点儿""一些""一下""一会儿""片刻"等：

Modifies a verb , which should be reduplicated or preceded by "一", or followed by "一点儿", "一些", "一下", or "一会儿", "片刻"etc. :

1. 到了傍晚,风力稍许减弱。

Dàole bàngwǎn, fēnglì shāoxǔ jiǎnruò.

2. 到了山脚下,汽车请稍许停停,大家想买些东西。

Dàole shānjiǎo xià, qìchē qǐng shāoxǔ tíngting, dàjiā xiǎng mǎi xiē dōngxi.

3. 打听了好久,稍许有了一点儿消息,但是她的确切住址还不知道。

Dǎtīngle hǎojiǔ, shāoxǔ yǒule yìdiǎnr xiāoxi, dànshì tā de quèqiè zhùzhǐ hái bù zhīdào.

4. 只要你稍许一用力,瓶盖儿就会打开。

Zhǐyào nǐ shāoxǔ yí yònglì, píng gàir jiù huì dǎkāi.

B. 修饰形容词,形容词后一般有"一下""一点儿""一些"等,前边或加"有些""有点儿"：

Modifies an adjective which usually takes "一下", "一点儿", "一些"etc.after it or is preceded by "有些"or "有点儿":

1. 经过一个月的治疗,她的病情稍许稳定一些。

Jīngguò yí ge yuè de zhìliáo, tā de bìngqíng shāoxǔ wěndìng yìxiē.

2. 雨稍许小了些,咱们走吧!

Yǔ shāoxǔ xiǎole xiē, zánmen zǒu ba!

3. 因为她最小,父母对她照顾得稍许多了一点儿。

Yīnwèi tā zuì xiǎo, fùmǔ duì tā zhàogù de shāoxǔ duōle yìdiǎnr.

4. 他的意见稍许有些偏激。

Tā de yìjiàn shāoxǔ yǒuxiē piānjī.

C. 修饰形容词或动词的否定式,多表示条件,不能作句子的主要谓语：

When it modifies the negative form of an adjective or verb, the phrase functions as a conditional clause , not as the predicate:

1. 这种花非常娇嫩,要精心照料,稍许不留意就会枯萎。

Zhè zhǒng huā fēicháng jiāonèn, yào jīngxīn zhàoliào, shāoxǔ bù liúyìjiù huì kūwěi.

2. 瓶盖儿要拧紧,稍许不严,香味儿就会跑掉。

　Píng gàir yào nǐngjǐn, shāoxǔ bù yán, xiāngwèir jiù huì pǎodiào.

深　shēn　（副词）

有"很""十分"的意思,表示程度高,只修饰单音节表示心理活动的动词:

Same as "很" or "十分" meaning a high degree , modifies monosyllabic verbs indicating mental activities only :

1. 这件事没帮你办成,我深感遗憾。

　Zhè jiàn shì méi bāng nǐ bànchéng, wǒ shēn gǎn yíhàn.

2. 我深知他的脾气,决定了的事轻易不会改变。

　Wǒ shēn zhī tā de píqi, juédìngle de shì qīngyì bú huì gǎibiàn.

3. 对她的不幸遭遇,人们深表同情。

　Duì tā de búxìng zāoyù, rénmen shēn biǎo tóngqíng.

"深"可重叠为"深深"多修饰双音节动词,可带"地":

"深"can be reduplicated into "深深"to modify disyllabic verbs and can take"地":

4. 他舍己救人的英雄事迹深深地感动了每个人。

　Tā shějǐ – jiùrén de yīngxióng shìjì shēnshēn de gǎndòngle měi gè rén.

5. 离开了二十年,终于又回到了我深深爱着的故乡。

　Líkāile èrshí nián, zhōngyú yòu huí dàole wǒ shēnshēn àizhe de gùxiāng.

辨认:

Note:

1. 我深知他的脾气。

　Wǒ shēn zhī tā de píqi.

2. 这种红色太深,我不喜欢。

　Zhè zhǒng hóngsè tài shēn, wǒ bù xǐhuan.

3. 他深怕我忘了,再三叮嘱我。

　Tā shēn pà wǒ wàngle, zàisāi dīngzhǔ wǒ.

4. 水很深,我不敢下去游泳。

　Shuǐ hěn shēn, wǒ bù gǎn xiàqu yóuyǒng.

例 1、3 中"深"为副词,例 2、4 中"深"为形容词。

"深"in 1. and 3. is an adverb and is an adjective in 2. and 4.

什么的　shénmede　（助词）

用在一个或并列的几个词语后,表示列举未完,有"之类""等等"的意思:

Used after a word or phrase or several words or phrases to mean "etc." :

1. 早上她喜欢练练太极拳什么的。

Zǎoshang tā xǐhuan liànlian tàijíquán shénmede.

2. 他们两口子开了个小吃店,专卖饺子、馄饨、包子什么的。

Tāmen liǎngkǒuzi kāile ge xiǎochīdiàn, zhuān mài jiǎozi, húntun, bāozi shénmede.

3. 他是个京剧老演员,喜欢收藏脸谱、道具、戏装什么的。

Tā shì ge jīngjù lǎo yǎnyuán, xǐhuan shōucáng liǎnpǔ, dàojù, xìzhuāng shénmede.

辨认:

Note:

下列"什么的"是疑问代词"什么"加上"的",是个短语:

"什么的" in the following examples is a phrase made of the interrogative pronoun "什么"plus"的":

1. 他是干什么的?整天在这里转悠。

Tā shì gàn shénme de? Zhěng tiān zài zhèlǐ zhuànyou.

2. 农贸市场可热闹了,卖什么的都有。

Nóngmào shìchǎng kě rènao le, mài shénme de dōu yǒu.

3. 他是教员,你知道他是教什么的吗?

Tā shì jiàoyuán, nǐ zhīdao tā shì jiāo shénme de ma?

甚　shèn　(副词)〈书〉

有"很"的意思,表示程度相当深。修饰形容词、描写性短语、某些动词和助动词:

Same as "很" indicating a high degree and can modify an adjective, descriptive phrases, some verbs and auxiliary verbs:

1. 他们两家相处得甚好。

Tāmen liǎng jiā xiāngchǔ de shèn hǎo.

2. 你要想说服他,甚不容易。

Nǐ yào xiǎng shuōfú tā, shèn bù róngyì.

3. 我甚愿有人来帮我完成这项试验。

Wǒ shèn yuàn yǒu rén lái bāng wǒ wánchéng zhè xiàng shìyàn.

4. 家里人都走了,我甚感孤独。

Jiāli rén dōu zǒu le, wǒ shèn gǎn gūdú.

"甚"可受否定副词"不"修饰,"不甚"有"不很"的意思:

"甚"can be modified by "不"and "不甚"means"不很":

5. 这种药我已经吃了半个月了,效果不甚明显。

Zhè zhǒng yào wǒ yǐjing chīle bàn ge yuè le, xiàoguǒ bú shèn míngxiǎn.

6. 房间不甚大,但很干净、明亮。

Fángjiān bú shèn dà, dàn hěn gānjìng, míngliàng.

7. 解决他二人的矛盾,不甚简单。

Jiějué tā èr rén de máodùn, bú shèn jiǎndān.

辨认:

Note:

1. 他提的要求不甚明确,还要去问问。

Tā tí de yāoqiú bú shèn míngquè, hái yào qù wènwen.

2. 你可不能逼人太甚。

Nǐ kě bù néng bī rén tài shèn.

3. 那里的生活条件甚差。

Nàlǐ de shēnghuó tiáojiàn shèn chà.

4. 这次的暴风雪造成的危害比上次更甚。

Zhè cì de bàofēngxuě zàochéng de wēihài bǐ shàng cì gèng shèn.

例 1、3 中"甚"是副词,例 2、4 中"甚"为形容词,有"过分"的意思。

"甚"in 1. and 3. is an adverb, but is an adjective in 2. and 4. meaning excessive.

甚而至于　　shèn'érzhìyú　（连词）

与"甚至"相同,有书面语意味:

Same as "甚至"with a literary flavour:

1. 他家的老奶奶双目失明,但是耳朵极灵,甚而至于家里人谁进来了,谁出去了,她都听得一清二楚。

Tā jiā de lǎo nǎinai shuāngmù shīmíng, dànshì ěrduo jí líng, shèn'érzhìyú jiāli rén shuí jìnlai le, shuí chūqu le, tā dōu tīng de yì qīng èr chǔ.

2. 她的神经特别脆弱,一见鲜血就头晕,甚而至于昏倒在地。

Tā de shénjīng tèbié cuìruò, yí jiàn xiānxuè jiù tóu yūn, shèn'érzhìyú hūndǎo zài dì.

甚至 [1]　　shènzhì　（副词）

引出一种极端性质的例子说明某情况达到很高程度:

"Even", "(go) so far as to"; introduces an example of an extreme nature to show that some state has reached a very high degree:

1. 他不喜欢猫,甚至还很厌恶这种动物。

Tā bù xǐhuan māo, shènzhì hái hěn yànwù zhè zhǒng dòngwù.

2. 我没看过这位作家的作品,甚至以前都没听说过他的名字。

Wǒ méi kànguo zhè wèi zuòjiā de zuòpǐn, shènzhì yǐqián dōu méi tīngshuōguo tā de míngzi.

3. 这些花儿几天没浇水,有的叶子黄了,有的甚至已经死了。

　　Zhèxiē huār jǐ tiān méi jiāo shuǐ, yǒude yèzi huáng le, yǒude shènzhì yǐjing sǐ le.

有时也说"甚至于""甚而""甚而至于",意思基本相同。

Sometimes "甚至" can be replaced by "甚至于", "甚而" or "甚而至于" without affecting the meaning.

4. 屋子里太热,我脱了毛衣,甚至于把窗户打开了还觉得热。

　　Wūzi lǐ tài rè, wǒ tuōle máoyī, shènzhìyú bǎ chuānghu dǎkāi le hái jué de rè.

5. 爷爷年纪大了,常常忘事,有时甚而出去忘了锁门。

　　Yéye niánjì dà le, chángcháng wàng shì, yǒushí shèn'ér chūqu wàngle suǒ mén.

6. 他们俩矛盾相当尖锐,会上甚而至于吵了起来 。

　　Tāmen liǎ máodùn xiāngdāng jiānruì, huìshang shèn'érzhìyú chǎole qilai.

甚至² 　shènzhì 　(连词)

连接并列的词语或分句,"甚至"后是最突出的事例,表示强调的意思:

Connects parallel words, phrases or sentences and what follows "甚至" is the most outstanding example:

1. 为了办好那件事,他真是想尽了各种办法,甚至投入了全部精力。

　　Wèile bànhǎo nà jiàn shì, tā zhēn shì xiǎngjìnle gè zhǒng bànfǎ, shènzhì tóurùle quánbù jīnglì.

2. 目前,儿童弃学经商现象,不但在农村,甚至在城市也时有发生。

　　Mùqián, értóng qì xué jīng shāng xiànxiàng, búdàn zài nóngcūn, shènzhì zài chéngshì yě shí yǒu fāshēng.

3. 今年北京的冬天仍然偏暖,甚至有时最高温度达到摄氏十好几度。

　　Jīnnián Běijīng de dōngtiān réngrán piān nuǎn, shènzhì yǒushí zuì gāo wēndù dádào shèshì shí hǎo jǐ dù.

甚至于 　shènzhìyú 　(连词)

与"甚至"相同:

Same as "甚至":

1. 学过的课文,他都能念得很熟,甚至于背下来。

　　Xuéguo de kèwén, tā dōu néng niàn de hěn shú, shènzhìyú bèi xialai.

2. 放鞭炮的危害,现在已经家喻户晓,甚至于幼儿园的孩子也明白了这个道理。

　　Fàng biānpào de wēihài, xiànzài yǐjing jiāyù－hùxiǎo, shènzhìyú yòu'

-éryuán de háizi yě míngbaile zhège dàolǐ.

生　shēng　（副词）〈口〉

A. 表示程度深，相当于"很""非常"，只修饰少数表示不愉快的感情、感觉的单音节词：

"Very", "very much", only modifies a few monosyllabic words indicating unpleasant feelings, mental or physical：

1. 这眼药水滴进眼里，生疼。

　　Zhè yǎnyàoshuǐ dījìn yǎn li, shēng téng.

2. 父母对他管得生严，平时不能随便出去玩儿。

　　Fùmǔ duì tā guǎn de shēng yán, píngshí bù néng suíbiàn chūqu wánr.

B. 表示"勉强地""不顾实际地""不合乎一般情理地"的意思，可重叠为"生生"：

"Forced"; "regardless of the actual situation", "against common practice"; can be reduplicated into "生生"：

1. 要根据自己的情况订计划，不能生搬别人的。

　　Yào gēnjù zìjǐ de qíngkuàng dìng jìhuà, bù néng shēng bān biérén de.

2. 学习别人的长处，也不能生搬硬套。

　　Xuéxí biérén de chángchù, yě bù néng shēngbān – yìngtào.

3. 他根本不肯来，是我生把他拉来的。

　　Tā gēnběn bù kěn lái, shì wǒ shēng bǎ tā lālái de.

4. 你可真有办法，生生一个人干了三个人的活儿。

　　Nǐ kě zhēn yǒu bànfǎ, shēngshēng yíge rén gànle sān ge rén de huór.

省得　shěngde　（副词）〈口〉

与"免得"相同，用在后一分句，表示如果采取前一分句所说的办法，就可以避免后面所说情况的发生；"省得"后面可以是形容词、动词或动词结构、主谓结构等：

Same as "免得", used in the second clause to indicate that if what the first clause suggests is carried out, the following state will not take place, "省得" can be followed by an adjective, verb, verb structure or S – P structure：

1. 外面有风，出去的时候多穿点儿，省得冷。

　　Wàimiàn yǒu fēng, chūqu de shíhou duō chuān diǎnr, shěngde lěng.

2. 出发前要把用的东西准备好，省得用时着急。

　　Chūfā qián yào bǎ yòng de dōngxi zhǔnbèi hǎo, shěngde yòng shí zháojí.

3. 咱们离开家都快十天了，给家里打个电话吧，省得家里人不放心啊！

　　Zánmen líkāi jiā dōu kuài shí tiān le, gěi jiāli dǎ ge diànhuà ba, shěngde jiāli rén bú fàngxīn a!

嘘　shī　（叹词）

表示制止人说话：

"Hush":

1. 嘘!请安静!别说话!

   Shī!Qǐng ānjìng!Bié shuōhuà!

2. 嘘!请注意听大会发言,别开小会!

   Shī!Qǐng zhùyì tīng dàhuì fāyán,bié kāi xiǎohuì!

十分　shífēn　（副词）

有"非常"的意思,表示程度相当高,可修饰形容词、某些动词、助动词、某些短语：

"Very"; "extremely"; can modify adjectives, some verbs, auxiliary verbs and certain phrases:

1. 西湖的景色十分美丽。

   Xī Hú de jǐngsè shífēn měilì.

2. 这孩子十分怕他爸爸。

   Zhè háizi shífēn pà tā bàba.

3. 我十分愿意帮你学习英语。

   Wǒ shífēn yuànyì bāng nǐ xuéxí Yīngyǔ.

4. 这种坚韧不拔的精神,十分令人佩服。

   Zhè zhǒng jiānrèn bù bá de jīngshén,shífēn lìng rén pèifu.

"十分"可以修饰表示不愉快性质的否定形式：

"十分" can modify a negative structure of an unpleasant nature:

5. 他听了我的话,显得十分不高兴。

   Tā tīngle wǒ de huà,xiǎnde shífēn bù gāoxìng.

6. 这半年来,我的工作十分不顺利。

   Zhè bàn nián lái,wǒ de gōngzuò shífēn bú shùnlì.

"不十分"相当于"不很",表示程度不很高：

"不十分" is the same as "不很":

7. 这条街行人不多,但车辆不少,所以并不十分安静。

   Zhè tiáo jiē xíngrén bù duō,dàn chēliàng bù shǎo,suǒyǐ bìng bù shífēn ānjìng.

8. 我家离学校不十分远。

   Wǒ jiā lí xuéxiào bù shífēn yuǎn.

9. 我对小李并不十分了解。

   Wǒ duì Xiǎo Lǐ bìng bù shífēn liǎojiě.

辨认:

Note:

1. 对完成这项任务,我没有十分的把握。

　　Duì wánchéng zhè xiàng rènwù, wǒ méi yǒu shífēn de bǎwò.

2. 我们两个公司合作的可能性不是七分、八分,而是十分。

　　Wǒmen liǎng ge gōngsī hézuò de kěnéngxìng bú shì qī fēn, bā fēn, ér shì shí fēn.

3. 十分抱歉,我没能来祝贺你的生日。

　　Shífēn bàoqiàn, wǒ méi néng lái zhùhè nǐ de shēngrì.

4. 同学们的热情帮助,使他十分感动。

　　Tóngxuémen de rèqíng bāngzhù, shǐ tā shífēn gǎndòng.

例1、2中的"十分"是数词加量词作定语和谓语,例3、4中的"十分"是副词。

"十分" in 1 and 2 is a numeral + measure word phrase functioning as an attributive and predicate, in 3 and 4 it is an adverb.

时　shí　(副词)〈书〉

只修饰单音节动词:

Modifies monosyllabic verbs only:

A. 意思同"时时"A,表示事情重复发生,相隔时间不久:

Same as "时时" A ("often"; "constantly"):

1. 做完手术以后,他的伤口时有疼痛的感觉。

　　Zuòwán shǒushù yǐhòu, tā de shāngkǒu shí yǒu téngtòng de gǎnjué.

2. 我们两家人时来时往,联系不断。

　　Wǒmen liǎng jiā rén shí lái shí wǎng, liánxì búduàn.

B. 意思同"时时"B,表示在目前短时间内不规律地重复:

Same as "时时" B ("from time to time"; "every now and then"):

1. 远处时有歌声传来。

　　Yuǎnchù shí yǒu gēshēng chuánlái.

2. 他身体不好,时受疾病的折磨。

　　Tā shēntǐ bù hǎo, shí shòu jíbìng de zhémó.

时常　shícháng　(副词)

表示行为、动作屡次发生或情况多次出现:

"Often"; "constantly":

1. 他时常给晚报写些小文章。

　　Tā shícháng gěi wǎnbào xiě xiē xiǎo wénzhāng.

2. 母亲时常接到女儿的来信。

Mǔqin shícháng jiēdào nǚ'ér de láixìn.

3. 他时常帮助朋友解决困难。

Tā shícháng bāngzhù péngyou jiějué kùnnan.

4. 他们俩时常为一些小事争吵。

Tāmen liǎ shícháng wèi yìxiē xiǎo shì zhēngchǎo.

时而　shí'ér　(副词)

同"时时"A、B,表示事情相隔时间不久重复发生,或在目前短时间内不规律地重复:

Same as"时时"A and B,meaning "every now and then":

1. 他从国外时而给弟弟寄来一些参考书。

Tā cóng guówài shí'ér gěi dìdi jìlái yìxiē cānkǎoshū.

2. 他住院后,同学们时而来医院探望。

Tā zhù yuàn hòu,tóngxuémen shí'ér lái yīyuàn tànwàng.

3. 她一个人在家,时而感到孤独、寂寞。

Tā yí ge rén zài jiā,shí'ér gǎndào gūdú,jìmò.

4. 蓝蓝的海面,时而有海鸥掠过。

Lánlán de hǎimiàn,shí'ér yǒu hǎi'ōu lüèguò.

时而……时而……　shí'ér···shí'ér　(格式)

嵌入两个意义相对、相关的多音节形容词、动词或短语,表示不同动作或现象交替发生:

Inserted with 2 polysyllabic adjectives, verbs or phrases of contrary meanings to show alternation:

1. 小船在海浪中时而出现,时而消失。

Xiǎo chuán zài hǎilàng zhōng shí'ér chūxiàn,shí'ér xiāoshī.

2. 他等得有点不耐烦了,时而坐在椅子上,时而站起来走走。

Tā děng de yǒudiǎnr bú nàifán le,shí'ér zuò zài yǐzi shang, shí'ér zhàn qilai zǒuzou.

3. 小何喜怒无常,时而高兴,时而阴沉。

Xiǎo Hé xǐnù – wúcháng,shí'ér gāoxìng,shí'ér yīnchén.

"时而"有时可以嵌入两个以上不同动作或现象:

"时而"can sometimes be repeated more than twice:

4. 舞台上灯光时而明亮,时而暗淡,时而鲜红,时而淡黄。

Wǔtái shang dēngguāng shí'ér míngliàng, shí'ér àndàn, shí'ér xiānhóng,shí'ér dànhuáng.

5. 列车员时而送水,时而扫地,时而整理行李架,忙个不停。

Lièchēyuán shí'ér sòng shuǐ, shí'ér sǎo dì, shí'ér zhěnglǐ xínglijià, máng ge bù tíng.

时时　shíshí　（副词）

多修饰双音节动词：

Mostly modifies disyllabic verbs:

A.表示事情重复发生，相隔时间不久，相当于"常常"；"时常"：

Same as "常常"；"时常"meaning "often"：

1. 虽然我们很少见面，但时时通过电话保持联系。

　　Suīrán wǒmen hěn shǎo jiàn miàn, dàn shíshí tōngguò diànhuà bǎochí liánxì.

2. 老李时时把一些最新的商品信息告诉我。

　　Lǎo Lǐ shíshí bǎ yìxiē zuì xīn de shāngpǐn xìnxī gàosu wǒ.

3. 领导非常关心我们工厂的生产情况，时时来厂了解、查问。

　　Lǐngdǎo fēicháng guānxīn wǒmen gōngchǎng de shēngchǎn qíngkuàng, shíshí lái chǎng liǎojiě、cháwèn.

B.在目前短时间内不规律地重复：

"Every now and then"：

1. 秋风很凉，时时有些叶子从树上飘落下来。

　　Qiūfēng hěn liáng, shíshí yǒu xiē yèzi cóng shù shang piāoluò xiàlai.

2. 她低声唱着催眠曲，时时用手理理孩子的头发。

　　Tā dīshēng chàngzhe cuīmiánqǔ, shíshí yòng shǒu lǐlǐ háizi de tóufa.

3. 他们在田野里走着，时时弯下腰去采一些野花。

　　Tāmen zài tiányě li zǒuzhe, shíshí wān xià yāo qu cǎi yìxiē yěhuā.

C."每时每刻"，表示某种动作、行为延续不断：

"Always"；"all the time"：

1. 街上的各种声音，时时分散着小学生的注意力。

　　Jiēshang de gè zhǒng shēngyīn, shíshí fēnsànzhe xiǎoxuéshēng de zhùyìlì.

2. 我们时时不忘老师的教导。

　　Wǒmen shíshí bú wàng lǎoshī de jiàodǎo.

3. 他时时事事为集体考虑，很少想到他自己。

　　Tā shíshí shìshì wèi jítǐ kǎolǜ, hěn shǎo xiǎngdào tā zìjǐ.

时……时……　shí…shí…　（格式）

嵌入意义相对的单音节动词、形容词，形成四字短语，作谓语、定语、状语或补语，表示不同的现象或状态交替发生：

Inserted with monosyllabic verbs or adjectives of contrary meanings to form 4-character phrase to function as the predicate, attributive, adverbial adjunct or complement to show alternation:

1. 远处的手电光时隐时现,好像是朝这个方向走来。

Yuǎnchù de shǒudiàn guāng shí yǐn shí xiàn, hǎoxiàng shì cháo zhège fāngxiàng zǒulái.

2. 山谷中时断时续地传来牧童的歌声。

Shāngǔ zhōng shí duàn shí xù de chuán lái mùtóng de gēshēng.

3. 时高时低的血压弄得他头晕脑涨。

Shí gāo shí dī de xuèyā nòng de tā tóuyūn – nǎozhàng.

实在　shízài　(副词)

有"的确""确实"的意思,同时表示极高的程度,修饰形容词、形容词性短语、某些动词、助动词、动词性短语、及其否定形式等:

"Really"; "indeed"; "honestly", indicating a very high degree; modifying adjectives, descriptive phrases, certain verbs, auxiliary verbs, verb phrases and their negative forms:

1. 演员表演得实在逼真、动人。

Yǎnyuán biǎoyǎn de shízài bīzhēn, dòngrén.

2. 今天实在累了,咱们明天再干吧!

Jīntiān shízài lèi le, zánmen míngtiān zài gàn ba!

3. 那地方实在太远,要是去的话,一天回不来。

Nà dìfang shízài tài yuǎn, yàoshi qù de huà, yì tiān huí bu lái.

4. 你实在应该把那些不用的家具卖掉。

Nǐ shízài yīnggāi bǎ nàxiē bú yòng de jiājù màidiào.

5. 他提的要求我实在没办法满足。

Tā tí de yāoqiú wǒ shízài méi bànfǎ mǎnzú.

6. 这种商品的质量实在不好,所以卖不出去。

Zhè zhǒng shāngpǐn de zhìliàng shízài bù hǎo, suǒyǐ mài bu chūqù.

"实在"后,所修饰的词语可以有其它程度副词或表示程度的补语:

What it modifies can take some other element indicating high degree:

7. 你提出的条件实在太高了。

Nǐ tíchū de tiáojiàn shízài tài gāo le.

8. 要找到理想的工作,实在难得很。

Yào zhǎodào lǐxiǎng de gōngzuò, shízài nán de hěn.

9. 香山的景色实在美极了。

Xiāng Shān de jǐngsè shízài měijí le.

辨认:

Note:

1. 老马这个人可实在了。

Lǎo Mǎ zhège rén kě shízài le.

2. 少说些空话,为群众多办些实在的事吧。

Shǎo shuō xiē kōnghuà,wèi qúnzhòng duō bàn xiē shízài de shì ba.

3. 在几天之内我实在找不到代替你的人。

Zài jǐ tiān zhīnèi wǒ shízài zhǎo bú dào dàitì nǐ de rén.

4. 他每天都来我家,我实在没时间陪他。

Tā měi tiān dōu lái wǒ jiā,wǒ shízài méi shíjiān péi tā.

例 1、2 中"实在"是形容词,有"真实","可靠"的意思,例 3、4 中"实在"是副词。

"实在"in 1 and 2 is an adjective meaning honest and reliable and is an adverb in 3 and 4.

始终　shǐzhōng　（副词）

表示从开始到最后的全过程,修饰多音节动词、形容词或动词、形容词短语以及成语等,可修饰否定形式:

"From beginning to end"; "all along"; modifying polysyllabic verbs, adjectives, verb and adjective phrases and idioms. It can modify a negative structure:

1. 我始终相信我们的计划能实现。

Wǒ shǐzhōng xiāngxìn wǒmen de jìhuà néng shíxiàn.

2. 我始终记着离开家乡时的情景。

Wǒ shǐzhōng jìzhe líkāi jiāxiāng shí de qíngjǐng.

3. 她对朋友始终真挚、热情。

Tā duì péngyou shǐzhōng zhēnzhì,rèqíng.

4. 几十年来,这条街的样子始终没变。

Jǐ shí nián lái,zhè tiáo jiē de yàngzi shǐzhōng méi biàn.

5. 这种害虫始终不能消灭,到底是什么原因呢?

Zhè zhǒng hàichóng shǐzhōng bù néng xiāomiè, dàodǐ shì shénme yuányīn ne?

似的　shìde　（助词）

用在某些词语后,组成词组,作句子成分;表示比喻或跟某种事物相似。作状语时,也可写成"似地":

Used after certain words or phrases to make up phrases to function as an element of a sentence; they indicate the resemblance to sth.. As an adverbial adjunct, it can be written as "似地":

A. 表示和某人、某物在某方面相似,或形成明喻,前面常有"像""好像""跟"等相呼应:

Makes a simile, and is often used in conjunction with"像","好像","跟"etc.:

1. 他高兴得像个孩子似的，又蹦又跳。

   Tā gāoxìng de xiàng ge háizi shìde, yòu bèng yòu tiào.

2. 卫兵好像一尊塑像似地一动不动地站在那里。

   Wèibīng hǎoxiàng yì zūn sùxiàng shìde yí dòng bú dòng de zhàn zài nàli.

3. 他的眼泪跟水珠似的吧嗒吧嗒往下掉。

   Tā de yǎnlèi gēn shuǐzhū shìde bādā bādā wǎng xià diào.

参看"一样"。

Compare"一样"yíyàng.

B. 表示说话人或当事人不十分有把握的感觉或了解；前面也可有"好像""似乎"等与之呼应：

"Seem", can also be used in conjunction with"好像","似乎"etc.:

1. 这个人我好像在哪儿见过似的。

   Zhège rén wǒ hǎoxiàng zài nǎr jiànguo shìde.

2. 我们相对看了一下，他似乎不认识我似的把脸转开。

   Wǒmen xiāng duì kànle yíxià, tā sìhū bú rènshi wǒ shìde bǎ liǎn zhuànkāi.

3. 她离不开自己的孩子，仿佛一日不见如隔三秋似的。

   Tā lí bu kāi zìjǐ de háizi, fǎngfú yí rì bú jiàn rú gé sān qiū shìde.

C."什么似的"常用在"得"后，作动词或形容词的补语，表示极高的程度：

"什么似的"can be used after"得"to be a complement to a verb or adjective to indicate a very high degree:

1. 没买上明天的机票，他急得什么似的。

   Méi mǎishang míngtiān de jīpiào, tā jí de shénme shìde.

2. 大家送给他的生日礼物，他喜欢得什么似的。

   Dàjiā sòng gěi tā de shēngri lǐwù, tā xǐhuan de shénme shìde.

3. 老师夸奖他几句，把他得意得什么似的。

   Lǎoshī kuājiǎng tā jǐ jù, bǎ tā déyì de shénme shìde.

势必 shìbì （副词）

根据形势推测未来必定产生某种后果（多是说话人不希望的），修饰动词短语或主谓结构：

"Certainly"; "be bound to"; "inevitably"; mostly about some undesirables consequence, modifying verb phrases or S – P phrases:

1. 双方各持己见，互不相让，最后势必不欢而散。

   Shuāngfāng gè chí jǐjiàn, hù bù xiāngràng, zuìhòu shìbì bù huān ér sàn.

2. 如果水浇得过多,花的叶子势必会变黄、脱落。

　　Rúguǒ shuǐ jiāo de guò duō, huā de yèzi shìbì huì biàn huáng, tuōluò.

3. 他一个月请了十天假,势必影响工作。

　　Tā yí ge yuè qǐngle shí tiān jià, shìbì yǐngxiǎng gōngzuò.

4. 为了减肥,她每天只吃一顿饭,这样下去,势必面黄肌瘦,全身无力。

　　Wèile jiǎnféi, tā měitiān zhǐ chī yí dùn fàn, zhèyàng xiàqù, shìbì miànhuáng – jīshòu, quán shēn wú lì.

是否　shìfǒu　(副词)〈书〉

"是不是"的意思。多修饰动词谓语,也修饰形容词谓语,常用来构成疑问句:

"Whether or not", "whether"; modifies verb or adjectival predicates and often forms a question:

1. 承担这项任务,你是否感到吃力?

　　Chéngdān zhè xiàng rènwù, nǐ shìfǒu gǎndào chīlì?

2. 这些数学题是否都是你们学过的?

　　Zhèxiē shùxué tí shìfǒu dōu shì nǐmen xuéguò de?

3. 这里气候温和,最冷的时候是否只穿一件毛衣就够了?

　　Zhèlǐ qìhòu wēnhé, zuì lěng de shíhou shìfǒu zhǐ chuān yí jiàn máoyī jiù gòu le?

有时,这种疑问句只是叙述句的一部分:

Sometimes, such a question functions as a part of a declarative sentence:

4. 到底这种药是否那么有效,我也不太清楚。

　　Dàodǐ zhè zhǒng yào shìfǒu nàme yǒuxiào, wǒ yě bú tài qīngchu.

5. 考入大学只是个开始,将来是否能学好,就看你是否努力了。

　　Kǎorù dàxué zhǐ shì ge kāishǐ, jiānglái shìfǒu néng xuéhǎo, jiù kàn nǐ shìfǒu nǔlì le.

誓死　shìsǐ　(副词)

立下誓言,决心做某事,至死不变,多修饰动词短语:

"Vow to defy death to (do sth.)"; "pledge one's life"; usually modifies verb phrase:

1. 战士们誓死保卫祖国。

　　Zhànshìmen shìsǐ bǎowèi zǔguó.

2. 我们誓死与敌人斗争到底。

　　Wǒmen shìsǐ yǔ dírén dòuzhēng dào dǐ.

3. 誓死捍卫人民民主权利。

Shìsǐ hànwèi rénmín mínzhǔ quánlì.

首先　shǒuxiān　（副词）

A. 表示某事发生的时间或次序在前：

"First"：

1. 新领导一来,首先到群众中去听取意见。

　　Xīn lǐngdǎo yì lái,shǒuxiān dào qúnzhòng zhōng qù tīngqǔ yìjiàn.

2. 来北京以后,我首先去参观的地方是天安门。

　　Lái Běijīng yǐhòu,wǒ shǒuxiān qù cānguān de dìfang shì Tiān'ānmén.

3. 入学以后,我首先认识的是王老师。

　　Rù xué yǐhòu,wǒ shǒuxiān rènshi de shì Wáng lǎoshī.

当两件事先后接连发生时,"首先"常和"然后"等词连用：

When two things take place one after another, "首先" is often used in conjunction with "然后"：

4. 到旅馆后,首先放好行李,然后去餐厅吃饭。

　　Dào lǚguǎn hòu,shǒuxiān fànghǎo xíngli,ránhòu qù cāntīng chī fàn.

5. 主人首先给客人倒了杯茶,然后又拿出了糖果。

　　Zhǔrén shǒuxiān gěi kèrén dàole bēi chá, ránhòu yòu náchūle tángguǒ.

B. 用于列举事项,有"第一"的意思,常有"其次"与它呼应：

When used to enumerate things it means "in the first place", there is usually a "其次" to follow：

1. 新生入学以后,首先应明确学习哪些课程,其次要订出自己的学习计划。

　　Xīnshēng rù xué yǐhòu, shǒuxiān yīng míngquè xuéxí nǎxiē kèchéng, qícì yào dìngchū zìjǐ de xuéxí jìhuà.

2. 今天的会这样开:首先由各专家宣读自己的论文,其次是分组讨论。

　　Jīntiān de huì zhèyàng kāi: shǒuxiān yóu gè zhuānjiā xuāndú zìjǐ de lùnwén,qícì shì fēn zǔ tǎolùn.

殊　shū　（副词）〈书〉

有"很""十分"的意思,现代汉语中极少用：

"Quite"；seldom used in modern Chinese：

1. 近来身体殊感不适。

　　Jìnlái shēntǐ shū gǎn búshì.

2. 在旅途中遇到老友,殊出意外。

　　Zài lǚtú zhōng yùdào lǎoyǒu,shū chū yìwài.

殊不知　shūbùzhī　（组合）

意思是没想到,用来引进某种情况以纠正先前所说的或所想的:

"Hardly realize",is used to introduce a fact unknown until recently:

1. 我以为他今天出发,殊不知昨天就走了。

Wǒ yǐwéi tā jīntiān chūfā,shūbùzhī zuótiān jiù zǒu le.

2. 原来我想,冬泳之后身上一定很冷,殊不知身上发热。

Yuánlái wǒ xiǎng, dōngyǒng zhīhòu shēnshang yídìng hěn lěng, shūbùzhī shēnshang fā rè.

3. 有人说药量越大病好得越快,殊不知这样是非常危险的。

Yǒu rén shuō yàoliàng yuè dà bìng hǎo de yuè kuài,shūbùzhī zhèyàng shì fēicháng wēixiǎn de.

顺　shùn　(介词)

A. 与另一事物并行,后面可以加"着":

"Along";can take"着":

1. 我毫无目的地顺铁路往前走。

Wǒ háo wú mùdì de shùn tiělù wǎng qián zǒu.

2. 顺着别人走过的小路向山顶上爬。

Shùnzhe biéren zǒuguò de xiǎo lù xiàng shāndǐng shang pá.

3. 顺着他所指的方向一看,果然发现半山腰上有灯光。

Shùnzhe tā suǒ zhǐ de fāngxiàng yí kàn, guǒrán fāxiàn bàn shānyāo shang yǒu dēngguāng.

B. "依照""按照"的意思;后面必有"着":

"Be in accordance with";"着"is necessary:

1. 她很机灵,什么事都顺着奶奶的话去做。

Tā hěn jīling,shénme shì dōu shùnzhe nǎinai de huà qù zuò.

2. 讨论会上,小王总是顺着领导的意思说。

Tǎolùn huì shang,Xiǎo Wáng zǒngshi shùnzhe lǐngdǎo de yìsi shuō.

顺便　shùnbiàn　(副词)

趁做某事的方便做另一事:

(Do sth.)"in passing";"at one's convenience";"without extra effort":

1. 你去邮局时,顺便替我寄一封信。

Nǐ qù yóujú shí,shùnbiàn tì wǒ jì yì fēng xìn.

2. 我路过花店,顺便买了一盆兰花。

Wǒ lùguò huādiàn,shùnbiàn mǎile yì pén lánhuā.

3. 他家离我姐姐家很近,所以我去看姐姐时,有时顺便去他家坐坐。

Tā jiā lí wǒ jiějie jiā hěn jìn,suǒyǐ wǒ qù kàn jiějie shí,yǒushí shùnbiàn qù tā jiā zuòzuo.

参看"就便""就手"。

Compare"就便"jiùbiàn and"就手"jiùshǒu.

顺手　shùnshǒu　（副词）

有"顺便"的意思,但动词必是表示用手做的动作:

Same as"顺便", but the verb must indicate a manual action:

1. 他进来时顺手把门关上了。

   Tā jìnlai shí shùnshǒu bǎ mén guānshang le.

2. 可能有人用完字典顺手带回宿舍去了。

   Kěnéng yǒu rén yòngwán zìdiǎn shùnshǒu dàihuí sùshè qu le.

3. 我顺手从桌上拿了五块钱给弟弟。

   Wǒ shùnshǒu cóng zhuō shang nále wǔ kuàiqián gěi dìdi.

辨认:

Note:

1. 这工作干得很顺手。

   Zhè gōngzuò gàn de hěn shùnshǒu.

2. 他顺手拿过一本杂志翻看着。

   Tā shùnshǒu náguò yì běn zázhì fānkànzhe.

例 1. 中"顺手"是形容词,是"顺利"的意思。例 2. 中"顺手"是副词。

"顺手" in 1. is an adjective meaning smooth or plain-sailing, while in 2 it is an adverb.

说……道……　shuō…dào…　（格式）

嵌入相对或相似的单音节词,构成固定短语;表示各种谈论,常作谓语:

Inserted with monosyllabic words of opposite or similar meanings to mean gossip and functions as the predicate:

1. 他们几个人常在一起说东道西,没完没了。

   Tāmen jǐ ge rén cháng zài yìqǐ shuōdōng – dàoxī, méiwán – méiliǎo.

2. 男女之间来往多一些的时候,背后就有人说三道四。

   Nán nǚ zhī jiān láiwǎng duō yìxiē de shíhou, bèihòu jiù yǒu rén shuōsān-dàosì.

3. 工作没有成绩,有人说长道短;有了成绩也有人说长道短。由他们说去吧。

   Gōngzuò méi yǒu chéngjì, yǒu rén shuōcháng-dàoduǎn; yǒule chéngjì yě yǒu rén shuōcháng – dàoduǎn. Yóu tāmen shuō qu ba.

说实在的　shuō shízài de　（组合）

同"老实说",表示后边是说话人的真心话;作插入语,有停顿,有时在句首:

Same as"老实说", used as a perenthesis, may also appear at the head of the sentence and is always followed by a pause：

　　1. 说实在的，我真不愿意承担这个项目。

　　　Shuō shízài de, wǒ zhēn bú yuànyì chéngdān zhège xiàngmù.

　　2. 说实在的，我很少考虑将来怎么办。

　　　Shuō shízài de, wǒ hěn shǎo kǎolǜ jiānglái zěnme bàn.

　　3. 不是我不赏光，说实在的，确实没有时间。

　　　Bú shì wǒ bù shǎng guāng, shuō shízài de, quèshí méi yǒu shíjiān.

私自　sīzì　(副词)

背着别人(做不合规章制度的事)：

(Do sth.)"secretly or without permission"(against rules and regulations)：

　　1. 你怎么能私自把图书馆的杂志拿回家去？

　　　Nǐ zěnme néng sīzì bǎ túshūguǎn de zázhì ná huí jiā qu?

　　2. 他没跟任何人商量，私自决定把今天下午的课改到明天。

　　　Tā méi gēn rènhé rén shāngliáng, sīzì juédìng bǎ jīntiān xiàwǔ de kè gǎi dào míngtiān.

　　3. 这些树是公家的，不能私自砍伐。

　　　Zhèxiē shù shì gōngjiā de, bù néng sīzì kǎnfá.

死　sǐ　(副词)

A. 表示不顾死活，尽全力地、不顾一切地，可重叠：

(Do sth.)"to the death"；"to one's utmost", can be reduplicated into"死死"：

　　1. 侦察员死盯着敌人不放。

　　　Zhēncháyuán sǐ dīngzhe dírén bú fàng.

　　2. 我死追死赶，总算追上他了。

　　　Wǒ sǐ zhuī sǐ gǎn, zǒngsuàn zhuīshang tā le.

　　3. 孩子死死地拉住妈妈的衣服，不让她走。

　　　Háizi sǐsǐ de lāzhù māma de yīfu, búràng tā zǒu.

在动词否定式前，"死"后可加"也"：

When used before a negative verb，"死" can take a"也"after it：

　　4. 明明是他干的坏事，他死也不承认。

　　　Míngmíng shì tā gàn de huàishì, tā sǐ yě bù chéngrèn.

　　5. 小英死也不肯去跳舞。

　　　Xiǎo Yīng sǐ yě bù kěn qù tiào wǔ.

B. 修饰形容词(多含贬义)，表示极高程度：

Modifies an adjective(usually derogatory in meaning), indicating an extreme degree：

　　1. 颜色艳点儿的衣服她是不肯穿的，死保守。

Yánsè yàn diǎnr de yīfu tā shì bù kěn chuān de, sǐ bǎoshǒu.

2. 那条路死长死长的，走了半天才走到。

Nà tiáo lù sǐ cháng sǐ cháng de, zǒule bàntiān cái zǒudào.

死活   sǐhuó   （副词）〈口〉

表示无论如何，坚决，多修饰动词或助动词的否定式：

"Anyway"; "simply"; mostly modifies the negative form of a verb or auxiliary verb:

1. 这个人我死活不喜欢，不愿意和他一起工作。

Zhège rén wǒ sǐhuó bù xǐhuan, bú yuànyi hé tā yìqǐ gōngzuò.

2. 大家选他当组长，他死活不干。

Dàjiā xuǎn tā dāng zǔzhǎng, tā sǐhuó bú gàn.

3. 我请了他几次，他死活不愿意来。

Wǒ qǐngle tā jǐ cì, tā sǐhuó bú yuànyi lái.

死命   sǐmìng   （副）

拼命、竭尽全力地，只修饰动词，可带"地"：

"Desperately"; can modify verbs only; may take "地":

1. 一听说森林着火了，大家死命地奔向火场。

Yī tīngshuō sēnlín zháo huǒ le, dàjiā sǐmìng de bèn xiàng huǒchǎng.

2. 我校排球队在比赛中死命拼搏，终于战胜了对手。

Wǒ xiào páiqiúduì zài bǐsài zhōng sǐmìng pīnbó, zhōngyú zhànshèngle duìshǒu.

3. 小女孩儿跌入水中后，她的同伴死命哭叫，一个青年跑来把孩子救了上来。

Xiǎo nǚháir diērù shuǐ zhōng hòu, tā de tóngbàn sǐmìng kūjiào, yí ge qīngnián pǎolái bǎ háizi jiùle shànglái.

似   sì   （副词）〈书〉

同"似乎"，表示说话人或当事人不十分确切地了解或感觉，可修饰单音节词、多音节词或短语：

Same as "似乎" ("seem", "as if"), but can modify monosyllabic as well as polysyllabic words and phrases:

1. 我考虑了很久，觉得这样做似不太妥。

Wǒ kǎolǜle hěn jiǔ, juéde zhèyàng zuò sì bú tài tuǒ.

2. 小王近来比较沉默，似有心事。

Xiǎo Wáng jìnlái bǐjiào chénmò, sì yǒu xīn shì.

3. 他们不参加星期日的野餐，似另有活动。

Tāmen bù cānjiā xīngqīrì de yěcān, sì lìng yǒu huódòng.

4. 病人病情严重，住院时似已昏迷。

Bìngrén bìngqíng yánzhòng, zhù yuàn shí sì yǐ hūnmí.

似……非……　sì···fēi···　(格式)

分别嵌入相同的单音节词,构成短语,作谓语、定语或状语,表示又像又不像的意思:

Inserted with the same monosyllabic word to form a phrase functioning as the predicate, attributive or adverbial adjunct and means "not quite like":

1. 这大熊猫似熊非熊,似猫非猫,很是可爱。

   Zhè dàxióngmāo sì xióng fēi xióng, sì māo fēi māo, hěn shì kě'ài.

2. 一些似金非金的首饰在小摊上出售。

   Yìxiē sì jīn fēi jīn de shǒushi zài xiǎotān shang chūshòu.

3. 老人似睡非睡地坐在沙发上。

   Lǎorén sì shuì fēi shuì de zuò zài shāfā shang.

有时也说"似……不……":

Can also be said as "似···不···":

4. 孩子们似懂不懂地坐在旁边听大人谈论。

   Háizimen sì dǒng bù dǒng de zuò zài pángbiān tīng dàrén tánlùn.

似乎　sìhū　(副词)

同"好像"A,表示说话人或当事人不十分确切地了解或感觉,多修饰多音节词或短语:

Same as "好像" A ("seem"; "as if"), mostly modifies polysyllabic words or phrases:

1. 天似乎热了,毛衣穿不住了。

   Tiān sìhū rè le, máoyī chuān bu zhù le.

2. 这位老人,我似乎在哪儿见过。

   Zhè wèi lǎorén, wǒ sìhū zài nǎr jiànguo.

3. 看他的打扮,似乎像个工人。

   Kàn tā de dǎbàn, sìhū xiàng ge gōngrén.

4. 听他的口气,似乎对我们的决定有些意见。

   Tīng tā de kǒuqì, sìhū duì wǒmen de juédìng yǒu xiē yìjiàn.

以上各句在"似乎"所修饰的词或短语后,可以加"似的"与"似乎"呼应,意思不变:

In the examples above, "似的" may occur after the word or phrase modified by "似乎" to be in conjunction with it:

5. 天似乎热了似的,毛衣穿不住了。

   Tiān sìhū rèle shìde, máoyī chuān bu zhù le.

6. 看他的打扮,似乎像个工人似的。

   Kàn tā de dǎban, sìhū xiàng ge gōngrén shìde.

伺机　sìjī　（副词）

观察和等待机会（干某事）：

"Watch and wait for one's chance" (to do sth.) :

1. 他绝不甘心失败，伺机再起。

   Tā jué bù gānxīn shībài, sìjī zài qǐ.

2. 小王和老马下棋，第一盘老马输了，第二盘他伺机反攻，一定要赢回来。

   Xiǎo Wáng hé Lǎo Mǎ xià qí, dìyī pán Lǎo Mǎ shū le, dì'èr pán tā sìjī fǎngōng, yídìng yào yíng huílai.

3. 敌人正在伺机向我们偷袭，千万要提高警惕。

   Dírén zhèngzài sìjī xiàng wǒmen tōuxí, qiānwàn yào tígāo jǐngtì.

肆意　sìyì　（副词）〈书〉

不顾一切地想怎么做就怎么做，含贬义：

(Do sth.) "wantonly"; "recklessly"; has a derogatory sense :

1. 我们不能让他肆意造谣。

   Wǒmen bù néng ràng tā sìyì zàoyáo.

2. 这种肆意践踏法律的行为，必须受到应有的惩处。

   Zhè zhǒng sìyì jiàntà fǎlǜ de xíngwéi, bìxū shòudào yīng yǒu de chéngchǔ.

3. 大粒的冰雹肆意摧残着嫩绿的禾苗。

   Dà lì de bīngbáo sìyì cuīcánzhe nènlǜ de hémiáo.

素　sù　（副词）〈书〉

表示某种状况或特点一直是这样，特别强调平日都是如此，有"素来"的意思，多构成四字短语：

"Usually"; "always"; "habitually", mostly forms a four-character phrase :

1. 我对小说素无兴趣。

   Wǒ duì xiǎoshuō sù wú xìngqù.

2. 来北京以前，我们俩素不相识。

   Lái Běijīng yǐqián, wǒmen liǎ sù bù xiāngshí.

3. 他素以"老好人"著称。

   Tā sù yǐ "lǎohǎorén" zhùchēng.

素来　sùlái　（副词）〈书〉

表示某种状况或特点一直是这样，特别强调平日都是如此：

"Always"; "all along" :

1. 他素来待人处事都很谨慎。

   Tā sùlái dài rén chǔshì dōu hěn jǐnshèn.

2. 小刘自尊心素来就很强，你说话要注意一些。

　　Xiǎo Liú zìzūnxīn sùlái jiù hěn qiáng, nǐ shuōhuà yào zhùyì yìxiē.

3. 他们俩素来就有矛盾，这次争吵起来并不奇怪。

　　Tāmen liǎ sùlái jiù yǒu máodùn, zhè cì zhēngchǎo qilai bìng bù qíguài.

4. 这个班的学生素来是守纪律的。

　　Zhège bān de xuésheng sùlái shì shǒu jìlǜ de.

虽　suī　（连词）

与"虽然"相同，多用在主语后，多用于书面语：

Same as "虽然", but usually comes after the subject and is used in written language:

1. 祖父母虽年事已高，但精神却不减当年。

　　Zǔfù – mǔ suī niánshì yǐ gāo, dàn jīngshén què bù jiǎn dāngnián.

2. 两家相距虽不近，然而交通方便。

　　Liǎng jiā xiāngjù suī bú jìn, rán'ér jiāotōng fāngbiàn.

3. 现在虽是春天，可并不比冬天暖多少。

　　Xiànzài suī shì chūntiān, kě bìng bù bǐ dōngtiān nuǎn duōshǎo.

虽然　suīrán　（连词）

用在主从复句的前一分句，在主语前或后都可以，表示承认某事为事实；后一分句常有"可是、但是、然而、却、也、仍然"等词与它呼应，表示跟前一分句相反或相对的意思：

"Though"; used in the first clause of a complex sentence, either in front of or after the subject. There is "可是" "但是", "然而", "却", "也", "仍然" etc. in the second clause to go with it:

1. 新楼的房间虽然比较宽敞，可是比老楼的房间却矮多了。

　　Xīn lóu de fángjiān suīrán bǐjiào kuānchǎng, kěshì bǐ lǎo lóu de fángjiān què ǎi duō le.

2. 虽然文章并不长，然而道理讲得很深刻。

　　Suīrán wénzhāng bìng bù cháng, rán'ér dàolǐ jiǎng de hěn shēnkè.

3. 出租汽车虽然满街都是，但是挤坐公共汽车的仍然很多。

　　Chūzū qìchē suīrán mǎn jiē dōu shì, dànshì jǐ zuò gōnggòng qìchē de réngrán hěn duō.

虽说　suīshuō　（连词）

与"虽然"相同，多用在口语：

Same as "虽然", but more colloquial

1. 虽说这种花特别好养，但是开花的花期很短，所以养的人还是不多。

　　Suīshuō zhè zhǒng huā tèbié hǎo yǎng, dànshì kāi huā de huāqī hěn duǎn, suǒyǐ yǎng de rén háishì bù duō.

2. 那个电视剧虽说影星荟萃, 可是人物的语言 "侃" 得没边儿, 群众不爱听也不爱看。

Nàge diànshìjù suīshuō yǐngxīng huìcuì, kěshì rénwù de yǔyán "kǎn" de méi biānr, qúnzhòng bú ài tīng yě bú ài kàn.

3. 这里的工程虽说不大, 可从前年到现在还没竣工。

Zhèlǐ de gōngchéng suīshuō bú dà, kě cóng qiánnián dào xiànzài hái méi jùngōng.

虽说是　suīshuōshì　（连词）

与 "虽说" 和 "虽然" 相同:

Same as "虽然" or "虽说":

1. 虽说是人家并不在乎有没有报酬, 可是你请人家帮工, 一定不能亏待人家。

Suīshuōshì rénjia bìng bú zàihu yǒu méi yǒu bàochóu, kěshì nǐ qǐng rénjia bāng gōng, yídìng bù néng kuīdài rénjia.

2. 他说的虽说是不假, 我看不可不信, 也不可全信。

Tā shuō de suīshuōshì bù jiǎ, wǒ kàn bùkě bú xìn, yě bùkě quán xìn.

3. 在国外工作, 生活虽说是比国内优越, 但是毕竟是在国外, 毕竟不是自己的祖国!

Zài guówài gōngzuò, shēnghuó suīshuōshì bǐ guónèi yōuyuè, dànshì bìjìng shì zài guówài, bìjìng bú shì zìjǐ de zǔguó!

随处　suíchù　（副词）

同 "到处"A, 但不如 "到处" 口语化。表示各个地方 (有相同的事物或情况):

Same as "到处"A, but is not as colloquial:

1. 这个村子近几年发展很快, 漂亮的新房随处可见。

Zhège cūnzi jìn jǐ nián fāzhǎn hěn kuài, piàoliang de xīn fáng suíchù kě jiàn.

2. 这种石头在我们家乡随处都是。

Zhè zhǒng shítou zài wǒmen jiāxiāng suíchù dōu shì.

3. 看完了报纸, 别随处乱放。

Kànwánle bàozhǐ, bié suíchù luàn fàng.

随地　suídì　（副词）

表示不拘什么地方:

"Anywhere"; "everywhere":

1. 果皮、糖纸随地乱扔, 要罚款。

Guǒpí, tángzhǐ suídì luàn rēng, yào fá kuǎn.

2. 书本、报纸、衣物随地放着，屋子里乱极了。

Shūběn, bàozhǐ, yīwù suídì fàngzhe, wūzi li luànjí le.

3. 好人好事随时随地可以碰到。

Hǎorén hǎoshì suíshí suídì kěyǐ pèngdào.

随后　suíhòu　（副词）

同"随着"B，表示紧跟在另一事情发生之后，可以与"就"连用：

Same as "随着" B, "no sooner had…than…"; can be used in conjunction with "就":

1. 你们先走，我随后就到。

Nǐmen xiān zǒu, wǒ suíhòu jiù dào.

2. 他把大家的意见归纳了一下，随后又谈了自己的主张。

Tā bǎ dàjiā de yìjiàn guīnàle yíxià, suíhòu yòu tánle zìjǐ de zhǔzhāng.

3. 大家听见轰的一声响，随后就见那座楼顶上冒起黑烟。

Dàjiā tīngjiàn hōng de yì shēng xiǎng, suíhòu jiù jiàn nà zuò lóu dǐng shang màoqǐ hēi yān.

"随后"也可用在句首，后面可以有停顿：

"随后" can occur at the head of a sentence, and be followed by a pause:

4. 她今年10月就搬到新楼，随后，她父母也搬去住了。

Tā jīnnián shíyuè jiù bāndào xīn lóu, suíhòu, tā fùmǔ yě bān qu zhù le.

随即　suíjí　（副词）〈书〉

意思是"随后就"：

"Immediately"; "presently":

1. 他匆匆地和我们说了声再见，随即上汽车走了。

Tā cōngcōng de hé wǒmen shuōle shēng zàijiàn, suíjí shàng qìchē zǒu le.

2. 小王知道我急需这本《汉英词典》，随即回家取来了。

Xiǎo Wáng zhīdao wǒ jíxū zhè běn《Hàn Yīng Cídiǎn》, suíjí huí jiā qǔlai le.

3. 他感到室内空气特别不好，随即把窗户打开了。

Tā gǎndào shì nèi kōngqì tèbié bù hǎo, suíjí bǎ chuānghu dǎkāi le.

随口　suíkǒu　（副词）

没经过考虑，随便说出，修饰的动词总是跟说话有关的：

(Speak) "thoughtlessly or casually":

1. 他只是随口说说他要去看展览，没说哪天去。

Tā zhǐshì suíkǒu shuōshuo tā yào qù kàn zhǎnlǎn, méi shuō nǎ tiān qù.

2. 他听着唱片,随口就唱了起来。

　　Tā tīngzhe chàngpiàn, suíkǒu jiù chàngle qilai.

3. 我只是随口一说,想法并不成熟。

　　Wǒ zhǐshì suíkǒu yì shuō, xiǎngfǎ bìng bù chéngshú.

随时　suíshí　（副词）

A. (可能性)每时每刻(都存在):

(There is possibility)"at all times":

1. 这堵墙已经倾斜,随时都会倒塌。

　　Zhè dǔ qiáng yǐjīng qīngxié, suíshí dōu huì dǎotā.

2. 天太黑,路又窄又陡,汽车开得快,随时都可能翻车。

　　Tiān tài hēi, lù yòu zhǎi yòu dǒu, qìchē kāi de kuài, suíshí dōu kěnéng
fān chē.

3. 随时保持室内清洁。

　　Suíshí bǎochí shì nèi qīngjié.

B. 只要有需要、有可能,不受时间限制:

"Whenever necessary"; "as the occasion demands":

1. 你有困难可以随时来找我。

　　Nǐ yǒu kùnnan kěyǐ suíshí lái zhǎo wǒ.

2. 见到我有什么不对的地方,请随时提醒我。

　　Jiàndào wǒ yǒu shénme bú duì de dìfang, qǐng suíshí tíxǐng wǒ.

3. 要喝汽水,随时可以去取。

　　Yào hē qìshuǐ, suíshí kěyǐ qù qǔ.

随手　suíshǒu　（副词）

趁某种方便,顺便做某事,必须是用手做的:

(Do sth. with the hands)conveniently, without extra trouble:

1. 我去取信的时候,随手把你的信也带来了。

　　Wǒ qù qǔ xìn de shíhou, suíshǒu bǎ nǐ de xìn yě dàilai le.

2. 出入阅览室,请随手关门。

　　Chū rù yuèlǎnshì, qǐ suíshǒu guān mén.

3. 她进屋以后,随手把灯打开了。

　　Tā jìn wū yǐhòu, suíshǒu bǎ dēng dǎkāi le.

有时还带有随便、不经意的意思:

Sometimes "随手" implies "carelessly, casually":

4. 我写完了信,不知随手把钢笔放在哪儿了。

　　Wǒ xiěwánle xìn, bù zhī suíshǒu bǎ gāngbǐ fàng zài nǎr le.

5. 看完了书,我把眼镜随手放在床上了。

Kànwánle shū, wǒ bǎ yǎnjìng suíshǒu fàng zài chuáng shang le.

随着¹　suízhe　（副词）

A. 表示一个事物伴随着另一事物发生:

Indicates that one thing follows something else:

1. 生产发展了,人民的生活水平也随着提高了。

Shēngchǎn fāzhǎn le, rénmín de shēnghuó shuǐpíng yě suízhe tígao le.

2. 我英语的词汇量增加了,阅读能力也随着增强了。

Wǒ Yīngyǔ de cíhuìliàng zēngjiā le, yuèdú nénglì yě suízhe zēngqiáng le.

3. 旅游事业发展了,这个地区经济随着也繁荣起来。

Lǚyóu shìyè fāzhǎn le, zhège dìqū de jīngjì suízhe yě fánróng qǐlái.

B. 紧跟在另一事物发生之后:

"No sooner had···than···":

1. 大风刮过,大雨随着来了。

Dà fēng guāguò, dà yǔ suízhe lái le.

2. 他一阵咳嗽之后,随着大口地喘气。

Tā yízhèn késou zhīhòu, suízhe dàkǒu de chuǎnqì.

3. 先听到吵嚷声,随着是哭声和器物打破的响声。

Xiān tīngdào chǎorǎng shēng, suízhe shì kūshēng hé qìwù dǎpò de xiǎngshēng.

C. 表示行动的方向跟随另一行动:

Move in the same direction (as another action):

1. 他把手指向窗外,人们的头也随着转向窗外。

Tā bǎ shǒu zhǐ xiàng chuāng wài, rénmen de tóu yě suízhe zhuǎn xiàng chuāng wài.

2. 第一辆汽车向右拐,其它的汽车也随着向右拐去。

Dìyī liàng qìchē xiàng yòu guǎi, qítā de qìchē yě suízhe xiàng yòu guǎi qù.

随着²　suízhe　（介词）

A. 表示某事物的变化以另一事物为伴发前提:

"Along with"; "in pace with":

1. 随着生产的发展,人民的生活水平也逐步提高。

Suízhe shēngchǎn de fāzhǎn, rénmín de shēnghuó shuǐpíng yě zhúbù tígāo.

2. 随着时代的变化,知识也在不断更新。

Suízhe shídài de biànhuà, zhīshi yě zài búduàn gēngxīn.

"随着"放在句中时,后面可有"而"与之配合,意思不变:

When used as the predicate, "而" can precede the verb:

3. 人们的思想随着社会的变化而变化。

　Rénmen de sīxiǎng suízhe shèhuì de biànhuà ér biànhuà.

4. 这个地区随着交通的发达而很快发展起来了。

　Zhège dìqū suízhe jiāotōng de fādá ér hěn kuài fāzhǎn qilai le.

B. 表示某一事件的发生紧跟在另一事件之后:

Indicates one incident closely follows another:

1. 随着一阵呼救声,人们都向出事地点跑去。

　Suízhe yí zhèn hūjiù shēng, rénmen dōu xiàng chūshì dìdiǎn pǎo qù.

2. 随着水库的建成,灾情得到了控制。

　Suízhe shuǐkù de jiànchéng, zāiqíng dédàole kòngzhì.

辨认:

Note:

介词"随着"原从动词"随"演变而来,至今这动词作用尚未完全消失。有时"随着"是动词,意思是"跟随着":

The preposition "随着" originates from the verb "随" and "随" can still be used as a verb meaning to follow:

戴着小黄帽的学生们紧紧随着老师,鱼贯穿过马路。

Dàizhe xiǎo huáng mào de xuéshēngmen jǐnjǐn suízhe lǎoshī, yúguàn chuānguò mǎlù.

遂　suì　(副词)〈书〉

有"于是""于是就"的意思:

"Thereupon"; "hence; as a result":

1. 他急需钱用,遂把一些家具卖给了邻居。

　Tā jíxū qián yòng, suì bǎ yìxiē jiājù mài gěile línjū.

2. 大家迫切要求学英语,遂请王老师每天晚上来给大家上课。

　Dàjiā pòqiè yāoqiú xué Yīngyǔ, suì qǐng Wáng lǎoshī měi tiān wǎnshang lái gěi dàjiā shàngkè.

3. 工会为丰富群众的文化生活,遂在周末举办联欢会、舞会等。

　Gōnghuì wèi fēngfù qúnzhòng de wénhuà shēnghuó, suì zài zhōumò jǔbàn liánhuānhuì, wǔhuì děng.

4. 他的小商店卖衣服赚钱太少,遂改为小吃店。

　Tā de xiǎo shāngdiàn mài yīfu zhuàn qián tài shǎo, suì gǎi wéi xiǎochī diàn.

所　suǒ　（助词）

A. 用在动词前,跟"为""被"呼应,表示被动;多用于书面语:

Used before a verb, in conjunction with "为" or "被" to indicate the passive voice. It is used in written language:

1. 当时她的心情为大家所理解。

Dāngshí tā de xīnqíng wéi dàjiā suǒ lǐjiě.

2. 处理问题不冷静,很容易被表面现象所迷惑。

Chǔlǐ wèntí bù lěngjìng, hěn róngyì bèi biǎomiàn xiànxiàng suǒ míhuò.

3. 科学家的许多预见,都为后来人们所证实。

Kēxuéjiā de xǔduō yùjiàn, dōu wéi hòulái rénmen suǒ zhèngshí.

B. 用在单音节及物动词前,组成名词性短语;多用于书面语:

Used before a monosyllabic transitive verb to form a noun phrase, mostly in written language:

1. 正如他所说,稳定物价是人心所向。

Zhèng rú tā suǒ shuō, wěndìng wùjià shì rénxīn suǒ xiàng.

2. 据我所知,她自己没有孩子,你所说的是她的养子。

Jù wǒ suǒ zhī, tā zìjǐ méi yǒu háizi, nǐ suǒ shuō de shì tā de yǎngzǐ.

3. 他的所作所为很难让人理解。

Tā de suǒ zuò suǒ wéi hěn nán ràng rén lǐjiě.

C. 用于主谓结构中的动词前,后面带"的",使这结构成为名词性短语:

Used before the verb in a S–P structure and forms a noun phrase with "的":

1. 他所采用的,是一种新的研究方法。

Tā suǒ cǎiyòng de, shì yì zhǒng xīn de yánjiū fāngfǎ.

2. 我所能做到的,只是安慰安慰她而已。

Wǒ suǒ néng zuòdào de, zhǐshì ānwèi ānwèi tā éryǐ.

3. 大家所担心的,正是这个问题。

Dàjiā suǒ dānxīn de, zhèng shì zhège wèntí.

D. 用于主谓结构中的动词前,使这个结构成为定语:

Used before the verb in a S–P structure to make the structure an attributive:

1. 专家们所谈的内容非常广泛,包括诗歌、散文、小说和戏剧等等。

Zhuānjiāmen suǒ tán de nèiróng fēicháng guǎngfàn, bāokuò shīgē, sǎnwén, xiǎoshuō hé xìjù děngděng.

2. 这种节能灯所消耗的电量,不到普通电灯的一半。

Zhè zhǒng jiénéngdēng suǒ xiāohào de diànliàng, bú dào pǔtōng diàndēng de yíbàn.

3. 她所结识的朋友都是搞文艺工作的。

Tā suǒ jiéshí de péngyou dōu shì gǎo wényì gōngzuò de.

E. 用在动词前，使它成为名词性短语，作为"有"或"无"的宾语：

Used before a verb to make a noun phrase as the object of "有" or "无" :

1. 近些年来，贫困地区农民收入有所提高。

　Jìn xiē nián lái, pínkùn dìqū nóngmín shōurù yǒu suǒ tígāo.

2. 参加了讨论会，思想上有所收获。

　Cānjiāle tǎolùn huì, sīxiǎng shang yǒu suǒ shōuhuò.

3. 这部史书内容极为丰富，天文、地理、历史、哲学无所不包。

　Zhè bù shǐshū nèiróng jí wéi fēngfù, tiānwén, dìlǐ, lìshǐ, zhéxué wú suǒ bù bāo.

所以　suǒyǐ　（连词）

A. 用在复合句后一分句的开头，表示结果或结论；前一分句常有"因为、由于"与它呼应：

"Therefore"; "so"; used at the head of the second clause of a complex sentence and the first clause usually has "因为" "由于" to go with it :

1. 因为我们俩同事多年，所以我对他比较了解。

　Yīnwèi wǒmen liǎ tóng shì duō nián, suǒyǐ wǒ duì tā bǐjiào liǎojiě.

2. 由于他病情严重，所以要立刻住院治疗。

　Yóuyú tā bìngqíng yánzhòng, suǒyǐ yào lìkè zhù yuàn zhìliáo.

3. 前面正在施工，所以禁止各种车辆通行。

　Qiánmiàn zhèngzài shīgōng, suǒyǐ jìnzhǐ gè zhǒng chēliàng tōngxíng.

B. 有时表示原因的前一分句省去"因为"或"由于"，后一分句用"这就是……（之）所以……的原因（缘故）"的形式，点出前一分句是某种结果的原因：

Sometimes "因为" or "由于" in the first clause is omitted, and the second clause takes the form of "这就是…（之）所以…的原因（缘故）" to point out the reason :

1. 长年不脱离劳动，是他老人家之所以健康长寿的主要原因。

　Chángnián bù tuōlí láodòng, shì tā lǎorénjia zhī suǒyǐ jiànkāng chángshòu de zhǔyào yuányīn.

2. 树立"顾客至上"的意识，狠抓"质量第一"，这就是该厂所以越办越兴旺的缘故。

　Shùlì "gùkè zhìshàng" de yìshí, hěn zhuā "zhìliàng dìyī", zhè jiù shì gāi chǎng suǒyǐ yuè bàn yuè xīngwàng de yuángù.

C. 〈书〉用在表示结果或结论的前一分句的主语后、谓语前，常说成"……（之）所以……;"后一分句用"（是）因为（由于）……"的形式，突出追述原因或理由：

Used after the subject of the first clause which tells the result or conclusion in the form of"…（之）所以"and the second clause uses the pattern"（是）因为（由于）……"to stress the reason：

1. 那个电视剧之所以收视率比较高，主要因为它的内容贴近群众的实际生活。

　　Nàge diànshìjù zhī suǒyǐ shōushìlǜ bǐjiào gāo, zhǔyào yīnwèi tā de nèiróng tiējìn qúnzhòng de shíjì shēnghuó.

2. 同仁堂的中药之所以享誉国内外，是由于该店药品货真价实，药效非同一般。

　　Tóngréntáng de zhōngyào zhī suǒyǐ xiǎngyù guónèi－wài, shì yóuyú gāi diàn yàopǐn huòzhēn－jiàshí, yàoxiào fēi tóng yìbān.

索性　suǒxìng　（副词）

同"干脆"，表示作出决断，采取一种断然措施或极端的行为：

Same as"干脆"，indicates a decision or to take a resolute measure：

1. 这件毛衣改来改去多麻烦，索性拆了重织吧！

　　Zhè jiàn máoyī gǎi lái gǎi qù duō máfan, suǒxìng chāile chóng zhī ba!

2. 你索性在家多休息两天，等病完全好了再去上班。

　　Nǐ suǒxìng zài jiā duō xiūxi liǎngtiān, děng bìng wánquán hǎole zài qù shàng bān.

3. 我问了他半天，开始是支支吾吾，后来索性不说话了。

　　Wǒ wènle tā bàntiān, kāishǐ shì zhīzhiwūwū, hòulái suǒxìng bù shuōhuà le.

4. 你这样三天打鱼两天晒网，怎么学得好？索性别学了。

　　Nǐ zhèyàng sān tiān dǎ yú liǎng tiān shài wǎng, zěnme xué de hǎo? Suǒxìng bié xué le.

太　tài　（副词）

修饰形容词、某些动词、助动词、短语：

Modifies adjectives, certain verbs, auxiliary verbs and phrases：

A. 表示过分，句末可带"了"；修饰表示贬义的或中间性质的词语，也可以修饰表示不如意事情的否定式：

"Excessively"；"too"；modifies words or phrases with a neutral or derogatory sense．"了"can be used at the end of the sentence：

1. 我太笨了，到现在还不会织毛衣。

　　Wǒ tài bèn le, dào xiànzài hái bú huì zhī máoyī.

2. 这里天太热，我受不了。

Zhèlǐ tiān tài rè, wǒ shòu bù liǎo.

3. 你太低估我们的力量了，这个工作我们怎么不能承担？

Nǐ tài dīgū wǒmen de lìliang le, zhège gōngzuò wǒmen zěnme bù néng chéngdān?

4. 这不是他的错，批评他太不公平了。

Zhè bú shì tā de cuò, pīpíng tā tài bù gōngpíng le.

5. 你对客人这么冷淡，太不应该了。

Nǐ duì kèrén zhème lěngdàn, tài bù yīnggāi le.

参看"忒"。

Compare "忒" tuī.

B. 表示程度极高，修饰褒义词语，句尾多有"了"，带赞叹语气：

Indicates a very high degree and modifies words or phrases with a laudatory sense and a "了" usually occurs at the end of the sentence:

1. 香山的风景太美了。

Xiāng Shān de fēngjǐng tài měi le.

2. 这个象牙雕刻太精致了。

Zhège xiàngyá diāokè tài jīngzhì le.

3. 真是太感激你们了，你们救了我的孩子。

Zhēnshì tài gǎnjī nǐmen le, nǐmen jiùle wǒ de háizi.

C. "不"用在"太"前有两种情况：

When "不" precedes "太", it can form two different structures:

1) **"不"修饰"太……"，表示没达到极高的程度：**

"不" modifies "太…", meaning not to the very high degree:

1. 他的伤不太重。

Tā de shāng bú tài zhòng.

2. 今天的作业不太难。

Jīntiān de zuòyè bú tài nán.

3. 这衣服你穿着不太肥。

Zhè yīfu nǐ chuānzhe bú tài féi.

2) **"不太"修饰"……"，这时，"不太"是"不很"的意思，减轻否定的程度，带有婉转的语气：**

"不太" modifies "…", and "不太" means "不很" (not very):

4. 我还是不太明白，你为什么不愿意见小王？

Wǒ háishì bú tài míngbai, nǐ wèi shénme bú yuànyi jiàn Xiǎo Wáng?

5. 他对人不太和气。

Tā duì rén bú tài héqi.

6. 我不太知道她工作能力怎样。

Wǒ bú tài zhīdao tā gōngzuò nénglì zěnyàng.

倘若 tǎngruò （连词）〈书〉

有"如果"的意思，用在前一分句的主语前或主语后，表示提出一个假设或条件，后一分句说出结果，后一分句常有"就、便、则、那、那么"等词与它呼应：

"If"; "in case"; used in the first clause, either in front of or after the subject, and the second clause relates the result or conclusion with"就", "便", "则", "那", "那么"etc. in conjunction：

1. 寄去文稿一份，倘若有暇，敬希不吝指教！

Jìqù wéngǎo yí fèn, tǎngruò yǒu xiá, jìng xī búlìn zhǐjiào!

2. 我公司招聘科技人员，待遇优厚，你倘若有意应试，便请及早报名。

Wǒ gōngsī zhāopìn kējì rényuán, dàiyù yōuhòu, nǐ tǎngruò yǒuyì yìngshì, biàn qǐng jízǎo bào míng.

3. 经验证明，对那些违法乱纪现象，倘若不予严惩，则其后患无穷。

Jīngyàn zhèngmíng, duì nàxiē wéifǎ – luànjì xiànxiàng, tǎngruò bù yǔ yánchéng, zé qí hòuhuàn wúqióng.

特 tè （副词）

A. 同"特别"A，表示极高程度；修饰形容词、某些动词、助动词、短语，可以修饰表示不如意事情的否定式：

Same as "特别" A(exceptionally), modifies adjectives, certain verbs, auxiliary verbs, phrases and the negative forms of an unpleasant nature：

1. 她家楼前边有一块特大的草坪。

Tā jiā lóu qiánbian yǒu yí kuài tè dà de cǎopíng.

2. 她回家来，母亲特高兴。

Tā huí jiā lái, mǔqin tè gāoxìng.

3. 我特喜欢我家的那只小猫。

Wǒ tè xǐhuan wǒ jiā de nà zhī xiǎo māo.

4. 不知为什么，他特不支持我的工作。

Bù zhī wèi shénme, tā tè bù zhīchí wǒ de gōngzuò.

5. 你特不应该擅自改变工作进程。

Nǐ tè bù yīnggāi shànzì gǎibiàn gōngzuò jìnchéng.

B. 同"特地"，专门为某一目的（做某事），或由于重视着急（做某事）：

Same as "特地"("particularly", "for a special purpose")：

1. 我下午有事，不能来开会，特来请假。

Wǒ xiàwǔ yǒu shì, bù néng lái kāihuì, tè lái qǐngjià.

2. 晚会上,特请有名的京剧演员来演唱京戏。

   Wǎnhuì shang, tè qǐng yǒumíng de jīngjù yǎnyuán lái yǎnchàng jīngxì.

3. 这些玫瑰花是特为你采的。

   Zhèxiē méiguihuā shì tè wèi nǐ cǎi de.

C. "独特"的意思:

"Distinctively"; "particularly":

1. 这种样式的竹楼是傣族村寨特有的。

   Zhè zhǒng yàngshì de zhúlóu shì Dǎizú cūnzhài tè yǒu de.

2. 早上起来,先喝杯茶,是一些北京人特有的习惯。

   Zǎoshang qǐlai, xiān hē bēi chá, shì yìxiē Běijīng rén tè yǒu de xíguàn.

特别   tèbié   (副词)

A. 有"格外"的意思,表示极高程度;修饰形容词、某些动词、助动词、短语,可以修饰表示不如意事情的否定式:

"Exceptionally"; modifies adjectives, certain verbs, auxiliary verbs, phrases and the negative structures of an unpleasant nature:

1. 在军事训练中,他表现得特别突出。

   Zài jūnshì xùnliàn zhōng, tā biǎoxiàn de tèbié tūchū.

2. 在全班同学中,他学习特别努力。

   Zài quán bān tóngxué zhōng, tā xuéxí tèbié nǔlì.

3. 秋天的早晨,天特别高,特别蓝。

   Qiūtiān de zǎochen, tiān tèbié gāo, tèbié lán.

4. 这段对话,特别能表现男女主人公的心理状态。

   Zhè duàn duìhuà, tèbié néng biǎoxiàn nán nǚ zhǔréngōng de xīnlǐ zhuàngtài.

5. 这首诗特别感动人。

   Zhè shǒu shī tèbié gǎndòng rén.

6. 他还很幼稚,特别不会处理人与人的关系。

   Tā hái hěn yòuzhi, tèbié bú huì chǔlǐ rén yǔ rén de guānxi.

7. 他对咱们的工作特别不满意。

   Tā duì zánmen de gōngzuò tèbié bù mǎnyì.

参看"特"。

Compare "特" tè.

B. 同"特地",专门为某一目的(做某事),或由于重视着急(做某事):

Same as 特地 ("particularly", "for a special purpose"):

1. 为了送这封信,他特别来我家一趟。

   Wèile sòng zhè fēng xìn, tā tèbié lái wǒ jiā yítàng.

2. 我们为他特别准备了一间房子。

　　Wǒmen wèi tā tèbié zhǔnbèile yì jiān fángzi.

3. 这幅油画是我特别为你买的。

　　Zhè fú yóuhuà shì wǒ tèbié wèi nǐ mǎi de.

4. 为参加她的生日晚会，我特别打扮了一下。

　　Wèi cānjiā tā de shēngrì wǎnhuì, wǒ tèbié dǎbanle yíxià.

C. 同"尤其"，在几种同类事物或情况中，指出突出的一个：

Same as "尤其"，"especially"，"particularly"，picking out a particular example from a class in general:

1. 对青少年要加强教育，特别是思想品德方面的教育。

　　Duì qīng - shàonián yào jiāqiáng jiàoyù, tèbié shì sīxiǎng pǐndé fāngmiàn de jiàoyù.

2. 他的死，对大家的打击都很大，特别是他的妻子。

　　Tā de sǐ, duì dàjiā de dǎjī dōu hěn dà, tèbié shì tā de qīzi.

3. 我喜欢花，特别喜欢玫瑰花。

　　Wǒ xǐhuan huār, tèbié xǐhuan méiguihuā.

特地　tèdì　（副词）

专门为某一目的（做某事），或由于重视着急（做某事）：

"For a special purpose"; "particularly":

1. 他特地从上海赶来，参加姐姐的婚礼。

　　Tā tèdì cóng Shànghǎi gǎnlái, cānjiā jiějie de hūnlǐ.

2. 知道你爱吃橘子，这些橘子都是特地给你买的。

　　Zhīdào nǐ ài chī júzi, zhèxiē júzi dōu shì tèdì gěi nǐ mǎi de.

3. 我特地来通知你们，会议改期了。

　　Wǒ tèdì lái tōngzhī nǐmen, huìyì gǎi qī le.

参看"特"B，"特别"B，"特意"。

Compare "特" tè B; "特别"tèbié B ; "特意"tèyì.

特意　tèyì　（副词）

同"特地"，专门为了某一目的（做某事），或由于重视着急（做某事）：

Same as "特地" (particularly):

1. 这些饭菜是特意为你留的。

　　Zhè xiē fàncài shì tèyì wèi nǐ liú de.

2. 临走时，父亲特意嘱咐我路上要小心。

　　Lín zǒu shí, fùqīn tèyì zhǔfù wǒ lùshang yào xiǎoxīn.

3. 这些话我是特意说给他听的。

　　Zhèxiē huà wǒ shì tèyì shuō gěi tā tīng de.

替　tì　（介词）

A. 指出服务的对象：

"For", indicating the object of service：

1. 劳驾，替我照张相，按一下快门就可以了。

   Láojià, tì wǒ zhào zhāng xiàng, àn yí xià kuàimén jiù kěyǐ le.

2. 我今天有急事，你替我请个假。

   Wǒ jīntiān yǒu jí shì, nǐ tì wǒ qǐng ge jià.

B. 指出关心的对象：

Indicating the object of concern：

1. 这件事你应该替她着想。

   Zhè jiàn shì nǐ yīnggāi tì tā zhuóxiǎng.

2. 这样处理太不公平了，我要替小李打抱不平。

   Zhèyàng chǔlǐ tài bù gōngping le, wǒ yào tì Xiǎo Lǐ dǎ bàobùpíng.

C. 指出代替的对象：

"In the place of"：

1. 今天赵老师身体不好，我替他上课。

   Jīntiān Zhào lǎoshī shēntǐ bù hǎo, wǒ tì tā shàngkè.

2. 她不会喝酒，这杯酒我替她喝。

   Tā bú huì hē jiǔ, zhè bēi jiǔ wǒ tì tā hē.

挺　tǐng　（副词）〈口〉

表示一定程度，和"很"差不多，但比"很"程度低；修饰形容词、某些动词、助动词、短语：

"Very", "quite", more or less like "很", modifies adjectives, certain verbs, auxiliary verbs and phrases：

1. 旅行的日程安排得挺好。

   Lǚxíng de rìchéng ānpái de tǐng hǎo.

2. 这位老人已经 80 岁了，身体还挺硬朗。

   Zhè wèi lǎorén yǐjīng bāshí suì le, shēntǐ hái tǐng yìnglang.

3. 在这么深的水里游泳，开始的时候我挺害怕。

   Zài zhème shēn de shuǐ lǐ yóuyǒng, kāishǐ de shíhou wǒ tǐng hàipà.

4. 他挺会为别人着想。

   Tā tǐng huì wèi biérén zhuóxiǎng.

5. 他家用钱是挺有计划的。

   Tā jiā yòng qián shì tǐng yǒu jìhuà de.

可以修饰两种否定形式：

Can modify two kinds of negative forms：

1）**不如意的事情**：

Negative forms of an undesirable nature：

1．最近我日子过得挺不顺心，总遇见麻烦事。

Zuìjìn wǒ rìzi guò de tǐng bú shùnxīn, zǒng yùjian máfan shìr.

2．这台机器放在这里，用起来挺不方便。

Zhè tái jīqì fàng zài zhèlǐ, yòng qǐlai tǐng bù fāngbiàn.

2）**否定形式，但表示肯定意义**：

Negative forms with a positive meaning：

3．来参观的人还挺不少呢！

Lái cānguān de rén hái tǐng bù shǎo ne!

（不少＝多，×挺不多，不多≠少）

4．这院子挺不小呢，种了那么多树。

Zhè yuànzi tǐng bù xiǎo ne, zhòngle nàme duō shù.

（不小＝大，×挺不大，不大≠小）

5．他们俩的关系挺不错。

Tāmen liǎ de guānxi tǐng búcuò.

（不错＝好）

"老高""老大""老远"等前面可以加"挺"，表示程度更高些，后面多带"的"：

"挺" can precede "老高"，"老大"，"老远" to indicate an even higher degree, often followed by "的"：

6．挺老高的一棵树，你怎么能爬上去？

Tǐng lǎo gāo de yì kē shù, nǐ zěnme néng pá shangqu?

7．树上结了很多挺老大挺老大的桃子。

Shù shang jiēle hěn duō tǐng lǎo dà de táozi.

8．路挺老远的，坐汽车去吧！

Lù tǐng lǎo yuǎn de, zuò qìchē qù ba!

同 ¹ tóng　（副词）

多修饰单音节动词：

Mostly modifies monosyllabic verbs：

A．**表示在某点上相同**：

"Be the same"（in a certain respect）：

1．他们两个同在一个班，同是优秀生。

Tāmen liǎngge tóng zài yíge bān, tóng shì yōuxiù shēng.

2．同是北京人，但生活习惯并不完全一样。

Tóng shì Běijīng rén, dàn shēnghuó xíguàn bìng bù wánquán yíyàng.

3．这几个学校同属一个区。

Zhè jǐge xuéxiào tóng shǔ yíge qū.

B. 相当于"共同""一起":

Same as "共同" or "一起", meaning "together":

1. 在农村,我们和农民同吃、同住、同劳动。

Zài nóngcūn, wǒmen hé nóngmín tóng chī, tóng zhù, tóng láodòng.

2. 妹妹没有和我们同来。

Mèimei méiyou hé wǒmen tóng lái.

3. 两国人民同饮一江水。

Liǎng guó rénmín tóng yǐn yì jiāng shuǐ.

参看连词"同"。

Compare the conjunction "同" tóng.

同² tóng （连词）

有"和"的意思,表示联合关系;常连接并列的主语或宾语,多用在书面语:

"And", indicating coordination; connects parallel subjects or objects, mostly used in written language:

1. 我同他都是回族人,所以有共同的语言。

Wǒ tóng tā dōu shì Huízú rén, suǒyǐ yǒu gòngtóng de yǔyán.

2. 学校已把学生管理同后勤工作、教学同科研等问题提到重要的议事日程。

Xuéxiào yǐ bǎ xuésheng guǎnlǐ tóng hòuqín gōngzuò、jiàoxué tóng kēyán děng wèntí tídào zhòngyào de yìshì rìchéng.

同³ tóng （介词）

A. 动作由双方共同进行:

"Together", the action is done by both parties:

1. 你同小刘一起完成这个项目。

Nǐ tóng Xiǎo Liú yìqǐ wánchéng zhège xiàngmù.

2. 王工程师同我们小组一道沿海勘探石油。

Wáng gōngchéngshī tóng wǒmen xiǎozǔ yídào dào yánhǎi kāntàn shíyóu.

B. 动作只是单方面的:

The action is done by one party only:

1. 请到这边来,我有话同你说。

Qǐng dào zhèbiān lái, wǒ yǒu huà tóng nǐ shuō.

2. 他是坏人,我要同他划清界线。

Tā shì huàirén, wǒ yào tóng tā huàqīng jièxiàn.

C. 表示与某事物的关系:

Indicates a certain relation between two parties:

1. 我国已同一百多个国家建立了外交关系。

　　Wǒ guó yǐ tóng yìbǎi duō ge guójiā jiànlìle wàijiāo guānxì.

2. 我同表弟只见过一面，没什么来往。

　　Wǒ tóng biǎodì zhǐ jiànguo yí miàn, méi shénme láiwǎng.

D. 表示异同的比较：

Indicates a comparison:

1. 我同你一样，没上过大学。

　　Wǒ tóng nǐ yíyàng, méi shàngguo dàxué.

2. 我同他不一样，他有兄弟姐妹，我是独苗。

　　Wǒ tóng tā bù yíyàng, tā yǒu xiōngdì jiěmèi, wǒ shì dúmiáo.

同样　tóngyàng　（连词）

用在并列的句子或分句之间，表示前后两种情况，事实或事理相同或类似，也说"同样的"，一般后有停顿：

"Similarly"; used between parallel sentences or clauses; can also be said as "同样的", and there usually is a pause to follow:

1. 鱼儿离不开水，瓜儿离不开秧，同样，孩儿也离不开娘。

　　Yúr lí bu kāi shuǐ, guār lí bu kāi yāng, tóngyàng, háir yě lí bu kāi niáng.

2. 学习一种语言，不钻研，不努力，就学不好，同样，要成就一番事业，不刻苦钻研，不艰苦努力，更不可能。

　　Xuéxí yì zhǒng yǔyán, bù zuānyán, bù nǔlì, jiù xué bu hǎo, tóngyàng, yào chéngjiù yì fān shìyè, bú kèkǔ zuānyán, bù jiānkǔ nǔlì, gèng bù kěnéng.

3. 我把小王看作亲密的朋友，同样的，也没把你当成外人。

　　Wǒ bǎ Xiǎo Wáng kànzuò qīnmì de péngyou, tóngyàng de, yě méi bǎ nǐ dàngchéng wàirén.

辨认：

Note:

有时"同样"是形容词，作定语和状语，有"相同""一样"的意思：

"同样" sometimes is an adjective, used as an attributive or adverbial adjunct meaning "same" or "equally":

1. "同工同酬"就是作同样的工作，应该得到同样的报酬。

　　"Tóng gōng tóng chóu" jiù shì zuò tóngyàng de gōngzuò, yīnggāi dédào tóngyàng de bàochóu.

2. 科研工作与服务性工作同样重要，不可重此轻彼。

　　Kēyán gōngzuò yǔ fúwùxìng gōngzuò tóngyàng zhòngyào, bù kě

zhòng cǐ qīng bǐ.

统 tǒng （副词）

A. 有"全部"的意思，用得很少：

"All"；not frequently used：

1. 过去的信件，在搬家时统丢掉了。

Guòqù de xìnjiàn, zài bān jiā shí tǒng diūdiào le.

2. 几十年前的往事我统忘记了。

Jǐ shí nián qián de wǎngshì wǒ tǒng wàngjì le.

B. 有"统一""全面"的意思：

"In a unified way"：

1. 这些宿舍楼由北京市统建。

Zhèxiē sùshè lóu yóu Běijīng Shì tǒng jiàn.

2. 所有的文件都由办公室统发。

Suǒyǒu de wénjiàn dōu yóu bàngōngshì tǒng fā.

3. 刘部长统管全国的重工业。

Liú bùzhǎng tǒngguǎn quánguó de zhònggōngyè.

统共 tǒnggòng （副词）

同"一共"，但不如"一共"常用。说明数量的总计，可修饰否定形式：

Same as "一共", but not as frequently used, can modify negative forms：

1. 他这几年积攒下来的钱，统共有 20000 元。

Tā zhè jǐ nián jīzǎn xialai de qián, tǒnggòng yǒu èrwàn yuán.

2. 今天上午来参观文物展览的统共是 500 人。

Jīntiān shàngwǔ lái cānguān wénwù zhǎnlǎn de tǒnggòng shì wǔbǎi rén.

3. 我一天统共吃了两碗米饭。

Wǒ yì tiān tǒnggòng chīle liǎngwǎn mǐfàn.

4. 我从这里走到汽车站，再加上坐汽车的时间，统共没用一小时。

Wǒ cóng zhèlǐ zǒu dào qìchēzhàn, zài jiāshang zuò qìchē de shíjiān, tǒnggòng méi yòng yì xiǎoshí.

5. 这套房子的租金、水费、电费，每个月统共不到 120 元。

Zhè tào fángzi de zūjīn, shuǐfèi, diànfèi, měi ge yuè tǒnggòng bú dào yìbǎi èrshí yuán.

统统 tǒngtǒng （副词）

同"都"A，表示两个以上的人、物中的每一个，也说"通通""通统"：

Same as "都"A, "all"：

1. 请把事故发生的经过统统告诉我。

Qǐng bǎ shìgù fāshēng de jīngguò tǒngtǒng gàosu wǒ.

2. 你需要的参考书,我这里统统都有。

Nǐ xūyào de cānkǎoshū, wǒ zhèlǐ tǒngtǒng dōu yǒu.

3. 所有的茶具统统洗干净了。

Suǒyǒu de chájù tǒngtǒng xǐ gānjìng le.

痛 tòng （副词）

表示尽情地、深深地、彻底地,只修饰少数几个单音节动词:

（Do sth.）"to one's heart's content"; "deeply"; "thoroughly"; can modify a few monosyllabic verbs only:

1. 我气极了,把他痛骂了一顿。

Wǒ qìjí le, bǎ tā tòng màle yídùn.

2. 几个老朋友聚在一起,痛饮了一番。

Jǐ ge lǎo péngyou jù zài yìqǐ, tòng yǐnle yìfān.

3. 他痛下决心,改正自己的错误。

Tā tòng xià juéxīn, gǎizhèng zìjǐ de cuòwù.

4. 你一定要吸取教训,痛改前非。

Nǐ yídìng yào xīqǔ jiàoxùn, tònggǎiqiánfēi.

偷 tōu （副词）

瞒着人(做某事),只修饰少数单音节动词:

（Do sth.）"secretly", "stealthily", can modify a few monosyllabic verbs only:

1. 考试的时候,不能偷看别人的答卷。

Kǎoshì de shíhou, bù néng tōu kàn biérén de dájuàn.

2. 这消息是他从窗外偷听到的。

Zhè xiāoxi shì tā cóng chuāng wài tōu tīngdào de.

3. 这孩子今天从幼儿园偷跑回家了。

Zhè háizi jīntiān cóng yòu'éryuán tōu pǎohuí jiā le.

4. 这伙人偷用公家的汽油。

Zhè huǒ rén tōu yòng gōngjiā de qìyóu.

"偷"后如加"着",就可比较自由地运用:

If "偷" takes "着" after it, it can be used more freely:

5. 我偷着把他的房间打扫干净了。

Wǒ tōuzhe bǎ tā de fángjiān dǎsǎo gānjìng le.

6. 这事是他们偷着干的,别人不知道。

Zhè shì shì tāmen tōuzhe gàn de, biérén bù zhīdào.

偷偷(偷偷儿) tōutōu(r) （副词）

意思同"偷",瞒着人(做某事),但除了修饰单音节动词以外,也可修饰多音

节动词及动词短语,可带"地":

Same as "偷", but can also modify polysyllabic verbs and verb phrases, and can take"地":

1. 他站在门外,偷偷地往里张望。

    Tā zhàn zài mén wài, tōutōu de wǎng lǐ zhāngwàng.

2. 我们在他不注意的时候,偷偷儿从后门溜了出来。

    Wǒmen zài tā bú zhùyì de shíhou, tōutōur cóng hòuménr liūle chūlai.

3. 一定是小王把我的钢笔偷偷儿藏起来了。

    Yídìng shì Xiǎo Wáng bǎ wǒ de gāngbǐ tōutōur cáng qilai le.

······头······脑 ···tóu···nǎo (格式)

嵌入单音节词或词素,形成某些固定短语,作状语、定语或谓语等:

Inserted with monosyllabic word or morpheme to form some set phrases which can function as an attributive, adverbial adjunct or predicate:

A. 描写人的头和脸的样子:

Describes sb.'s head and face:

1. 一个面黄肌瘦,尖头尖脑的孩子在石阶上晒太阳。

    Yí ge miànhuáng – jīshòu, jiān tóu jiān nǎo de háizi zài shíjiē shang shài tàiyang.

2. 小孙子长得圆头圆脑,奶奶开心极了。

    Xiǎo sūnzi zhǎng de yuán tóu yuán nǎo, nǎinai kāixīn jí le.

B. 描写人的精神状态:

Describes sb.'s spiritual state:

1. 她没当过会计,这些账把她弄得昏头昏脑。

    Tā méi dāngguo kuàiji, zhèxiē zhàng bǎ tā nòng de hūntóu – hūnnǎo.

2. 每次来了人,这傻小子总是呆头呆脑地站在一旁看。

    Měi cì láile rén, zhè shǎ xiǎozi zǒng shì dāitóu – dāinǎo de zhàn zài yìpáng kàn.

C. 描写说话很突然的样子:

Indicates an abrupt way of talking:

1. "成功了!成功了!"小赵没头没脑地边跑边说。

    "Chénggōng le! Chénggōng le!" Xiǎo Zhào méi tóu méi nǎo de biān pǎo biān shuō.

2. 一大套严厉批评的言辞劈头盖脑地向我倾泻过来。

    Yí dà tào yánlì pīpíng de yáncí pītóu – gàinǎo de xiàng wǒ qīngxiè guolai.

突 tū (副词) 〈书〉

有"忽然"的意思,修饰单音节动词:

"Suddenly", "abruptly", "unexpectedly", modifies monosyllabic verbs:

1. 我们爬到山顶,黑云滚滚,突降大雨。

   Wǒmen pá dào shāndǐng, hēi yún gǔngǔn, tū jiàng dà yǔ.

2. 情况突变,你们要赶快离开这里。

   Qíngkuàng tū biàn, nǐmen yào gǎnkuài líkāi zhèlǐ.

3. 晚上,他突感不适,心脏病又发作了。

   Wǎnshang, tā tū gǎn búshì, xīnzàngbìng yòu fāzuò le.

徒　tú　(副词)〈书〉

意思相当于"空"或"白白地",多用在四字短语中:

Same as "空" or "白白地", and occurs mostly in four－character phrases:

1. 他这个班长,徒有其名,什么事也不管。

   Tā zhège bānzhǎng, tú yǒu qí míng, shénme shì yě bù guǎn.

2. 你这样做的结果只能是徒劳无功,大家都不满意。

   Nǐ zhèyàng zuò de jiéguǒ zhǐ néng shì túláo－wúgōng, dàjiā dōu bù mǎnyì.

3. 他这次去上海谈生意,一点收获也没有,真是徒劳往返。

   Tā zhè cì qù Shànghǎi tán shēngyì, yìdiǎnr shōuhuò yě méi yǒu, zhēn shì túláo wǎngfǎn.

忒　tuī(tēi)　(副词)〈口〉

同"太"A,表示过分,可修饰表示不如意事情的否定形式:

Same as "太" A, "excessively"; "too"; can modify the negative forms of an undesirable nature:

1. 你的顾虑忒多,自寻烦恼。

   Nǐ de gùlù tuī duō, zì xún fánnǎo.

2. 他自尊心忒强,给他提意见得讲究方式。

   Tā zìzūnxīn tuī qiáng, gěi tā tí yìjiàn děi jiǎngjiu fāngshì.

3. 你对他也忒不了解了。

   Nǐ duì tā yě tuī bù liǎojiě le.

4. 他这个人忒没主见。

   Tā zhège rén tuī méi zhǔjiàn.

哇　wa　(语气助词)

同"啊",用于舒缓语气。当"啊"前一字的尾音是"u","ao","ou"等时,"啊"往往读成"哇":

Same as "啊", when the character before "啊" ends in "u" "ao" "ou" etc. "啊" is pronounced as "哇":

1. 下雪路滑,您慢走哇!

Xià xuě lù huá, nín màn zǒu wa!

2. 给你参考资料,你怎么不要哇。

Gěi nǐ cānkǎo zīliào, nǐ zěnme bú yào wa.

3. 书哇、报哇堆满一屋子。

Shū wa, bào wa duīmǎn yì wūzi.

喂　wāi　(叹词)

多用在打电话时:

"Hello"(starting a telephone conversation):

1. 喂,您找谁?

Wāi, nín zhǎo shuí?

2. 喂,我听不清啊,请再说一遍!

Wāi, wǒ tīng bù qīng a, qǐng zài shuō yí biàn!

万　wàn　(副词) 〈书〉

同"万万",有"决""绝""绝对"的意思,含有极端强调的语气,多用在表示否定意义的句子中,表示劝阻、命令或意想不到等:

Same as "万万", "absolutely"; "wholly"; it is an emphatic word and used before a negative form indicating dissuasion, command, conjecture etc.:

1. 我万没想到他会这样无情。

Wǒ wàn méi xiǎngdào tā huì zhèyàng wúqíng.

2. 你处理这件事要全面考虑,万不可因小失大。

Nǐ chǔlǐ zhè jiàn shì yào quánmiàn kǎolǜ, wàn bù kě yīnxiǎo – shīdà.

3. 见到小王时,万不能问他家里的事,因为他正在闹离婚。

Jiàndào Xiǎo Wáng shí, wàn bù néng wèn tā jiā lǐ de shì, yīnwèi tā zhèng zài nào lí hūn.

万万　wànwàn　(副词)

含有极端强调的语气,有"决""绝""绝对"的意思,多用在否定句中,表示劝阻、命令或意想不到等:

"Absolutely", "wholly", is an emphatic word used in a negative sentence indicating dissuasion, command, conjecture etc.:

1. 我们万万没有料到他今天到北京。

Wǒmen wànwàn méiyou liàodào tā jīntiān dào Běijīng.

2. 使用这种贵重仪器万万不可马虎。

Shǐyòng zhè zhǒng guìzhòng yíqì wànwàn bù kě mǎhu.

3. 心脏病人万万不能饮酒。

Xīnzàngbìng rén wànwàn bù néng yǐn jiǔ.

　　4. 你是领导,可万万不要跟群众发火啊!

　　　　Nǐ shì lǐngdǎo, kě wànwàn búyào gēn qúnzhòng fā huǒr a!

万一　wànyī　〈连词〉

用在复句的前一分句,在主语前或主语后,表示一种可能性极小的假设:

"Just in case"; used in the first clause of a complex sentence either before or after the subject:

　　1. 今年高考,我万一考不上,只好另谋生路了。

　　　　Jīnnián gāokǎo, wǒ wànyī kǎo bu shàng, zhǐhǎo lìng móu shēnglù le.

　　2. 我明天不在家,万一有人打电话找我,请把对方姓名记下来。

　　　　Wǒ míngtiān bú zài jiā, wànyī yǒu rén dǎ diànhuà zhǎo wǒ, qǐng bǎ duìfāng xìngmíng jì xialai.

　　3. 这次出去旅行,还是多带点儿钱吧,万一不够呢!

　　　　Zhè cì chūqu lǚxíng, háishi duō dài diǎnr qián ba, wànyī bú gòu ne!

辨认:

Note:

下列句中的"万一"是名词,有万分之一的意思,表示极小的一部分:

"万一" in the following sentences means "万分之一" (one ten thousandth), that is, a very small percentage:

　　1. 雨季到来之前,非把防汛材料备齐不可,以防万一。

　　　　Yǔjì dàolái zhī qián, fēi bǎ fángxùn cáiliào bèiqí bùkě, yǐ fáng wànyī.

　　2. 他对我的恩情,我用笔墨也难表达其万一。

　　　　Tā duì wǒ de ēnqíng, wǒ yòng bǐmò yě nán biǎodá qí wànyī.

枉　wǎng　〈副词〉

空有虚名,没有达到名称所表示的实际高度,多用于书面语:

"In name only", indicating that it falls short of the standard implied by the name, mostly used in written language:

　　1. 如果教育不好这样的学生,那我真是枉为人师了。

　　　　Rúguǒ jiàoyù bù hǎo zhèyàng de xuésheng, nà wǒ zhēn shì wǎng wéi rén shī le.

　　2. 连这么简单的文章都写不好,你不是枉为大学生了吗?

　　　　Lián zhème jiǎndān de wénzhāng dōu xiě bù hǎo, nǐ búshi wǎng wéi dàxuéshēng le ma?

有时"枉"有"白白地""徒然"的意思:

Sometimes it means "to no avail":

　　3. 他是枉费心机,绝不会达到目的。

Tā shì wǎng fèi xīnjī, jué bú huì dádào mùdì.

辨认:

Note:

"不枉"是动词,用在主谓结构前,有"不辜负"的意思,没有肯定式:

"不枉"is a verb meaning not to let somebody down and has no positive form:

我一定要干出点儿成绩来,也不枉学校对我的培养。

Wǒ yídìng yào gànchū diǎnr chéngjì lái, yě bù wǎng xuéxiào duì wǒ de péiyǎng.

往 wǎng （介词）

指出动作的方向,宾语是表示方位或处所的词语,也可以是表示趋向的动词:

Indicates the direction of an action and the object is a place word or phrase or a localizer and can also be a verb indicating direction:

1. 从这里一直往东走就是运河。

Cóng zhèlǐ yìzhí wǎng dōng zǒu jiù shì Yùn Hé.

2. 夏天发大水,村子被淹,老人和孩子往高处转移。

Xiàtiān fā dàshuǐ, cūnzi bèi yān, lǎorén hé háizi wǎng gāochù zhuǎnyí.

3. 老农民把这个西瓜往起掂了掂说,最少有十斤。

Lǎo nóngmín bǎ zhège xīguā wǎng qǐ diān le diān shuō, zuì shǎo yǒu shí jīn.

往往 wǎngwǎng （副词）

表示在某种条件下,大多数情况是如此,不受否定词修饰:

Indicates that such is the state of affairs in most cases and cannot be modified by a negative word:

1. 他往往一遇到生人就说不出话来。

Tā wǎngwǎng yí yùdào shēngrén jiù shuō bu chū huà lai.

2. 我哥哥为人耿直,往往会得罪人。

Wǒ gēge wéirén gěngzhí, wǎngwǎng huì dézuì rén.

3. 他作为一个大工厂的厂长,工作繁忙,往往几天不回家。

Tā zuòwéi yí ge dà gōngchǎng de chǎngzhǎng, gōngzuò fánmáng, wǎngwǎng jǐ tiān bù huí jiā.

4. 年轻人往往不能体会老人的心情。

Niánqīng rén wǎngwǎng bù néng tǐhuì lǎorén de xīnqíng.

参看"每每"。

Compare "每每" měiměi.

为 wéi （介词）〈书〉

"被"的意思,表示被动:

The same as "被" indicating the passive voice:

1. 相声和小品是深为广大观众喜爱的艺术形式。

Xiàngsheng hé xiǎopǐn shì shēn wéi guǎngdà guānzhòng xǐ'ài de yìshù xíngshì.

2. 我们应该保持清醒头脑,不为表面现象迷惑。

Wǒmen yīnggāi bǎochí qīngxǐng tóunǎo, bù wéi biǎomiàn xiànxiàng míhuò.

"为"可用代词"之"为宾语,复指上文出现的施事:

"之" can be used as the object of "为", referring to the aforementioned agent:

3. 听完他的讲话,大家无不为之感动。

Tīng wán tā de jiǎnghuà, dàjiā wú bù wéi zhī gǎndòng.

4. 一批珍贵文物被毁,目击者无不为之惋惜。

Yì pī zhēnguì wénwù bèi huǐ, mùjīzhě wú bù wéi zhī wǎnxī.

动词前可以加"所",构成"为……所……"格式:

"所" can precede the verb to make up the structure of "为…所…":

5. 这一科学论断已为无数事实所证明。

Zhè yì kēxué lùnduàn yǐ wéi wúshù shìshí suǒ zhèngmíng.

6. 这些年轻人并没有为困难所吓倒。

Zhèxiē niánqīng rén bìng méiyǒu wéi kùnnan suǒ xiàdǎo.

在语言环境允许时,"为"的宾语可以省略,与谓语动词和其他成分构成四字短语:

In certain contexts the object of "为" can be omitted and "为", the verb and other elements form a four-character phrase:

7. 这一历史故事在人民大众中广为流传。

Zhè yí lìshǐ gùshi zài rénmín dàzhòng zhōng guǎng wéi liúchuán.

8. 暴乱阴谋败露之后,百姓大为震惊。

Bàoluàn yīnmóu bàilù zhīhòu, bǎixìng dà wéi zhènjīng.

惟(唯)　wéi　(副词)〈书〉

相当于"只""只有""只是"的意思:

Same as "只""只有"or"只是":

1. 我们几个人里会跳舞的,惟小王一人。

Wǒmen jǐ ge rén lǐ huì tiàowǔ de, wéi Xiǎo Wáng yì rén.

2. 像这种害人的事,我不惟做不出,连想都不会想的。

Xiàng zhè zhǒng hài rén de shì, wǒ bù wéi zuò bu chū, lián xiǎng dōu bú huì xiǎng de.

3. 他什么都好,惟身体健康情况太差。

　　Tā shénme dōu hǎo, wéi shēntǐ jiànkāng qíngkuàng tài chà.

4. 我无其它爱好,惟爱下象棋。

　　Wǒ wú qítā àihào, wéi ài xià xiàngqí.

惟独 wéidú （副词）〈书〉

同"独独",表示在一般人、物中指出个别的,并说明它与众不同的地方:

Same as "独独", points out and explains how a particular person or thing is different from the general class:

1. 大家都为下星期的考试着急,惟独李文轻松得很。

　　Dàjiā dōu wèi xià xīngqī de kǎoshì zháojí, wéidú Lǐ Wén qīngsōng de hěn.

2. 你请了那么多人参加你的婚礼,怎么惟独不请老王?

　　Nǐ qǐngle nàme duō rén cānjiā nǐ de hūnlǐ, zěnme wéidú bù qǐng Lǎo Wáng?

3. 每个房间都干干净净,惟独你的房间又脏又乱。

　　Měi ge fángjiān dōu gāngānjìngjìng, wéidú nǐ de fángjiān yòu zāng yòu luàn.

惟其 wéiqí （连词）〈书〉

用在复句的前一分句,表示原因和结果的关系,有"正因为"的意思:

Used is the first clause of a complex sentence to relate the reason. It means "just because":

1. 目前,有的地区儿童失学、辍学现象严重,惟其如此,大力推行义务教育尤显重要。

　　Mùqián, yǒu de dìqū értóng shīxué, chuòxué xiànxiàng yánzhòng, wéiqí rúcǐ, dàlì tuīxíng yìwù jiàoyù yóu xiǎn zhòngyào.

2. 人到老年,体弱多病,惟其体弱多病,所以必须懂得并掌握一些"自我保健"的方法和措施。

　　Rén dào lǎonián, tǐ ruò duō bìng, wéiqí tǐ ruò duō bìng, suǒyǐ bìxū dǒngde bìng zhǎngwò yìxiē "zìwǒ bǎojiàn" de fāngfǎ hé cuòshī.

惟有 wéiyǒu （连词）〈书〉

与"只有"相同,表示唯一的条件,非这样不可;后面常有"才"与它呼应:

Same as "只有", indicating the only condition. There usually is "才" to go with it:

1. 那道数学题,谁都没作出来,惟有他作对了。

　　Nà dào shùxué tí, shuí dōu méi zuò chulai, wéiyǒu tā zuòduì le.

2. 惟有依靠全校师生员工,才能把学校办好。

　　Wéiyǒu yīkào quán xiào shīshēng yuángōng, cái néng bǎ xuéxiào bànhǎo.

3. 这个厂惟有引进外资、更新设备、改换经营机制,才是一条生路。

Zhège chǎng wéiyǒu yǐnjìn wàizī, gēngxīn shèbèi, gǎihuàn jīngyíng jīzhì,cái shì yì tiáo shēnglù.

辨认:

Note:

有时"惟有"是"惟"+"有",不是连词:

Sometimes"惟有"is a phrase made up with"惟"(only) and"有":

1. 三好学生的"三好",包括"智、德、体"三个方面,惟有哪一个方面都不算。

Sān hǎo xuésheng de "sān hǎo", bāokuò "zhì, dé, tǐ" sān ge fāngmiàn,wéi yǒu nǎ yí ge fāngmiàn dōu bú suàn.

2. 他的报告里提到了三点,其实最重要的惟有第一点。

Tā de bàogào li tídàole sān diǎn, qíshí zuì zhòngyào de wéi yǒu dìyī diǎn.

3. 拍卖品十多件,惟有那个白底兰花古瓷瓶,被人相中了。

Pāimàipǐn shí duō jiàn, wéi yǒu nàge báidǐ lánhuā gǔ cípíng, bèi rén xiāngzhòng le.

委实　wěishí　(副词)〈书〉

有"确实"的意思,但用得较少:

Same as"确实",but is not frequently used:

1. 我委实没有看不起你的意思,我是怕你身体不好,承担不了太重的任务。

Wǒ wěishí méi you kàn bu qǐ nǐ de yìsi, wǒ shì pà nǐ shēntǐ bù hǎo, chéngdān bu liǎo tài zhòng de rènwù.

2. 她一个人带着两个孩子,委实不易。

Tā yí ge rén dàizhe liǎng ge háizi,wěishí bú yì.

3. 我委实看错了他,原来他是个卑鄙的小人。

Wǒ wěishí kàncuòle tā,yuánlái tā shì ge bēibǐ de xiǎorén.

为　wèi　(介词)

指出动作行为的对象、目的或原因,宾语是名词、代词、动宾结构或主谓结构等:

Indicates the object, aim or reason of an action or behaviour. The object can be a noun, pronoun, V – O structure or S – P structure:

A. 指出关心服务的对象:

Indicates the object of concern or service:

1. 工会主席常想为工人办点好事。

Gōnghuì zhǔxí cháng xiǎng wèi gōngrén bàn diǎnr hǎoshì.

2. 他为这本书提出了许多宝贵的意见。

Tā wèi zhè běn shū tíchūle xǔduō bǎoguì de yìjiàn.

B. 指出目的;可放在句首;动词可以是否定的:

Indicates the aim; "为…" can be used at the head of the sentence, and the verb can be a negative one:

1. 为提高全民素质,国家投入了大量教育经费。

Wèi tígāo quánmín sùzhì, guójiā tóurùle dàliàng jiàoyù jīngfèi.

2. 为节省开支,他没住大宾馆,住在招待所里。

Wèi jiéshěng kāizhī, tā méi zhù dà bīnguǎn, zhù zài zhāodàisuǒ li.

指出目的的"为"还常与"起见"搭配:

"为" which indicates the aim can be used in conjunction with "起见":

3. 为方便顾客起见,这个商店改为开架售货。

Wèi fāngbiàn gùkè qǐjiàn, zhège shāngdiàn gǎi wéi kāijià shòu huò.

4. 为安全起见,建筑工人都要戴安全帽。

Wèi ānquán qǐjiàn, jiànzhù gōngrén dōu yào dài ānquán mào.

C. 指出原因;动词可以是否定的:

Indicates the reason; the verb can be a negative one:

1. 为适应当前形势的发展,机构必须精简。

Wèi shìyìng dāngqián xíngshì de fāzhǎn, jīgòu bìxū jīngjiǎn.

2. 他为这件事,好几天没睡好觉。

Tā wèi zhè jiàn shì, hǎo jǐ tiān méi shuìhǎo jiào.

"为"常与"而"构成"为……而……"格式:

"为" is often used in conjunction with "而" to form the structure "为…而…":

3. 大家为小李的进步而高兴。

Dàjiā wèi Xiǎo Lǐ de jìnbù ér gāoxìng.

4. 不要为工作中取得一点成绩而骄傲。

Búyào wèi gōngzuò zhōng qǔdé yìdiǎnr chéngjì ér jiāo'ào.

"为"后常加"了""着":

"为" can take "了" or "着":

5. 为了培养下一代,老师们付出了巨大的代价。

Wèile péiyǎng xià yí dài, lǎoshīmen fùchūle jùdà de dàijià.

6. 为着祖国,为着明天的生活更加美好,我们都在努力地作奉献。

Wèizhe zǔguó, wèizhe míngtiān de shēnghuó gèngjiā měihǎo, wǒmen dōu zài nǔlì de zuò fèngxiàn.

参看"给"。

Compare"给"gěi.

未　wèi　（副词）〈书〉

A. 同"没有"A、B，表示否定性的既成事实或对过去经验的否定；它的肯定形式是"已"：

Same as"没有"A、B，indicating a negative "fait accompli"or negates a past experience. Its affirmative form is "已"：

1. 今天的会议有两位代表未出席。

Jīntiān de huìyì yǒu liǎng wèi dàibiǎo wèi chūxí.

2. 他七十多岁，头发尚未全白。

Tā qīshi duō suì, tóufa shàng wèi quán bái.

3. 这个工厂污水处理问题一直未被重视。

Zhège gōngchǎng wūshuǐ chǔlǐ wèntí yìzhí wèi bèi zhòngshì.

B. "未"有时有"不"的意思，但使用范围很小：

Sometimes "未" means "不"，but is of a very limited usage：

1. 我提前离开了会场，未知讨论结果如何。

Wǒ tíqián líkāile huìchǎng, wèi zhī tǎolùn jiéguǒ rúhé.

2. 将来事业发展的前景未可估量。

Jiānglái shìyè fāzhǎn de qiánjǐng wèi kě gūliàng.

未必　wèibì　（副词）

"不一定"或"也许不"的意思，可以单独成句：

Means "不一定" or "也许不"，"may not"，can be used independently：

1. 这房子不朝阳，未必容易租出去。

Zhè fángzi bù cháoyáng, wèibì róngyi zū chuqu.

2. 这个计划未必通得过。

Zhège jìhuà wèibì tōng de guò.

3. 连续两年他得了全国乒乓球比赛的冠军，今年可未必。

Liánxù liǎng nián tā déle quán guó pīngpāngqiú bǐsài de guànjūn, jīnnián kě wèibì.

修饰否定式时，成为肯定的估计，即表示"有可能"：

When modifying a negative form, it forms a positive conjecture, meaning "有可能"：

4. 虽然路远，他未必不来。

Suīrán lù yuǎn, tā wèibì bù lái.

5. 别看他常跟我争吵，在我有困难的时候，他未必不会帮我。

Bié kàn tā cháng gēn wǒ zhēngchǎo, zài wǒ yǒu kùnnan de shíhou, tā wèibì bú bùi bāng wǒ.

未曾　wèicéng　（副词）〈书〉

同"未"A，表示否定性的既成事实或对过去经验的否定：

Same as "未" A, indicates a negative "fait accompli" or negates a past experience:

1. 一直想去敦煌参观，可到现在还未曾去过。

   Yìzhí xiǎng qù Dūnhuáng cānguān, kě dào xiànzài hái wèicéng qùguo.

2. 未曾等我开口，他先把问题提了出来。

   Wèicéng děng wǒ kāikǒu, tā xiān bǎ wèntí tíle chulai.

3. 我未曾见过这么大的鱼，这是第一次。

   Wǒ wèicéng jiànguo zhème dà de yú, zhè shì dìyī cì.

4. 她一直生活在优裕的环境中，未曾经受过艰苦的锻炼。

   Tā yìzhí shēnghuó zài yōuyù de huánjìng zhōng, wèicéng shòuguo jiānkǔ de duànliàn.

未尝　wèicháng　（副词）〈书〉

A. 同"未"A，表示否定性的既成事实或对过去经验的否定：

Same as "未" A, indicates a negative fact or negates a past experience:

1. 在农村生活了三个月，经历了以前未尝经历过的事情。

   Zài nóngcūn shēnghuóle sān ge yuè, jīnglìle yǐqián wèicháng jīnglìguo de shìqing.

2. 他奋斗了一生，未尝见到事业的成功就去世了。

   Tā fèndòule yìshēng, wèicháng jiàndào shìyè de chénggōng jiù qùshì le.

3. 他家离我家不远，但我未尝去过。

   Tā jiā lí wǒ jiā bù yuǎn, dàn wǒ wèicháng qùguo.

B. 放在否定形式前，构成双重否定，表示肯定，语气较委婉：

Occurs before a negative form to make a double negation indicating a toned-down affirmation:

1. 你打电话告诉他一下，也未尝不可，不一定亲自去。

   Nǐ dǎ diànhuà gàosu tā yíxià, yě wèicháng bù kě, bù yídìng qīnzì qù.

2. 如果要学画画儿，我业余未尝没有时间，只是不太喜欢罢了。

   Rúguǒ yào xué huà huàr, wǒ yèyú wèicháng méi yǒu shíjiān, zhǐshì bú tài xǐhuan bàle.

参看"未始"。

Compare "未始" wèishǐ.

未免　wèimiǎn　（副词）

说话人对某种做法感到遗憾，不满，因而提出批评性意见，用"未免"使口气委婉：

The speaker regrets a certain action, expresses a critical opinion and "未免" is employed to moderate the tone:

1. 九点才开会呢,你八点就去,未免早了些。
   Jiǔ diǎn cái kāihuì ne, nǐ bā diǎn jiù qù, wèimiǎn zǎole xiē.

2. 这么好的苹果让它烂掉,未免太可惜了。
   Zhème hǎo de píngguǒ ràng tā làndiào, wèimiǎn tài kěxī le.

3. 人家请你几次你都不去,未免有些说不过去。
   Rénjia qǐng nǐ jǐ cì nǐ dōu bú qù, wèimiǎn yǒuxiē shuō bu guòqù.

未始　wèishǐ　(副词) 〈书〉

同"未尝"B,但用得较少,放在否定形式前面,构成双重否定,表示肯定,语气委婉:

Same as "未尝"B, but is not frequently used:

1. 在没有更合适的人选以前, 由小王暂时兼任组长, 未始不是个好办法。
   Zài méi yǒu gèng héshì de rénxuǎn yǐqián, yóu Xiǎo Wáng zànshí jiān rèn zǔzhǎng, wèishǐ bú shì ge hǎo bànfǎ.

2. 我未始不知道你的真正想法,只是不愿说出来而已。
   Wǒ wèishǐ bù zhīdào nǐ de zhēnzhèng xiǎngfǎ, zhǐshì bú yuàn shuō chulai éryǐ.

3. 这种树我们未始没种过,只是成活率很低。
   Zhè zhǒng shù wǒmen wèishǐ méi zhòngguo, zhǐshì chénghuólǜ hěn dī.

喂　wèi　(叹词)

表示不客气的招呼:

A casual greeting:

1. 喂,该起床了!都八点多了!
   Wèi, gāi qǐchuáng le! Dōu bā diǎn duō le!

2. 喂,小王,你能帮我把这封信送到邮局吗?
   Wèi, Xiǎo Wáng, nǐ néng bāng wǒ bǎ zhè fēng xìn sòngdào yóujú ma?

3. 喂,我告诉你个好消息,你听不听?
   Wèi, wǒ gàosu nǐ ge hǎo xiāoxi, nǐ tīng bu tīng?

无从　wúcóng　(副) 〈书〉

没有办法或不知从哪里开始(做某事),不能修饰单音节词:

Not know where to begin (doing sth.); cannot modify monosyllabic words:

1. 这篇文章写得太乱,简直无从改起,不如重写一篇。
   Zhè piān wénzhāng xiě de tài luàn, jiǎnzhí wúcóng gǎi qǐ, bùrú chóng

xiě yì piān.

　2. 这首古诗的作者,现在已无从查找。

　　　Zhè shǒu gǔshī de zuòzhě, xiànzài yǐ wúcóng cházhǎo.

　3. 工作头绪太多了,一时真是无从着手。

　　　Gōngzuò tóuxù tài duō le, yìshí zhēnshì wúcóng zhuóshǒu.

无妨 　wúfáng 　(副词)

　同"**不妨**",表示某种作法也许并不一定很好,但也无害:

　Same as "**不妨**" (might as well):

　1. 你要写论文,无妨先看看这几本书,多少会有些启发。

　　　Nǐ yào xiě lùnwén, wúfáng xiān kànkan zhè jǐ běn shū, duōshǎo huì yǒu xiē qǐfā.

　2. 在人来齐以前,我们几个人无妨先干起来。

　　　Zài rén láiqí yǐqián, wǒmen jǐ ge rén wúfáng xiān gàn qilai.

　3. 听说松林饭店招聘秘书,不知条件如何,你无妨写封信去问问。

　　　Tīngshuō Sōnglín Fàndiàn zhāopìn mìshū, bù zhī tiáojiàn rúhé, nǐ wúfáng xiě fēng xìn qù wènwen.

　辨认:

　Note:

　下面句子中"无妨"是动词短语,是没有妨碍或无害的意思:

　"无妨" in the following 2 sentences is a verbal phrase, meaning causing no harm:

　1. 这是一种营养药,和其它药一起吃也无妨。

　　　Zhè shì yì zhǒng yíngyǎngyào, hé qítā yào yìqǐ chī yě wúfáng.

　2. 我家房子较多,你来北京多住几天倒也无妨。

　　　Wǒ jiā fángzi jiào duō, nǐ lái Běijīng duō zhù jǐ tiān dào yě wúfáng.

无非 　wúfēi 　(副词)

　有"**只不过**"的意思,表示没什么特别的:

　Same as "**只不过**" ("no more than"; "simply"):

　1. 下课以后,无非是打打球、听听音乐。

　　　Xià kè yǐhòu, wúfēi shì dǎdǎ qiú, tīngtīng yīnyuè.

　2. 那个公园没什么好玩儿的,除了一些树以外,无非有一个湖和几个亭子。

　　　Nàge gōngyuán méi shénme hǎowánr de, chúle yìxiē shù yǐwài, wúfēi yǒu yí ge hú hé jǐ ge tíngzi.

　3. 她不会去别处的,无非是她姑姑家和姐姐家。

　　　Tā bú huì qù biéchù de, wúfēi shì tā gūgu jiā hé jiějie jiā.

无论 　wúlùn 　(连词)

与"不管"（连）相同,表示在任何情况下,结论或结果都不变,后边常有疑问代词"谁、什么、怎么"等或选择关系的并列词语,后一分句常有"都"或"也"与它呼应:

"No matter"; same as "不管", and there is an interrogative pronoun or an alternation to go with it. In the second clause there is usually "都" or "也":

1. 他大概是病了,无论吃什么都是一个味儿。

　　Tā dàgài shì bìng le, wúlùn chī shénme dōu shì yí ge wèir.

2. 他保存的那本书,无论谁去借也借不出来。

　　Tā bǎocún de nà běn shū, wúlùn shuí qù jiè yě jiè bu chūlái.

3. 在会上,无论意见正确不正确,都应让人把话说完。

　　Zài huìshang, wúlùn yìjiàn zhèngquè bú zhèngquè, dōu yīng ràng rén bǎ huà shuōwán.

4. 无论是年轻人还是老年人,都喜欢听通俗歌曲。

　　Wúlùn shì niánqīng rén háishi lǎonián rén, dōu xǐhuan tīng tōngsú gēqǔ.

"无论如何"是个固定说法,表示在任何情况下:

"无论如何" is a set phrase meaning "at any rate":

5. 明天的会十分重要,无论如何要在今天通知到大家。

　　Míngtiān de huì shífēn zhòngyào, wúlùn rúhé yào zài jīntiān tōngzhī dào dàjiā.

无奈　wúnài　（连词）〈书〉

用在转折分句的开头,引出不能达到目的的原因,有"可惜"的意思:

Used at the head of a clause of transition to introduce the reason why the aim cannot be achieved; "无奈" means "it's a pity that…":

1. 王家两位老人特别喜欢小孩儿,一见邻居小孩儿就逗个没完,无奈自己的儿媳却患了不育之症,这可把老两口儿急坏了。

　　Wáng jiā liǎng wèi lǎorén tèbié xǐhuan xiǎoháir, yí jiàn línjū xiǎoháir jiù dòu ge méi wán, wúnài zìjǐ de érxí què huànle búyù zhī zhèng, zhè kě bǎ lǎo liǎng kǒur jíhuài le.

2. 原计划明天组织大家游世界公园,无奈天气预报明天有暴风雨,只好不去了。

　　Yuán jìhuà míngtiān zǔzhī dàjiā yóu Shìjiè Gōngyuán, wúnài tiānqì yùbào míngtiān yǒu bàofēngyǔ, zhǐhǎo bú qù le.

辨认:

Note:

下列句中的"无奈"是实词,作从句的谓语,是"没有办法"的意思:

"无奈" in the following example is a noun, "出于无奈" is a part of the predicate, and means to have no alternative :

> 某村张王两家邻居,因房基地争斗了多年,张家财大气粗,而王家穷困势单,最后出于无奈,只得忍辱让地。
>
> Mǒu cūn Zhāng Wáng liǎng jiā línjū,yīn fángjīdì zhēngdòule duō nián, Zhāng jiā cáidà – qìcū, ér Wáng jiā qióngkùn shì dān, zuìhòu chūyú wúnài,zhǐdé rěn rǔ ràng dì.

无……无…… wú···wú··· （格式）

多嵌入两个意义相似或相关的单音节词或词素,形成固定短语;作定语、状语、谓语、补语,表示"没有"的意思:

Inserted with two monosyllabic words or morphemes of similar meanings to form a set phrase which can function as an attributive, adverbial adjunct, predicate or complement,"无" means "没有":

1. 她无时无刻不在想念自己的儿女。

   Tā wúshí – wúkè bú zài xiǎngniàn zìjǐ de érnǚ.

2. 1970 年,他踏上了无边无际的草原,在那里安家落户。

   Yíjiǔqílíng nián, tā tàshangle wúbiān wújì de cǎoyuán, zài nàlǐ ānjiā – luòhù.

3. 他们的争论无休无止。

   Tāmen de zhēnglùn wúxiū – wúzhǐ.

有时是"不管"的意思:

Sometimes it means "no matter":

4. 哨兵们无昼无夜地守卫着祖国的边疆。

   Shàobīngmen wúzhòu – wúyè de shǒuwèizhe zǔguó de biānjiāng.

无形中 wúxíngzhōng （组合）

不具备名义而具有实质的情况下;不知不觉的情况下;作状语:

"Virtually", used as an adverbial adjunct :

1. 家长的一言一行,无形中给孩子极大的影响。

   Jiāzhǎng de yì yán yì xíng,wúxíngzhōng gěi háizi jí dà de yǐngxiǎng.

2. 我走了以后,无形中给家庭生活造成了许多困难。

   Wǒ zǒule yǐhòu, wúxíngzhōng gěi jiātíng shēnghuó zàochéngle xǔduō kùnnan.

"无形中"也说"无形之中":

Can also be said as "无形之中":

3. 他们俩在一个试验室工作,年龄相仿,无形之中成为好朋友。

   Tāmen liǎ zài yí ge shìyànshì gōngzuò, niánlíng xiāngfǎng, wúxíng zhī zhōng chéngwéi hǎo péngyou.

无须乎　wúxūhū　（组合）

不用,不必的意思:

"Need not":

1. 道理很明显,无须乎多说。

　　Dàolǐ hěn míngxiǎn, wúxūhū duō shuō.

2. 这是生活小事,无须乎那么认真。

　　Zhè shì shēnghuó xiǎo shì, wúxūhū nàme rènzhēn.

3. 你应该慢慢说服他,无须乎操之过急。

　　Nǐ yīnggāi mànmān shuō fú tā, wúxūhū cāozhī – guòjí.

无意中　wúyìzhōng　（组合）

不是故意的、专门的;作状语:

"Unintentionally"; used as an adverbial adjunct:

1. 修公路的时候,无意中发掘了一座古墓。

　　Xiū gōnglù de shíhou, wúyìzhōng fājuéle yí zuò gǔ mù.

2. 我的这些话,无意中伤害了她的自尊心。

　　Wǒ de zhèxiē huà, wúyìzhōng shānghàile tā de zìzūnxīn.

有时也可以说"无意之中":

Can also be said as "无意之中":

3. 数钱的时候,他无意之中将手指头往唇上一抹。

　　Shǔ qián de shíhou, tā wúyì zhī zhōng jiāng shǒuzhǐtou wǎng chún shang yì mǒ.

4. 擦桌子的时候,无意之中把花瓶碰倒了。

　　Cā zhuōzi de shíhou, wúyì zhī zhōng bǎ huāpíng pèngdǎo le.

毋宁　wúnìng　（连词）〈书〉

"毋宁(说)"多用在第二分句,引出说话人认为更符合实际的说法,常跟"与其(说)"连用;"毋宁"也写作"勿宁"或"无宁":

"毋宁（说）" is mostly used in the second clause to introduce what the speaker thinks to be nearer to the truth. It is usually used in conjunction with "与其（说）…":

1. 他这种"批评帮助",与其说是与人为善,毋宁说是打击报复。

　　Tā zhè zhǒng "pīpíng bāngzhù", yǔqí shuō shì yǔrén – wéishàn, wúnìng shuō shì dǎjī bàofù.

"与其…毋宁…" means "would rather…than…". "毋宁…" is followed by what is preferred.

2. 住房改革以后,住户普遍认为:与其租房,毋宁买房。

Zhùfáng gǎigé yǐhòu, zhùhù pǔbiàn rènwéi: yǔqí zū fáng, wúnìng mǎi fáng.

勿 wù （副词）〈书〉

同"不要"A,表示劝阻、禁止,前面有时加"切",以加强语气:

Same as "不要" A, indicating dissuasion or prohibition, sometimes "切" occurs before "勿" for emphasis:

1. 请勿吸烟!

   Qǐng wù xī yān!

2. 我在外边一切都好,请勿惦念。

   Wǒ zài wàibianr yíqiè dōu hǎo, qǐng wù diànniàn.

3. 这个通知今天一定要发出去,切勿拖延。

   Zhège tōngzhī jīntiān yídìng yào fā chuqu, qiè wù tuōyán.

务 wù （副词）〈书〉

同"务必""必须"的意思,多修饰单音节词:

Same as "务必" or "必须"; mostly modifies monosyllabic words:

1. 见信后请务回信。

   Jiàn xìn hòu qǐng wù huí xìn.

2. 我的孩子去北京后,请务多多关照。

   Wǒ de háizi qù Běijīng hòu, qǐng wù duōduō guānzhào.

3. 这个规定务使每个人都知道。

   Zhège guīdìng wù shǐ měi ge rén dōu zhīdào.

务必 wùbì （副词）

是"必须"的意思:

"Must", "be sure to":

1. 请你务必顾全大局,不要为一些小事争吵。

   Qǐng nǐ wùbì gùquán dàjú, búyào wèi yìxiē xiǎoshì zhēngchǎo.

2. 老王让你下午务必去他办公室一趟。

   Lǎo Wáng ràng nǐ xiàwǔ wùbì qù tā bàngōngshì yítàng.

3. 这篇文章明天务必要写完。

   Zhè piān wénzhāng míngtiān wùbì yào xiěwán.

参看"务"。

Compare "务" wù.

嘻 xī （叹词）

表示蔑视、看不起:

Indicates disdain or looking down upon:

1. 嘻!就你这点儿工资,还不够我一天的生活费呢!

Xī! Jiù nǐ zhèdiǎnr gōngzī, hái bú gòu wǒ yì tiān de shēnghuó fèi ne!

2. 嘻!论财力,论物力,你们公司哪比得过我们公司啊!

Xī! Lùn cáilì, lùn wùlì, nǐmen gōngsī nǎ bǐ de guò wǒmen gōngsī a!

瞎　xiā　(副词)〈口〉

表示主观上缺乏对事物的了解:

Indicates a subjective lack of understanding:

A. 盲目地、无目的地:

"Blindly", "aimlessly":

1. 他刚学会开汽车,吃过晚饭就开着车在街上瞎转。

　Tā gāng xuéhuì kāi qìchē, chīguò wǎnfàn jiù kāizhe chē zài jiēshang xiā zhuàn.

2. 我喜欢画画儿,没事的时候瞎画,并不想办什么画展。

　Wǒ xǐhuan huà huàr, méi shì de shíhou xiā huà, bìng bù xiǎng bàn shénme huàzhǎn.

B. 随便地、无根据地:

"Groundlessly":

1. 这事你可不能瞎说,得有根据。

　Zhè shì nǐ kě bù néng xiā shuō, děi yǒu gēnjù.

2. 他总爱瞎猜,其实谁也没说他什么。

　Tā zǒng ài xiā cāi, qíshí shuí yě méi shuō tā shénme.

3. 你瞎想什么,他不会出事的。

　Nǐ xiā xiǎng shénme, tā bú huì chū shì de.

C. 无结果地、白白地:

"To no avail", "in vain":

1. 我瞎干了一天,什么也没干完。

　Wǒ xiā gànle yìtiān, shénme yě méi gànwán.

2. 母亲瞎生了半天气,女儿就是不肯改变看法。

　Mǔqin xiā shēngle bàntiān qì, nǚ'ér jiùshi bù kěn gǎibiàn kànfǎ.

3. 姐姐瞎劝了她半天,她根本听不进去。

　Jiějie xiā quànle tā bàntiān, tā gēnběn tīng bu jìnqù.

先　xiān　(副词)

A. "暂且"的意思:

"For the time being", "temporarily":

1. 你先在会客室等一下,十分钟后我就下班。

　Nǐ xiān zài huìkèshì děng yíxià, shí fēnzhōng hòu wǒ jiù xià bān.

2. 你把箱子先放在我这儿,打扫完宿舍再搬走。

Nǐ bǎ xiāngzi xiān fàng zài wǒ zhèr, dǎsǎo wán sùshè zài bānzǒu.

3. 冬天的衣服先别做,把夏天的做了再说。

Dōngtiān de yīfu xiān bié zuò, bǎ xiàtiān de zuòle zài shuō.

B. 表示时间在前面的:

"First":

1. 先把生词掌握了再看课文。

Xiān bǎ shēngcí zhǎngwòle zài kàn kèwén.

2. 这本书老王先看,然后我再看。

Zhè běn shū Lǎo Wáng xiān kàn, ránhòu wǒ zài kàn.

先后　xiānhòu　(副词)

表示事情一个跟着一个发生:

"One after another"; "successively":

1. 去年她的祖父、祖母先后去世。

Qùnián tā de zǔfù, zǔmǔ xiānhòu qùshì.

2. 他先后寄来了三包中药。

Tā xiānhòu jìláile sān bāo zhōngyào.

3. 几位歌唱家先后登台演出。

Jǐ wèi gēchàngjiā xiānhòu dēngtái yǎnchū.

险些　xiǎnxiē　(副词)

表示不如意的事几乎发生,但并未发生,有庆幸的感情色彩:

"Nearly", indicates a thankful narrow escape:

1. 儿子失踪了三天,险些把她急疯了。

Érzi shīzōngle sān tiān, xiǎnxiē bǎ tā jífēng le.

2. 路不平,又很窄,我骑自行车险些跌到河里。

Lù bù píng, yòu hěn zhǎi, wǒ qí zìxíngchē xiǎnxiē diē dào hé li.

3. 我记错了开车的时间,险些没赶上火车。

Wǒ jìcuòle kāichē de shíjiān, xiǎnxiē méi gǎnshàng huǒchē.

4. 要不是经理提醒,我们险些上了那个人的当。

Yàobúshì jīnglǐ tíxǐng, wǒmen xiǎnxiē shàngle nàge rén de dàng.

现　xiàn　(副词)

有"临时"的意思,直接修饰动词:

(Do sth.) "in time of need"; "extemporaneously", occurs immediately before the verb:

1. 菜凉了不好吃,要吃的时候现炒。

Cài liángle bù hǎo chī, yào chī de shíhou xiàn chǎo.

2. 要问老师的问题事先准备好,不要等上课的时候现找。

Yào wèn lǎoshī de wèntí shìxiān zhǔnbèi hǎo, búyào děng shàngkè de shíhou xiàn zhǎo.

  3. 电影票可以在开演前现买，用不着预订。

    Diànyǐngpiào kěyǐ zài kāiyǎn qián xiàn mǎi, yòng bu zháo yùdìng.

现……现……　　xiàn…xiàn…　（格式）

多嵌入两个意义相关的单音节动词，表示临时采取行动，前一动作或行为是后一动作行为的需要；常作谓语：

Inserted with two monosyllabic verbs of interrelated meanings to show a temporary measure, the first action meets the need of the second action. The structure often functions as the predicate:

  1. 他是青年教师，没教过这门课，只好现学现教。

    Tā shì qīngnián jiàoshī, méi jiāoguo zhè mén kè, zhǐhǎo xuàn xué xiàn jiāo.

  2. 食堂很近，我每天现买现吃。

    Shítáng hěn jìn, wǒ měi tiān xiàn mǎi xiàn chī.

有时前后两个动作实际是一个：

Sometimes the two actions are really one and the same:

  3. 孩子们总是围着爷爷要他讲故事，有时爷爷只好现编现造给他们讲一个。

    Háizimen zǒngshì wéizhe yéye yào tā jiǎng gùshi, yǒushí yéye zhǐhǎo xiàn biān xiàn zào gěi tāmen jiǎng yí ge.

相　xiāng　（副词）〈书〉

A. 有"互相"的意思，主语必须是复数的：

"Mutually" "each other", the subject must represent more than one person or thing:

  1. 他前后提出的两个意见是相矛盾的。

    Tā qián hòu tíchū de liǎng ge yìjiàn shì xiāng máodùn de.

  2. 两个人相扶着在大雨中前进。

    Liǎng ge rén xiāng fúzhe zài dà yǔ zhōng qiánjìn.

  3. 他们几个人不分彼此，有事都相帮着。

    Tāmen jǐ ge rén bù fēn bǐcǐ, yǒu shì dōu xiāng bāngzhe.

B. 表示某种情况、关系存在于两个事物之间，但是一事物为主，另一事物是次要的，因此主语多是单数的，行动是单方面的：

Indicates a state between two parties, with one of them taking the initiative, and the subject is mostly in the singular:

  1. 他终于和分别了二十年的哥哥相见了。

    Tā zhōngyú hé fēnbiéle èrshí nián de gēge xiāng jiàn le.

2. 理论一定要与实际相结合,才有意义。

   Lǐlùn yídìng yào yǔ shíjì xiāng jiéhé, cái yǒu yìyì.

3. 我写的毛笔字没法跟他相比,他专门受过训练。

   Wǒ xiě de máobǐ zì méi fǎ gēn tā xiāng bǐ, tā zhuānmén shòuguo xùnliàn.

相当   xiāngdāng   (副词)

表示一定程度,比"非常"的程度低,修饰形容词、某些动词、助动词及短语:

"Quite"; "fairly"; "considerably"; modifies adjectives, certain verbs, auxiliary verbs and phrases:

1. 她相当仔细地把稿子检查了一遍。

   Tā xiāngdāng zǐxì de bǎ gǎozi jiǎnchále yí biàn.

2. 他待人相当宽厚,也很热情。

   Tā dài rén xiāngdāng kuānhòu, yě hěn rèqíng.

3. 对他的刻苦钻研精神,大家都相当钦佩。

   Duì tā de kèkǔ zuānyán jīngshéng, dàjiā dōu xiāngdāng qīnpèi.

4. 在他们研究所,年轻人相当受重视。

   Zài tāmen yánjiūsuǒ, niánqīngrén xiāngdāng shòu zhòngshì.

辨认:

Note:

1. 他的英语已达到相当水平。

   Tā de Yīngyǔ yǐ dádào xiāngdāng shuǐpíng.

2. 他还没找到相当的人来接替我的工作。

   Tā hái méi zhǎodào xiāngdāng de rén lái jiētì wǒ de gōngzuò.

3. 两个排球队力量相当。

   Liǎng ge páiqiúduì lìliàng xiāngdāng.

4. 你一天干的活儿相当我两天干的。

   Nǐ yì tiān gàn de huór xiāngdāng wǒ liǎng tiān gàn de.

例 1 中"相当"是形容词,是"一定的"意思。例 2 中"相当"是"合适的",也是形容词。例 3、4"相当"是动词,意思是"两方面或两种情况差不多"。

"相当" in 1 is an adjective meaning "certain", in 2 is also an adjective meaning "appropriate", and in 3 and 4 is a verb meaning "match"or"be equivalent to".

相反   xiāngfǎn   (连词)

用在两个分句或句子之间,"相反"表示后一分句的内容和前面的相对立。
"相反"后有停顿:

Used between two clauses or sentences, "相反" indicates that the content of the second clause or sentence is just the opposite to that of the first. There is a pause after "相反":

1. 困难一个接着一个,他并没有气馁,相反,决心越来越大。

   Kùnnan yí ge jiēzhe yí ge, tā bìng méiyǒu qìněi, xiāngfǎn, juéxīn yuèláiyuè dà.

2. 这种花太阳越晒开得越好,相反,那种花就怕见阳光。

   Zhè zhǒng huā tàiyáng yuè shài kāi de yuè hǎo, xiāngfǎn, nà zhǒng huā jiù pà jiàn yángguāng.

3. 吃过多的营养品,对身体没什么好处,相反,还会影响身体健康。

   Chī guò duō de yíngyǎngpǐn, duì shēntǐ méi shénme hǎochù, xiāngfǎn, hái huì yǐngxiǎng shēntǐ jiànkāng.

有时用"恰恰相反"加重语气:

"恰恰相反" can be said to show stress:

4. 和我们估计的恰恰相反,他听了批评并没生气,反倒心平气和地承认了错误。

   Hé wǒmen gūjì de qiàqià xiāngfǎn, tā tīngle pīpíng bìng méi shēngqì, fǎndào xīnpíng – qìhé de chéngrènle cuòwu.

5. 这个月人员减少了,产量没有降低,恰恰相反,比上个月提高了20%。

   Zhège yuè rényuán jiǎnshǎo le, chǎnliàng méiyǒu jiàngdī, qiàqià xiāngfǎn, bǐ shàng ge yuè tígāole bǎi fēn zhī èrshí.

相继　xiāngjì　(副词)

表示一个接着一个,多用于书面语,被修饰的词语一般是多音节的:

"Successively", "one after another", what it modifies must be polysyllabic:

1. 第二次世界大战以后,很多殖民地国家相继独立。

   Dì'èr cì shìjiè dàzhàn yǐhòu, hěn duō zhímíndì guójiā xiāngjì dúlì.

2. 散会了,人们相继走出会场。

   Sàn huì le, rénmen xiāngjì zǒuchū huìchǎng.

3. 这两个月,不幸的事相继发生。

   Zhè liǎng ge yuè, búxìng de shì xiāngjì fāshēng.

4. 这条街上相继成立了不少公司。

   Zhè tiáo jiēshang xiāngjì chénglìle bù shǎo gōngsī.

想必　xiǎngbì　(副词)

有"想来必是"或"大概"的意思,表示偏于肯定的推断:

"Most probably", "presumably":

1. 北京动物园里的动物想必很多吧。

   Běijīng dòngwùyuán de dòngwù xiǎngbì hěn duō ba.

2. 这场雨想必对小麦的生长很有好处。

Zhè cháng yǔ xiǎngbì duì xiǎomài de shēngzhǎng hěn yǒu hǎochù.

3. 房间里没有开灯，又没声音，想必他已睡了。

Fángjiān li méiyou kāi dēng, yòu méi shēngyin, xiǎngbì tā yǐ shuì le.

参看"想来"。

Compare "想来" xiǎnglái.

想不到   xiǎngbudào   （组合）

A. 没有料到，作述语：

"Unexpected", used as the predicate:

1. 昨天给你写的信，想不到你今天就来了。

Zuótiān gěi nǐ xiě de xìn, xiǎngbudào nǐ jīntiān jiù lái le.

2. 前几天他还挺好的，想不到他住院了。

Qián jǐ tiān tā hái tǐng hǎo de, xiǎngbudào tā zhùyuàn le.

B. 出乎意外地，作状语：

"Contrary to one's expectation", used as an adverbial adjunct:

1. 十多年没见面了，想不到在街上遇见了他。

Shí duō nián méi jiànmiàn le, xiǎngbudào zài jiēshang yùjiànle tā.

2. 花瓶掉在地上，想不到没摔碎。

Huāpíng diào zài dì shang, xiǎngbudào méi shuāisuì.

想来   xiǎnglái   （副词）

表示推测，不敢完全肯定：

Indicates a conjecture which one is not sure of:

1. 这张地图已经发黄了，想来已经挂了很久了。

Zhè zhāng dìtú yǐjīng fā huáng le, xiǎnglái yǐjīng guàle hěn jiǔ le.

2. 如果改变计划，对工程的进度想来会有些影响。

Rúguǒ gǎibiàn jìhuà, duì gōngchéng de jìndù xiǎnglái huì yǒu xiē yǐngxiǎng.

3. 今天下大雨，想来运动会得改期。

Jīntiān xià dà yǔ, xiǎnglái yùndònghuì·děi gǎiqī.

向¹   xiàng   （副词）〈书〉

同"向来"，表示从过去到现在（一直如此），特别强调不止目前如此：

Same as "向来"; "always"; "all along":

1. 他向不说谎骗人。

Tā xiàng bù shuō huǎng piàn rén.

2. 她向以心直口快著称。

Tā xiàng yǐ xīnzhí – kǒukuài zhùchēng.

3. 王老师对儿童心理向有研究。

　　Wáng lǎoshī duì értóng xīnlǐ xiàng yǒu yánjiū.

参看介词"向"。

Compare preposition "向"xiàng.

向 2　xiàng　（介词）

A. 指出动作的方向；若宾语是多音节词，"向"可以加"着"：

"Towards","to",if the object is a polysyllabic word,"向"can take"着"：

1. 长江滚滚向东流去。

　　Chángjiāng gǔngǔn xiàng dōng liú qù.

2. 成群的大雁向南飞去。

　　Chéng qún de dàyàn xiàng nán fēi qù.

3. 列车向着首都的方向奔驰。

　　Lièchē xiàngzhe shǒudū de fāngxiàng bēnchí.

B. 表示动作行为的对象；"向"后不能加"着"：

Indicates the object of an action,"向"cannot take"着"：

1. 我有一个问题要向你请教。

　　Wǒ yǒu yí ge wèntí yào xiàng nǐ qǐngjiào.

2. 他说的这些话，是在向我们挑战。

　　Tā shuō de zhèxiē huà,shì zài xiàng wǒmen tiǎozhàn.

3. 为了买这套房子，向银行贷了一笔款。

　　Wèile mǎi zhè tào fángzi,xiàng yínháng dàile yì bǐ kuǎn.

C. "向"放在某些单音节动词后，表示动作的方向；不能带"着"：

"向"can be placed after some monosyllabic verbs to indicate the direction of an action and it cannot take "着"：

1. 这种新产品已经走向世界。

　　Zhè zhǒng xīn chǎnpǐn yǐjīng zǒu xiàng shìjiè.

2. 这条宽阔的柏油马路一直通向机场。

　　Zhè tiáo kuānkuò de bǎiyóu mǎlù yìzhí tōng xiàng jīchǎng.

3. 这一精彩表演，把今天的晚会推向高潮。

　　Zhè yì jīngcǎi biǎoyǎn,bǎ jīntiān de wǎnhuì tuī xiàng gāocháo.

向来　xiànglái　（副词）

表示从过去到现在（一直如此），特别强调不止目前如此：

"Always","all along"：

1. 我早晨向来不吃早饭。

　　Wǒ zǎochen xiànglái bù chī zǎofàn.

2. 这条街上向来车辆不多。

Zhè tiáo jiēshang xiànglái chēliàng bù duō.

3. 他做事向来小心、谨慎。

Tā zuò shì xiànglái xiǎoxīn、jǐnshèn.

参看"向"。

Compare "向" xiàng.

欣然 xīnrán （副词）〈书〉

愉快地、高兴地,可带"地":

"Joyfully"; "with pleasure"; can take "地":

1. 他欣然地接受了我们的邀请。

Tā xīnrán de jiēshòule wǒmen de yāoqǐng.

2. 在母校校庆的日子,校友们欣然前往参加庆祝活动。

Zài mǔxiào xiàoqìng de rìzi, xiàoyǒumen xīnrán qián wǎng cānjiā qìngzhù huódòng.

3. 那位作家欣然同意来给大学生作报告。

Nà wèi zuòjiā xīnrán tóngyì lái gěi dàxuéshēng zuò bàogào.

兴 xīng （副词）〈口〉

同"兴许",有"也许"的意思,表示猜测、估计、不肯定;若在句首,多用"兴是":

Same as "兴许" (perhaps); if it occurs at the head of a sentence, it is usually replaced by "兴是":

1. 这盏台灯修一修兴还能用。

Zhè zhǎn táidēng xiū yi xiū xīng hái néng yòng.

2. 兴是要变天,你得多穿点儿衣服。

Xīngshì yào biàn tiān, nǐ děi duō chuān diǎnr yīfu.

3. 他家里兴有鲁迅全集,你去问问。

Tā jiāli xīng yǒu Lǔ Xùn Quánjí, nǐ qù wènwen.

兴许 xīngxǔ （副词）〈口〉

同"也许",表示猜测、估计、不肯定,可用在句首:

Same as "也许" (perhaps), can be used at the head of a sentence:

1. 兴许(是)我顾虑太多,总不愿为一点儿小事去麻烦人家。

Xīngxǔ (shì) wǒ gùlǜ tài duō, zǒng bú yuàn wèi yìdiǎnr xiǎo shì qù máfan rénjia.

2. 他兴许天黑以前可以赶到。

Tā xīngxǔ tiān hēi yǐqián kěyǐ gǎndào.

3. 你如果不努力,兴许还毕不了业呢。

Nǐ rúguǒ bù nǔlì, xīngxǔ hái bì bu liǎo yè ne.

4. 兴许我说话不注意,惹他不高兴了。

　　Xīngxǔ wǒ shuō huà bú zhùyì, rě tā bù gāoxìng le.

参看"兴"。

Compare "兴" xīng.

行将 xíngjiāng 　(副词)〈书〉

有"即将"的意思,表示最近的将来,被修饰的词语至少是双音节的:

Same as "即将" ("be about to, be on the point of"), what it modifies must at least be disyllabic:

1. 刘部长等五人行将赴美考察。

　　Liú bùzhǎng děng wǔ rén xíngjiāng fù Měi kǎochá.

2. 那座古塔行将倒塌,现正在抢修。

　　Nà zuò gǔtǎ xíngjiāng dǎotā, xiàn zhèngzài qiǎngxiū.

3. 这个工厂连年亏损,行将倒闭。

　　Zhège gōngchǎng liánnián kuīsǔn, xíngjiāng dǎobì.

幸而 xìng'ér 　(副词)

A. 同"幸亏",有书面语意味,不如"幸亏"常用。引出某种有利条件,使不希望发生的事或不愿意出现的后果得以避免,表示说话人感到侥幸,多用在句子开头;有时后面说明避免了不幸后果以后的实际情况:

Same as "幸亏" (luckily), with a literary flavour, but not as frequently used:

1. 有根电线漏电,幸而发现得早,才没发生火灾。

　　Yǒu gēn diànxiàn lòu diàn, xìng'ér fāxiàn de zǎo, cái méi fāshēng huǒzāi.

2. 幸而雨下得时间短,我们避了一会儿就过去了。

　　Xìng'ér yǔ xià de shíjiān duǎn, wǒmen bìle yíhuìr jiù guòqu le.

3. 幸而我们离家前把窗户关上了,不然,这场大风非把玻璃打破不可。

　　Xìng'ér wǒmen lí jiā qián bǎ chuānghu guānshang le, bùrán, zhè cháng dà fēng fēi bǎ bōli dǎpò bùkě.

B. 有"因运气好而……"的意思:

"Luckily", used in a conditional clause:

1. 即便幸而通过了期中考试,期末考试还不知道会怎么样呢。

　　Jíbiàn xìng'ér tōngguòle qīzhōng kǎoshì, qīmò kǎoshì hái bù zhīdào huì zěnmeyàng ne.

2. 对这次试验我没有十分把握,如果幸而成功,我一定告诉你们。

　　Duì zhè cì shìyàn wǒ méi yǒu shífēn bǎwò, rúguǒ xìng'ér chénggōng, wǒ yídìng gàosu nǐmen.

幸好 xìnghǎo 　(副词)

同"幸亏",引出某种有利条件,使不希望发生的事或不愿出现的后果得以避免,表示说话人感到侥幸,常用在句子开头;有时后面说明避免了不幸后果以后的实际情况:

Same as "幸亏"(luckily):

1. 这荒山野岭哪儿有卖水的?幸好带来了两瓶水,大家分着喝了。

　Zhè huāngshān yělǐng nǎr yǒu mài shuǐ de?Xìnghǎo dàiláile liǎng píng shuǐ,dàjiā fēnzhe hē le.

2. 两个孩子打起架来,谁劝也不听,幸好奶奶来了,才把他们拉开。

　Liǎng ge háizi dǎ qǐ jià lai,shuí quàn yě bù tīng,xìnghǎo nǎinai lái le, cái bǎ tāmen lākāi.

3. 今天公共汽车特别挤,我等了两辆才上去,幸好出发得早,不然,非迟到不可。

　Jīntiān gōnggòng qìchē tèbié jǐ, wǒ děngle liǎng liàng cái shàngqu, xìnghǎo chūfā de zǎo,bùrán,fēi chídào bùkě.

幸亏　xìngkuī　(副词)

引出某种有利条件,使不希望发生的事或不愿意出现的后果得以避免,表示说话人感到侥幸,多用于句子开头;有时后面说明避免了不幸后果以后的实际情况:

"Luckily", "fortunately", introduces an advantageous condition which has prevented an undesirable result, implying that the speaker thinks the relevant person is lucky. It usually occurs at the head of the sentence. Sometimes the second part explains the actual situation after the undesirable result had been avoided:

1. 按飞行员的身高条件来说,我矮了一厘米,幸亏其它方面的条件都很好,航空学校录取了我。

　Àn fēixíngyuán de shēngāo tiáojiàn láishuō,wǒ ǎile yì límǐ,xìngkuī qítā fāngmiàn de tiáojiàn dōu hěn hǎo,hángkōng xuéxiào lùqǔle wǒ.

2. 接力赛跑时我落后了,幸亏后边的两个同学跑得快,我们组才得了第一。

　Jiēlì sàipǎo shí wǒ luòhòu le,xìngkuī hòubian de liǎng ge tóngxué pǎo de kuài,wǒmen zǔ cái déle dìyī.

3. 幸亏王大夫及时赶到,把病人抢救过来了。

　Xìngkuī Wáng dàifu jíshí gǎndào,bǎ bìngrén qiǎngjiù guolai le.

有时后面用"不然"、"要不然"、"要不"、"否则"等引出已经避免了的不幸后果:

Sometimes "不然", "要不然", "要不", "否则"(otherwise) is used in the latter part to introduce the avoided undesirable result:

4. 幸亏司机及时刹车,要不,我们就掉到悬崖下了。

Xìngkuī sījī jíshí shā chē, yàobu, wǒmen jiù diào dao xuányá xià le.

5. 幸亏这种农药效力大,把虫子都杀死了,不然,我们的苹果园就遭殃了。

　　Xìngkuī zhè zhǒng nóngyào xiàolì dà, bǎ chóngzi dōu shāsǐ le, bùrán, wǒmen de píngguǒyuán jiù zāoyāng le.

如果语义清楚,已避免的不幸后果可不出现:

If the meaning is evident, the avoided undesirable result can be left out:

6. 山上可真冷,幸亏我带了大衣。

　　Shān shang kě zhēn lěng, xìngkuī wǒ dàile dàyī.

7. 这水好深啊!幸亏我游泳的技术不错。

　　Zhè shuǐ hǎo shēn a! Xìngkuī wǒ yóuyǒng de jìshù búcuò.

参看"好在"、"幸而"A、"幸好"。

Compare "好在"hǎozài, "幸而"xìng'érA, "幸好"xìnghǎo.

休 xiū 　(副词)　〈书〉

有"不用、没有可能"的意思,在祈使句中有"不要"的意思:

"Need not"; "be impossible"; in an imperative sentence "休" means "不要":

1. 你们要瞒过我,休想!

　　Nǐmen yào mánguò wǒ, xiū xiǎng!

2. 休要着急,我们可以帮助你。

　　Xiū yào zháojí, wǒmen kěyǐ bāngzhù nǐ.

3. 这些天他正在赶写一篇文章,休去打扰他。

　　Zhèxiē tiān tā zhèngzài gǎn xiě yì piān wénzhāng, xiū qù dǎrǎo tā.

徐徐 xúxú 　(副词)　〈书〉

慢慢地:

"Slowly":

1. 微风徐徐吹来,感到十分凉爽。

　　Wēifēng xúxú chuīlái, gǎndào shífēn liángshuǎng.

2. 游行队伍抬着标语牌,徐徐前进。

　　Yóuxíng duìwu táizhe biāoyǔpái, xúxú qiánjìn.

3. 一轮红日徐徐从海面升起。

　　Yì lún hóngrì xúxú cóng hǎimiàn shēngqǐ.

许 xǔ 　(副词)

同"也许"A,表示揣测、估计,带有不肯定的语气,但不能独立成句,后面常常跟"是":

Same as "也许" A, ("perhaps"), cannot be used independently, and it is usually followed by "是":

1. 这些纸怎么变黄了,许是让太阳晒的。

  Zhèxiē zhǐ zěnme biànhuáng le, xǔ shì ràng tàiyáng shài de.

2. 听声音接电话的许是她妹妹。

  Tīng shēngyīn jiē diànhuà de xǔ shì tā mèimei.

3. 她许是忘记开会的事了,不然不会不来的。

  Tā xǔ shì wàngjì kāihuì de shì le, bùrán bú huì bù lái de.

旋　xuán　（副词）〈书〉

有"不久""很快地"的意思,后面常有"即""又"等:

"Presently"; "soon"; often followed by "即" or "又":

1. 他放下手提箱,旋即转身关上了门。

  Tā fàngxia shǒutíxiāng, xuánjí zhuǎnshēn guānshangle mén.

2. 他打开收音机,旋又关上,下楼去了。

  Tā dǎkāi shōuyīnjī, xuán yòu guānshang, xià lóu qu le.

3. 她整理好桌上的书报,旋将一瓶鲜花摆在那里。

  Tā zhěnglǐ hǎo zhuō shang de shū bào, xuán jiāng yì píng xiānhuā bǎi zài nàlǐ.

呀　yā　（叹词）

表示惊异:

Indicates surprise:

1. 呀,今天你准备了这么多好吃的菜,是招待谁的?

  Yā, jīntiān nǐ zhǔnbèile zhème duō hǎochī de cài, shì zhāodài shuí de?

2. 昨天他从市场上买了一包熟肉,拿回家打开一闻,呀,是臭的!

  Zuótiān tā cóng shìchǎng shang mǎile yì bāo shúròu, náhuí jiā dǎkāi yì wén, yā, shì chòu de!

压根儿　yàgēnr　（副词）〈口〉

同"根本",有"全然""彻底"的意思,常修饰否定形式:

Same as "根本", "at all", "simply", often modifies a negative form:

1. 我压根儿就没发烧,只是有点儿头痛。

  Wǒ yàgēnr jiù méi fāshāo, zhǐshi yǒudiǎnr tóutòng.

2. 他走后,压根儿没来过信。

  Tā zǒuhòu, yàgēnr méi láiguo xìn.

3. 你压根儿就看不起我,所以什么事也不肯交给我干。

  Nǐ yàgēnr jiù kàn bu qǐ wǒ, suǒyǐ shénme shì yě bù kěn jiāo gěi wǒ gàn.

呀　ya　（语气助词）

同语气助词"啊",当"啊"前一字的尾音是"a""e""i""o""ü"时,这尾音往往

与"啊"合读成"呀";用在句末,表示惊讶、感叹或疑问的语气:

Same as the modal particle "啊".When the character before "啊" ends in "ɑ", "e", "i", "o"or"ü", it combines with "啊"to make up "呀".It is used at the end of a sentence to indicate surprise, admiration or query:

  1. 在那次世界游泳比赛中,他一人独得三块金牌,真了不起呀!

    Zài nà cì shìjiè yóuyǒng bǐsài zhōng, tā yì rén dú dé sān kuài jīnpái, zhēn liǎobuqǐ ya!

  2. 这里的湖光山色多么美呀!

    Zhèlǐ de húguāng shānsè duōme měi ya!

  3. 那件事是谁告诉你的呀?

    Nà jiàn shì shì shuí gàosu nǐ de ya?

有时用于句中,表示停顿、列举:

Sometimes, it is used within a sentence to make a pause or listing:

  4. 你别提他呀,一提他我就生气!

    Nǐ bié tí tā ya,yì tí tā wǒ jiù shēngqì!

  5. 附近的菜市场鸡呀,鱼呀,肉呀,什么都有。

    Fùjìn de càishìchǎng jī ya,yú ya,ròu ya,shénme dōu yǒu.

沿　yán　(介词)

表示顺着(路或物体的边),宾语为单音节名词,"沿"一般不带"着";双音节或多音节宾语,"沿"可带"着",也可不带"着":

"Along", the object is a monosyllabic noun and "沿" does not take "着".If the object is disyllabic or polysyllabic,"沿"can either take "着"or not:

A. 指出行动的方向:

Points out the direction of the action:

  1. 为了防汛、防涝,非沿河筑堤垒坝不可。

    Wèile fáng xùn,fáng lào,fēi yán hé zhù dī lěi bà bùkě.

  2. 沿着这条路一直走到十字路口,向右拐就是一个大旅馆。

    Yánzhe zhè tiáo lù yìzhí zǒu dào shízì lùkǒu,xiàng yòu guǎi jiù shì yí ge dà lǚguǎn.

B. 指出人或事物存在的处所:

Points out the location of a person or thing:

  1. 沿河两岸种着两排垂杨柳。

    Yán hé liǎng àn zhòngzhe liǎng pái chuíyángliǔ.

  2. 这是一条便民街,沿街多半是小商小贩的摊位。

    Zhè shì yì tiáo biàn mín jiē, yán jiē duōbàn shì xiǎoshāng xiǎofàn de tānwèi.

眼看　yǎnkàn　（副词）

表示即将发生,有一种紧迫感,后面常跟"就要""要"等词语:

"Soon""presently", implying great urgency or imminence, is often followed by "就要","要"etc.:

1. 眼看一年快过去了,那么多事还没做完。

　Yǎnkàn yì nián kuài guòqu le, nàme duō shì hái méi zuòwán.

2. 儿子眼看就要结婚了,母亲正在忙着准备。

　Érzi yǎnkàn jiùyào jiéhūn le, mǔqin zhèngzài mángzhe zhǔnbèi.

3. 眼看要下雨了,快走吧!

　Yǎnkàn yào xià yǔ le, kuài zǒu ba!

要　yào　（副词）

A. 将要。表示一种新现象即将出现;一种动作即将开始,句尾多有"了":

"Be going to", "will". "shall". There is usually a "了"at the end of the sentence:

1. 要刮风了。

　Yào guā fēng le.

2. 他要离开北京了。

　Tā yào líkāi Běijīng le.

3. 这里要办个幼儿园。

　Zhèlǐ yào bàn ge yòu'éryuán.

B. 用于对两种事物比较的估计、判断;句中常出现介词"比"、副词"还","要"用在谓语中的形容词前或"比"前:

Used in a sentence of comparison with "比"to indicate estimation or judgment. "要"occurs either before "比"or the adjective, "还"may be used before"要":

1. 今天要比昨天热。

　Jīntiān yào bǐ zuótiān rè.

2. 这个操场比那个操场还要大。

　Zhège cāochǎng bǐ nàge cāochǎng hái yào dà.

3. 这场马戏演出的时间要长一些。

　Zhè chǎng mǎxì yǎnchū de shíjiān yào cháng yìxiē.

要不　yàobù　（连词）

A."不然"的意思,用在两个分句或句子中间,表示如果不是前一句所说的情况(就会出现后一句所说的结果)。"要不"后面多有停顿:

"Otherwise", it is used between two clauses or sentences. Usually there is a pause after "要不":

1. 长城上风很大,你得多穿衣服,要不(的话),会感冒的。

Chángchéng shang fēng hěn dà, nǐ děi duō chuān yīfu, yàobù (dehuà), huì gǎnmào de.

2. 你一定得来帮帮我, 要不(的话)这些活儿到明天也干不完。

Nǐ yídìng děi lái bāngbang wǒ, yàobù(dehuà), zhèxiē huór dào míngtiān yě gàn bu wán.

3. 你愿意不愿意去, 快决定, 要不(的话), 我们就请别人了。

Nǐ yuànyì bú yuànyì qù, kuài juédìng, yàobù (dehuà), wǒmen jiù qǐng biéren le.

B. 相当于"要么""或者", 表示不是这样就是那样, 二者必居其一:

Same as "要么""或者", means "or":

1. 明天我去你那里, 要不, 你来找我也行。

Míngtiān wǒ qù nǐ nàli, yàobù, nǐ lái zhǎo wǒ yě xíng.

2. 每天早上他都锻炼身体, 作作操、打打太极拳, 要不, 就练练剑。

Měi tiān zǎoshang tā dōu duànliàn shēntǐ, zuòzuo cāo, dǎdǎ tàijíquán, yàobù, jiù liànlian jiàn.

参看"要不然"。

Compare "要不然" yào bù rán.

要不然　yàobùrán　（连词）

同"要不":

Same as "要不":

A. "不然"的意思, 用在两个分句或句子中间, 表示如果不是前一句所说的情况(就会出现后一句所说的结果)。"要不然"后面可有停顿:

"Otherwise", there is a pause after it:

1. 这些书我一次都拿走吧, 要不然, 明天还得来一趟。

Zhèxiē shū wǒ yí cì dōu názǒu ba, yàobùrán, míngtiān hái děi lái yí tàng.

2. 这种白绸子洗后一定别晒太阳, 要不然, 容易变黄。

Zhè zhǒng bái chóuzi xǐ hòu yídìng bié shài tàiyang, yàobùrán, róngyì biàn huáng.

B. 相当于"要么", "或者", 表示不是这样就是那样, 二者必居其一:

"Or", "otherwise":

1. 办这件事得小王去才行, 要不然, 就得我去。

Bàn zhè jiàn shì děi XiǎoWáng qù cái xíng, yàobùrán, jiù děi wǒ qù.

2. 她夏天的衣服一般都是白色的, 要不然就是浅蓝色的。

Tā xiàtiān de yīfu yìbān dōu shi báisè de, yàobùrán jiù shì qiǎn lánsè de.

要不是　yàobúshì　（连词）

表示一种假设,"如果不是因为……"的意思。用在第一分句,后面是必将发生的结果:

Indicates a hypothesis and is used in the first clause of a sentence, what follows is the necessary result:

1. 我们要不是为了等你,早就走了。

   Wǒmen yàobúshì wèile děng nǐ, zǎo jiù zǒu le.

2. 要不是家里离不开,他早去西北工作了。

   yàobúshì jiāli lí bu kāi, tā zǎo qù xīběi gōngzuò le.

如果意思明显,"要不是"可用在体词或体词性短语前:

If the meaning is very obvious "要不是" can be used with a noun or pronoun or a noun phrase:

3. 要不是张大夫,我这病就好不了。

   yàobúshì Zhāng dàifu, wǒ zhè bìng jiù hǎo buliǎo.

4. 要不是今天星期天,他不会在家的。

   yàobúshì jīntiān xīngqītiān, tā bú huì zài jiā de.

要么……要么……　yàome…yàome…　（格式）

分别嵌入两个谓语或分句,表示两种意愿的选择,或对举两种事情、情况:

Inserted with two predicates or clauses to indicate the choice between two things or the only two possibilities:

1. 从武汉到南京,要么坐船,要么坐火车,随你的便。

   Cóng Wǔhàn dào Nánjīng, yàome zuò chuán, yàome zuò huǒchē, suí nǐ de biàn.

2. 他每天上午都不在家,要么在办公室,要么在图书馆。

   Tā měi tiān shàngwǔ dōu bú zài jiā, yàome zài bàngōngshì, yàome zài túshūguǎn.

有时可用一个"要么",意思是"要不然":

When one "要么" is used it means "要不然":

3. 你最好亲自去一趟,要么给他写封信。

   Nǐ zuì hǎo qīnzì qù yí tàng, yàome gěi tā xiě fēng xìn.

要是　yàoshi　（连词）

同"如果"A、B、C、D,但较口语化,表示假设、条件等,后面可有"的话"呼应,常用在复句中前一分句的主语前,也可用在主语后谓语前:

Same as "如果"A, B, C, D, but more colloquial, can be used in conjunction with "的话". It usually precedes the subject of the first clause of a complex sentence but can also be inserted between the subject and the predicate:

1. 要是有航空信封,请你替我买 10 个。

Yàoshi yǒu hángkōng xìnfēng, qǐng nǐ tì wǒ mǎi shí ge.

2．你要是一定让我去，那我只好去了。

Nǐ yàoshi yídìng ràng wǒ qù, nà wǒ zhǐhǎo qù le.

3．要是明天风太大，我们就后天再去划船。

Yàoshi míngtiān fēng tài dà, wǒmen jiù hòutiān zài qù huá chuán.

可以用在体词或体词性短语前：

Can be used before a noun or pronoun or a phrase:

4．要是快车我就坐，要是慢车，我就等下一趟。

Yàoshi kuàichē wǒ jiù zuò, yàoshi mànchē, wǒ jiù děng xià yí tàng.

5．要是老王或小李，这事早就解决了。

Yàoshi Lǎo Wáng huò Xiǎo Lǐ, zhè shì zǎo jiù jiějué le.

也　yě　（副词）

A. 只能用在谓语前；有时表示这动词或形容词跟前边的动词或形容词有相同或相似的地方：

"Also"; " too", can only occur before the predicate to indicate that the following verb or adjective is similar to or the same as the preceding verb or adjective in a certain way:

1．风吹不醒他，雨也淋不醒他。

Fēng chuī bu xǐng tā, yǔ yě lín bu xǐng tā.

2．他学习认真，工作也认真。

Tā xuéxí rènzhēn, gōngzuò yě rènzhēn.

有时表示谓语的主语跟前面另一主语有相同或相似的地方：

Sometimes indicates the similarity or sameness between the 2 subjects:

3．由于饥荒，妈妈的脸焦黄，孩子也干瘦得不像样子了。

Yóuyú jīhuāng, māma de liǎn jiāohuáng, háizi yě gānshòu de bú xiàng yàngzi le.

有时表示状语和另一状语有相同或相似的地方：

Or indicates the similarity or sameness between the 2 adverbials:

4．打架斗殴，在乡下时常发生，在城里也经常发生。

Dǎ jià dòu'ōu, zài xiāngxia shícháng fāshēng, zài chéng lǐ yě jīngcháng fāshēng.

有时表示宾语和另一宾语有相同或相似的地方：

Or indicates the similarity or sameness between 2 objects:

5．我说不服他，也说不服他爱人。

Wǒ shuō bu fú tā, yě shuō bu fú tā àiren.

B. 两个"也"强调两种相同的情况，第一个"也"可以省略：

With two "也" emphasizing two similar states, the first "也" may be omitted：

1. 风(也)停了，雨也住了，我们该走了。

Fēng (yě) tíng le, yǔ yě zhù le, wǒmen gāi zǒu le.

2. 最近，我(也)忙，你也忙，关于那件事，以后再说吧！

Zuìjìn, wǒ(yě) máng, nǐ yě máng, guānyú nà jiàn shì, yǐhòu zài shuō ba!

3. 妈妈一进屋，就这(也)不是那也不是地唠叨个没完。

Māma yí jìn wū, jiù zhè (yě) bú shì nà yě bú shì de láodao ge méi wán.

C. "也"在假设性的句子里，表示加上这条件结果不变：

"也" in the second clause preceded by a conditional clause indicates that the result remains unchanged in spite of the condition：

1. 你就是不说，我也猜得出来。

Nǐ jiùshì bù shuō, wǒ yě cāi de chūlái.

2. 这次试验即使失败了，也不能半途而废，还要再接再厉。

Zhè cì shìyàn jíshǐ shībài le, yě bù néng bàn tú ér fèi, hái yào zài jiē zài lì.

3. 不过我这样子，即或是有头发，也不美的。

Búguò wǒ zhè yàngzi, jíhuò shì yǒu tóufa, yě bù měi de.

4. 这些年轻人有使不完的劲儿，哪怕天塌了也能顶起来。

Zhèxiē niánqīng rén yǒu shǐ bu wán de jìnr, nǎpà tiān tā le yě néng dǐng qilai.

D. 举出突出的事例，表示在如此极端或严重的情况下，都是这样，如果在一般情况下，更是这样：

Used in an extreme example to imply that even this will not change the fact, let alone more ordinary circumstances：

1. 最热的时候他也穿着长袖衬衫。

Zuì rè de shíhou tā yě chuānzhe cháng xiù chènshān.

2. 那位老人做梦也没想到今天生活得这么幸福。

Nà wèi lǎorén zuò mèng yě méi xiǎngdào jīntiān shēnghuó de zhème xìngfú.

E. "再……也没有了"表示最高的程度，形容词在"再"跟"也"之间：

The structure "再…也没有了" indicates the superlative degree, an adjective is inserted between "再" and 也"：

1. 有好几路公共汽车都经过这里，交通再方便也没有了。

Yǒu hǎo jǐ lù gōnggòng qìchē dōu jīngguò zhèli, jiāotōng zài fāngbian yě méi yǒu le.

2. 你要是能来我们这里工作,那再好也没有了。

　　Nǐ yàoshì néng lái wǒmen zhèli gōngzuò,nà zài hǎo yě méi yǒu le.

F. 跟疑问短语代词连用,概括事物的全部,动词多数是否定的:

Used in conjunction with an interrogative pronoun to indicate an inclusive sense, the verb is mostly in the negative:

1. 这个孩子有个怪脾气,一生气就什么也不说了。

　　Zhège háizi yǒu ge guài píqi,yì shēng qì jiù shénme yě bù shuō le.

2. 老爷爷最爱干活儿,什么时候也不闲着。

　　Lǎo yéye zuì ài gànhuór,shénme shíhou yě bù xiánzhe.

3. 我哪儿也没去过。

　　Wǒ nǎr yě méi qùguo.

4. 他最近搬了家,住在哪儿,谁也不知道。

　　Tā zuìjìn bānle jiā,zhù zài nǎr,shuí yě bù zhīdào.

5. 只要咱们齐心努力,什么困难也能克服。

　　Zhǐyào zánmen qíxīn nǔlì,shénme kùnnan yě néng kèfú.

G."也"字嵌在叠用的动词之间,后加否定的结果补语,意思跟"无论怎么……也……"相当:

"也" inserted in a reduplicated verb followed by a negative resultative complement has the same meaning as "无论怎么…也…":

1. 这件白衬衣,洗也洗不白,穿不得了。

　　Zhè jiàn bái chènyī,xǐ yě xǐ bu bái,chuān bu de le.

2. 幼儿园的孩子扫地,扫也扫不干净,那只是一种劳动培养。

　　Yòu'éryuán de háizi sǎo dì,sǎo yě sǎo bu gānjing,nà zhǐ shì yì zhǒng láodòng péiyǎng.

3. 这种复杂的情况解释也解释不清楚。

　　Zhè zhǒng fùzá de qíngkuàng jiěshì yě jiěshì bu qīngchu.

4. 这么笨重的家具,搬也搬不动,买它干什么。

　　Zhème bènzhòng de jiājù,bān yě bān bu dòng,mǎi tā gàn shénme.

H."也"跟数词"一"或表示微量的词语"一点儿""一会儿""丝毫"等结合后,加否定动词,表示最大程度否定:

"也" used in conjunction with "一" or "一点儿", "一会儿", "丝毫" etc. plus a negative verb indicates the superlative degree of negation:

1. 这件毛衣是朋友送的,我一分钱也没花。

　　Zhè jiàn máoyī shì péngyou sòng de,wǒ yì fēn qián yě méi huā.

2. 他回来以后,一会儿也没休息就开始学习。

　　Tā huílai yǐhòu,yíhuìr yě méi xiūxi jiù kāishǐ xuéxí.

3. 学生学习不努力，老师批评批评，一点儿也不过分。

　　Xuéshēng xuéxí bù nǔlì, lǎoshī pīping pīping, yìdiǎnr yě bú guòfèn.

4. 我虽年过花甲，但眼力丝毫也不减当年。

　　Wǒ suī nián guò huājiǎ, dàn yǎnlì sīháo yě bù jiǎn dāngnián.

I. 表示委婉的语气，减弱肯定或否定的程度：

"也"moderates the tone of a sentence and weakens assertion or negation:

1. 一对夫妇生一个孩子也就可以了，何必还要生第二个？

　　Yí duì fūfù shēng yí ge háizi yě jiù kěyǐ le, hébì hái yào shēng dì'èr ge?

2. 得了这种不治之症，尽管跑遍所有医院，也还是不免一死。

　　Déle zhè zhǒng búzhì zhī zhèng, jǐnguǎn pǎobiàn suǒyǒu yīyuàn, yě háishi bù miǎn yì sǐ.

3. 这个闹钟怎么修也不走，也只好扔掉了。

　　Zhège nàozhōng zěnme xiū yě bù zǒu, yě zhǐhǎo rēngdiào le.

也罢　yěbà　（助词）

多用于否定句的末尾，表示容忍或只得这样，有"算了"的意思：

Mostly used at the end of a sentence to indicate tolerance and means "算了":

1. 这是他的隐私，人家不愿说也罢。

　　Zhè shì tā de yǐnsī, rénjia bú yuàn shuō yěbà.

2. 这个活动他们不参加也罢，何必勉强？

　　Zhège huódòng tāmen bù cānjiā yěbà, hébì miǎnqiǎng?

3. 也罢，你一定不吃，我只好自己吃了。

　　Yěbà, nǐ yídìng bù chī, wǒ zhǐhǎo zìjǐ chī le.

……也罢……也罢……　…yěbà…yěbà　（格式）

嵌入两个意义相对或相关的词语，也可多组连用，表示所列举的各种情况并不改变后面的结论：

Inserted with two or more words or phrases of opposite or interrelated meanings to indicate that the different states of things do not affect the conclusion:

1. 他自小在农村长大，穿衣服并不讲究，新也罢，旧也罢，只要干净就可以。

　　Tā zì xiǎo zài nóngcūn zhǎngdà, chuān yīfu bìng bù jiǎngjiu, xīn yěbà, jiù yěbà, zhǐyào gānjìng jiù kěyǐ.

2. 烟也罢，酒也罢，他都一概不沾。

　　Yān yěbà, jiǔ yěbà, tā dōu yígài bù zhān.

3. 电视机也罢，电冰箱也罢，洗衣机也罢，他都能修理。

　　Diànshìjī yěbà, diànbīngxiāng yěbà, xǐyījī yěbà, tā dōu néng xiūlǐ.

参看"……也好……也好"。

Compare "···也好···也好"···yěhǎo···yěhǎo.

······也不是······也不是 ···yěbushì···yěbushì （格式）

多嵌入两个意思相对的动词或动词短语，表示处于左右为难，无所适从的
境况；也可多组连用：

Inserted with two verbs or verb phrases of contrary meanings to indicate a dilemma
and there can be more than two verbs：

1. 他因病卧床时间太长，觉得浑身不舒服，坐也不是，躺也不是。

   Tā yīn bìng wò chuáng shíjiān tài cháng, juéde húnshēn bù shūfu, zuò
   yěbushì, tǎng yěbushì.

2. 老王刚退休那阵子，觉得无所事事，养鱼也不是，种花也不是，看电视
   也不是，听音乐也不是，不知怎么好。

   Lǎo Wáng gāng tuìxiū nàzhènzi, juéde wú suǒ shì shì, yǎng yú
   yěbushì, zhòng huā yěbushì, kàn diànshì yěbushì, tīng yīnyuè yěbushì,
   bù zhī zěnme hǎo.

"也不是"可以说成"又不是"，意思相同：

"也不是"can be said as "又不是"：

3. 他急得团团转，坐又不是，站又不是，只好踱来踱去。

   Tā jí de tuántuánzhuàn, zuò yòubushì, zhàn yòubushì, zhǐhǎo duó lái
   duó qù.

······也好······也好 ···yěhǎo···yěhǎo （格式）

嵌入两个意义相对或相关的词语，也可多组连用，表示所列举的各种情况
并不改变后面的结论：

Inserted with two or more words or phrases of contrary or interrelated meanings to
indicate that the different states of things do not affect the conclusion：

1. 你爱听也好，不爱听也好，该说的我还得说。

   Nǐ ài tīng yěhǎo, bú ài tīng yěhǎo, gāi shuō de wǒ hái děi shuō.

2. 坐也好，站也好，都要挺直身子。

   Zuò yěhǎo, zhàn yěhǎo, dōu yào tǐngzhí shēnzi.

3. 书法也好，绘画也好，雕塑也好，他都有独特的风格。

   Shūfǎ yěhǎo, huìhuà yěhǎo, diāosù yěhǎo, tā dōu yǒu dútè de
   fēnggé.

也许 yěxǔ （副词）

A. 表示揣测、估计，带有不肯定的语气；可用在句首，可独立成句，可修饰
否定形式：

"Perhaps"; can occur at the head of a sentence, can be used independently, and
can modify a negative form：

1. 离开车时间还有半小时,快,雇辆出租,也许还赶得上这趟火车。

Lí kāi chē shíjiān hái yǒu bàn xiǎoshí, kuài, gù liàng chūzū, yěxǔ hái gǎn de shàng zhè tàng huǒchē.

2. 也许他还没见到我的信,不然,为什么至今不见回音呢?

Yěxǔ tā hái méi jiàndào wǒ de xìn, bùrán, wèi shénme zhìjīn bú jiàn huíyīn ne?

3. 喂,你今年五月还出国吗?

Wèi, nǐ jīnnián wǔyuè hái chū guó ma?

——也许。

——Yěxǔ.

4. 他也许不来了,天这么晚了。

Tā yěxǔ bù lài le, tiān zhème wǎn le.

5. 看来,她也许二十岁出头,绝对不超过二十五岁。

Kànlái, tā yěxǔ èrshí suì chū tóu, juéduì bù chāoguò èrshíwǔ suì.

B. 表示委婉的肯定:

Affirms a certainty in a moderate tone:

1. 钱不多,请留下吧!也许对你有点儿帮助。

Qián bù duō, qǐng liúxia ba! Yěxǔ duì nǐ yǒu diǎnr bāngzhù.

2. 我的英文水平是有限,不过翻译这样的作品也许还不成问题。

Wǒ de Yīngwén shuǐpíng shì yǒuxiàn, búguò fānyì zhèyàng de zuòpǐn yěxǔ hái bù chéng wèntí.

业已 yèyǐ (副词) 〈书〉

表示动作、情况完成或发生;表示时间过去:

"Already":

1. 俱乐部大楼业已竣工,不日即可向群众开放。

Jùlèbù dàlóu yèyǐ jùngōng, búrì jí kě xiàng qúnzhòng kāifàng.

2. 此案业已查清,当尽速结案。

Cǐ'àn yèyǐ cháqīng, dāng jǐn sù jié'àn.

3. 母亲逝世业已十载有余,但他仍念念不忘。

Mǔqin shìshì yèyǐ shí zǎi yǒuyú, dàn tā réng niànniàn bú wàng.

一 yī (副词)

A. 用在第一分句的述语前,表示动作的短暂、突然,第二分句说明结果、结论或主要活动:

Used before the predicate of the first clause to indicate a swift or abrupt action, and the second clause tells the result, conclusion or the main action:

1. 我拉开窗帘一看,外面大雪漫天,铺天盖地。

Wǒ lākāi chuānglián yí kàn, wàimiàn dà xuě màntiān, pūtiān-gàidì.

2. 他一打听，早上到的杂志全卖光了。

Tā yì dǎtīng, zǎoshang dào de zázhì quán màiguāng le.

3. 上次老头儿心脏病一发作，就住了三个月医院。

Shàng cì lǎotóur xīnzàngbìng yì fāzuò, jiù zhùle sān ge yuè yīyuàn.

4. 那个小伙子站在那里把眼一瞪，谁也不敢惹他。

Nàge xiǎohuǒzi zhàn zài nàli bǎ yǎn yí dèng, shuí yě bù gǎn rě tā.

B. 用在重叠的单音节动词中间，表示动作是短暂的，或动作是试试的：

Inserted between a reduplicated monosyllabic verb to show a swift or tentative action:

1. 这个小孩儿很有意思，问他话时，他都先点一点头或是先摇一摇头，然后再说话。

Zhège xiǎoháir hěn yǒu yìsi, wèn tā huà shí, tā dōu xiān diǎn yì diǎn tóu huò shì xiān yáo yì yáo tóu, ránhòu zài shuō huà.

2. 你穿一穿这件衣服，看合适不合适。

Nǐ chuān yì chuān zhè jiàn yīfu, kàn héshì bù héshì.

3. 这块表修一修还能戴。

Zhè kuài biǎo xiū yì xiū hái néng dài.

一······半······　yī···bàn···　（格式）

嵌入两个意义相似的单音节词或词素，形成固定短语，表示量不多或时间不久：

Inserted with two monosyllabic words or morphemes of similar meanings to form a set phrase to indicate a small quantity or short time:

1. 你对股票知识一知半解，怎么能玩儿股票呢！

Nǐ duì gǔpiào zhīshi yìzhī-bànjiě, zěnme néng wánr gǔpiào ne!

2. 她出国探亲，住一年半载就回来。

Tā chū guó tànqīn, zhù yìnián-bànzǎi jiù huílai.

3. 芝麻是低产作物，这块地只能收一升半斗的，真不上算。

Zhīma shì dī chǎn zuòwù, zhè kuài dì zhǐ néng shōu yì shēng bàn dǒu de, zhēn bú shàngsuàn.

一边······一边······　yībiān···yībiān···　（格式）

连用两个或两个以上"一边······"，表示两个或两个以上动作同时进行：

Two or more "一边···" are used to indicate two or more simultaneous actions:

1. 他的习惯是一边看电视，一边嗑瓜子儿。

Tā de xíguàn shì yìbiān kàn diànshì, yìbiān kè guāzǐr.

2. 老师有计划地训练学生一边看画面、一边听解释、一边记要点的能力。

Lǎoshī yǒu jìhuà de xùnliàn xuésheng yìbiān kàn huàmiàn, yìbiān tīng jiěshì, yìbiān jì yàodiǎn de nénglì.

3. 教练一边给队员布置这场比赛的战略战术，一边向队员提出几项具体要求。

Jiàoliàn yìbiān gěi duìyuán bùzhì zhè chǎng bǐsài de zhànlüè zhànshù, yìbiān xiàng duìyuán tíchū jǐ xiàng jùtǐ yāoqiú.

辨认：

Note：

下边句子里的"一边"是方位词：

"一边"in the following sentences is a noun of locality：

1. 一间房住俩人，只好甲住一边，乙住一边。

Yì jiān fáng zhù liǎ rén, zhǐhǎo jiǎ zhù yìbiān, yǐ zhù yìbiān.

2. 在场的球迷们好像绝大部分是站在红队一边的。

Zài chǎng de qiúmímen hǎoxiàng jué dàbùfen shì zhàn zài hóngduì yìbiān de.

一并　yībìng　（副词）〈书〉

表示合在一起，有"一块儿"的意思；多用在对事物的处理方面，常跟"办理""讨论""考虑""答复""提出"等双音节动词一起使用：

"Together"; mostly used in the occasion of dealing with affairs and is often used in conjunction with disyllabic verbs"办理", "讨论", "考虑", "答复", "提出"etc.：

1. 我们将把大家多次提出的意见一并考虑。

Wǒmen jiāng bǎ dàjiā duō cì tíchū de yìjiàn yíbìng kǎolù.

2. 现对同学们的问题一并答复如下。

Xiàn duì tóngxuémen de wèntí yíbìng dáfù rú xià.

3. 三人的出国手续可否一并办理？

Sān rén de chū guó shǒuxù kě fǒu yíbìng bànlǐ?

一……不……　yī…bù…　（格式）

嵌入单音节词，形成固定短语，作谓语、定语、状语：

Inserted with monosyllabic words to make a set phrase which can function as the predicate, attributive or adverbial adjunct：

A. 分别嵌入两个单音节动词，表示动作一经发生就不改变：

Inserted with two monosyllabic verbs to indicate that there is no back out：

1. 人的思想不可能一成不变。

Rén de sīxiǎng bù kěnéng yì chéng bú biàn.

2. 时间是一去不返的。

Shíjiān shì yí qù bù fǎn de.

B. 分别嵌入两个相同动词，表示强烈否定：

Inserted with the same verb to indicate a forceful negation：

1. 刺猬见到人就一动不动地趴在那里。

　　Cìwei jiàndào rén jiù yí dòng bú dòng de pā zài nàli.

2. 这孩子性格倔强，父亲打他，他一躲不躲。

　　Zhè háizi xìnggé juéjiàng, fùqin dǎ tā, tā yì duǒ bù duǒ.

C. 分别嵌入一个单音节名词和一个单音节动词（该名词在意念上是动词的受事），表示强烈的否定：

Inserted with a monosyllabic noun and a monosyllabic verb（the noun is in fact the object of the verb）to indicate a forceful negation：

1. 他一丝不苟的工作精神，值得我们学习。

　　Tā yìsī-bùgǒu de gōngzuò jīngshen, zhíde wǒmen xuéxí.

2. 小罗一字不差地重复了我刚才说的那段话。

　　Xiǎo Luó yí zì bú chà de chóngfùle wǒ gāngcái shuō de nà duàn huà.

一旦　yīdàn　（副词）

用在条件分句里，有"如果有一天"的意思，用于还没发生的事情：

"Once"; used in a conditional clause：

1. 学生的积极性一旦被调动起来，学习成绩将会大幅度地提高。

　　Xuésheng de jījíxìng yídàn bèi diàodòng qǐlai, xuéxí chéngjì jiāng huì dà fúdù de tígāo.

2. 她想：离散多年的姐姐一旦找到，那该是多么幸福的事啊！

　　Tā xiǎng: lísàn duō nián de jiějie yídàn zhǎodào, nà gāi shì duōme xìngfú de shì a!

有时也可用于已经发生的事情，表示忽然出现了新的情况：

Sometimes can also be used in relating a fulfilled event indicating that a new circumstance has suddenly emerged：

3. 世世代代靠双手种田的广大农民，今天一旦用上了机器，不能不说是个天翻地覆的变化。

　　Shìshì dàidài kào shuāng shǒu zhòng tián de guǎngdà nóngmín, jīntiān yídàn yòngshàngle jīqì, bù néng bù shuō shì ge tiānfān-dìfù de biànhuà.

一道　yīdào　（副词）

有"一块儿"的意思，不如"一块儿"常用，多修饰跟行动有关的动词：

"Together"; not as frequently used as "一块儿"; mostly modifies verbs which imply moving from one place to another：

1. 咱们既然一道来的,那么还应一道回去。

   Zánmen jìrán yídào lái de, nàme hái yīng yídào huíqu.

2. 这条路我不认识,跟你一道走好吗?

   Zhè tiáo lù wǒ bú rènshi, gēn nǐ yídào zǒu hǎo ma?

3. 我们是一道作买卖的伙伴,彼此都很熟悉。

   Wǒmen shì yídào zuò mǎimai de huǒbàn, bǐcǐ dōu hěn shúxi.

一点 yìdiǎnr (副词)

用在否定形式前,表示完全否定,可跟"都"或"也"连用:

Occurs before a negative form to indicate a complete negation and is mostly used in conjunction with "都"or"也":

1. 你给我画的这张像,一点儿也不像我。

   Nǐ gěi wǒ huà de zhè zhāng xiàng, yìdiǎnr yě bú xiàng wǒ.

2. 欧洲我没去过,对那里的情况我一点儿都不了解。

   Ōuzhōu wǒ méi qùguo, duì nàli de qíngkuàng wǒ yìdiǎnr dōu bù liǎojiě.

3. 母亲年已七十,可头发一点儿也不白。

   Mǔqin nián yǐ qīshí, kě tóufa yìdiǎnr yě bù bái.

辨认:

Note:

1. 这个馒头吃完了,我再给你一点儿。

   Zhège mántou chīwán le, wǒ zài gěi nǐ yìdiǎnr.

2. 这么一点儿钱,真不够我花的。

   Zhème yìdiǎnr qián, zhēn bú gòu wǒ huā de.

3. 你应该学得好一点儿。

   Nǐ yīnggāi xué de hǎo yìdiǎnr.

以上三句里的"一点儿"表示不定的小数量词,不是副词。

"一点儿" in the three sentences above is an indefinite measure word indicating a small amount. It is not an adverb:

一定 yídìng (副词)

A. 表示极有把握的推断:

Indicates a very sure inference:

1. 天晴得这么好,一定下不了雨,还带什么雨伞!

   Tiān qíng de zhème hǎo, yídìng xià bu liǎo yǔ, hái dài shénme yǔsǎn!

2. 老王的自行车在家门口锁着,保险他一定在家。

   Lǎo Wáng de zìxíngchē zài jiā ménkǒu suǒzhe, bǎoxiǎn tā yídìng zài jiā.

3. 现在都九点了, 商店一定开门了。

　　Xiànzài dōu jiǔ diǎn le, shāngdiàn yídìng kāi mén le.

B. 表示一种坚定的决心和意志:

Indicates one's resolution:

1. 几个年轻人有个相同的心愿:只要符合条件, 一定得参军。

　　Jǐ ge niánqīng rén yǒu ge xiāngtóng de xīnyuàn: zhǐyào fúhé tiáojiàn, yídìng děi cān jūn.

2. 在今年雨季到来之前, 你们一定要把水库大坝修好!

　　Zài jīnnián yǔjì dàolái zhī qián, nǐmen yídìng yào bǎ shuǐkù dàbà xiūhǎo!

C. 表示必然如此:

Indicates necessity:

1. 春天一到, 小草一定返青, 树枝一定发芽。

　　Chūntiān yí dào, xiǎocǎo yídìng fǎn qīng, shùzhī yídìng fā yá.

2. 每到春节, 女儿一定带着礼品回娘家看望父母。

　　Měi dào chūnjié, nǚ'ér yídìng dàizhe lǐpǐn huí niángjia kànwàng fùmǔ.

D. 否定副词"不"+"一定", 有两个意思:

"不 + 一定"has two meanings:

1)有"可以不⋯⋯, 不是非这样不可"的意思:

"Need not to", "not have to":

1. 你这种病不一定住院。

　　Nǐ zhè zhǒng bìng bù yídìng zhù yuàn.

2. 现在买东西, 不一定买公家的, 有的私人商店倒更便宜。

　　Xiànzài mǎi dōngxi, bù yídìng mǎi gōngjia de, yǒu de sīrén shāngdiàn dào gèng piányi.

3. 这个会跟他关系不大, 他不一定参加。

　　Zhège huì gēn tā guānxi bú dà, tā bù yídìng cānjiā.

2)有"可能不⋯⋯, 也许不⋯⋯"的意思:

"Not necessarily"; "may not":

4. 这块地种麦子不一定比种玉米划算。

　　Zhè kuài dì zhòng màizi bù yídìng bǐ zhòng yùmǐ huásuàn.

5. 他昨天就说今天这个会他不一定参加。

　　Tā zuótiān jiù shuō jīntiān zhège huì tā bù yídìng cānjiā.

一度 yīdù　(副词)

表示在过去的某一段时间里, 在追叙现已改变的情况时用; 常跟"曾""曾经"一起用:

"Once"; "for a time" (in the past), is used to relate a situation which has since changed, and is mostly used in conjunction with "曾"or"曾经":

1. 去年他曾一度休学，那是因为身体的关系。

　　Qùnián tā céng yídù xiū xué, nà shì yīnwèi shēntǐ de guānxi.

2. 那对夫妇曾经一度分居，现在又和好如初了。

　　Nà duì fūfù céngjīng yídù fēn jū, xiànzài yòu héhǎo rú chū le.

一……而…… yī…ér… （格式）

分别嵌入两个单音节词，形成书面语意味的固定短语，表示前一动作很快产生后面的结果；常作谓语：

Inserted with two monosyllabic words to make a literary set phrase to indicate that the first action immediately leads to the following result; functioning as the predicate:

1. 公共汽车门一开，这些青年人就一拥而上，把老人和孩子挤在一边。

　　Gōnggòng qìchē mén yì kāi, zhèxiē qīngnián rén jiù yì yōng ér shàng, bǎ lǎorén hé háizi jǐ zài yìbiān.

2. 这首诗在课堂上一念而过，根本记不住。

　　Zhè shǒu shī zài kètáng shang yí niàn ér guò, gēnběn jì bu zhù.

3. 那年全村的庄稼被蝗虫一扫而光。

　　Nà nián quán cūn de zhuāngjia bèi huángchóng yì sǎo ér guāng.

一……二…… yī…èr… （格式）

常分别嵌入某些双音节形容词的两个词素，把这个形容词变为描写性很强的固定短语；多作补语、谓语：

Inserted with the two morphemes of a disyllabic adjective to make a descriptive set phrase; functioning as a complement or predicate:

1. 小时候的事他还记得一清二楚。

　　Xiǎo shíhou de shì tā hái jìde yì qīng èr chǔ.

2. 同学们把教室打扫得一干二净。

　　Tóngxuémen bǎ jiàoshì dǎsǎo de yì gān èr jìng.

3. 他的历史一清二白。

　　Tā de lìshǐ yì qīng èr bái.

一概 yígài （副词）

表示全部都在内，所概括的人、物必在"一概"前边出现；多修饰否定形式：

"One and all"; "without exception". The persons or things referred to must precede "一概" which mostly modifies negative forms:

1. 他问的所谓"秘密"，我一概不知。

　　Tā wèn de suǒwèi "mìmì", wǒ yígài bù zhī.

2. 你既然参与了这起诈骗,只有老实交代,不能一概否认。

Nǐ jìrán cānyùle zhè qǐ zhàpiàn, zhǐyǒu lǎoshi jiāodài, bù néng yígài fǒurèn.

3. 本年的发货票必须在本年报销,超过年底一概作废。

Běn nián de fāhuòpiào bìxū zài běn nián bàoxiāo, chāoguò niándǐ yígài zuò fèi.

一个劲儿　yīgejìnr　（组合）

不停地连续下去或不断重复;作状语;也说"一劲儿":

"Continuously", functions as an adverbial adjunct; and can also be said as "一劲儿":

1. 你怎么一个劲儿地喝酒不吃菜啊?

Nǐ zěnme yígejìnr de hē jiǔ bù chī cài a?

2. 多数人赞成小王当组长,只有少数人一个劲儿反对。

Duōshù rén zànchéng Xiǎo Wáng dāng zǔzhǎng, zhǐ yǒu shǎoshù rén yígejìnr fǎnduì.

3. 雨一个劲儿下,不少农田都涝了。

Yǔ yígejìnr xià, bù shǎo nóngtián dōu lào le.

一共　yīgòng　（副词）

说明数量的总计,可用在否定形式前:

"In all"; "together", "in total"; can precede a negative form:

1. 学费、书费、杂费一共交了三百多元。

Xuéfèi、shūfèi、záfèi yígòng jiāole sānbǎi duō yuán.

2. 你们全家每个月生活费一共开支多少?

Nǐmen quán jiā měi ge yuè shēnghuó fèi yígòng kāizhī duōshao?

3. 这次到会的专家、学者以及科技人员一共不足三百人。

Zhè cì dào huì de zhuānjiā、xuézhě yǐjí kējì rényuán yígòng bùzú sānbǎi rén.

一股脑儿　yīgǔnǎor　（组合）

表示"全部"的意思,作状语,"股"也可写作"古":

Indicates the whole lot and functions as an adverbial adjunct. The word "股" may be replaced by "古":

1. 他代表小组制定的改革方案,让大家一讨论,被一股脑儿推翻了。

Tā dàibiǎo xiǎozǔ zhìdìng de gǎigé fāng'àn, ràng dàjiā yì tǎolùn, bèi yìgǔnǎor tuīfān le.

2. 对待别人的意见,不加分析,一股脑儿接受,或是一股脑儿否定,都是不妥当的。

Duìdài biéren de yìjiàn, bù jiā fēnxī, yìgǔnǎor jiēshòu, huò shì yìgǔnǎor fǒudìng, dōu shì bù tuǒdang de.

一方面······一方面······　　　yīfāngmiàn···yīfāngmiàn··· （格式）

这个格式连接两个并列的词语或分句，表示两种情况同时存在；有时后一个"一方面"前面可加"另"，后面常有副词"又""也""还"等：

"一方面···一方面···"is used to connect two words, phrases or clauses to indicate simultaneity; sometimes the second "方面" can be preceded by "另" and followed by "又, 也, 还" etc.:

1. 我这次得了重感冒，一方面由于穿得少，着了凉，一方面由于最近户外活动太少，体质下降了。

   Wǒ zhè cì déle zhòng gǎnmào, yìfāngmiàn yóuyú chuān de shǎo, zháole liáng, yìfāngmiàn yóuyú zuìjìn hù wài huódòng tài shǎo, tǐzhì xiàjiàng le.

2. 会上，对会议主席的发言，大家一方面表示基本同意，另一方面又提出了不少的补充。

   Huìshang, duì huìyì zhǔxí de fāyán, dàjiā yìfāngmiàn biǎoshì jīběn tóngyì, lìng yìfāngmiàn yòu tíchūle bù shǎo de bǔchōng.

一会儿······一会儿······　　yīhuìr···yīhuìr··· （格式）

这个格式叠用在两个反义词语或意义相对的词语前面，表示两种行为、动作的交替：

"一会儿···一会儿···"is inserted with two words or phrases of contrary or opposite meanings to indicate alternation:

1. 那里的天气比人的脸变得还快，一会儿阴，一会儿晴的。

   Nàli de tiānqi bǐ rén de liǎn biàn de hái kuài, yíhuìr yīn, yíhuìr qíng de.

2. 他的体温极不正常，一会儿升，一会降，还没查出什么原因。

   Tā de tǐwēn jí bú zhèngcháng, yíhuìr shēng, yíhuìr jiàng, hái méi cháchū shénme yuányīn.

一经　　yìjīng （连词）

表示经过某个步骤或某种行动，就能出现某种结果：

"When once":

1. 这篇文章一经修改，比原来简练多了。

   Zhè piān wénzhāng yìjīng xiūgǎi, bǐ yuánlái jiǎnliàn duō le.

2. 施工计划一经批准，就得马上开工。

   Shī gōng jìhuà yìjīng pīzhǔn, jiù děi mǎshàng kāi gōng.

3. 庭院一经清扫，面目一新。

   Tíngyuàn yìjīng qīngsǎo, miànmù yì xīn.

一······就······　　yī···jiù··· （格式）

A. 表示两件有关的事紧接着发生，前后可以是同一主语，也可以不是同一主语：

Indicates that the second action closely follows the first one. There may be only one subject or two different ones：

1. 他一看就认出这字是谁写的。

　Tā yí kàn jiù rènchū zhè zì shì shuí xiě de.

2. 我一猜就猜中了他的心事。

　Wǒ yì cāi jiù cāizhòngle tā de xīnshì.

3. 我一提起这件事，小陈心里就难过。

　Wǒ yì tíqǐ zhè jiàn shì, Xiǎo Chén xīnli jiù nánguò.

B. 表示只要具备某种条件时，就会产生某种结果：

Indicates that once something happens it definitely leads to a certain result：

1. 天气一冷，他的腿就疼。

　Tiānqì yì lěng, tā de tuǐ jiù téng.

2. 过去这里都是土路，一下雨就泥泞不堪。

　Guòqù zhèli dōu shì tǔ lù, yí xià yǔ jiù nínìng bùkān.

C. 表示动作一旦发生，就达到某种程度。"就"后常有数量短语：

Indicates that once an action takes place it reaches a certain extent，"就" is usually followed by a numeral – measure word phrase：

1. 他们打麻将一打就通宵达旦。

　Tāmen dǎ májiàng yì dǎ jiù tōngxiāo-dádàn.

2. 她一买菜就买二三十斤，够吃两三天的。

　Tā yì mǎi cài jiù mǎi èr – sānshí jīn, gòu chī liǎng sān tiān de.

有时"就"后的动词可以用"是"，或者省略：

The verb after "就" can be replaced by "是" or omitted：

3. 爸爸常常出差，一去就是十天半个月。

　Bàba chángcháng chū chāi, yí qù jiù shì shí tiān bàn ge yuè.

4. 她星期天练钢琴，一练就（是）一下午。

　Tā xīngqītiān liàn gāngqín, yí liàn jiù（shì）yí xiàwǔ.

一口　yīkǒu　（副）

A. 用在"咬定""否认"等词语前，表示说出或认定的一种意见丝毫也不改变：

"With certainty"；"flatly"；occurs before "咬定"，"否定" etc. to indicate an arbitrary or stubborn assertion：

1. 案犯甲一口咬定案犯乙是这起抢劫的主谋，而案犯乙却一口否认自己是主谋。

Ànfàn Jiǎ yìkǒu yǎodìng ànfàn Yǐ shì zhè qǐ qiǎngjié de zhǔmóu, ér ànfàn Yǐ què yìkǒu fǒurèn zìjǐ shì zhǔmóu.

2. 王师傅一口咬定说小李去年三月从他手里借走三百元人民币，可是小李至今什么也记不得了。

Wáng shīfu yìkǒu yǎodìng shuō Xiǎo Lǐ qùnián sānyuè cóng tā shǒuli jièzǒu sānbǎi yuán rénmínbì, kěshì Xiǎo Lǐ zhì jīn shénme yě jì bu de le.

B. 用在"答应""应许"等词语等表示允诺的干脆：

Used before "答应", "应许"etc. to indicate a ready agreement (to do sth.):

1. 一次性赞助我校十万元，这是总经理一口答应的，怎能不算数呢？

Yícìxìng zànzhù wǒ xiào shíwàn yuán, zhè shì zǒngjīnglǐ yìkǒu dāyìng de,zěn néng bú suànshù ne?

2. 女儿要出嫁了，向母亲要价值两万元的嫁妆，母亲一口应许下来了。

Nǚ'ér yào chū jià le, xiàng mǔqin yào jiàzhí liǎngwàn yuán de jiàzhuang,mǔqin yìkǒu yīngxǔ xialai le.

一口气   yìkǒuqì   (组合)

表示不中断，没有间歇，作状语：

"In one breath"; "at one go";functions as an adverbial adjunct:

1. 这本小说内容生动，情节曲折，我一口气就把它看完了。

Zhè běn xiǎoshuō nèiróng shēngdòng,qíngjié qūzhé,wǒ yìkǒuqì jiù bǎ tā kànwán le.

2. 那座小山虽不高，但你能一口气爬到山顶，也很不简单！

Nà zuò xiǎo shān suī bù gāo,dàn nǐ néng yìkǒuqì pádào shāndǐng,yě hěn bù jiǎndān!

口语中，有时也说"一气"，与"一口气"意思一样：

In colloquial speech, one can also say "一气":

3. 三大瓶啤酒我能一气喝干，你有这个本事吗？

Sān dà píng píjiǔ wǒ néng yíqì hēgān, nǐ yǒu zhège běnshi ma?

一块儿   yíkuàir   (副词)

两个或两个以上的人或事物同一时间在一起（行动或受到同样处理）；所说明的人或事物多半在"一块儿"前出现：

"Together"; the persons or things referred to must occur before "一块儿":

1. 儿子虽已结了婚，但他们没有自己的房子，现在还跟我们一块儿住着呢！

Érzi suī yǐ jiéle hūn, dàn tāmen méi yǒu zìjǐ de fángzi, xiànzài hái gēn wǒmen yíkuàir zhùzhe ne!

2. 那个小伙子至今连个工作也没有，成天跟那些不三不四的人一块儿鬼混，真不像话！

Nàge xiǎohuǒzi zhì jīn lián ge gōngzuò yě méi yǒu, chéngtiān gēn nàxiē bù sān bú sì de rén yíkuàir guǐhùn, zhēn bú xiànghuà!

3. 中等学校里的学生，常常是男的一块儿玩儿，女的一块儿玩儿，可是幼儿园和小学却不是这样。

Zhōngděng xuéxiào lǐ de xuésheng, chángcháng shì nánde yíkuàir wánr, nǚde yíkuàir wánr, kěshì yòu'éryuán hé xiǎoxué què bú shì zhèyàng.

辨认：

Note：

下列句中的"一块儿"是名词：

"一块儿"in the following sentences is a noun:

1. 我们虽然结了婚，但还跟父母住在一块儿。

Wǒmen suīrán jiéle hūn, dàn hái gēn fùmǔ zhù zài yíkuàir.

2. 两个人真是说到一块儿了，看法不谋而合。

Liǎng ge rén zhēn shi shuō dào yíkuàir le, kànfǎ bù móu ér hé.

一来……二来……　yīlái···èrlái···　（格式）

这个格式连接两个分句，用它列举原因、目的、理由等：

"一来…二来…"is used to connect two clauses to list reasons, aims, causes etc.:

1. 王大娘很长时间没去逛商场了，她说一来是没什么东西好买的，二来也是嫌人太多，挤得慌。

Wáng dàniáng hěn cháng shíjiān méi qù guàng shāngchǎng le, tā shuō yìlái shì méi shénme dōngxi hǎo mǎi de, èrlái yě shì xián rén tài duō, jǐ dehuang.

2. 去年，李家的农田收入相当可观，一来靠老天爷关照，风调雨顺，二来靠选用优良品种，科学种田。

Qùnián, Lǐjiā de nóngtián shōurù xiāngdāng kěguān, yìlái kào lǎotiānyé guānzhào, fēng tiáo yǔ shùn, èrlái kào xuǎnyòng yōuliáng pǐnzhǒng, kēxué zhòng tián.

有时，也说"一来……，二来……，三来"。

One can also say "一来…，二来…，三来".

一连　yīlián　（副词）

表示同一动作持续不断或同一情况接连出现，后边必有数量短语：

"In succession"; " continuously"; " one after another", it must be followed by a numeral-measure phrase:

1. 最近,这个地区一连下了三场雨,庄稼一点儿也不旱。

Zuìjìn, zhège dìqū yìlián xiàle sān cháng yǔ, zhuāngjia yìdiǎnr yě bú hàn.

2. 已经一连好几年了,不是向农民派捐,就是跟农民要税,名目繁多,农民种着几亩地真是够受的!

Yǐjīng yìlián hǎo jǐ nián le, búshì xiàng nóngmín pài juān, jiùshì gēn nóngmín yào shuì, míngmù fánduō, nóngmín zhòngzhe jǐ mǔ dì zhēn shi gòu shòu de!

3. 他一连几天吃不下睡不好,大夫检查半天也没发现什么病。

Tā yìlián jǐ tiān chī bu xià shuì bu hǎo, dàifu jiǎnchá bàntiān yě méi fāxiàn shénme bìng.

一律　yīlǜ　(副词)

表示对全体都适用;它的重点不在修饰动词或形容词,而是对前面的人或物起总括作用,可以修饰否定形式:

"All"; "without exception", its main function is to include what is mentioned previously rather than to modify the following verb or adjective. It can modify negative forms:

1. 中国共有五十六个民族,各民族一律平等。

Zhōngguó gòng yǒu wǔshíliù ge mínzú, gè mínzú yílǜ píngděng.

2. 六月一日是儿童节,凡是中国少年先锋队队员,一律穿校服,一律佩戴红领巾。

Liùyuè yī rì shì Értóng Jié, fánshì Zhōngguó Shàonián Xiānfēngduì duìyuán, yílǜ chuān xiàofú, yílǜ pèidài hónglǐngjīn.

3. 未办出境手续,没有出境证件者,一律不得出境。

Wèi bàn chū jìng shǒuxù, méi yǒu chū jìng zhèngjiàn zhě, yílǜ bù dé chū jìng.

一面……一面……　yīmiàn…yīmiàn…　(格式)

与"一边……一边……"相同:

Same as "一边…一边…":

1. 小张给主任当翻译的时候,总是一面仔细听对方的谈话,一面认真记录谈话要点,然后再进行口译。

Xiǎo Zhāng gěi zhǔrèn dāng fānyi de shíhou, zǒngshì yímiàn zǐxì tīng duìfāng de tánhuà, yímiàn rènzhēn jìlù tánhuà yàodiǎn, ránhòu zài jìnxíng kǒuyì.

2. 职工业余大学的学员都是一面学习一面工作的在职人员。

Zhígōng yèyú dàxué de xuéyuán dōu shì yímiàn xuéxí yímiàn gōngzuò de zài zhí rényuán.

一齐　yìqí　(副词)

A. 跟"一块儿"相同,但没有"一块儿"口语化:

Same as "一块儿", but not as colloquial:

1. 小学一年级教师经常训练学生一齐念课文,一齐回答问题,一齐唱歌,这都可以简说成"齐念""齐答""齐唱"。

Xiǎoxué yì niánjí jiàoshī jīngcháng xùnliàn xuésheng yìqí niàn kèwén, yìqí huídá wèntí, yìqí chàng gē, zhè dōu kěyǐ jiǎn shuōchéng "qí niàn" "qí dá" "qí chàng".

2. 除夕晚会上,除夕十二点的钟声一敲响,大家都一齐鼓掌,一齐欢呼。

Chúxī wǎnhuì shang, chúxī shí'èr diǎn de zhōng shēng yì qiāoxiǎng, dàjiā dōu yìqí gǔ zhǎng, yìqí huānhū.

B. 有时特别强调同一时间,并不是同一地点,这跟"一块儿"不同:

Sometimes it specially emphasizes being at the same time but not at the same place:

1. 为了庆祝国际儿童节,今天各大公园一齐向儿童免费开放。

Wèile qìngzhù Guójì Értóng Jié, jīntiān gè dà gōngyuán yìqí xiàng értóng miǎn fèi kāifàng.

2. 今年雨量大而集中,造成大江南北一齐涝。

Jīnnián yǔliàng dà ér jízhōng, zàochéng dàjiāng nán běi yìqí lào.

一起　yìqǐ　(副词)

跟"一块儿"相同,表示在同一时间同一地点做某事:

Same as "一块儿", indicating at the same time and place:

1. 他俩是青梅竹马,从小一起长大,一起读书,一起工作。

Tā liǎ shì qīng méi zhú mǎ, cóng xiǎo yìqǐ zhǎng dà, yìqǐ dú shū, yìqǐ gōngzuò.

2. 这个小男孩儿从来不和小女孩儿一起玩儿,不知受了什么影响。

Zhège xiǎo nánháir cónglái bù hé xiǎo nǚháir yìqǐ wánr, bù zhī shòule shénme yǐngxiǎng.

3. 重大问题,公司经理都要召集公司职工代表一起商议,集思广益,最后作出决定。

Zhòngdà wèntí, gōngsī jīnglǐ dōu yào zhàojí gōngsī zhígōng dàibiǎo yìqǐ shāngyì, jí sī guǎng yì, zuìhòu zuòchū juédìng.

辨认:

Note:

"一起"和"一块儿"一样,有时也是名词。凡是用"一块儿"的地方,都可以换用"一起"。

"一起", just like "一块儿", is sometimes a noun and all "一块儿" can be replaced by "一起".

> 我们都是来自五湖四海,今天走到一起来了。
>
> Wǒmen dōu shì láizì wǔ hú sì hǎi, jīntiān zǒu dào yìqǐ lái le.

一时…一时…　yìshí…yìshí…　（格式）

这个格式中多是词或词组,表示行为、动作、情况交错进行;与"一会儿…一会儿…""时而…时而…"相同:

Inserted with words or phrases to indicate alternation, same as "一会儿…一会儿…" or "时而…时而…":

1. 孩子发高烧,呼吸一时急一时缓,爸爸妈妈急得心神不安,一时摸摸孩子的头还烫不烫,一时又看看孩子身上有没有汗。

   Háizi fā gāoshāo, hūxī yìshí jí yìshí huǎn, bàba māma jí de xīn shén bù ān, yìshí mōmo háizi de tóu hái tàng bu tàng, yìshí yòu kànkan háizi shēnshang yǒu méi yǒu hàn.

2. 高原天气变幻莫测,一时晴,一时雨,一时冷,一时热。

   Gāoyuán tiānqì biànhuàn mò cè, yìshí qíng, yìshí yǔ, yìshí lěng, yìshí rè.

一手　yīshǒu　（副词）

表示单独一个人做某事,有时也包含着由于自己重视、自己独揽,而不愿意或不许别人插手的意思:

(Do sth.) "all by oneself", often implying that owing to the importance attached to the matter concerned, one does not want anybody else to meddle:

1. 女儿的恋爱、婚姻,妈妈总想一手包办,结果是白费心思。

   Nǚ'ér de liàn'ài、hūnyīn, māma zǒng xiǎng yìshǒu bāobàn, jiéguǒ shì bái fèi xīnsi.

2. 几个鱼场由他一手承包了,年收入达五万多元。

   Jǐ ge yúchǎng yóu tā yìshǒu chéngbāo le, nián shōurù dá wǔwàn duō yuán.

3. 小孙子都该上小学了,可现在一点儿好习惯还没养成,大家都说这是奶奶一手调教的结果。

   Xiǎo sūnzi dōu gāi shàng xiǎoxué le, kě xiànzài yìdiǎnr hǎo xíguàn hái méi yǎngchéng, dàjiā dōu shuō zhè shì nǎinai yìshǒu tiáojiào de jiéguǒ.

一同　yìtóng　（副词）

与"一块儿"相同,没有"一块儿"口语化,表示同时同地做某事:

Same as "一块儿", but not as colloquial:

1. 儿子、女儿一同出了国,留在家里的父亲母亲不免有些寂寞。

Érzi、nǚ'ér yìtóng chūle guó, liú zài jiā li de fùqin mǔqin bùmiǎn yǒuxiē jìmò.

2. 小时候和母亲一同去住姥姥家,我至今记忆犹新。

Xiǎo shíhou hé mǔqin yìtóng qù zhù lǎolao jiā, wǒ zhì jīn jìyì yóuxīn.

一头　yītóu　(副词)

表示动作猛或急:

"Headlong"; indicating a vigorous or abrupt action:

1. 母女失散多年,今天终于团聚了,女儿一头扑在老母的怀里痛哭不止。

Mǔ nǚ shīsàn duō nián, jīntiān zhōngyú tuánjù le, nǚ'ér yìtóu pū zài lǎo mǔ de huái li tòng kū bù zhǐ.

2. 他一头钻进水里,半天没出来,可把我吓坏了,原来他已学会了潜泳。

Tā yìtóu zuānjìn shuǐ li, bàntiān méi chūlai, kě bǎ wǒ xiàhuài le, yuánlái tā yǐ xuéhuìle qiányǒng.

3. 作为大学生,一头钻到书堆里,什么也不闻不问,这固然不好;不过,一头扎进钱眼儿里,撇开书本去赚钱,我看更不好。

Zuòwéi dàxuéshēng, yìtóu zuān dào shū duī li, shénme yě bù wén bú wèn, zhè gùrán bù hǎo; búguò, yìtóu zhājìn qián yǎnr li, piēkāi shūběn qù zhuàn qián, wǒ kàn gèng bù hǎo.

一味　yīwèi　(副词)

表示不顾客观条件或情况,单纯固执地、一个劲儿地(坚持某种做法而不改变);有贬义:

"Blindly"; "persistently"; regardless of the actual situation, implying a derogatory sense:

1. 对孩子的缺点,不应一味迁就,那样只会把孩子害了。

Duì háizi de quēdiǎn, bù yīng yíwèi qiānjiù, nàyàng zhǐ huì bǎ háizi hài le.

2. 工厂生产如果一味追求产品数量,不注意产品质量,出现废品就必不可免了。

Gōngchǎng shēngchǎn rúguǒ yíwèi zhuīqiú chǎnpǐn shùliàng, bú zhùyì chǎnpǐn zhìliàng, chūxiàn fèipǐn jiù bì bù kě miǎn le.

3. 初学作文、绘画,模仿是必要的,但不能一味模仿,还要创新。

Chū xué zuòwén, huìhuà, mófǎng shì bìyào de, dàn bù néng yíwèi mófǎng, hái yào chuàngxīn.

一下子(一下、一下儿)　yīxiàzi　(副词)

表示动作发生、完成得快，或某种现象出现得突然；"一下子"后边常有"就"；已成事实时才用：

"In an instant"; "all at once"; "all of a sudden". There is usually "就" after it. "一下子" can refer to fulfilled events only:

1. 上午还是个大晴天，下午一下子又阴得沉沉的。

   Shàngwǔ hái shì ge dà qíngtiān, xiàwǔ yíxiàzi yòu yīn de chénchén de.

2. 平时，他身体硬棒极了，可从那次得了肺炎，一下子就再也起不来了。

   Píngshí, tā shēntǐ yìngbang jí le, kě cóng nà cì déle fèiyán, yíxiàzi jiù zài yě qǐ bu lái le.

3. 不知为什么，这一片的灯光一下子都灭了。

   Bù zhī wèi shénme, zhè yí piàn de dēngguāng yíxiàzi dōu miè le.

一向　yīxiàng　(副词)

表示某种行为、状态或情况从过去某个时间到说话时一直都是这样，没有变化：

"Consistently"; "all along":

1. 我家一向住在北京东城，所以对那里的变化我一清二楚。

   Wǒ jiā yíxiàng zhù zài Běijīng dōng chéng, suǒyǐ duì nàli de biànhuà wǒ yì qīng èr chǔ.

2. 那位老教授一向关怀教育事业，他把多年攒下的稿费都捐赠给当地的学校。

   Nà wèi lǎo jiàoshòu yíxiàng guānhuái jiàoyù shìyè, tā bǎ duō nián zǎnxià de gǎofèi dōu juānzèng gěi dāngdì de xuéxiào.

3. 老李为人一向直率、诚恳，谁都跟他合得来。

   Lǎo Lǐ wéirén yíxiàng zhíshuài、chéngkěn, shuí dōu gēn tā hé de lái.

一心　yīxīn　(副词)

表示集中全力，只想着作什么，没有别的想法：

"Wholeheartedly"; "heart and soul":

1. 那位年轻女教师勤勤恳恳，一心扑在教学上，她的教学质量提高得很快。

   Nà wèi niánqīng nǚ jiàoshī qínqínkěnkěn, yìxīn pū zài jiàoxué shang, tā de jiàoxué zhìliàng tígāo de hěn kuài.

2. 不论办什么事,他都一心为集体,所以大家总选他当模范。

Búlùn bàn shénme shì, tā dōu yìxīn wèi jítǐ, suǒyǐ dàjiā zǒng xuǎn tā dāng mófàn.

3. 别看他年纪小,可他一心想当个画家。

Bié kàn tā niánjì xiǎo, kě tā yìxīn xiǎng dāng ge huàjiā.

一眼　yīyǎn　(副词)

A. 只用在"看见""望见""认出"等动词前,有迅速的意思;常跟"就"连用:

"At a glance", only occurs before verbs such as "看见", "望见", "认出"etc. indicating speed and is often used in conjunction with "就":

1. 在这一群孩子中间, 妈妈一眼就看见那个高个儿戴着小黄帽儿的小明。

Zài zhè yì qún háizi zhōngjiān, māma yìyǎn jiù kànjiàn nàge gāo gèr dàizhe xiǎo huáng màor de Xiǎo Míng.

2. 停车场里停着好几十辆小汽车, 他一眼就把他爸爸那辆红色小汽车认出来了。

Tíngchēchǎng li tíngzhe hǎo jǐ shí liàng xiǎo qìchē, tā yìyǎn jiù bǎ tā bàba nà liàng hóngsè xiǎo qìchē rèn chulai le.

B. 表示眼睛所能看到的范围:

"As far as the eye can see":

1. 这座别墅前是一眼看不到边的大海。

zhè zuò biéshù qián shì yìyǎn kàn bu dào biān de dàhǎi.

2. 长城长,号称万里,真是一眼望不到头啊!

Chángchéng cháng, hàochēng wàn lǐ, zhēn shì yìyǎn wàng bu dào tóu a!

一样　yīyàng　(助词)

与"似的"基本相同。表示相似或比喻,前面常有"像""好像""跟""如同""当作""看作"等与它呼应。"……一样"在句中可作定语(必带'的')、状语、谓语、补语:

Same as "似的", indicating similarity or analogy. There is "像", "好像", "跟", "如同", "当作", "看作"etc. to go with it. "…一样"can function as an attributive (with"的"), adverbial adjunct, predicate or complement:

1. 飞行员必须具有钢铁一样的体魄。

Fēixíngyuán bìxū jùyǒu gāngtiě yíyàng de tǐpò.

2. 他的百米赛跑跑得跟飞一样。

Tā de bǎi mǐ sàipǎo pǎo de gēn fēi yíyàng.

3. 那位老师说话太快,好像连珠炮一样。

Nà wèi lǎoshī shuō huà tài kuài, hǎoxiàng liánzhūpào yíyàng.

4. 十月的天空像大海一样蓝。

Shíyuè de tiānkōng xiàng dàhǎi yíyàng lán.

5. 托儿所王阿姨把孩子们当做自己儿女一样精心照料。

Tuō'érsuǒ Wáng āyí bǎ háizimen dàngzuò zìjǐ érnǚ yíyàng jīngxīn zhàoliào.

辨认:

Note:

"一样"有时是形容词,在句子里也可作谓语、状语、定语等:

"一样" sometimes is an adjective and can also function as the predicate, adverbial adjunct, attributive etc.:

1. 他们弟兄俩的长相、性格完全一样。

Tāmen dìxiōng liǎ de zhǎngxiàng、xìnggé wánquán yíyàng.

2. 现在,一样的东西有时价钱却不一样。

Xiànzài, yíyàng de dōngxi yǒushí jiàqián què bù yíyàng.

3. 这一套教科书上、中、下三册都一样厚。

Zhè yí tào jiàokēshū shàng, zhōng, xià sān cè dōu yíyàng hòu.

—— 一一　yīyī　(副词)

表示动作行为一个一个地发生或出现;常用在书面语:

"One by one"; "one after another", usually used in written language:

1. 我接替他的工作之前,他把全部工作的详细情况一一向我作了介绍。

Wǒ jiētì tā de gōngzuò zhī qián, tā bǎ quánbù gōngzuò de xiángxì qíngkuàng yīyī xiàng wǒ zuòle jièshào.

2. 数学老师对这课的所有例题都一一解释清楚。

Shùxué lǎoshī duì zhè kè de suǒyǒu lìtí dōu yīyī jiěshì qīngchu.

3. 抢劫集团的犯罪嫌疑人现已一一抓获归案。

Qiǎngjié jítuán de fànzuì xiányírén xiàn yǐ yīyī zhuāhuò guī àn.

—……—……　一…一…　(格式)

A. 分别用在两个意义相对的单音节动词前面,表示两个动作协调配合或交替进行:

Inserted with two monosyllabic verbs of contrary meanings to indicate two actions going on alternatively:

1. 在英语课上,老师经常选用一问一答的方式进行练习。

Zài Yīngyǔ kè shang, lǎoshī jīngcháng xuǎnyòng yí wèn yì dá de fāngshì jìnxíng liànxí.

2. 工地上的起重机一起一落地工作着。

Gōngdì shang de qǐzhòngjī yì qǐ yí luò de gōngzuòzhe.

B. 分别用在两个意义相同的单音节动词前面,表示动作是连续的:

Inserted with two monosyllabic verbs of the same meaning to indicate a continuous action:

1. 那只游船在风浪中一颠一簸的,坐着真难受。

Nà zhī yóuchuán zài fēnglàng zhōng yì diān yì bǒ de, zuòzhe zhēn nánshòu.

2. 他拖着那只受伤的腿,一瘸一拐地走过来了。

Tā tuōzhe nà zhī shòu shāng de tuǐ, yì qué yì guǎi de zǒu guòlai le.

C. 分别用在两个同类的单音节名词前面,表示一个或每一个:

Inserted with two monosyllabic nouns of similar meanings to indicate either one or everyone:

1. 这两个小男孩儿虽然不是亲生兄弟,但长得一模一样。

Zhè liǎng ge xiǎo nánháir suīrán bú shì qīnshēng xiōngdì, dàn zhǎng de yì mú yí yàng.

2. 您的教导我一生一世也忘不了。

Nín de jiàodǎo wǒ yì shēng yí shì yě wàng bu liǎo.

3. 家乡的一山一水、一草一木,至今我还记忆犹新。

Jiāxiāng de yì shān yì shuǐ、yì cǎo yí mù, zhìjīn wǒ hái jìyì yóu xīn.

4. 教师的一言一行、一举一动都是学生的表率。

Jiàoshī de yì yán yì xíng、yì jǔ yí dòng dōu shì xuésheng de biǎoshuài.

D. 分别用在两个意义相反的单音节方位词或形容词前面,表示不同的方位或情况:

Inserted with two monosyllabic nouns of locality or adjectives to indicate two different localities or states:

1. 他们俩练习长跑,总是一前一后跑在跑道上。

Tāmen liǎ liànxí chángpǎo, zǒngshì yì qián yí hòu pǎo zài pǎodào shang.

2. 大门口一左一右蹲着两个石狮子。

Dà ménkǒu yì zuǒ yí yòu dūnzhe liǎng ge shí shīzi.

3. 两根跳绳一长一短,都不合用。

Liǎng gēn tiàoshéng yì cháng yì duǎn, dōu bù héyòng.

一再 yīzài （副词）

多表示人的某种行为,在过去某段时间里,一次又一次地进行:

"Again and again"; is applied mostly to accomplished actions:

1. 在会上，他的发言一再被别人打断，他有点儿不高兴了。

   Zài huì shang, tā dè fāyán yízài bèi biéren dǎduàn, tā yǒudiǎnr bù gāoxìng le.

2. 父母一再嘱咐孩子，考试时要沉着、要细心。

   Fùmǔ yízài zhǔfù háizi, kǎoshì shí yào chénzhuó、yào xìxīn.

3. 因为工作单位离家太远，他一再要求调动工作，最近领导已经同意了。

   Yīnwèi gōngzuò dānwèi lí jiā tài yuǎn, tā yízài yāoqiú diàodòng gōngzuò, zuìjìn lǐngdǎo yǐjīng tóngyì le.

一则……二则……　yīzé…èrzé…　(格式)

与"一来……二来……"相同，常用在书面：

Same as "一来…二来…", but is usually used in written language:

1. 老周这次出国，一则应邀出访，二则探亲访友。

   Lǎo Zhōu zhè cì chū guó, yīzé yìngyāo chūfǎng, èrzé tàn qīn fǎng yǒu.

2. 我去年出国探亲，一则语言不通，犹如哑巴，二则人地生疏，寸步难行，只得提前返里。

   Wǒ qùnián chū guó tàn qīn, yīzé yǔyán bù tōng, yóurú yǎba, èrzé rén dì shēngshū, cùn bù nán xíng, zhǐdé tíqián fǎn lǐ.

有时也可说"一则……再则……"或"一则……二则……三则……"。

Can also be said as "一则…再则…"or"一则…二则…三则…".

一直　yīzhí　(副词)

A. 表示某种动作、行为在一定的时间里不间断地进行，或某种情况、状态在一段时间里始终不变；可修饰否定形式：

"All along"; "continuously"; can modify negative forms:

1. 母亲留下的那笔款子，一直存在银行里。

   Mǔqin liúxià de nà bǐ kuǎnzi, yìzhí cún zài yínháng li.

2. 到现在我还一直没吃过蛇肉。

   Dào xiànzài wǒ hái yìzhí méi chīguo shé ròu.

3. 他的起居、饮食一直不正常，所以他的健康状况很差。

   Tā de qǐjū、 yǐnshí yìzhí bú zhèngcháng, suǒyǐ tā de jiànkāng zhuàngkuàng hěn chà.

B. 表示动作向着一个方向不中断地前进；不能修饰否定形式：

"Straight on"; cannot modify negative structures:

1. 顺着河边一直向前走，就是游泳场。

   Shùnzhe hé biān yìzhí xiàng qián zǒu, jiù shì yóuyǒngchǎng.

2. 他骑自行车上班，一直骑到公司，只用二十分钟。

Tā qí zìxíngchē shàng bān, yìzhí qí dào gōngsī, zhǐ yòng èrshí fēn zhōng.

一准　yīzhǔn　（副词）

有"一定""必定"的意思，用得较少，不受否定词修饰：

Same as "一定"，"必定"，but is not frequently used and cannot be modified by any negative word：

1. 你们的婚礼你伯伯表示一准来参加。

　　Nǐmen de hūnlǐ nǐ bóbo biǎoshì yìzhǔn lái cānjiā.

2. 这个小包里包着什么，你一准猜不着。

　　Zhège xiǎo bāo li bāozhe shénme, nǐ yìzhǔn cāi bu zháo.

一总　yīzǒng　（副词）

A. 表示合在一起（计算），有"一共"的意思，可修饰否定形式：

Same as "一共"；"in total"；"altogether"；can modify negative structures：

1. 我家每月生活费一总要五百元左右。

　　Wǒ jiā měi yuè shēnghuó fèi yìzǒng yào wǔbǎi yuán zuǒyòu.

2. 他这次出国游览了三个国家，一总不到半个月。

　　Tā zhè cì chū guó yóulǎnle sān ge guójiā, yìzǒng bú dào bàn ge yuè.

B. 与"一块儿""全都"相当，表示几件事作为一个整体处理：

Same as "一块儿" or "全都"；"as a whole"：

1. 他把多年积累的资料一总交给我保存。

　　Tā bǎ duō nián jīlěi de zīliào yìzǒng jiāo gěi wǒ bǎocún.

2. 这个单位的财务和一般行政事务一总由他负责。

　　Zhège dānwèi de cáiwù hé yībān xíngzhèng shìwù yìzǒng yóu tā fùzé.

依　yī　（介词）

指出做某事的依据，宾语多于一个音节时，可带"着"：

"According to"；if the object has more than one syllable "依" can take "着"：

1. 对制造、出售假冒商品者，应依法严惩。

　　Duì zhìzào、chūshòu jiǎmào shāngpǐnzhě, yīng yī fǎ yán chéng.

2. 千头万绪，事情繁多，总得依次解决吧！

　　Qiān tóu wàn xù, shìqing fánduō, zǒngděi yī cì jiějué ba!

3. 我们必须依着职工代表大会的决议办理才行。

　　Wǒmen bìxū yīzhe zhígōng dàibiǎo dàhuì de juéyì bànlǐ cái xíng.

"依……看（说）"，表示根据某人的看法或意见，作插入语，多用在句子的开头，后边可有停顿：

"依…看（说）"indicates the opinion of a certain person, is used as a parenthesis at the head of the sentence and can be followed by a pause：

1. 依我看，你有这么好的基础，应该考研究生。

   Yī wǒ kàn, nǐ yǒu zhème hǎo de jīchǔ, yīnggāi kǎo yánjiūshēng.

2. 依你说，要把这个孩子教育好该用什么办法？

   Yī nǐ shuō, yào bǎ zhè ge háizi jiàoyùhǎo gāi yòng shénme bànfǎ?

依次　yīcì　（副词）〈书〉

按照某种顺序（做某事）：

(Do sth.) "in proper order":

1. 会前，代表们依次入座；会后，代表们依次退场。

   Huì qián, dàibiǎomen yīcì rù zuò; huì hòu, dàibiǎomen yīcì tuì chǎng.

2. 火车到站后，乘客依次上车，秩序井然。

   Huǒchē dào zhàn hòu, chéngkè yīcì shàng chē, zhìxù jǐngrán.

依旧　yījiù　（副词）

表示某种行为或状态跟原来一样，没有改变，多用在书面；可修饰否定形式：

"As before"; can modify negative structures, and is usually used in written language:

1. 公园门口的一对石狮子，直到现在依旧蹲在大门两边守卫着。

   Gōngyuán ménkǒu de yí duì shí shīzi, zhídào xiànzài yījiù dūn zài dà mén liǎng biān shǒuwèizhe.

2. 雨虽已停，而天空依旧阴沉沉的。

   Yǔ suī yǐ tíng, ér tiānkōng yījiù yīnchénchén de.

3. 三十年未见，她的神采依旧不减当年。

   Sānshí nián wèi jiàn, tā de shéncǎi yījiù bù jiǎn dāngnián.

依然　yīrán　（副词）

与"依旧"相同，表示跟原来一样，没有改变，多用在书面；可修饰否定形式：

Same as "依旧", can modify negative structures and is mostly used in written language:

1. 村子里的那座古寺，以及寺里的几株翠柏苍松依然是三十年前的老样子。

   Cūnzi lǐ de nà zuò gǔ sì, yǐjí sì lǐ de jǐ zhū cuìbǎi cāngsōng yīrán shì sānshí nián qián de lǎo yàngzi.

2. 他被劳教三年，恶习依然不改，真是不可救药。

   Tā bèi láojiào sān nián, èxí yīrán bù gǎi, zhēn shì bù kě jiù yào.

依稀　yīxī　（副词）〈书〉

有"模模糊糊""隐隐约约"的意思：

"Vaguely"; "dimly":

1. 墙上至今依稀可见二三十年前留下的标语字迹。

Qiángshàng zhǐ jīn yīxī kě jiàn èr – sānshí nián qián liúxià de biāoyǔ zìjì.

2. 我年近古稀,但童年趣事仍可依稀记起。

Wǒ nián jìn gǔxī, dàn tóngnián qùshì réng kě yīxī jìqǐ.

依照　yīzhào　(介词)

与"依"相同,宾语必须多于一个音节:

Same as "依", but the object must be more than one syllable:

1. 依照工商局的法规,对农贸市场进行严格整顿。

Yīzhào gōngshāngjú de fǎguī, duì nóngmào shìchǎng jìnxíng yángé zhěngdùn.

2. 他家这次的丧事都是依照老人生前的嘱咐办理的。

Tā jiā zhè cì de sāngshì dōu shì yīzhào lǎorén shēngqián de zhǔfu bànlǐ de.

3. 此项工程要依照原来计划如期竣工。

Cǐ xiàng gōngchéng yào yīzhào yuánlái jìhuà rúqī jùngōng.

咦　yí　(叹词)

表示惊疑:

Indicates bewilderment:

1. 咦?你才三十岁就有这么大的儿子了?

Yí? nǐ cái sānshí suì jiù yǒu zhème dà de érzi le?

2. 这地方明明有一家老字号,是专卖布鞋的,咦?怎么现在找不到了?

Zhè dìfang míngmíng yǒu yì jiā lǎozìhào, shì zhuān mài bùxié de, yí? Zěnme xiànzài zhǎo bu dào le?

已　yǐ　(副词)

意义、用法跟"已经"相同,与"未"相对;多用在书面:

Same as "已经", contrary to "未", occurs mostly in written language:

1. 宿舍楼的内装修已近尾声,职工不日即可迁入新居。

Sùshè lóu de nèi zhuāngxiū yǐ jìn wěishēng, zhígōng búrì jí kě qiānrù xīnjū.

2. 小女已于昨晚平安抵达广州,请勿念!

Xiǎo nǚ yǐ yú zuó wǎn píng'ān dǐdá Guǎngzhōu, qǐng wù niàn!

3. 宝宝已三岁,还不会走路,妈妈感到不安。

Bǎobao yǐ sān suì, hái bú huì zǒu lù, māma gǎndào bù'ān.

已经　yǐjīng　(副词)

A. 表示某种行为、动作、情况在此之前就完成或发生了;可修饰否定形式:

"Already"; can modify negative structures:

1. 那件不愉快的事我已经忘得无影无踪了。

　　Nà jiàn bù yúkuài de shì wǒ yǐjīng wàng de wú yǐng wú zōng le.

2. 秋天了,树叶子已经黄了。

　　Qiūtiān le, shù yèzi yǐjīng huáng le.

3. 他爷爷已经不在人世了。

　　Tā yéye yǐjīng bú zài rénshì le.

B. 后面如有数量短语或时间词语,是表示数量多、时间长或时间晚等。

If followed by a numeral-measure phrase or time word, it indicates a large amount, a long period of time or tardiness:

1. 都已经八点了,你怎么还不起床?

　　Dōu yǐjīng bā diǎn le, nǐ zěnme hái bù qǐ chuáng?

2. 开门营业时间已经过了十分钟,店门还没开呢!

　　Kāi mén yíngyè shíjiān yǐjīng guòle shí fēn zhōng, diànmén hái méi kāi ne!

3. 已经冬天了,这个小伙子还没穿棉衣。

　　Yǐjīng dōngtiān le, zhège xiǎohuǒzi hái méi chuān miányī.

以 ¹　yǐ　(连词)〈书〉

用在第二分句前,表示目的,有"为了""为的是""以便"的意思:

Used at the head of the second clause to indicate the aim, same as "为了", "为的是" or "以便":

1. 我们把房间都打扫干净,以迎接远方的客人。

　　Wǒmen bǎ fángjiān dōu dǎsǎo gānjìng, yǐ yíngjiē yuǎnfāng de kèren.

2. 这所大学今年又增加了几个新的专业,以适应社会发展的需要。

　　Zhè suǒ dàxué jīnnián yòu zēngjiāle jǐ ge xīn de zhuānyè, yǐ shìyìng shèhuì fāzhǎn de xūyào.

3. 要多听听各方面的意见,以改进我们的工作。

　　Yào duō tīngting gè fāngmiàn de yìjian, yǐ gǎijìn wǒmen de gōngzuò.

以 ²　yǐ　(介词)

"以"跟名词、形容词、动词词组组成介词结构,在句子里作状语:

Makes up a prepositional structure with a noun, adjective or verb phrase to function as the adverbial adjunct:

A. 指出动作、行为的凭借,有"用""拿"的意思:

Points out the basis of an action and means "用" or "拿":

1. 李老师从教多年,一向以高度负责的精神对待教学工作。

　　Lǐ lǎoshī cóngjiào duō nián, yíxiàng yǐ gāodù fùzé de jīngshén duìdài jiàoxué gōngzuò.

2. 这个商店为了便民,开展了"以旧换新"的业务。

Zhège shāngdiàn wèile biàn mín, kāizhǎnle "yǐ jiù huàn xīn" de yèwù.

B. 指出动作、行为进行的方式,或参加者的身份;有"**按照**""**根据**"的意思:

Points out the manner of an action, or the status of the participant, means "按照"or"根据":

1. 这个村子每户都有存款,如果每户以五千元计算,那么全村八十户存款就达四十万元。

Zhège cūnzi měi hù dōu yǒu cúnkuǎn, rúguǒ měi hù yǐ wǔqiān yuán jìsuàn, nàme quán cūn bāshí hù cúnkuǎn jiù dá sìshí wàn yuán.

2. 今天我是以校友的身份参加这个研讨会的。

Jīntiān wǒ shì yǐ xiàoyǒu de shēnfèn cānjiā zhège yántǎohuì de.

C. 指出原因,有"**因为**""**由于**"的意思:

Points out the cause and means "因为"or"由于":

1. 我们以生活在北京感到荣幸!

Wǒmen yǐ shēnghuó zài Běijīng gǎndào róngxìng!

2. 那个厂以生产陶瓷闻名全国。

Nàge chǎng yǐ shēngchǎn táocí wénmíng quán guó.

"以……来说"常作插入语,多用来举例:

"以…来说"often functions as a parenthesis to cite an example:

3. 以实践的能力来说,我比不了他,但以理论素养来说,他又不如我了。

Yǐ shíjiàn de nénglì lái shuō, wǒ bǐ bu liǎo tā, dàn yǐ lǐlùn sùyǎng lái shuō, tā yòu bùrú wǒ le.

以便　yǐbiàn　(连词)

用在第二分句的前边,表示前面所说的使后一部分所说的目的可以实现:

"So that""in order to", is used at the head of the second clause:

1. 大家好好休息两天,以便投入更紧张的工作。

Dàjiā hǎohāo xiūxi liǎng tiān, yǐbiàn tóurù gèng jǐnzhāng de gōngzuò.

2. 他把学过的词汇都写在一个小本子上,以便随时翻看、复习。

Tā bǎ xuéguo de cíhuì dōu xiě zài yí ge xiǎo běnzi shang, yǐbiàn suíshí fān kàn, fùxí.

3. 旅行时要带些常用药,以便需要时服用。

Lǚxíng shí yào dài xiē chángyòng yào, yǐbiàn xūyào shí fúyòng.

以及　yǐjí　(连词)

同"和",连接并列的主语或宾语等,不能连接分句,"以及"前可以停顿;多用于书面语:

Same as "和", connects parallel subjects or objects etc. but cannot connect clauses. There is a pause in front of "以及". It is usually used in the written language:

1. 这些立交桥、高楼以及一条条宽阔的公路，都是最近几年修建的。

   Zhèxiē lìjiāoqiáo、gāo lóu yǐjí yì tiáotiáo kuānkuò de gōnglù, dōu shì zuìjìn jǐ nián xiūjiàn de.

2. 医生说他应该多吃西红柿、苹果、蔬菜以及其他含维生素 C 多的东西。

   Yīshēng shuō tā yīnggāi duō chī xīhóngshì、píngguǒ、shūcài yǐjí qítā hán wéishēngsù C duō de dōngxi.

3. 她真能干，要上班、参加社会活动以及教育子女、做家务，样样都干得很好。

   Tā zhēn nénggàn, yào shàng bān、cānjiā shèhuì huódòng yǐjí jiàoyù zǐnǚ、zuò jiāwù, yàngyàng dōu gàn de hěn hǎo.

以来   yǐlái   （助词）

用在表示时点或时段的词语后边，表示从过去某一时点或某一时段，到说话时为止这一段时间；有时前面有"从""自""自从"等与"以来"呼应；"……以来"在句子里作状语或定语：

"以来" used after a word or phrase indicating a point of time or a period of time to mean the stretch of time from that point or period until now, sometimes there is "从", "自" "自从" etc. to go with "以来". "…以来" usually functions as the adverbial adjunct or attributive:

1. 开学以来，我还没跳过一次舞。

   Kāi xué yǐlái, wǒ hái méi tiàoguo yí cì wǔ.

2. 他母亲身体不好，自今年入冬以来很少出来走动。

   Tā mǔqin shēntǐ bù hǎo, zì jīnnián rù dōng yǐlái hěn shǎo chūlai zǒudòng.

3. 最近几个星期以来，他每天下午都打网球。

   Zuìjìn jǐ ge xīngqī yǐlái, tā měi tiān xiàwǔ dōu dǎ wǎngqiú.

4. 在家长会上，老师把学生入学以来的学习情况向家长们作了介绍。

   Zài jiāzhǎng huì shang, lǎoshī bǎ xuésheng rù xué yǐlái de xuéxí qíngkuàng xiàng jiāzhǎngmen zuòle jièshào.

以免   yǐmiǎn   （连词）

用在后一分句的开头，表示前一分句所说的可使后一分句所说的结果不会发生：

Used at the head of the second clause to indicate that the content of the first clause can avoid what is related in the second clause:

1. 你一定要记住交通规则,以免在开车时出问题。

   Nǐ yídìng yào jìzhù jiāotōng guīzé, yǐmiǎn zài kāi chē shí chū wèntí.

2. 到上海后,你马上打电话来,以免家里人惦念。

   Dào Shànghǎi hòu, nǐ mǎshàng dǎ diànhuà lái, yǐmiǎn jiālǐ rén diànniàn.

3. 动身前要做好准备,以免临时手忙脚乱。

   Dòng shēn qián yào zuòhǎo zhǔnbèi, yǐmiǎn línshí shǒu máng jiǎo luàn.

以……为……　yǐ…wéi…　(格式)

A. 有"拿……作为……"或"把……当作……"的意思;"以"和"为"的宾语多是名词性的词语;常作谓语或定语:

Means "拿…作为…" or "把…当作…". The objects of "以" and "为" are nouns or noun phrases. The structure usually functions as the predicate or attributive:

1. 中国是个人口众多的国家, 任何时候都不可偏离以农业为基础这一根本方向。

   Zhōngguó shì ge rénkǒu zhòngduō de guójiā, rènhé shíhòu dōu bù kě piānlí yǐ nóngyè wéi jīchǔ zhè yì gēnběn fāngxiàng.

2. 以公司经理为团长的代表团将于下月出国访问。

   Yǐ gōngsī jīnglǐ wéi tuánzhǎng de dàibiǎotuán jiāng yú xià yuè chū guó fǎngwèn.

B. 这个格式表示在前面提到的总体事物里,哪一部分在某一方面最突出;多作谓语:

This structure can be used to point out the most outstanding portion among the aforementioned whole lot:

1. 中国的少数民族以云南省为最多。

   Zhōngguó de shǎoshù mínzú yǐ Yúnnán shěng wéi zuì duō.

2. 白酒要以贵州茅台酒为最驰名。

   Báijiǔ yào yǐ Guìzhōu máotáijiǔ wéi zuì chímíng.

C. 有"认为……是……"的意思;"以"和"为"的宾语多是动词性或形容词性的词语;常作谓语:

Means "认为…是…". The objects of "以" and "为" are usually verbs or adjectives. The structure often functions as the predicate:

1. 我们应该以劳动为荣,以不劳而获为耻。

   Wǒmen yīnggāi yǐ láodòng wéi róng, yǐ bù láo ér huò wéi chǐ.

2. 他以苦为乐,锻炼自己的意志。

Tā yǐ kǔ wéi lè, duànliàn zìjǐ de yìzhì.

以至　　yǐzhì　　（连词）

A. 连接词或短语（多为体词性的），表示在时间、数量、程度、范围上的扩大和延伸：

Connects words or phrases to show enlargement or extension in time, quantity, degree or range：

1. 这篇文章，他改了一遍、两遍以至三遍，还不满意。

Zhè piān wénzhāng, tā gǎile yí biàn, liǎngbiàn yǐzhì sān biàn, hái bù mǎnyì.

2. 估计今年、明年以至后年，我们研究室的主要任务就是编写这部汉英词典。

Gūjì jīnnián, míngnián yǐzhì hòunián, wǒmen yánjiūshì de zhǔyào rènwu jiù shi biānxiě zhè bù Hàn Yīng cídiǎn.

3. 在这个工厂里不重视纪律以至违反纪律受到处分的事，常常发生。

Zài zhège gōngchǎng li bú zhòngshì jìlǜ yǐzhì wéifǎn jìlǜ shòudào chǔfèn de shì, chángcháng fāshēng.

4. 他给我介绍了他家乡的主要出产，人民生活状况，以至风俗习惯等。

Tā gěi wǒ jièshàole tā jiāxiāng de zhǔyào chūchǎn, rénmín shēnghuó zhuàngkuàng, yǐzhì fēngsú xíguàn děng.

B. 前一分句表示情况、动作等的程度深，"以至"用在后一分句的开头，引出产生的结果：

The first clause relates sth. of a very high degree, and "以至" is used in the second clause to introduce the deduced result：

1. 中学时的语文老师对我的帮助非常大，以至我毕业后二十多年来一直与他保持联系。

Zhōngxué shí de yǔwén lǎoshī duì wǒ de bāngzhù fēicháng dà, yǐzhì wǒ bì yè hòu èrshí duō nián lái yǐzhì yǔ tā bǎochí liánxì.

2. 形势发展得太快了，以至使人们感到吃惊。

Xíngshì fāzhǎn de tài kuài le, yǐzhì shǐ rénmen gǎndào chījīng.

3. 她全神贯注地在进行一项实验，以至有人进实验室来，她都没有察觉。

Tā quán shén guàn zhù de zài jìnxíng yí xiàng shíyàn, yǐzhì yǒu rén jìn shíyànshì lái, tā dōu méiyǒu chájué.

参看"以至于"。

Compare "以至于" yǐzhìyú.

以致　　yǐzhì　　（连词）

用在后一分句的开头，表示由于前面的原因造成后面的结果（多为不好的或说话人所不希望的）：

Used at the head of the second clause to introduce the result, usually undesirable, caused by the reason or cause related in the first clause:

1. 他骄傲自满，脱离群众，以致受到同学们的批评。

Tā jiāo'ào zìmǎn, tuōlí qúnzhòng, yǐzhì shòudào tóngxuémen de pīpíng.

2. 都怪你总是犹豫不决，错过了报名时间，以致失去了一次学习机会。

Dōu guài nǐ zǒngshì yóuyù bù jué, cuòguòle bào míng shíjiān, yǐzhì shīqule yí cì xuéxí jīhuì.

3. 施肥过多，浇水太少，以致树叶子全都变黄了。

Shī féi guò duō, jiāo shuǐ tài shǎo, yǐzhì shù yèzi quán dōu biàn huáng le.

以至于　yǐzhìyú　（连词）

A. 同"以至"A:

Same as "以至"A:

1. 这个消息很快传遍全市，以至于全国。

Zhège xiāoxi hěn kuài chuánbiàn quán shì, yǐzhìyú quán guó.

2. 他的学习最近退步了，常常得3分，以至于不及格。

Tā de xuéxí zuìjìn tuìbù le, chángcháng dé sān fēn, yǐzhìyú bù jígé.

3. 这次考察我们要去很多地方，南方、北方以至于西北边远地区。

Zhè cì kǎochá wǒmen yào qù hěn duō dìfāng, nánfāng, běifāng yǐzhìyú xīběi biānyuǎn dìqū.

B. 同"以至"B:

Same as "以至" B:

1. 他睡得太熟了，以至于外边的鞭炮声都没把他吵醒。

Tā shuì de tài shú le, yǐzhìyú wàibian de biānpào shēng dōu méi bǎ tā chǎoxǐng.

2. 我太激动了，以至于一时不知该说什么好。

Wǒ tài jīdòng le, yǐzhìyú yìshí bù zhī gāi shuō shénme hǎo.

3. 他的病初起时没及时治疗，以至于发展成大病，住院了。

Tā de bìng chū qǐ shí méi jíshí zhìliáo, yǐzhìyú fāzhǎn chéng dà bìng, zhù yuàn le.

亦　yì　（副词）〈书〉

与"也"相当，表示同样：

"Also"; "too":

1. 马铃薯在某些地区亦称洋芋、土豆儿、山药蛋。

Mǎlíngshǔ zài mǒu xiē dìqū yì chēng yángyù, tǔdòur, shānyàodàn.

2. 严重的心脏病患者不宜下床,亦不宜大动。

Yánzhòng de xīnzàngbìng huànzhě bùyí xià chuáng, yì bùyí dà dòng.

"亦"有时跟"即"连用,跟"也就是"相当,表示说明上文:

"亦" sometimes is followed by "即", and means "也就是":

3. 中国文学史上所谓"三苏",亦即苏洵及其子苏轼、苏辙。

Zhōngguó wénxuéshǐ shang suǒwèi "sānsū", yì jí Sū Xún jí qí zǐ Sū Shì、Sū Zhé.

毅然 yìrán （副词）〈书〉

表示行动果断、坚决,毫不犹豫:

"Resolutely"; "firmly":

1. 他跟单位负责人发生了口角,于是毅然决定辞职。

Tā gēn dānwèi fùzérén fāshēngle kǒujué, yúshì yìrán juédìng cí zhí.

2. 小周在国外听了祖国代表团宣讲的政治、经济形势和各项政策之后, 便毅然表示近期返国工作。

Xiǎo Zhōu zài guó wài tīngle zǔguó dàibiǎotuán xuānjiǎng de zhèngzhì、jīngjì xíngshì hé gè xiàng zhèngcè zhī hòu, biàn yìrán biǎoshì jìnqī fǎn guó gōngzuò.

因 yīn （连词）

基本同"因为",表示原因。但所引进的原因分句一定在结果分句前面:

Basically the same as "因为", but the clause of reason must precede the result clause:

1. 因时间有限,我只能简单地讲讲事情发生的经过。

Yīn shíjiān yǒuxiàn, wǒ zhǐ néng jiǎndān de jiǎngjiang shìqing fāshēng de jīngguò.

2. 因分别时间太久,我们彼此都感到有些陌生。

Yīn fēnbié shíjiān tài jiǔ, wǒmen bǐcǐ dōu gǎndào yǒuxiē mòshēng.

3. 他因不能胜任这个工作,调去干别的了。

Tā yīn bù néng shèngrèn zhège gōngzuò, diào qu gàn biéde le.

因此 yīncǐ （连词）

用在表示结果或结论的句子、分句或段落的开头,有"因为这个……"的意思,后面有停顿:

"Hence", "for this reason", usually followed by a pause:

A. 用在表示因果关系的复句中,前一分句有时有"由于"与其呼应:

Used in a complex sentence of causative relation and the first clause can use "由

于":

1. 这是一种亚热带植物,因此,在温带不易培植。

   Zhè shì yì zhǒng yàrèdài zhíwù, yīncǐ, zài wēndài bú yì péizhí.

2. 连下了几天大雨,山洪暴发,由于早有准备,因此没有造成灾害。

   Lián xiàle jǐ tiān dà yǔ, shānhóng bàofā, yóuyú zǎo yǒu zhǔnbèi, yīncǐ méiyǒu zàochéng zāihài.

3. 她是广东人,但她母亲是北京人,因此,她会说标准的北京话。

   Tā shì Guǎngdōng rén, dàn tā mǔqin shì Běijīng rén, yīncǐ, tā huì shuō biāozhǔn de Běijīng huà.

参看"因而"。

Compare "因而" yīn'ér.

B. 放在句和句、段和段之间,连接句以上单位的关系:

Used between sentences and even between paragraphs:

1. 她沉默寡言,平时很少与人联系,因此,不了解她的人都认为她这个
   人很怪。

   Tā chénmò guǎ yán, píngshí hěn shǎo yǔ rén liánxì, yīncǐ, bù liǎojiě tā de rén dōu rènwéi tā zhège rén hěn guài.

2. 这位作家常年住在农村,与农民有着密切的联系,因此,写出的作品
   十分生动、感人。

   Zhè wèi zuòjiā chángnián zhù zài nóngcūn, yǔ nóngmín yǒuzhe mìqiè de liánxì, yīncǐ, xiěchū de zuòpǐn shífēn shēngdòng, gǎnrén.

因而　yīn'ér　(连词)

用于表示因果关系复句的后一分句句首,表示承接上一分句的理由,引出后一分句的结果:

"Thus", "as a result":

1. 他学习努力,因而进步很快。

   Tā xuéxí nǔlì, yīn'ér jìnbù hěn kuài.

2. 水蒸发时要吸收热量,因而洒水可以降低室内的温度。

   Shuǐ zhēngfā shí yào xīshōu rèliàng, yīn'ér sǎ shuǐ kěyǐ jiàngdī shì nèi de wēndù.

3. 由于代表们的意见很不一致,因而这个方案没有通过.

   Yóuyú dàibiǎomen de yìjiàn hěn bù yízhì, yīn'ér zhège fāng'àn méiyǒu tōngguò.

因为　yīnwèi　(连词)

表示原因,多用于复句中前一分句;后一分句多有"所以""就""才"等与之呼应:

"Since", usually used in the first clause and "所以""就"or"才"etc. is used in the second clause：

1. 因为近来太忙,所以没及时回信。

　　Yīnwèi jìnlái tài máng,suǒyǐ méi jíshí huí xìn.

2. 因为我还没去过长城,我就跟朋友一起去了。

　　Yīnwèi wǒ hái méi qùguò Chángchéng,wǒ jiù gēn péngyou yìqǐ qù le.

3. 因为下雪路滑,车开得慢,所以现在才到。

　　Yīnwèi xià xuě lù huá,chē kāi de màn,suǒyǐ xiànzài cái dào.

"因为"在句首时可以省略,尤其是后面有"所以"的时候,如上面的例子。

"因为"at the head of a sentence can be omitted especially when there is "所以…".

有时表示原因的分句在后,表示结果的分句在前,这种情况只用"因为",不用"所以"：

If the clause of reason follows the clause of result, only "因为"is used,and "所以" must not appear：

4. 飞机不能按时起飞,因为下浓雾。

　　Fēijī bù néng ànshí qǐfēi,yīnwèi xià nóng wù.

5. 我翻译不了这篇文章,因为汉语水平太低。

　　Wǒ fānyì bù liǎo zhè piān wénzhāng,yīnwèi Hànyǔ shuǐpíng tài dī.

如果要特别强调两个事物之间的因果关系,可以用"……(之)所以……是因为"：

If one wants to stress the relation of cause and effect, one can use the structure "…(之)所以…是因为…"：

6. 他的发言之所以受到好评,是因为他说出了大家都想说的话。

　　Tā de fāyán zhī suǒyǐ shòudào hǎo píng,shì yīnwèi tā shuōchūle dàjiā dōu xiǎng shuō de huà.

硬　yìng　（副词）

表示不顾客观条件或对方愿望,强行做某事;可修饰否定形式：

"Arbitrarily"; "forcibly"：

1. 不论学习哪种语言,恐怕都要先理解后记忆,不能死记硬背。

　　Búlùn xuéxí nǎ zhóng yǔyán, kǒngpà dōu yào xiān lǐjiě hòu jìyì, bù néng sǐ jì yìng bèi.

2. 这个小男孩儿很不讲理,谁的玩具他都要,不给就硬抢。

　　Zhège xiǎo nánháir hěn bù jiǎng lǐ,shuí de wánjù tā dōu yào,bù gěi jiù yìng qiǎng.

3. 联欢会上,大家欢迎她来个节目,她硬是不答应。

　　Liánhuānhuì shang, dàjiā huānyíng tā lái ge jiémù, tā yìng shì bù dāying.

哟　yō　（叹词）

表示轻微的惊异：

Indicates a slight surprise：

1. 哟，是老张啊，我当是孩子敲门哪！

Yō,shì Lǎo Zhāng a,wǒ dàng shì háizi qiāo mén na!

2. 哟，李师傅，好久不见了，您还好？

Yō,Lǐ shīfu,hǎojiǔ bú jiàn le,nín hái hǎo?

哟　yo　（语气助词）

表示感叹或祈使的语气：

Indicates exclamation or imperative：

1. 小明哟!你怎么把衣服弄得这么脏哟!

Xiǎo Míng yo! Nǐ zěnme bǎ yīfu nòng de zhème zāng yo!

2. 同志们快来帮忙哟!小王晕过去了!

Tóngzhìmen kuài lái bāng máng yo! Xiǎo Wáng yūn guòqu le!

永　yŏng　（副词）

跟"永远"相同，表示时间久，无终止，指将来；多用在书面；多修饰否定形式：

Same as "永远", but occurs mostly in written language and usually modifies negative structures：

1. 两位老人毅然把那不肖之子赶了出去，永不许再登家门。

Liǎng wèi lǎorén yìrán bǎ nà búxiào zhī zǐ gǎnle chuqu,yǒng bù xǔ zài dēng jiā mén.

2. 在战争年代他失去了双腿，从此，站立和行走对他已是永无可能了。

Zài zhànzhēng niándài tā shīqùle shuāng tuǐ,cóngcǐ,zhànlì hé xíngzǒu duì tā yǐ shì yǒng wú kěnéng le.

"永"＋不＋动词结构"形成四字短语，节奏感强，多用来表示意志和决心，如"永不掉队""永不后退""永不变心"等：

"永＋不＋verb phrase "forms a 4-character phrase mostly used to show resolution ，such as "永不掉队"，"永不后退""永不变心"etc：

3. 为了挽救小宝贝的生命，妈妈情愿把全身的鲜血都输给孩子，也永不后悔。

Wèile wǎnjiù xiǎo bǎobèi de shēngmìng, māma qíngyuàn bǎ quán shēn de xiānxuè dōu shū gěi háizi,yě yǒng bú hòuhuǐ.

永远　yŏngyuǎn　（副词）

表示某种动作、状态或情况一直持续下去；可修饰否定形式：

"Forever""always";can modify negative structures:

1. 儿童永远需要全社会的保护。

　　Értóng yǒngyuǎn xūyào quán shèhuì de bǎohù.

2. 王大夫给了他第二次生命,这种恩情他永远不会忘记。

　　Wáng dàifu gěile tā dì'èr cì shēngmìng, zhè zhǒng ēnqíng tā yǒngyuǎn bú huì wàngjì.

3. 祝你永远年轻!

　　Zhù nǐ yǒngyuǎn niánqīng!

哟　yōu　(叹词)

表示惊异:

Indicates surprise:

1. 哟!盆里的花儿都旱死了!

　　Yōu! pén lǐ de huār dōu hànsi le!

2. 哟!买戏票的人可真多呀!

　　Yōu! Mǎi xìpiào de rén kě zhēn duō ya!

尤　yóu　(副词)〈书〉

与"尤其"相同,但不能用在句首,多修饰单音节词:

Same as "尤其", but cannot occur at the head of a sentence and mostly modifies monosyllabic verbs:

1. 此地盛产茶叶,尤以龙井著称。

　　Cǐ dì shèng chǎn cháyè, yóu yǐ lóngjǐng zhùchēng.

2. 这种练习方式很好,初学外语者尤应采用。

　　zhè zhǒng liànxí fāngshì hěn hǎo, chū xué wàiyǔ zhě yóu yīng cǎiyòng.

尤其　yóuqí　(副词)

在几种同类或类似的事物或情况中,指出突出的一个,突出的如果是主语之一,"尤其"可在突出的主语前:

"Specially"; "particularly". If what it modifies is one of the subjects, "尤其" can precede it:

1. 全体同学,尤其女同学,把教室打扫得干干净净。

　　Quántǐ tóngxué, yóuqí nǚ tóngxué, bǎ jiàoshì dǎsǎo de gāngānjìngjìng.

2. 医务工作者,尤其搞护理工作的,他们的任务最重,工作最累。

　　Yīwù gōngzuòzhě, yóuqí gǎo hùlǐ gōngzuò de, tāmen de rènwù zuì zhòng, gōngzuò zuì lèi.

"尤其"可在谓语前:

"尤其"can precede the predicate:

3. 我们弟兄几个一直向往部队生活，小弟弟尤其想当一名空军飞行
员。

Wǒmen dìxiōng jǐ ge yìzhí xiàngwǎng bùduì shēnghuó, xiǎo dìdi yóuqí
xiǎng dāng yì míng kōngjūn fēixíngyuán.

突出的如果是宾语之一，"尤其"多在动词前：

If it refers to one of the objects, it usually occurs before the verb:

4. 我最怕动物，尤其怕狗。

Wǒ zuì pà dòngwù, yóuqí pà gǒu.

突出的也可以是状语，"尤其"多在状语前：

If it refers to the adverbial, it precedes the adverbial:

5. 我家近几年农业收成都不错，尤其去年，玉米就收了好几千斤。

Wǒ jiā jìn jǐ nián nóngyè shōuchéng dōu búcuò, yóuqí qùnián, yùmǐ jiù
shōule hǎo jǐ qiān jīn.

"尤其"后有时可带"是"，不影响意思：

"尤其"sometimes takes "是" after it without affecting the meaning:

6. 我至今仍不习惯中国北方的气候，尤其是冬季。

Wǒ zhì jīn réng bù xíguàn Zhōngguó běifāng de qìhòu, yóuqí shì
dōngjì.

尤为　yóuwéi　（副词）〈书〉

有"更加"的意思，在比较中表示程度上又深了一层；多修饰形容性词语：

"More"; "even more"; "particularly", mostly modifies adjectives and adjectival
phrases:

1. 这座古寺修缮之后尤为壮丽。

Zhè zuò gǔ sì xiūshàn zhī hòu yóuwéi zhuànglì.

2. 经过业余体校的培训，他们三个人的成绩都不错，尤为突出的是小
李。

Jīngguò yèyú tǐxiào de péixùn, tāmen sān ge rén de chéngjì dōu
búcuò, yóuwéi tūchū de shì Xiǎo Lǐ.

3. 对大家我都比较熟悉，可是对老王我尤为了解。

Duì dàjiā wǒ dōu bǐjiào shúxi, kěshì duì Lǎo Wáng wǒ yóuwéi liǎojiě.

由　yóu　（介词）

A. 指出动作的主体，表示职责归属；"由"与名词性词语组成介宾短语作状
语：

Points out who is responsible, "由…"makes up a P – O structure to function as
an adverbial adjunct:

1. 门前卫生由各户自己打扫。

Mén qián wèishēng yóu gè hù zìjǐ dǎsǎo.

2. 今天班务会由班长小张当主席。

Jīntiān bānwùhuì yóu bānzhǎng Xiǎo Zhāng dāng zhǔxí.

3. 这种名优产品是由一个国营大厂制造的。

Zhè zhǒng míngyōu chǎnpǐn shì yóu yí ge guó yíng dà chǎng zhìzào de.

B. 表示原因、方式或事物构成的成分；"由"与名词性词语或动词性词语组成介宾短语作状语：

Indicates the cause, manner or the different parts of a structure, "由"makes up a P – O structure with a noun (noun phrase)or a verb (verb phrase)to function as the adverbial adjunct:

1. 他的肺炎是由感冒引起的。

Tā de fèiyán shì yóu gǎnmào yǐnqǐ de.

2. 学校教代会由民主选举产生。

Xuéxiào jiàodàihuì yóu mínzhǔ xuǎnjǔ chǎnshēng.

3. 那座教学大楼是由中间的主楼和两边的配楼组成的。

Nà zuò jiàoxué dàlóu shì yóu zhōngjiān de zhǔlóu hé liǎngbiān de pèilóu zǔchéng de.

C. 表示时间、空间的起点，与"从"相当；"由"与时间或处所词语组成介宾短语作状语：

Indicates the starting point of time or space, same as"从", "由"makes up a P – O structure with a time word or place word to function as an adverbial adjunct:

1. 我们每天由上午八点上课。

Wǒmen měi tiān yóu shàngwǔ bādiǎn shàng kè.

2. 他们由现在到八月放暑假。

Tāmen yóu xiànzài dào bāyuè fàng shǔjià.

3. 由北京西郊到城区并不太远。

Yóu Běijīng xījiāo dào chéngqū bìng bú tài yuǎn.

4. 这是由广州运来的所谓南味点心。

Zhè shì yóu Guǎngzhōu yùnlái de suǒwèi nánwèir diǎnxin.

D. 表示事物的范围、发展、变化的起点，与"从"相当；"由"与名词性词语、动词性词语或形容性词语组成介宾短语作状语：

Indicates the starting point of the range, development , or change , about the same as"从". "由" makes a P – O phrase with a noun , verb or adjective to function as an adverbial adjunct:

1. 计划生育是中国的国策，由城市到农村，都要认真贯彻执行。

Jìhuà shēngyù shì Zhōngguó de guócè, yóu chéngshì dào nóngcūn, dōu yào rènzhēn guànchè zhíxíng.

2. 学习一门科学知识，由不懂到完全掌握，必须经过一个艰苦努力的学习过程。

Xuéxí yì mén kēxué zhīshi, yóu bù dǒng dào wánquán zhǎngwò, bìxū jīngguò yí ge jiānkǔ nǔlì de xuéxí guòchéng.

3. 这件紫色的衬衣，才洗了两水，颜色就由深变浅了。

Zhè jiàn zǐsè de chènyī, cái xǐle liǎng shuǐ, yánsè jiù yóu shēn biàn qiǎn le.

E. 表示经过的路线、场所，与"从"相当；"由"与处所词语或方位词语组成介宾短语作状语：

Indicates the line passed through, same as "从", "由" makes up a P–O phrase with a place word or phrase, or a noun or phrase of locality to function as an adverbial adjunct:

1. 汽车由盘山公路缓缓驶过。

Qìchē yóu pánshān gōnglù huǎnhuǎn shǐguò.

2. 新修的那条铁路由北而南穿行五个省市。

Xīn xiū de nà tiáo tiělù yóu běi ér nán chuānxíng wǔ ge shěngshì.

F. "由此可见""由此可知""由此看来"是常见的插入语，表示从前面论述时情况可以得出以下结论：

"由此可见""由此可知""由此看来" are very common parenthetical phrases introducing the conclusion drawn from the foregoing statement:

1. 那位老先生多年坚持早、午、晚散步一小时，现已年逾古稀，由此可见"生命在于运动"这个论断的正确性。

Nà wèi lǎo xiānsheng duō nián jiānchí zǎo, wǔ, wǎn sàn bù yì xiǎoshí, xiàn yǐ nián yú gǔxī, yóu cǐ kě jiàn "shēngmìng zàiyú yùndòng" zhège lùnduàn de zhèngquèxìng.

由不得 yóubude （组合）

A. 表示"不能由……作主"、"不能按……意思去做"；在句中作谓语，后面必带宾语：

"Not be up to sb. to decide", functions as the predicate and must take an object:

1. 某些东西该买不该买，得大人拿主意，由不得孩子。

Mǒu xiē dōngxi gāi mǎi bù gāi mǎi, děi dàrén ná zhǔyi, yóubude háizi.

2. 军队里的命令说一不二，由不得你我。

Jūnduì li de mìnglìng shuō yī bú èr, yóubude nǐ wǒ.

3. 事情要大家民主讨论,由不得谁一人说了算!

Shìqing yào dàjiā mínzhǔ tǎolùn, yóubude shuí yì rén shuōle suàn!

B. 表示不由自主地,作状语:

"Cannot help"; used as an adverbial adjunct:

1. 北京兵乓球队夺得了本届比赛的冠军, 全体运动员和教练员由不得欢呼跳跃起来。

Běijīng pīngpāngqiúduì duódéle běn jiè bǐsài de guànjūn, quántǐ yùndòngyuán hé jiàoliànyuán yóubude huānhū tiàoyuè qǐlai.

2. 孩子的命终于得救了,爸爸妈妈由不得流下了幸福的泪水。

Háizi de mìng zhōngyú déjiù le, bàba māma yóubude liúxiàle xìngfú de lèishuǐ.

表示这种意思的"由不得",也可说成"不由得",意思一样:

"由不得"B can also be said as "不由得":

3. 看完那个小女孩儿的杂技表演,观众都不由得热烈鼓掌。

Kànwán nàge xiǎo nǚháir de zájì biǎoyǎn, guānzhòng dōu bùyóude rèliè gǔ zhǎng.

由于　yóuyú　(介词)

用在句子前一部分,引出原因或理由;宾语可以是主谓结构、动宾结构或名词性词组;可在主语前也可在主语后:

Used in the front part of a sentence to introduce the cause or reason, the object can be a S – P structure, V – O structure or a noun phrase, "由于" can precede the subject or come after it:

1. 由于时间关系,有些问题我只能简略地说一下。

Yóuyú shíjiān guānxi, yǒu xiē wèntí wǒ zhǐ néng jiǎnlüè de shuō yíxià.

2. 两个人由于闹意见只好各干各的了。

Liǎng ge rén yóuyú nào yìjiàn zhǐhǎo gè gàn gè de le.

3. 那项工程由于经费不足停工了。

Nà xiàng gōngchéng yóuyú jīngfèi bùzú tíng gōng le.

有时有"所以""因而""就""才""而"等和"由于"呼应,使因果关系更清楚:

Sometimes "所以", "因而", "就", "才" or "而" is used in conjunction with "由于" to make the cause and effect relation more obvious:

4. 由于大家团结奋战,所以那个艰巨的任务提前一个月完成了。

Yóuyú dàjiā tuánjié fènzhàn, suǒyǐ nàge jiānjù de rènwù tíqián yí ge yuè wánchéng le.

5. 他毕业以后,由于不少朋友的帮助,才在一个包装公司找到个临时工作。

Tā bì yè yǐhòu, yóuyú bù shǎo péngyou de bāngzhù, cái zài yí ge bāozhuāng gōngsī zhǎodào ge línshí gōngzuò.

有时先说明结果,"由于"放在后一部分补说原因:

Sometimes the effect comes first, and "由于" is used in the latter part to tell the reason:

6. 小王被调走了,是由于工作需要。

Xiǎo Wáng bèi diàozǒu le, shì yóuyú gōngzuò xūyào.

犹　yóu　(副词)〈书〉

A. 有"仍然""还"的意思,表示某种情况或状态继续不变:

Same as "仍然" or "还 (hái)" and means "still":

1. 爷爷已是古稀之年,人老犹健,干起活儿来不减当年。

Yéye yǐ shì gǔxī zhī nián, rén lǎo yóu jiàn, gàn qǐ huór lai bù jiǎn dāngnián.

2. 母亲离开我们虽已十年,但至今音容犹在。

Mǔqin líkāi wǒmen suī yǐ shí nián, dàn zhì jīn yīnróng yóu zài.

B. 举出一个突出例子,用"犹"表示即使这样仍然不能达到某标准,其它更不必说了:

An extreme case is cited and "犹" is used to indicate that even such a case would not do, let alone anything else:

1. 全力以赴,分秒必争,犹难胜任,岂敢偷闲!

Quán lì yǐ fù, fēn miǎo bì zhēng, yóu nán shèngrèn, qǐ gǎn tōu xián!

2. 我的身体上半班犹恐不支,上全班谈何容易?

Wǒ de shēntǐ shàng bàn bān yóu kǒng bù zhī, shàng quán bān tán hé róngyì?

辨认:

Note:

"犹"有时是动词,是"如同"的意思,多用在书面:

"犹" sometimes is a verb meaning "be the same as" and occurs mostly in written language:

1. 雷锋是中国人民的好榜样,他虽死犹生。

Léi Fēng shì Zhōngguó rénmín de hǎo bǎngyàng, tā suī sǐ yóu shēng.

2. 过犹不及,在孩子的管理上,管得过严与撒手不管,其后果都是不好的。

Guò yóu bù jí, zài háizi de guǎnlǐ shang, guǎn de guò yán yǔ sā shǒu bù guǎn, qí hòuguǒ dōu shì bù hǎo de.

有点（儿）　yǒudiǎnr　（副词）

也可说"**有一点**"，表示程度浅，多用在不如意，不愉快的事情，可修饰否定形式，很口语化：

"有点" or "有一点儿" means "a little" and occurs before words or phrases of an undesirable nature. It can modify a negative structure and is very colloquial:

1. 你今天的批评，他可真有点儿受不了了。

　　Nǐ jīntiān de pīping, tā kě zhēn yǒudiǎnr shòu bu liǎo le.

2. 为了我的私事麻烦你这么多次，我真有点儿不好意思。

　　Wèile wǒ de sī shì máfan nǐ zhème duō cì, wǒ zhēn yǒudiǎnr bù hǎo yìsi.

3. 这件衣服的领子已经有点儿脏了，洗洗吧。

　　Zhè jiàn yīfu de lǐngzi yǐjīng yǒudiǎnr zāng le, xǐxi ba.

"有点儿"表示某种变化时，没有如意不如意的问题：

When "有点儿" refers to a change, it is not necessarily undesirable:

4. 小明一上了小学，确实有点儿懂事了。

　　Xiǎo Míng yí shàngle xiǎoxué, quèshí yǒudiǎnr dǒng shì le.

5. 西红柿放得有点儿红了，可以吃了。

　　Xīhóngshì fàng de yǒudiǎnr hóng le, kěyǐ chī le.

有……无……　yǒu…wú…　（格式）

A. 这个格式连接两个意义相关的单音节名词，表示缺少有决定意义的部分；多作谓语，状语、定语：

Inserted with two monosyllabic nouns of interrelated meanings to indicate the lack of the crucial element, the structure usually functions as the predicate, adverbial adjunct or attributive:

1. 他那种有气无力的样子，谁见谁难受！

　　Tā nà zhǒng yǒu qì wú lì de yàngzi, shuí jiàn shuí nánshòu!

2. 一把锃亮的汤勺就在桌子上明摆着，可他找了三圈硬没看见，这不是有眼无珠吗？

　　Yì bǎ zèngliàng de tāngsháo jiù zài zhuōzi shang míng bǎizhe, kě tā zhǎole sān quānr yìng méi kànjiàn, zhè búshì yǒu yǎn wú zhū ma?

3. 路旁站着的孩子有声无泪地哭喊，像是无家可归。

　　Lùpáng zhànzhe de háizi yǒu shēng wú lèi de kūhǎn, xiàng shì wú jiā kě guī.

B. 连接两个意义相对的单音节动词或形容词，比单说一个更有力；多作谓语：

Connects two monosyllabic verbs or adjectives of contrary meanings to show emphasis, the structure usually functions as the predicate:

1. 利用公款大吃大喝之风,至今有增无减。

　　Lìyòng gōngkuǎn dà chī dà hē zhī fēng, zhìjīn yǒu zēng wú jiǎn.

2. 中老年人每天有计划地喝一点儿白酒,对舒筋活血有益无害。

　　Zhōng – lǎonián rén měi tiān yǒu jìhuà de hē yìdiǎnr báijiǔ, duì shū jīn huó xuè yǒu yì wú hài.

C. 格式连接两个同一的名词,表示似有似无:

Inserted with one and the same noun to mean only partly and not completely:

1. 他那种有心无心的样子,谁也信不过他!

　　Tā nà zhǒng yǒu xīn wú xīn de yàngzi, shuí yě xìn bu guò tā!

2. 医生确诊那位老人得的是癌症,本来大家都想瞒着他,可是儿子跟老人谈话时,有意无意把话说漏了,想瞒也瞒不住了。

　　Yīshēng quèzhěn nà wèi lǎorén dé de shì áizhèng, běnlái dàjiā dōu xiǎng mánzhe tā, kěshì érzi gēn lǎorén tán huà shí, yǒu yì wú yì bǎ huà shuōlòu le, xiǎng mán yě mán bu zhù le.

有……有……　　yǒu…yǒu…　（格式）

A. 这个格式连接两个意思相对的名词或动词,表示两个方面的情况都有;常作谓语:

Connects two nouns or verbs of contrary meanings to indicate simultaneous actions or coexistence of two states:

1. 小两口儿在一起有说有笑,脾气相投!

　　Xiǎo liǎngkǒur zài yìqǐ yǒu shuō yǒu xiào, píqi xiāngtóu!

2. 别看小张年轻,可他有勇有谋,能干番大事业!

　　Bié kàn Xiǎo Zhāng niánqīng, kě tā yǒu yǒng yǒu móu, néng gàn fān dà shìyè!

B. 格式连接两个意思相近的名词（常常是一个双音节词的两个词素）,表示强调:

Connects two nouns of similar meanings or the two morphemes of a disyllabic word to show emphasis:

1. 他家有钱有势,谁也惹不起!

　　Tā jiā yǒu qián yǒu shì, shuí yě rě bu qǐ!

2. 我年纪虽老,但胃口好,吃什么都有滋有味。

　　Wǒ niánjì suī lǎo, dàn wèikǒu hǎo, chī shénme dōu yǒu zī yǒu wèi.

3. 这位口才不好,不过文章写得有条有理。

　　Zhè wèi kǒucái bù hǎo, búguò wénzhāng xiě de yǒu tiáo yǒu lǐ.

又　yòu　（副词）

A. 表示同一动作重复发生，同一状态重复出现，用于已经成为事实或肯定会成为事实：

"Again"; refers to a fulfilled event or an inevitable event:

1）已经成为事实：

Fulfilled event:

1. 这块表上星期刚修好，今天又坏了。

Zhè kuài biǎo shàng xīngqī gāng xiūhǎo, jīntiān yòu huài le.

2. 上场足球赛甲队输了两个球，这场比赛甲队又输了两个球。

Shàng chǎng zúqiúsài jiǎduì shūle liǎng ge qiú, zhè chǎng bǐsài jiǎduì yòu shūle liǎng ge qiú.

2）肯定会成为事实：

Inevitable event:

1. 后天又到星期天了。

Hòutiān yòu dào xīngqītiān le.

2. 暑假到了，我们又该出去旅游了。

Shǔjià dào le, wǒmen yòu gāi chūqu lǚyóu le.

B. 表示两个不同的动作继续发生：

Indicates that two different actions took place one after another:

1. 这个小伙子开了几年车，现在又当个体户作买卖去了。

Zhège xiǎohuǒzi kāile jǐ nián chē, xiànzài yòu dāng gètǐhù zuò mǎimai qù le.

2. 我收拾完房间又去操场打太极拳。

Wǒ shōushi wán fángjiān yòu qù cāochǎng dǎ tàijíquán.

C. 用在重复的同一动词中间，表示那个动作多次重复：

Occurs in a reduplicated verb to show many repetitions of the same action:

1. 我在抽屉里找了又找也没找到那把小刀。

Wǒ zài chōuti li zhǎole yòu zhǎo yě méi zhǎodào nà bǎ xiǎo dāo.

2. 她在百货商场看了又看，选了又选，最后总算买到一件可心的衣服。

Tā zài bǎihuò shāngchǎng kànle yòu kàn, xuǎnle yòu xuǎn, zuìhòu zǒngsuàn mǎidào yí jiàn kěxīn de yīfu.

D. 插在重复的"一 + 量"的数量短语中间，表示数量多或多次重复：

Inserted in a reduplicated "一 + measure word" to indicate a large amount or reiteration:

1. 一个又一个的请示报告，都等待着总经理的批示。

Yí gè yòu yí gè de qǐngshì bàogào, dōu děngdàizhe zǒngjīnglǐ de pīshì.

2. 在医院经过一项又一项的检查,还是没检查出我有什么病。

Zài yīyuàn jīngguò yí xiàng yòu yí xiàng de jiǎnchá, háishi méi jiǎnchá chū wǒ yǒu shénme bìng.

E. 表示两个动作反复交替:

Indicates the alternation of 2 actions:

1. 裁这件上衣时,他比了又比,量了又量,裁完以后还不合适。

Cái zhè jiàn shàngyī shí, tā bǐle yòu bǐ, liángle yòu liáng, cáiwán yǐhòu hái bù héshì.

2. 这个孩子玩儿什么玩具都是拆了又装,装了又拆,直到弄坏为止。

Zhège háizi wánr shénme wánjù dōu shì chāile yòu zhuāng, zhuāngle yòu chāi, zhídào nònghuài wéi zhǐ.

F. 表示意思上更进一层或有所补充:

"Moreover":

1. 今天阴天,又有风,显得有点儿冷。

Jīntiān yīntiān, yòu yǒu fēng, xiǎnde yǒudiǎnr lěng.

2. 三八妇女节,女同志放假半天,又发给每人两瓶香水。

Sān Bā Fùnǚjié, nǚ tóngzhì fàng jià bàn tiān, yòu fā gěi měi rén liǎng píng xiāngshuǐr.

G. 表示一种矛盾的心理:

Indicates contradiction in one's mind:

1. 辣子肉丁这个菜,我又想吃又怕辣。

Làzi ròudīng zhège cài, wǒ yòu xiǎng chī yòu pà là.

2. 这个小伙子十分喜欢那位年轻的姑娘,想写封信表示表示,又发憷,又不好意思。

Zhège xiǎohuǒzi shífēn xǐhuan nà wèi niánqīng de gūniang, xiǎng xiě fēng xìn biǎoshi biǎoshi, yòu fā chù, yòu bù hǎoyìsi.

H. 用在否定句里,表示事实既然这样,后面的结论就是理所当然的了:

Used in a negative sentence to indicate that since the fact is so the conclusion will only be a matter of course:

1. 咱们这儿离市场又不远,何必坐车,走着去吧!

Zánmen zhèr lí shìchǎng yòu bù yuǎn, hébì zuò chē, zǒuzhe qù ba!

2. 那件事他又没求你帮忙,我看你可以不管。

Nà jiàn shì tā yòu méi qiú nǐ bāng máng, wǒ kàn nǐ kěyǐ bù guǎn.

I. 用在有疑问代词的反问句里,加强否定语气:

Used in a rhetorical question with an interrogative pronoun to strengthen the negative tone:

1. 你说吧,当着大家的面说又有什么关系!

　Nǐ shuō ba, dāngzhe dàjiā de miànr shuō yòu yǒu shénme guānxi!

2. 为这种事情你到法院告他去,又能把他怎么样?

　Wèi zhè zhǒng shìqing nǐ dào fǎyuàn gào tā qu, yòu néng bǎ tā zěnmeyàng?

又……又……　yòu…yòu…　(格式)

分别用在动词、形容词或词组前面,表示几种动作、性质或状况同时存在:

Inserted with verbs, adjectives or phrases to indicate simultaneous actions or coexistence of two qualities or states:

1. 听了爸爸的批评,他又气又恼,但他又不敢反驳。

　Tīngle bàba de pīpíng, tā yòu qì yòu nǎo, dàn tā yòu bù gǎn fǎnbó.

2. 这一对夫妻一个又高又大,一个又瘦又小,真不够般配!

　Zhè yí duì fūqī yí ge yòu gāo yòu dà, yí ge yòu shòu yòu xiǎo, zhēn bú gòu bānpèi!

3. 按照新的设计方案施工,又能节约资金,又可缩短工期。

　Ànzhào xīn de shèjì fāng'àn shī gōng, yòu néng jiéyuē zījīn, yòu kě suōduǎn gōngqī.

于　yú　(介词)〈书〉

A. 与"在"相当,表示时间、处所;可在动词前也可在动词后:

Same as "在", "于…", can precede the verb or come after it:

1. 公司将于下月开业。

　Gōngsī jiāng yú xià yuè kāi yè.

2. 聘书于五日前发出,谅已收到。

　Pìnshū yú wǔ rì qián fāchū, liàng yǐ shōudào.

3. 他出生于1968年,后来就读于北京大学。

　Tā chūshēng yú yījiǔliùbā nián, hòulái jiù dú yú Běijīng Dàxué.

4. 茉莉花茶驰名于国内外。

　Mòlì huāchá chímíng yú guó nèi wài.

B. 有"对"的意思,指出对象;可在动词前或在动词后:

Means "对", can precede the verb or come after it:

1. 饮酒过量于身体有害。

　Yǐn jiǔ guò liàng yú shēntǐ yǒuhài.

2. 这套语言教科书只适于阅读,不适于听说。

　Zhè tào yǔyán jiàokēshū zhǐ shì yú yuèdú, bú shì yú tīng shuō.

3. 他作了一辈子篮球教练,真可谓忠诚于体育事业。

　Tā zuòle yíbèizi lánqiú jiàoliàn, zhēn kě wèi zhōngchéng yú tǐyù shìyè.

C. 有"向"的意思,指出对象;多用在动词后:

Means "向" (towards), and is usually used after a verb:

1. 一旦将其丑闻公诸于世,他将一败涂地,不可收拾。

   Yídàn jiāng qí chǒuwén gōng zhū yú shì, tā jiāng yí bài tú dì, bù kě shōushi.

2. 他要办个饮食店,由于资金的关系,不得不求助于亲朋好友。

   Tā yào bàn ge yǐnshídiàn, yóuyú zījīn de guānxi, bùdébù qiúzhù yú qīn péng hǎo yǒu.

D. 有"比"的意思,表示比较;多用在形容词后:

Means "比" (than) and is usually used after an adjective:

1. 物体浮在水面,是因为物体的比重小于水的比重。

   Wùtǐ fú zài shuǐmiàn, shì yīnwèi wùtǐ de bǐzhòng xiǎo yú shuǐ de bǐzhòng.

2. 目前,广州的生活水平高于北京。

   Mùqián, Guǎngzhōu de shēnghuó shuǐpíng gāo yú Běijīng.

E. 有"给""到"的意思,表示动作的方向、目标;"于"在动词后:

Means "给" or "到", indicating the direction or aim of an action and is used after a verb:

1. 坏事明明是你干的,为什么嫁祸于人?

   Huàishì míngmíng shì nǐ gàn de, wèi shénme jià huò yú rén?

2. 他曾多次表示:毕生献身于医学事业。

   Tā céng duō cì biǎoshì: bìshēng xiànshēn yú yīxué shìyè.

3. 她已经把那种新的教学法理论应用于课堂教学之中。

   Tā yǐjīng bǎ nà zhǒng xīn de jiàoxuéfǎ lǐlùn yìngyòng yú kètáng jiàoxué zhī zhōng.

F. 有"自""从"的意思,表示动作的根源;用在动词后:

Means "自" or "从" (from) indicating the source of an action and is used after a verb:

1. 他的勤奋和坚毅来源于对工作的高度热爱。

   Tā de qínfèn hé jiānyì láiyuán yú duì gōngzuò de gāodù rè'ài.

2. 老高对他的资助完全出于同情。

   Lǎo Gāo duì tā de zīzhù wánquán chū yú tóngqíng.

G. 有"被"的意思,表示被动;用在动词后:

Used after a verb to indicate the passive voice:

1. 目前,本店限于资金匮乏,暂不开业。

   Mùqián, běn diàn xiàn yú zījīn kuìfá, zàn bù kāi yè.

2. 迫于家境贫寒,他只有另谋生计。

Pò yú jiājìng pínhán, tā zhǐyǒu lìng móu shēngjì.

于是　yúshì　（连词）

连接分句或句子,表示后一事是前一事的自然结果;可用在主语后,后面可停顿:

Connects clauses or sentences to show that the second thing is a natural result of the first one; can come after the subject and there can be a pause after it:

1. 下了楼,他想起忘了带钥匙,于是他上楼去取。

Xiàle lóu, tā xiǎngqǐ wàngle dài yàoshi, yúshì tā shàng lóu qù qǔ.

2. 讨论会开完后,时间还早,于是我就去邮局买了几张邮票。

Tǎolùn huì kāiwán hòu, shíjiān hái zǎo, yúshì wǒ jiù qù yóujú mǎile jǐ zhāng yóupiào.

3. 信写完了,怕有错,我于是又仔细看了一遍。

Xìn xiěwán le, pà yǒu cuò, wǒ yúshì yòu zǐxì kànle yí biàn.

"于是"有时也说"于是乎":

Can also be said as "于是乎":

4. 大家这么一鼓励,于是乎我信心更足了。

Dàjiā zhème yì gǔlì, yúshìhū wǒ xìnxīn gèng zú le.

与¹　yǔ　（连词）

A. 连接并列的或相反的词或词组,多用于书面语:

Connects parallel words or phrases, or those of opposite meanings, has a literary flavour:

1. 李老师常常与小朋友们在一起。

Lǐ lǎoshī chángcháng yǔ xiǎopéngyoumen zài yìqǐ.

2. 必须分清好与坏。

Bìxū fēnqīng hǎo yǔ huài.

3. 理论与实践是不可分割的。

Lǐlùn yǔ shíjiàn shì bù kě fēngē de.

B. "与"和"否"连用,放在形容词、动词或短语之后,表示并列其肯定和否定形式:

"与"and"否"used together after an adjective, verb or phrase, means "or not":

1. 成功与否就看这一次了。

Chénggōng yǔfǒu jiù kàn zhè yí cì le.

2. 坐火车与否要看能不能买到卧铺票。

Zuò huǒchē yǔfǒu yào kàn néng bù néng mǎidào wòpù piào.

辨认:

Note:

下列句子中的"与"是介词：

"与"in the following examples is a preposition：

    1. 这件事与小张没有关系。

       Zhè jiàn shì yǔ Xiǎo Zhāng méi yǒu guānxi.

    2. 与十年前相比，现在住房条件好多了。

       Yǔ shí nián qián xiāng bǐ, xiànzài zhù fáng tiáojiàn hǎo duō le.

与² 　yǔ　（介词）

基本上与"跟"相同，有书面语意味：

Basically the same as "跟" with a literary flavour：

A. 指出与动作关联的另一方，动作由双方共同进行：

Points out the other party of the two sides who do the action together：

    1. 他与小英成亲，这里面还有一段曲折的故事。

       Tā yǔ Xiǎo Yīng chéng qīn, zhè lǐmiàn hái yǒu yí duàn qūzhé de gùshì.

    2. 最近我曾与有关人士交换过意见。

       Zuìjìn wǒ céng yǔ yǒuguān rénshì jiāohuànguo yìjiàn.

B. 指出主语动作的对象，动作只是单方面的：

Points out the object of an action which is done by only one of the two parties：

    1. 那条渔船与海上的风浪搏斗了一天一夜，终于脱险了。

       Nà tiáo yúchuán yǔ hǎi shàng de fēnglàng bódòule yì tiān yí yè, zhōngyú tuō xiǎn le.

    2. 三年前我就与那位中学老师失去联系了。

       Sān nián qián wǒ jiù yǔ nà wèi zhōngxué lǎoshī shīqù liánxì le.

C. 表示异同的比较，后边要有"一样""相同""差不多""不同""相似"等词语呼应：

Indicates comparison and there must be "一样"，"相同"，"差不多"，"不同"，"相似" etc. to go with it：

    1. 这种点心的原料虽与各厂家相似，但其作法却与众不同。

       Zhè zhǒng diǎnxin de yuánliào suī yǔ gè chǎngjiā xiāngsì, dàn qí zuòfǎ què yǔ zhòng bù tóng.

    2. 今年张家的西瓜田与往年大不一样，西瓜结得多，个大味儿甜。

       Jīnnián Zhāng jiā de xīguātián yǔ wǎngnián dà bù yíyàng, xīgua jiē de duō, gè dà wèir tián.

D. 引进与一方有某种关系的另一方：

Introduces one of the two parties which are related in a certain way：

    1. 此案的侦破与知情人的协助大有关系。

Cǐ àn de zhēnpò yǔ zhīqíngrén de xiézhù dà yǒu guānxi.

2. 讨论时, 可以把第一个问题与第二个问题结合起来。

Tǎolùn shí, kěyǐ bǎ dìyī ge wèntí yǔ dì'èr ge wèntí jiéhé qilai.

与其   yǔqí   (连词)

用于前一分句, 表示经比较之后, 舍弃某事; 后面常有"不如""宁可"等与之呼应, 表示选取某事:

Used in the first clause in conjunction with "不如" or "宁可" to mean "would rather…than…":

1. 与其呆在家里, 不如出去找点事情做做。

Yǔqí dāi zài jiā li, bùrú chūqu zhǎo diǎnr shìqing zuòzuo.

2. 与其扬汤止沸, 不如釜底抽薪。

Yǔqí yáng tāng zhǐ fèi, bùrú fǔ dǐ chōu xīn.

3. 与其多而杂, 宁可少而精。

Yǔqí duō ér zá, nìngkě shǎo ér jīng.

"与其说……不如(毋宁)说……"表示对客观情况的判断, 在说话人看来, "不如说"后面的判断更符合实际:

"与其说…不如(毋宁)说…" is used to make a judgment and what follows "不如说" is preferred:

4. 他的话说得很委婉, 与其说是表扬, 不如说是批评。

Tā de huà shuō de hěn wěiwǎn, yǔqí shuō shì biǎoyáng, bùrú shuō shì pīping.

5. 这种假冒药副作用很大, 与其说是治病, 不如说是添病。

Zhè zhǒng jiǎmào yào fùzuòyòng hěn dà, yǔqí shuō shì zhì bìng, bùrú shuō shì tiān bìng.

预   yù   (副词)〈书〉

有"预先""事先"的意思, 只与少数几个单音节动词结合:

"In advance"; "beforehand"; can only be used with a few monosyllabic verbs:

1. 他检查身体的费用, 已经预交了。

Tā jiǎnchá shēntǐ de fèiyòng, yǐjīng yù jiāo le.

2. 我衷心地预祝本届大会胜利成功!

Wǒ zhōngxīn de yù zhù běn jiè dàhuì shènglì chénggōng.

预先   yùxiān   (副词)

表示事情发生或进行之前:

"In advance"; "before hand":

1. 学校开大会没有不预先通知的。

Xuéxiào kāi dàhuì méiyou bú yùxiān tōngzhī de.

2. 我向你预先声明,一旦事成,我必有重谢。

    Wǒ xiàng nǐ yùxiān shēngmíng, yídàn shì chéng, wǒ bì yǒu zhòng xiè.

愈加　yùjiā　（副词）〈书〉

有"更""更加"的意思,表示程度加高,修饰多音节词语:

"Even more", "further"; modifies polysyllabic words or phrases:

1. 孩子的恶习一旦养成,便愈加难于纠正。

    Háizi de èxí yídàn yǎngchéng, biàn yùjiā nányú jiūzhèng.

2. 雨中的西湖愈加富有诗意。

    Yǔ zhōng de Xī Hú yùjiā fùyǒu shīyì.

愈来愈　yùláiyù　（组合）

与"越来越"相同,常用在书面:

Same as "越来越", but mostly used in written language:

1. 立交桥在市内交通中愈来愈显示出它的优越性。

    Lìjiāoqiáo zài shì nèi jiāotōng zhōng yùláiyù xiǎnshì chū tā de yōuyuèxìng.

2. 隔壁年逾八旬的老人,孤身一人,生活愈来愈艰难。

    Gébì nián yú bā xún de lǎorén, gū shēn yì rén, shēnghuó yùláiyù jiānnán.

愈……愈……　yù…yù…　（格式）

与"越……越……"相同,多用在书面:

Same as "越…越…", but is mostly used in written language:

1. 此处损公肥私之风愈演愈烈,非大力解决不可。

    Cǐ chù sǔn gōng féi sī zhī fēng yù yǎn yù liè, fēn dàlì jiějué bùkě.

2. 这座青山,愈往上爬,山势愈陡峭,景色愈奇特!

    Zhè zuò qīng shān, yù wǎng shàng pá, shānshì yù dǒuqiào, jǐngsè yù qítè!

原来　yuánlái　（副词）

表示发现了过去不知道的情况:

Indicates the discovery of something unknown so far:

1. 怪不得他这么高兴,他原来得了重奖。

    Guàibude tā zhème gāoxìng, tā yuánlái déle zhòngjiǎng.

2. 我说屋里怎么这么冷,原来暖气停了。

    Wǒ shuō wū li zhènme zhème lěng, yuánlái nuǎnqì tíng le.

"原来"可用在句子开头,后边可有停顿:

"原来" can occur at the head of a sentence and be followed by a pause:

3. 原来,小明就是老李的儿子,要不怎么长得一模一样。

Yuánlái, Xiǎo Míng jiù shì lǎo Lǐ de érzi, yàobu zěnme zhǎng de yì mú yí yàng.

4. 原来, 这些都是假冒产品啊, 可把群众坑苦了。

Yuánlái, zhèxiē dōu shì jiǎmào chǎnpǐn a, kě bǎ qúnzhòng kēngkǔ le.

辨认:

Note:

下边各句里的"原来"是原先, 以前的意思, 表示后来或现在已有改变; 是形容词作状语:

"原来"in the following sentences is an adjective meaning "original"and is used as an adverbial:

1. 他们原来是同学, 现在是同事。

Tāmen yuánlái shì tóngxué, xiànzài shì tóngshì.

2. 小李原来想当画家, 后来又想当文学家, 可是现在还一事无成哪!

Xiǎo Lǐ yuánlái xiǎng dāng huàjiā, hòulái yòu xiǎng dāng wénxuéjiā, kěshì xiànzài hái yí shì wú chéng na!

源源   yuányuán   （副词）

表示继续不断, 后面常接有"不断""不绝""而来"等词语:

"In a steady flow"; "continuously". It is often followed by "不断", "不绝", "而来"etc.:

1. 今年新疆哈密瓜喜获丰收, 目前正源源运往全国各地。

Jīnnián XīnJiāng hāmìguā xǐ huò fēngshōu, mùqián zhèng yuányuán yùn wǎng quán guó gè dì.

2. 来自东北一批又一批的劳工, 源源不断拥向广州, 一下子为广州造成很大的压力。

Láizì Dōngběi yì pī yòu yì pī de láogōng, yuányuán bú duàn yōng xiàng Guǎngzhōu, yíxiàzi wèi Guǎngzhōu zàochéng hěn bà de yālì.

远   yuǎn   （副词）

A. 表示在很大程度上（不够或超过）; 可以重叠, 多用在书面:

"(Fall) far short of"; "(exceed) by far"; it can be reduplicated and is mostly used in written language:

1. 此地自然资源丰富, 但目前还远未开发。

Cǐ dì zìrán zīyuán fēngfù, dàn mùqián hái yuǎn wèi kāifā.

2. 在市政建设中, 交通事业的发展仍远远满足不了人口的增长。

Zài shìzhèng jiànshè zhōng, jiāotōng shìyè de fāzhǎn réng yuǎnyuǎn mǎnzú bu liǎo rénkǒu de zēngzhǎng.

B. 表示事情发生的时间距离现在很久, 常和"在"连用:

"Long ago", often used with "在":

1. 远在五十年代,他就已闻名于京都文坛。

   Yuǎn zài wǔshí niándài, tā jiù yǐ wén míng yú jīngdū wéntán.

2. 远在解放初期,这里的城墙就被拆除了。

   Yuǎn zài jiěfàng chūqī, zhèli de chéngqiáng jiù bèi chāichú le.

辨认:

Note:

下边句子里的"远"是形容词作状语:

"远" in the following sentences is an adjective used as an adverbial:

1. 他祖父自幼远离家乡到南洋去了。

   Tā zǔfù zì yòu yuǎn lí jiāxiāng dào Nányáng qù le.

2. 这个人远看像十八,近看像三十。

   Zhège rén yuǎn kàn xiàng shíbā, jìn kàn xiàng sānshí.

怨不得　yuànbude　(组合)

表示不能埋怨的意思:

"Can't blame":

1. 今天的会他没来参加,这怨不得他,是我忘了通知他了。

   Jīntiān de huì tā méi lái cānjiā, zhè yuànbude tā, shì wǒ wàngle tōngzhī tā le.

但更多的情况下是表示"怪不得",表示忽然了解到某种情况为什么这样:

But in most cases "怨不得" means "no wonder" or "naturally":

2. 怨不得他今天这么高兴,原来是公司给他晋了级提了工资。

   Yuànbude tā jīntiān zhème gāoxìng, yuánlái shì gōngsī gěi tā jìnle jí tíle gōngzī.

3. 噢,今天摄氏零下十五度,怨不得这么冷呢!

   Ò, jīntiān Shèshì língxià shíwǔ dù, yuànbude zhème lěng ne!

约　yuē　(副词) 〈书〉

有"大概"的意思,表示对数量不能十分确定,动词后必须带数量短语:

"Approximately"; "about". The following verb must take a numeral – measure phrase after it:

1. 这所外语学校女教师较多,约占全体教师三分之二以上。

   Zhè suǒ wàiyǔ xuéxiào nǚ jiàoshī jiào duō, yuē zhàn quántǐ jiàoshī sān fēn zhī èr yǐshàng.

2. 现在全国开发区约有六千多个。

   Xiànzài quán guó kāifāqū yuē yǒu liùqiān duō gè.

"约"可以直接放在数量短语前:

"约" can occur directly before the numeral – measure phrase:

   3. 他年约十七八即走上革命的道路。

     Tā nián yuē shíqī – bā jí zǒushàng gémìng de dàolù.

   4. 出席今日会议的约数百人。

     Chūxí jīnrì huìyì de yuē shù bǎi rén.

约略　yuēlüè　(副词) 〈书〉

有"大致"的意思,多用在已完成的动作;所修饰的动词一般都带有补语:

"About"; "roughly"; mostly refers to fulfilled events and the verbs it modifies usually take some complements:

   1. 事情的经过,我约略知道一些,但详情还不十分了解。

     Shìqing de jīngguò, wǒ yuēlüè zhīdào yìxiē, dàn xiángqíng hái bù shífēn liǎojiě.

   2. 那个剧本约略看过一遍,故事主要情节还记得。

     Nàge jùběn yuēlüè kànguo yí biàn, gùshi zhǔyào qíngjié hái jìde.

约莫　yuēmo　(副词)

与"约"相同,有"大概"的意思,表示对数量、时间的估计;多用在口语:

Same as "约" ("about"; "approximately"); mostly occurs in colloquial speech:

   1. 约莫在一个钟头以前,他就离开这儿了。

     Yuēmo zài yí ge zhōngtóu yǐqián, tā jiù líkāi zhèr le.

   2. 这本书约莫有十几万字。

     Zhè běn shū yuēmo yǒu shí jǐ wàn zì.

   3. 张庄到李庄约莫五里地。

     Zhāngzhuāng dào Lǐzhuāng yuēmo wǔ lǐ dì.

越　yuè　(副词)

有"更"的意思,表示程度加深,说明情况的变化,可修饰否定形式:

"All the more"; "even more"; can modify negative structures:

   1. 为什么你跟他说了这么多好话,而他的对立情绪越大了,你应该找一找原因。

     Wèi shénme nǐ gēn tā shuōle zhème duō hǎo huà, ér tā de duìlì qíngxù yuè dà le, nǐ yīnggāi zhǎo yi zhǎo yuányīn.

   2. 这种花不需要多少肥料,如果肥上多了,反而越长不起来。

     Zhè zhǒng huā bù xūyào duōshao féiliào, rúguǒ féi shàngduō le, fǎn'ér yuè zhǎng bu qǐlái.

   3. 一般说来,道理讲得深入浅出,越能使人明白。

     Yìbān shuōlái, dàolǐ jiǎng de shēn rù qiǎn chī, yuè néng shǐ rén míngbái.

越发　yuěfā　（副词）

与"更加"相同，表示程度加深，说明情况的变化，可修饰否定形式：

Same as "更加"(all the more ; even more); can modify negative structures :

1. 有时他谈问题不直截了当，来回兜圈子，越发令人费解。

   Yǒushí tā tán wèntí bù zhí jié liǎo dàng, láihuí dōu quānzi, yuèfā lìng rén fèijiě.

2. 在大公共汽车的线路上增加了不少小公共汽车，这下出门办事越发方便了。

   Zài dà gōnggòng qìchē de xiànlù shang zēngjiāle bù shǎo xiǎo gōnggòng qìchē, zhèxià chū mén bàn shì yuèfā fāngbiàn le.

3. 他已经承认了错误，你还没完没了地批评，他心里自然越发不好受。

   Tā yǐjīng chéngrènle cuòwù, nǐ hái méi wán méi liǎo de pīpíng, tā xīnli zìrán yuèfā bù hǎoshòu.

越加　yuèjiā　（副词）

与"越"相同；书面用得较多：

Same as "越"; mostly used in written language :

1. 遵医嘱，他病后适量服用补品，近来身体越加康健。

   Zūn yī zhǔ, tā bìng hòu shìliàng fúyòng bǔpǐn, jìnlái shēntǐ yuèjiā kāngjiàn.

2. 哪个厂家把自己的产品说成盖世无双、完美无缺，哪家的这种宣传便越加不可信赖。

   Nǎge chǎngjiā bǎ zìjǐ de chǎnpǐn shuōchéng gài shì wú shuāng, wánměi wú quē, nǎ jiā de zhè zhǒng xuānchuán biàn yuèjiā bù kě xìnlài.

越来越　yuèláiyuè　（组合）

表示程度随着时间的推移逐步加深；作状语：

"More and more", functions as an adverbial adjunct :

1. 秋天到了，天空越来越晴朗。

   Qiūtiān dào le, tiānkōng yuèláiyuè qínglǎng.

2. 这几年他的性格变了，越来越不爱说话了。

   Zhè jǐ nián tā de xìnggé biàn le, yuèláiyuè bú ài shuō huà le.

在有程度补语的句子里，"越来越"放在动词后，补语前：

If the verb has a complement of degree "越来越" must be placed after the verb and in front of the complement :

3. 火车跑得越来越远了。

   Huǒchē pǎo de yuèláiyuè yuǎn le.

越……越…… yuè…yuè… （格式）

这个格式连接两个词语或两个分句，表示后一情况随着前一情况的加深而加深：

Connects two words, phrases or clauses to indicate the latter deepens with the former, "the more…the more…":

1. 这部电影越往后越好看。

   Zhè bù diànyǐng yuè wǎng hòu yuè hǎokàn.

2. 你越夸他，他就越觉得了不起。

   Nǐ yuè kuā tā, tā jiù yuè jiéde liǎobuqǐ.

如果有带"得"的补语，第一个"越"应放在"得"和补语之间：

If there is a complement with "得", the first "越" must come between "得" and the complement:

3. 他觉得晚饭吃得越饱越不舒服。

   Tā juéde wǎnfàn chī de yuè bǎo yuè bù shūfu.

再 zài （副词）

A. 表示没实现的重复：

"Again"; indicating the unrealized repetition:

1）将来或假设要实现的重复：

Future or assumed repetition:

1. 这次买家具把钱都花光了，以后再有钱该准备买两间房子了。

   Zhè cì mǎi jiājù bǎ qián dōu huāguāng le, yǐhòu zài yǒu qián gāi zhǔnbèi mǎi liǎng jiān fángzi le.

2. 如果再去长城的话，一定买一件印有长城图案的汗衫作纪念。

   Rúguǒ zài qù Chángchéng dehuà, yídìng mǎi yí jiàn yìn yǒu Chángchéng tú'àn de hànshān zuò jìniàn.

否定词用"不"：

"不" is used to negate such a repetition:

3. "机不可失，时不再来"，这虽是句老生常谈，但对谁都有指导意义。

   "Jī bù kě shī, shí bú zài lái", zhè suī shì jù lǎo shēng cháng tán, dàn duì shuí dōu yǒu zhǐdǎo yìyì.

4. 过期的药物，绝对不能再吃、不能再用。

   Guò qī de yàowù, juéduì bù néng zài chī, bù néng zài yòng.

2）过去没实现的重复，否定词用"没（有）"：

Unrealized repetition in the past, and is negated by "没（有）":

1. 从上月至今没有再见过那位美术老师。

   Cóng shàng yuè zhì jīn méiyou zài jiànguo nà wèi měishù lǎoshī.

2. 出院以后,他没再犯那种病。

　　Chū yuàn yǐhòu, tā méi zài fàn nà zhǒng bìng.

如果强调主观意志,否定词要用"不":

To emphasize one's will, "不" is used as the negative word:

3. 小明因为骂人挨了一顿打,从此他就不再骂人了。

　　Xiǎo Míng yīnwèi mà rén áile yí dùn dǎ, cóngcǐ tā jiù bú zài mà rén le.

B. 表示规律性的重复:

Indicates a regular repetition:

1. 你看,你看,他不是挤两下儿眼再说话,就是说句话再挤两下儿眼。

　　Nǐ kàn, nǐ kàn, tā búshì jǐ liǎng xiàr yǎn zài shuō huà, jiùshì shuō jù huà zài jǐ liǎng xià yǎn.

2. 爸爸每当上班临走之前,都再喝一杯茶,这简直成了他的定规。

　　Bàba měi dāng shàng bān lín zǒu zhī qián, dōu zài hē yì bēi chá, zhè jiǎnzhí chéngle tā de dìngguī.

C. 表示动作的继续(没实现的或可能实现的):

Indicates continuation of an action (not yet realized or possible to be realized):

1. 你一向不常来,就再呆一会儿吧!

　　Nǐ yíxiàng bù cháng lái, jiù zài dāi yíhuìr ba!

2. 我要再学半年,准能拿一张研究生毕业的证书。

　　Wǒ yào zài xué bàn nián, zhǔn néng ná yì zhāng yánjiūshēng bì yè de zhèngshū.

3. 你倒是说话啊,你再不说话,我可要揍你了。

　　Nǐ dàoshi shuō huà a, nǐ zài bù shuō huà, wǒ kě yào zòu nǐ le.

D. 表示在一定的时间之后做某事,决不在那时间以前:

"Not…until then and only then":

1. 张老汉想:过两年,盖上几间新房,再给儿子娶个新媳妇儿,自己也就交代了。

　　Zhāng lǎohàn xiǎng: guò liǎng nián, gàishang jǐ jiān xīn fáng, zài gěi érzi qǔ ge xīn xífur, zìjǐ yé jiù jiāodài le.

2. 每天都是等钟敲了七下儿,他再起床。

　　Měi tiān dōu shì děng zhōng qiāole qī xiàr, tā zài qǐ chuáng.

"再"和"先"呼应,表示两件事一先一后:

"先" is used in conjunction with "再" to show two things taking place one after another:

3. 炒菜总是先把油烧热,再放肉、放菜。

Chǎo cài zǒngshì xiān bǎ yóu shāorè, zài fàng ròu, fàng cài.

4. 老师教小学算术，都是先讲例题，再让学生作习题。

   Lǎoshī jiāo xiǎoxué suànshù, dōu shì xiān jiǎng lìtí, zài ràng xuésheng zuò xítí.

E. "再"有"其次"的意思，有时前一分句有"首先"，"再"后常有"就是"：

"Next"; "secondly"; the first clause can have "首先"; "再" in the second clause is often followed by "就是":

1. 老奶奶操心的，是把小孙子送到幼儿园，再就是为那只心爱的老黄猫准备吃的。

   Lǎo nǎinai cāo xīn de, shì bǎ xiǎo sūnzi sòng dào yòu'éryuán, zài jiù shì wèi nà zhī xīn'ài de lǎo huáng māo zhǔnbèi chī de.

2. 北京的变化，首先是人民群众的生活大大提高了，再就是房屋、道路、桥梁等的建筑迅速发展了。

   Běijīng de biànhuà, shǒuxiān shì rénmín qúnzhòng de shēnghuó dàdà tígāo le, zài jiù shì fángwū, dàolù, qiáoliáng děng de jiànzhù xùnsù fāzhǎn le.

F. 表示进一步补充，常说"再加上……"：

"Moreover"; "furthermore"; "besides"; often said as "再加上…":

1. 他在一家公司工作，每月拿一千多元工资，年底经理再给几千块作为年终奖。

   Tā zài yì jiā gōngsī gōngzuò, měi yuè ná yìqiān duō yuán gōngzī, niándǐ jīnglǐ zài gěi jǐ qiān kuài zuòwéi niánzhōng jiǎng.

2. 这本词典主要优点是讲解详尽，例句丰富多采；再加上实用性强、适用范围广，难道还不够评奖的资格？

   Zhè běn cídiǎn zhǔyào yōudiǎn shì jiǎngjiě xiángjìn, lìjù fēngfù duō cǎi; zài jiāshàng shíyòngxìng qiáng, shìyòng fànwéi guǎng, nándào hái bú gòu píng jiǎng de zīgé?

G. "再"或"再也"用在否定形式前，有"无论如何……"或"永远………"的意思：

"再" or "再也" used before a negative structure means "not at any rate" or "never":

1. 这次动手术把阑尾割掉了，以后再不用为这个病担心了。

   Zhè cì dòng shǒushù bǎ lánwěi gēdiào le, yǐhòu zài búyòng wèi zhège bìng dān xīn le.

2. 西街坊阳台上养的那只百灵死了，从此再也听不到它那嘹亮的歌声了。

Xī jiēfang yángtái shang yǎng de nà zhī bǎilíng sǐ le, cóngcǐ zài yě tīng bu dào tā nà liáoliàng de gēshēng le.

H. "再"和"也"呼应, 有"无论怎样……也……"的意思:

When "再" is used in conjunction with "也", it means "at any rate…":

1. 他的父母认为生活再困难也要供孩子上大学。

Tā de fùmǔ rènwéi shēnghuó zài kùnnan yě yào gōng háizi shàng dàxué.

2. 时间再晚今天也得把这些事做完。

Shíjiān zài wǎn jīntiān yě děi bǎ zhèxiē shì zuòwán.

I. "再"在形容词前, 表示比原有的程度更进一步, 必是没有实现的:

"再" occurs before an adjective to mean "even" and only refers to unfulfilled events:

1. 请你告诉他九点钟一定要到, 一分钟不能再晚。

Qǐng nǐ gàosù tā jiǔ diǎnzhōng yídìng yào dào, yì fēnzhōng bù néng zài wǎn.

2. 他家住在二十几层楼上, 他觉得住得不能再高了, 再高就更不方便了。

Tā jiā zhù zài èrshíjǐ céng lóu shàng, tā juéde zhù de bù néng zài gāo le, zài gāo jiù gèng bù fāngbiàn le.

J. "再…… (也) 没有""再…… (也) 不过"中间插进形容词或描写性短语, 表示程度达到顶点:

"再… (也) 没有" or "再… (也) 不过" inserted with an adjective or descriptive phrase indicates the superlative degree:

1. 摄氏三十七、八度的炎热夏天, 能泡在游泳池里就再痛快不过了。

Shèshì sānshíqī – bā dù de yánrè xiàtiān, néng pào zài yóuyǒngchí li jiù zài tòngkuai bú guò le.

2. 我们几个人都觉得我们办公室里的那对年轻人, 要能结为夫妻再合适也没有了。

Wǒmen jǐ ge rén dōu juéde wǒmen bàngōngshì li de nà duì niánqīng rén, yào néng jiéwéi fūqī zài héshì yě méi yǒu le.

再度　zàidù　(副词)

表示动作第二次发生, 多修饰双音节动词或动词短语:

"Once more"; "once again"; mostly modifies a disyllabic verb or verb phrase:

1. 在北京市郊区小麦评比中, 那个县再度夺得小麦亩产第一名。

Zài Běijīng shì jiāoqū xiǎomài píngbǐ zhōng, nàge xiàn zàidù duódé xiǎomài mǔchǎn dìyī míng.

2. 一位国宾在谈话中表示:此次访华留下了极为深刻的印象,希望明年再度访问中国。

Yí wèi guóbīn zài tán huà zhōng biǎoshì: cǐ cì fǎng Huá liúxiàle jíwéi shēnkè de yìnxiàng, xīwàng míngnián zàidù fǎngwèn Zhōngguó.

再三　zàisān　（副词）

意思是一次又一次地(进行某种动作),是一种强调的说法:

"Over and over again"; "repeatedly"; is an emphatic expression:

1. 要不是他再三地催促,我准得迟到。

Yàobushì tā zàisān de cuīcù, wǒ zhǔn děi chídào.

2. 临别时家人都再三叮嘱我,一个人在外,要多多注意身体。

Lín bié shí jiā rén dōu zàisān dīngzhǔ wǒ, yí ge rén zài wài, yào duōduō zhùyì shēntǐ.

"再三"还可以放在"思考""考虑"斟酌"等双音节词语后边,表示的意思不变,"再三"后边不能有其他词语:

"再三"can be used after disyllabic verbs such as "思考", "考虑", "斟酌"to mean the same thing; and nothing must follow "再三":

3. 高考报名之前,在专业、学校的选择上,我们考虑再三,还是报了中山大学中文系。

Gāokǎo bào míng zhī qián, zài zhuānyè, xuéxiào de xuǎnzé shang, wǒmen kǎolǜ zàisān, háshi bàole Zhōngshān Dàxué Zhōngwénxì.

4. 编辑斟酌再三,决定采用那篇文章。

Biānjí zhēnzhuó zàisān, juédìng cǎiyòng nà piān wénzhāng.

再说　zàishuō　（连词）

连接后一分句,引进补充说明的理由;后面可有停顿:

Introduces the second clause which tells a further reason; there can be a pause after "再说":

1. 平时都很忙,再说,也好几年没见面了,今天我们好好聊聊。

Píngshí dōu hěn máng, zàishuō, yě hǎo jǐ nián méi jiàn miàn le, jīntiān wǒmen hǎohāo liáoliao.

2. 这种布颜色不正,再说,图案也不适合你的个性。

Zhè zhǒng bù yánsè bú zhèng, zàishuō, tú'àn yě bú shìhé nǐ de gèxing.

3. 室内养儿盆花,能给人清新的感觉,再说,还能改善室内的空气。

Shì nèi yǎng jǐ pén huā, néng gěi rén qīngxīn de gǎnjué, zàishuō, hái néng gǎishàn shì nèi de kōngqì.

辨认:

Note:

下面的"再说"是"再"加"说",表示所说的事留待以后处理或考虑:

"再说"in the following examples is "再"plus "说"to mean to postpone:

1. 这件事让我考虑考虑再说。

Zhè jiàn shì ràng wǒ kǎolǜ kǎolǜ zài shuō.

2. 这么多工作,反正今天做不完,明天再说吧。

Zhème duō gōngzuò, fǎnzhèng jīntiān zuò bù wán, míngtiān zài shuō
ba.

在¹ zài （副词）

表示动作持续进行,有时"在"和"正"可以互换:

Indicates an action in progress and is interchangeable with"正":

1. 演员在排练呢!

Yǎnyuán zài páiliàn ne!

2. 他在吃饭,你过一会儿再打电话吧。

Tā zài chī fàn, nǐ guò yíhuìr zài dǎ diànhuà ba.

3. 我在睡午觉,听到有人敲门。

Wǒ zài shuì wǔjiào, tīngdào yǒu rén qiāo mén.

以上例句里的"在"都可换"正";但"在"有时特别强调从事某一活动,并不
描述动作进行的状态,与"正"不同,这时不能换用"正":

"在"in the above sentences can all be replaced by "正", but "在"sometimes indi-
cates the undertaking of an activity instead of describing the progressive state and it
cannot be replaced by"正":

4. 自从解放,他一直在教中学。

Zìcóng jiěfàng, tā yìzhí zài jiāo zhōngxué.

5. 这位老作家,三十年来总在为儿童文学事业辛勤笔耕。

Zhè wèi lǎo zuòjiā, sānshí nián lái zǒng zài wèi értóng wénxué shìyè
xīnqín bǐgēng.

在² zài （介词）

**A. 与表示时间、地点的词语组成介宾结构, 在主语或谓语动词、形容词前
作状语:**

"在"makes up a P – O structure with a word or phrase indicating time or locality
to function as an adverbial adjunct in front of the subject, verb or adjective:

1)**"在……"表示动作发生或状况存在的时间:**

"在…"indicates the time of the action or situation:

1. 班机在明日下午四时到达。

Bānjī zài míngrì xiàwǔ sì shí dàodá.

2. 这个研究所在当前还达不到国际水平。

Zhège yánjiūsuǒ zài dāngqián hái dá bu dào guójì shuǐpíng.

3. 他在十年以前年轻极了。

Tā zài shí nián yǐqián niánqīng jí le.

2)"在……"表示动作发生的处所或事物存在的位置:

"在…"indicates the place of the action or situation:

4. 这孩子在奶奶家长大的。

Zhè háizi zài nǎinai jiā zhǎngdà de.

5. 不许在草坪上玩耍!

Bù xǔ zài cǎopíng shang wánshuǎ!

6. 在墙壁的中央画着几棵古松。

Zài qiángbì de zhōngyāng huàzhe jǐ kē gǔ sōng.

3)"在……"有时相当于"对……",指出某一判断是针对某人作出的:

"在…"sometimes is the same as "对…"indicating the target which a judgment is aimed at:

7. 吃饭用筷子,在中国人是件平常事,在西方人则是件新鲜事。

Chī fàn yòng kuàizi, zài Zhōngguó rén shì jiàn píngcháng shì, zài xīfāng rén zé shì jiàn xīnxiān shì.

8. 养成良好习惯,在孩子来说,终身受用不尽。

Yǎngchéng liánghǎo xíguàn, zài háizi lái shuō, zhōngshēn shòuyòng bú jìn.

4)"在……看来"表示从某人角度看,作插入语:

"在…看来"is a parenthetical remark indicating sb's point of view:

9. 在绝大多数人看来,人在社会上必须讲公共道德。

Zài jué dàduōshù rén kàn lái, rén zài shèhuì shang bìxū jiǎng gōnggòng dàodé.

10. 坑、蒙、拐、骗在不法商人看(来)是天经地义的事。

Kēng, mēng, guǎi, piàn zài bùfǎ shāngrén kàn(lái)shì tiān jīng dì yì de shì.

5)"在……上""在……中""在……下"的引申用法:

Extended usages of "在…上","在…中"and "在…下":

(1)"在……上"表示在某方面:

"在…上"means in a certain respect:

11. 过去,我姐姐在经济上给了我很大帮助。

Guòqù, wǒ jiějie zài jīngjì shang gěile wǒ hěn dà bāngzhù.

12. 这篇文章无论在学术水平上,还是在实用价值上,都很可取。

Zhè piān wénzhāng wúlùn zài xuéshù shuǐpíng shang, háishi zài
shíyòng jiàzhí shang, dōu hěn kěqǔ.

(2)"在……中"主要表示某一过程或某一范围:

"在…中"indicates a certain process or a certain range:

13. 这家大企业在不断改革与发展中求得存,并逐步壮大起来。

Zhè jiā dà qǐyè zài búduàn gǎigé yǔ fāzhǎn zhōng qiúdé shēngcún,
bìng zhúbù zhuàngdà qǐlai.

14. 这种新农药在防治虫害、消灭杂草中发挥了独特的作用。

Zhè zhǒng xīn nóngyào zài fángzhì chónghài, xiāomiè zácǎo zhōng
fāhuīle dútè de zuòyòng.

(3)"在……下"表示某种条件:

"在…下"indicates a certain condition:

15. 病人在医护人员的精心护理下恢复了健康。

Bìngrén zài yīhù rényuán de jīngxīn hùlǐ xià huīfùle jiànkāng.

16. 那些黄色书刊是在他一手策划、指挥、安排之下出笼的。

Nàxiē huángsè shūkān shì zài tā yìshǒu cèhuà, zhǐhuī, ānpái zhī xià
chū lóng de.

B. 与表示时间、处所、方位等词语组成介宾结构,在动词后作补语:

"在…" makes up a P – O structure with a word or phrase of time or place to
function as a complement after a verb:

1) 多用在"生、死、出生、发生……"等动词后,表示动作发生的时间和地
点,这时和"在……"用在动词前意思一样:

Usually used after verbs such as "生,死,出生,发生…"to indicate the time
or place of the action, this is the same as "在…"used before the verb:

1. 他母亲死在乡下。

Tā mǔqin sǐ zài xiāngxia.

2. 我的两个孩子都出生在解放前。

Wǒ de liǎng ge háizi dōu chūshēng zài jiěfàng qián.

3. 这件真人真事发生在 1984 年。

Zhè jiàn zhēn rén zhēn shì fāshēng zài yījiǔbāsì nián.

2) 指出人或事物通过动作达到的处所:

Indicates the place where a person or thing reaches through the action:

4. 书都摆在书架上了。

Shū dōu bǎi zài shūjià shang le.

5. 学生住在学生宿舍里。

Xuésheng zhù zài xuésheng sùshè li.

6. 钉子钉在门上。

　　Dīngzi dìng zài mén shang.

注意: 一些可以表示动作也可以表示静止状态的动词如: "站" "坐" "躺" "卧" "挂" 等, "在……" 放在动词前或后有时比较自由:

Note: those verbs which can either indicate a state or an action such as "站", "坐", "躺", "卧", "挂" etc. can have "在…" either in front of it or after it:

7. a. 他在窗前站着。

　　　Tā zài chuāng qián zhànzhe.

　b. 他站在窗前。

　　　Tā zhàn zài chuāng qián.

8. a. 她在汽车里坐着。

　　　Tā zài qìchē li zuòzhe.

　b. 她坐在汽车里。

　　　Tā zuò zài qìchē li.

9. a. 孩子在床上躺着。

　　　Háizi zài chuáng shang tǎngzhe.

　b. 孩子躺在床上。

　　　Háizi tǎng zài chuáng shang.

10. a. 画儿在墙上挂着。

　　　Huàr zài qiáng shang guàzhe.

　b. 画儿挂在墙上。

　　　Huàr guà zài qiáng shang.

以上的 a 类句都是静止状态的, "在……" 当然放在动词前。但 b 类句都可有两种意思, 一是表示由不是这种状态变成这种状态, 而且人或物通过动作达到一定的处所; 二是和 a 类句一样, 表示静止状态, 和 a 类句在意义上没有区别:

All the a-sentences indicate a stagnant state, so "在…" naturally comes before the verb. But all b-sentences can have two meanings: 1. to change into such a state with the person or thing reaching a certain place through the action, 2. to indicate a stagnant state, just like a-sentences:

暂 zàn （副词）〈书〉

表示动作、行为或情况在短时间里出现或存在; 多修饰单音节词, 可修饰否定形式:

"For the time being"; mostly modifies monosyllabic words; can modify a negative structure:

1. 球赛暂停一分钟后比赛继续进行。

Qiúsài zàn tíng yì fēnzhōng hòu bǐsài jìxù jìnxíng.

　　2. 旅馆尚未定妥,在你处暂住一夜。

　　　　Lǚguǎn shàng wèi dìngtuǒ,zài nǐ chù zàn zhù yí yè.

　　3. 此件暂不批复。

　　　　Cǐ jiàn zàn bù pīfù.

暂且　zànqiě　(副词)

意思与"暂"相同,多修饰多音节词语:

Same as "暂", but modifies polysyllabic words or phrases:

　　1. 不违农时,春耕一定要抓紧,其余工作可以暂且放一放。

　　　　Bù wéi nóngshí, chūngēng yídìng yào zhuājǐn, qíyú gōngzuò kěyǐ zànqiě fàng yi fàng.

　　2. 因为经费的关系,学校的风雨操场暂且不建。

　　　　Yīnwèi jīngfèi de guānxi,xuéxiào de fēngyǔ cāochǎng zànqiě bú jiàn.

早　zǎo　(副词)

表示事情的发生离现在已有一段时间,或情况(很久)以前已经如此;可修饰否定形式;句子末尾常有"了":

"Long ago"; "for a long time"; can modify a negative structure and a "了" usually occurs at the end of the sentence:

　　1. 人家早结婚了,你还给人家张罗什么对象!

　　　　Rénjia zǎo jié hūn le,nǐ hái gěi rénjia zhāngluo shénme duìxiàng!

　　2. 那里的老路、旧屋早不存在了,现在是一片高楼大厦。

　　　　Nàli de lǎo lù, jiù wū zǎo bù cúnzài le, xiànzài shì yípiàn gāo lóu dà shà.

为了加强语气,"早"的后边可以加"就"或"已",以上例句都可加"就"或"已",而下边的例句可省略"就"或"已":

For emphasis, "就" or "已" can occur after "早". In the sentences above, "就" or "已" can be added and they can also be omitted in the following sentences:

　　3. 我们早就准备好了,随时可以开工。

　　　　Wǒmen zǎo jiù zhǔnbèi hǎo le,suíshí kěyǐ kāi gōng.

　　4. 张三老汉早已不在人世了。

　　　　Zhāng Sān lǎohàn zǎo yǐ bú zài rén shì le.

"早"有时用在否定式前或反问句里,表示解释或质问为什么以前没做某事(迟到现在才做),这时不能加"就"或"已":

"早" before a negative structure or in a rhetorical question can serve to explain or ask why sth. has not been done until now and "就" or "已" cannot be added:

　　5. 他早不去医院是因为手里没钱。

Tā zǎo bú qù yīyuàn shì yīnwèi shǒuli méi qián.

6. 你怎么早不来?我明天都要离开这里去南方了。

Nǐ zěnme zǎo bù lái?wǒ míngtiān dōu yào líkāi zhèli qù nánfāng le.

"早知道……"常表示一种假设:

"早知道…"often serves to indicate a supposition:

7. 早知道你这样不守信用,宁愿把钱扔在河里,也不借给你。

Zǎo zhīdào nǐ zhèyàng bù shǒu xìnyòng, nìngyuàn bǎ qián rēng zài hé li, yě bú jiè gěi nǐ.

早日 zǎorì （副词）〈书〉

与"早些""早点儿"的意思相当,表示希望某件事或某种情况早实现;用在没完成的事情;修饰多音节词语:

"At an early date"; "soon"; refers to unfulfilled events and modifies polysyllabic words or phrases:

1. 谁都盼着那项科学试验早日成功。

Shuí dōu pànzhe nà xiàng kēxué shìyàn zǎorì chénggōng.

2. 请你写信代我慰问他,望他治疗顺利,早日痊愈出院。

Qǐng nǐ xiě xìn dài wǒ wèiwèn tā, wàng tā zhìliáo shùnlì, zǎorì quányù chū yuàn.

早晚 zǎowǎn （副词）

表示某种行为或情况必定发生,或早或晚;用在没完成的事情:

"Sooner or later"; refers to unfulfilled events:

1. 不说实话,早晚要被人拆穿。

Bù shuō shíhuà, zǎowǎn yào bèi rén chāichuān.

2. 这种事情瞒不住,大家早晚会知道的。

Zhè zhǒng shìqing mán bu zhù, dàjiā zǎowǎn huì zhīdào de.

早早 zǎozǎo （副词）

有"很早""赶快"的意思,可用在已经实现的,也可用在还没实现的情况:

"Very early"; "lose no time"; can refer to either fulfilled or unfulfilled events:

1. 不少医院的口腔科都要早早去挂号才能看得上。

Bù shǎo yīyuàn de kǒuqiāngkē dōu yào zǎozǎo qù guà hào cái néng kàn de shàng.

2. 因为要赶上午的火车,今天他早早就起来了,一点时间也没耽误。

Yīnwèi yào gǎn shàngwǔ de huǒchē, jīntiān tā zǎozǎo jiù qǐlai le, yìdiǎnr shíjiān yě méi dānwu.

3. 希望你到了国外早早来信,可别把我们给忘了。

Xīwàng nǐ dàole guówài zǎozǎo lái xìn, kě bié bǎ wǒmen gěi wàng le.

则 [1]　zé　（副词）

A. 有"却"的意思，表示后一情况与前一情况形成对比；多用在书面：

"But"；"yet"；usually occurs in written language：

1. 家里失盗，父亲母亲心急火燎，而两个孩子则若无其事。

Jiāli shī dào, fùqin mǔqin xīn jí huǒ liǎo, ér liǎng ge háizi zé ruò wú qí shì.

2. 姐姐喜读文学名著，妹妹则热衷发明制作。

Jiějie xǐ dú wénxué míngzhù, mèimei zé rèzhōng fāmíng zhìzuò.

B. 表示前面是原因、条件，后面是结果；与"就""便"相当：

Same as "就"，"便"；indicates what precedes is the condition or cause, and what follows is the result：

1. 凡事干则干好，要么不干。

Fán shì gàn zé gànhǎo, yàome bú gàn.

2. 市场经济的规律就是优则胜，劣则汰。

Shìchǎng jīngjì de guīlǜ jiù shì yōu zé shèng, liè zé tài.

则 [2]　zé　（连词）

"那么"的意思，用在后一分句前，表示顺接关系：

Means "那么"，used at the head of the second clause：

1. 不重视教育事业，则国家很难发展。

Bú zhòngshì jiàoyù shìyè, zé guójiā hěn nán fāzhǎn.

2. 改良农作物品种，则产量能大为提高。

Gǎiliáng nóngzuòwù pǐnzhǒng, zé chǎnliàng néng dàwéi tígāo.

3. 既然手续已经办妥，则无需着急了。

Jìrán shǒuxù yǐjīng bàntuǒ, zé wú xū zháo jí le.

参看副词"则"。

Compare adverb "则" zé.

贼　zéi　（副词）〈口〉

在某些单音节形容词或个别单音节动词前表示程度高，有厌恶的感情色彩：

Used before certain monosyllabic adjectives and some monosyllabic verbs to indicate a very high degree, implying contempt：

1. 这种贼亮贼亮的灯光对眼睛刺激性很大。

Zhè zhǒng zéi liàng zéi liàng de dēngguāng duì yǎnjing cìjīxìng hěn dà.

2. 这个菜炒得贼辣，谁吃把谁辣的满头大汗。

Zhège cài chǎo de zéi là, shuí chī bǎ shuí là de mǎn tóu dà hàn.

3. 那两个人交手了，一个人被打得贼叫。

Nà liǎng ge rén jiāo shǒu le, yíge rén bèi dǎ de zéi jiào.

乍　zhà　（副词）〈口〉

表示动作刚刚开始；"乍"和它所修饰的词语不能作主句中的谓语：

"Just"; "for the first time"; "乍" and the word it modifies can never be the main predicate of a sentence:

1. 这张照片乍看起来完全不像她本人，可是越看越有点像了。

Zhè zhāng zhàopiàn zhà kàn qǐlai wánquán bú xiàng tā běnrén, kěshì yuè kàn yuè yǒudiǎnr xiàng le.

2. 北京豆汁儿乍喝都有点想吐，可一旦喝上了瘾，就天天想喝了。

Běijīng dòuzhīr zhà hē dōu yǒudiǎnr xiǎng tù, kě yídàn hē shàngle yǐn, jiù tiāntiān xiǎng hē le.

"一乍……"和"乍一……"完全一样，都表示语气更重：

"一乍…"and "乍一…" are the same, both are the more emphatic form of "乍":

3. 这支曲子一乍听觉得耳熟，可是又想不起来在哪儿听过了。

Zhè zhī qǔzi yí zhà tīng juéde ěrshú, kěshì yòu xiǎng bu qǐlái zài nǎr tīngguo le.

4. 我乍一来北京他才三岁，现在他都是大人了。

Wǒ zhà yì lái Běijīng tā cái sān suì, xiànzài tā dōu shì dàrén le.

照　zhào　（介词）

A. 带名词性宾语，可带"着"；表示动作的方向，有"朝""向"的意思：

With a noun as the object, "照" can take "着" after it to indicate the direction of an action, same as "朝" or "向":

1. 那个渔翁照湖心撒了两网，捕了五十多斤鲤鱼。

Nàge yúwēng zhào húxīn sǎle liǎng wǎng, bǔle wǔshí duō jīn lǐyú.

2. 小明这孩子一耍脾气，爸爸就照着他的屁股给两巴掌。

Xiǎo Míng zhè háizi yì shuǎ píqi, bàba jiù zhàozhe tā de pìgu gěi liǎng bāzhang.

B. 带名词性宾语，可带"着"；有"按"的意思，表示动作依据的准则：

With a noun as the object, "照" can take "着" after it to mean "按" indicating the criterion of an action:

1. 谁的意见对我们就照谁的意见办。

Shuí de yìjiàn duì wǒmen jiù zhào shuí de yìjiàn bàn.

2. 时代不同了，很多事情还照着几十年前的老规矩做，自然行不通。

Shídài bù tóng le, hěn duō shìqíng hái zhàozhe jǐ shí nián qián de lǎo guījù zuò, zìrán xíng bu tōng.

C. 跟"说""说来""看""看来"配合，表示根据某人的看法或根据某道理，作

插入语:

Used in conjunction with"说","说来","看"or"看来"to form a parenthetical remark to indicate sb's opinion:

1. 照你这么说(来),他的病没救了?

　　Zhào nǐ zhème shuō(lái), tā de bìng méi jiù le?

2. 他家的困难,照我看来,没有你说的那么严重。

　　Tā jiā de kùnnan, zhào wǒ kàn lái, méiyou nǐ shuō de nàme yánzhòng.

照理　zhàolǐ　（副词）

表示按照道理应该如何(但事实往往并不是这样),可用在句子开头:

"(How things) ought(to be)"; implying the actual facts are to the contrary, can be used at the head of a sentence:

1. 小学毕业照理会写信了,可是他都初中一年级了,连封简短的书信也不会写。

　　Xiǎoxué bì yè zhàolǐ huì xiě xìn le, kěshì tā dōu chūzhōng yìniánjí le, lián fēng jiǎnduǎn de shūxìn yě bú huì xiě.

2. 照理五月应是花季了,为什么现在五月中旬还这么凉?

　　Zhàolǐ wǔyuè yīng shì huājì le, wèi shénme xiànzài wǔyuè zhōngxún hái zhème liáng?

"照理"也可说成"照说""照理说",意思不变;可作插入语:

"照理"can be replaced by "照理说"or"照说"and serves as a parenthesis:

3. 今年上半年风调雨顺,照理说,丰收在望,可是谁能担保后半年不出现灾情呢?

　　Jīnnián shàng bàn nián fēng tiáo yǔ shùn, zhàolǐ shuō, fēngshōu zàiwàng, kěshì shuí néng dānbǎo hòu bàn nián bù chūxiàn zāiqáng ne?

4. 照理说,电冰箱坏了请小王修一修,决没问题,因为他是专修家用电器的。

　　Zhàolǐ shuō, diànbīngxiāng huàile qǐng Xiǎo Wáng xiū yi xiū, jué méi wèntí, yīnwèi tā shì zhuān xiū jiā yòng diànqì de.

照例　zhàolì　（副词）

表示动作或行为按照惯例、按照常情进行;可修饰否定形式:

"As a rule"; "as usual"; can modify a negative structure:

1. 图书馆规定,损坏图书,照例罚款五元。

　　Túshūguǎn guīdìng, sǔnhuài túshū, zhàolì fá kuǎn wǔ yuán.

2. 往年的运动会他都因公不能参加,今年他照例参加不了。

　　Wǎngnián de yùndònghuì tā dōu yīn gōng bù néng cānjiā, jīnnián tā zhàolì cānjiā bu liǎo.

"照例"可以说成"照常例",都可用在句子开头,甚至可以有语音停顿:

"照例"can be said as "照常例"and both can occur at the head of a sentence and can even have a pause after them:

3. 今年三月十二日植树节,照例,每人植树一株,保种保活。

Jīnnián sānyuè shí'èr rì zhíshùjié, zhàolì, měi rén zhí shì yì zhū, bǎo zhòng bǎo huó.

4. 照常例,母亲寿日那天我总要买个生日蛋糕送去,以表祝贺!

Zhào chánglì, mǔqin shòu'rì nà tiān wǒ zǒng yào mǎi ge shēngrì dàngāo sòngqu, yǐ biǎo zhùhè!

照说 zhàoshuō (副词)

与"照理""照理说"的意思、用法都一样:

Same in meaning and usage as "照理"or"照理说":

1. 明天的球赛,甲队是主队,而且他们占着天时地利,照说不该败北。

Míngtiān de qiúsài, jiǎ duì shì zhǔduì, érqiě tāmen zhànzhe tiānshí dìlì, zhàoshuō bù gāi bàiběi.

2. 照说,在卫生工作中,不提倡"自扫门前雪",如果家家都把自家门前扫得一干二净,那不是很好吗?

Zhàoshuō, zài wèishēng gōngzuò zhōng, bù tíchàng "zì sǎo mén qián xuě", rúguǒ jiājiā dōu bǎ zì jiā mén qián sǎode yì gān èr jìng, nà búshì hěn hǎo ma?

者 zhě (助词)

A. 用在形容词、动词或形容词短语、动词短语后面,表示具有某种属性或作此动作的人:

Used after an adjective, verb , an adjectival or verb phrase, to mean the person who does this action or possesses this quality:

1. 生产者必须考虑到消费者的利益!

Shēngchǎnzhě bìxū kǎolǜ dào xiāofèizhě de lìyì!

2. 凡年满二十岁、具有中等文化水平、体魄健康者均可报考!

Fán nián mǎn èrshí suì, jùyǒu zhōngděng wénhuà shuǐpíng, tǐpò jiànkāngzhě jūn kě bàokǎo!

B. 用在"前""后"或少数数词后,指上文所说的人或事物:

Used after "前"or"后"to mean "the former"or "the latter", and after a numeral to mean that number of people mentioned above:

1. 以上所讲的两种工作中的倾向,前者是主要的,后者是次要的。

Yǐshàng suǒ jiǎng de liǎng zhǒng gōngzuò zhōng de qīngxiàng, qiánzhě shì zhǔyào de, hòuzhě shì cìyào de.

2. 这学期三年级学生有三门选修课，一是"中国文学史"，二是"古典文学"，三是"京剧流派讲座"，但三者必选其一。

Zhè xuéqī sān niánjí xuésheng yǒu sān mén xuǎnxiū kè, yīshì "Zhōngguó wénxuéshǐ", èr shì "gǔdiǎn wénxué", sān shì "jīngjù liúpài jiǎngzuò", dàn sānzhě bì xuǎn qí yī.

C. 用在某某主义或某些名词性词组后，表示有某种信仰或从事某种工作的人：

Used after "…主义" or a noun phrase to mean the person with a certain faith or of a certain profession:

1. 因为老李是个"乐天派"，所以人家都管他叫"乐观主义者"。

Yīnwèi Lǎo Lǐ shì ge "lètiānpài", suǒyǐ rénjia dōu guǎn tā jiào "lèguānzhǔyìzhě".

2. 她的两个儿子一个是医务工作者，一个是教育工作者。

Tā de liǎng ge érzi yí ge shì yīwù gōngzuòzhě, yí ge shì jiàoyù gōngzuòzhě.

着　zhe　（时态助词）

A. 用在动词后，表示动作正在进行。前面可加正、在、正在，句末常有"呢"：

Used after a verb to indicate the progressive tense. "正", "在", "正在" may precede the verb and "呢" often ends the sentence:

1. 晚会上，孩子们唱着，跳着，高兴极了！

Wǎnhuì shang, háizimen chàngzhe, tiàozhe, gāoxìng jí le!

2. 他正开着会呢，你现在不能找他。

Tā zhèng kāizhe huì ne, nǐ xiànzài bù néng zhǎo tā.

3. 他们一边喝着酒，一边聊天儿。

Tāmen yìbiān hēzhe jiǔ, yìbiān liáo tiānr.

B. 用在动词或形容词后，表示状态的持续，前面不加"正、在、正在"：

Used after a verb or adjective to indicate a lasting state, there must not be "正", "在", "正在" etc.:

1. 窗台上放着两盆花。

Chuāngtái shang fàngzhe liǎng pén huār.

2. 那位老人已经退休了，跟女儿一起过着自由自在的生活。

Nà wèi lǎorén yǐjīng tuì xiū le, gēn nǚ'ér yìqǐ guòzhe zìyóu zìzài de shēnghuó.

3. 都夜深了，她屋里的灯光还亮着。

Dōu yè shēn le, tā wū lǐ de dēngguāng hái liàngzhe.

C. 用在某些连动式的第一个动词后面：

Used after the first verb of two consecutive verbs：

1) 表示在第一个动作进行时出现了第二个动作，使第一个动作受到影响；第一个动词和"着"必须重复：

Indicates that while the first action is in progress the second takes place and affects the first one, the first verb with "着" must be reduplicated：

1. 婴儿吃奶总是吃着吃着就睡着了。

Yīng'ér chī nǎi zǒngshi chīzhe chīzhe jiù shuìzháo le.

2. 他走着走着跌了一交。

Tā zǒuzhe zǒuzhe diēle yì jiāo.

2) 表示第一个动作是进行第二个动作的方式或手段：

Indicates that the first action is the manner or way to carry on the second action：

1. 你怎么一天到晚低着头看书，也不出去玩儿玩儿？

Nǐ zěnme yì tiān dào wǎn dīzhe tóu kàn shū, yě bù chūqu wánrwanr?

2. 他是打着雨伞走的。

Tā shì dǎzhe yǔsǎn zǒu de.

3. 你最近别去找他，他忙着准备考试呢！

Nǐ zuìjìn bié qù zhǎo tā, tā mángzhe zhǔnbèi kǎoshì ne!

着呢　zhene　（助词）

用在形容词或描写性短语后，表示程度深，略有夸张的意味。"……着呢"只能作谓语或"得"后的补语，它前边不能带程度副词：

Used after an adjective or a descriptive phrase to indicate a high degree with a slight exaggeration. "…着呢" can only function as the predicate or the complement after "得". It can't take any adverb of degree：

1. 这些钱得着省点儿花，今后的日子还长着呢！

Zhèxiē qián děi shěngzhe diǎnr huā, jīnhòu de rìzi hái cháng zhene!

2. 那个孩子讨人嫌着呢！

Nàge háizi tǎorénxián zhene!

辨认：

在下列句中，"着呢"不是一个词，而是两个助词，"着"用在动词后表示持续，"呢"是用在句尾的语气助词：

Note：

"着呢" in the following examples is not one particle, but two. "着" indicates the progressive tense, "呢" is a modal particle：

1. 肉在锅里煮着呢！

Ròu zài guō li zhǔzhe ne!

2. 商店的门开着呢!

Shāngdiàn de mén kāizhe ne!

真 zhēn （副词）

A. 有"的确""实在"的意思,既说明真实性,也强调程度高;可以修饰形容词、动词、助动词或各种短语;可修饰否定形式:

"Really" "truly" "indeed"; stressing both the authenticity and high degree, can modify adjectives, verbs, auxiliary verbs and phrases and can modify a negative structure:

1. 昨天那场风真大啊,不少树杈子被刮折了。

Zuótiān nà cháng fēng zhēn dà a, bù shǎo shù chàzi bèi guāshé le.

2. 我真后悔,真不该把那盆花浇死。

Wǒ zhēn hòuhuǐ, zhēn bù gāi bǎ nà pén huā jiāosǐ.

3. 那个小伙子真能干,全组人都夸他。

Nàge xiǎohuǒzi zhēn nénggàn, quán zǔ rén dōu kuā tā.

4. 他的小女儿才三岁,真讨人喜欢!

Tā de xiǎo nǚ'ér cái sān suì, zhēn tǎo rén xǐhuān!

5. 父亲大声斥责着他:你真没出息!你真不争气!

Fùqin dà shēng chìzézhe tā: Nǐ zhēn méi chūxi! Nǐ zhēn bù zhēng qì!

以上"真"都可以说成"真是",意思不变。

In the sentences above, "真" can all be replaced by "真是" without affecting the meaning.

B. 可单纯强调事情的真实性,多修饰动词、助动词及短语;可修饰否定形式:

Simply stresses authenticity and mostly modifies verbs, auxiliary verbs, phrases and negative structures:

1. 我真想睡三天觉,我觉得太累了。

Wǒ zhēn xiǎng shuì sān tiān jiào, wǒ juéde tài lèi le.

2. 他昨天晚上真没吃晚饭,不信你问他自己。

Tā zuótiān wǎnshang zhēn méi chī wǎnfàn, bú xìn nǐ wèn tā zìjǐ.

3. 你要是真不会跳舞,我可以教你。

Nǐ yàoshi zhēn bú huì tiào wǔ, wǒ kěyǐ jiāo nǐ.

以上"真"都可以说成"真地",意思不变。

"真" in the 3 sentences above can be replaced by "真地".

C. "真是"单用,表示轻微不满,非常口语化:

"真是", when used independently, indicates slight complaint and is very colloquial:

1. 你可真是，来就来得了，干嘛老送东西！

    Nǐ kě zhēn shì，lái jiù lái dé le，gànmá lǎo sòng dōngxi！

2. 真是的，谁能老不求人！帮你这么一回，看你谢来谢去的！

    Zhēn shì de ，shuí néng lǎo bù qiú rén！Bāng nǐ zhème yì huí，kàn nǐ
    xièláixièqù de！

正 zhèng （副词）

A. 描写动作在进行、状态在持续中：

Indicates an action in progress：

1. 他正做午饭，没时间接电话，你替他接吧。

    Tā zhèng zuò wǔfàn，méi shíjiān jiē diànhuà，nǐ tì tā jiē ba.

2. 昨天这个时候，我正骑着自行车赶路呢。

    Zuótiān zhège shíhou，wǒ zhèng qízhe zìxíngchē gǎn lù ne.

3. 人家正准备考试，你别去打搅人家了。

    Rénjia zhèng zhǔnbèi kǎoshì，nǐ bié qù dǎjiǎo rénjia le.

4. 风正刮着，雨正下着，外面一个行人也没有。

    Fēng zhèng guāzhe，yǔ zhèng xiàzhe，wàimiàn yí ge xíngrén yě méi
    yǒu.

以上各例都可换用"在"，意思完全一样；但"正"有时所表示的是一种完全
静止的状态，不能换用"在"：

"正"in the above sentences can all be replaced by"在"，but sometimes"正"indi-
cates a static state and cannot be replaced by"在"：

5. 我的肚子正饱着呢，晚饭不吃了。

    Wǒ de dùzi zhèng bǎozhe ne，wǎnfàn bù chī le.

6. 一个八角形电子钟正悬挂在一面墙的中央。

    Yí ge bājiǎoxíng diànzǐzhōng zhèng xuánguà zài yí miàn qiáng de
    zhōngyāng.

"正"有时表示在一个动作进行时或就要开始时，另一个动作发生，这时不
能换用"在"：

Sometimes when"正"indicates that an action is in progress or is about to begin when
another action happens，it cannot be replaced by"在"：

7. 我正要锁门出去，电话铃响了，是找我的。

    Wǒ zhèng yào suǒ mén chūqu，diànhuà líng xiǎng le，shì zhǎo wǒ de.

8. 他正用力骑车爬坡，忽然车链子断了。

    Tā zhèng yòng lì qí chē pá pō，hūrán chēliànzi duàn le.

B. 强调就是这个，而不是别的：

"Just"this and nothing else:

1. 正如大家所预料的,那两个队果真战成了平局。

   Zhèng rú dàjiā suǒ yùliào de, nà liǎng ge duì guǒzhēn zhànchéngle
   píngjú.

2. 我们所复习、准备的,正是老师要测验的。

   Wǒmen suǒ fùxí,zhǔnbèi de,zhèng shì lǎoshī yào cèyàn de.

C. 与"正好"意思相同,表示事物或事件的发生完全符合需要或完全不符合需要,但完全是偶然的:

Same as "正好"indicating that the occurrence of some event exactly meets the
need or just the opposite:

1. 有急事找他,到处找不到,想不到在路上正碰上他。

   Yǒu jíshì zhǎo tā,dàochù zhǎo bu dào,xiǎng bu dào zài lùshang zhèng
   pèngshang tā.

2. 小李向领导上提出辞职,主任说:提得好,组织上正想裁人哪。

   Xiǎo Lǐ xiàng lǐngdǎoshang tíchū cí zhí, zhǔrèn shuō: tí de hǎo,
   zǔzhīshang zhèng xiǎng cái rén na.

以上各句都可换用"正好",意思一样:

In the above sentences,"正"can all be replaced by "正好":

正好　zhènghǎo　(副词)

A. 意思与"正"C 相同,表示事物或事件的发生完全符合需要或完全不符合需要,但完全是偶然的,"正好"一般不能换用"正":

Has the same meaning as "正 C"but "正好" usually cannot be replaced by
"正":

1. 那本教科书我没买着,你那本现在用不着了,正好借给我。

   Nà běn jiàokēshū wǒ méi mǎizháo,nǐ nà běn xiànzài yòng bu zháo le,
   zhènghǎo jiè gěi wǒ.

2. 中国两个种子乒乓球运动员正好分到一个小组里, 这对中国乒乓球队极为 不利。

   Zhōngguó liǎng ge zhǒngzi pīngpāngqiú yùndòngyuán zhènghǎo
   fēndào yí ge xiǎozǔ li,zhè duì Zhōngguó pīngpāng qiúduì jíwéi búlì.

"正好"有时可用在句子的开头:

"正好"sometimes can occur at the head of a sentence:

3. 今天星期天,正好全家可以一起去看球赛了。

   Jīntiān xīngqītiān,zhènghǎo quán jiā kěyǐ yìqǐ qù kàn qiúsài le.

4. 正好客人不吃肉,今天奶奶做的菜是全素席。

   Zhènghǎo kèrén bù chī ròu,jīntiān nǎinai zuò de cài shì quán sù xí.

B. **"正好"有"一点不差""恰恰"的意思**:

"Exactly"; "precisely":

1. 小礼堂有三百个座位，今天与会者正好三百人，一个不多，一个不少。

   Xiǎo lǐtáng yǒu sānbǎi ge zuòwèi, jīntiān yùhuìzhě zhènghǎo sānbǎi rén, yí ge bù duō, yí ge bù shǎo.

2. 这间十二平米的办公室正好放得下三张办公桌。

   Zhè jiān shí'èr píngmǐ de bàngōngshì zhènghǎo fàng de xià sān zhāng bàngōngzhuō.

正巧　zhèngqiǎo　（副词）

与"正好"的意思、用法完全一样，两个词可以互相换用:

"Exactly", the same as the adverb"正好", and the two can replace each other:

1. 正巧王大夫今天休班，我白白地跑了一趟医院。

   Zhèngqiǎo Wáng dàifu jīntiān xiū bān, wǒ báibái de pǎole yí tàng yīyuàn.

2. 父亲的每月工资正巧是儿子的一半。

   Fùqin de měi yuè gōngzī zhèngqiǎo shì érzi de yíbànr.

正在　zhèngzài　（副词）

描写动作在进行、状态在持续中，表示这种意义时与"正"一样，也可换用"正"或"在":

Indicates an action in progress and can be replaced by"正"or"在":

1. 这些西红柿秧正在长，还不到开花结果的时候。

   Zhèxiē xīhóngshì yāng zhèngzài zhǎng, hái bú dào kāi huā jiē guǒ de shíhou.

2. 他昨天是夜班，上午正在睡觉，有事下午再找他吧。

   Tā zuótiān shì yèbān, shàngwǔ zhèngzài shuì jiào, yǒu shì xiàwǔ zài zhǎo tā ba.

3. 每天早晨六点到七点他正在练气功，这是神圣不可侵犯的锻练时间。

   Měi tiān zǎochén liù diǎn dào qī diǎn tā zhèngzài liàn qìgōng, zhè shì shénshèng bù kě qīnfàn de duànliàn shíjiān.

辨认:

Note:

下列句中的"正在"是副词"正"加介词"在"，而不是副词"正在":

"正在"in the following sentences is the adverb"正"plus the preposition"在"and is not the adverb"正在":

1. 正在汗流浃背的时候，能喝一杯冰水，真是又解渴又凉快。

   Zhèngzài hàn liú jiā bèi de shíhou, néng hē yì bēi bīng shuǐ, zhēn shì yòu jiě kě yòu liángkuai.

2. 1990 年的今天，我正在国外访问。

   Yījiǔjiǔlíng nián de jīntiān, wǒ zhèngzài guó wài fǎngwèn.

之 zhī （结构助词）

是古代汉语遗留下来的结构助词，基本相当现代汉语里结构助词"的"，用在定语和中心语之间，"之"后面多为单音节词：

"之" is a structural particle left over by classical Chinese, basically the same as "的" and is used between the attributive and its modified word. After "之" there usually comes a monosyllabic word:

1. 要下大力纠正那种不正之风！

   Yào xià dàlì jiūzhèng nà zhǒng búzhèng zhī fēng!

2. 他家三代都是军人，真可称为"光荣之家"了！

   Tā jiā sān dài dōu shì jūnrén, zhēn kě chēngwéi "guāngróng zhī jiā" le!

3. 他祖父病重，正处弥留之际。

   Tā zǔfù bìng zhòng, zhèng chǔ míliú zhī jì.

4. 这五篇论文都是我教学之余写成的。

   Zhè wǔ piān lùnwén dōu shì wǒ jiàoxué zhī yú xiěchéng de.

5. 不少武艺高手，在他看来都是无能之辈。

   Bù shǎo wǔyì gāoshǒu, zài tā kàn lái dōu shì wúnéng zhī bèi.

6. 今晚五时，他应友人之邀前去赴宴。

   Jīn wǎn wǔ shí, tā yìng yǒurén zhī yāo qiánqù fù yàn.

"……分之……"或"……之……"表示部分和全体关系：

The formula "…分之…" or "…之…" indicates the relation between a part and the whole:

7. 这个地区农业人口占百分之八十左右。

   Zhège dìqū nóngyè rénkǒu zhàn bǎi fēn zhī bāshí zuǒyòu.

8. 这个球队有三个两米以上的队员，其中之一就是 5 号王新。

   Zhège qiúduì yǒu sān ge liǎng mǐ yǐshàng de duìyuán, qízhōng zhī yī jiù shì wǔ hào Wáng Xīn.

直 zhí （副词）

A. 表示不由自主的动作不断重复，或状态持续不变：

Indicates that an involuntary action is reiterated or a state remains unchanged:

1. 谁把她气得直哭？

   Shuí bǎ tā qì de zhí kū?

2. 远处山脚下那座农舍的烟囱里直冒青烟，看来屋里肯定有人。

Yuǎn chù shānjiǎo xià nà zuò nóngshè de yāncōng li zhí mào qīng yān, kànlai wū li kěndìng yǒu rén.

B. 表示某动作连续进行一段时间，或向一个方向不中断地前进：

Indicates that an action keeps on for a period of time or goes straight to a certain direction:

1. 为了庆祝奶奶明天的生日，全家直忙了一个晚上。

Wèile qìngzhù nǎinai míngtiān de shēngrì, quán jiā zhí mángle yí ge wǎnshang.

2. 一辆满载货物的卡车直奔赵村开去。

Yí liàng mǎnzài huòwù de kǎchē zhí bèn Zhàocūn kāiqù.

C. "直"跟"到"或"至"连用，表示某情况迟至某一时刻才发生或仍继续，常和"才""还"呼应：

"直" can be used together with "到" or "至" to indicate that a certain event continued or did not occur until a certain time and is often used in conjunction with "才" or "还":

1. 解放前就失散的姐姐，直到 1988 年才找到。

Jiěfàng qián jiù shīsàn de jiějie, zhí dào yījiǔbābā nián cái zhǎodào.

2. 五十年代做的那件中山装，他直至今天还穿着。

Wǔshí niándài zuò de nà jiàn zhōngshānzhuāng, tā zhí zhì jīntiān hái chuānzhe.

D. "直到"或"直至"有时表示范围；前面可有"从"与它呼应，"直"与"到"或"至"之间可插入动词：

"直到" or "直至" sometimes indicates the scope of something, "从" may be used at the head of the phrase and a verb may be inserted between "直" and "到" or "至":

1. 从我们家曾祖父、祖父、父亲，直至我们这辈，都是烟酒不沾。

Cóng wǒmen jiā zēngzǔfù, zǔfù, fùqin, zhí zhì wǒmen zhè bèi, dōu shì yān jiǔ bù zhān.

2. 坐车从这里直开到车站，半小时足够。

Zuò chē cóng zhèli zhí kāi dào chēzhàn, bàn xiǎoshí zúgòu.

只　zhǐ　（副词）

表示限制：

"Only":

A. 只限于某种动作：

The restriction refers to a certain action:

1. 二十多岁的小伙子,天天只这么闲着,也不是长久之计啊!

Èrshí duō suì de xiǎohuǒzi, tiāntiān zhǐ zhème xiánzhe, yě bú shì chángjiǔ zhī jì a!

2. 对那些高档商品,一般顾客只看看,根本买不起。

Duì nàxiē gāodàng shāngpǐn, yìbān gùkè zhǐ kànkan, gēnběn mǎi bu qǐ.

B. 所限制的是动词的宾语,但"只"必须用在动词前:

The restriction refers to the object of the verb, but "只" occurs before the verb:

1. 那个办公室只剩他一个人,别人都去看电影了。

Nàge bàngōngshì zhǐ shèng tā yí ge rén, biéren dōu qù kàn diànyǐng le.

2. 天这么冷,你为什么只穿一件这么薄的毛衣?

Tiān zhème lěng, nǐ wèi shénme zhǐ chuān yí jiàn zhème báo de máoyī?

C. 所限制的是状语或补语;如所限制的是状语,则"只"必用在状语前,如是补语,"只"在动词前:

If the restriction refers to the adverbial, "只" occurs before the adverbial, if it refers to the complement, "只" occurs before the verb:

1. 妈妈一天到晚只为待业的老二操心。

Māma yì tiān dào wǎn zhǐ wèi dài yè de lǎo èr cāo xīn.

2. 这个工厂要么合并,要么关闭,只能在这二者之间选择。

Zhège gōngchǎng yàome hébìng, yàome guānbì, zhǐ néng zài zhè èrzhě zhī jiān xuǎnzé.

3. 因为时间关系,这次在西安只玩儿了两天。

Yīnwèi shíjiān guānxi, zhè cì zài Xī'ān zhǐ wánrle liǎng tiān.

D. "只"可直接用在数量短语前,或名词、代词(有时加数量短语)前,意思是"只有":

"只" can occur directly before a numeral-measure phrase or a noun or pronoun to mean "只有":

1. 我们只七、八年没见,他已变得老态龙钟了。

Wǒmen zhǐ qī - bā nián méi jiàn, tā yǐ biàn de lǎotài lóngzhōng le.

2. 他们家只小萌是二十岁以下的。

Tāmen jiā zhǐ Xiǎo Méng shì èrshí suì yǐxià de.

3. 我们研究所只他一个人懂得阿拉伯语。

Wǒmen yánjiūsuǒ zhǐ tā yí ge rén dǒngde Ālābóyǔ.

E. "只"和"不"组成四字短语,中间加进意义相反的两个单音节形容词或动

词；重点在"只"后的形容词或动词：

"只"and"不"form a 4-character phrase inserted with two monosyllabic adjective or verbs with contrary meanings to emphasize the adjective or verb after"只"：

1. 他的工作能力跟我比，只高不低。

Tā de gōngzuò nénglì gēn wǒ bǐ, zhǐ gāo bù dī.

2. 几年来，一般商品的价格只涨不落，几乎是个规律。

Jǐ nián lái, yìbān shāngpǐn de jiàgé zhǐ zhǎng bú luò, jīhū shì ge guīlǜ.

F. "只见"表示描述从某人眼中见到的景物，"只"已经没有实际的意思：

"只见"is used to introduce what one sees, and the meaning of"只"is lost：

1. 伫立海滨，只见海茫茫，天苍苍，顿时觉得宇宙是那么广阔，心里是那么豁亮。

Zhùlì hǎibīn, zhǐ jiàn hǎi mángmáng, tiān cāngcāng, dùnshí juéde yǔzhòu shì nàme guǎngkuò, xīnli shì nàme huòliang.

2. 昨晚只见夜空有个什么东西像流星似地直落下来。

Zuó wǎn zhǐ jiàn yèkōng yǒu ge shénme dōngxi xiàng liúxīng shìde zhí luò xiàlai.

只得　zhǐdé　（副词）

与"只好""不得不"意思相同，表示由于某种原因，不得不采取某种作法，前头一般要有说明原因或情况的语句：

Same as"只好"or"不得不"("have to"; "be forced to"), it is usually preceded by a clause explaining the reason：

1. 前边这段路不通汽车，我们只得步行一段路了。

Qiánbiān zhè duàn lù bù tōng qìchē, wǒmen zhǐdé bùxíng yí duàn lù le.

2. 饭馆儿里的正餐已卖光了，我们只得改吃小吃。

Fànguǎnr li de zhèngcān yǐ màiguāng le, wǒmen zhǐdé gǎi chī xiǎochī.

3. 我右手摔伤了，只得用左手写字。

Wǒ yòushǒu shuāishāng le, zhǐdé yòng zuǒshǒu xiě zì.

只顾　zhǐgù　（副词）

表示只注意（做某一件事，而忽略或不注意其他的事情）：

"Merely"; "be absorbed in"：

1. 他在屋里只顾听音乐了，外面的敲门声他根本没听见。

Tā zài wū li zhǐgù tīng yīnyuè le, wàimiàn de qiāo mén shēng tā gēnběn méi tīngjiàn.

2. 一些个体商贩只顾赚钱发财，不惜到处坑害顾客。

Yìxiē gètǐ shāngfàn zhǐgù zhuàn qián fā cái, bùxī dàochù kēnghài gùkè.

3. 两个人只顾下象棋了，连饭都误了。

　　Liǎng ge rén zhǐgù xià xiàngqí le, lián fàn dōu wù le.

辨认：

Note:

下列句中的"只顾"是两个词，"只"是副词，"顾"是动词：

"只顾" in the following sentences is a phrase made up of the adverb "只" and the verb "顾"：

1. 任何人都应多为别人想想，不应该只顾自己的得失。

　　Rènhé rén dōu yīng duō wèi biérén xiǎngxiǎng, bù yīnggāi zhǐ gù zìjǐ de déshī.

2. 做个年轻的母亲很不容易，有时只顾自己的孩子都顾不了，更谈不上顾别的了。

　　Zuò ge niánqīng de mǔqin hěn bù róngyì, yǒushí zhǐ gù zìjǐ de háizi dōu gù bu liǎo, gèng tán bu shàng gù biéde le.

只管　zhǐguǎn　（副词）

A. 与"只顾"的意思相同，表示只注意（做某一件事，而忽略或不注意其他的事情）：

Same as "只顾"：

1. 王校长主张：学生只管埋头读书，才能取得优良成绩。

　　Wáng Xiàozhǎng zhǔzhāng: Xuésheng zhǐguǎn mái tóu dú shū, cái néng qǔdé yōuliáng chéngjì.

2. 姐姐把小妹妹放在一旁，只管自己玩儿。

　　Jiějie bǎ xiǎo mèimei fàng zài yìpáng, zhǐguǎn zìjǐ wánr.

B. 表示放心去做，不必有任何顾虑，多用在祈使句中：

Indicates that one can do something at one's ease without worry and occurs mostly in an imperative sentence:

1. 有意见只管提，向谁提都可以。

　　Yǒu yìjiàn zhǐguǎn tí, xiàng shuí tí dōu kěyǐ.

2. 你只管放心地走吧，家里有我呢！

　　Nǐ zhǐguǎn fàng xīn de zǒu ba, jiā li yǒu wǒ ne!

辨认：

Note:

下列句中的"只管"是两个词，"只"是副词，"管"是动词：

"只管" in the following sentences is a phrase made up with adverb "只" and verb "管："

1. 父亲分工只管买菜,不管做饭。

　　Fùqin fēn gōng zhǐ guǎn mǎi cài, bù guǎn zuò fàn.

2. 副经理只管人事工作,财务由别人管。

　　Fùjīnglǐ zhǐ guǎn rénshì gōngzuò, cáiwù yóu biérén guǎn.

只好　zhǐhǎo　(副词)

与"只得""不得不"意思相同,表示动作或行为并不是情愿的,是不得不这样的;前头一般要有说明原因或情况的语句:

Same as "只得" or "不得不" ("have to", "be forced to"). It is mostly preceded by a clause explaining the reason:

1. 得了传染病只好隔离。

　　Déle chuánrǎnbìng zhǐhǎo gélí.

2. 他有点耳背,你说话声音只好大点儿。

　　Tā yǒudiǎnr ěrbèi, nǐ shuō huà shēngyīn zhǐhǎo dà diǎnr.

3. 女儿卧床不起了,只好母亲伺候她。

　　Nǚ'ér wò chuáng bù qǐ le, zhǐhǎo mǔqin cìhòu tā.

只是[1] zhǐshì　(副词)

A. 有"只"的意思,表示限定动作的范围,前后常有进一步说明情况的词语:

Same as "只", the restriction refers to the scope of an action and there is usually some explanation either before or afterwards:

1. 我不是正式提意见,只是想跟你随便叨唠叨唠。

　　Wǒ bú shì zhèngshì tí yìjiàn, zhǐshì xiǎng gēn nǐ suíbiàn dāolao dāolao.

2. 他只是听我说的,其实他并不了解事情真相。

　　Tā zhǐshì tīng wǒ shuō de, qíshí tā bìng bù liǎojiě shìqing zhēnxiàng.

B. 有"就是"的意思,表示坚持某种作法,不肯改变;多用在否定句:

Same as "就是", indicating persistence and is mostly used is a negative sentence:

1. 任你讲出千条理由,他只是不表态。

　　Rèn nǐ jiǎngchū qiān tiáo lǐyóu, tā zhǐshì bù biǎo tài.

2. 上级多次口头支持学校办工厂,只是不给钱。

　　Shàngjí duō cì kǒutóu zhīchí xuéxiào bàn gōngchǎng, zhǐshì bù gěi qián.

辨认:

Note:

下面句中的"只是"是连词,有"但是"的意思:

"只是" in the following sentences is a conjunction with the same meaning as "但

是":

1. 目前有了股票市场,不少人想尝试一下,只是谁都担心赔本儿。

   Mùqián yǒule gǔpiào shìchǎng, bù shǎo rén xiǎng chángshì yíxià, zhǐshì shuí dōu dān xīn péi běnr.

2. 我很想去看看你,只是最近没时间。

   Wǒ hěn xiǎng qù kànkan nǐ, zhǐshì zuìjìn méi shíjiān.

只是 [2]　zhǐshì　(连词)

多用于第二分句前,表示轻微的转折,对前面分句加以补充或修正:

"Only"; is used in the second clause conveying a slight contrast. It introduces a supplement or revision to the first clause:

1. 这种产品质量不错,只是价钱太贵了。

   Zhè zhǒng chǎnpǐn zhìliàng búcuò, zhǐshì jiàqián tài guì le.

2. 他的阅读能力很强,只是语音不准确。

   Tā de yuèdú nénglì hěn qiáng, zhǐshì yǔyīn bù zhǔnquè.

3. 这篇文章我看过,只是时间长了内容记不清了。

   Zhè piān wénzhāng wǒ kànguo, zhǐshì shíjiān chángle nèiróng jì bu qīng le.

辨认:

Note:

下面句中的"只是"是副词,"只"的意思:

"只是"in the following examples is an adverb meaning "只":

1. 我只是有点儿累,休息一会儿就行了。

   Wǒ zhǐshì yǒudiǎnr lèi, xiūxi yí huìr jiù xíng le.

2. 我只是收集一些资料,还没有整理成书。

   Wǒ zhǐshì shōují yìxiē zīliào, hái méiyǒu zhěnglǐ chéng shū.

参看"就是"**B**.

Compare "就是"**B**.

只要　zhǐyào　(连词)

表示必要条件,最起码的要求;多用于前一分句;常与"就""都"呼应:

Indicates the necessary condition and is used in the first clause, in conjunction with "就"or"都":

1. 只要有时间,我一定参加讨论。

   Zhǐyào yǒu shíjiān, wǒ yídìng cānjiā tǎolùn.

2. 只要有耐心,就能做好这项工作。

   Zhǐyào yǒu nàixīn, jiù néng zuòhǎo zhè xiàng gōngzuò.

3. 我只要给他打个电话,他什么时候都可以来。

Wǒ zhǐyào gěi tā dǎ ge diànhuà, tā shénme shíhòu dōu kěyǐ lái.

有时"只要"用于后一分句：

Sometimes, the clause introduced by "只要" can be the second clause：

4. 我可以帮助你，只要答应我一件事。

Wǒ kěyǐ bāngzhù nǐ, zhǐyào dāyìng wǒ yí jiàn shì.

5. 你能说服他，只要理由充分。

Nǐ néng shuōfú tā, zhǐyào lǐyóu chōngfèn.

只有[1]　zhǐyǒu　（副词）

表示这是唯一可行的，没有别的选择：

Indicates that is the only way out：

1. 自己不懂的东西，只有向别人请教了。

Zìjǐ bù dǒng de dōngxi, zhǐyǒu xiàng biérén qǐngjiào le.

2. 人家没邀请我，我只有不去了。

Rénjia méi yāoqǐng wǒ, wǒ zhǐyǒu bú qù le.

3. 这件毛衣织得太小了，只有拆了重织。

Zhè jiàn máoyī zhī de tài xiǎo le, zhǐyǒu chāile chóng zhī.

辨认：

Note：

下列各句的"只有"不是副词。例 1 的"只有"是副词"只"加上动词"有"；例 2 的"只有"是连词，后面有"才"与它呼应。

"只有"in the following sentences is not an adverb. In 1 "只"is an adverb and "有" is a verb and in 2 "只有"is a conjunction, and"才"is used in conjunction with it：

1. 我们研究所只有三个代表。

Wǒmen yánjiūsuǒ zhǐ yǒu sān ge dàibiǎo.

2. 只有通过讨论，大家才能取得一致的意见。

Zhǐyǒu tōngguò tǎolùn, dàjiā cái néng qǔdé yízhì de yìjiàn.

只有[2]　zhǐyǒu　（连词）

表示唯一条件，非这样不可；后面多用"才"与之呼应：

Indicates the only condition and nothing else will suffice and is in conjunction with "才"：

1. 只有亲身体会，才能感受其中的苦和乐。

Zhǐyǒu qīnshēn tǐhuì, cái néng gǎnshuò qízhōng de kǔ hé lè.

2. 只有靠自己的辛勤劳动，才能创造幸福的生活。

Zhǐyǒu kào zìjǐ de xīnqín láodòng, cái néng chuàngzào xìngfú de shēnghuó.

3. 只有他的任课老师最了解他的实际水平。

　　Zhǐyǒu tā de rèn kè lǎoshī zuì liǎojiě tā de shíjì shuǐpíng.

下面例句中"只有"是副词"只"加动词"有"，是"仅仅有"的意思：

"只有"in the following examples is adverb "只" plus verb "有" meaning "仅仅有"：

　　1. 没有别的办法，只有这条路可走了。

　　　　Méi yǒu bié de bànfǎ, zhǐ yǒu zhè tiáo lù kě zǒu le.

　　2. 树林里静悄悄的，只有他一个人。

　　　　Shùlín li jìngqiāoqiāo de, zhǐ yǒu tā yí ge rén.

下面例句中"只有"是副词：

"只有"in the following examples is an adverb：

　　1. 问题很严重，只有采取紧急措施。

　　　　Wèntí hěn yánzhòng, zhǐyǒu cǎiqǔ jǐnjí cuòshī.

　　2. 不能依赖别人帮助，只有靠自己奋斗。

　　　　Bù néng yīlài biéren bāngzhù, zhǐyǒu kào zìjǐ fèndòu.

参看"惟有"。

Compare "惟有"wéiyǒu.

至多　zhìduō　（副词）

A. 表示估计到最大数量，后面有数量短语，可修饰否定形式：

"At most"; is followed by a numeral-measure phrase, can modify negative structures：

　　1. 他每月工资至多能拿到七、八百元。

　　　　Tā měi yuè gōngzī zhìduō néng nádào qī-bā bǎi yuán.

　　2. 今天我的报告至多超不过两小时。

　　　　Jīntiān wǒ de bàogào zhìduō chāo bu guò liǎng xiǎoshí.

　　3. 工程至多三个月就可完工。

　　　　Gōngchéng zhìduō sān ge yuè jiù kě wán gōng.

B. 表示估计到最高程度；"至多"有时也可在句子开头：

"At most"（in the highest degree）, sometimes can occur at the head of a sentence：

　　1. 他至多口头说说，决不会掏钱赞助我们的。

　　　　Tā zhìduō kǒutóu shuōshuo, jué bú huì tāo qián zànzhù wǒmen de.

　　2. 至多，我帮你把稿子看一下，具体修改还得靠你自己。

　　　　Zhìduō, wǒ bāng nǐ bǎ gǎozi kàn yíxià, jùtǐ xiūgǎi hái děi kào nǐ zìjǐ.

至少　zhìshǎo　（副词）

A. 表示最少数量，后面有数量词语：

"At least"(of quantity)；is followed by a numeral-measure phrase：

　　1. 每个月至少有四个星期日。

Měi ge yuè zhìshǎo yǒu sì ge xīngqīrì.

2. 那座电影院至少能容纳两千人。

Nà zuò diànyǐngyuàn zhìshǎo néng róngnà liǎngqiān rén.

3. 我们每顿饭至少三菜一汤。

Wǒmen měi dùn fàn zhìshǎo sān cài yì tāng.

B. 表示最低限度；有时可在句子开头，后面可有语音停顿：

"At least" (of degree), can occur at the head of a sentence; and there may be a pause after it:

1. 我要是分到新居，至少也得把地面和墙壁装饰一新。

Wǒ yàoshi fēndào xīnjū, zhìshǎo yě děi bǎ dìmiàn hé qiángbì zhuāngshì yì xīn.

2. 他的发言虽无大错，但至少论述得不够全面。

Tā de fāyán suī wú dà cuò, dàn zhìshǎo lùnshù de bú gòu quánmiàn.

3. 从经济上支援他，你做不到，至少，你应该给他以精神帮助。

Cóng jīngjì shàng zhīyuán tā, nǐ zuò bu dào, zhìshǎo, nǐ yīnggāi gěi tā yǐ jīngshén bāngzhù.

至于[1]　zhìyú　（副词）

表示行为或状况达到某种程度，是人所不希望的；只用在否定句或反问句：

"To such an extent as to"; "go so far as to" (do something undesirable), is only used in a negative sentence or a rhetorical question:

1. 他们夫妻之间是有些不合，但还不至于离婚。

Tāmen fūqī zhī jiān shì yǒuxiē bù hé, dàn hái bú zhìyú lí hūn.

2. 天气刚刚凉快起来，哪儿至于穿这么多衣服？

Tiānqì gānggāng liángkuài qilai, nǎr zhìyú chuān zhème duō yīfu?

3. 我们这次分别是暂时的，至于这样伤心流泪吗？

Wǒmen zhè cì fēnbié shì zànshí de, zhìyú zhèyàng shāng xīn liú lèi ma?

4. 工地的工人是减少了一些，不过也不至于完不成任务。

Gōngdì de gōngrén shì jiǎnshǎole yìxiē, búguò yě bú zhìyú wán bu chéng rènwù.

"至于"有时还可作谓语：

"至于"can sometimes function as the predicate:

5. 这么大个人打了一针，还直龇牙咧嘴，至于吗？

Zhème dà ge rén dǎle yì zhēn, hái zhí zī yá liě zuǐ, zhìyu ma?

6. 有人说小王工作不负责任，我看，他还不至于。

Yǒu rén shuō Xiǎo Wáng gōngzuò bú fù zérèn, wǒ kàn, tā hái bú zhìyu.

至于² zhìyú （连词）

表示提出另外一个话题，后面接着就对这一话题加以评论；宾语可以是各种词、短语或结构：

"As to"; is used to introduce another topic and is immediately followed by the comment on this topic. The object can be a word, phrase or structure：

1. 我只知道老赵辞职了，至于他为什么不干了，我也不了解。

   Wǒ zhǐ zhīdào Lǎo Zhào cí zhí le, zhìyú tā wèi shénme bú gàn le, wǒ yě bù liǎojiě.

2. 这是治疗偏瘫的特效药，至于怎么吃，吃多少，这要遵医嘱。

   Zhè shì zhìliáo piāntān de tèxiào yào, zhìyú zěnme chī, chī duōshao, zhè yào zūn yīzhǔ.

终 zhōng （副词）〈书〉

与"终于"意思相同；多修饰单音节动词：

Same as "终于"; mostly modifies monosyllabic verbs：

1. 此场拳击赛，终因八号拳击手伤势严重而停赛。

   Cǐ chǎng quánjīsài, zhōng yīn bā hào quánjīshǒu shāngshì yánzhòng ér tíng sài.

2. 这一男一女一见钟情，相爱五年，终成夫妻。

   Zhè yì nán yì nǚ yí jiàn zhōngqíng, xiāng ài wǔ nián, zhōng chéng fūqī.

3. 老吴毕生酷爱文学，但终无大作问世。

   Lǎo Wú bìshēng kù'ài wénxué, dàn zhōng wú dàzuò wènshì.

终归 zhōngguī （副词）

A. 表示最后必然这样；多用于未成事实：

"Eventually"; "in the end"; mostly refers to unfulfilled events：

1. 大多数在国外学习或工作的，终归是要回来的，这叫作叶落归根嘛！

   Dà duōshù zài guówài xuéxí huò gōngzuò de, zhōngguī shì yào huílai de, zhè jiàozuò yè luò guī gēn ma!

2. 人终归不免一死，这是谁都抗拒不了的自然规律。

   Rén zhōngguī bù miǎn yì sǐ, zhè shì shuí dōu kàngjù bù liǎo de zìrán guīlǜ.

B. 指出事物的最本质的地方：

Indicates the most essential aspect of something：

1. 孩子终归是亲生的，怎么说他，跟父母都不变心。

   Háizi zhōngguī shì qīnshēng de, zěnme shuō tā, gēn fùmǔ dōu bú biàn xīn.

2. 整个地区吃国家救济粮，终归不是长久之计，应该自力更生寻找致富的门路。

Zhěnggè dìqū chī guójiā jiùjìliáng, zhōngguī bú shì chángjiǔ zhī jì, yīnggāi zì lì gēng shēng xúnzhǎo zhìfù de ménlù.

终究 zhōngjiū （副词）

A. 表示最后必然是这样；多用在未成事实：

"Eventually"; "in the end"; mostly refers to unfulfilled events:

1. 贫穷落后地区终究得开放开发，否则永远改变不了面貌。

Pínqióng luòhòu dìqū zhōngjiū děi kāifàng kāifā, fǒuzé yǒngyuǎn gǎibiàn bu liǎo miànmào.

2. 老人和子女终究要分开过日子的。

Lǎorén hé zǐnǚ zhōngjiū yào fēnkāi guò rìzi de.

3. 只要有不达目的不止的精神，事业终究会成功的。

Zhǐyào yǒu bù dá mùdì bù zhǐ de jīngshén, shìyè zhōngjiū huì chénggōng de.

B. 指出事物的最本质的地方：

Indicates the most essential aspect of something:

1. 借债终究是要还的，所以，债还是不借为好。

Jiè zhài zhōngjiū shì yào huán de, suǒyǐ, zhài háishi bú jiè wéi hǎo.

2. 老人的病情严重，没有抢救过来，终究年龄太大了。

Lǎorén de bìngqíng yánzhòng, méiyou qiǎngjiù guòlái, zhōngjiū niánlíng tài dà le.

终于 zhōngyú （副词）

表示经过长时间的等待或种种变化之后（出现了预料、期望或肯定要发生的结果）；修饰动词，所修饰的词语不得少于两个音节；可修饰否定形式：

"At long last"; "in the end"; modifies verbs of more than one syllable, and can modify negative structures:

1. 他从青年找到中年，一直到了三十九岁终于找到了一位情投意合的伴侣。

Tā cóng qīngnián zhǎo dào zhōngnián, yìzhí dàole sānshíjiǔ suì zhōngyú zhǎodàole yí wèi qíng tóu yì hé de bànlǚ.

2. 关于房产的纠纷，两户农家闹了八年，终于得到了圆满的解决。

Guānyú fángchǎn de jiūfēn, liǎng hù nóngjiā nàole bā nián, zhōngyú dédàole yuánmǎn de jiějué.

3. 他在几个书架上都找遍了，终于没有找到那本词典。

Tā zài jǐ ge shūjià shàng dōu zhǎobiàn le, zhōngyú méiyou zhǎodào nà běn cídiǎn.

4. 他最近加班加点,休息不够,终于累病了。

　　Tā zuìjìn jiā bān jiā diǎn, xiūxi bú gòu, zhōngyú lèibìng le.

骤然　zhòurán　（副词）

与"忽然"意思相同,表示发生得快而且出乎意外;多修饰多音节词语,可修饰否定形式;也可说"骤然间"或"骤然之间",意思不变:

Same as "忽然", means "suddenly"; "abruptly", mostly modifies polysyllabic words or phrases, and can modify negative structures; can be replaced by "骤然间" or "骤然之间":

1. 那里的那片灯火为什么骤然熄灭了?

　　Nàli de nà piàn dēnghuǒ wèi shénme zhòurán xīmiè le?

2. 那辆公共汽车骤然刹车,不知前方什么东西拦住了去路。

　　Nà liàng gōnggòng qìchē zhòurán shā chē, bù zhī qiánfāng shénme dōngxi lánzhùle qùlù.

3. 一场地震发生了,骤然之间,一个小城镇变成了一片瓦砾。

　　Yì cháng dìzhèn fāshēng le, zhòurán zhī jiān, yí ge xiǎo chéngzhèn biànchéngle yí piàn wǎlì.

4. 老人病情急剧恶化,骤然间不吃不喝,昏迷不醒了。

　　Lǎorén bìngqíng jíjù èhuà, zhòuránjiān bù chī bù hē, hūnmí bù xǐng le.

逐步　zhúbù　（副词）

表示行为或状态一步一步慢慢地发展变化;修饰多音节词语,可带"地":

"Step by step"; "gradually"; modifies polysyllabic words or phrases and can take "地":

1. 儿童的良好习惯要靠逐步养成。

　　Értóng de liánghǎo xíguàn yào kào zhúbù yǎngchéng.

2. 他家对老大娇惯放纵,缺乏教育,老大逐步走上了犯罪的道路。

　　Tā jiā duì lǎo dà jiāoguàn fàngzòng, quēfá jiàoyù, lǎo dà zhúbù zǒushàngle fàn zuì de dàolù.

3. 一个地区的改革开放也应逐步地有计划地进行,不应什么事情都一哄而上。

　　Yí ge dìqū de gǎigé kāifàng yě yīng zhúbù de yǒu jìhuà de jìnxíng, bù yīng shénme shìqing dōu yí hòng ér shàng.

逐渐　zhújiàn　（副词）

有"渐渐"的意思,表示行为或状态慢慢地发展变化:

"Gradually"; "by steps";

1. 这个小厂不到五年的时间逐渐发展成上万人的大厂了。

Zhège xiǎo chǎng bú dào wǔ nián de shíjiān zhújiàn fāzhǎn chéng shàng wàn rén de dà chǎng le.

2. 目前这里打麻将逐渐成风,有人以此赌钱,弄得倾家荡产。

Mùqián zhèli dǎ májiàng zhújiàn chéng fēng, yǒu rén yǐ cǐ dǔ qián, nòng de qīng jiā dàng chǎn.

3. 由于改革开放,人们的思想观念、生活方式都在逐渐改变。

Yóuyú gǎigé kāifàng, rénmen de sīxiǎng guānniàn, shēnghuó fāngshì dōu zài zhújiàn gǎibiàn.

4. 那家小饭馆地处十字路口,加上经营有方,服务周到,买卖逐渐兴旺起来了。

Nà jiā xiǎo fànguǎnr dì chǔ shí zì lùkǒu, jiāshang jīngyíng yǒufāng, fúwù zhōudào, mǎimài zhújiàn xīngwàng qilai le.

逐一 zhúyī （副词）

表示对人、物一个一个进行处理,多修饰多音节词语,可带"地":

"One by one"; modifies polysyllabic words or phrases, can take "地":

1. 会上,大会主席对大家提出问题逐一地作了说明或解释。

Huìshang, dàhuì zhǔxí duì dàjiā tíchū de wèntí zhúyī de zuòle shuōmíng huò jiěshì.

2. 商检部门对那些出售伪劣商品的店铺逐一进行处罚。

Shāngjiǎn bùmén duì nàxiē chūshòu wěiliè shāngpǐn de diànpù zhúyī jìnxíng chǔfá.

3. 月末,仓库管理员要逐一清点库内的物品。

Yuèmò, cāngkù guǎnlǐyuán yào zhúyī qīngdiǎn kù nèi de wùpǐn.

专 zhuān （副词）

A. 表示动作、行为的目的集中在某一事上;一般修饰单音节词:

"Specially"; "particularly"; usually modifies monosyllabic words:

1. 这本关于思想修养的书是专为青年人编写的。

Zhè běn guānyú sīxiǎng xiūyǎng de shū shì zhuān wèi qīngnián rén biānxiě de.

2. 我今天专从乡下赶到城里参加这个会的。

Wǒ jīntiān zhuān cóng xiāngxia gǎndào chéng lǐ cānjiā zhège huì de.

3. 他是一位著名专家,专搞航天技术的。

Tā shì yí wèi zhùmíng zhuānjiā, zhuān gǎo hángtiān jìshù de.

B. 相当"只、单单"的意思:

"Only":

1. 吃虾的时候,他专吃大的,不吃小的。

Chī xiā de shíhou, tā zhuān chī dà de, bù chī xiǎo de.

2. 这个小女孩儿,专爱跟男孩儿一块儿玩儿。

Zhège xiǎo nǚháir, zhuān ài gēn nánháir yíkuàir wánr.

专程　zhuānchéng　（副词）

表示专为某事去某处:

"Make a special trip to":

1. 朋友结婚,我要专程前去祝贺。

Péngyou jié hūn, wǒ yào zhuānchéng qián qù zhùhè.

2. 为了领略一番洱海和滇池的风光,我不惜专程跑了一趟云南。

Wèile lǐnglüè yì fān Ěrhǎi hé Diānchí de fēngguāng, wǒ bùxī zhuānchéng pǎole yí tàng Yúnnán.

3. 你出国时,我将专程前往机场送行。

Nǐ chū guó shí, wǒ jiāng zhuānchéng qiánwǎng jīchǎng sòngxíng.

装……作……　zhuāng…zuò…　（格式）

这个格式连接两个意义相关的单音节词或词素,形成固定词组,表示故意做作;可作谓语、状语、定语等:

Connects two monosyllabic words or morphemes of interrelated meanings to make up a set phrase to indicate affectation; functions as the predicate, adverbial adjunct or attributive:

1. 这个小厂濒于倒闭,工人纷纷指责厂长,厂长只好装聋作哑,默不作声。

Zhège xiǎo chǎng bīnyú dǎobì, gōngrén fēnfēn zhǐzé chǎngzhǎng, chǎngzhǎng zhǐhǎo zhuāng lóng zuò yǎ, mò bú zuò shēng.

2. 别看他装模作样地喊疼,其实刚刚划破点儿皮。

Bié kàn tā zhuāng mú zuò yàng de hǎn téng, qíshí gānggāng huápò diǎnr pí.

准　zhǔn　（副词）〈口〉

与"一定"的意思、用法相同:

Same as "一定":

A. 表示有把握的推断,可修饰否定形式:

Indicates a sure inference; can modify a negative structure:

1. 喜鹊在枝头喳喳叫,今天准有客人来。

Xǐquè zài zhītóu zhāzhā jiào, jīntiān zhǔn yǒu kèrén lái.

2. 这个动画片孩子们准爱看。

Zhège dònghuàpiàn háizimen zhǔn ài kàn.

3. 你不亲自去请他,他准不来。

Nǐ bù qīnzì qù qǐng tā, tā zhǔn bù lái.

"准知道"常表示已经过去的极有把握的推断,后来被证明是正确的:

"准知道"is used to indicate a fulfilled sure inference which was later proved to be true:

4. 我准知道这个队赢不了,你看他们那种踢法儿!

Wǒ zhǔn zhīdào zhège duì yíng bu liǎo, nǐ kàn tāmen nà zhǒng tī fǎr!

5. 奶奶准知道跟小孙子说话不顶用,可是她还非说不可。

Nǎinai zhǔn zhīdào gēn xiǎo sūnzi shuō huà bù dǐng yòng, kěshì tā hái fēi shuō bùkě.

B. 表示坚定的决心;可修饰否定形式:

Indicates a resolution, and can modify a negative structure:

1. 我答应你帮忙,就准帮忙,放心好了。

Wǒ dāying nǐ bāng máng, jiù zhǔn bāng máng, fàng xīn hǎo le.

2. 工具保管员的倔脾气谁都知道,他说借,准借,他说不借,准不借,不能通融。

Gōngjù bǎoguǎnyuán de juè píqì shuí dōu zhīdào, tā shuō jiè, zhǔnjiè, tā shuō bú jiè, zhǔn bú jiè, bù néng tōngróng.

C. 表示必然是这样;可修饰否定形式:

Indicates inevitability, can modify a negative structure:

1. 农谚认为,蚂蚁搬家准是要下雨。

Nóngyàn rènwéi, mǎyǐ bān jiā zhǔn shì yào xià yǔ.

2. 每到暑假,他们全家准到北戴河去避暑。

Měi dào shǔjià, tāmen quán jiā zhǔn dào Běidàihé qù bì shǔ.

3. 他每次考试准在前三名以内。

Tā měi cì kǎo shì zhǔn zài qián sān míng yǐnèi.

辨认:

Note:

下面句中的"准"是动词,是"准许"的意思:

"准"in the following sentences is a verb, and means "to permit":

1. 前方施工,不准通行。

Qiánfāng shī gōng, bù zhǔn tōngxíng.

2. 小孩儿准不准入内?只准大人入内,不准小孩儿入内。

Xiǎoháir zhǔn bù zhǔn rù nèi? Zhǐ zhǔn dàrén rù nèi, bù zhǔn xiǎoháir rù nèi.

准保 zhǔnbǎo (副词)

有"准"的意思,并且包含有保证的意味;可用在句子开头,可修饰否定形式：

"Certainly"; "for sure"; implies the sense of guarantee, can occur at the head of a sentence and can modify negative structures:

1. 我要是参加百米比赛,准保跑第一。

   Wǒ yàoshì cānjiā bǎi mǐ bǐsài, zhǔnbǎo pǎo dìyī.

2. 这里水不深,有我保护,你跳下来,准保没危险。

   Zhèli shuǐ bù shēn, yǒu wǒ bǎohù, nǐ tiào xialai, zhǔnbǎo méi wēixiǎn.

3. 小李对未婚妻说:"嫁给我吧,准保你一辈子吃穿不愁。"

   Xiǎo Lǐ duì wèihūnqī shuō: "Jià gěi wǒ ba, zhǔnbǎo nǐ yíbèizi chī chuān bù chóu."

着实　zhuóshí　（副词）

与"确实、实在"的意思相当,表示着重加深程度,不单纯说明真实性;可修饰否定形式;可带"地":

"Truly"; "really"; intensifies the extent rather than simply emphasizing the truth; can modify a negative structure and can take "地" after it:

1. 他的女儿特别懂事,着实讨人喜欢。

   Tā de nǚ'ér tèbié dǒng shì, zhuóshí tǎo rén xǐhuan.

2. 买奖券得了头奖,全家着实地喜出望外。

   Mǎi jiǎngquàn déle tóu jiǎng, quán jiā zhuóshí de xǐ chū wàng wài.

3. 今年他捣腾什么赔什么,他认为着实不走运。

   Jīnnián tā dǎoteng shénme péi shénme, tā rènwéi zhuóshí bù zǒu yùn.

自¹　zì　（副词）

相当"自然""当然"的意思,只修饰单音节动词;可修饰否定形式,多为四字短语:

"Naturally"; "of course"; modifies monosyllabic verbs but also a negative structure to make up a 4-character phrase:

1. 当过十多年国家队教练的王教练, 现在领导一个区级体育队自不待言。

   Dāngguo shí duō nián guójiāduì jiàoliàn de Wáng jiàoliàn, xiànzài lǐngdǎo yí ge qūjí tǐyùduì zì bú dài yán.

2. 借款到期还钱自不必提,如若逾期不还,我方自有办法处置。

   Jiè kuǎn dào qī huán qián zì búbì tí, rúruò yú qī bù huán, wǒ fāng zì yǒu bànfǎ chǔzhì.

3. 平时积累大量资料,对科研自有好处。

   Píngshí jīlěi dàliàng zīliào, duì kēyán zì yǒu hǎochù.

自 2   zì   （介词）

A. 与"从"相同，表示时间、空间的起点；也表示动作的处所；多用在书面：

Same as"从"indicating the starting point of time or space, also the place of an action and is mostly used in written language：

1）表示时间、空间的起点：

Indicating the starting point of time or space：

1. 他家自前年就搬走了。

   Tā jiā zì qiánnián jiù bānzǒu le.

2. 我自参加工作以来，一直没离开学校。

   Wǒ zì cānjiā gōngzuò yǐlái, yìzhí méi líkāi xuéxiào.

3. 这些货物自南方运往东北。

   Zhèxiē huòwù zì nánfāng yùn wǎng dōngběi.

2）表示动作的处所：

Indicates the place where the action takes place：

4. 有地方的公共汽车规定，乘客应自后门上，自前门下。

   Yǒu dìfang de gōnggòng qìchē guīdìng, chéngkè yīng zì hòumén shàng, zì qiánmén xià.

5. 本次列车自北京火车站开出的时间是下午三时。

   Běn cì lièchē zì Běijīng Huǒchēzhàn kāichū de shíjiān shì xiàwǔ sān shí.

B. "自……"放在单音节动词后表示动作发出的处所或发生的原因；多用在书面语：

"自…" used after a monosyllabic verb to indicate the place where an action starts or the cause of its occurrence, mostly used in written language：

1. 这篇语文教材选自剧本《日出》。

   Zhè piān yǔwén jiàocái xuǎn zì jùběn《Rì Chū》.

2. 本届新生大部来自外省市。

   Běn jiè xīn shēng dàbù lái zì wài shěng shì.

3. 你这么考虑是出自什么原因？

   Nǐ zhème kǎolǜ shì chū zì shénme yuányīn?

自从 zìcóng （介词）

与"从"相同，但只表示过去时间的起点；宾语是表示时间的词、语、结构，必须多于一个音节；常与"就"呼应：

Same as"从", but can only indicate the starting point of time in the past. The object, a word, phrase or structure denoting time, must have more than one syllable; "就" is often used in conjunction with it：

1. 自从今年二月,他就退休了。
   Zìcóng jīnnián èryuè, tā jiù tuì xiū le.

2. 我母亲自从学练气功,身体大有好转。
   Wǒ mǔqin zìcóng xué liàn qìgōng, shēntǐ dà yǒu hǎozhuǎn.

3. 我自从参加工作那天起,就一直没请过事假。
   Wǒ zìcóng cānjiā gōngzuò nà tiān qǐ, jiù yìzhí méi qǐngguo shìjià.

4. 这个青年人自从上学读书到参加工作,从未离开过家乡。
   Zhège qīngnián rén zìcóng shàng xué dú shū dào cānjiā gōngzuò, cóng wèi líkāiguo jiāxiāng.

"自从……"可与"以后"配合,表示某一情况发生在过去某一动作、事件之后:

"自从…"can be used in conjunction with "以后"to indicate a state began after a certain past action or event:

5. 我们自从搬入新居以后,无论上班还是购物都方便多了。
   Wǒmen zìcóng bānrù xīn jū yǐhòu, wúlùn shàng bān háishi gòu wù dōu fāngbian duō le.

6. 这条路线自从增加了小公共汽车以后, 大公共汽车的压力大大减轻了。
   Zhè tiáo lùxiàn zìcóng zēngjiāle xiǎo gōnggòng qìchē yǐhòu, dà gōnggòng qìchē de yālì dàdà jiǎnqīng le.

"自……"可与"以来"配合,表示某一情况是从过去某一时间开始,并且一直延续到说话的时候:

"自…"can be used in conjunction with "以来"to indicate that an action or state began sometimes in the past and continued until now:

7. 那种木本花自从移栽到北方以来,成活率不高。
   Nà zhǒng mùběn huā zìcóng yízāi dào běifāng yǐlái, chénghuólǜ bù gāo.

8. 那个工厂自从领导班子重新组建以来,生产速度迅速增长,很快就扭亏为盈了。
   Nàge gōngchǎng zìcóng lǐngdǎo bānzi chóngxīn zǔjiàn yǐlái, shēngchǎn sùdù xùnsù zēngzhǎng, hěn kuài jiù niǔ kuī wéi yíng le.

自然　zìrán　(连词)

连接分句或句子,表示轻微的转折;引进补充的事实;后面多有停顿:

Connects clauses or sentences to indicate a slight turn and there is usually a pause to follow:

1. 一定要刻苦学习,自然,也要注意身体健康。

Yídìng yào kèkǔ xuéxí, zìrán, yě yào zhùyì shēntǐ jiànkāng.

2. 他是我的长辈，自然，我得先去拜访他。

Tā shì wǒ de zhǎngbèi, zìrán, wǒ děi xiān qù bàifǎng tā.

3. 不应该过分强调困难，自然，也不能忽视困难。

Bù yīnggāi guòfèn qiángdiào kùnnan, zìrán, yě bù néng hūshì kùnnan.

自行　zìxíng　（副词）〈书〉

A. 表示自己(做)；修饰多音节词语：

"By oneself"; modifies polysyllabic words or phrases:

1. 从 1993 年起，小学六年级毕业考试由各小学自行命题，不再实行统考制度。

Cóng yījiǔjiǔsān nián qǐ, xiǎoxué liù niánjí bì yè kǎoshì yóu gè xiǎoxué zìxíng mìng tí, bù zài shíxíng tǒng kǎo zhìdù.

2. 仪仗队队员穿的白运动服、白鞋白袜，一律由队员自行解决。

Yízhàngduì duìyuán chuān de bái yùndòngfú, bái xié bái wà, yílǜ yóu duìyuán zìxíng jiějué.

B. 有"自动"的意思：

"Voluntarily"; "of one's own accord":

一个单位脏、乱、差的局面不会自行改变的，只有靠广大干部群众积极工作、努力奋斗才可奏效。

Yí ge dānwèi zāng, luàn, chà de júmiàn bú huì zìxíng gǎibiàn de, zhǐyǒu kào guǎngdà gànbù qúnzhòng jījí gōngzuò, nǔlì fèndòu cái kě zòuxiào.

总　zǒng　（副词）

A. 表示经常都是这样；可以修饰否定形式：

"Always"; "invariably"; can modify negative structures:

1. 他是学地质的，一年到头总在野外工作。

Tā shì xué dìzhì de, yì nián dào tóu zǒng zài yěwài gōngzuò.

2. 她不论穿什么衣服总那么干净。

Tā búlùn chuān shénme yīfu zǒng nàme gānjing.

3. 人家的风筝飞得高高的，我的却总飞不起来。

Rénjia de fēngzheng fēi de gāogāo de, wǒ de què zǒng fēi bu qǐlái.

B. 有"毕竟""终归"的意思，指出事物最本质的一点；可修饰否定形式：

"Anyway"; "after all"; points out the most essential aspect; can modify negative structures:

1. 身体总会慢慢好起来的，你别着急就是了。

Shēntǐ zǒng huì mànmàn hǎo qǐlái de, nǐ bié zháojí jiù shì le.

2. 孩子总是孩子,你总不能把孩子当大人。

Háizi zǒng shì háizi, nǐ zǒng bù néng bǎ háizi dàng dàrén.

C. 有非常肯定的意思,表示很有把握的推断;可修饰否定形式:

"Certainly"; "definitely"; indicates a very sure inference; can modify negative structures:

1. 你搬到这里虽不太久,但总有五、六年了吧。

Nǐ bān dào zhèlǐ suī bú tài jiǔ, dàn zǒng yǒu wǔ – liù nián le ba.

2. 我请他参加这个晚宴,我想他总不至于不来。

Wǒ qǐng tā cānjiā zhège wǎnyàn, wǒ xiǎng tā zǒng bú zhìyú bù lái.

总共　zǒnggòng　(副词)

相当"一共"的意思,表示数量的总计,后边一般要有数量短语或其他表示数量的短语;可修饰否定形式:

"In all"; "altogether"; is usually followed by a numeral-measure phrase; can modify a negative structure:

1. 那个单位今年总共植树两千株左右。

Nàge dānwèi jīnnián zǒnggòng zhí shù liǎngqiān zhū zuǒyòu.

2. 这个居住小区总共只有十几个服务网点。

Zhège jūzhù xiǎoqū zǒnggòng zhǐ yǒu shí jǐ gè fúwù wǎngdiǎn.

3. 这几件旧家具总共不值几个钱,干脆送人算了。

Zhè jǐ jiàn jiù jiājù zǒnggòng bù zhí jǐ ge qián, gāncuì sòng rén suàn le.

4. 你要的那种菜籽儿,总共这么点儿,都给你吧,够种不够种?

Nǐ yào de nà zhǒng càizǐr, zǒnggòng zhèmediǎnr, dōu gěi nǐ ba, gòu zhòng bú gòu zhòng?

5. 一年总共三百六十五天。

Yì nián zǒnggòng sānbǎi liùshíwǔ tiān.

总归　zǒngguī　(副词)

A. 与"终归"相同,表示无论怎样,最后一定这样;多用在未成事实:

Same as 终归; "eventually"; "in the end"; only refers to unfulfilled events:

1. 急性阑尾炎总归要动手术的,手术越及时越好。

Jíxìng lánwěiyán zǒngguī yào dòng shǒushù de, shǒushù yuè jíshí yuè hǎo.

2. 打仗总归会有牺牲,要尽量减少牺牲。

Dǎ zhàng zǒngguī huì yǒu xīshēng, yào jǐnliàng jiǎnshǎo xīshēng.

3. 女儿总归要出嫁的,只是早晚问题。

Nǚ'ér zǒngguī yào chū jià de, zhǐshì zǎo wǎn wèntí.

B. 指出事物的最本质的地方:

Indicates the most essential aspect of something:

1. 错误总归得改正,改正得越早、越彻底越好。

Cuòwù zǒngguī děi gǎizhèng, gǎizhèng de yuè zǎo, yuè chèdǐ yuè hǎo.

2. 你这么大的人跟一个小孩子吵架,总归是你不够大度。

Nǐ zhème dà de rén gēn yí ge xiǎo háizi chǎo jià, zǒngguī shì nǐ bú gòu dàdù.

总是   zǒngshì   (副词)

与"总"相同,表示经常都是这样;可修饰否定形式:

Same as "总"; can modify negative structures:

1. 那位售货员的服务态度确实让人喜欢,他总是以微笑迎接顾客。

Nà wèi shòuhuòyuán de fúwù tàidù quèshí ràng rén xǐhuan, tā zǒngshì yǐ wēixiào yíngjiē gùkè.

2. 任何人到一个人地生疏的地方,总是需要一个适应过程。

Rènhé rén dào yí ge rén dì shēngshū de dìfang, zǒngshì xūyào yí ge shìyìng guòchéng.

3. 有心脏病的人一遇阴天下雨,总是不舒服。

Yǒu xīnzàngbìng de rén yí yù yīn tiān xià yǔ, zǒngshì bù shūfu.

主谓结构前一般用"总是",而不用"总":

"总是", instead of "总" is usually used in front of a S – P construction:

1. 北京的春天总是风多雨少。

Běijīng de chūntiān zǒngshì fēng duō yǔ shǎo.

2. 无论什么时候见到他,他总是衣冠楚楚。

Wúlùn shénme shíhou jiàndào tā, tā zǒngshì yīguān chǔchǔ.

总算   zǒngsuàn   (副词)

A. 表示结果来得不容易,但这结果是确定的;叙述已完成的动作;可以修饰否定形式:

"In the long last"; "finally"; indicating that the result is hard-earned but sure; refers to fulfilled events and can modify a negative structure:

1. 这盆君子兰培植了七、八年,今年总算开花了。

Zhè pén jūnzǐlán péizhíle qī – bā nián, jīnnián zǒngsuàn kāi huā le.

2. 那锅牛肉炖了差不多两个钟头,总算炖烂了。

Nà guō niúròu dùnle chàbuduō liǎng ge zhōngtóu, zǒngsuàn dùnlàn le.

3. 十年前学的德语,今天才用上,总算没白学呀!

Shí nián qián xué de Déyǔ, jīntiān cái yòngshang, zǒngsuàn méi bái xué ya!

B. 表示勉强达到某种标准：

"Only, just"：

1. 那个小伙子在家待业一年多，最近总算找到一个临时工作。

Nàge xiǎohuǒzi zài jiā dài yè yì nián duō, zuìjìn zǒngsuàn zhǎodào yí ge línshí gōngzuò.

2. 他三天打鱼两天晒网地念了三年大专，现在总算拿到一张毕业证书。

Tā sān tiān dǎ yú liǎng tiān shài wǎng de niànle sān nián dàzhuān, xiànzài zǒngsuàn nádào yì zhāng bì yè zhèngshū.

总之　zǒngzhī　（连词）

表示下文是总结性的话，后面多有停顿：

"In a word", is usually followed by a pause:

1. 有的人喜欢吃酸的，有的人喜欢吃甜的，有的人喜欢吃辣的，总之，各有所好。

Yǒude rén xǐhuan chī suān de, yǒude rén xǐhuan chī tián de, yǒude rén xǐhuan chī là de, zǒngzhī, gè yǒu suǒ hào.

2. 他东拉西扯跟我说了半天，总之，我弄不清楚他要说明什么问题。

Tā dōng lā xī chě gēn wǒ shuōle bàntiān, zǒngzhī, wǒ nòng bu qīngchu tā yào shuōmíng shénme wèntí.

3. 登在哪本杂志上，我忘了，总之，这篇论文我看过。

Dēng zài nǎ běn zázhì shang, wǒ wàng le, zǒngzhī, zhè piān lùnwén wǒ kànguo.

纵　zòng　（连词）

"即使"的意思，表示让步；后面常有"也"等副词与之相呼应；多用于书面语：

Same as "即使", is usually used in conjunction with "也" etc. Mostly used in written language:

1. 纵有千难万险，也阻挡不住我们。

Zòng yǒu qiān nán wàn xiǎn, yě zǔdǎng bu zhù wǒmen.

2. 纵能三天办完手续，也已经晚了。

Zòng néng sān tiān bànwán shǒuxù, yě yǐjīng wǎn le.

3. 这种锻炼的治疗方法，纵可治他的病，仍需药物配合。

Zhè zhǒng duànliàn de zhìliáo fāngfǎ, zòng kě zhì tā de bìng, réng xū yàowù pèihé.

纵令　zònglìng　（连词）

表示假设和让步,后一分句常有"也""还""仍然"等与之呼应;多用于书面语:

Indicates a hypothesis and concession, and there is often "也","还","仍然"etc. in the second clause. It is used in written language:

1. 纵令有天大的困难,我们也要闯过去。

Zònglìng yǒu tiān dà de kùnnan, wǒmen yě yào chuǎng guoqu.

2. 纵令这次没有成功,还要继续试验。

Zònglìng zhè cì méiyou chénggōng, hái yào jìxù shìyàn.

3. 这个决定纵令有人反对,我们仍然要坚持。

Zhège juédìng zònglìng yǒu rén fǎnduì, wǒmen réngrán yào jiānchí.

纵情 zòngqíng (副词) 〈书〉

有"尽情"的意思,表示尽量满足自己的兴奋感情,不受拘束;多修饰多音节词语:

"To one's heart's content"; usually modifies polysyllabic words or phrases:

1. 他写了一篇长诗,纵情地赞颂了改革开放给人民带来幸福的春天。

Tā xiěle yì piān cháng shī, zòngqíng de zànsòngle gǎigé kāifàng gěi rénmín dàilái xìngfú de chūntiān.

2. 全厂职工听到那个特大喜讯,无不纵情欢呼。

Quán chǎng zhígōng tīngdào nàge tè dà xǐxùn, wú bù zòngqíng huānhū.

纵然 zòngrán (连词)

"即使"的意思,表示假设或让步,后一分句常有"也""然而"等与之呼应;有书面语意味:

"Even if", and there is "也","然而"etc. in the second clause. There is a literary flavor:

1. 搞研究工作,纵然走点弯路,也是在所难免的。

Gǎo yánjiū gōngzuò, zòngrán zǒu diǎnr wān lù, yě shì zài suǒ nánmiǎn de.

2. 纵然作出了很大成绩,然而困难还是不少。

Zòngrán zuòchule hén dà chéngjì, rán'ér kùnnan hái shì bù shǎo.

3. 柿子纵然熟了,不经过加工也是涩的。

Shìzi zòngrán shú le, bù jīngguò jiā gōng yě shì sè de.

纵使 zòngshǐ (连词)

"即使"的意思,表示假设和让步,后一分句常有"也""仍"等配合使用:

"Even if", there is usually"也""仍"etc. in the second clause:

1. 纵使他说得不对,也应该让他把话说完。

Zòngshǐ tā shuō de bú duì, yě yīnggāi ràng tā bǎ huà shuōwán.

2. 纵使冰天雪地,他仍坚持洗凉水澡。

Zòngshǐ bīng tiān xuě dì, tā réng jiānchí xǐ liángshuǐ zǎo.

3. 中国的文学遗产非常丰富,纵使你看一辈子,也是看不完的。

Zhōngguó de wénxué yíchǎn fēicháng fēngfù, zòngshǐ nǐ kàn yíbèizi, yě shì kàn bu wán de.

足　zú　（副词）

表示完全够得上某程度或数量;所修饰的动词多是单音节的,"足"有其他修饰语时,动词也可是双音节的:

"Fully"; "enough to"; usually modifies monosyllabic verbs. If "足" has a modifier, the verb can be disyllabic:

1. 这些米足够我吃半个月的。

Zhèxiē mǐ zú gòu wǒ chī bàn ge yuè de.

2. 那棵小树才栽三年,长得足有碗口粗了。

Nà kē xiǎo shù cái zāi sān nián, zhǎng de zú yǒu wǎnkǒu cū le.

3. 你所举的例子,不足说明这个问题。

Nǐ suǒ jǔ de lìzi, bù zú shuōmíng zhège wèntí.

"足"后有数量短语时,与"足足"意思相同:

If "足" is followed by a numeral-measure phrase it is the same as "足足":

我足等了他一个小时,他也没来。

Wǒ zú děngle tā yí ge xiǎoshí, tā yě méi lái.

足以　zúyǐ　（副词）

有"完全可以"的意思;修饰多音节词语;可受否定词"不"修饰:

"Enough to"; "sufficient to"; modifies polysyllabic words or phrases, and can be modified by "不":

1. 这些事实足以证明他们是无辜的。

Zhèxiē shìshí zúyǐ zhèngmíng tāmen shì wúgū de.

2. 意见虽是他一个人提的,但它足以代表全校的师生员工。

Yìjiàn suī shì tā yí ge rén tí de, dàn tā zúyǐ dàibiǎo quán xiào de shīshēng yuángōng.

3. 对那种祸国殃民的罪犯不关、不杀,便不足以平民愤。

Duì nà zhǒng huò guó yāng mín de zuìfàn bù guān, bù shā, biàn bù zúyǐ píng mínfèn.

足足　zúzú　（副词）

意思是完全够(某一数量),后面常有数量短语:

"Fully"; is usually followed by a numeral-measure phrase:

1. 我们俩在圆明园足足转了一整天，还是没转完。

   Wǒmen liǎ zài Yuánmíngyuán zúzú zhuànle yì zhěng tiān, háishi méi zhuànwán.

2. 他下午足足睡了四个钟头，还说没睡够。

   Tā xiàwǔ zúzú shuìle sì ge zhōngtóu, hái shuō méi shuìgòu.

3. 这些钱足足够我花一个月了。

   Zhèxiē qián zúzú gòu wǒ huā yí ge yuè le.

"足足"可直接用在数量短语前：

"足足" can occur directly before a numeral-measure phrase：

1. 白酒他喝了足足半斤，可是一点儿也不醉。

   Báijiǔ tā hēle zúzú bàn jīn, kěshì yìdiǎnr yě bú zuì.

2. 我等了足足两个小时，雨一直没停。

   Wǒ děngle zúzú liǎng ge xiǎoshí, yǔ yìzhí méi tíng.

最　zuì　（副词）

A. 表示在某种属性方面超过所有同类的人或事物；修饰形容词、某些动词、助动词、短语，可修饰表示不愉快性质的否定形式：

"The most"; modifies adjectives, certain verbs, auxiliary verbs and phrases; can modify a negative structure of an unpleasant nature：

1) 由上文或整个语言环境看出确有比较：

The context or the linguistic situation shows there is a comparison：

1. 青西红柿最酸，也最不好吃。

   Qīng xīhóngshì zuì suān, yě zuì bù hǎo chī.

2. 这个服装店的橱窗布置得新颖别致，最吸引顾客。

   Zhège fúzhuāngdiàn de chúchuāng bùzhì de xīnyǐng biézhì, zuì xīyǐn gùkè.

3. 这些人里小李虽最能说，但他的话最靠不住。

   Zhèxiē rén li Xiǎo Lǐ suī zuì néng shuō, dàn tā de huà zuì kào bu zhù.

4. 他们俩平时接触最多，最合得来，彼此了解得最深。

   Tāmen liǎ píngshí jiēchù zuì duō, zuì hé de lái, bǐcǐ liǎojiě de zuì shēn.

5. 在商店买东西时，最使人不愉快的是售货员那种冷淡的态度。

   Zài shāngdiàn mǎi dōngxi shí, zuì shǐ rén bù yúkuài de shì shòuhuòyuán nà zhǒng lěngdàn de tàidù.

2) 实际上没有什么比较，只表示一种极高的程度：

There is really no comparison, "最" only indicates a very high degree：

6. 这种药片退烧最有效，一片就够了。

   Zhè zhǒng yàopiàn tuì shāo zuì yǒu xiào, yí piàn jiù gòu le.

7. 我们最怕的是北京春天刮黄风。

　　Wǒmen zuì pà de shì Běijīng chūntiān guā huáng fēng.

8. 那只小花猫最爱吃鱼刺，最不爱吃馒头。

　　Nà zhī xiǎo huā māo zuì ài chī yúcì, zuì bú ài chī mántou.

"最"可重叠，表示程度加深：

"最" can be reduplicated for emphasis：

9. 临上火车时，妈妈嘱咐他：要注意安全，要把车票收好，这是最最重要的。

　　Lín shàng huǒchē shí, māma zhǔfù tā: yào zhùyì ānquán, yào bǎ chēpiào shōuhǎo, zhè shì zuìzuì zhòngyào de.

10. 那些制作或贩卖假药、自己赚钱坑害百姓的，就是最最该关、最最该杀的人。

　　Nàxiē zhìzuò huò fànmài jiǎyào、zìjǐ zhuàn qián kēnghài bǎixìng de, jiù shì zuìzuì gāi guān, zuìzuì gāi shā de rén.

B. 修饰方位词，指出那个方向中的第一个：

Modifies a localizer indicating the farthest in that direction：

1. 我们两家都住这座楼，我住最东头的一个门，他住最西头的一个门。

　　Wǒmen liǎng jiā dōu zhù zhè zuò lóu, wǒ zhù zuì dōngtóu de yí ge mén, tā zhù zuì xītóu de yí ge mén.

2. 万米赛跑中，一个外国留学生跑在最前边。

　　Wàn mǐ sàipǎo zhōng, yí ge wàiguó liúxuéshēng pǎo zài zuì qiánbianr.

最多　zuìduō　（副词）

表示估计到最大数量或最高程度，后面有数量短语或动词短语；可修饰否定形式；有时可用在句子开头：

Same as "至多"；"at most"；is followed by a numeral-measure or verb phrase；can modify a negative structure；sometimes can occur at the head of a sentence：

1. 一件绸衬衣最多八十元。

　　Yí jiàn chóu chènyī zuìduō bāshí yuán.

2. 我一次最多喝过两瓶啤酒。

　　Wǒ yí cì zuìduō hēguo liǎng píng píjiǔ.

3. 对孩子的错误，最多批评批评算了，打骂是不对的。

　　Duì háizi de cuòwù, zuìduō pīpíng pīpíng suàn le, dǎ mà shì bú duì de.

4. 她生气只好由着她，最多一顿不吃不喝，她还能三天不吃不喝？

　　Tā shēng qì zhǐhǎo yóuzhe tā, zuìduō yí dùn bù chī bù hē, tā hái néng sān tiān bù chī bù hē?

5. 最多，他自己不来参加会议，他能不让大家来参加吗？

Zuìduō, tā zìjǐ bù lái cānjiā huìyì, tā néng bú ràng dàjiā lái cānjiā ma?

最好   zuìhǎo   （副词）

表示对事物处理的最好方法、愿望、祈求或建议；多用在祈使句中；可修饰否定形式：

"Had better"; "it would be best"; mostly used in an imperative sentence and can modify a negative structure:

1. 有高血压的人最好多吃蔬菜、水果，少吃肥肉和盐。

    Yǒu gāoxuèyā de rén zuìhǎo duō chī shūcài, shuǐguǒ, shǎo chī féiròu hé yán.

2. 春季植树最好先把树坑灌足水，然后再栽树苗。

    Chūnjì zhí shù zuìhǎo xiān bǎ shù kēng guànzú shuǐ, ránhòu zài zāi shùmiáo.

3. 刮风天最好别出去！

    Guā fēng tiān zuìhǎo bié chūqu!

4. 一年级小学生做作业最好不用圆珠笔，用铅笔，这样改起来方便。

    Yì niánjí xiǎoxuéshēng zuò zuòyè zuìhǎo bú yòng yuánzhūbǐ, yòng qiānbǐ, zhèyàng gǎi qǐlai fāngbian.

最少   zuìshǎo   （副词）

表示估计到最少数量或最低限度，后面有数量短语或动词短语；可修饰否定形式；有时可用在句子开头：

"At least"; is followed by a numeral-measure phrase or verb phrase; can modify a negative structure and can occur at the head of a sentence:

1. 这个大冬瓜最少十五斤。

    Zhège dà dōngguā zuìshǎo shíwǔ jīn.

2. 看来那个青年人最少有二十岁。

    Kànlái nàge qīngnián rén zuìshǎo yǒu èrshí suì.

3. 这些米最少够十个人吃三天的。

    Zhèxiē mǐ zuìshǎo gòu shí ge rén chī sān tiān de.

4. 那堆砖最少没有五辆卡车来拉是拉不完的。

    Nà duī zhuān zuìshǎo méi yǒu wǔ liàng kǎchē lái lā shì lā bu wán de.

5. 最少，我得休养半个月。

    Zuìshǎo, wǒ děi xiūyǎng bàn ge yuè.

最为   zuìwéi   （副词）〈书〉

表示程度达到极点，在某种属性方面超过其余的；一般修饰多音节形容词；可修饰否定形式：

Same as "最", but mostly modifies polysyllabic adjectives and can modify a negative structure:

1. 制作或贩卖假药的人最为可恨。

   Zhìzuò huò fànmài jiǎyào de rén zuìwéi kěhèn.

2. 北京变化最为巨大的莫过于街道、桥梁和房屋等建筑。

   Běijīng biànhuà zuìwéi jùdà de mòguòyú jiēdào, qiáoliáng hé fángwū děng jiànzhù.

3. 他们两夫妻最为不相匹配。

   Tāmen liǎng fūqī zuìwéi bù xiāng pǐpèi.

左不过　zuǒbuguò　（组合）

有"反正""只不过"的意思,含有没有什么新东西,没有什么了不起的感情色彩:

Indicates that there is nothing new, but…:

1. ——今天吃的什么?

   Jīntiān chī de shénme?

   ——有什么可吃的?左不过米饭、馒头呗!

   Yǒu shénme kě chī de?Zuǒbuguò mǐfàn, mántou bei!

2. 别听他瞎吹,左不过还是他那老一套!

   Bié tīng tā xiā chuī, zuǒbuguò hái shì tā nà lǎo yí tào!

左右　zuǒyòu　（助词）

常用在数量词语或数词加上不需要量词的名词之后,表示概数:

"左右" used after a numeral-measure word phrase or a numeral plus a noun to indicate an approximate number:

1. 这件皮衣值两千元左右。

   Zhè jiàn píyī zhí liǎngqiān yuán zuǒyòu.

2. 那里听课的有二、三百人左右。

   Nàli tīng kè de yǒu èr – sānbǎi rén zuǒyòu.

3. 今天有个一米八左右的年轻人找您。

   Jīntiān yǒu ge yì mǐ bā zuǒyòu de niánqīng rén zhǎo nín.

左……右……　zuǒ…yòu…　（格式）

这个格式连接两个相同或同类的动词,表示动作长时间持续或一再重复;还可以连接两个"一"和量词,有时带名词,表示大量重复;多作状语或谓语,后面常另有从句说明结果:

Connects two same or similar verbs to indicate continuity or repetition, can also connect two "一" plus a measure word with a noun to indicate repetition. The structure usually functions as the adverbial adjunct or predicate. There is usually another clause to relate the result:

1. 毛衣的品种虽不少,可她左挑右挑也没挑上一件可心的。

Máoyī de pǐnzhǒng suī bù shǎo, kě tā zuǒ tiāo yòu tiāo yě méi tiāoshang yí jiàn kěxīn de.

2. 坐公共汽车我左小心右小心,还是让小偷偷了钱包。

Zuò gōnggòng qìchē wǒ zuǒ xiǎoxīn yòu xiǎoxīn, háishì ràng xiǎotōur tōule qiánbāo.

3. 大家左思右想也没想出有效的办法来。

Dàjiā zuǒ sī yòu xiǎng yě méi xiǎng chū yǒuxiào de bànfǎ lai.

4. 父母亲左一封信右一封信地催儿子回国探亲。

Fùmǔqīn zuǒ yì fēng xìn yòu yì fēng xìn de cuī érzi huí guó tàn qīn.

作为　zuòwéi　(介词)

表示以某种身份、某种资格(作某事),或从某角度出发(作出判断);多在句首;带名词性宾语:

"As…"means "in the state, condition, character, job etc. of…", usually used at the head of a sentence and the object is usually a noun:

1. 作为多年的老朋友,我必须伸出支援之手,帮老王解决困难。

Zuòwéi duō nián de lǎo péngyou, wǒ bìxū shēnchū zhīyuán zhī shǒu, bāng Lǎo Wáng jiějué kùnnan.

2. 作为小商小贩,遵纪守法,照章纳税,是理所当然的。

Zuòwéi xiǎoshāng xiǎofàn, zūn jì shǒu fǎ, zhào zhāng nà shuì, shì lǐ suǒ dāngrán de.

3. 作为老师,应该关怀学生;作为学生,应当尊敬老师。

Zuòwéi lǎoshī, yīnggāi guānhuái xuéshēng; zuòwéi xuéshēng, yīngdāng zūnjìng lǎoshī.

"作为……"后面可加"来说":

"作为…"can take "来说"after it:

4. 作为一名人民的医生来说,起码要有救死扶伤的精神。

Zuòwéi yì míng rénmín de yīshēng lái shuō, qǐmǎ yào yǒu jiù sǐ fú shāng de jīngshén.

责任编辑：龙燕俐
封面设计：安洪民

图书在版编目（CIP）数据

新编汉英虚词词典/王还主编. -北京：华语教学出版社，1997.8
ISBN 7 - 80052 - 504 - X
Ⅰ. 新… Ⅱ.①王… ②赖… Ⅲ. 汉语 - 虚词 - 词典 - 汉、英
Ⅳ.H146.2-61

中国版本图书馆 CIP 数据核字（97）第 10117 号

新编汉英虚词词典
*

©华语教学出版社
华语教学出版社出版
（中国北京百万庄路 24 号）
邮政编码 100037
电话: 010-68995871 / 68326333
传真: 010-68326333
电子信箱: hyjx @263.net
北京外文印刷厂印刷
中国国际图书贸易总公司海外发行
（中国北京车公庄西路 35 号）
北京邮政信箱第 399 号　邮政编码 100044
新华书店国内发行
1999 年（32 开）第一版
2003 年第二次印刷
（汉英）
ISBN 7-80052-504-X / H·656（外）
9－CE－3157P
定价：38.00 元